Kotz/Hubo
Mandantenorientierte Sachbearbeitung

W0088511

Zusätzliche digitale Inhalte für Sie!

Zu diesem Buch stehen Ihnen kostenlos folgende digitale Inhalte zur Verfügung:

 Online-Buch

Die digitale Version dieses Buches finden Sie mit vielen hilfreichen Verlinkungen zur komfortablen Recherche in mein**kiehl**.

 Online-Training

Das zum Buch gehörende Online-Training ist der hilfreiche digitale Zusatznutzen. Mit dem Freischaltcode können Sie diesen in mein**kiehl** gemeinsam mit der Online-Version freischalten.

Schalten Sie sich das Buch inklusive Mehrwert direkt frei.

Scannen Sie den QR-Code **oder** rufen Sie die Seite mein**kiehl** auf.
Geben Sie den Freischaltcode ein und folgen Sie dem Anmeldedialog. Fertig!

www.kiehl.de

Mandantenorientierte Sachbearbeitung

Das vierte Prüfungsfach für Steuerfachangestellte

Von
Dipl.-Hdl. StD a. D. Helmut Kotz und
Ass. jur. Dorothee Hubo

19., aktualisierte Auflage

ISBN 978-3-470-**65369**-3 · 19., aktualisierte Auflage 2022

© NWB Verlag GmbH & Co. KG, Herne 2022
www.kiehl.de

Kiehl ist eine Marke des NWB Verlags

Satz: SATZ-ART Prepress & Publishing GmbH, Bochum
Druck: Beltz Grafische Betriebe GmbH, Bad Langensalza

Scannen Sie den QR-Code oder besuchen Sie **Climate-Partner.com/16605-2106-1001** und erfahren Sie mehr zu unseren klimaneutralen Druckprodukten.

Vorwort

Nach der Verordnung zur Berufsausbildung zum Steuerfachangestellten/zur Steuer-fachangestellten vom 01.08.1996 umfasst die Abschlussprüfung neben den schriftlich zu prüfenden Fächern:

- Steuerwesen
- Rechnungswesen und
- Wirtschafts- und Sozialkunde

als viertes Prüfungsfach (statt der bisherigen mündlichen Prüfung) das Prüfungsfach:

- Mandantenorientierte Sachbearbeitung.

Dieses Fach besteht aus einem Prüfungsgespräch. Dabei soll der Prüfungskandidat nach einer Vorbereitungszeit von 10 Minuten ausgehend von einer von zwei ihm zur Wahl gestellten Aufgaben zeigen, dass er berufspraktische Vorgänge und Problem-stellungen darstellen kann. Das Prüfungsgespräch soll für den einzelnen Prüfling nicht länger als 30 Minuten dauern.

Für das Prüfungsgespräch kommen insbesondere folgende Gebiete in Betracht:

- allgemeines Steuer- und Wirtschaftsrecht
- Einzelsteuerrecht
- Buchführungs- und Bilanzierungsgrundsätze
- Rechnungslegung.

Im Gegensatz zu den schriftlich zu prüfenden Fächern ist dieses 4. Prüfungsfach nicht immer in der Stundentafel der Berufsschule vertreten. Der Rahmenlehrplan für den Ausbildungsberuf bringt jedoch zum Ausdruck, dass besonders Methoden, die die Handlungskompetenz unmittelbar fördern, bei der Unterrichtsgestaltung angemessen zu berücksichtigen sind.

Die hier angestrebte Qualifikation drückt sich in der Befähigung zu selbstständiger Sachbearbeitung sowie in Handlungen wie Planen, Durchführen, Kontrollieren und Be-werten berufsbezogener Aufgaben aus. Dies ist auch nicht zuletzt eine Aufgabe der Ausbildungsbetriebe (siehe berufsbezogene Vorbemerkungen zum Rahmenlehrplan).

Das vorliegende Buch will bereits während der gesamten Ausbildungszeit eine Hilfe sowohl für die betriebliche als auch für die schulische Aufgabe anbieten, das Ziel der Handlungskompetenz zu erreichen.

Eine entscheidende Rolle wird dabei die Fähigkeit spielen, wie der Prüfungskandidat sei-ne Ergebnisse, auch mithilfe von Medien (Tafel, Folien usw.), dem Prüfungsausschuss präsentieren kann. Dies bedarf einer entsprechenden Einübung. Aus diesem Grunde wird der Fallsammlung mit Lösungen eine kleine Arbeitsanleitung vorangeschickt, was man beim Vortrag, bei der Präsentation und beim Prüfungsgespräch berücksichtigen sollte.

Die Fälle sind nach Lernfeldern strukturiert. Die Lernfeldstruktur soll die Ganzheitlichkeit bei der Organisation der Lernprozesse und der Präsentation von Ergebnissen im Fach „Mandantenorientierte Sachbearbeitung" zum Ausdruck bringen. Dabei wird eine Handlungskompetenz angestrebt, die in Verbindung mit der erforderlichen Fachkompetenz (systematisch strukturiertes Wissen) den Lernenden befähigt, eine konkrete berufliche Aufgabenstellung sachgerecht und in ihren komplexen Zusammenhängen zu lösen und die Lösung zu präsentieren.

Lernfelder beschreiben thematische Einheiten, orientieren sich an konkreten Aufgabenstellungen und werden zielorientiert bezüglich der Handlungsabläufe definiert.

Ableitung von Lernfeldern		
Allgemeine Wirtschaftslehre	Rechnungswesen	Steuerlehre
ganzheitlich, problemorientiert, handlungsorientiert		

Nr.	Lernfeld	Fälle
1	Buchhaltungen einrichten und organisieren	1 - 6
2	Geschäftsfälle buchen	7 - 17
3	Abrechnungen im Personalbereich durchführen	18 - 20
4	Rechentechniken im Unternehmen beherrschen	21 - 27
5	Jahresabschlüsse erstellen	28 - 36
6	Ergebnisse des Rechnungswesens auswerten	37 - 38
7	Betriebliches und privates Handeln an den Rechtsnormen ausrichten	39 - 49
8	Rechtsnormen der Unternehmung abgrenzen	50 - 54
9	Finanzierungsalternativen und Kreditsicherheiten bearbeiten	55 - 60
10	Die Umsatzsteuer für den Unternehmer berechnen	61 - 76
11	Die Einkommensteuer für den Mandanten berechnen	77 - 97
12	Die Gewerbesteuer und sonstige kommunale Abgaben für das Unternehmen berechnen	98 - 100
13	Die AO auf konkrete Sachverhalte anwenden	101 - 105
14	Sachverhalte nach dem KStG bearbeiten	106 - 110
15	Grundlagen des Insolvenzrechts	111 - 114
16	Ergänzende Fälle	115 - 121

Die 19. Auflage ist auf die aktuelle Rechtslage 2022 umgestellt.

Für weitere Anregungen, Hinweise und Kritik sind wir dankbar.

Helmut Kotz und Dorothee Hubo
Röhl/Trier, im Juni 2022

Allgemeine Vorbemerkungen zu den Fällen

Bei der Gestaltung der Fälle wurde Wert darauf gelegt, dass die Problemstellungen eine Fächer übergreifende, also praxis- und mandantenbezogene Lösung zulassen.

Für diesen handlungsorientierten Ansatz versteht es sich von selbst, dass alle gesetzlichen Grundlagen bei der Bearbeitung der Fälle (Vorbereitungszeit) herangezogen werden können:[1]

- ► Allgemeine Steuergesetze
- ► Spezielle Steuergesetze
- ► BGB
- ► HGB
- ► AktG
- ► GmbHG usw.

Darüber hinaus bleibt es dem Prüfer überlassen, weitere Vorlagen (z. B. Texte) dem Prüfling zur Verfügung zu stellen.

Jeder Fall geht schwerpunktmäßig von einer fachlich spezifischen Situation aus. Diese soll auch zur Erörterung tangierender Problemkreise genutzt werden. Dadurch kann der Bogen der Überprüfung repräsentativer gespannt werden und somit zu einer gerechteren Beurteilung führen.

Die Technik der Präsentation ist von besonderer Bedeutung. Hierfür müssen die jeweils notwendigen Voraussetzungen für das Prüfungsgespräch vom Prüfungsausschuss geschaffen werden. Hierzu zählen: Tafel, Projektor, Flip-Chart usw.

Hinweis:
Die Darstellung an Fakten- und Strukturwissen bei einzelnen Fällen und ihren Lösungsvorschlägen liegen bisweilen sicherlich über den allgemein gestellten Prüfungsanforderungen oder dem, was man in der Prüfungszeit präsentieren kann. Es befähigt Sie jedoch zu einer besonderen Leistung und damit zu einem guten Prüfungsergebnis.

Für den Ausbildungsberuf Steuerfachangestellte/er vom 08.12.1995 fordert der Lehrplan: „Die Schülerinnen und Schüler sollen befähigt werden, die wichtigsten steuerlichen Gesetzte, Durchführungsverordnungen und Richtlinien anzuwenden, um an der Lösung berufstypischer Fälle der Praxis mitwirken zu können." Die ergänzenden Fälle dienen der allgemeinen Vorbereitung auf die Prüfung. So kann der „Rentenfall" als Gesamtsteuerfall als Projekt bearbeitet werden. Bei größeren Fällen sind auch Teilprobleme als Prüfungsfälle denkbar (z. B.: Feststellung des Anpassungsbetrages bei der Rentenbesteuerung).

---

[1] Die Zulassung von Hilfsmitteln in der mündlichen Prüfung ist im Gegensatz zur schriftlichen Prüfung nicht bundeseinheitlich geregelt. Die Zulassung wird durch die Prüfungsausschüsse geregelt.

Benutzungshinweise

Diese Symbole erleichtern Ihnen die Arbeit mit diesem Buch:

 TIPP

Hier finden Sie nützliche Hinweise zum Thema.

 MERKE

Das X macht auf wichtige Merksätze oder Definitionen aufmerksam.

 ACHTUNG

Das Ausrufezeichen steht für Beachtenswertes, wie z. B. Fehler, die immer wieder vorkommen, typische Stolpersteine oder wichtige Ausnahmen.

 INFO

Hier erhalten Sie nützliche Zusatz- und Hintergrundinformationen zum Thema.

 RECHTSGRUNDLAGEN

Das Paragrafenzeichen verweist auf rechtliche Grundlagen, wie z. B. Gesetzestexte.

 MEDIEN

Das Maus-Symbol weist Sie auf andere Medien hin. Sie finden hier Hinweise z. B. auf Download-Möglichkeiten von Zusatzmaterialien, auf Audio-Medien oder auf die Website von Kiehl.

Feedbackhinweis

Kein Produkt ist so gut, dass es nicht noch verbessert werden könnte. Ihre Meinung ist uns wichtig. Was gefällt Ihnen gut? Was können wir in Ihren Augen verbessern? Bitte schreiben Sie einfach eine E-Mail an: **feedback@kiehl.de**

Musterfälle und Anleitungen

Ablauf der mündlichen Prüfung (Mandantenorientierte Sachbearbeitung)
Phase 1
Übergabe der Aufgabenstellung durch den Prüfungsausschuss (ggf. Auswahl zwischen zwei Aufgabenstellungen)
Phase 2
Vorbereitung unter Aufsicht im Vorbereitungsraum mit Benutzung der zugelassenen Hilfsmittel[1] Zeitvorgabe ca. 10 Minuten
Phase 3
Vorstellung beim Prüfungsausschuss der Steuerberaterkammer **Eigentlicher Prüfungsablauf:**   ▶ Vorstellung des steuerlichen Sachverhalts durch den Prüfling (ggf. Vortrag des vorliegenden Aufgabentextes)   ▶ Darstellung zu lösender steuerrechtlicher Fragen (Problemsuche)   ▶ Lösungsvorschläge mit Hinterlegung der rechtlichen Vorschriften   ▶ Ggf. auf Nachfragen der Prüfer angemessen reagieren
Phase 4
Prüfungsabrundung durch zusätzliche Fragen aus weiteren Prüfungsbereichen seitens der Prüfer   Dauer des gesamten Prüfungsgesprächs soll 30 Minuten nicht überschreiten.

Musterfall 1

Phase 1
Aufgabenstellung   Die Eheleute Anton und Berta Klein beziehen beide eine Altersrente in ausreichender Höhe. Altersbedingt beabsichtigen Sie, Frau Klara Putzig als Haushaltshilfe mit einer wöchentlichen Arbeitszeit von 6 Stunden und einem Stundenlohn in Höhe von 12,00 € zu beschäftigen. Sie wollen von Ihnen beraten werden, was Sie steuerlich und sozialversicherungsrechtlich veranlassen müssen!

---

[1] Die Begründung für die Verwendung von Hilfsmitteln bei der Vorbereitung des Vortrages entspricht der Intention des Rahmenlehrplanes für den Ausbildungsberuf Steuerfachangestellter/Steuerfachangestellte, in dem folgendes postuliert ist:

„Die Schülerinnen und Schüler sollen befähigt werden, die wichtigsten steuerlichen Gesetze, DV und RL anzuwenden um an der Lösung berufsspezifischer Fälle der Praxis mitwirken zu können"

Der Autor, der selbst Mitglied und Berichterstatter des noch geltenden Lehrplans war, bestätigt diesen Sachverhalt.

Das Bereitstellen von Gesetzestexten ist bei den Steuerberaterkammern/Prüfungsausschüssen unterschiedlich geregelt.

Phase 2

Anfertigung eines Stichwortzettels:

- ▸ haushaltsnahe Beschäftigung (typische Arbeiten)
- ▸ Geringfügige Beschäftigung (bis 450,00 € monatlich)
- ▸ Haushaltsscheck-Verfahren (Mini-Job-Zentrale)
- ▸ Entscheidung über Sozialversicherungsbefreiung
- ▸ Nachweis der Entgelte
- ▸ Steuerliche Vergünstigung
- ▸ Abgabe einer ESt-Erklärung mit den Renteneinkünften

Phase 3

Vorstellung beim Prüfungsausschuss der Steuerberaterkammer
Zu folgendem Sachverhalt möchte ich Stellung nehmen:

Die Eheleute Klein, die beide eine Altersrente aus der gesetzlichen Rentenversicherung beziehen, beabsichtigen eine Haushaltshilfe stundenweise zu beschäftigen.

Es stellt sich zunächst die Frage, in welchem zeitlichen und wertmäßigen Umfang das Beschäftigungsverhältnis einzuordnen ist.

Geht man von 4,5 Wochen monatlich aus, so ergibt sich folgende Berechnung:

4,5 • 6 Stunden • 12,00 € = 324,00 €

Damit kann die Tätigkeit im Rahmen der gesetzlichen Vorschriften über eine geringfügige Beschäftigung bis 450,00 € Anwendung finden (§ 40 a EStG).

Das bedeutet, dass die Besteuerung nicht nach den allgemein gültigen Lohnsteuermerkmalen/Lohnsteuerklassen erfolgt, sondern pauschaliert wird.

Für den vorliegenden Fall ergibt sich für die Familie Klein folgende Berechnung (Geringfügige Beschäftigung im Haushalt):

5 % Rentenversicherung	= 16,20 €
5 % Krankenversicherung	= 16,20 €
2 % Steuern	= 6,48 €
Summe	= 38,08 €

Frau Putzig erklärte auf Nachfrage schriftlich, dass Sie sich von der Versicherungspflicht in der gesetzlichen Rentenversicherung befreien lassen wolle. Damit entfällt eine zusätzliche Belastung in Höhe von (18,8 % - 5 %) 13,8 %.

Diese wird in der Regel vom Arbeitnehmer getragen. Sie ist mindestens von 175,00 € zu berechnen.

Bezüglich der konkreten Abwicklung des Beschäftigungsvorgangs ist die Mini-Job-Zentrale in Essen zuständig.

Die Mini-Job-Zentrale vergibt eine Betriebsnummer und der Vorgang kann über das sogen. Haushaltsscheck-Verfahren (Vordruck der Mini-Job-Zentrale) abgewickelt werden.

Danach ergibt sich neben den Lohnzahlungen an die Beschäftigte folgende Belastung gegenüber der Mini-Job-Zentrale:

5 % Krankenversicherung   = 16,20 €
5 % Rentenversicherung   = 16,20 €
2 % Pauschalsteuern   = 6,48 €

Hinzu kommen die Beiträge für die Umlage 1 (1,0 %) und die Umlage 2 (0,39 %)

Die Eheleute Klein interessieren sich natürlich auch dafür, ob mit der Beschäftigung eine steuerliche Vergünstigung verbunden ist.

Als Rentenempfänger unterliegen Sie auch der Verpflichtung zur Abgabe einer ESt-Erklärung. Hier müssen Sie Ihre Renteneinkünfte als Sonstige Einkünfte deklarieren (Anlage R).

Der steuerpflichtige Rentenbetrag berechnet sich wie folgt:

Beispiel

Rentenbetrag des Jahres	5.027,00 €
darin enthaltener Anpassungsbetrag (steuerfreier Teil)	990,00 €
ab steuerfreier Anteil der Rente (z. B. 50 % Tabelle § 22 EStG)	2.019,00 €
Steuerpflichtiger Teil der Rente	3.008,00 €
Ab Werbungskostenpauschbetrag	102,00 €
Einkünfte	2.906,00 €

Die erforderlichen Angaben zur Rente kann man sich beim Rentenversicherungsträger bescheinigen lassen.

Wenn die Eheleute Klein sich offiziell mit einem Haushaltsscheck angemeldet haben, können jährlich 20 % der Kosten für die Haushaltshilfe, höchstens 510,00 € von der Steuerschuld abgezogen werden. Zum Nachweis der Aufwendungen erhält der Steuerpflichtige automatisch im Februar des Folgejahres eine Bescheinigung für das Finanzamt von der Mini-Job-Zentrale.

Voraussetzung für den Abzug ist somit, dass eine Steuerschuld anfällt. Das ist somit abhängig, ob für die Renteneinkünfte Steuern anfallen bzw. andere Einkünfte vorhanden sind.

Phase 4

Prüfungsabrundung durch zusätzliche Fragen aus weiteren Prüfungsbereichen seitens der Prüfer, z. B.

► Lohnsteuerklassen

► Sozialversicherungsbeiträge

► Kontierung einer Gehaltsabrechnung

Die Dauer des gesamten Prüfungsgesprächs soll 30 Minuten nicht überschreiten

Musterfall 2

Die Eheleute Manfred und Ursula Freundlich erzielen beide Einkünfte aus nichtselbstständiger Arbeit:

Ehemann   54.000 €, brutto

Ehefrau   48.000 €, brutto

Sie haben drei erwachsene Kinder, die jüngste Tochter ist 28 Jahre alt und befindet sich noch im Studium der Rechtswissenschaften. Nach einer Ausbildung als Steuerfachangestellte ist sie noch neben dem Studium in einer Steuerkanzlei beschäftigt. Im Veranlagungszeitraum hat sie dabei Einnahmen in Höhe von 5.400 € erzielt.

Ihre Eltern unterstützen ihr Studium monatlich mit 600 €. Sie wollen informiert werden, ob sie diese nachweisbaren Aufwendungen steuerlich geltend machen können.

Vorschlag für die Ausführung des Vortrags:

1. Phase: Anfertigung eines Stichwortzettels in der Vorbereitungszeit

- ► Feststellen der Gesetzesgrundlagen: § 33a Abs. 1 EStG (Merkzeichen im Gesetzestext zum schnellen Auffinden)
- ► Probleme aufzeigen
  - Höchstbeträge: 2022 = 10.347 € − 2021 = 9.744 € −2020 = 9.408 € − 2019 = 9.168 € − 2018 = 9.000 € − 2017 = 8.820 €
  - Berücksichtigung der eigenen Einkünfte und Bezüge
- ► Berechnung der eigenen Einkünfte und Bezüge der Tochter

  Berechnung (2022):

	Höchstbetrag	10.347 €
	Geleisteter Betrag	
	Einkünfte der Tochter:	
	Bruttoeinnahmen	
−	Werbungskostenpauschale (§ 9a Nr. 1a EStG)	
=	**Einkünfte**	
−	Karenzbetrag	
	Schädliche Einkünfte	
	Abzugsfähiger Höchstbetrag	
	(Gekürzter Höchstbetrag)	

- ► steuerlicher Abzugsbetrag als a. g. Belastung
- ► Für einen guten Start ggf. Einführungssatz zum Vortrag schriftlich formulieren.

Hier (z. B.):

„Bei dem mir vorgelegten Sachverhalt handelt es sich um die Frage, ob Unterhaltsaufwendungen für ein erwachsenes Kind, das sich noch in Berufsausbildung befindet, steuerlich berücksichtigt werden können."

Ansonsten empfiehlt es sich nicht, zusammenhängende Texte zu formulieren, weil dies zu zeitaufwendig ist. Vertrauen Sie Ihrer Formulierungskraft während des Vortrages. Stärken Sie Ihr Selbstbewusstsein durch intensives Üben von Vorträgen.

2. Phase: Durchführung des Prüfungsvortrages:
Bei dem mir vorgelegten Sachverhalt handelt es sich um die Frage, ob Unterhaltsaufwendungen für ein erwachsenes Kind, das sich noch in Berufsausbildung befindet, steuerlich berücksichtigt werden können. Dabei ist es von entscheidender Bedeutung, ob für das Kind noch ein Kinderfreibetrag zusteht oder nicht.

Steht noch ein Kinderfreibetrag nach § 32 EStG zu, so käme ggf. ein Ausbildungsfreibetrag nach **§ 33a Abs. 2 EStG** infrage.

Im vorliegenden Falle steht den Eltern kein Kinderfreibetrag mehr zu, weil die Tochter das 25. Lebensjahr vollendet hat und auch kein rechtlicher Grund für die Weitergewährung des Kinderfreibetrages gegeben ist (hier **§ 32 Abs. 4 Nr. 3 EStG** zitieren).

In vorliegendem Falle findet jedoch **§ 33a Abs. 1 EStG** (zitieren) Anwendung, wonach Aufwendungen für die Berufsausbildung eines Kindes, für das kein Kinderfreibetrag zusteht, bis 10.347 € steuerlich geltend gemacht werden können, soweit diese Beträge geleistet worden sind (Nachweis durch Banküberweisung).

Die Eltern können somit den von ihnen geleisteten Betrag von 7.200 € geltend machen.

Neben der Feststellung des Höchstbetrages sind jedoch noch die eigenen Einkünfte und Bezüge der Tochter zu berücksichtigen. Die eigenen Einkünfte i. S. d. EStG und Bezüge (z. B. BAFÖG-Zuschuss) sind abzuziehen, soweit sie die 624 € überschreiten (§ 33a Abs. 1 Satz 4 und Satz 5 EStG zitieren).

Weiter ist zu prüfen, ob das Vermögen der unterhaltenen Person als gering anzusehen ist. Die von der Rechtsprechung entwickelte Grenze liegt bei 15.500 € (§ 33a Abs. 1 Satz 4 EStG).

▸ **Berechnung der eigenen Einkünfte und Bezüge:**
   (Durchführung an der Tafel, OHP oder Flipchart)

Die Tochter bezieht Einkünfte aus nichtselbstständiger Arbeit (§ 19 EStG). Bezüge liegen keine vor.

Berechnung:

Höchstbetrag	10.347 €
Geleisteter Betrag	7.200 €
Einkünfte der Tochter:	
Bruttoeinnahmen	5.400 €
− Werbungskostenpauschale (§ 9a Nr. 1a EStG)	1.000 €
= **Einkünfte**	**4.400 €**
− Karenzbetrag (§ 33a Abs. 1 Satz 5 EStG)	624 €
Schädliche Einkünfte	3.776 €
Abzugsfähiger Höchstbetrag	
(Gekürzter Höchstbetrag)	6.571 €

Die geleisteten Beträge von 7.200 € können mit 6.571 € das zu versteuernde Einkommen mindern.

Zusatzinformation:
Sie sollten versuchen, während des Vortrages Ihr vorhandenes Wissen mit tangierenden Erläuterungen aufzufüllen.

So könnte man hier die Anmerkung machen, dass die tatsächliche Steuerersparnis bezüglich des Abzugsbetrages in Höhe von 6.571 € nicht bei jedem Steuerpflichtigen die gleiche Steuerersparnis auslöst. Das ist abhängig von der jeweiligen Progression des Steuerpflichtigen (Der Ersparnisprozentsatz kann von 14 % bis 45 % reichen ohne SolZ und KiSt).

Verwendung von Gesetzestexten und Richtlinien beim Vortrag[1]

Im Rahmen der Vorbereitungszeit besteht die Möglichkeit, die Ausführungen des bevorstehenden Vortrages mit den gesetzlichen Grundlagen zu begründen. Dadurch gewinnt der Vortrag wesentlich an Qualität und führt damit zu einer besseren Beurteilung. Folgende Hinweise mögen zur Realisierung dieser Zielsetzung hilfreich sein:

- Organisatorisch ist es sehr hilfreich, die auch für die Prüfung zulässige Markierung (Reiter) z. B. im Amtlichen Handbuch zur Einkommensteuer, Umsatzsteuergesetz, HGB usw. anzubringen. Dadurch ist ein schnelles Auffinden der Textstellen gewährleistet.

- Im Vortrag selbst ist es angemessen, Ausschnitte aus den gesetzlichen Grundlagen vorzulesen und zur Begründung heranzuziehen. Dadurch gewinnen Sie auch Zeit und gewährleisten einen flüssigen sprachlichen Ablauf.

- Von besonderer Qualität ist der Hinweis auf die Durchführungsverordnungen bzw. die jeweiligen Richtlinien.

---

[1] Dies gilt für die Prüfungskandidaten, die die Gesetze auch beim Vortrag selbst benutzen dürfen. Für die Vorbereitung ist die Arbeit mit den Gesetzestexten unabdingbar. Auch für die mündliche Prüfung „Mandantenorientierte Sachbearbeitung" sollten die gleichen Hilfsmittel (Gesetzestexte) erlaubt sein wie in der schriftlichen Prüfung. Nur so wird ein fundierter Vortrag gewährleistet und entspricht der Zielsetzung der Prüfungsordnung.

▶ Wenn das Thema einen aktuellen Bezug hat, sollten Sie die neuere Entwicklung des Sachverhaltes erwähnen. Damit zeigen Sie Ihr Interesse an steuerlichen Neuentwicklungen (anstehende Gesetzesänderungen), was sehr positiv zu bewerten ist.

▶ Beim Einstieg in den Vortrag ist eine allgemeine Darstellung der Gesetzesanwendung ggf. auch zweckmäßig:

- Gesetz

- Durchführungsverordnung (Gesetzescharakter)

- Richtlinien (als Verwaltungsanweisungen)

- FG-Urteile

- BFH-Urteile

- BMF-Schreiben.

Formulierungshilfe:
Bei der Bearbeitung des mir vorgelegten Sachverhalts habe ich grundsätzlich die sich aus dem Gesetz (z. B. EStG), der DV und den Richtlinien sich ergebenden Vorschriften zu beachten.

Bei der praktischen Bearbeitung habe ich die Möglichkeit mit der vorhandenen Software zu überprüfen, ob einschlägige FG-Urteile, BFH-Urteile vorliegen. Außerdem haben die BMF-Schreiben zu vielen Sachverhalten eine wesentliche Bedeutung.

10 Regeln für das Prüfungsgespräch

▶ Achten Sie genau auf die Ihnen gestellte Frage.

▶ Antworten Sie in ganzen Sätzen.

▶ Formulieren Sie ausführlich, so gewinnen Sie Zeit und stellen sich positiv dar.

▶ Wenn Sie keine exakte Antwort geben können, sollten Sie nicht einfach schweigen. Versuchen Sie vielmehr, Randgebiete anzusprechen. Der Prüfer bringt Sie sicherlich durch Rückfragen oder Hinweise auf die richtige Bahn.

▶ Sprechen Sie deutlich und gut akzentuiert.

▶ Wenden Sie die richtige Atemtechnik an, das mindert das Erkennen von Nervosität und gibt Ihnen Sicherheit.

▶ Reagieren Sie nicht unhöflich auf Rückfragen des Prüfers.

▶ Wenn Sie eine Frage nicht verstanden haben, fragen Sie höflich nach.

▶ Bewahren Sie im Prüfungsgespräch eine angemessene Haltung, die der Bedeutung der Prüfung gerecht wird.

▶ Für den Fall, dass der Prüfer Sie ein Prüfungsthema selbst vorschlagen lässt, sollten Sie vorbereitet sein.

10 Regeln für die Präsentation der Fälle

▶ Bei Darstellung an der Tafel teilen Sie sich den vorhandenen Platz sinnvoll ein! Die mittlere Tafel soll die Ergebnisse als Strukturbild enthalten. Berechnungen sollten an der linken und rechten Tafel durchgeführt werden.

▶ Wichtige Aussagen werden durch Unterstreichen, ggf. mit farbiger Kreide, hervorgehoben.

▶ Schreiben Sie groß genug, üben Sie das Schreiben an der Tafel durch Beteiligung am Unterricht.

▶ T-Konten sind breit genug anzulegen, damit die Buchungen übersichtlich dargestellt werden können.

▶ Gestalten Sie den Inhalt ggf. mit verschiedenen Farben an der Tafel oder auf der Folie zur Präsentation am OHP.

▶ Achten Sie bei der Präsentation am OHP darauf, dass das Gerät richtig eingestellt ist (DIN A4 muss das Bild ausfüllen).

▶ Treten Sie bei der Präsentation am OHP zur Seite, damit Sie das Bild nicht verdecken.

▶ Legen Sie die Folie nicht verkantet auf.

▶ Verwenden Sie ggf. einen Zeigestock für das Wandbild oder z. B. einen Bleistift zum Anzeigen auf der Folie.

▶ Bei der Präsentation am Flip-Chart gelten die Regeln entsprechend. Hier ist der Einsatz verschiedener Farben besonders günstig.

Merkmale von Prüflingen	
Positive Merkmale	**Negative Merkmale**
▶ schaut den Prüfer (offen) an	▶ wirft nur Brocken als Antwort hin
▶ antwortet überlegt	▶ schweift ab
▶ antwortet strukturiert	▶ langweilt
▶ schweift nicht ab	▶ antwortet sofort mit „irgendetwas"
▶ fragt bei Unklarheiten nach	▶ sitzt (nur) auf der Stuhlkante
▶ setzt sich „fest" hin	▶ spricht undeutlich/nuschelt
▶ spricht deutlich	▶ ist (motorisch) unruhig
▶ formuliert präzise	▶ unruhiger/unsteter Blick
▶ bleibt (motorisch) ruhig	▶ over- bzw. underdressed
▶ ruhiger Blick	
▶ hat sich gemäß der Kleiderordnung angezogen	
Quelle: Prof. Dr. Sighard Roloff, Hochschule Offenburg	

Lernfeld 1: Buchhaltungen einrichten und organisieren

Fall 1: Ein Mandant wird über seine Aufzeichnungs- und Buchführungspflichten informiert

Martin Müller will sich als Einzelhandelskaufmann selbstständig machen. Er hat sich an den verschiedensten Stellen beraten lassen. Für die Beantwortung der Frage, inwieweit er auch Aufzeichnungs- und Buchführungspflichten zu erfüllen habe, wurde ihm empfohlen, sich an einen Steuerberater zu wenden.

Müller vereinbart einen Termin beim Steuerberater und informiert in diesem Gespräch über folgende Sachverhalte:

- ► Er hat in guter Lage ein Geschäftslokal mit einer Verkaufs- und Nutzfläche von 340 qm.
- ► Er hat Arbeitsverträge mit insgesamt zwölf Personen abgeschlossen, davon sechs in Teilzeitarbeit.
- ► Er hat die notwendige Betriebs- und Geschäftsausstattung wie moderne Kasse und Computer für das Büro bereits geordert.
- ► Seine Ehefrau wird ebenfalls mit einem entsprechenden Arbeitsvertrag im Betrieb als Geschäftsführerin beschäftigt. Im Arbeitsvertrag ist ein monatliches Gehalt von 2.500 € vereinbart.

Welche Informationen erteilen Sie Herrn Müller?

Lösung s. Seite 357

Tangierende Problemkreise:

- ► Bei welchen Behörden muss das Unternehmen angemeldet werden?
- ► Wie ist der Arbeitsvertrag mit der Ehefrau steuerlich zu beurteilen?
- ► Beurteilen Sie die Finanzierungsmöglichkeiten von Herrn Müller!

Gesetzliche Buchführungspflichten[1]	
Handelsrecht	**Steuerrecht**
§§ 238 ff. HGB § 41 GmbHG § 33 GenG Istkaufmann (§ 1 HGB) Kannkaufmann (§ 2 HGB) Land- und Forstwirtschaft Kannkaufmann (§ 3 HGB) Kaufmann kraft Eintragung (§ 5 HGB) Handelsgesellschaften Formkaufmann (§ 6 HGB)	Abgeleitete Buchführungspflicht § 140 AO Originäre Buchführungspflicht § 141 AO Umsatz mehr als 600.000 € Gewinn mehr als 60.000 €

---

[1] **Anwendungszeitpunkt nach Bürokratieentlastungsgesetz:** Erstmals auf das nach dem **31.12.2015** beginnende Geschäfts- bzw. Wirtschaftsjahr (Art. 73 EGHGB; Art. 97 Abs. 3, 4, 8 und 9 EGAO).

§ RECHTSGRUNDLAGEN

§ 238 HGB Buchführungspflicht

(1) Jeder Kaufmann ist verpflichtet, Bücher zu führen und in diesen seine Handelsgeschäfte und die Lage seines Vermögens nach den Grundsätzen ordnungsmäßiger Buchführung ersichtlich zu machen. Die Buchführung muss so beschaffen sein, dass sie einem sachverständigen Dritten innerhalb angemessener Zeit einen Überblick über die Geschäftsvorfälle und über die Lage des Unternehmens vermitteln kann. Die Geschäftsvorfälle müssen sich in ihrer Entstehung und Abwicklung verfolgen lassen.

(2) Der Kaufmann ist verpflichtet, eine mit der Urschrift übereinstimmende Wiedergabe der abgesandten Handelsbriefe (Kopie, Abdruck, Abschrift oder sonstige Wiedergabe des Wortlauts auf einem Schrift-, Bild- oder anderen Datenträger) zurückzubehalten.

§ 141 AO Buchführungspflicht bestimmter Steuerpflichtiger (Auszug)

(1) Gewerbliche Unternehmer sowie Land- und Forstwirte, die nach den Feststellungen der Finanzbehörde für den einzelnen Betrieb

   1. Umsätze einschließlich der steuerfreien Umsätze, ausgenommen die Umsätze nach § 4 Nr. 8 bis 10 des Umsatzsteuergesetzes, von mehr als 600.000 Euro oder

   4. einen Gewinn aus Gewerbebetrieb von mehr als 60.000 Euro im Wirtschaftsjahr gehabt haben, sind auch dann verpflichtet, für diesen Betrieb Bücher zu führen und aufgrund jährlicher Bestandsaufnahmen Abschlüsse zu machen, wenn sich eine Buchführungspflicht nicht aus § 140 ergibt.

Fall 2: Ein Mandant lässt sich über die Ordnungsmäßigkeit der Buchführung beraten

Der Steuerpflichtige Otto Krause hat für seinen Kiosk jahrelang selbst die Buchführungsarbeiten erledigt. Da er aus seiner Ausbildung ein Durchschreibesystem sicher beherrscht, hat er seine Buchführungsarbeiten bisher nicht an einen Steuerberater übertragen.

Bei einer bei ihm durchgeführten Außenprüfung ergaben sich jedoch Bemängelungen, die schließlich dazu führten, dass seine Buchführung als nicht ordnungsgemäß deklariert wurde. Die Besteuerungsgrundlagen wurden geschätzt, er hatte eine nicht unbeachtliche Nachzahlung zu leisten.

Folgende Mängel wurden insbesondere vom Außenprüfer vorgetragen:

1. Die Belege wurden gesammelt und nach Ablauf eines Quartals gebucht.

2. Die Kasseneinnahmen wurden nicht täglich, sondern wöchentlich im Kassenbericht erfasst.

3. Da sein Warenbestand in etwa immer gleich ist, hat er nur alle zwei Jahre eine körperliche Bestandsaufnahme durchgeführt.

Herr Krause ist der Auffassung, dass er doch alles ordentlich erledigt hat und kann die Auffassung des Außenprüfers nicht teilen.

Wie beraten Sie Herrn Krause und was empfehlen Sie ihm?

Lösung s. Seite 358

Tangierende Problemkreise:

► Erforderliche Bücher einer ordnungsmäßigen Buchführung

► Formelle und materielle Ordnungsmäßigkeit

► Welcher Kontenrahmen soll für den Kontenplan zugrunde gelegt werden?

► Wie unterscheiden sich Buchführungs- und Aufzeichnungspflichten?

Ordnungsmäßigkeit der Buchführung[1]		
Vollständigkeit – Richtigkeit – Übersichtlichkeit – Klarheit		
Formelle Anforderungen und Mängel	**Bücher**	**Materielle Anforderungen und Mängel**
► Nichteinhaltung der Ordnungsvorschriften	► Inventar- und Bilanzbuch	► Zeitgerechte und geordnete Buchungen
► Nichteinhaltung der Aufbewahrungsvor-schriften,	► Grundbuch	► Richtige Bewertung nach Han-dels- und Steuerrecht
► Erfassung der Tagesein-nahmen ohne Beleg,	► Journal (chronologisch)	► Jährliche Inventur
► keine zeitnahe Eintra-gung im Kassenbuch und	► Hauptbuch	► Verkürzung der Einnahmen
► nicht zeitgerechte Bu-chung der Kasseneinla-gen und -entnahmen.	► Konten (systematisch)	► Erhöhung von Ausgaben
	► Nebenbücher	► nicht chronologisch fortlaufend geführtes Kassenbuch
► Kein geordnetes Beleg-wesen	► Kassenbuch[2]	► Nichtzählen des täglichen Kassen-bestandes[3]
► Fehlender Kontenplan	► Kontokorrent	► keine Erstellung von Eigenbelegen für Privatentnahmen/Privat-einlagen
	► Debitoren	
	► Kreditoren	► nur summenmäßige tägliche Kas-senbucheintragung ohne Einzel-nachweis durch Registrierkassen

---

[1] Siehe Anlage 2.

[2] Gilt seit dem 01.01.2018: Eine **Kassennachschau** kann unangekündigt erfolgen. Es handelt sich dabei nicht um eine Außenprüfung i. S. d. § 193 AO. Werden dabei jedoch Mängel festgestellt, kann ohne eine vorhe-rige Prüfungsanordnung zu einer Außenprüfung übergeleitet werden.

[3] Seit dem 01.01.2017 sind nur zwei Methoden zur Führung der Geschäftskasse zulässig: die **offene** Laden-kasse und **elektronische** Systeme. In beiden Fällen ist es notwendig, den Bargeldbestand bei Geschäfts-schluss zu dokumentieren.

 RECHTSGRUNDLAGEN

GoBD – Grundsätze zur ordnungsmäßigen Führung und Aufbewahrung von Büchern, Aufzeichnungen und Unterlagen in elektronischer Form sowie zum Datenzugriff (Inhalt – Datei herunterladen unter BFM: (GoBD) GZIV A 4 – S 0316/ 19/10003 :001 DOK2019/0962810)[1]

1.	Allgemeines
1.1	Nutzbarmachung außersteuerlicher Buchführungs- und Aufzeichnungspflichten für das Steuerrecht
1.2	Steuerliche Buchführungs- und Aufzeichnungspflichten
1.3	Aufbewahrung von Unterlagen und Daten zu Geschäftsvorfällen und solchen Unterlagen und Daten, die zum Verständnis und zur Überprüfung der für die Besteuerung gesetzlich vorgeschriebenen Aufzeichnungen von Bedeutung sind.
1.4	Ordnungsvorschriften
1.5	Führung von Büchern und sonst erforderlichen Aufzeichnungen von Datenträgern
1.6	Beweiskraft von Buchführungs- und Aufzeichnungen, Darstellungen von Beanstandungen durch die Finanzverwaltung
1.7	Aufzeichnungen
1.8	Bücher
1.9	Geschäftsvorfälle
1.10	Grundsätze ordnungsmäßiger Buchführung (GOB)
1.11	Datenverarbeitungssystem; Haupt-, Vor- und Nebensysteme
2.	Verantwortlichkeit
3.	Allgemeine Anforderungen
3.1	Grundsatz der Nachvollziehbarkeit und Nachprüfbarkeit (§ 145 Abs. 1 AO, § 238 Abs. 1 Satz 2 und 3 HGB)
3.2	Grundsätze der Wahrheit, Klarheit und fortlaufende Aufzeichnung
3.2.1	Vollständigkeit (§ 146 Abs. 1 AO, § 239 Abs. 2 HGB)
3.2.2	Richtigkeit (§ 146 Abs. 1 AO; § 239 Abs. 2 HGB)
3.2.3	Zeitgerechte Buchungen und Aufzeichnungen (§ 146 Abs. 1 AO, § 239 Abs. 2 HGB
3.2.4	Ordnung (§ 146 Abs. 1 AO, § 239 Abs. 2 HGB)
3.2.5	Unveränderbarkeit (§ 146 Abs. 4 AO, § 239 Abs. 3 HGB)
4.	Belegwesen (Belegfunktion)
4.1	Belegsicherung
4.2	Zuordnung zwischen Beleg und Grund(buch)aufzeichnung oder Buchung
4.3	Erfassungsgerechte Aufbereitung der Buchungsbelege
4.4	Besonderheiten
5.	Aufzeichnung der Geschäftsvorfälle in zeitlicher Reihenfolge und in sachlicher Ordnung (Grund(buch)aufzeichnungen, Journal- und Kontenfunktion)
5.1	Erfassung in Grund(buch)aufzeichnungen
5.2	Verbuchung im Journal (Journalfunktion)
5.3	Aufzeichnung der Geschäftsvorfälle in sachlicher Ordnung (Hauptbuch)

---

[1] Siehe auch R 5.2 EStR: Ordnungsmäßige Buchführung.

6.	Internes Kontrollsystem (IKS)
7.	Datensicherung
8.	Unveränderbarkeit, Protokollierung von Änderungen
9.	Aufbewahrung
9.1	Maschinelle Auswertbarkeit (§ 147 Abs. 2 Nr. 2 AO)
9.2	Elektronische Aufbewahrung
9.3	Elektronische Erfassung von Papierdokumenten (Scanvorgang)l
9.4	Auslagerung von Daten aus dem Programmsystem und Systemwechsel
10.	Nachvollziehbarkeit und Nachprüfbarkeit
10.1	Verfahrensdokumentation
10.2	Lesbarmachung von elektronischen Unterlagen
11.	Datenzugriff
11.1	Umfang und Ausübung des Rechts auf Datenzugriff nach § 147 Abs. 6 AO
11.2	Umfang der Mitwirkungspflicht nach § 147 Abs. 6 und § 200 Abs. 1 Satz 2 AO
12.	Zertifizierung und Software-Testate[1]

Ab dem 01.01.2020 besteht die Belegausgabepflicht für alle Steuerpflichtigen, die computergestützte Kassensysteme oder Registrierkassen nutzen.

Ein Beleg muss enthalten (§ 6 KassenSichV):

- den vollständigen Namen und die vollständige Anschrift des leistenden Unternehmers
- das Datum der Belegausstellung und den Zeitpunkt des Vorgangsbeginns sowie den Zeitpunkt der Vorgangsbeendigung
- die Menge und die Art der gelieferten Gegenstände oder den Umfang und die Art der sonstigen Leistung
- die Transaktionsnummer
- für jeden Steuersatz sind die Summen der Entgelte sowie die darin enthaltene Steuerbetrag aufzulisten. Im Fall einer Steuerbefreiung muss ein entsprechender Hinweis aufgebracht sein.
- die Seriennummer des elektronischen Aufzeichnungssystems oder die Seriennummer des Sicherheitsmoduls.

Laut Verordnung müssen Registrierkassen ab 01.01.2020 mit einer **technischen Sicherheitseinrichtung (TSE)** ausgestattet sein, die den Manipulationsschutz gewährleisten. Diese Sicherheitseinrichtung gibt es entweder als **Hardware** (mit ungefährer Größe eines USB-Sticks bzw. einer SD-Karte) oder als **Software** bzw. **Cloud-Lösung**.

---

[1] Dieses BMF-Schreiben tritt mit Wirkung vom 01.01.2020 an die Stelle des BMF-Schreibens vom 14.11.2014 - IV A 4 - S 0316/13/10003, BStBl. I S. 1450.

Fall 3: Ein Freiberufler lässt sich über die Gewinnermittlungsart beraten

Der Dipl.-Ing. (FH) Ernst Geimer entschließt sich, ein Architekturbüro zu eröffnen. Er informiert sich beim Steuerberater, welche steuerlichen Verpflichtungen sich für ihn daraus ergeben. Insbesondere will er folgende Fragen beantwortet haben:

1. Muss ich in meinen Honorarrechnungen auch Umsatzsteuer ausweisen? Welche weiteren Verpflichtungen ergeben sich ggf. für mich daraus?

2. Bisher hat er als Angestellter in einem Architekturbüro seine Einkünfte aus nicht-selbstständiger Arbeit versteuert. Ändert sich daran etwas?

3. Wie muss bzw. kann ich meine Einkünfte ermitteln?

4. In welcher Form kann ich meine Investitionen (Bürogeräte, Kopierer usw.) und die damit im Zusammenhang stehenden Zinsen geltend machen?

5. Welche Vorkehrungen muss ich treffen, um die sozialversicherungs- und steuer-rechtlichen Vorschriften bei der Beschäftigung von Angestellten zu erfüllen?

6. Welche Bestimmungen muss ich beachten, wenn ich Teilzeitkräfte beschäftige?

Wie beraten Sie Herrn Geimer?

Lösung s. Seite 360

Tangierende Problemkreise:

► Private Nutzung des betrieblichen Pkw durch den Architekten

► Alterssicherung des Architekten durch Abschluss von Lebensversicherungen (steuer-liche Behandlung)

► Beschäftigung der Ehefrau als Büroangestellte

► Zusätzliches häusliches Arbeitszimmer des Architekten.

Gewinnermittlungsarten

Betriebsvermögensvergleich nach § 4 Abs. 1 EStG	Betriebsvermögensvergleich nach § 5 EStG	Einnahme-Ausgabe-Rechnung nach § 4 Abs. 3 EStG	Gewinnermittlung nach Durchschnittssätzen nach § 13a EStG	Gewinnermittlung durch Schätzung nach § 162 AO
▸ Land- und Forstwirte (§ 141 AO) ▸ Selbstständig Tätige, die **freiwillig** Bücher führen ▸ Beachtung lediglich der einkommensteuerlichen Vorschriften über die Bewertung nach § 6 EStG	▸ Gewerbetreibende, die nach Handels- oder Steuerrecht zur Buchführung verpflichtet sind und ▸ freiwillig buchführende Gewerbetreibende ▸ Ordnungsmäßige Buchführung	▸ Gewerbetreibende und Selbstständige, die nicht zur Buchführung verpflichtet sind und ▸ Land- und Forstwirte, die nicht zur Buchführung verpflichtet sind und die auch nicht freiwillig Bücher führen	Der Gewinn ist für einen Betrieb der Land- und Forstwirtschaft nach den Absätzen 3 bis 7 zu ermitteln, wenn ▸ der Steuerpflichtige nicht aufgrund gesetzlicher Vorschriften verpflichtet ist, Bücher zu führen und regelmäßig Abschlüsse zu machen ▸ die selbst bewirtschaftete Fläche der landwirtschaftlichen Nutzung (**§ 34 Abs. 2 Nr. 1 Buchst. a BewG**) ohne Sonderkulturen (**§ 52 BewG**) nicht 20 Hektar überschreitet ▸ die Tierbestände insgesamt 50 Vieheinheiten (Anlage 1 zum BewG) nicht übersteigen ▸ der Wert der selbst bewirtschafteten Sondernutzungen nach Abs. 5 nicht mehr als 2.000 Deutsche Mark je Sondernutzung beträgt.	▸ Besteuerungsgrundlagen nicht feststellbar ▸ keine Bücher oder Aufzeichnungen ▸ materielle oder erhebliche formelle Fehler **Hilfsmittel:** ▸ Richtsatzschätzung ▸ Einzelbetriebsvergl. ▸ Innerer Betriebsvergl.

Fall 4: Beratung über den einzuführenden Kontenrahmen

Ein neuer Mandant sucht Beratung über den für ihn zweckmäßigen Kontenrahmen. Er führt ein Industrieunternehmen mittlerer Größe in der Rechtsform der GmbH und hat bisher mit dem IKR gearbeitet und möchte keine grundlegende Abweichung beim Wechsel zum Steuerberater.

Welchen Vorschlag werden Sie ihm unterbreiten, wenn Sie Genosse der DATEV sind?

1. Erklären Sie den grundlegenden Unterschied zwischen dem SKR 03 und dem SKR 04!

2. Worin drückt sich das Abschlussgliederungsprinzip konkret aus?

3. Wo finden wir die Rechtsgrundlagen für die Aufstellung der Bilanz und der Gewinn- und Verlust-Rechnung?

4. Wo erkennt man die Zuordnung der Konteninhalte zu den Bilanz- bzw. GuV-Positionen in den Kontenrahmen der DATEV?

Lösung s. Seite 362

Tangierende Problemkreise:

► Kontenrahmen und Kontenplan

► Kontenklassen-Kontengruppen.

Kontenrahmen

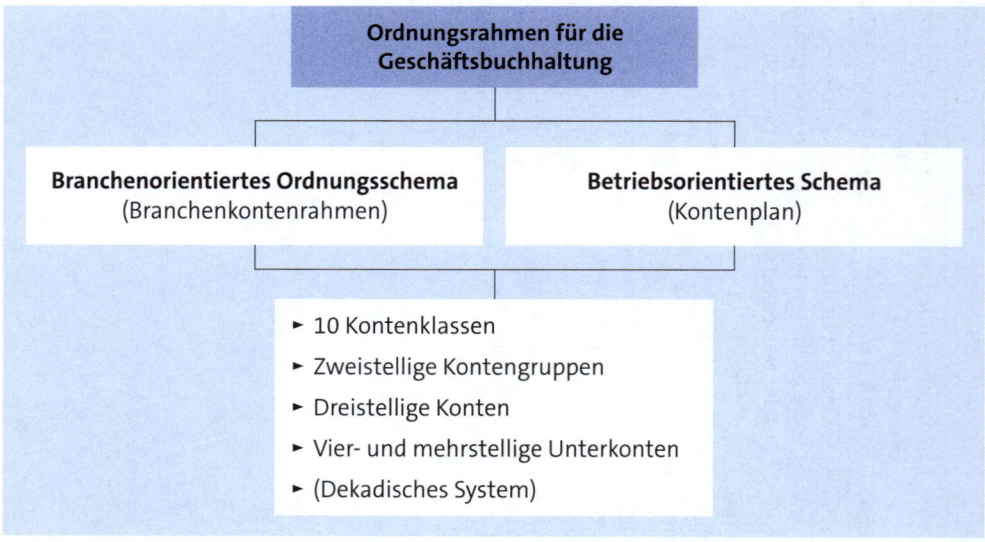

Aufbau der Kontenklassen

Prozessgliederungsprinzip	Abschlussgliederungsprinzip
(Betriebsabläufe)	(Gliederungsschema der Bilanz und GuV
z. B. DATEV SKR 03	nach den §§ 266 und 275 HGB)
	z. B. DATEV SKR 04

Auszug:

DATEV-Kontenrahmen nach dem Bilanzrichtlinie-Umsetzungsgesetz
Standardkontenrahmen - Prozessgliederungsprinzip (SKR 03)
Gültig für 2022

Bilanz-Posten[2]	Programm-verbindung[4] Abschluss-zweck[4]	0 Anlage- und Kapitalkonten	Bilanz-Posten[2]	Programm-verbindung[4] Abschluss-zweck[4]	0 Anlage- und Kapitalkonten
		KU 0600-0800 KU 0809 KU 0819-0963 KU 0968-0969 KU 0987-0989 KU 0996-0999	Grundstücke, grundstücks-gleiche Rechte und Bauten ein-schließlich der Bauten auf fremden Grund-stücken		**0080 Bauten auf eigenen Grundstü-cken und grundstücksgleichen Rechten** 0085 Grundstückswerte eigener bebauter Grundstücke 0090 Geschäftsbauten 0100 Fabrikbauten 0110 Garagen 0111 Außenanlagen für Geschäfts-, Fabrik- und andere Bauten 0112 Hof- und Wegebefestigungen 0113 Einrichtungen für Geschäfts-, Fabrik- und andere Bauten 0115 Andere Bauten
		0005 Rückständige fällige Einzahlungen auf Geschäftsanteile **Immaterielle Vermögensgegen-stände**			
Entgeltlich er-worbene Kon-zessionen, ge-werbliche Schutzrechte und ähnliche Rechte und Werte sowie Li-zenzen an sol-chen Rechten und Werten		**0010 Entgeltlich erworbene Konzessio-nen, gewerbliche Schutzrechte und ähnliche Rechte und Werte sowie Lizenzen an solchen Rech-ten und Werten** 0015 Konzessionen 0020 Gewerbliche Schutzrechte 0025 Ähnliche Rechte und Werte 0027 EDV-Software 0030 Lizenzen an gewerblichen Schutz-rechten und ähnlichen Rechten und Werten	Geleistete An-zahlungen und Anlagen im Bau		0120 Geschäfts-, Fabrik- und andere Bauten im Bau auf eigenen Grund-stücken 0129 Anzahlungen auf Geschäfts-, Fabrik- und andere Bauten auf eigenen Grundstücken[8]
Geschäfts- oder Firmenwert		**0035 Geschäfts- oder Firmenwert**	Grundstücke, grundstücks-gleiche Rechte und Bauten ein-schließlich der Bauten auf fremden Grund-stücken		0140 Wohnbauten 0145 Garagen 0146 Außenanlagen 0147 Hof- und Wegebefestigungen 0148 Einrichtungen für Wohnbauten 0149 Gebäudeteil des häuslichen Arbeitszimmers
Geleistete Anzahlungen		**0038 Anzahlungen auf Geschäfts- oder Firmenwert** **0039 Geleistete Anzahlungen auf im-materielle Vermögensgegen-stände**	Geleistete An-zahlungen und Anlagen im Bau		0150 Wohnbauten im Bau auf eigenen Grundstücken 0159 Anzahlungen auf Wohnbauten auf eigenen Grundstücken[8]
Geschäfts- oder Firmenwert		**0040 Verschmelzungsmehrwert[11]**	Grundstücke, grundstücks-gleiche Rechte und Bauten ein-schließlich der Bauten auf fremden Grund-stücken		**0160 Bauten auf fremden Grundstü-cken**
Selbst geschaf-fene gewerbli-che Schutz-rechte und ähn-liche Rechte und Werte	HB HB HB HB HB HB	**0043 Selbst geschaffene immaterielle Vermögensgegenstände** 0044 EDV-Software 0045 Lizenzen und Franchiseverträge 0046 Konzessionen und gewerbliche Schutzrechte 0047 Rezepte, Verfahren, Prototypen 0048 Immaterielle Vermögensgegen-stände in Entwicklung			0165 Geschäftsbauten 0170 Fabrikbauten 0175 Garagen 0176 Außenanlagen 0177 Hof- und Wegebefestigungen 0178 Einrichtungen für Geschäfts-, Fabrik-, Wohn- und andere Bauten 0179 Andere Bauten
		Sachanlagen	Geleistete An-zahlungen und Anlagen im Bau		0180 Geschäfts-, Fabrik- und andere Bauten im Bau auf fremden Grund-stücken 0189 Anzahlungen auf Geschäfts-, Fabrik- und andere Bauten auf fremden Grundstücken
Grundstücke, grundstücks-gleiche Rechte und Bauten ein-		**0050 Grundstücke, grundstücksgleiche Rechte und Bauten einschließlich der Bauten auf fremden Grund-stücken**			

DATEV-Kontenrahmen nach IFRS/IAS und dem Bilanzrichtlinie-Umsetzungsgesetz
Standardkontenrahmen - Abschlussgliederungsprinzip (SKR 04)
Gültig für 2022

Bilanz-Posten[2]) HGB	Bilanz-Posten[15]) IFRS/IAS	Pro-gramm-verbin-dung[4])	0 Anlagevermögenskonten
			KU 0050-0089
Sonstige Aktiva oder *sonstige Passiva[13])*			F 0050 Ausstehende Einlagen auf das Komplementär-Kapital, nicht eingefordert R 0051 -59 F 0060 Ausstehende Einlagen auf das Komplementär-Kapital, eingefordert R 0061 -69 F 0070 Ausstehende Einlagen auf das Kommandit-Kapital, nicht eingefordert R 0071 -79 F 0080 Ausstehende Einlagen auf das Kommandit-Kapital, eingefordert R 0081 -89 0090 Rückständige fällige Einzahlungen auf Geschäftsanteile
			Anlagevermögen
			Immaterielle Vermögensgegenstände
Entgeltlich erworbene Konzessionen, gewerbliche Schutzrechte und ähnliche Rechte und Werte sowie Lizenzen an solchen Rechten und Werten	HGB-Auffangposten		**0100 Entgeltlich erworbene Konzessionen, gewerbliche Schutzrechte und ähnliche Rechte und Werte sowie Lizenzen an solchen Rechten und Werten**
	Sonstige immaterielle Vermögenswerte		0110 Konzessionen 0120 Gewerbliche Schutzrechte
			0128 Markennamen *0129 Drucktitel und Verlagsrechte*
			0130 Ähnliche Rechte und Werte *0134 Rezepte, Geheimverfahren, Modelle und Prototypen*
			0135 EDV-Software 0140 Lizenzen an gewerblichen Schutzrechten und ähnlichen Rechten und Werten
Selbst geschaffene gewerbliche Schutzrechte und ähnliche Rechte und Werte	Selbsterstellte immaterielle Vermögenswerte		**0143 Selbst geschaffene immaterielle Vermögensgegenstände** 0144 EDV-Software 0145 Lizenzen und Franchiseverträge 0146 Konzessionen und gewerbliche Schutzrechte 0147 Rezepte, Verfahren, Prototypen 0148 Immaterielle Vermögensgegenstände in Entwicklung
	Sonstige immaterielle Vermögenswerte		*0149 Sonstige immaterielle Vermögensgegenstände*
Geschäfts- oder Firmenwert			**0150 Geschäfts- oder Firmenwert** 0160 Verschmelzungsmehrwert[11])
Geleistete Anzahlungen			**0170 Geleistete Anzahlungen auf immaterielle Vermögensgegenstände** 0179 Anzahlungen auf Geschäfts- oder Firmenwert
			Sachanlagen
Grundstücke, grundstücksgleiche Rechte und Bauten einschließlich der Bauten auf fremden Grundstücken	HGB-Auffangposten		**0200 Grundstücke, grundstücksgleiche Rechte und Bauten einschließlich der Bauten auf fremden Grundstücken** 0210 Grundstücksgleiche Rechte ohne Bauten
	Sachanlagen		0215 Unbebaute Grundstücke 0220 Grundstücksgleiche Rechte (Erbbaurecht, Dauerwohnrecht, unbebaute Grundstücke) 0225 Grundstücke mit Substanzverzehr 0229 Grundstücksanteil des häuslichen Arbeitszimmers 0230 Bauten auf eigenen Grundstücken und grundstücksgleichen Rechten 0235 Grundstückswerte eigener bebauter Grundstücke 0240 Geschäftsbauten
			0250 Fabrikbauten 0260 Andere Bauten 0270 Garagen
			0280 Außenanlagen für Geschäfts-, Fabrik- und andere Bauten 0285 Hof- und Wegebefestigungen 0290 Einrichtungen für Geschäfts-, Fabrik- und andere Bauten

Fall 5: Beratung über das DATEV-Konto

Ein Berufsfachschüler mit Grundkenntnissen der Buchführung soll von Ihnen in die DATEV-gerechte Buchungsweise eingeführt werden.

Dazu verwenden Sie folgende Vorlage (Buchungsliste der DATEV):

Buchungsliste								
Soll	Haben	S	U	Gegenkonto	B. Nr.	Konto	Skonto

1. Erläutern Sie an folgenden Belegen die Buchungsmöglichkeiten:

   1.1 Einkaufsrechnung, brutto   2.975 €

   1.2 Umsatzerlöse, brutto   10.115 €

   1.3 Banküberweisung für Kfz-Steuer   1.200 €

   1.4 Banküberweisung für Pkw-Reparatur, brutto   595 €

   1.5 Banküberweisung für Eingangsrechnung aus 1.1. unter Abzug von 2 % Skonto

Lösung s. Seite 363

Tangierende Problemkreise:

▸ Automatisches Konto

▸ Buchungskreise

▸ Zeitpunkt der Buchungen

▸ Erstellung der USt-Voranmeldung aus der Buchhaltung.

Buchungszeile – Grundlagenwissen Finanzbuchhaltung, Buchen mit DATEV

Bearbeitung Nr. 60		Abstimmsumme: 15.363,94 H								
GU:	WKZ:	Umsatz:	BU Gegenkto:	S	Belegfeld 1:	Belegfeld 2:	Datum:	KOST-Datum:	Konto:	H	Leistungsdatum:
	EUR ▾	2.075,63 H	81300 ▣		10425		08.03.		1200 ▣	
KOST1:	KOST2:	KOST-Menge:	Skonto:		Buchungstext:					
▣	▣						▣ ▤ ▣ ✓ ✖		

Erläuterungen zur Buchungszeile am Beispiel Kanzlei-Rechnungswesen

▸ **WKZ:** Währungskennzeichen (in der Regel ist dies der Euro). Hier legen Sie die Belegwährung fest.

▸ **Umsatz:** Eingabe des steuerlichen Brutto-Betrages (inkl. Umsatzsteuer). Der Betrag muss mit Soll oder Haben ausgelöst werden (Taste „Enter" = Soll ; Taste „+" im Ziffernblock = Haben). Damit legen Sie fest, ob das Konto im Feld **Konto** das Soll- oder das Haben-Konto ist.

▸ **BU:** Sie können in der Buchungszeile im Feld **BU Gegenkonto** einen Steuer- bzw. Berichtigungsschlüssel (BU-Schlüssel) eingeben. Eine Übersicht der Bedeutung der Berichtigungsschlüssel sowie Steuerschlüssel erhalten Sie unter Übersicht Steuer- und Berichtigungsschlüssel.

▸ **Gegenkonto:** Eingabe der Kontonummer des Gegenkontos

▸ **Belegfeld 1:** Diese Feld dient zur Eingabe der Beleg- oder Rechnungsnummer (maximal 12-stellig, alphanumerisch mit Sonderzeichen). Die Rechnungsnummer ist in der Offenen-Posten-Buchführung (OPOS) das Kriterium zum Ausgleich der offenen Posten. Standardmäßig wird der Inhalt dieses Feldes automatisch in die nächste Buchungszeile übernommen (Schleppfeldfunktion). Falls dies nicht gewünscht ist, geben Sie eine 0 (Null) ein.

▸ **Belegfeld 2:** Dieses Feld wird für die Offene-Posten-Buchführung (OPOS) benötigt. Sie können hier für eine Buchung zusätzliche Angaben zur Fälligkeitsermittlung oder zur Banksteuerung im Zahlungsvorschlag oder eine Belegnummer erfassen. Für die Hauptbuchführung ist dieses Feld ohne Bedeutung.

▸ **Datum:** Eingabe des Buchungs- oder Belegdatums in Tag und Monat (3- bzw. 4-stellig, ohne Punkt). Es ist keine Jahresangabe erforderlich, da dies durch die Daten des Vorlaufs bestimmt ist. Standardmäßig wird der Inhalt dieses Feldes automatisch in die nächste Buchungszeile übernommen (Schleppfeldfunktion).

▸ **KOST-Datum:** Hier kann ein abweichendes Datum für Buchungssachverhalte in der Kostenrechnung erfasst werden.

▸ **Konto:** Kontonummer (Soll- oder Haben-Konto abhängig vom Verlassen des Umsatz-Feldes). Auch dieses Feld besitzt standardmäßig eine Schleppfunktion, die Sie effizient nutzen können, indem Sie als Konto jenes verwenden, welches sich in den folgenden Buchungssätzen wiederholt (z. B. Kasse, Bank, Salden-Vortragskonto etc.).

▸ **Leistungsdatum:** Sie können bei Eingangs- oder Ausgangsrechnungen zusätzlich zum Belegdatum ein Leistungsdatum erfassen. Dadurch ist eine periodengerechte Abgrenzung der Leistung und der Steuer möglich.

▸ **KOST1/KOST2:** Hier werden Informationen für die Kostenrechnung (z. B. Kostenstellen) erfasst.

▸ **KOST-Menge:** Hier können weitere Informationen für die Kostenrechnung eingegeben werden (z. B. Mengenangaben).

▸ **Skonto:** Bei Zahlungen mit Abzug von Skonto wird hier der Skontobetrag (brutto) eingegeben (nur für Buchhaltungen mit Kontokorrent relevant).

▸ **Buchungstext:** In diesem Feld kann ein Text zur Identifizierung der Buchung erfasst werden (maximal 60 Stellen). Es können Textkonstanten hinterlegt werden.

▸ **Zusatzinformationen anlegen oder ändern:** Sie können die Zusatzinformationen erfassen, indem Sie neben dem Feld **Buchungstext** auf das Symbol drücken.

▸ **Buchung übernehmen:** Um die erfassten Angaben in der Buchungszeile zu übernehmen, klicken Sie auf das Symbol ☑ oder drücken Sie die Tastenkombination ALT + ü.

▸ **Zeile leeren:** Um die erfassten Angaben in der Buchungszeile zu löschen, klicken Sie auf das Symbol ☒ oder drücken Sie die Tastenkombination ALT + z.

Fall 6: Betriebsvermögensvergleich und Kapitalkontenentwicklung

Sie erhalten den Auftrag, anhand folgender Daten einen Betriebsvermögensvergleich und eine Kapitalkontenentwicklung über drei Jahre durchzuführen:

Kapital am 01.01.01	545.000 €	Privatentnahmen 02	65.000 €
Kapital am 31.12.01	756.000 €	Privateinlagen 02	10.000 €
Privatentnahmen 01	60.000 €	Kapital am 31.12.03	876.000 €
Privateinlagen 01	5.000 €	Privatentnahmen 03	70.000 €
Kapital am 31.12.02	678.000 €		

Verwenden Sie folgende Tabellen:

Betriebsvermögensvergleich			
	01	02	03

Kapitalkontenentwicklung			
	01	02	03

Lösung s. Seite 365

Tangierende Problemkreise:

- ► Rechtsgrundlage für den Betriebsvermögensvergleich
- ► Bedeutung der Privatentnahmen für die Kapitaldecke des Unternehmens
- ► Erläuterung der Kennzahl „Finanzierung".

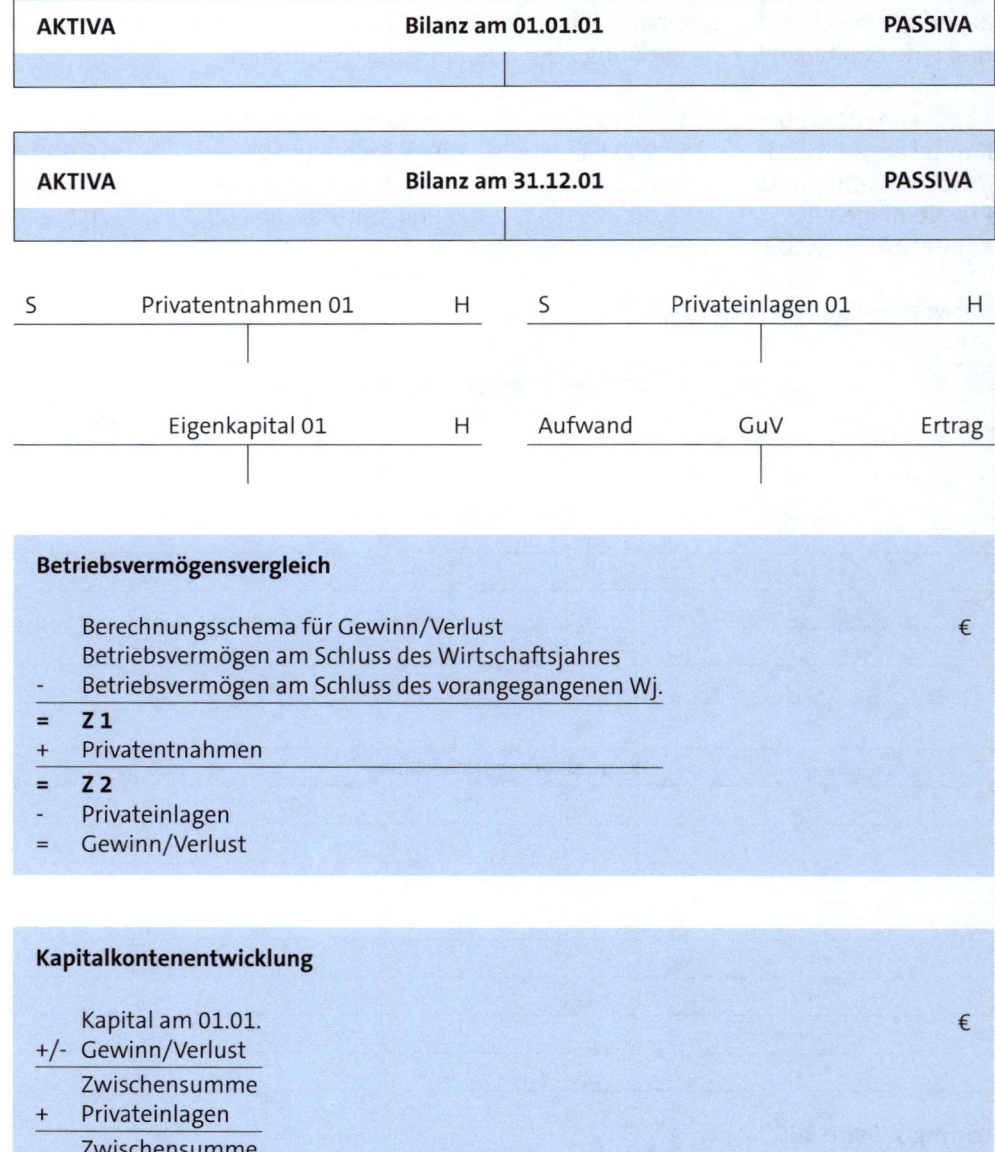

AKTIVA	Bilanz am 01.01.01	PASSIVA

AKTIVA	Bilanz am 31.12.01	PASSIVA

S   Privatentnahmen 01   H   S   Privateinlagen 01   H

     Eigenkapital 01   H   Aufwand   GuV   Ertrag

Betriebsvermögensvergleich

		€
	Berechnungsschema für Gewinn/Verlust	
	Betriebsvermögen am Schluss des Wirtschaftsjahres	
-	Betriebsvermögen am Schluss des vorangegangenen Wj.	
=	**Z 1**	
+	Privatentnahmen	
=	**Z 2**	
-	Privateinlagen	
=	Gewinn/Verlust	

Kapitalkontenentwicklung

		€
	Kapital am 01.01.	
+/-	Gewinn/Verlust	
	Zwischensumme	
+	Privateinlagen	
	Zwischensumme	
-	Privatentnahmen	
	Kapital am 31.12.	

Lernfeld 2: Geschäftsfälle buchen

Fall 7: Überschüssige Liquidität soll angelegt werden

Ihr Mandant verfügt über betriebliche Finanzmittel, die zur Abwicklung des laufenden Zahlungsverkehrs nicht benötigt werden. Es handelt sich dabei um 10.000 €.

Er interessiert sich insbesondere für die Anlage in festverzinsliche Wertpapiere. Er hat sich bei einer Bank ein Angebot unterbreiten lassen, das er Ihnen mit der Bitte um objektive Beratung vorlegt:

Nennwert	Wertpapierart	Kaufkurs	Kauftag	Zinstermin
10.000,00	2,5 % Bundesanleihen 12/44	129,34 %	03.07. (Val.)	04.08.
10.000,00	1,625 % Bayern LSA 04/24	108,32 %	03.07. (Val.)	15.04.

Folgende Fragen werden Ihnen unmittelbar gestellt:

1. Wie ist der unterschiedliche Ankaufkurs der Wertpapiere zu erklären?

2. Welche Rolle spielt die Restlaufzeit der Wertpapiere?

3. Welcher Betrag steht am Fälligkeitstag der Papiere zur Verfügung?

4. Was bedeutet Effektivverzinsung in diesem Zusammenhang?

5. Wie sieht eine Kaufabrechnung der Wertpapiere aus, wenn er sich zum Kauf der 2,5 % Wertpapiere (spesenfrei) entschließt? (Verwenden Sie neben stehende Tabelle!)

Kaufabrechnung von Zinspapieren (mit Pluszinsen)

	Nennwert	€	
	Kurswert	%	€
+	Stückzinsen ... Tage	%	€
	Ausmachender Betrag		€
+	Bankprovision	%	€
+	Maklergebühr	‰	€
=	**Kaufpreis**		€

6. Wie ist der Kauf der Wertpapiere zu buchen?

7. Wie steht es um das Kursrisiko?

8. Welche Bedeutung ist den Klassifizierungsmerkmalen der Ratingagenturen beizumessen (AAA, AA+ usw.)?

Lösung s. Seite 366

Fall 7a: Verkauf von Wertpapieren des Betriebs- und Privatvermögens

Zur Verbesserung der Liquidität wurden am 25.11.06 8.000 € Nennwert der am 03.07.06 gekauften 2,5 % Bundesanleihen verkauft. Der Verkaufskurs betrug 134,56 %

a) die Wertpapiere befinden sich im Betriebsvermögen eines Einzelunternehmens

b) die Wertpapiere befinden sich im Privatvermögen

1. Erstellen Sie eine Verkaufsabrechnung, wenn für den Verkauf über die Hausbank 0,5 % Provision und 0,75 ‰ Maklergebühr berechnet wurde.

2. Wie ist der Verkaufsvorgang buchmäßig zu erfassen?

3. Ergeben sich auch steuerliche Folgen, wenn sich die Wertpapiere im Privatvermögen befinden?

Verkauf von festverzinslichen Wertpapieren	
Wertpapiere des Betriebsvermögens	**Wertpapiere des Privatvermögens**

<table>
<tr><td>

↓

Verkaufserlös, netto
- Buchwert
= Sonstiger Ertrag
  bzw. Sonstiger Verlust

↓

Kontierung

↓

</td><td>

Berechnung des Verkaufserlöses[1]

Verkaufserlös (nach Abzug der Verkaufskosten)
- Einstandswert
  (Kaufkurs + SolZ + ggf. KiSt)
= Veräußerungsgewinn
- Werbungskosten
= Einkünfte aus Kapitalvermögen

</td></tr>
</table>

Soll SKR 03/04	Betrag	Haben SKR 03/04
1200 (1800) Bank		
1810 (2150) Privatsteuern		
		1348 (1510) Sonstige Wertpapiere
		Zinserträge 2650 (7110)
		Sonstiger Ertrag 2725 (4905)
Sonstiger Verlust 2325 (6905)		

Informationen:

[1] Werbungskostenpauschale = 102 €
(§ 9a Satz 1 Nr. 3 EStG)

↓

Sparerfreibetrag 801 € (Einzelveranlagung) (§ 20 Abs. 9 EStG)

↓

1.602 € (Zusammenveranlagung)
(§ 20 Abs. 9 EStG)

↓

für die Veräußerungsgewinne besteht keine Frist mehr, in der der Verkauf steuerfrei ist (Spekulationsfrist)

↓

Beim Verkauf zieht die Bank 25 % Kapitalertragsteuer + SolZ + ggf. Kirchensteuer ab

↓

Es handelt sich um eine Abgeltungssteuer, d. h. die Einkünfte brauchen nicht mehr in der ESt-Erklärung deklariert zu werden.

↓

Beträgt die tatsächliche Belastung nach der ESt-Tabelle weniger als 25 % (Progression), so kann durch eine Veranlagung die zu hohe Abgeltungssteuer korrigiert werden.

Zinsgutschriften
aus festverzinslichen Wertpapieren

↓

Soll SKR 03/04	Betrag	Haben SKR 03/04
1200 (1800) Bank		
1810 (2150) Privatsteuern		
		2650 (1710) Zinserträge

↓

Beim Verkauf zieht die Bank 25 % Kapitalertragsteuer + SolZ + ggf. Kirchensteuer ab.

↓

Es handelt sich um eine private Steuer, die über das Privatkonto zu erfassen ist.

Lösung s. Seite 367

---

[1] Der SolZ auf Körperschaftsteuer (GmbH-AG) bleibt bestehen. Das gilt auch für steuerpflichtige Kapitalerträge.

Wertpapiere des Betriebsvermögens		
Wertpapiere des Anlagevermögens **(langfristige Anlage)**		**Wertpapiere des Umlaufvermögens** **(kurzfristige Anlage)**
Gläubigerpapiere	Teilhaberpapiere	Investmentzertifikate
feste/variable Verzinsung	schwankender Ertrag (Dividende)	schwankender Ertrag (Ertrag + Kursgewinn)
► Bundesanleihen ► Bundesobligationen ► Bundesschatzbriefe (Typ A • Typ B) ► Landesanleihen ► Kommunalanleihen ► Pfandbriefe ► Industrieobligationen	► Aktien	► Aktienfonds ► gemischte Fonds ► Rentenfonds
Ermittlung der Erträge aus den Wertpapieren		
Zinsberechnung vom Nennwert	Dividende je Aktie	Ertrag + Kursgewinn je Anteil
Steuerliche Behandlung		
Zinseinnahmen vor Abzug der Kapitalertragsteuer + SolZ + KiSt = Betriebseinnahme	Bankgutschrift (Nettodividende) + Kapitalertragsteuer + SolZ = Bardividende (Dividende) (Betriebseinnahme)	Ertrag + Kursgewinn = steuerpfl. Einnahme
Betriebswirtschaftliche Risikobewertung		
Risikoarm	Risikoreich	Risikostreuung
Kontierung der Erträge nach SKR 03 und SKR 04		
Festverzinsliche Wertpapiere: 1200 (1800) Bank (Gutschrift) 1810 (2150) Private Steuern (Kapitalertragsteuer, SolZ)	an 2650 (7110) Zinserträge	
Aktien: 1200 (1800) Bank (Gutschrift) 1810 (2150) Private Steuern (Kapitalertragsteuer, SolZ)	2615 (7103) Laufende Erträge aus Anteilen an Kapitalgesellschaften § 3 Nr. 40 EStG/ § 8b KStG	

Fall 8: Der Aktienkauf

Ein Mandant verfügt über freies Kapital und interessiert sich, nachdem er bereits festverzinsliche Papiere im Betriebsvermögen hat, für den Kauf von Aktien.

Anhand der Börsenberichte hat er versucht, sich über das Aktiengeschäft zu informieren.

Zur Bestätigung und weiterer Information hat er eine ganze Reihe von Fragen an Sie:

1. Wie ist der Kurswert einer Aktie im Verhältnis zu ihrem Nennwert zu erklären?
2. Was versteht man in diesem Zusammenhang unter Bilanzkurs?
3. In welcher Bilanzposition kommt der Nennwert der Aktien bei der AG zum Ausdruck?
4. Welche Nebenkosten entstehen beim Kauf von Aktien?
5. Wie unterscheidet sich die steuerliche Behandlung der Erträge aus Aktien bei der Zugehörigkeit zum Privatvermögen bzw. Betriebsvermögen?
6. Was ist erforderlich, damit Aktien zum Betriebsvermögen zu rechnen sind?
7. Welche bilanztechnische Frage ist zu klären, wenn die gekauften Aktien dem Betriebsvermögen zugerechnet werden sollen?
8. Wie werden die Kaufnebenkosten bilanzsteuerrechtlich behandelt?
9. Der Mandant hat sich zum Kauf von AX-Aktien entschlossen. Ihm liegt folgende Kaufabrechnung vor:

   Kaufabrechnung von Aktien

	Anzahl der Aktien	200 Stück	
	Kurswert der Aktien	250,00 €	50.000,00 €
+	Bankprovision	1 %	500,00 €
+	Maklergebühr	0,8 ‰	40,00 €
=	**Kaufpreis (Anschaffungskosten)**		**50.540,00 €**

   9.1 Die Aktien sollen nicht als langfristige Anlage dienen. Wie muss der Mandant diesen Vorgang buchen?

   9.2 Am Bilanzstichtag ist der Kurswert der Aktien auf 230 € gesunken. Mit welchem Wert sind die Aktien in der Bilanz zu erfassen, wenn die Wertminderung bis zum Zeitpunkt der Bilanzaufstellung anhielt?

   9.3 Wie wäre zu verfahren, wenn der Kurs auf 280 € gestiegen ist?

Lösung s. Seite 368

Beispielzahlen für eine Aktienentwicklung (Allianz)[1]		2021
Anzahl ausgegebener Aktien zum 31. Dezember	Mio	408,5
Aktienkurs zum 31. Dezember	€	207,65
Jahreshoch	€	221,95

---

[1] Stand: 04.05.2022 (Hauptversammlung).

Beispielzahlen für eine Aktienentwicklung (Allianz)[1]		2021
Jahrestief	€	184,74
Jahresperformance (ohne Dividende)	%	3,5
Jahresperformance (mit reinvestierter Dividende)	%	8,1
Marktkapitalisierung zum 31. Dezember	Mrd. €	84,8
Ergebnis je Aktie	€	15,96
Kurs-Gewinn-Verhältnis (KGV)		13,0
Dividende je Aktie	€	10,80
Dividendensumme	Mio. €	4.383
Dividendenrendite, bezogen auf den Jahresendkurs	%	5,2
Ausschüttungsquote	%	67

Dividendenrendite = (Dividende · 100) : (Aktienkurs)

Begriffe im Aktienhandel

ISIN
Anhand der zwölfstelligen „International Security Identification Number" kann jedes Wertpapier eindeutig bestimmt werden.

Kurs
Hier handelt es sich um den Schlusskurs, wie er an einem deutschen Börsenplatz ermittelt wurde (in Euro).

52 Wochen Hoch/Tief
Gibt den jeweiligen Höchst. bzw. Tiefstkurs auf Tagesbasis innerhalb der zurückliegenden 52 Wochen an.

Performance
Zeigt die Wertentwicklung des Kurses in Prozent (ohne Berücksichtigung von Dividendenzahlungen) der letzten zwölf Monate.

Börsenwert
Marktkapitalisierung eines Unternehmens an der Börse in Euro. Zur Berechnung werden sämtliche ausgegebenen Aktien (Grundkapital plus genehmigtes Kapital) mit dem aktuellen Aktienkurs multipliziert.

Dividendenrendite
Setzt die erwartete Ausschüttung ins Verhältnis zum Kurs. Je höher die Dividendenrendite, umso attraktiver ist die Aktie unter Renditegesichtspunkten.

Kurs-Gewinn-Verhältnis (KGV)
Zeigt an, mit dem Wievielfachen des erwarteten Gewinns je Aktie das Unternehmen an der Börse bewertet ist. Je niedriger das KGV, umso attraktiver ist die Aktie im Vergleich zu anderen Titeln der Branche.

DAX 30: Marktkapitalisierung

Die DAX 30 Marktkapitalisierung ergibt sich aus der Multiplikation des aktuellen Aktienkurses der jeweiligen Gesellschaft und der Gesamtzahl der vom Unternehmen herausgegeben Anteilsscheine.

Die Hauptversammlung bestimmt die Dividende

Die Höhe der Dividende pro Aktie wird auf der jährlichen Hauptversammlung einer Aktiengesellschaft beschlossen. Jeder Anleger, der die Aktie **an diesem Tag** im Depot hat, erhält die **vollständige Dividende**. Doch wer erst kurz vor dem Hauptversammlungstermin kauft, bezahlt für die zu erwartende Dividendenausschüttung einen entsprechend höheren Kurs, z. B. Hauptversammlungstermine 2022.

DAX-Unternehmen	ISIN	Hauptversammlung
adidas	DE000A1EWWW0	14.05.2022
Allianz	DE0008404005	06.05.2022
BASF	DE000BASF111	30.04.2022
Bayer	DE000BAY0017	25.04.2022
Beiersdorf	DE0005200000	16.04.2022
BMW	DE0005190003	14.05.2022
Continental	DE0005439004	26.04.2022
Daimler	DE0007100000	01.04.2022

Fall 9: Die Dividendengutschrift

Der Mandant hat Aktien in seinem Besitz. Er erhält nachstehende Dividendengutschrift und lässt sich von Ihnen beraten, wie er diesen Beleg steuerrechtlich ordnungsgemäß behandelt. Da sich die Aktien im Betriebsvermögen befinden, möchte er auch über die Gewinnauswirkung informiert sein. Außerdem will er für seine Buchhaltung wissen, wie der Beleg zu buchen ist.

Bankhaus Irgendwo Dividendengutschrift und Steuerbescheinigung		
100 AX-Aktien 15,00 € Dividende je Stück		1.500,00 €
25 % Kapitalertragsteuer[1] 5,5 % SolZ	375,00 € 20,62 €	395,62 €
Valuta 30.06.20..		**1.104,38 €**
Willi Musterkunde Schönestraße 17 **60327 Frankfurt/M.**		

---

[1] Seit 01.01.2015 ist neben der Abgeltungssteuer auch der Abzug der Kirchensteuer vorgeschrieben.

1. Der Mandant wünscht auch Auskunft darüber, ob er den Vorgang auch dann steuerlich berücksichtigen muss, wenn er die Aktien im Privatvermögen hält!

2. Für zukünftige Entscheidungen im Hinblick auf die Zurechnung der Aktien zum Betriebs- oder Privatvermögen will der Mandant wissen, wie er einen Kursgewinn bzw. Kursverlust anzusetzen hat!

3. Aktien sind mit einem Stimmrecht verbunden. Der Mandant will informiert sein, wie er sein Stimmrecht geltend machen kann!

4. Der Mandant wünscht Aufklärung darüber, was mit Effektivverzinsung bei Aktien gemeint ist!

5. Außerdem möchte er die Größe KgV erläutert haben!

6. Der Mandant interessiert sich auch für die Frage, wie der bei der AG erzielte Gewinn versteuert wird!

7. Er möchte außerdem wissen, wie der im Betrieb verbliebene Gewinn buchtechnisch abgewickelt wird!

8. In diesem Zusammenhang will er auch von Ihnen den Unterschied zwischen Rücklagen und Rückstellungen erläutert haben!

Lösung s. Seite 370

**Körperschaftsteuer – Teileinkünfteverfahren
(Aktien im Betriebsvermögen von Einzelunternehmen und Personengesellschaften)**

► **Besteuerung auf der Ebene der Kapitalgesellschaft**

Gewinn vor KSt u. SolZ		**100.000,00 €**
= **Bruttodividende**		
- Körperschaftsteuer 15 % (§ 23 Abs. 1 KStG)		15.000,00 €
- 5,5 % SolZ		825,00 €
für Ausschüttung zur Verfügung:		
= **Bardividende**		**84.175,00 €**
- Kapitalertragsteuer 25 %	21.043,75 €	
(§ 43a Abs. 1 Satz 1 Nr. 1 und		
§ 32d Abs. 1 Satz 1 EStG)		
- 5,5 % SolZ[1]	1.157,40 €	22.201,15 €
(§ 3 Abs. 1 Nr. 5 SolZG)		
= **Gutschrift (Nettodividende)**		**61.973,85 €**

Berechnung der Kapitalertragsteuer von der Bardividende

---

[1] Von der auszahlenden Stelle an das Finanzamt abzuführen; ggf. Abzug der KiSt.

► **Besteuerung auf der Ebene des Anteilseigners**

Bardividende	84.175,00 €
davon steuerfrei:	
40 %	33.670,00 €
davon steuerpflichtig:	
60 %	50.505,00 €
(§ 3 Nr. 40 Buchst. d EStG)	

Kapitalertragsteuer und SolZ sind Einnahmen (§ 20 Abs. 1 Nr. 1 EStG) mit voller Anrechnung bei der ESt-Veranlagung

Kapitalertragsteuer – Solidaritätszuschlag → Auswirkung der Kirchensteuer

Abgeltungssteuer = Kapitalerträge : (4 (25 %) + $\frac{1}{100}$ des Kirchensteuersatzes)[1]

Kirchensteuer = Kapitalertragsteuer · Kirchensteuersatz

	8 % (Bayern, Baden-Württemberg)	9 % übrige Bundesländer	ohne Kirchensteuer
Abgeltungssteuer	100 : 4,08 = 24,51 %	100 : 4,09 = 24,4499 %	25 %
Kirchensteuer	1,96 %	2,2005 %	0 %
SolZ (5,5 %)	1,348 %	1,3447 %	1,375 %
Insgesamt	27,818 %	27,9951 %	26,375 %

---

[1] Die Kapitalertragsteuer wird ermäßigt um 25 % der auf die Kapitalerträge entfallenden Kirchensteuer.
Beispiel: Abgeltungssteuer = 10.000 € : (4 + 0,09) = 2.445 €
Kirchensteuer = 2.445 € · 9 % = 220 €.

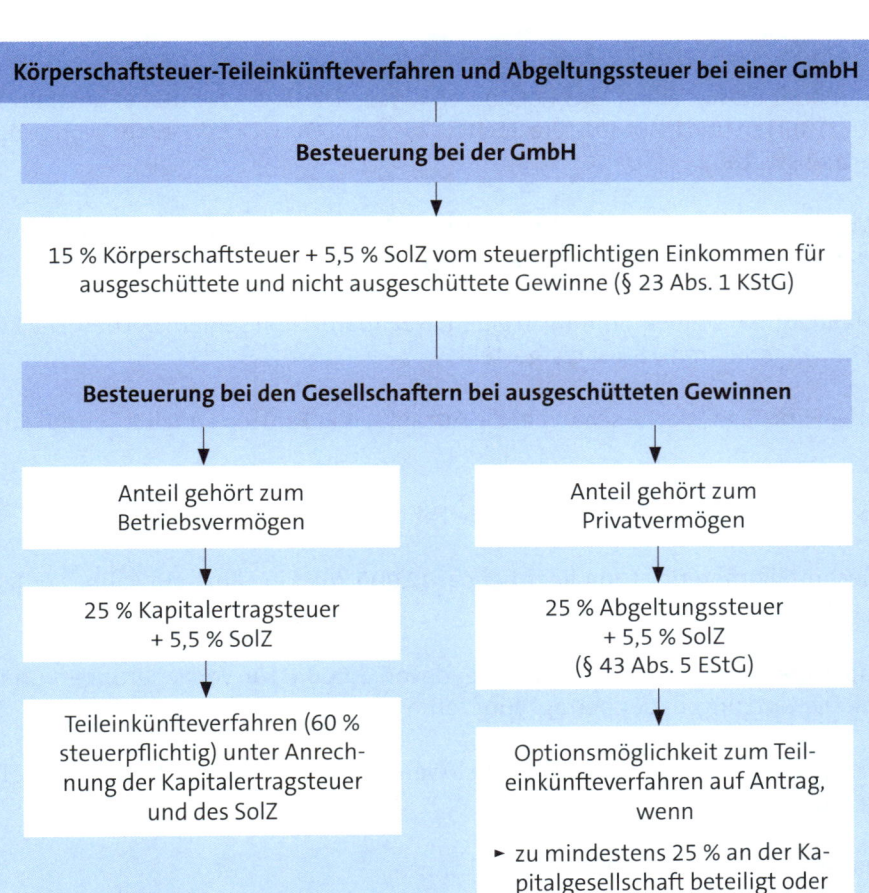

Körperschaftsteuer-Teileinkünfteverfahren und Abgeltungssteuer bei einer GmbH

Besteuerung bei der GmbH

15 % Körperschaftsteuer + 5,5 % SolZ vom steuerpflichtigen Einkommen für ausgeschüttete und nicht ausgeschüttete Gewinne (§ 23 Abs. 1 KStG)

Besteuerung bei den Gesellschaftern bei ausgeschütteten Gewinnen

Anteil gehört zum Betriebsvermögen

Anteil gehört zum Privatvermögen

25 % Kapitalertragsteuer
+ 5,5 % SolZ

25 % Abgeltungssteuer
+ 5,5 % SolZ
(§ 43 Abs. 5 EStG)

Teileinkünfteverfahren (60 % steuerpflichtig) unter Anrechnung der Kapitalertragsteuer und des SolZ

Optionsmöglichkeit zum Teileinkünfteverfahren auf Antrag, wenn

▸ zu mindestens 25 % an der Kapitalgesellschaft beteiligt oder

▸ zu mindestens 1 % an der Kapitalgesellschaft beteiligt und beruflich für diese tätig ist (§ 32d Abs. 2 Nr. 3 EStG).

Behandlung der Kirchensteuer

Ab 01.01.2015 erfolgt der Einbehalt und die Weiterleitung der KiSt automatisch. Die zum Steuerabzug verpflichteten Kreditinstitute usw. erfragen zum automatischen Abzug der KiSt auf Abgeltungssteuer einmal jährlich beim BZSt die Religionszugehörigkeit ab (**§ 51a Abs. 2b bis 2e, Abs. 6 EStG**). Der Steuerpflichtige kann schriftlich gegen den Datenabruf Widerspruch durch Setzen eines Sperrvermerks (**www.formulare-bfinv.de)/printout/010156.pdf**) einlegen. Dies erfordert eine zwingende Erklärung der Kapitaleinkünfte in der ESt-Erklärung. Die KiSt ermäßigt den Kapitalertragsteuersatz, da die KiSt wie Sonderausgaben abgezogen wird (siehe Tabelle auf S. 41) – § 43a Abs. 1 Satz 2 EStG i. V. m. § 32d Abs. 1 Satz 4 EStG.

Fall 10: Der Firmenwagen auf Privatfahrt

Der Mandant besitzt einen Pkw der oberen Klasse. Diesen Pkw nutzt er auch für seine privaten Fahrten und insbesondere auch für die Fahrten zwischen seiner Wohnung und der Betriebsstätte.

Der Mandant möchte über die steuerlichen Konsequenzen der verschiedenen Nutzungsarten allgemein und speziell seinen Pkw betreffend informiert werden.

Der Mandant hat seine Wohnung in einem Nachbarort von seinem Betrieb. Die Entfernung hat er genau mit 16 km festgestellt.

Bei einer Fünf-Tage-Woche schätzt er die Anzahl seiner Fahrten zum Betrieb auf jährlich 230.

Er schätzt weiter, dass er für reine private Fahrten im Kalenderjahr 3.000 km fährt.

Die Gesamtkilometerleistung liegt bei ca. 42.000 km. Ein Fahrtenbuch hat er jedoch nicht geführt.

Die laufenden Kosten betrugen 8.120 €, davon 2.000 € für Versicherungen und Kfz-Steuer. Die Nutzungsdauer beträgt fünf Jahre.

Der Pkw gehört zum notwendigen Betriebsvermögen, weil er zu mehr als 50 % betrieblich genutzt wird.

Die Daten zu diesem Pkw sind Ihnen bekannt:

	Listenpreis	42.000,00 €
+	Sonderzubehör	3.000,00 €
+	Überführungskosten	450,00 €
+	Zulassungskosten, Nummernschild	90,00 €
		45.540,00 €
+	19 % Umsatzsteuer	8.652,60 €
		54.192,60 €

1. Den Mandanten interessiert insbesondere die Frage, ob er sich, wenn auch mit Mehrarbeit verbunden, mit der Führung eines Fahrtenbuches besser stellt.

2. Für den Fall des Verkaufs (Inzahlungsgabe) des Pkw will er wissen, ob dieser Vorgang eine umsatzsteuerliche Relevanz hat.

3. Schließlich interessiert er sich noch für den Fall, dass er nach einer betrieblichen Nutzung von fünf Jahren den Pkw seinem Sohn schenkt, der sich dann im Studium befindet.

Lösung s. Seite 371

Privatentnahme – Gewinnauswirkung und Umsatzsteuer

Bilanzsteuerrechtliche Auswirkung	Umsatzsteuerrechtliche Auswirkung	
Gewinn ist zu korrigieren	Umsatzsteuer ist zu erfassen	
Gleichstellung mit Lieferung gegen Entgelt (§ 3 Abs. 1b UStG) Konto 8910 (4620) Entnahme von Gegenständen	**Gleichstellung mit sonstigen Leistungen gegen Entgelt (§ 3 Abs. 9a UStG) Konto 8920 (4640) Entnahme von sonstigen Leistungen**	**Ausschluss des Vorsteuerabzugs (§ 15 Abs. 1a UStG)**
▸ Anlagegüter ▸ Gegenstände des Umlaufvermögens ▸ Unentgeltliche Zuwendung eines Gegenstandes durch einen Unternehmer an sein Personal für dessen privaten Bedarf ▸ Jede andere unentgeltliche Zuwendung eines Gegenstandes (z. B. höherwertige Geschenke)	▸ Verwendung von vorsteuerbehafteten Gegenständen zu unternehmensfremden Zwecken oder für den privaten Bedarf des Personals. **Beispiele:** - private Nutzung des betrieblichen Pkw - private Telefonnutzung	▸ Nicht abziehbar sind Vorsteuerbeträge die entfallen auf: - Aufwendungen, für die das Abzugsverbot des § 4 Abs. 5 Satz 1 Nr. 1 - 4, 7 Abs. 7 oder des § 12 Nr. 1 EStG gilt. - Reisekosten des Unternehmers und seines Personals, soweit es sich um Verpflegungskosten, Übernachtungskosten oder um Fahrtkosten für Fahrzeuge des Personals handelt, wenn nicht auf Rechnung auf Namen des Arbeitgebers ausgestellt. - Umzugskosten für einen Wohnungswechsel

Bewertung (§ 6 Abs. 2 EStG) und Bemessungsgrundlage (§ 10 Abs. 4 UStG)

▸ für die Gewinnermittlung ist der Teilwert anzusetzen ▸ für die USt ist der Einkaufspreis zuzüglich Nebenkosten zum Zeitpunkt des Umsatzes anzusetzen (§ 10 Abs. 4 Nr. 1 UStG) Beide Wertansätze sind gleich (Wiederbeschaffungskosten)	▸ für die Gewinnermittlung die anteiligen Kosten ▸ für Fahrten zwischen Wohnung und Betrieb § 4 Abs. 5 Nr. 6 EStG (Gewinnermittlung) - Zur Bemessungsgrundlage für sonstige Leistungen i. S. d. § 3 Abs. 9a Nr. 1 UStG (Verwendung von Gegenständen für unternehmensfremde Zwecke oder für den privaten Bedarf des Personals) gehören nur die Kosten, die zum vollen oder teilweisen Vorsteuerabzug berechtigt haben (§ 10 Abs. 4 Nr. 2 UStG). - Zur Bemessungsgrundlage für sonstige Leistungen nach § 3 Abs. 9a Satz 1 Nr. 2 UStG (unentgeltliche Erbringung einer anderen sonstigen Leistung für unternehmensfremde Zwecke oder den privaten Bedarf des Personals) gehören alle entstandenen Kosten, auch wenn diese nicht mit Vorsteuer belastet waren (§ 10 Abs. 4 Nr. 3 UStG).

Tangierende Problemkreise:

► Die private Nutzung von betrieblichen Gegenständen bei der Umsatzsteuer[1]

► Abgrenzung zwischen betrieblichen und privaten Vorgängen.

Fall 11: Der betriebliche Pkw wird verschenkt

Der Mandant hat seinen betrieblichen Pkw beim Kauf eines neuen Pkw seiner Tochter, die sich im Studium befindet, geschenkt. Die Schenkung erfolgte am 15.04.2022.

Der Mandant buchte den Vorgang wie folgt:

Buchungsliste

Soll	Haben	S	U	Gegenkonto				B. Nr.	Konto	Skonto
1,00				0	3	2	0		1880	

Der Pkw wurde am 17.01.2017 gekauft. Die Anschaffungskosten betrugen 25.000 €, netto. Bei einer betriebsgewöhnlichen Nutzungsdauer von fünf Jahren wurde linear abgeschrieben.

Der Mandant beabsichtigte zunächst, den Pkw beim Kauf des neuen Fahrzeugs in Zahlung zu geben. Da er jedoch für den neuen Pkw einen Rabatt in Höhe von 10 % ausgehandelt hat, war die Automobilfirma lediglich bereit, für den alten Pkw einen Nettopreis von 6.000 € zu zahlen. Das wäre auch der Preis, den er bei einer Einzelveräußerung erzielen würde. Ein höherer Teilwert ist auch nicht anzunehmen.

Der Mandant fragt an, ob die beschriebene Vorgehensweise bei der nächsten Außenprüfung Bestand haben kann!

Zeigen Sie auf, welche steuerlichen Korrekturen ggf. vorzunehmen sind!

Versuchen Sie dem Mandanten die ggf. erforderlichen Korrekturen bilanzsteuerrechtlich und umsatzsteuerrechtlich zu erklären!

Welches Problem ergibt sich durch den Fahrzeugwechsel für die Erfassung der privaten Nutzung bzw. für die Fahrten zwischen Wohnung und Betrieb?

Lösung s. Seite 373

---

[1] Umsatzsteuerlich wird die Überlassung eines Dienstwagens, der von Mitarbeitern auch privat genutzt werden darf, als umsatzsteuerpflichtige entgeltliche Leistung behandelt (Abschn. 15.23. Abs. 8 ff. UStAE). Mit einer aktuellen Entscheidung hat der EuGH jedoch an den langjährig praktizierten Grundsätzen der Umsatzbesteuerung sog. Firmen- oder Dienstwagen die Rechtsgrundlage verändert. Das hat wesentliche Auswirkungen für eine Dienstwagengestellung und die vielfach praktizierte 1 %-Regelung. Danach stellt der geldwerte Vorteil durch die Firmenwagenüberlassung kein Entgelt dar.

Tangierende Problemkreise:

- Notwendiges und gewillkürtes Betriebsvermögen beim Pkw
- Die Kilometerpauschbeträge.

Zeitanteilige Abschreibung (AfA pro rata temporis)

Problem entsteht beim Anlagenzugang bzw. beim Anlagenabgang von Wirtschaftsgütern des Anlagevermögens.

Bei einer genauen (auch möglichen) Lösung wäre der Abschreibungsbetrag nach Tagen zu berechnen.

Vereinfachungsregelungen der Praxis		
	Bewegliche Wirtschaftsgüter	**Unbewegliche Wirtschaftsgüter**
Wirtschafts-güter	► Maschinen ► Betriebs- und Geschäfts-ausstattung ► Lkw ► Pkw.	► Gebäude ► Firmenwert.
Lösung beim Anlagenzugang	AfA nach angefangenen Monaten	AfA nach angefangenen Monaten Ausnahme bei degressiver Gebäu-de-AfA = Jahres-AfA
Lösung beim Anlagenabgang	Ansatz der vollen Kalendermonate	Ansatz der vollen Kalendermonate

Bedeutung der zeitanteiligen AfA für die Gewinnermittlung:

- gewährleistet die genaue Ermittlung von Buchgewinnen oder Buchverlusten beim Anlagenabgang
- gewährleistet die periodengerechte Gewinnermittlung
- erfasst die private Nutzung, die für die Gewinnkorrektur und die umsatzsteuerliche Behandlung erfasst werden muss

 TIPP

Die vorstehenden Regelungen gelten für die Abschreibungen auf Anschaffungs- und Herstellungskosten (§ 255 Abs. 1 und 2 HGB).

Fall 12: Ein Lkw erleidet einen Totalschaden

Durch eine Unachtsamkeit bei der Tankfüllung geriet ein Lkw des Betriebsvermögens in Brand und wurde total zerstört. Der Lkw wurde am 15.06.01 zu einem Listenpreis von 190.000 € angeschafft. Eine besondere Ladevorrichtung verursachte weitere Aufwendungen von 15.000 €. Weiteres Sonderzubehör verursachte Aufwendungen in Höhe von 5.000 €. Die betriebsgewöhnliche Nutzungsdauer wurde mit sechs Jahren angenommen. Der Unfall ereignete sich am 18.11.03. Nach intensiven Verhandlungen mit der Versicherung wurde am 31.12.03 eine Entschädigungssumme von 140.000 € zugesagt.

Der Mandant will beraten sein:

1. Wie ist der gesamte Vorgang buchtechnisch zu handhaben?

2. Kann auf die 140.000 € Entschädigungssumme Umsatzsteuer verlangt werden?

3. Der Mandant will wissen, ob für den Fall, dass sich ein Buchgewinn durch die Versicherungzahlung ergibt, eine Rücklage für Ersatzbeschaffung gebildet werden kann.

4. Er lässt sich über die Voraussetzungen für die Bildung einer Rücklage für Ersatzbeschaffung von Ihnen beraten.

5. Welche Auswirkung hat ggf. die Rücklage für Ersatzbeschaffung bei der Ersatzbeschaffung eines Lkw im Januar 04, wenn der neue Lkw Anschaffungskosten in Höhe von 210.000 € verursacht? Stellen Sie den Vorgang auch buchtechnisch dar.

6. Schließlich möchte der Mandant von Ihnen genau erklärt haben, welcher Vorteil ggf. mit der Bildung einer Rücklage für Ersatzbeschaffung verbunden ist.

Darstellung der AfA auf Alt-Lkw

	Abschreibungsverlauf	lineare AfA
	Anschaffungskosten 01	
-	AfA 01	
=	Restbuchwert am 31.12.01	
-	AfA 02	
=	Restbuchwert am 31.12.02	
-	AfA 03	
=	**Restbuchwert zum Ausscheidungszeitpunkt**	

Lösung s. Seite 375

Tangierende Problemkreise:

► Entschädigung wird nicht in vollem Umfang zur Reinvestition verwendet

► Wegfall der Ersatzbeschaffung.

Rücklage für Ersatzbeschaffung (R 6.6 EStR)

► Zwangsweises Ausscheiden eines Wirtschaftsgutes aus dem Betriebsvermögen:

- höhere Gewalt (Brand, Blitzeinschlag, Unwetter)

- behördlicher Eingriff (Enteignung)

- Beschädigung infolge höherer Gewalt oder eines behördlichen Eingriffs.

► Auflösung von stillen Reserven:

Die von dritter Seite gewährte Entschädigung übersteigt den Buchwert zum Zeitpunkt des Ausscheidens (zeitanteilige AfA ist zu berücksichtigen)

► Rücklage für Ersatzbeschaffung (RfE) kommt für buchführende Land- und Forstwirte, buchführende Gewerbetreibende und freiwillig buchführende Freiberufler infrage, die den Gewinn nach § 4 Abs. 1 i. V. m. § 5 EStG ermitteln.

► Stille Reserven werden ohne Gewinnrealisierung aufgelöst.

► Konten im SKR 03/SKR 04:

- 2344 (6928) Einstellung in Sonderposten mit Rücklageanteil

- 0932 (2982) Sonderposten mit Rücklageanteil nach R 6.6 EStR

► Keine endgültige Steuerkürzung, weil die AfA-Basis beim Ersatz-WG entsprechend verringert wird; d. h. die RfE ist mit den AK des Ersatz-WG zu verrechnen.

► Bei Bildung der Rücklage muss die Absicht bestehen, ein neues WG mit im Wesentlichen gleichen Funktionen wiederzubeschaffen.

► Die Ersatzbeschaffung muss grundsätzlich bis zum Ablauf des Folgejahres erfolgen. Bei bestimmten Wirtschaftsgütern des Anlagevermögens (wie Immobilien oder Binnenschiffen), hat der Unternehmer vier Jahre Zeit. Geht es um die Neuherstellung eines Gebäudes, sind es sogar sechs Jahre., wenn die Fristen im Zeitraum vom 01.03.2020 bis 01.01.2021 abgelaufen wären. Nach dem Vierten-Corona-Steuerhilfegesetz werden die steuerlichen Investitionsfristen für Reinvestitionen nach § 6b EStG wie bei § 7 g EStG um ein weiteres Jahr verlängert (§ 52 Abs. 14 Satz 4,5 und Satz 6 EStG). Sofern eine Reinvestitionsrücklage am Schluss des nach dem 28.03.2020 und vor dem 01.01.2023 endenden Wirtschaftsjahres noch vorhanden ist und in diesem Zeitraum nach § 6b Abs. 3 Satz 5, Abs. 8 Satz 1 Nr. 1 i. V. m. Abs. 3 Satz 5 oder Abs. 10 Satz 8 EStG aufzulösen wäre, endet die Reinvestitionsfrist erst am **Schluss des nach dem 31.12.2022 und vor dem 01.01.2024 endenden Wirtschaftsjahres**.

► Wird kein Ersatz-WG wiederbeschafft oder die RfE nicht voll zur Wiederbeschaffung verwendet, so ist die RfE ganz oder teilweise gewinnerhöhend aufzulösen. Konto: 2729 (4929) Erträge aus der Auflösung der Rücklage für Ersatzbeschaffung R 6.6 EStR

► Formel für die übertragbare Rücklage:

$$\text{Übertragbare Rücklage} = \frac{\text{Rücklage} \cdot \text{AK des Ersatz-WG}}{\text{Entschädigung}}$$

▶ Durch das Gesetz zur Modernisierung des Bilanzsteuerrechts (BilMoG) wird der Grundsatz der umgekehrten Maßgeblichkeit aufgehoben. Steuerfreie Rücklagen können in der Steuerbilanz gebildet werden, ohne dass ein entsprechender Ansatz in der Handelsbilanz erforderlich ist.

Wird in der Handelsbilanz anders verfahren, d. h. die Gewinnrealisierung wird erfasst, so ergibt sich das Problem latenter Steuern (passive latente Steuern – Das Ergebnis der Handelsbilanz ist höher als das Ergebnis der Steuerbilanz).

Fall 13: Die Geschäftsreise des Unternehmers

Der Unternehmer unternimmt eine mehrtägige Geschäftsreise zum Besuch verschiedener Kunden in verschiedenen Städten.

Beginn der Reise: 1. Tag: 8:30 Uhr
Ende der Reise: 3. Tag: 19:00 Uhr

Für zwei Übernachtungen liegen zwei Hotelrechnungen vor:

1. Rechnung lautet über 120,00 € + 7 % USt; der Preis ist einschließlich Frühstück

2. Rechnung lautet über 140,00 € + 7 % USt ohne Frühstück, dafür hat er gesondert 11,90 € einschließlich USt bezahlt.

Für Verpflegungskosten legt er insgesamt sechs Belege vor. Es handelt sich in allen Fällen um ordnungsgemäße Kleinbetragsrechnungen. Das Gesamtvolumen der Belege beträgt 178,50 €. Der Unternehmer hat in allen Fällen mit der EC-Karte des betrieblichen Kontos bezahlt.

1. Wie unterscheiden sich Geschäftsreise und Dienstreise?

2. Was versteht man unter einer Auswärtstätigkeit?

3. Welche Pauschbeträge können angesetzt werden?

4. Kontieren Sie die vorliegende Reisekostenrechnung.

Lösung s. Seite 377

Reisekosten sind:

▶ **Fahrtkosten** (öffentliche Verkehrsmittel, privates oder geliehenes Fahrzeug)
Führen eines Fahrtenbuches oder Pauschalmethode: 30 Cent je gefahrener Kilometer plus 2 Cent für mitgenommene Personen

▶ **Verpflegungsmehraufwand**
Für An- und Abreisetage (auch bei mehrtägigen Reisen) 14 €
Bei mehr als 24 Stunden Abwesenheit 28 €

▶ **Übernachtungskosten**
Volle Betriebsausgabe mit Vorsteuerabzug (7 %)
Getrennter Ausweis von Servicekosten (19 %), Kürzung der Servicepauschale um Kosten der Mahlzeiten

▶ **Reisenebenkosten**

In der Buchhaltung sind Reisekosten für Unternehmer und Arbeitnehmer zu bearbeiten.

Wichtig: Die Reisen müssen betrieblich oder beruflich veranlasst und notwendig sein.

Fall 14: Die private Nutzung eines Geschäftswagens durch den Arbeitnehmer

Hans Schnell ist Prokurist in der Sauber OHG. Er nutzt vereinbarungsgemäß einen Firmenwagen für die Fahrten zwischen Wohnung und Arbeitsstätte.

Das von ihm benutzte Fahrzeug hatte einen Bruttolistenpreis zum Zeitpunkt der Erstzulassung von 59.500 €.

Die Entfernung zwischen Wohnung und Arbeitsstätte beträgt 30 km.

Im Veranlagungszeitraum fielen 230 Fahrten an.

Wie ist vorliegender Sachverhalt steuer- und sozialversicherungsrechtlich zu behandeln?

Wie würde sich der Sachverhalt ändern, wenn Herr Schnell für die über 20 km liegende Entfernung pro km 0,15 € erstatten müsste?

Lösung s. Seite 378

Tangierende Problemkreise:

▶ Fahrtkostenersatz für Fahrten zwischen Wohnung und 1. Tätigkeitsstätte in Euro

▶ Fahrtkostenersatz für Fahrten zwischen Wohnung und 1. Tätigkeitsstätte in der Sozialversicherung.

Kriterien für einen Firmenwagen oder Dienstwagen:

▶ Fahrzeug gehört zum steuerlichen Betriebsvermögen (betriebliche Nutzung mindestens 10 %)

▶ Fahrzeug wird nicht nur für private, sondern auch für betriebliche oder berufliche Fahrten benutzt

▶ Fahrten zwischen Wohnsitz und Arbeits- oder Betriebsstätte sind Bestandteil der betrieblichen Nutzung.

Nutzungsmöglichkeiten des Firmenwagen oder Dienstwagens[1]:

▸ 100 % betrieblich

▸ Fahrten zwischen Wohnung und Betrieb

▸ Private Nutzung durch den Unternehmer

▸ Überlassung an einen Arbeitnehmer.

100 % betrieblich	▸ Aufwendungen sind zu 100 % Betriebsausgaben
	▸ Vorsteuer kann zu 100 % geltend gemacht werden
Fahrten zwischen Wohnung und Betrieb (betriebliche Nutzung mehr als 50 % sowie 100 % umsatzsteuerliche Zuordnung)	Aufwendungen sind **grundsätzlich Betriebsausgaben. Jedoch:** Beschränkung durch § 4 Abs. 5 Nr. 6 i. V. m. § 9 Abs. 1 Nr. 4 und Abs. 2 EStG. ▸ **Fahrtenbuch** ▸ **0,03 %-Regelung** **Umsatzsteuer:** Umsatzsteuer fällt nicht an, da die Aufwendungen dem unternehmerischen Bereich zuzuordnen sind (siehe auch BMF-Schreiben vom 27.08.2004, - IV 87 - S 7300 - 70/74 Nr. 3).

Beispiel:
Mtl. 22 Fahrten bei einer Entfernung von 15 km: Listenpreis + Sonderzubehör und USt = 71.400 €

Bei Fahrtenbuch:	
Angenommene tatsächliche Gesamtkosten	14.400,00 €
Davon ohne USt	2.000,00 €
Gesamtkilometer	40.000
Kost./km: 14.400 : 40.000 =	0,36 €
22 • 30 • 0,36 =	237,60 €
- 22 • 15 • 0,30 =	99,00 €
Differenz =	138,60 €
(nicht abz. Betriebsausgabe)	

Bei Pauschalierung:	
15 • 0,03 % von 71.400 =	321,30 €
- 22 • 15 • 0,30 =	99,00 €
Differenz =	222,30 €
(nicht abz. Betriebsausgabe)	

---

[1] Es gibt Fallsituationen, in denen die tatsächlichen Fahrzeugkosten niedriger sind als der pauschale Nutzungswert (z. B. bei bereits abgeschriebenen Fahrzeugen). In diesem Fall kann eine **Kostendeckelung** erfolgen mit Berücksichtigung der Kilometerpauschale zwischen Wohnung und Betrieb.

Private Nutzung durch den Unternehmer (betriebliche Nutzung mehr als 50 % sowie 100 % umsatzsteuerliche Zuordnung)	Bei teilweiser privater Nutzung sind die Aufwendungen für die private Nutzung als Privatentnahme zu erfassen. Besteuerung der nichtunternehmerischen Nutzung nach § 3 Abs. 9a UStG
	▸ **Fahrtenbuch**
	▸ **1 %-Regelung**
	Beispiel: Gesamtkilometer = 40.000 km Gesamtkosten = 16.000,00 €, davon 1.000,00 € ohne VoSt Privatfahrten = 6.000 km.
	Bei Fahrtenbuch: Kosten/km = 0,40 € (16.000,00 : 40.000 km) 6.000 • 0,40 = 2.400,00 (Gewinnkorrektur)
	Umsatzsteuer: 6.000 • 0,375 = 2.250 (15.000 : 40.000 = 0,375 €) 19 % USt = 427,50
	Bei Pauschalierung: 1 % von 71.400,00 = 714,00 € monatlich (Gewinnkorrektur) Voraussetzung: Fahrzeug gehört zum notwendigen Betriebsvermögen
	Umsatzsteuer: Bemessungsgrundlage: 714,00 - 20 % = 571,20 19 % USt davon = 108,53
Überlassung an einen Arbeitnehmer[1] (§ 8 Abs. 2 Satz 2 bis 5 EStG sowie R.8.1. Abs. 9 u. 10 LStR)	**1. Für Fahrten zwischen Wohnung und Tätigkeitsstätte:**
	▸ **Geldwerter Vorteil** ist steuerpflichtiger Arbeitslohn.
	▸ Ansatz mit 0,03 % des Bruttolistenpreises (Zeitpunkt der Erstzulassung) für jeden Kalendermonat und Entfernungskilometer. Alternativ können 0,002 % Bruttolistenpreis je Entfernungskilometer und Tag berechnet werden. Diese Berechnung ist für den Steuerpflichtigen günstiger, wenn weniger als 15 Tage pro Monat zur Arbeit gefahren wurde.
	▸ Ein tatsächliches Entgelt seitens des AN vermindert den geldwerten Vorteil.
	▸ Bei der Veranlagung können jedoch Werbungskosten nach § 9 EStG geltend gemacht werden.

---

[1] Vgl.: Lohnsteuerliche Behandlung der Überlassung eines betrieblichen Kraftfahrzeugs an Arbeitnehmer – Erörterung in der Sitzung LSt I/2018 IV C 5 S 2334/18/10001 – Bundesministerium der Finanzen vom 04.04.2018 DOK 2018/0258099.

Umsatzsteuer:
Sonstige Leistung nach § 3 Abs. 9 EStG

Beispiel:
Bei 20 km Entfernung ergibt sich folgende Berechnung:
0,03 % v. 71.400 · 20 km = 428,40 mtl.
jährlich: 5.140,80 €; dieser Betrag ist die umsatzsteuerliche Bemessungsgrundlage, brutto. Werbungskostenabzug, wenn Pauschalierung ab km 1.

2. Für Privatfahrten:
Es gilt die 1 %-Regelung.[1]
Für die USt ist dies der Bruttobetrag

Führen eines **Fahrtenbuchs** für beide Fälle möglich

Für die bilanz- und umsatzsteuerliche Erfassung (Berechnung) der privaten Nutzung eines Firmenwagens ist die entsprechende **Zuordnung** von entscheidender Bedeutung (BMF-Schreiben vom 05.06.2014 IV D 2 - S 7300/07/10002:001:2014/0492152; BMF-Schreiben vom 30.09.2013 BStBl 2013 I S. 1279):

Beachte:
Die Zuordnung zum Unternehmen kann bei der Einkommen- und Umsatzsteuer unterschiedlich erfolgen. Grundlage sind die Entscheidungen des EuGH v. 08.03.2001 (EuGH, Urteil v. 08.03.2001 - C-415/98) und des BFH v. 31.01.2002 BFH, (Urteil v. 31.01.2002 - V R 61/96). Diese Grundsätze wurden in **Abschnitt 15.2 Abs. 21 Nr. 2a UStAE** übernommen: *„Umsatzsteuerbeträge, die durch den Erwerb, die Herstellung sowie die Verwendung oder Nutzung eines solchen Gegenstands anfallen (z. B. durch den Kauf oder die Miete sowie den laufenden Unterhalt eines Computers oder Kraftfahrzeugs), können grundsätzlich in vollem Umfang abgezogen werden, wenn der Gegenstand dem Unternehmen insgesamt zugeordnet wird; zum Ausgleich dafür unterliegt die Verwendung des Gegenstands für unternehmensfremde Tätigkeiten nach § 3 Abs. 9a Nr. 1 UStG der Umsatzsteuer.“*

Bilanz- und umsatzsteuerliche Zuordnung des Firmenwagens		
Ertragsteuerliche und umsatzsteuerliche Werte müssen unabhängig voneinander ermittelt werden.		
	Zuordnung bei der ESt	**Zuordnung bei der USt**
1	Bei mehr als 50 % betrieblicher Nutzung = notwendiges Betriebsvermögen	100 % Zuordnung zum Privatvermögen unabhängig vom Umfang der unternehmerischen Nutzung ► kein Vorsteuerabzug ► keine Umsatzsteuer

---

[1] Die Anwendung der 1 %-Regelung setzt voraus, dass der Arbeitgeber seinem Arbeitnehmer auch tatsächlich einen Dienstwagen für die private Nutzung überlassen hat. Allein die Gestattung von Fahrten zwischen Wohnung und erster Tätigkeitsstätte ist noch keine Überlassung i. S. d. § 8 Abs. 2 Satz 2 EStG.

	Bilanz- und umsatzsteuerliche Zuordnung des Firmenwagens	
	Ertragsteuerliche und umsatzsteuerliche Werte müssen unabhängig voneinander ermittelt werden.	
2	Bei einer Nutzung zwischen 10 % und 50 % ▸ gewillkürtes Betriebsvermögen (Aktivierung), sonst Privatvermögen (keine anteiliger Ausweis möglich) ▸ keine Anwendung der 1 %-Methode möglich ▸ Anwendung der Schätzmethode	100 % Zuordnung zum umsatzsteuerlichen Unternehmen ▸ voller Vorsteuerabzug ▸ Umsatzsteuer
3	Bei einer Nutzung unter 10 % = notwendiges Privatvermögen (Kosten für betriebliche Nutzung sind ansetzbar)	Zuordnung entsprechend dem unternehmerischen Nutzungsanteil (mindestens 10 % unternehmerische Nutzung) ▸ anteiliger Vorsteuerabzug ▸ keine USt für private Nutzung
Die Zuordnung muss im Zeitpunkt der Anschaffung erfolgen		

Daraus ergeben sich für die Berechnung der privaten Nutzung eines Firmenwagens folgende Konstellationen:

	Berechnungsvarianten für die USt bei einem Firmenwagen, der zu mehr als 50 % betrieblich genutzt wird	
	bilanzsteuerrechtlich	**umsatzsteuerrechtlich**
1 2	Fahrtenbuch-Methode und 1 %-Methode	keine USt, wenn keine steuerpflichtigen Umsätze anfallen
3	Fahrtenbuch-Methode	Fahrtenbuch bei steuerpflichtigen Umsätzen (nur Aufwendungen, bei denen ein Vorsteuerabzug möglich war)
4	1 %-Methode	bei steuerpflichtigen Umsätzen (Ansatz in Höhe von 80 % des pauschalen Wertes)
5	1 %-Methode	Sachgerechte Schätzung (nur Aufwendungen, bei denen Vorsteuerabzug möglich war)
6	1 %-Methode-Kostendeckelung: Der Betrag, der als Anteil für die private Nutzung des Firmenwagens zu versteuern ist, darf nicht höher sein als die tatsächlich entstandenen Kosten.	keine Kostendeckelung, sondern sachgerechte Schätzung

Die Firmenwagenbesteuerung (Arbeitgeber überlässt Arbeitnehmer ein Fahrzeug oder ein Unternehmer verwendet ein betriebliches Fahrzeug für private Zwecke) wurde zum **01.01.2019** für bestimmte Fahrzeuge **neu geregelt**.

Elektrofahrzeug und Hybridfahrzeug als Dienstwagen

Anmerkung: Ausführliche Behandlung der einzelnen Fahrzeugarten **im § 6 Abs. 1 Nr. 4 EStG – siehe auch DATEV-Dokument 1004256**

Nutzungsmöglichkeiten durch einen Arbeitnehmer:

► Überlassung eines betrieblichen Kraftfahrzeugs zur privaten Nutzung

► Arbeitnehmer nutzt das Kraftfahrzeug für Fahrten zwischen Wohnung und erster Tätigkeitsstätte

► Nutzung für Familienheimfahrten im Rahmen einer doppelten Haushaltsführung (bei mehr als einer Fahrt pro Woche).

Bei Nutzung eines Elektrofahrzeuges mit einem Bruttolistenpreis unter 60.000 € beträgt die Besteuerung 0,25 % des Bruttolistenpreises (inklusive USt) Diese Dienstwagen Besteuerung gilt bis 2030 (§ 6 Abs. 1 Nr. 4 Satz 2 Nr. 3 bzw. Satz 3 Nr. 3 EStG).

Eine geringere Besteuerung bei nur geringer privater Nutzung kann mit einem Fahrtenbuch nachgewiesen werden.

Elektrofahrzeuge mit einem Bruttolistenpreis von über 60.000 € werden mit 0,5 % des Listenpreises versteuert.

Kontierungsbeispiel: (Geldwerter Vorteil = 200 €)

Konto SRK03/04 Soll	Kontenbezeichnung	Betrag	Kontenbezeichnung	Konto SKR 03/04 Haben	Betrag
4120/6020	Gehälter	200,00	Verrechnete sonstige Sachbezüge aus Kfz-Gestellung 19 % USt	8611/4947	168,07
			Umsatzsteuer 19 %	1776/3806	31,93

Anmerkung für die Umsatzsteuer:

Bei der Überlassung eines Firmenwagens an einen Arbeitnehmer handelt es sich umsatzsteuerlich um einen tauschähnlichen Umsatz. Die Umsatzsteuer kann aus dem pauschalen Wert herausgerechnet werden. Werden die tatsächlichen Kosten angesetzt, wird die Umsatzsteuer hinzugerechnet.

Hybridautos[1]

Hybridautos werden mit **0,5 % des Listenpreises** für die private Nutzung versteuert.

Voraussetzungen:

► Fahrzeuge sind extern aufladbar (sog. Plug-in Hybride),

► die Kohlendioxidemissionen betragen höchstens 50 Gramm pro Kilometer und

► die Reichweite unter ausschließlicher Nutzung der elektrischen Antriebsmaschine beträgt mindestens 40 Kilometer.

Ab 2022 erhöht sich die Reichweite unter ausschließlicher Nutzung der elektrischen Antriebsmaschine auf mindestens 60 Kilometer ab 2025 mindestens 80 Kilometer.

Beachte:

► Die Halbierung der Bemessungsgrundlage gilt **nicht** für die Umsatzsteuer (Abschnitt 15.23. Abs. 11 UStAE)

► Nach der Sozialversicherungsentgeltordnung wird der geldwerte Vorteil für die Sozialversicherung wie im Steuerrecht ermittelt.

Vergleich: Firmenwagen mit 1 %-Regelung und Hybridauto mit 0,5 % Regelung und Elektrofahrzeug mit 0,25 % Regelung		
Fahrzeugdaten		
Listenpreis	32.000,00 €	
Entfernung Wohnung-1. Tätigkeitsstätte	25 km	
Geldwerter Vorteil: private Fahrten	1 %-Regelung	320,00 €/mtl.
Geldwerter Vorteil: Fahrten Wohnung – 1. Tätigkeitsstätte	0,03 % Regelung	240,00 €/mtl.
Geldwerter Vorteil: private Fahrten	*0,5 %-Regelung*	*160,00 €/mtl.*
Geldwerter Vorteil: Fahrten Wohnung – 1. Tätigkeitsstätte	*0,015 %-Regelung*	*120,00 €/mtl.*
Gehaltsabrechnung 2022 (1 %-Regelung)		
Bruttogehalt		3.500,00 €
Geldwerter Vorteil: private Fahrten	1 % von 32.000,00 €	320,00 €
Geldwerter Vorteil: Fahrten zwischen Wohnung und 1. Tätigkeitsstätte	0,03 % von 32.000,00 • 25 km	240,00 €
Bruttolohn inkl. Geldwerter Vorteil		4.060,00 €
Lohnsteuer Kl. I	648,91 €	
SolZ 5,5 %	0,00 €	
KiSt 9 %	58,40 €	

---

[1] Im Hybridmotor werden zwei unterschiedliche Antriebe vereint. Die derzeit gängigste Kombination ist die Verbindung eines Elektromotors mit einem Verbrennungsmotor.

Gehaltsabrechnung 2022 (1 %-Regelung)		
Krankenversicherung 14,6 % + 1,3 % (50 %)	322,27 €	
Rentenversicherung 18,6 % (50 %)	377,58 €	
Pflegversicherung (1,525 % + 0,35 %)	76,13 €	
Arbeitslosenversicherung 2,4 % (50(%)	48,72 €	1.532,01 €
Nettogehalt (3.500,00 € - 1.532,01 €)	.	1.967,99 €
Pflegeversicherung Arbeitgeber (1,525 % von 4.060 €)		61,91 €
Gehaltsabrechnung 2022 (0,5 %-Regelung)		
Bruttogehalt	3.500,00 €	
Geldwerter Vorteil: private Fahrten	0,5 % von 32.000,00 €	160,00 €
Geldwerter Vorteil: Fahrten zwischen Wohnung und 1. Tätigkeitsstätte	0,015 % von 32.000,00 • 25 km	120,00 €
Bruttolohn inkl. Geldwerter Vorteil		3.780,00 €
Lohnsteuer Kl. I	572,25 €	
SolZ 5,5 %	0,00 €	
KiSt 9 %	51,50 €	
Krankenversicherung 14,6 % + 1,3 % (50 %)	292,95 €	
Rentenversicherung 18,6 % (50 %)	351,54 €	
Pflegversicherung (1,525 % + 0,35 %)	70,88 €	1.392,04 €
Arbeitslosenversicherung 2,4 % (50(%)	45,36 €	
Nettogehalt (3.500,00 € - 1.392,04 €)		2.107,96 €
Gehaltsabrechnung 2022 (0,25 %-Regelung)		
Bruttogehalt	3.500,00 €	
Geldwerter Vorteil: private Fahrten	0,25 % von 32.000,00 €	80,00 €
Geldwerter Vorteil: Fahrten zwischen Wohnung und 1. Tätigkeitsstätte	0,0075 % von 32.000,00 • 25 km	60,00 €
Bruttolohn inkl. Geldwerter Vorteil		3.640,00 €
Lohnsteuer Kl. I	534,83 €	
SolZ 5,5 %	0,00 €	
KiSt 9 %	48,13 €	
Krankenversicherung 14,6 % + 1,3 % (50 %)	289,38 €	
Rentenversicherung 18,6 % (50 %)	338,52 €	
Pflegversicherung (1,525 % + 0,35 %)	68,25 €	
Arbeitslosenversicherung 2,4 % (50(%)	43,68 €	1.322,79 €
Nettogehalt (3.500,00 € - 1.332,79 €)		2.177,21 €

Hinweis:

Für Fahrten zwischen Wohnung und Tätigkeitsstätte kann der Arbeitgeber in Höhe der Entfernungspauschale den geldwerten Vorteil mit 15 % pauschal versteuern. Zur Ermittlung des pauschal zu versteuerndes Betrages werden aus Vereinfachungsgründen pauschal 15 Arbeitstage angenommen.

Beispiel

15 Entfernungskilometer • 0,30 € • 15 Arbeitstage = 67,50 € pauschalierbarer Betrag. Der nicht pauschalierbare Betrag ist als steuer- und sozialversicherungspflichtiger Betrag in der Gehalts-bzw. Lohnabrechnung zu erfassen.

Fall 15: Privates Auto im betrieblichen Einsatz

Ein Mandant trägt Ihnen folgenden Sachverhalt vor:

Die Ehefrau des Unternehmers stellt häufig im Laufe des Jahres ihren privaten Pkw für betriebliche Zwecke zur Verfügung. Von der gesamten Kilometerleistung des Pkw (ca. 25.000 km) sind dies in der Regel ca. 1.500 km.

Es handelt sich um einen Pkw, dessen Anschaffungskosten 40.000 € betragen haben.

Die AfA beträgt bei linearer Abschreibung im Wirtschaftsjahr	8.000 €
Die laufenden Kosten (Benzin, Reparaturen usw.) betrugen	2.100 €
Haftpflicht, Vollkaskoversicherung und Kfz-Steuer	1.400 €

1. Wie ist die Zuordnung dieses Pkw zum Betriebsvermögen zu beurteilen?
2. Wie sind die Aufwendungen für diese Fahrten einzustufen?
3. Wie ist der Sachverhalt umsatzsteuerlich zu beurteilen?
4. Welche Berechnungen ergeben sich, wenn kein Fahrtenbuch geführt wurde, die km-Leistung jedoch mit 1.380 km im Wirtschaftsjahr festgehalten wurde?
5. Wie kann der Sachverhalt gelöst werden, wenn ein Fahrtenbuch geführt wurde und die Gesamtleistung 25.000 km beträgt, davon 1.380 km für betriebliche Fahrten?
6. Welche Kontierung ergibt sich?

Lösung s. Seite 380

Tangierende Problemkreise:

► Notwendiges Betriebsvermögen und gewillkürtes Betriebsvermögen.

Zuordnung von Wirtschaftsgütern zum Betriebsvermögen (R 4.2 EStR)	
Notwendiges Betriebsvermögen	**Gewillkürtes Betriebsvermögen**
WG dienen ausschließlich und unmittelbar eigenbetrieblichen Zwecken	► objektiver Zusammenhang mit dem Betrieb ► es muss eine betriebliche Veranlassung vorliegen ► kein freies Wahlrecht ► Begründung erforderlich. (BFH-Urteil vom 24.02.2000 – BStBl II, S. 297)
Aufteilung des einheitlichen WG möglich	Keine Aufteilung des einheitlichen WG möglich
bei Gebäuden	bei beweglichen Wirtschaftsgütern (z. B. Pkw)
Es bestehen vier Bilanzierungsmöglichkeiten: ► Bilanzierung nur des Grundstücksteils, das notwendiges Betriebsvermögen ist ► Ausweis des eigenbetrieblichen und des gewerblich vermieteten Grundstücksteils als Betriebsvermögen ► Ausweis des eigenbetrieblichen, des gewerblich vermieteten und des zu Wohnzwecken vermieteten Grundstücksteils, wenn die Grundstücke oder Grundstücksteile in einem gewissen objektiven Zusammenhang mit dem Betrieb stehen und ihn zu fördern bestimmt und geeignet sind ► der zu eigenen Wohnzwecken genutzte Gebäudeteil kann nicht zum Betriebsvermögen gerechnet werden.	► bei betrieblicher Nutzung bis 10 % ist das WG notwendiges Privatvermögen ► bei betrieblicher Nutzung von 10 % - 50 % ist das WG gewillkürtes Betriebsvermögen, d. h. es besteht ein Aktivierungswahlrecht ► bei betrieblicher Nutzung von mehr als 50 % ist das WG notwendiges Betriebsvermögen.
Zuordnung wird durch Aktivierung dokumentiert	
Bei Zuordnung zum Betriebsvermögen sind alle Aufwendungen und Erträge in die betriebliche Gewinnermittlung einzubeziehen.	

Fall 16: Einlagen und Entnahmen

In Ihrer Kanzlei taucht oft die Frage auf, wie Einlagen und Entnahmen der Mandanten zu behandeln sind. Um diese Vermögensbewegungen zwischen dem Betriebsvermögen und dem Privatvermögen bei der Gewinnermittlung und den damit ggf. verbundenen umsatzsteuerlichen Fragestellungen in den Griff zu bekommen, kann die Lösung folgender Sachverhalte sehr hilfreich sein.

Beurteilen Sie nachstehende Sachverhalte aus bilanz- und umsatzsteuerlicher Sicht!

Sachverhalt 1:
Ein Mandant entnimmt aus der Geschäftskasse Geld. Außerdem werden die fälligen ESt-Vorauszahlungen über das Geschäftskonto abgewickelt.

Sachverhalt 2:
Ein Mandant ist Fahrradhändler. Er entnimmt ein Rennfahrrad und schenkt es seinem Sohn. Das Fahrrad hat einen Verkaufspreis von 2.300 €. Der Einkaufspreis für dieses Fahrrad betrug 1.450 €, netto. Zwischenzeitlich ist der Einkaufspreis für dieses Fahrrad mit gleicher Ausstattung auf 1.520 € gestiegen.

Sachverhalt 3:
Ein Metzgermeister ist von Ihnen informiert worden, dass er auch seine Entnahmen an Waren in der Buchführung erfassen muss. Er ist jedoch der Meinung, dass es für ihn nicht zumutbar ist, jede einzelne Entnahme aufzuzeichnen. Der Metzgermeister betreibt seine Metzgerei mit seiner Ehefrau, mit der er einen Arbeitsvertrag abgeschlossen hat. Er hat zwei Kinder, sie sind fünf und dreizehn Jahre alt. Wie können Sie den Metzgermeister beraten?

Sachverhalt 4:
Ein Mandant betreibt einen Einzelhandel mit Büromöbeln. Anlässlich der Einschulung des jüngsten Kindes entnahm er einen Schreibtisch und stellte ihn in das Kinderzimmer. Der Schreibtisch kostete im Einkauf 650 €, netto. Mittlerweile ist der Preis für diesen Schreibtisch auf 500 €, netto, gesunken. Seiner ältesten Tochter, die mit dem Studium der Wirtschaftswissenschaften begonnen hat, schenkte er einen Pkw des Betriebsvermögens am 01.10. Der Pkw hatte am 01.01. des Wirtschaftsjahres einen Buchwert von 20.000 €. Die Anschaffungskosten betrugen 40.000 €. Die betriebsgewöhnliche Nutzungsdauer wurde mit vier Jahren angenommen. Es wurde linear abgeschrieben. Bei einem Verkauf des Pkw hätte der Mandant nachweislich einen Verkaufspreis, netto, von 14.000 € erzielen können.

Sachverhalt 5:
Ein weiterer Mandant hat einen Schrank aus dem Privatvermögen in sein Büro gestellt. Der Mandant kaufte den Schrank vor zwei Jahren für 1.600 €. Die Nutzungsdauer kann mit zehn Jahren angenommen werden. Der Teilwert des Schranks kann mit 1.500 € begründet werden.

Lösung s. Seite 381

Entnahmen und Einlagen	
Vermögensverschiebungen vom Betriebsvermögen zum Privatvermögen und umgekehrt	
Wegen Einflussnahme auf den Gewinn und ggf. auf die Umsatzsteuer in der Buchführung zu erfassen	
Entnahmen	**Einlagen**
► Geldentnahmen (bar, vom Konto) ► Sachentnahmen ► Leistungsentnahmen.	► Geldeinlagen ► Sacheinlagen.
Problematik der Bewertung der Entnahmen und der Einlagen ► für die Gewinnermittlung ► für die Umsatzsteuer.	

Rechtsgrundlagen:
► für die ESt: § 6 Abs. 1 Nr. 4 EStG
► für die USt: § 10 Abs. 4 UStG
 	
► Sachentnahmen mit dem Teilwert (Wiederbeschaffungswert)
► Nutzungsentnahmen beim betrieblichen Pkw
  - nach den tatsächlichen Kosten (Fahrtenbuch)
  - nach der 1 %-Regelung (Pkw im notwendigen Betriebsvermögen)
  - nach der Schätzungsmethode (Pkw im gewillkürten Betriebsvermögen).
Begründungen für die Gewinnermittlung:
► Wird z. B. Ware entnommen, so ist diese bereits als Wareneinsatz beim Kauf erfasst worden. Die Korrektur erfolgt über ein Ertragskonto
► Werden WG des Anlagevermögens entnommen, so ist der Vorgang so zu behandeln, als ob der Gegenstand verkauft würde, d. h. es ist der Unterschied zwischen Restbuchwert und Teilwert (möglicher Verkaufserlös) zu ermitteln
► Für die Umsatzsteuer:
► Beim Kauf der Ware konnte Vorsteuer geltend gemacht werden
► Beim Kauf eines WG des Anlagevermögen konnte ebenfalls Vorsteuer geltend gemacht werden.
	Rechtsgrundlage:
	► für die ESt: § 6 Abs. 1 Nr. 5 Satz 1 EStG
	
	Beachte BMF-Schreiben vom 27.10.2010: BMG für AfA nach Einlage von zuvor zur Erzielung von Überschusseinkünften genutzten WG
	► Bei einer Einlage aus dem Privatvermögen in ein Betriebsvermögen tritt an die Stelle der AK/HK der Einlagewert (§ 6 Abs. 1 Nr. 5 Satz 1 EStG). Einlagewert ist grundsätzlich der Teilwert (§ 6 Abs. 1 Nr. 5 Satz 1 Halbsatz 1 EStG)
	► Höchstens mit den AK, wenn das WG innerhalb der 3 letzten Jahre hergestellt oder angeschafft wurde bzw. Beachtung von § 6 Abs. 1 Nr. 5a EStG.
	
	Das BMF-Schreiben vom 27.10.2010 - IV C 3 S 2190/09/10007 unterscheidet vier Fallgruppen mit Beispielen:
	
	Fallgruppe 1:
	Einlagewert des WG ist höher als oder gleich den historischen AK/HK. AfA-Bemessung ab dem Zeitpunkt der Einlage nach dem um die bereits in Anspruch genommene AfA geminderten Einlagewert.
	
	Fallgruppe 2:
	Einlagewert ist geringer als historische AK/HK, aber nicht geringer als die fortgeführten AK/HK. AfA ist nach den fortgeführten AK/HK zu bemessen.
	
	Fallgruppe 3:
	Einlagewert des WG ist geringer als die fortgeführten AK/HK. Die AfA bemisst sich nach diesem ungeminderten Einlagewert.
	
	Fallgruppe 4:
	Der Einlagewert eines Wirtschaftsguts nach § 6 Abs. 1 Nr. 5 Satz 1 Halbsatz 2 Buchst. a i. V. m. Satz 2 EStG gilt gleichzeitig auch als AfA-Bemessungsgrundlage gemäß § 7 Abs. 1 Satz 5 EStG.

Konten: 1800 (2100)	**Konten:** 1890 (2180)

Fall 17: Kauf eines betrieblichen Pkw

Beim Kauf eines betrieblichen Pkw wird uns folgende Rechnung erteilt:

Listenpreis	19.263,00 €
Beifahrerspiegel	81,00 €
Nebelscheinwerfer	292,00 €
Drehstromgenerator	89,00 €
Metallic-Lackierung	337,00 €
Drehzahlmesser	305,00 €
Recaro Sportsitze	1.270,00 €
Wärmeschutzverglasung	340,00 €
	21.977,00 €
Überführungskosten	429,00 €
	22.406,00 €
+ 19 % Umsatzsteuer	4.257,14 €
	26.663,14 €
Sonstige Auslagen:	
Kfz-Brief	8,55 €
Zulassungsgebühr	40,00 €
1. Tankfüllung	65,25 €
Gesamtbetrag	26.776,94 €

Vereinbarungsgemäß erhalten wir 5 % Rabatt, weil wir keinen Gebrauchtwagen in Zahlung geben. Das Zahlungsziel von 14 Tagen wird voll in Anspruch genommen.

Der Rechnungsbetrag wird durch Banküberweisung beglichen. Zuvor erfolgte noch eine Darlehensaufnahme über 10.000 € bei der Bank.

Aufgaben:

1. Ermitteln Sie die Anschaffungskosten unter der Voraussetzung, dass der Pkw ausschließlich betrieblich genutzt wird.

2. Kontieren Sie den Kaufvorgang und buchen Sie auf den Konten.

3. Wie ist der Pkw-Kauf buchtechnisch zu behandeln, wenn er zu ca. 60 % privat genutzt wird?

Lösung s. Seite 383

Alternativaufgabe: Kauf einer Maschine im Leasingverfahren

Der bei der Berechnung der Leasingraten zugrunde gelegte Objektwert einer Maschine beträgt 200.000 €. Bei einer betriebsgewöhnlichen Nutzungsdauer von fünf Jahren beträgt die Grundmietzeit 36 Monate. Der monatliche Mietsatz beträgt 3,47 %.

Es handelt sich um einen Vertrag mit Mietverlängerungs- und Kaufoption. In der Verlängerungszeit ist jedoch nur eine Monatsmiete zu entrichten.

Beim Kauf im Anschluss an die Grundmietzeit sind lediglich 20 % des Buchwertes zu zahlen, der sich nach der amtlichen AfA-Tabelle ergibt.

1. Welche Vertragsart liegt vor?
2. Wem ist das Leasinggut zuzurechnen?
3. Welche Kontierungen und Buchungen ergeben sich beim Leasingnehmer bei Übergabe des Leasinggegenstandes?
4. Welche Kontierung und Buchung sind bei Zahlung der 1. Leasingrate vorzunehmen?
5. Welche Kontierungen und Buchungen sind beim Leasinggeber bei Zurverfügungstellung des Leasinggegenstandes erforderlich?
6. Wie kontiert und bucht der Leasingeber bei Eingang der Zahlungen?

Lösung s. Seite 384

Aussagen zum Autoleasing (Beurteilungskriterien):

- beim Leasing erwirbt man kein Eigentum, sondern nur die Nutzung des Fahrzeuges. Nach Ablauf des Leasingvertrages gehört uns das Auto nicht.

- Bisweilen setzen Banken und Händler den Restwert unrealistisch überhöht an und verursachen so eine Nachzahlung zum Vertragsende.

- Besser erscheint zunächst der Vertrag mit einer vereinbarten Kilometerleistung. Wird diese jedoch überschritten, so fallen ggf. hohe Kosten an.

- Laut Verband der Automobilindustrie (VDA) gilt: „Bei Rückgabe muss das Fahrzeug in einem dem Alter und der vertragsgemäßen Fahrleistung entsprechenden Erhaltungszustand, frei von Schäden sowie verkehrs- und betriebssicher sein." Normale Verschleißspuren gelten nicht als Schäden. Das führt nicht selten zu Meinungsverschiedenheiten zwischen Leasinggeber und Leasingnehmer, z. B.:

  - **Felgenschäden** durch Bordsteinkontakt. Der Händler berechnet eine neue Felge.
  - **Kratzer im Lack** (ggf. teure Reparatur des gesamten Teils)
  - **Vereinbarte Kilometerleistung** wurde überschritten.
  - **Steinschlag** (Windschutzscheibe), ggf. vorher über Kaskoversicherung reparieren lassen.
  - **Beschädigung** (Verschmutzung der Sitzbezüge)
  - **Leasingverträge** werden fast immer für eine bestimmte Laufzeit abgeschlossen (etwa 36 Monate) und sind nicht vorzeitig kündbar.

- Wesentlicher Vorteil des Autoleasing liegt in der Finanzierung, die kein Eigenkapital bindet. Hierbei ist allerdings auf die Zinskonditionen zu achten.

Lernfeld 3: Abrechnungen im Personalbereich durchführen

Fall 18: Beratung über Gehaltsabrechnung

Ein Mandant, der seine Gehaltsabrechnungen über die DATEV erledigen lässt, will von Ihnen grundlegende Informationen über den Aufbau einer Gehaltsabrechnung haben. Verwenden Sie hierfür folgende Vorlage:

	Gehaltsabrechnung		
1	Monat		
2	Bruttogehalt		
3	Vermögenswirksame Leistung		
4	Gesamtbrutto		
5	Sozialversicherungspflichtig		
6	Steuerfreier Betrag		
7	Steuerpflichtiger Betrag		
8	Lohnsteuer		
9	Kirchensteuer		
10	Solidaritätszuschlag		
11	Rentenversicherung		
12	Krankenversicherung		
13	Arbeitslosenversicherung		
14	Pflegeversicherung		
15	Gesamtabzüge		
16	Nettogehalt		
17	Vermögenswirksame Leistung		
18	Vorschuss		
19	Auszahlung		

Belastungen des Arbeitgebers:

Arbeitgeberaufwand	
Bruttogehalt	
+ Sonstige Bezüge	
+ Arbeitgeberanteil zur Sozialversicherung	
Krankenversicherung	7,950 % (7,3 % + 0,65 %)
Rentenversicherung	9,3 %
Arbeitslosenversicherung	1,2 %
Pflegeversicherung	1,525 % (Sachsen) 1,025 %
Umlage U1 – Krankenfortzahlung	Beitragssatz wird in der Satzung der Krankenkasse festgelegt
Umlage U2 – Mutterschutzaufwendungen	0,29 %
Umlage U3 – Insolvenzgeldumlage	0,09 %

Beispiel : Gehaltsabrechnung		
Bruttogehalt		3.500,00 €
Geldwerter Vorteil (Firmenwagen)		250,00 €
Summe		3.750,00 €
Abzüge		
Rentenversicherung (18,6 %, 9,3 %)	348,75 €	
Krankenversicherung (15,9 %, 7,95 %)	298,13 €	
Arbeitslosenversicherung (2,4 %, 1,2 %)	45,00 €	
Pflegeversicherung (1,875 %)	70,31 €	
Lohnsteuer (Steuerklasse 1)	564,16 €	
SolZ (5,5 %)	0,00 €	
Kirchensteuer (9 %)	50,57 €	
Summe	1.377,12 €	1.377,12 €
Netto		2.122,88 €

Arbeitgeberbelastung ohne Umlagen U1/U2, U3 und BG-Beitrag	
	Monat
Bruttogehalt	3.500,00 €
+ Rentenversicherung (9,3 %)	348,75 €
+ Arbeitslosenversicherung (1,2 %)	45,00 €
+ Pflegeversicherung (1,525 %)	57,19 €
+ Krankenversicherung (7,95 %)	298,13 €
Gesamt	4.249,07 €

Lösung s. Seite 386

Tangierende Problemkreise:

▸ Lohnsteuertabellen und Lohnsteuerklassen

▸ Buchung der Gehaltsabrechnung mit Lohnverrechnungskonto.

 RECHTSGRUNDLAGEN

§ 13 Anspruch auf Arbeitnehmer-Sparzulage (5. VermBG)

(1) Der Arbeitnehmer hat Anspruch auf eine Arbeitnehmer-Sparzulage nach Abs. 2, wenn sein Einkommen folgende Grenzen nicht übersteigt:

    1. bei nach § 2 Abs. 1 Nr. 1 bis 3, Abs. 2 bis 4 angelegten vermögenswirksamen Leistungen die Einkommensgrenze von 20.000 € oder bei einer Zusammenveranlagung von Ehegatten nach § 26b des Einkommensteuergesetzes von 40.000 € oder

2. bei nach § 2 Abs. 1 Nr. 4 und 5 angelegten vermögenswirksamen Leistungen die Einkommensgrenze von 17.900 € oder bei einer Zusammenveranlagung von Ehegatten nach § 26b des Einkommensteuergesetzes von 35.800 €.

    Maßgeblich ist das zu versteuernde Einkommen nach § 2 Absatz 5 des Einkommensteuergesetzes in dem Kalenderjahr, in dem die vermögenswirksamen Leistungen angelegt worden sind.

(2) Die Arbeitnehmer-Sparzulage beträgt 20 % der nach § 2 Abs. 1 Nr. 1 bis 3, Abs. 2 bis 4 angelegten vermögenswirksamen Leistungen, soweit sie 400 € im Kalenderjahr nicht übersteigen, und 9 % der nach § 2 Abs. 1 Nr. 4 und 5 angelegten vermögenswirksamen Leistungen, soweit sie 470 € im Kalenderjahr nicht übersteigen.

(4) Der Anspruch auf Arbeitnehmer-Sparzulage entsteht mit Ablauf des Kalenderjahres, in dem die vermögenswirksamen Leistungen angelegt worden sind.

Aufbau der Lohnsteuerklassen I - VI (Allgemeine Tabelle 2022; €)						
	I	II	III	IV	V	VI
Grund-freibetrag	10.347,00	10.347,00	20.694,00	20.694,00	0	0
AN-Pausch-betrag	1.200,00	1.200,00	1.200,00	1.200,00	0	0
Vorsorge-pauschale	lohn-abhängig	lohn-abhängig	lohn-abhängig	lohn-abhängig	lohn-abhängig	lohn-abhängig
SA-Pausch-betrag	36,00	36,00	36,00	36,00	36,00	
Entlastungs-betrag Erhöhungs-betrag 240,00 Euro je weiteres Kind (Freibetrag im Lohnsteuer-ermässigungs-verfahren)	0	4.008,00	0	0	0	0
Steuerfrei bis (jährlich)	14.522,00	19.058,00	27.169,00	14.522,00	1.558,00	9,99
Steuerfrei bis (monatlich)	1.210,00	1.588,00	2.263,00	1.210,00	129,83	0,83

Eine Vorsorgepauschale wird ab 2010 ausschließlich im Lohnsteuerabzugsverfahren berücksichtigt (§ 39b Abs. 2 Satz 5 Nr. 3 und Abs. 4 EStG).

Faktorverfahren (siehe Fall 80)

Freibetrag/Hinzurechnungsbetrag bei der Steuerklasse VI

Der Arbeitnehmer kann sich einen Freibetrag auf der Lohnsteuerkarte – **bei ELSTAM** – mit der Steuerkasse VI eintragen lassen, wenn im Arbeitsverhältnis mit der 1. Lohnsteuerkarte (z. B. Steuerklasse I) noch keine Lohnsteuer anfällt (Nutzung des noch vorhandenen Freiraumes). Als Ausgleich trägt das Finanzamt allerdings einen entsprechenden Hinzurechnungsbetrag auf der 1. Lohnsteuerkarte ein (Vermeidung einer doppelten Berücksichtigung).

Die Höhe des einzutragenden Freibetrags/Hinzurechnungsbetrag soll durch die jeweiligen steuerfreien Jahresbeträge in der jeweiligen Steuerklasse (siehe vorstehendes Schaubild) begrenzt werden. Der Antrag wird beim Finanzamt mit dem Antragsvordruck LSt 3 ABC gestellt (Antrag auf LSt-Ermäßigung).

Die Eintragung hat zur Folge, dass der Steuerpflichtige eine ESt-Erklärung abgeben muss.

Beitragsbemessungsgrenzen und Beitragssätze ab 01.01.2022			
Versicherungsart	**BMG Alte Bundesländer monatlich**	**BMG Neue Bundesländer monatlich**	**Einheitliche Beitragssätze**
Rentenversicherung	7.050,00	6.750,00	18,6 %
Arbeitslosenversicherung	7.050,00	6.750,00	2,4 %
Krankenversicherung	4.837,50	4.837,50	AN = 7,3 % AG = 7,3 % + Zusatzbetrag[1]
Pflegeversicherung	4.837,50	4.837,50	3,05 % davon: AG = 1,525 % AN = 1,525 % + 0,35 % Kinderlosenzuschlag (vom Versicherten zu tragen) Sachsen: AG = 1,025 % AN = 2,025 %
Versicherungspflichtgrenze	5.362,50	5.362,50	
für am 31.12.2002 PKV Versicherte	4.837,50	4.837,50	
Mindestbemessungsgrundlage in der RV für geringfügig Beschäftigte	175,00	175,00	18,6 %
Geringverdienergrenze Azubis	450,00	450,00	

---

[1] Arbeitnehmer und Arbeitgeber teilen sich den Zusatzbeitrag mit je 50 %. Dieser ist bei den einzelnen Krankenkassen unterschiedlich.

Fall 19: Aushilfskräfte und Teilzeitbeschäftigte

Ein Mandant beschäftigt überwiegend Aushilfskräfte und Teilzeitbeschäftigte. Er verspricht sich davon eine Reduzierung der Lohnnebenkosten, um am Markt konkurrenzfähiger zu sein.

Um in jedem einzelnen Beschäftigungsverhältnis ein für ihn optimales Ergebnis zu erzielen, sollen Sie ihn über alle Einzelheiten informieren.

Er hat bereits einen Fragekatalog mit folgenden Fragestellungen entwickelt:

1. Wann sprechen wir von einer Aushilfskraft bzw. einem Teilzeitbeschäftigten?
2. Welche beitragsrechtlichen Bestimmungen müssen bei der Sozialversicherung beachtet werden?
3. Wo findet man die rechtliche Grundlage für die steuerliche Abwicklung?
4. Welche Optimierung ist durch die Verwendung der Lohnsteuerabzugsmerkmale möglich?
5. Wie sind die pauschal versteuerten Einkünfte beim Arbeitnehmer zu behandeln?
6. Können die Pauschalbeträge zur Sozialversicherung und die pauschale Lohnsteuer auch vom Arbeitnehmer übernommen werden bzw. vom Arbeitgeber einbehalten werden?
7. Wie sind die Auswirkungen der sozialversicherungsrechtlichen Gestaltung für den Arbeitnehmer und die Gesellschaft zu beurteilen?
8. Welche buchtechnischen Voraussetzungen sind an das Verfahren geknüpft?

Lösung s. Seite Seite 387

Tangierende Problemkreise:

► Urlaubsanspruch von Teilzeitbeschäftigten.

Sozialversicherung und Besteuerung von 520 €-Jobs mit Gleitzone

Verfahren
Alle Arbeitsverhältnisse müssen der Sozialversicherung gemeldet werden. (An- und Abmeldungen und sonstige Meldungen an die Bundesknappschaft, Essen) Auch Arbeitnehmer in privaten Haushalten sind zu melden. Dazu wird auch eine Betriebsnummer erteilt.

Einteilung der Beschäftigungsformen:

1. **Kurzfristige Beschäftigung**

   ▸ Beschäftigung, die im Laufe eines Jahres (nicht Kalenderjahres) seit ihrem Beginn auf:[1]

   - drei Monate oder

   - 70 Arbeitstage

   beschränkt ist.

   ▸ Beschäftigung muss vertraglich oder nach der Art des Beschäftigungsverhältnisses auf ein Jahr begrenzt angelegt sein.

   ▸ Unabhängig vom Entgelt sind keine Beiträge an die Sozialversicherung abzuführen.

2. **Geringfügige Alleinbeschäftigung und Beitragssätze für die geringfügigen Beschäftigungen**

   ▸ Arbeitnehmer, deren sozialversicherungspflichtiges Arbeitsentgelt insgesamt monatlich 520 € nicht übersteigt.

   ▸ Abführung der pauschalen Beträge durch den Arbeitgeber:

   - **15 % an die Rentenversicherung**

   - **13 % an die Krankenversicherung**

   - **2 % Steuern**

   ▸ Für geringfügig Beschäftigte im **Haushalt** beträgt die Pauschalabgabe insgesamt **12 % (5 % Rentenversicherung + 5 % Krankenversicherung + 2 % Steuern)**

   ▸ Für geringfügig Beschäftigte, die **nicht** Mitglied einer gesetzlichen Krankenversicherung sind, **entfällt** der Beitrag an die Krankenversicherung; z. B. privat versicherte Arbeitnehmer, Beamte, Selbstständige

   ▸ **Aufstockung** der Beiträge zur Rentenversicherung (zzt. 18,6 % - 15 % = 3,6 %). Es besteht Rentenversicherungspflicht mit Befreiungsrecht („opt-out") **mindestens von 175 €** (§ 163 Abs. 8 SGB VI).

   Wirkung:

   - Erhöhung der Rentenansprüche

   - Anspruch auf Rehabilitation

   - Vorgezogene Altersrente

   - Rentenberechnung nach Mindesteinkommen

---

[1] Für die Berechnung gilt:
   ▸ Bei einer Beschäftigung von mindestens 5 Tagen pro Woche gilt die 3-Monats-Regelung
   ▸ Bei der Beschäftigung unter 5 Tagen pro Woche sind 70 Tage maßgebend.

Umlagen bei Minijobs:

Arbeitgeberbelastung beim Minijob (Stand 2022)

Arbeitgeberaufwand	Minijob Unternehmen	Minijob Privathaushalt
Krankenversicherung	13 %	5 %
Rentenversicherung	15 %	5 %
Pauschalsteuer	2 %	2 %
Umlage U1 – Krankenfortzahlung[1]	0,9 %	0,9 %
Umlage U2 – Mutterschutzaufwendungen	0,29 %	0,29 %
Umlage U3 – Insolvenzgeldumlage	0,06 %	
Unfallversicherung[2]	1,3 %	1,6 %
Abgaben gesamt	32,55 %	14,79 %

Beispiel: Beschäftigung im Unternehmen

Arbeitnehmer		Arbeitgeber	
Monatsbrutto	520,00 €	Monatsbrutto	520,00 €
Monatsnetto	520,00 €	15 % Rentenversicherung	78,00 €
		13 % Krankenversicherung	67,60 €
		2 % Pauschale Steuer	10,40 €
		1,25 % Umlagen (0,9 % + 0,29 % + 0,06 %)	6,50 €
		1,3 % Unfallversicherung	6,76 €
		Gesamtaufwand	689,26 €

Beispiel: Beschäftigung im Privathaushalt

Arbeitnehmer		Arbeitgeber	
Monatsbrutto	450,00 €	Monatsbrutto	520,00 €
Monatsnetto	450,00 €	5 % Rentenversicherung	26,00 €
		5 % Krankenversicherung	26,00 €
		2 % Pauschale Steuer	10,40 €
		1,19 % Umlagen (0,9 % + 0,29 %)	6,19 €
		1,6 % Unfallversicherung	8,32 €
		Gesamtaufwand	596,91 €

---

[1] Die Sätze der Umlage U1/U2 ergeben sich aus den Satzungen der jeweiligen Krankenkasse.

[2] Bei gewerblichen Minijobs wird ein vom jeweiligen Gewerbe- und Gefahrenklasse abhängiger %-Satz erhoben. Der hier für 2020 verwendete Satz in Höhe von 1,3 % entspricht dem durchschnittlichen Wert gemäß Angaben der Deutschen gesetzlichen Unfallversicherung (DGUV). Die Überweisung erfolgt an die zuständige Unfallkasse bzw. Berufsgenossenschaft.

Bei Minijobs im Privathaushalt gilt ein einheitlich festgelegter Prozentsatz zur gesetzlichen Unfallversicherung.

3. **Mehrere geringfügige Nebenbeschäftigungen oder Beschäftigung neben einem sozialversicherungspflichtigen Haupterwerb**

 ► Mehrere geringfügige Arbeitnehmertätigkeiten werden für die Berechnung der Sozialversicherungsbeiträge zusammengefasst. Wird hierbei die 520 €-Grenze überschritten, unterliegt das gesamte Arbeitsentgelt der Beitragspflicht

 ► Es erfolgt **keine** Zusammenrechnung von kurzfristigen und geringfügigen Beschäftigungen

 ► Bei einer **einzigen** geringfügigen Nebentätigkeit neben dem sozialversicherungspflichtigen Hauptberuf erfolgt ebenfalls keine Zusammenrechnung.

 Die Gleitzone von 520 € bis 1.600 € ab Oktober 2022

 ► **Kernelement:** Die Beiträge des Arbeitnehmers werden von einer **verminderten** Berechnungsgrundlage berechnet. Die Arbeitgeberbeiträge werden vom **vollen** Arbeitsentgelt berechnet

 ► **Berechnungsgrundlage** ist ein Faktor, der jedes Jahr neu festzustellen ist, weil er vom Gesamtsozialversicherungssatz abhängig ist.

 Bestimmung des Faktors (F) ab 01.10 2022:

$$\text{Faktor F} = \frac{28}{\text{durchschnittlicher Gesamtsozialversicherungssatz}}$$

$$\text{Faktor} = \frac{28}{\dfrac{(15\ \%\ RV + 13\ \%\ KV)}{39{,}95}} = 0{,}7009$$

Erläuterung:
Die fiktive beitragspflichtige Einnahme wird nach einer neuen Formel berechnet.

Formel ab 01.10.2022:

$$F \cdot 520 + ([1600 : (1600 - 520)] - [520 : (1600 - 520)] \cdot F) \cdot (\text{Arbeitsentgelt} - 520)$$

Zusätzlich wird eine Formel für die beitragspflichtige Einnahme zur Bestimmung des vom Arbeitnehmer zu tragenden Anteils am Sozialversicherungsbeitrag eingeführt:

$$(1600 : (1600 - 520)) \cdot (\text{Arbeitsentgelt} - 520)$$

Der Faktor F wird folgendermaßen ermittelt: 28 % : durchschnittlichen Gesamtsozialversicherungsbeitragssatz (bisher 30 % : durchschnittlichen Gesamtsozialversicherungsbeitragssatz)

Damit beträgt der Faktor F für die Zeit vom 01.10.2022 bis zum 31.12. 2022: 0,7009 (28 %/39,95 %).

Arbeitsschritte zur Beitragsberechnung:

1. **Bestimmung der fiktiven beitragspflichtigen Einnahme (reduzierte beitragspflichtige Einnahme):**

   Vereinfachte Formel zur Berechnung der Bemessungsgrundlage (ab 01.10.2022)

   Vereinfachte Formel:

   1,14401 • Arbeitsentgelt - 230,417

2. **Berechnung des Beitragsanteils des Arbeitnehmers**

   Reduzierte beitragspflichtige Einnahme: 1,48148 • Arbeitsentgelt - 770,37

3. **Berechnung des Arbeitgeberanteils**

   Arbeitgeberanteil = Gesamtbetrag - Arbeitnehmerbeitragsanteil

Beispielzahlen für Arbeitsentgelt, fiktive beitragspflichtige Einnahmen (€) Arbeitnehmerbeitrag		
Arbeitsentgelt	Fiktive beitragspflichtige Einnahme	Arbeitnehmerbeitrag
600,00	455,99	118,52
700,00	570,39	266,676
800,00	684,79	414,81
900,00	799,19	562,96
1.000,00	913,59	711,11
1.100,00	1.027,99	859,26
1.200,00	1.142,40	1.007,41
1.300,00	1.256,80	1.155,56
1.400,00	1.371,20	1.303,70
1.500,00	1.485,60	1.451,85
1.600,00	1.600,00	1.600,00

Beispiel

1. Arbeitsentgelt = 700,00 €, Berechnung der Rentenversicherungsanteile:

    ► Vereinfachte Formel zur Berechnung der Bemessungsgrundlage (ab 01.10.2022): 1,14401 • 700,00 € - 230,417 = 570,39 €

    ► Beitrag zur Rentenversicherung : 18,6 % = 106,09 €

2   Anteil Arbeitnehmer: 1,48148 • 700,00 - 770,37 = 266,67

    9,3 % davon = 24,00 €

3. Anteil Arbeitgeber: Gesamtbetrag 106,09 € - 24,00 € = 82,09 €

Beispiel

► Monat Oktober 2022

► Arbeitsentgelt 900,00 €

► Zusatzbeitrag zur KV 1,3 %

► Arbeitnehmer hat Elterneigenschaft

► Arbeitsort Rheinland-Pfalz

Gesamtrechnung mit KV, Pflegeversicherung, ALV und Rentenversicherung			
	Gesamtbetrag Bemessungsgrundlage 799,19 €	AN-Anteil Bemessungsgrundlage 362,96 €	AG-Anteil Gesamtbetrag-AN-Anteil
Krankenversicherung (14,6 % + 1,3 % Zusatzbeitrag) (AN-Anteil = 7,95 %)	127,07 €	28,86 €	98,21 €
Pflegeversicherung 3.05 % AN-Anteil = 1,525 %	24,38 €	5,53 €	18,85 €
Rentenversicherung 18,6 % AN-Anteil = 9,3 %	148,65 €	33,76 €	114,89 €
Arbeitslosenversicherung 2,4 % AN-Anteil 1,2 %	19,18 €	4,35 €	14,83 €
Summen	319,28 €	72,50 €	246,78 €

Hinweis: Vereinfachte Ermittlung anhand von Programmen!

Besteuerung von 450 €-Jobs

Es gibt zwei Besteuerungsmöglichkeiten:

► Besteuerung nach den Lohnsteuerabzugsmerkmalen (ELSTAM)

► Pauschalbesteuerung durch den Arbeitgeber.

Lohnfortzahlungsversicherung durch Umlageverfahren U1 und U2 und weitere Verpflichtungen bei kurzfristiger Beschäftigung

Umlage 1 (U1) betrifft die Lohnfortzahlung im Krankheitsfall bei einer Beschäftigungsdauer von mehr als vier Wochen (Pflicht für Betriebe bis 30 Arbeitnehmer).

Beitragssatz: verschieden nach Satzung der Krankenkasse und Erstattungs-%. (Wahl zwischen 80 %, 70 %, 60 %, 50 %) z. B. 1,7 % bei 60 % Erstattung

Umlage 2 (U2) betrifft Mutterschaft (allgemeine Pflicht).

Beitragssatz: verschieden nach Satzung der Krankenkasse z. B. 0,33 %, 0,38 %, 0,49 %

Insolvenzumlage

Beitragssatz = 0,06 % (2022) (nicht für Privathaushalte)

Gesetzliche Unfallversicherung (Berufsgenossenschaft)

Beiträge abhängig von Gefahrenklassen

Gesetzliche Unfallversicherung im Privathaushalt

Beitragssatz = 1,6 %

Fall 20: Fragen zur Sozialversicherung

Als Sachbearbeiter in der Steuerkanzlei werden Sie häufig mit Fragen der Sozialversicherung konfrontiert. Dabei erscheint es wichtig, dass Ihnen die Grundstrukturen bekannt sind. Einzelheiten können den Kommentaren oder der entsprechenden Software, die jährlich aktualisiert wird, entnommen werden.

Die Kenntnisse dienen auch dazu, Vorgänge die durch Programme erledigt werden, nachvollziehen zu können.

Überprüfen Sie anhand nachstehender Fragen Ihr Basiswissen!

1. Welche Versicherungsarten zählen zur gesetzlichen Sozialversicherung?
2. Was versteht man unter Beitragsbemessungsgrenze und Versicherungspflichtgrenze? Zeigen Sie das an einem Beispiel mit aktuellen Beitragssätzen bei einem monatlichen Bruttogehalt von 5.000 € auf.
3. Wer sind die Träger der gesetzlichen Sozialversicherung?
4. Welche Aufgaben entfallen auf die einzelnen Träger?
5. Wie werden sog. Geringverdiener in der Sozialversicherung behandelt?
6. Wonach richtet sich die Höhe der Rente eines Versicherten?
7. Wie ist eine Beitragsnachweisung aufgebaut, und wie und an wen werden die Daten übermittelt?
8. Wann und an wen sind die einbehaltenen Abzüge zur Sozialversicherung abzuführen?
9. Was versteht man unter Arbeitgeberanteil zur Sozialversicherung?
10. Wie lautet die Kontierung auf der DATEV-Buchungsliste für eine Gehaltszahlung mit VWL? Verwenden Sie nachstehende Buchungsliste!

Buchungsliste								
Soll	Haben	S	U	Gegenkonto		B. Nr.	Konto	Skonto

Lösung s. Seite 389

Die Sozialversicherung

	Krankenversicherung	Arbeitslosenversicherung	Rentenversicherung	Pflegeversicherung
Träger	• AOKs • Innungskrankenkassen • Betriebskrankenkassen • Bundesknappschaft • Angestelltenersatzkassen • Landwirtschaftliche Krankenkassen.	Bundesagentur für Arbeit (Zentrale) mit • 10 Regionaldirektionen, • 179 Agenturen, • 660 Geschäftsstellen der • örtlichen Arbeitsagenturen.	• Bundesversicherungsanstalt für Angestellte • Seekasse • Landesversicherungsanstalten • Bundesbahnversicherungsanstalt • Bundesknappschaft • Landwirtschaftliche Alterskassen.	• Pflegekassen Die Aufgaben werden von den Krankenkassen wahrgenommen.
Aufgaben	• Leistungen zur Förderung der Gesundheit • Krankenbehandlung • Krankengeld • Leistungen bei Schwerpflege-bedürftigkeit • Familienversicherung • Leistungen bei Schwangerschaft und Mutterschaft.	• Berufsberatung • Arbeitsvermittlung • Förderung der beruflichen Bildung • Leistungen zur Erhaltung und Schaffung von Arbeitsplätzen • Arbeitslosengeld • Arbeitslosenübergangsgeld • Arbeitslosengeld II • Konkursausfallgeld • Kindergeld • Arbeitsmarkt- und Berufsforschung usw.	• Leistungen zur Rehabilitation • Renten an Versicherte und Hinterbliebene • Krankenversicherungsschutz der Rentner.	• Pflegesachleistungen • Pflegegeld • Pflegevertretung • Teilstationäre Pflege und Kurzzeitpflege • Pflegehilfsmittel, technische Hilfen, Pflegekurse • Soziale Sicherung der Pflegepersonen.
Beitragssätze (2022)	AG = 7,3 % + X AN = 7,3 % + X Allgemeine Versicherungspflichtgrenze: 5.362,50 € mtl. Besondere Versicherungspflichtgrenze: 4.837,50 € mtl. (bereits am 31.12.2002 PKV versichert)	2,4 %	18,6 %	3,05 % AG = 1,525 % AN = 1,525 % Kinderlose: 0,35 % AG = 1,525 % AN = 1,875 % Mit Beihilfeanspruch (z. B. Beamte): mit Kind = 1,525 % Kinderlose = 1,875 %
BMG (2022) Jährliche Anpassung	58.050,00 € (mtl. 4.837,50 €)	Alte Bundesländer: 84.600,00 € (mtl. 7.060,00 €) Neue Bundesländer: 81.000,00 € (mtl. 6.750,00 €)	Alte Bundesländer: 84.600,00 € (mtl. 7.060,00 €) Neue Bundesländer: 81.000,00 € (mtl. 6.750,00 €)	58.050,00 € (mtl. 4.837,50 €)

Beiträge werden je zur Hälfte von Arbeitgeber und Arbeitnehmer aufgebracht. Der Kinderzuschlag (0,25 %) trägt allein der Versicherte (alle Bundesländer, ausgenommen Sachsen. Beitragssätze zur Pflegeversicherung in Sachsen: AG =1,025 %; AN (ohne Kinder) = 2,025 % + 0,35 % = 2,375 %; AN (mit Kinder) = 2,025 %

Lernfeld 4: Rechentechniken im Unternehmen beherrschen

Fall 21: Die verschiedenen Formen des Grundwertes in der Prozentrechnung

In Ihrer Praxis treten folgende rechnerischen Aufgabenstellungen auf:

Aufgabe 1:
Folgende Eingangsrechnung liegt vor:

	Warenwert	20.000,00 €
+	19 % Umsatzsteuer	3.800,00 €
=	**Rechnungssumme**	**23.800,00 €**

Vereinbarungsgemäß werden nachträglich 10 % Rabatt und 2 % Skonto gewährt. Der Restbetrag wurde durch Banküberweisung beglichen. Bisher ist lediglich der Rechnungseingang gebucht.

1. Führen Sie die erforderlichen Berechnungen durch!

2. Wie ist zu buchen?

Aufgabe 2:
Es liegt folgender Beleg eines Mandanten vor:

Firma Mustermann & Co. Trier	
Rechnung	
1 HP 5 L Drucker	880,60 €
Der Rechnungsbetrag enthält die gesetzliche Umsatzsteuer.	

1. Führen Sie die erforderliche Berechnung durch!

2. Wie ist der Vorgang umsatzsteuerlich zu beurteilen?

Aufgabe 3:
Nach Abzug von 3 % Skonto wird eine Rechnung mit 11.543 € beglichen.

Der Rechnungseingang ist gebucht.

1. Führen Sie die erforderlichen Berechnungen durch!

2. Welche Buchung ist bei Überweisung erforderlich?

Lösung s. Seite 391

Prozentrechnung:

$$p : 100 = PW : GW$$

Grundwert (GW) (100 %):

$$GW = \frac{PW \cdot 100}{p}$$

Prozentsatz (p):

$$p = \frac{PW \cdot 100}{GW}$$

Prozentwert (PW):

$$PW = \frac{GW \cdot p}{100}$$

Vermehrter Grundwert (über 100 %):

$$\text{Reiner GW} = \frac{\text{Vermehrter GW} \cdot 100}{100 + p}$$

Verminderter Grundwert (über 100 %):

$$\text{Reiner GW} = \frac{\text{Verminderter GW} \cdot 100}{100 - p}$$

Fall 22: Wir berechnen Zinsen

Im Rahmen Ihrer Tätigkeit stellen sich Ihnen verschiedene Aufgaben aus der Zinsrechnung:

Aufgabe 1:
Die Zinsabrechnung eines Mandanten ist zu überprüfen:

	8 % Verzugszinsen vom 15.01.01 - 23.07.01 (189 Tage)	
	Rechnungsbetrag 23.000,00 €	966,00 €
+	19 % USt	183,54 €
=	**Gesamt**	**1.149,54 €**

1. Kontrollieren Sie die Berechnung!

2. Nehmen Sie umsatzsteuerlich Stellung!

Aufgabe 2:
Ein Kunde eines Mandanten ist in Verzug. Folgende Rechnungen sind vereinbarungsgemäß mit 8,5 % Zinsen zu verzinsen. Die Zinsabrechnung erfolgt zum 03.05. des Jahres 01.

Rechnungsdatum	Fälligkeit	Betrag	Tage	Zinszahlen
18.01.01	18.02.01	5.060		
27.01.01	27.02.01	13.800		
15.02.01	15.03.01	3.220		

1. Führen Sie die erforderlichen Berechnungen durch!

2. Wie ist der Vorgang zu buchen?

Aufgabe 3:
Der Lieferer eines Mandanten hat vereinbarungsgemäß Verzugszinsen berechnet.

Für einen Rechnungsbetrag von 34.500 € hat er für 35 Tage 301,88 € Zinsen berechnet. Vereinbart waren im Kaufvertrag 8 % Zinsen.

Überprüfen Sie, ob die in Rechnung gestellten Zinsen stimmen! Welcher Zinssatz wurde ggf. bei Abweichung zugrunde gelegt?

Lösung s. Seite 392

Zinsrechnen:

Kapital (K):

$$K = \frac{z \cdot 100 \cdot 360}{p \cdot t}$$

Zeit (t):

$$t = \frac{z \cdot 100 \cdot 360}{K \cdot p}$$

Zinssatz (p):

$$p = \frac{z \cdot 100 \cdot 360}{K \cdot t}$$

Zinsen (z):

$$z = \frac{K \cdot p \cdot t}{100 \cdot 360}$$

Kaufmännische Zinsformel:

$$\text{Zinsen} = \frac{\text{Zinszahlen (\#)}}{\text{Zinsdivisor}}$$

$$\text{Zinszahlen} = \frac{\text{Kapital} \cdot \text{Tage}}{100}$$

$$\text{Zinsdivisor} = \frac{360}{\text{Prozentsatz}}$$

Zinsdivisorentabelle	
Zinssatz	**Zinsdivisor**
1	360
2	180
3	120
4	90
5	72
6	60
7	51,429
8	45
9	40
10	36
11	32,727
12	30

Bedeutsam sind die verschiedenen Verfahren zur Berechnung der Tage:

▶ **Deutsche Methode** (Kaufmännische Methode – §§ 187, 188 BGB):

- 1 Zinsjahr hat 360 Tage
- 1 Zinsmonat hat 30 Tage
- der erste Tag zählt in der Berechnung nicht mit.

▶ **Eurozinsmethode:**

- Zinsmonat wird taggenau berechnet
- Zinsjahr hat 360 Tage
- der erste Tag zählt in der Berechnung nicht mit.

▶ **Englische Methode** (ISMA-Rule – International Securities Market Association):

- 1 Zinsjahr hat 365/366 Tage
- Zinsmonat wird taggenau berechnet
- der erste Tag zählt in der Berechnung nicht mit.

In vielen EU-Ländern ist die taggenaue Zinsberechnung gesetzlich bereits vorgeschrieben. Diese Methode wird sich wegen der Genauigkeit auch in Deutschland durchsetzen oder gesetzlich vorgeschrieben werden.

Fall 23: Wir berechnen den Rohaufschlagsatz, den Rohgewinn und den Reingewinn

Folgender Auszug aus der Saldenbilanz 2 einer Drogerie liegt vor:

Klasse 2	Neutrale Aufwendungen	24.500,00	
Klasse 2	Neutrale Erträge		12.000,00
3400	Wareneingang	345.000,00	
3730	Erhaltene Skonti		5.400,00
3800	Anschaffungsnebenkosten	12.800,00	
3960	Bestandsveränderungen		
3980	Warenbestand	65.400,00	
Klasse 4	Betriebliche Aufwendungen	102.000,00	
8400	Umsatzerlöse		514.500,00
8730	Gewährte Skonti	2.400,00	
8910	Entnahme von Waren		11.500,00

Warenendbestand lt. Inventur: 60.200 €

Auszug aus der Richtsatzsammlung 2019 (BMF, 20.01.2021)		
	Rohgewinnaufschlagsatz	Rohgewinnsatz	Reingewinnsatz
Drogerien	47 - 122 82	32 - 55 45	2 - 15 9

1. Berechnen Sie den Rohaufschlagsatz und vergleichen Sie mit den Werten der Richtsatzsammlung!

2. Berechnen Sie den Rohgewinnsatz!

3. Berechnen Sie den Reingewinn und den Reingewinnsatz!

Lösung s. Seite 393

Umrechnung eines Rohgewinnsatzes in einen Rohaufschlagsatz:

$$\text{Rohaufschlagsatz} = \frac{100 \cdot \text{Rohgewinnsatz}}{100 - \text{Rohgewinnsatz}}$$

Umrechnung eines Rohaufschlagsatzes in einen Rohgewinnsatz:

$$\text{Rohgewinnsatz} = \frac{100 \cdot \text{Rohaufschlagsatz}}{100 + \text{Rohaufschlagsatz}}$$

Zum Aufbau des Rohaufschlagsatzes bzw. Rohgewinnsatzes siehe auch Schaubild zu Fall 37. Auszug aus der Richtsatzsammlung 2020 (BMF-Schreiben v. 20.01.2021, DOK 2021/0038903):

Bezeichnung der Gewerbeklassen in alphabetischer Reihenfolge	Gewerbekennzahl lt. Verzeichnis der Wirtschaftszweige	Rohgewinnaufschlag auf den Wareneinsatz bzw. Waren- und Materialeinsatz (Umrechn. Rohgew. I der Sp. 4)	Rohgewinn I	Rohgewinn II	Halbreingewinn	Reingewinn	Bemerkungen
			(vgl. Nr. 5 der Vorbemerkungen) in v. H. des wirtsch. Umsatzes				
1	2	3	4	5	6	7	8
Bücher, Eh. (auch in Verbindung mit Schreibwaren)	47610.0	30 - 67 **47**	23 - 40 **32**		14 - 31 **22**	4 - 17 **11**	
Cafés Wirtsch. Umsatz:	56104.0						
A bis 250.000 €		186 - 400 **257**	65 - 80 **72**		35 - 60 **48**	9 - 39 **22**	
B über 250.000 €		194 - 376 **270**	66 - 79 **73**		43 - 61 **50**	8 - 26 **17**	
Chemische Reinigung und Wäscherei Wirtsch. Umsatz:	96010.0						
A bis 200.000 €					42 - 79 **59**	13 - 54 **31**	
B über 200.000 €					37 - 72 **55**	8 - 30 **19**	
Computer und Software, Eh. Wirtsch. Umsatz:	47410.0						
A bis 250.000 €		45 - 270 **108**	31 - 73 **52**		19 - 55 **35**	11 - 54 **28**	
B über 250.000 €		32 - 186 **79**	24 - 65 **44**		15 - 45 **29**	3 - 31 **15**	
Dachdeckerei und Bauspenglerei Wirtsch. Umsatz:	43911.0						
A bis 300.000 €			**68**	38 - 74 **54**	15 - 47 **28**	11 - 38 **24**	
B über 300.000 €			**63**	30 - 51 **40**	9 - 28 **18**	4 - 25 **14**	
Drogerien und Parfümerien Wirtsch. Umsatz:	47750.0						
A bis 250.000 €		49 - 257 **108**	33 - 72 **52**		19 - 48 **33**	7 - 37 **19**	
B über 250.000 €		47 - 122 **82**	32 - 55 **45**		19 - 45 **30**	2 - 15 **9**	

Fall 24: Wir kalkulieren im Handelsbetrieb

Der Listeneinkaufspreis einer Ware beträgt ohne Umsatzsteuer 1.000 €. Beim Einkauf können 10 % Rabatt und 2 % Skonto geltend gemacht werden.

Die Bezugskosten betragen 18 €, netto. Der Wareneinsatz in der vorherigen Rechnungsperiode betrug 1.500.000 €, die Kosten beliefen sich auf 450.000 €.

Der Unternehmer kalkuliert mit einem Gewinnzuschlag von 10 %. Beim Verkauf werden 3 % Skonto gewährt.

1. Wie ist der Warenposten zu kalkulieren, wenn sich am Markt die Kalkulationsdaten realisieren lassen?
2. Wie stellt sich die Kalkulation dar, wenn der Warenposten am Markt wegen der Konkurrenzsituation nur mit 1.250 € (netto) verkauft werden kann?
3. Welcher Listeneinkaufspreis muss erzielt werden, wenn bei einem feststehenden Verkaufspreis von 1.200 € (netto) die vorgegebenen Kalkulationsdaten eingehalten werden sollen?
4. Wie viel Prozent beträgt der Kalkulationszuschlag für die Nr. 1?
5. Wie viel beträgt die Handelsspanne für die Nr. 1?

Lösung s. Seite 394

Tangierende Problemkreise:

▶ Rohaufschlagsatz

▶ Rohgewinnsatz

▶ Reingewinnsatz

▶ Mischkalkulation.

Handelskalkulation				
Kalkulationsschema	€	Typ 1	Typ 2	Typ 3
Listeneinkaufspreis, netto				
- Liefererrabatt		v. H.	v. H.	i. H.
Zieleinkaufspreis				
- Liefererskonto		v. H.	v. H.	i. H.
Bareinkaufspreis				
+ Anschaffungsnebenkosten		€	€	€
Bezugspreis (AK)				
+ Kosten		v. H.	v. H.	a. H.
Selbstkosten				
+ Gewinn		v. H.	v. H.	a. H.
Barverkaufspreis				
+ Kundenskonto		i. H.	v. H.	v. H.
Zielverkaufspreis				
+ Kundenrabatt		i. H.	v. H.	v. H.
Listenverkaufspreis, netto				

Typ 1	Typ 2	Typ 3
Betriebswirtschaftliche Ausgangssituation		
Berechnung des Verkaufspreises auf Vollkostenbasis (Vorwärtskalkulation)	Ermittlung des noch verbleibenden Gewinnes bei feststehendem Einkaufs- und Verkaufspreis (Differenzkalkulation)	Ermittlung des erforderlichen Einkaufspreises bei feststehendem Verkaufspreis (Rückwärtskalkulation)
Marktsituation		
Die Nachfrage übersteigt das Angebot. Die Ware ist frei kalkulierbar.	Einkaufs- und Verkaufspreis können am Markt nicht verändert werden.	Der Verkaufspreis ist am Markt nicht zu verändern.

Fall 25: Eine Maschine wird kalkuliert

Eine Maschinenfabrik stellt eine Maschine her. Der Verkaufspreis soll aufgrund vorliegender Daten ermittelt werden:

Materialverbrauch einschließlich Zulieferungen	12.300 €
Fertigungslöhne:	
36 Stunden zu 28,50 €	
45 Stunden zu 35,40 €	
56 Stunden zu 38,30 €	

Aus dem BAB der letzten Rechnungsperiode ist zu entnehmen:

Materialgemeinkosten	18 %
Fertigungsgemeinkosten	260 %
Verwaltungsgemeinkosten	12 %
Vertriebsgemeinkosten	10 %
Sondereinzelkosten der Fertigung	150 €
Der Gewinnzuschlag beträgt	12 %

Aus dem Kaufvertrag ist zu entnehmen, dass wir dem Kunden einen Rabatt von 8 % und bei Zahlung innerhalb von 14 Tagen 2 % Skonto gewähren. Der Auftraggeber ist ein amerikanischer Unternehmer. Er wünscht das Angebot in USD.

1. Berechnen Sie den Verkaufspreis in Euro!

2. Erstellen Sie die Rechnung in amerikanischer Währung bei einem Euro-Referenzkurs vom 1,1283!

3. Wie ist der Vorgang umsatzsteuerlich zu beurteilen?

4. Inwieweit ist die Kalkulation mit den Daten der letzten Rechnungsperiode problematisch?

Lösung s. Seite 395

Tangierende Problemkreise:

► Kalkulation mit Maschinenstundensätzen

► Deckungsbeitragsrechnung.

Schema für Zuschlagskalkulation	€
Fertigungsmaterial + Materialgemeinkosten (MGK %)	
= Materialkosten (1)	
Fertigungslöhne + Fertigungsgemeinkosten (FGK %) + Sondereinzelkosten der Fertigung	
= Fertigungskosten (2)	
Herstellungskosten (1) + (2)	
+ Verwaltungsgemeinkosten (VwGK %)	
+ Vertriebsgemeinkosten (VtGK %)	
+ Sondereinzelkosten der Fertigung	
= Selbstkosten	
+ Gewinnzuschlag %	
= Bar-Verkaufspreis	
+ Kundenskonto %	
= Ziel-Verkaufspreis	
+ Kundenrabatt %	
= Listenpreis, netto	
+ Umsatzsteuer %	
= Listenpreis, brutto	

Formeln zur Berechnung der Gemeinkosten

$$\text{Materialgemeinkosten (\%)} = \frac{\text{Materialgemeinkosten (€)} \cdot 100}{\text{Materialeinzelkosten}}$$

$$\text{Fertigungsgemeinkosten (\%)} = \frac{\text{Fertigungsgemeinkosten (€)} \cdot 100}{\text{Fertigungslöhne}}$$

$$\text{Verwaltungsgemeinkosten (\%)} = \frac{\text{Verwaltungsgemeinkosten (€)} \cdot 100}{\text{Herstellungskosten}}$$

$$\text{Vertriebsgemeinkosten (\%)} = \frac{\text{Vertriebsgemeinkosten (€)} \cdot 100}{\text{Herstellungskosten}}$$

Fall 26: Wir rechnen mit Auslandswährung

Der Mandant, der viele Exportgeschäfte tätigt, will über folgende Sachverhalte informiert werden:

Sachverhalt 1:
Anlässlich einer Geschäftsreise in die Schweiz hat er sich aus der Geschäftskasse 2.000 € entnommen. Er hat das Geld in Schweizer Franken umgetauscht. Nach der Rückkehr von der Geschäftsreise verblieben ihm noch 300 CHF, die er in Euro umtauschte und in die Geschäftskasse einlegte. (Schalterverkauf: 1,0986 - Schalterankauf: 1,1186)

Führen Sie die erforderlichen Berechnungen durch!

Sachverhalt 2:
Es liegt folgender Beleg über den Einkauf einer Maschine aus den USA vor:

		15.12.01
	Lieferung einer Spezialmaschine	50.000,00 USD
+	Frachtkosten bis Hamburg	5.000,00 USD
=	Gesamtbetrag	55.000,00 USD

Die Rechnung wurde am 15.01.02 beglichen.

1. Führen Sie die erforderlichen Berechnungen durch!
2. Wie ist am 15.12.01 zu buchen?
3. Wie ist am 31.12.01 zu buchen?
4. Wie ist am 15.01.02 zu buchen?

Sachverhalt 3:
Am 01.12.01 wurde eine Maschine nach England verkauft. Der Abnehmer wünschte die Rechnung in englischen Pfund. Die Maschine wurde mit 120.000 GBP in Rechnung gestellt.

1. Führen Sie die erforderlichen Berechnungen durch!
2. Wie ist am 01.12.01 zu buchen?
3. Wie ist die Forderung am 31.12.01 zu bewerten?
4. Wie lautet die Buchung am 18.01.02 bei Überweisung des Rechnungsbetrages?

Lösung s. Seite 396

Referenz-Kurse (Euro)			
Datum	**Währung**	**Devisen (Euro)[1] (Mengennotierung)**	
		Geld	**Brief**
15.12.01	1 USD	1,1277	1,3081
31.12.01	1 USD	1,1166	1,2942
15.01.02	1 USD	1,1238	1,3048
01.12.01	1 GBP	0,8078	0,8118
31.12.01	1 GBP	0,8032	0,8066
18.01.02	1 GBP	0,8164	0,8194

Mengennotierung bei Wechselkursen für Devisen (Nicht EWWU-Staaten)	
Kursaussage: Wie viel ausländische Währungseinheiten für einen Euro?	
Ankaufskurs ist höher als Verkaufskurs	Verkaufskurs ist niedriger als Ankaufskurs
Briefkurs = Ankaufskurs	**Geldkurs = Verkaufskurs**
Bank kauft Fremdwährung	Bank verkauft Fremdwährung
Ankauf von Devisen	Verkauf von Devisen
Devisen in Euro	Euro in Devisen
Rechnungsausgänge in Fremdwährung	Rechnungseingänge
Debitoren	Kreditoren

Der Wechselkurs bezeichnet die Menge ausländischer Geldeinheiten, die man für 1 € erhält.

Währungsrechnen (Nicht EWWU-Staaten)	
Umrechnen von Euro in Fremdwährung	Umrechnen von Fremdwährung in Euro
Fremdwährung = Euro • Kurs	Euro = Fremdwährung : Kurs

Weitere Berechnungsmöglichkeiten über Dreisatz oder Kettensatz. Da es sich um ein gerades Verhältnis beim Dreisatz handelt, empfiehlt sich der Kettensatz!

Dabei gilt:

1. Die erste Zeile beginnt mit der gefragten Größe.

2. Die Kette wird in der zweiten Zeile mit der gleichen Größe weitergeführt wie die erste Zeile endet.

3. Die zweite Zeile endet mit der gefragten Größe, wie die erste Zeile beginnt!

4. Es wird ein Bruchsatz aufgestellt: rechte Seite: linke Seite.

---

[1] Alle Angaben = Gegenwert für 1 € in nationaler Währung.

Beispiel

Umrechnung von EUR in CHF

1. Zeile   ? CHF - 390,00 EUR

2. Zeile   1 EUR - 1,0976 CHF

3. Zeile $\dfrac{390,00 \cdot 1,0976}{1} = 428,06$ CHF

Umrechnung von CHF in EUR

? EUR - 428,06 CHF

1,0976 CHF - 1 EUR

$\dfrac{428,06}{1,0976} = 390,00$ EUR

Fall 27: Wir berechnen die Effektivverzinsung

Sie sollen einem Mandanten an folgenden Beispielen die Effektivverzinsung erläutern:

Sachverhalt 1:
Bei einer Rechnung über 11.500 € besteht die Möglichkeit, innerhalb von zehn Tagen vereinbarungsgemäß unter Abzug von 3 % Skonto zu zahlen. Wird das Zahlungsziel von 30 Tagen in Anspruch genommen, ist der volle Betrag fällig. Aufgrund der Liquiditätslage des Unternehmens muss der Mandant ständig über das laufende Kontokorrent mit Sollsalden die laufenden Geschäfte abwickeln. Der Sollzinssatz beträgt zzt. 11,75 %.

Er will beraten sein, ob es sich lohnt, unter Abzug von Skonto zu zahlen, wenn er sein Kontokorrent in Anspruch nehmen muss!

Sachverhalt 2:
Der Mandant hat am 15.01.01 festverzinsliche Wertpapiere zum Nennwert von 50.000 € gekauft und im Umlaufvermögen aktiviert. Die Wertpapiere haben noch eine Laufzeit bis zum 15.01.02 und werden mit 8 % verzinst. Der Kurswert beim Kauf betrug 101,50 €. Die Kaufnebenkosten können mit 0,6 % angenommen werden.

Wie hoch ist die Effektivverzinsung?

Sachverhalt 3:
Der Mandant hat auch Aktien in seinem Umlaufvermögen. Es handelt sich um 100 AK-Aktien, die er zu Anschaffungskosten je Aktie von 400 € gekauft hat.

Für das Kalenderjahr 01 erhält er eine Dividende von 15 € je Aktie.

1.   Wie sieht die Dividendenabrechnung aus?

2.   Wie hoch ist die Effektivverzinsung?

Lösung s. Seite 398

Tangierende Problemkreise:

▸ Wertpapiere des Anlagevermögens

▸ Verkauf von Wertpapieren des Betriebsvermögens

▸ Erträge aus Wertpapieren des Betriebsvermögens.

Formel für Effektivverzinsung (ohne Berücksichtigung von Kursgewinnen oder Kursverlusten):

$$\text{Effektive Verzinsung} = \frac{\text{Dividende bzw. Zinsen} \cdot 100}{\text{eingesetztes Kapital}}$$

Kaufabrechnung von Aktien		
Anzahl der Aktien	Stück	
Kurswert der Aktien	€	€
+ Bankprovision	1 %	€
+ Maklergebühr	0,8 ‰	€
= Kaufpreis (Anschaffungskosten)		€

Kaufabrechnung von Zinspapieren (mit Pluszinsen)		
Nennwert	€	
Kurswert	%	€
+ Stückzinsen für ... Tage	%	€
= Ausmachender Betrag		€
+ Bankprovision	0,5 %	€
+ Maklergebühr	0,75 ‰	€
= Kaufpreis (Anschaffungskosten = Kaufpreis - Stückzinsen)		€

Dividendenabrechnung		
Bardividende		€
25 % Kapitalertragsteuer	€	
5,5 % SolZ	€	
ggf. Kirchensteuer (8 %/9 %)	€	€
Nettodividende		€

Lernfeld 5: Jahresabschlüsse erstellen

Fall 28: Beratung über geringwertige Wirtschaftsgüter

Ein Mandant wünscht von Ihnen eine erschöpfende Auskunft über die steuerliche Behandlung von geringwertigen Wirtschaftsgütern. Ihm liegen unterschiedliche Informationen vor. Für seine Entscheidungsprozesse will er jedoch über gesicherte Erkenntnisse verfügen. Er hat seine Fragen sorgfältig zusammengestellt und unterbreitet Ihnen folgende Sachverhalte:

1. Wie ist ein GWG zu definieren?

2. Wo findet man die Rechtsgrundlage für ein GWG?

3. Was beinhaltet der Begriff „Bewertungsfreiheit"?

4. Der Mandant, der seinen Gewinn mit Betriebsvermögensvergleich nach § 4 Abs. 1 EStG ermittelt, erwirbt im Jahr 2022 folgende Gegenstände:

   ► Computer, Anschaffungskosten 880 €, ND = 3 Jahre

   ► Einen gebrauchten Kopierer, Anschaffungskosten 790 €, Rest-ND = 2 Jahre

   ► Regal, Anschaffungskosten 630 €, ND = 10 Jahre

5. Der Mandant hat im laufenden Jahr einen gebrauchten Computer aus dem Privatvermögen in das Betriebsvermögen übernommen. Der Computer hat vor drei Jahren 1.200 € gekostet. Bei einer Neuanschaffung würde die Konfiguration noch 800 € kosten. Die Konfiguration kann noch sinnvoll als „bessere" Schreibmaschine genutzt werden. Der Mandant will von Ihnen wissen, wie er den gesamten Vorgang behandeln kann. Dabei soll von einer betriebsgewöhnlichen Nutzungsdauer von vier Jahren ausgegangen werden.

6. Der Mandant will auch von Ihnen wissen, wie er die GWG buchungstechnisch behandelt. Er findet im Kontenrahmen (SKR 03/SKR 04) verschiedene Konten, die offensichtlich mehrere Buchungsmöglichkeiten eröffnen.

7. Er befragt Sie auch, was es mit einem „besonderen Verzeichnis" für die GWG auf sich hat. Ein solches Verzeichnis hat er bisher nicht geführt, sondern lediglich die GWG aktiviert und abgeschrieben. Er will aber im Hinblick auf die nächste Außenprüfung keinen Fehler machen und bittet um sachgerechte Beratung.

Lösung s. Seite 399

Tangierende Problemkreise:

► Bewegliche und unbewegliche Wirtschaftsgüter

► Begriff der Anschaffungskosten

► Behandlung der GWG bei anderen Einkunftsarten

► Bewertung von Einlagen

► Aufbau eines Anlagenverzeichnisses.

Bewertungsfreiheit geringwertiger Wirtschaftsgüter (§ 6 Abs. 2 und 2a EStG)
Für die Behandlung als GWG gilt Folgendes:

▶ Es muss sich um selbstständig nutzbare bewegliche WG des Anlagevermögens handeln, die **angeschafft, hergestellt** oder in das Betriebsvermögen **eingelegt** worden sind **(§ 6 Abs. 2 Satz 1 EStG)**

▶ Berechtigte sind Unternehmer mit Gewinneinkünften (Betriebsvermögensvergleich, Überschussrechnung).

Es besteht ein Wahlrecht:
Das EStG bietet seit dem 01.01.2018 zwei Möglichkeiten an, die **alternativ** Anwendung finden können:

▶ § 6 Abs. 2 EStG **oder**

▶ § 6 Abs. 2a EStG.

Danach bestehen zwei Grenzwerte:

▶ unterer Grenzwert 250 € netto

▶ oberer Grenzwert 800 €/1.000 € netto.

GWG bis 250 € können somit sofort als Betriebsausgaben erfasst werden.

Konto **4855** (6262) Sofortabschreibung GWG

Bei Anwendung des **§ 6 Abs. 2 EStG** können WG mit AK bis 800 € netto als GWG voll abgeschrieben werden **(Alternative 1)**.

Liegen die AK/HK über 800 €, so ist das WG zu aktivieren und nach der betriebsgewöhnlichen Nutzungsdauer abzuschreiben.

Bei Anwendung des **§ 6 Abs. 2a EStG** müssen WG mit AK zwischen 250 € und 1.000 € in einen Sammelposten eingestellt werden. Es erfolgt eine Poolabschreibung; d. h. der Sammelposten ist über fünf Jahre aufzulösen. SKR 03 und SKR 04 sehen hierfür folgende Konten vor:

▶ **0485** (0675) Wirtschaftsgüter größer 250 € bis 1.000 €

▶ **4862** (6264) Abschreibungen auf den Sammelposten Wirtschaftsgüter.

In jedem Jahr ist für die Anschaffungen ein eigener Sammelposten zu bilden.

Möglichkeiten zur Abschreibung auf GWG

Fall 1: Anschaffungskosten oder Herstellungskosten bis 250 €:
Es besteht eine Wahlmöglichkeit einer Sofortabschreibung oder Abschreibung nach der Nutzungsdauer.

Fall 2: Anschaffungskosten oder Herstellungskosten bis 251 € bis 1.000 €

Hierbei besteht die Wahlmöglichkeit zwischen der Abschreibung mit oder ohne Sammelposten.

Abschreibung mit Sammelposten:

Anschaffungskosten oder Herstellungskosten mehr als 250 € bis maximal 1.000 €:

Lösung: Bildung eines Sammelpostens, Verteilung über fünf Jahre; lineare Abschreibung nach Nutzungsdauer

Abschreibung ohne Sammelposten:

Anschaffungskosten oder Herstellungskosten bis 800 €:

Lösung: Sofortabschreibung oder lineare Abschreibung

Anschaffungskosten ab 801 €:

Lösung: lineare Abschreibung nach Nutzungsdauer

Für die **einheitliche Wahlrechtsausübung** gibt es eine wirtschaftsjahrbezogenen Betrachtungsweise.

Für die Beurteilung der betragsmäßigen Grenzen ist von den AK oder HK abzüglich eines darin enthaltenen Vorsteuerbetrages auszugehen (Nettowarenwert).

Fall 29: Anschaffung und Abschreibung eines beweglichen Anlagegutes

Ihr Mandant Helmut Vorsichtig steht der Beschaffung einer Produktionsmaschine auf Leasingbasis skeptisch gegenüber. Er beabsichtigt eine Maschine anzuschaffen, deren Anschaffungskosten sich auf ca. 145.000 € belaufen.

Beim Kauf der Maschine ist er weitgehend auf Fremdkapital angewiesen.

Schließlich kommt es am 12.11.01 zum Kauf der Maschine. Aufgrund folgender Rechnung wurde der Kauf in der Buchhaltung des Monats November erfasst:

	Nettopreis der Maschine	140.000,00 €
+	Sonderzubehör	10.000,00 €
	Rechnungsbetrag, netto	150.000,00 €
	Frachtkosten (getrennte Rechnung), netto, bar	10.000,00 €
	Installationskosten durch:	
-	Fremdfirma, netto, bar	3.000,00 €
-	eigenes Personal lt. Stundennachweis	1.200,00 €

Finanzierung:

▶ Inzahlungnahme einer Alt-Maschine, netto 10.000 €

▶ Anschaffungskosten = 240.000 €; ND: 10 Jahre, lineare AfA;

- Restbuchwert am 01.01.01 = 24.000 €
- Kreditaufnahme
  (einschl. 2 % Bearbeitungsgebühr) = 129.132 €
  7,5 % Zinsen, fällig jeweils am 31.12.; Tilgung halbjährlich in 20 Raten

1. Zeigen Sie alle erforderlichen Kontierungen beim Kauf der Maschine auf!

2. Welche Berechnungen und Kontierungen fallen beim Jahresabschluss 01 an? Für die Abschreibung wird die amtliche AfA-Tabelle zugrunde gelegt. Danach beträgt die Nutzungsdauer zehn Jahre.

3. Zeigen Sie Vor- und Nachteile bei einer Finanzierung über Leasing auf!

Lösung s. Seite 401

Tangierende Problemkreise:

- Degressive AfA.

Anschaffung, Verkauf und Bewertung von beweglichen Anlagegütern

Anschaffung	Maßnahmen beim Kauf:
	► Aktivierung mit den AK,
	Anschaffungskosten:
	Kaufpreis, netto
	+ Kaufnebenkosten (Transportkosten, Installationskosten)
	- Anschaffungspreisminderungen (Rabatt, Skonto)
	= Anschaffungskosten
	► Erfassung der Vorsteuer
Verkauf	**Maßnahmen bei Verkauf (Abgang):**
	► Feststellung von Buchgewinn/(-verlust) Anlageabgang, netto
	- Restbuchwert zum Ausscheidungszeitpunkt (anteilige AfA berücksichtigen)
	= Buchgewinn/-verlust
Bewertung	► **Bewertung beim Jahresabschluss** (§§ 6, 7 EStG) **§ 7 Absetzung für Abnutzung oder Substanzverringerung (Auszug)** (1) [1]Bei Wirtschaftsgütern, deren Verwendung oder Nutzung durch den Steuerpflichtigen zur Erzielung von Einkünften sich erfahrungsgemäß auf einen Zeitraum von mehr als einem Jahr erstreckt, ist jeweils für ein Jahr der Teil der Anschaffungs- oder Herstellungskosten abzusetzen, der bei gleichmäßiger Verteilung dieser Kosten auf die Gesamtdauer der Verwendung oder Nutzung auf ein Jahr entfällt (Absetzung für Abnutzung in gleichen Jahresbeträgen). [2]Die Absetzung bemisst sich hierbei nach der betriebsgewöhnlichen Nutzungsdauer des Wirtschaftsguts.

- Amtliche AfA-Tabellen heranziehen!
- **Abschreibungsarten**
  - Absetzung für Abnutzung (AfA)
  - Absetzung für Substanzverringerung
  - Absetzung für außergewöhnliche technische und wirtschaftliche Absetzung
  - Teilwertabschreibungen
  - Leistungsabschreibung
  - Steuerliche Sonderabschreibungen.
  - Ggf. **niedrigerer Teilwert** bei voraussichtlich dauernder Wertminderung.
- **Entwicklung der degressiven AfA nach § 7 Abs. 2 EStG:**

2004 - 2005:	Zweifache der linearen, höchstens 20 %
2006 - 2007:	Dreifache der linearen, höchstens 30 %
2008:	keine steuerlich degressive AfA
2009 und 2010:	= 2,5-Fache der linearen, höchstens 25 %
Ab 2011:	degressive AfA entfällt
2020 und 2021:	degressive AfA wie 2009 und 2010 = 2,5-Fache der linearen, höchstes 25 %. (Zweites Corona-Steuerhilfegesetz) Verlängerung um ein Jahr für Wirtschaftsgüter, die im Jahr 2022 angeschafft oder hergestellt wurden 4. Corona-Steuerhilfegesetz).

Fall 30: Probleme bei der Bewertung des Warenbestandes

Ein Mandant weiß, dass er seinen Warenbestand nach § 6 Abs. 1 Nr. 2 EStG mit den Anschaffungs- oder Herstellungskosten bzw. mit dem Teilwert zu bewerten hat.

Bei folgendem Bestand hat er ein Problem, das er gerne von Ihnen gelöst haben will.

Warenposten: Heizöl		
Bezugstag	**Menge**	**Anschaffungskosten[1]**
15.01.	200.000 l	0,83 €
17.03.	180.000 l	0,88 €
29.06.	220.000 l	0,86 €
02.10.	250.000 l	0,89 €
27.11.	170.000 l	0,91 €

Beim Bestand handelt es sich um Heizöl, das zum Verkauf bestimmt ist.

---

[1] Der aktuelle Ölpreis lag im Juli 2022 im Bundesdurchschnitt bei ca. 1,40 ct/l, netto.

Am 01.01. des Jahres war ein Bestand von 100.000 l vorhanden, der mit 0,82 € je Liter ordnungsgemäß bewertet wurde.

Am 31.12. des Jahres wurde der zum Verkauf bestimmte Bestand mit 95.000 l festgestellt.

Der Preis für Heizöl am 31.12. des Jahres betrug 0,89 € je Liter.

Worin liegt das Problem des Mandanten?

Unterbreiten Sie geeignete Vorschläge und berücksichtigen Sie dabei, dass der Mandant seinen Gewinn möglichst niedrig ausweisen will.

Lösung s. Seite 402

Tangierende Problemkreise:

▶ Durchschnittsverfahren

▶ Lifo-Verfahren

▶ Strenges Niederstwertprinzip.

Bewertung des Umlaufvermögens in der Handelsbilanz und in der Steuerbilanz	
Handelsbilanz	Steuerbilanz
Zugangsbewertung: **Anschaffungskosten/Herstellungskosten** (§ 255 Abs. 1 und 2 HGB)	**Zugangsbewertung:** **Anschaffungskosten/Herstellungskosten** (§ 6 Abs. 1 Nr. 2 Satz 1 EStG)
Folgebewertung: ▶ Bei voraussichtlich dauernder und vorübergehender Wertminderung ist der niedrigere Wert anzusetzen (§ 253 Abs. 4 Satz 1 HGB) – strenges Niederstwertprinzip ▶ Bei Wegfall der Abschreibungsgründe ist eine Wertaufholung (Zuschreibung) erforderlich (§ 253 Abs. 5 HGB).	**Folgebewertung:** ▶ Bei nur vorübergehender Wertminderung besteht Abschreibungsverbot ▶ Bei voraussichtlich dauernder Wertminderung: Wahlrecht zum Ansatz des niedrigeren Teilwertes (§ 6 Abs. 1 Nr. 2 Satz 2 EStG) ▶ Bei Wegfall der Abschreibungsgründe ist eine Wertaufholung vorgeschrieben (§ 6 Abs. 1 Nr. 2 Satz 3 EStG) – Prüfung an jedem Bilanzstichtag.

Reihenfolge der niedrigen Werte nach § 253 Abs. 4 HGB:

1. Börsenpreis; wenn nicht feststellbar, dann

2. Marktpreis; wenn nicht feststellbar, dann

3. Beizulegender Wert.

Bewertung des Vorratsvermögens nach der Formelmethode

$$\text{Teilwert} = Z : (1 + Y1 + Y2 \cdot W)$$

Z = erzielbarer Verkaufspreis
Y1 = Durchschnittsunternehmergewinnprozentsatz bezogen auf die AK
Y2 = Rohgewinnaufschlagrest (Differenz zwischen Rohgewinnaufschlag und Gewinn-
      aufschlag)
W = Kostenprozentsatz, der sich noch nach Abzug des durchschnittlichen Unterneh-
      mergewinnprozentsatzes vom Rohgewinnaufschlagsatz ergibt.

Beispiel

Im Umlaufvermögen befindet sich ein Warenbestand mit Anschaffungskosten in Höhe von 25.000 €. Der Rohgewinnaufschlagsatz wurde mit 90 % kalkuliert. Der bisherige Verkaufspreis ist nicht mehr am Markt zu erzielen. Das Unternehmen rechnet noch begründet mit einem voraussichtlichen Verkaufspreis in Höhe von 60 % des ursprünglichen Verkaufspreises.

Der durchschnittliche Unternehmergewinn beträgt 15 % des ursprünglichen Verkaufspreises.

Die nachträglich nach dem Bilanzstichtag anfallenden Kosten (noch anfallender Kostenanteil des ursprünglichen Rohgewinnaufschlagsatzes ohne den enthaltenen Gewinnanteil) wird mit 50 % geschätzt.

Lösung
Noch erzielbare VP = 60 % von 47.500 € = 28.500 €
Der Durchschnittsgewinnprozentsatz = 0,15 · 28.500 = 4.275, bezogen auf die AK von 25.000 = 17,1 %

Somit Y1 = 0,171

Y2 = 90 % - 17,1 % = 72,9 % (Differenz aus Rohgewinnaufschlag und Gewinnaufschlag)
W = 60 % (0,6)

Ergebnis:
28.500 : (1 + 0,171 + 0,729 · 0,6)
28.500 : 1,6084 = 17.719,47 €

Teilwert = 17.719,47 €

Der handelsrechtliche „Beizulegende Wert" als niedriger Wert bzw. Teilwert bezogen auf die AK/HK

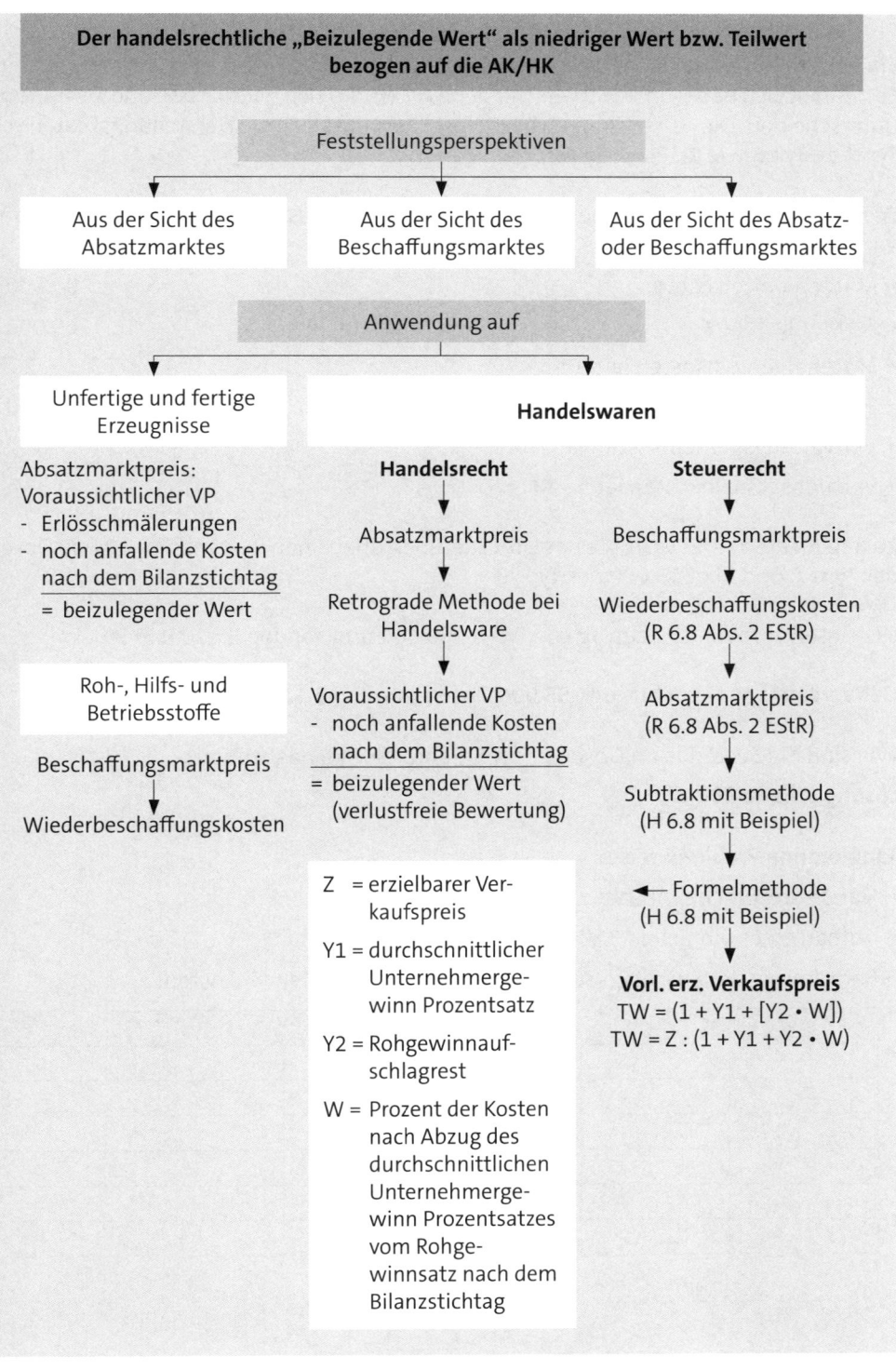

Feststellungsperspektiven

| Aus der Sicht des Absatzmarktes | Aus der Sicht des Beschaffungsmarktes | Aus der Sicht des Absatz- oder Beschaffungsmarktes |

Anwendung auf

Unfertige und fertige Erzeugnisse

Absatzmarktpreis:
Voraussichtlicher VP
- Erlösschmälerungen
- noch anfallende Kosten
  nach dem Bilanzstichtag
= beizulegender Wert

Roh-, Hilfs- und Betriebsstoffe

Beschaffungsmarktpreis
↓
Wiederbeschaffungskosten

Handelswaren

Handelsrecht
↓
Absatzmarktpreis
↓
Retrograde Methode bei Handelsware
↓
Voraussichtlicher VP
- noch anfallende Kosten
  nach dem Bilanzstichtag
= beizulegender Wert
  (verlustfreie Bewertung)

Z = erzielbarer Verkaufspreis

Y1 = durchschnittlicher Unternehmergewinn Prozentsatz

Y2 = Rohgewinnaufschlagrest

W = Prozent der Kosten nach Abzug des durchschnittlichen Unternehmergewinn Prozentsatzes vom Rohgewinnsatz nach dem Bilanzstichtag

Steuerrecht
↓
Beschaffungsmarktpreis
↓
Wiederbeschaffungskosten
(R 6.8 Abs. 2 EStR)
↓
Absatzmarktpreis
(R 6.8 Abs. 2 EStR)
↓
Subtraktionsmethode
(H 6.8 mit Beispiel)
↓
◄— Formelmethode
(H 6.8 mit Beispiel)
↓
Vorl. erz. Verkaufspreis
$TW = (1 + Y1 + [Y2 \cdot W])$
$TW = Z : (1 + Y1 + Y2 \cdot W)$

Fall 31: Beratung über Bewertung zu Herstellungskosten

Ein Unternehmer hat u. a. Gebäckdosen für eine Nürnberger Großbäckerei hergestellt. Es handelt sich dabei um zwei verschiedene Arten, die sich nach Größe und Gestaltung unterscheiden. Die Feststellungen haben ergeben, dass sich die Herstellungskosten von Typ A zu Typ B wie 1:1,5 verhalten.

Der Unternehmer verfügt über eine Kostenrechnung, aus der folgende Informationen entnommen werden können:

► Materialeinzelkosten	80.000 €
► Fertigungslöhne	120.000 €
► Materialgemeinkosten laut BAB	20 %
► Fertigungsgemeinkosten laut BAB	140.000 €
► Verwaltungsgemeinkosten laut BAB	5 %
► Vertriebsgemeinkosten laut BAB	7 %

Zu Beginn des Jahres verfügte das Unternehmen über einen Bestand von 10.000 Dosen des Typs A und über 15.000 des Typs B.

Die Gesamtproduktion betrug von Typ A 160.000 und von Typ B 120.000 Stück.

Der Verkauf von Typ A betrug 155.000 Dosen, von Typ B 122.000 Dosen.

Wie sind die Bestände an Dosen in der Steuerbilanz zu bilanzieren?

Lösung s. Seite 404

Tangierende Problemkreise:

► Handelsrechtlicher Ansatz der Herstellungskosten

► Aufbau eines einfachen BAB

► Berechnung der Zuschlagsätze für die einschlägigen Gemeinkosten.

BAB					

 **RECHTSGRUNDLAGEN**

§ 255 Abs. 2 HGB

[1]Herstellungskosten sind die Aufwendungen, die durch den Verbrauch von Gütern und die Inanspruchnahme von Diensten für die Herstellung eines Vermögensgegenstands, seine Erweiterung oder für eine über seinen ursprünglichen Zustand hinausgehende wesentliche Verbesserung entstehen. [2]Dazu gehören die Materialkosten, die Fertigungskosten und die Sonderkosten der Fertigung sowie angemessene Teile der Materialgemeinkosten, der Fertigungsgemeinkosten und des Werteverzehrs des Anlagevermögens, soweit dieser durch die Fertigung veranlasst ist. [3]Bei der Berechnung der Herstellungskosten dürfen angemessene Teile der Kosten der allgemeinen Verwaltung sowie angemessene Aufwendungen für soziale Einrichtungen des Betriebs, für freiwillige soziale Leistungen und für die betriebliche Altersversorgung einbezogen werden, soweit diese auf den Zeitraum der Herstellung entfallen. [4]Forschungs- und Vertriebskosten dürfen nicht einbezogen werden.

Ermittlung der Herstellungskosten nach Handels- und Steuerrecht (§ 255 Abs. 2 HGB und § 6 Abs. 1b EStG: Gesetz zur Modernisierung des Besteuerungsverfahrens v. 18.07.2016)		
Berechnungsschema	**Ansatz in Handelsbilanz**	**Ansatz in Steuerbilanz**
Materialeinzelkosten + Materialgemeinkosten + Fertigungseinzelkosten + Fertigungsgemeinkosten + Sondereinzelkosten der Fertigung + Werteverzehr des Anlagevermögens	**Pflichtbestandteile**	
+ anteilige Kosten der allgemeinen Verwaltung + anteilige Aufwendungen für soziale Einrichtungen + anteilige Aufwendungen für freiwillige soziale Einrichtungen + Aufwendungen für betriebliche anteilige Altersversorgung	**Wahlrecht**	
+ anteilige Fremdkapitalzinsen, soweit auf Zeitraum der Herstellung angefallen	**Wahlrecht**	
Bewertungsgrenze nach Handels- und Steuerrecht		

§ 6 Abs. 1b EStG

„Bei der Berechnung der Herstellungskosten brauchen angemessene Teile der Kosten der allgemeinen Verwaltung sowie angemessene Aufwendungen für soziale Einrichtungen des Betriebs, für freiwillige soziale Leistungen und für die betriebliche Altersversorgung im Sinne des § 255 Absatz 2 Satz 3 des Handelsgesetzbuchs nicht einbezogen zu werden, soweit diese auf den Zeitraum der Herstellung entfallen. Das Wahlrecht ist bei Gewinnermittlung nach § 5 in Übereinstimmung mit der Handelsbilanz auszuüben."

Fall 32: Investitionsabzugsbetrag und Sonderabschreibung[1]

Der Unternehmer Emsig hat im Kalenderjahr 01 einen beachtlichen Gewinn erzielt. Er sucht nach Möglichkeiten, seinen Gewinn durch bilanzpolitische Maßnahmen zu reduzieren. Er will damit die Besteuerung hinausschieben, um wenigstens einen Zinsvorteil zu erzielen.

Er hat von der Möglichkeit erfahren, einen Investitionsabzugsbetrag bzw. eine Sonderabschreibung geltend machen zu können.

Er stellt Ihnen folgende Fragen:

1. Was beinhaltet der Investitionsabzugsbetrag?

2. Wo sind die gesetzlichen Grundlagen für den Investitionsabzugsbetrag zu finden?

3. An welche Voraussetzungen ist der Investitionsabzugsbetrag geknüpft?

4. Worin könnte noch ein Vorteil neben dem Zinsvorteil liegen?

5. Erläutern Sie den Sachverhalt an folgenden Fällen:

   a) Der Mandant beabsichtigt 02 einen neuen oder gebrauchten Lkw anzuschaffen. Die Anschaffungskosten werden in beiden Fällen mit 250.000 € angenommen. Am 01.07.02 wird der Lkw für 250.000 € angeschafft. Die ND beträgt fünf Jahre.

   b) Die tatsächlichen AK des Lkw unter a) betragen nur 200.000 €. Außerdem fallen noch 20.000 € nachträgliche AK an.

   c) Für die Anschaffung einer Maschine wurde bei AK von 100.000 € ein Investitionsabzugsbetrag von 40.000 € geltend gemacht. Die Anschaffung der Maschine erfolgte am 15.01.02. Die ND beträgt zehn Jahre. Wie ist am 31.12.02 zu verfahren?

Lösung s. Seite 405

---

[1] Der Investitionsabzugsbetrag darf nicht in der Habi ausgewiesen werden und den handelsrechtlichen Gewinn nicht mindern. Das erfordert in der Habi den Ansatz passiver latenter Steuern. Gilt nicht für Einzelunternehmer und Personengesellschaften. Siehe Anlage 3: Latente Steuern.

Tangierende Problemkreise:

- Finanzierung einer Maschine über Leasing
- Buchung der Leasingraten bei:
  - Zuordnung beim Leasinggeber
  - Zuordnung beim Leasingnehmer
- Inzahlunggabe einer Alt-Maschine.

Investitionsabzugsbetrag und Sonderabschreibung nach § 7g Abs. 5 EStG[1]	
Investitionsabzugsbetrag (§ 7g Abs. 1 Satz 1 EStG)	► Gewinnmindernder Abzug von bis zu 50 % der voraussichtlichen AK/HK für künftige Anschaffungen eines abnutzbaren neuen oder gebrauchten beweglichen WG. ► Der Investitionsabzugsbetrag kann auch für vermietete WG beansprucht werden.
Steuerstundung	Durch die Vorwegnahme von AfA-Beträgen führt der Investitionsabzugsbetrag zu einer Steuerstundung und damit ggf. zu einer Liquiditätsverbesserung.
Anspruchsberechtigte	► Gewerbetreibende und selbstständig Tätige, die den Gewinn durch Betriebsvermögensvergleich oder Einnahmenüberschussrechnung ermitteln ► Land- und Forstwirte
Grenzbeträge für die Inanspruchnahme	Alle Einkunftsarten – 200.000 €
Mitteilung an das Finanzamt	► Benennung der Summen der Abzugsbeträge nach amtlich vorgeschriebenen Datensätzen durch Datenfernübertragung an das FA. (§ 7 g Abs. 1 Satz 2 Nr. 2 EStG).
Rückgängigmachung des Investitionsbetrages (§ 7g Abs. 3 Satz 1 EStG)	► geplante Investition unterbleibt ► Investition fällt geringer aus Investitionsbetrag (ganz oder teilweise) ist rückgängig zu machen. Veranlagung des Jahres ist zu berichtigen, in dem der Investitionsabzugsbetrag berücksichtigt wurde. Folge: ggf. Verzinsung der Steuernachforderung (§ 233a AO)

---

[1] Ausführliche Erläuterungen im BMF-Schreiben v. 15.06.2022, IV C 6-S. 189-b/21/10001:001.

Investitionsabzugsbetrag und Sonderabschreibung nach § 7g Abs. 5 EStG[1]	
Voraussetzungen	Mindestens bis zum Ende des dem Wj der Anschaffung oder Herstellung folgenden Wj in einer inländischen Betriebsstätte genutzt
	Grundsatz: Voraussichtliche Anschaffung oder Herstellung in den dem Wj folgenden drei Wj (§ 7 g Abs. 3 Satz 1 EStG).
	Verlängerung der Reinvestitionsfristen durch verschiedene gesetzliche Änderungen:
	1. Zweites Corona-Steuerhilfegesetz: vom 29.06.2020
	2. Gesetz zur Modernisierung des Körperschaftsteuerrechts (KöMoG vom 30.06.2021)
	3. Viertes Corona-Steuerhilfegesetz
	Änderung des EStG: § 52 Abs. 16 Satz 3,4 und Satz 5 EStG. → Die Frist für in 2017 und 2018 gebildeten Investitionsabzugsbeträgen wurden um ein bzw. zwei Jahre auf vier bzw. fünf Jahre verlängert.
	→ Fristen die 2022 auslaufen werden um ein weiteres Jahr auf vier, fünf oder sechs Jahre verlängert.
Sonderabschreibung nach § 7g Abs. 5 EStG	Investitionsabzugsbetrag und Sonderabschreibung in Höhe von 20 % können selbstständig nebeneinander gewährt werden (Wahlrecht).

Arbeitsablauf beim Ansatz eines Investitionsabzugsbetrages (IAB)	
1	Prüfung der Voraussetzungen: § 7 g Abs. 1 Satz 1 EStG:
	→ betriebliche Nutzung mindestens 90 %
	Firmenwagen: Nachweis des betrieblichen Nutzungsanteils: **Investitionsabzugsbetrag und Sonderabschreibung nach § 7 g EStG setzen für Firmenwagen eine ausschließliche oder fast ausschließliche betriebliche Nutzung voraus.** Der Bundesfinanzhof (BFH) hat mit Urteil vom 15.03.2022 (VIII R 24/19) entschieden, dass der Anteil an betrieblicher und außerbetrieblicher Nutzung eines Kraftfahrzeugs für die Inanspruchnahme des Investitionsabzugsbetrags oder der Sonderabschreibung nach § 7 g EStG nicht ausschließlich durch ein ordnungsgemäßes Fahrtenbuch nachgewiesen werden kann, sondern auch durch andere geeignete Aufzeichnungen.
	→ WG muss in einer inländischen Betriebsstätte verbleiben
	→ Begünstigte WG wird vermietet.

---

[1] Ausführliche Erläuterungen im BMF-Schreiben v. 15.06.2022, IV C 6-S.2189-b/21/10001:001.

	Arbeitsablauf beim Ansatz eines Investitionsabzugsbetrages (IAB)
2	IAB beträgt bis zu 50 % der voraussichtlichen AK/HK des WG (§ 7 g Abs. 2 Satz 1 EStG).
3	Grenzbeträge für die Inanspruchnahme (Gewinngrenze) bei allen Einkunftsarten 200.000 €.
4	Konkrete Maßnahmen.
5	Benennung der Summen der Abzugsbeträge nach amtlich vorgeschriebenen Datensätzen durch Datenfernübertragung an das FA (§ 7 g Abs. 1 Satz 2 Nr. 2 EStG).
6	Gewinnmindernde Berücksichtigung des Investitionsabzugsbetrages außerhalb der unternehmerischen Gewinnermittlung (ESt/KöSt-Erklärung) – § 60 EStDV – gilt auch für die Auflösung eines IBO. Bei einer Gewinnermittlung durch Bilanzierung erfolgt der Abzug somit außerhalb der Bilanz und bei der EÜ durch Dokumentation in der einfachen Gewinnermittlungsrechnung.
	Durchführung der geplanten Anschaffung: Schritt 1: Hinzurechnung des IAB bei **Anschaffung/Herstellung** eines begünstigten WG kann außerbilanziell von bis zu 50 % erfolgen (§ 7 g Abs. 2 Satz 1 EStG). Schritt 2: Die tatsächlichen AK/HK können bis zu 50 % innerhalb der Bilanz gewinnmindernd reduziert werden (§ 7 g Abs. 2 Satz 3 EStG).
	Rückgängigmachung des IB0 (§ 7 g Abs. 3 Satz 3 EStG): → geplante Investition unterbleibt → Investition fällt geringer aus. Investitionsbetrag (ganz oder teilweise) ist rückgängig zu machen. Veranlagung des betreffenden Jahres ist zu berichtigen indem der IOB berücksichtigt wurde. Folge: ggf. Verzinsung der Steuernachforderung (233 a AO).
	Wirkung
	Durch die Vorwegnahme von AFA-beträgen führt der Investitionsabzugsbetrag zu einer Steuerstundung und damit ggf. zu einer Liquiditätsverbesserung.
	Sonderabschreibung nach § 7 g Abs. 5 und 6 Nr. 1 EStG
	Investitionsabzugsbetrag und Sonderabschreibung in Höhe von 20 % können nebeneinander gewährt werden (Wahlrecht).

Fall 33: Das Eigenkapital einer AG

Ihnen liegt folgende Bilanz einer AG vor (Beträge in T€):

AKTIVA	Bilanz am 01.01.01		PASSIVA	
		Euro		Euro
A. Anlagevermögen Sachanlagen			**A. Eigenkapital**	
1. Grundstücke		20.800	I. Gezeichnetes Kapital	66.000
2. Gebäude		32.650	II. Kapitalrücklage	4.500
3. Maschinen		36.000	III. Gewinnrücklagen	
4. Betriebs- und			1. Gesetzliche Rücklage	6.900
Geschäftsausstattung		16.100	2. andere Gewinnrücklagen	1.650
			IV. Bilanzgewinn	4.500
B. Umlaufvermögen			**B. Rückstellungen**	
1. Vorräte		4.250	1. Steuerrückstellungen	450
2. Forderungen		6.700	2. Sonst. Rückstellungen	150
3. Wechselforderungen		600		
4. Kasse, Postgiro, Guthaben			**C. Verbindlichkeiten**	
bei Kreditinstituten		4.250	1. gegenüber	
			Kreditinstituten	30.750
			2. aus Lieferungen und	
			Leistungen	6.450
		__121.350__		__121.350__

1. Erläutern Sie den Aufbau des Eigenkapitals!

2. Wie werden zzt. ausgeschüttete und nicht ausgeschüttete Gewinne einer AG versteuert?

3. Welcher Bilanzkurs ergibt sich aus vorstehender Bilanz?

4. Wie ist ein ggf. höherer tatsächlicher Kurs der Aktie zu erklären?

5. In welcher Höhe kann bei vorliegender Bilanz eine Dividende je Aktie (Nennwert = 50 €) ausgeschüttet werden?

Lösung s. Seite 407

Tangierende Problemkreise:

‣ Bilanzgliederungsschema nach § 266 HGB

‣ Gewinn- und Verlustrechnung nach § 275 HGB

‣ Elektronische Bilanz.

 RECHTSGRUNDLAGEN

§ 266 Gliederung der Bilanz

(1) Die Bilanz ist in Kontoform aufzustellen. Dabei haben große und mittelgroße Kapitalgesellschaften (§ 267 Abs. 3, 2) auf der Aktivseite die in Absatz 2 und auf der Passivseite die in Absatz 3 bezeichneten Posten gesondert und in der vorgeschriebenen Reihenfolge auszuweisen. Kleine Kapitalgesellschaften (§ 267 Abs. 1) brauchen nur eine verkürzte Bilanz aufzustellen, in die nur die in den Absätzen 2 und 3 mit Buchstaben und römischen Zahlen bezeichneten Posten gesondert und in der vorgeschriebenen Reihenfolge aufgenommen werden.

(2) Aktivseite

A. Anlagevermögen:

    I.   Immaterielle Vermögensgegenstände:

        1. Konzessionen, gewerbliche Schutzrechte und ähnliche Rechte und Werte sowie Lizenzen an solchen Rechten und Werten;

        2. Geschäfts- oder Firmenwert;

        3. geleistete Anzahlungen;

    II. Sachanlagen:

        1. Grundstücke, grundstücksgleiche Rechte und Bauten einschließlich der Bauten auf fremden Grundstücken;

        2. technische Anlagen und Maschinen;

        3. andere Anlagen, Betriebs- und Geschäftsausstattung;

        4. geleistete Anzahlungen und Anlagen im Bau;

    III. Finanzanlagen:

        1. Anteile an verbundenen Unternehmen;

        2. Ausleihungen an verbundene Unternehmen;

        3. Beteiligungen;

        4. Ausleihungen an Unternehmen, mit denen ein Beteiligungsverhältnis besteht;

        5. Wertpapiere des Anlagevermögens;

        6. sonstige Ausleihungen.

B. Umlaufvermögen:

    I.   Vorräte:

        1. Roh-, Hilfs- und Betriebsstoffe;

        2. unfertige Erzeugnisse, unfertige Leistungen;

        3. fertige Erzeugnisse und Waren;

        4. geleistete Anzahlungen;

    II. Forderungen und sonstige Vermögensgegenstände:

        1. Forderungen aus Lieferungen und Leistungen;

        2. Forderungen gegen verbundene Unternehmen;

        3. Forderungen gegen Unternehmen, mit denen ein Beteiligungsverhältnis besteht;

        4. sonstige Vermögensgegenstände;

    III. Wertpapiere:

        1. Anteile an verbundenen Unternehmen;

        2. eigene Anteile;

        3. sonstige Wertpapiere;

    IV. Kassenbestand, Bundesbankguthaben, Guthaben bei Kreditinstituten und Schecks.

C. Rechnungsabgrenzungsposten:

(3) Passivseite

A. Eigenkapital:

    I.   Gezeichnetes Kapital;

    II. Kapitalrücklage;

    III. Gewinnrücklagen:

        1. gesetzliche Rücklage;

        2. Rücklage für eigene Anteile;

        3. satzungsmäßige Rücklagen;

        4. andere Gewinnrücklagen;

    IV. Gewinnvortrag/Verlustvortrag;

    V. Jahresüberschuss/Jahresfehlbetrag.

B. Rückstellungen:

    1. Rückstellungen für Pensionen und ähnliche Verpflichtungen;

    2. Steuerrückstellungen;

    3. sonstige Rückstellungen.

C. Verbindlichkeiten:

1. Anleihen,
   davon konvertibel;

2. Verbindlichkeiten gegenüber Kreditinstituten;

3. erhaltene Anzahlungen auf Bestellungen;

4. Verbindlichkeiten aus Lieferungen und Leistungen;

5. Verbindlichkeiten aus der Annahme gezogener Wechsel und der Ausstellung eigener Wechsel;

6. Verbindlichkeiten gegenüber verbundenen Unternehmen;

7. Verbindlichkeiten gegenüber Unternehmen, mit denen ein Beteiligungsverhältnis besteht;

8. sonstige Verbindlichkeiten,

   davon aus Steuern,

   davon im Rahmen der sozialen Sicherheiten.

D. Rechnungsabgrenzungsposten

Fall 34: Bewertungsentscheidungen beim Anlagevermögen

Bei den Jahresabschlussarbeiten für die Mandanten tauchen bei der Bewertung des Anlagevermögens eine Reihe von Fragen auf. Dabei sind die bilanzpolitischen Zielsetzungen zum Teil unterschiedlich. Während bei einer Reihe von Mandanten der Gewinn so hoch als möglich ausgewiesen werden soll, ist bei den meisten Mandanten der Gewinn möglichst niedrig auszuweisen.

Alle Entscheidungen sollen gegenüber der Finanzbehörde handels- und steuerrechtlich begründet werden!

1. Wie ist zu bewerten, wenn nach vorheriger Teilwertabschreibung (außerplanmäßige Abschreibung) am Bilanzstichtag bei einem Grundstück eine Wertsteigerung vorliegt?

2. Bearbeiten Sie nachstehende Sachverhalte, kontieren Sie und tragen Sie die Daten in das nebenstehende Anlagenverzeichnis ein!

    2.1 Im zu bilanzierenden Wirtschaftsjahr wurde ein Grundstück gekauft. Für die 10.000 qm große Fläche, die als Lagerplatz dient, wurden 30 € je qm gezahlt. Der reine Kaufpreis wurde aktiviert. Die Notar- und Gerichtskosten in Höhe von 1.500 € und die Grunderwerbsteuer wurden über „Sonstige betriebliche Aufwendungen" gebucht. Am 31.12. des Wirtschaftsjahres betrug der ortsübliche qm-Preis bereits 40 €.

    2.2 Ein Mandant hat vor fünf Jahren ein Grundstück gekauft und ordnungsgemäß aktiviert. Das Grundstück ist 5.000 qm groß. Die Anschaffungskosten betrugen je qm 25 €. Im Wirtschaftsjahr wurde eine Teilfläche von 200 qm zur Herstellung einer Straße an die Stadt zum qm-Preis von 30 € verkauft. Da ein Zahlungseingang noch nicht erfolgte, ist noch keine Buchung vorgenommen worden.

    2.3 Ein weiterer Mandant hat vor zehn Jahren ein Grundstück gekauft. Für das 1.000 qm große Grundstück wurden 100 € je qm gezahlt. Da entgegen den Erwartungen kein Bebauungsplan seitens der Gemeinde erstellt wurde, erfolgte zwischenzeitlich eine nicht zu beanstandende Teilwertabschreibung von 70 € je qm.

    Im Laufe des Wirtschaftsjahres ist für den Geländebereich ein Bebauungsplan verabschiedet worden, der eine mehrgeschossige Bebauung zulässt. Der ortsübliche qm-Preis ist unmittelbar danach auf 200 € je qm gestiegen. Eine weitere Preissteigerung ist zu erwarten. Da der Mandant das Grundstück im nächsten Wirtschaftsjahr verkaufen will, wünscht er einen möglichst hohen Bilanzansatz.

    2.4 Im Dezember 2017 hat ein Mandant ein Betriebsgebäude hergestellt. Die Herstellungskosten betrugen 850.000 €. In 2018 entstanden nachträgliche Herstellungskosten in Höhe von 90.000 €.

    Wie ist das Gebäude am 31.12.2020 zu bewerten?

Lösung s. Seite 408

Anlagenverzeichnis

Wirtschaftsgut	Datum	AK/HK	ND	AfA-Art	%	kumula-tive AfA	Bestand 01.01.20..	Zugänge Zu-schreibun-gen 20..	Abgänge 20..	AfA 20..	Bestand 31.12.20..

Buchungsliste

Nr.	SKR 03	SKR 04	Sollkonto	Betrag	SKR 03	SKR 04	Habenkonto

Fall 35: Unser Debitorenbestand und sein Risiko

Aus der vorläufigen Saldenbilanz des Mandanten Egon Schlau können folgende Daten entnommen werden (Auszug):

SKR 03 (SKR 04)

0998 (1246)	Einzelwertberichtigung	19.200 €
0996 (1248)	Pauschalwertberichtigung	4.500 €
1400 (1200)	Forderungen	623.560 €
1460 (1240)	Zweifelhafte Forderungen	38.080 €
1770 (3800)	Umsatzsteuer	6.450 €
2400 (6930)	Forderungsverluste	
2450 (6920)	Einstellung in Pauschalwertberichtigung	
2730 (4920)	Erträge aus Herabsetzung der Pauschalwertberichtigung	
2732 (4925)	Erträge aus abgeschriebenen Forderungen	
4886 (6910)	Abschreibung auf Umlaufvermögen	

Der Mandant macht Ihnen folgende weitere Angaben:

1. Die zweifelhaften Forderungen bestehen aus einer Forderung an den Kunden Anton in Höhe von 22.848 € und einer Forderung an den Kunden Bermes in Höhe von 15.232 €. Beide Forderungen sind mit 60 % wertberichtigt. Während die Forderung an den Kunden Anton als uneinbringlich gilt, hat der Kunde Bermes Ende Dezember unerwartet seine Schuld beglichen. Buchungen sind noch nicht erfolgt.

2. Eine weitere Forderung an den Kunden Conz gilt am Bilanzstichtag als zweifelhaft. Es wird noch mit einem Zahlungseingang von 40 % (angestrebter Vergleich) der Forderung in Höhe von 9.520 € gerechnet.

3. Wie in den vergangenen Jahren soll die pauschale Wertberichtigung mit 1 % angesetzt werden.

(1) Nehmen Sie die notwendigen Berechnungen vor und buchen Sie in der Buchungsliste!

(2) Wie könnte eine höhere Pauschalwertberichtigung begründet werden?

Lösung s. Seite 410

Buchungsliste								
Nr.	SKR 03	SKR 04	Sollkonto	Betrag	SKR 03	SKR 04	Habenkonto	

Bewertung der Debitoren		
Uneinbringliche Forderungen	Dubiose (zweifelhafte) Forderungen	Debitoren (gute Forderungen)
Volle Abschreibung	Umbuchung auf Dubiose	Teilwertgedanke
USt-Korrektur	Schätzung der Ausfallquote zum Bilanzstichtag	▸ Ausfallrisiko ▸ Skontoinanspruchnahme ▸ Innerbetriebl. Zinsverlust ▸ Inkasso- u. Mahnkosten.
	Direkte Abschreibung nach HGB Indirekte Abschreibung vom Nettobetrag	
	Noch keine USt-Korrektur	
Einzelwertberichtigung		Pauschalwertberichtigung
Gemischtes Verfahren		

Ermittlung der Pauschalwertberichtigung

	Gesamtforderungen brutto
-	einzelbewertete Forderungen
-	Forderungen, die nicht einzubeziehen sind[1]
-	Auslandsforderungen (innergemeinschaftliche Lieferungen – Drittländer)
=	Berechnungsgrundlage, brutto
-	Umsatzsteueranteil
=	Zwischensumme
+	Auslandsforderungen (innergemeinschaftliche Lieferungen – Drittländer)
=	**Endgültige Berechnungsgrundlage**

---

[1] ▸ Forderungen gegen die öffentliche Hand.

▸ Staatsverbürgte Forderungen.

▸ Forderungen, bei denen eine Delkredereversicherung besteht.

▸ Forderungen, wenn ihnen Guthaben gegenüberstehen.

$$\text{Pauschale Wertberichtigung} = \frac{\text{Berechnungsgrundlage} \cdot \text{Prozentsatz}}{100}$$

Fall 36: Bildung von Rückstellungen

Bei der Feststellung des vorläufigen Gewinnes eines Mandanten stellen Sie fest, dass sich ein überdurchschnittlicher Gewinn und damit eine hohe Steuerbelastung im Hinblick auf die Steuerprogression ergibt. Außerdem würde eine hohe Steuernachzahlung ein Liquiditätsproblem beim Mandanten auslösen.

Sie sollen alle Möglichkeiten überprüfen, wie man Gewinnverlagerungen insbesondere durch die Bildung von Rückstellungen erzielen kann!

Aus diesem Grunde sollen Sie zunächst eine Checkliste erstellen, um anhand dieser zu überprüfen, welche Rückstellungen in der konkreten Situation gebildet werden können.

Vor Erstellung einer solchen Checkliste sollen noch folgende Fragen von Ihnen geklärt werden:

1. In welchem Zusammenhang steht die Bildung von Rückstellungen mit der periodengerechten Gewinnermittlung?
2. Wie ist bei der Bildung von Rückstellungen grundsätzlich zu buchen?
3. Welche buchtechnischen Situationen ergeben sich bei der Auflösung von Rückstellungen?
4. Wie ist die Gewerbesteuer in diesem Zusammenhang zu behandeln?
5. Wodurch unterscheiden sich Rücklagen von Rückstellungen?

Lösung s. Seite 411

Tangierende Problemkreise:

► Jahresrechnungsabgrenzungsposten
► Zusammenhang zwischen handels- und steuerrechtlichen Vorschriften bei der Bildung von Rückstellungen.

Rückstellungen:

► ungewisse künftige Ausgaben, die das zu bilanzierende Wirtschaftsjahr nach dem Verursachungsprinzip betreffen
► Die Bildung von Rückstellungen vermindert den Gewinn des Wirtschaftsjahres und stellt ein bilanzpolitisches Instrument dar
► Kontierung (allgemein): Aufwandskonto an Rückstellungen.

Einteilung der Rückstellungen			
Ungewisse Verbindlichkeiten ▸ Entstehung ungewiss ▸ Höhe und Fälligkeit ungewiss ▸ Ansprüche Dritter sind mit großer Wahrscheinlichkeit zu erwarten.	Ungewisse Verbindlichkeiten ▸ Verbindlichkeit besteht ▸ Höhe und Fälligkeit ungewiss.	Drohende Verluste aus schwebenden Geschäften ▸ keine Vertragspartei hat mit der Erfüllung begonnen ▸ jedoch Anhaltspunkte für den Eintritt eines Verlustes.	Keine Verpflichtung gegenüber Dritten ▸ Betriebliche Lasten z. B. unterlassene Reparaturen.
Risikorückstellung	Verpflichtungsrückstellung	**Ab 1997: § 5 Abs. 4a EStG nicht in der Steuerbilanz**	Aufwandsrückstellungen

 RECHTSGRUNDLAGEN

Grundsätze für den Ansatz von Rückstellungen (§ 6 Abs. 1 Nr. 3a EStG)

§ 6 Abs. 1 Nr. 3a EStG: Rückstellungen sind höchstens insbesondere unter Berücksichtigung folgender Grundsätze anzusetzen:

Lesen Sie a) - f) von § 6 Abs. 1 Nr. 3a EStG (hier auch Abzinsung von Rückstellungen mit 5,5 %).

Auflösung von Rückstellungen			
Voraussetzung für die Bildung der Rückstellung entfällt	Verpflichtungsbetrag entspricht dem Rückstellungsbetrag	Verpflichtungsbetrag ist größer als der Rückstellungsbetrag	Verpflichtungsbetrag ist kleiner als der Rückstellungsbetrag
Gewinnerhöhende Auflösung der Rückstellung			
Sonstiger Ertrag		Sonstiger Aufwand	Sonstiger Ertrag

Auflistung wichtiger Sachverhalte für eine Rückstellung	
Buchführungskosten	Für die Verpflichtung zur Aufstellung des Jahresabschlusses ist eine Rückstellung zu bilden, da es sich um eine öffentlich-rechtliche Verpflichtung handelt.
Garantieverpflichtungen	Passivierungspflicht nach § 249 Abs. 1 Satz 1 HGB ▸ Einzelrückstellungen ▸ Pauschalrückstellungen.
Jubiläumsrückstellungen	Bildung von Rückstellungen, wenn das Dienstverhältnis im Zeitpunkt der Rückstellungsbildung mindestens zehn Jahre bestanden hat, im Zeitpunkt der Zuwendung mindestens 15 Jahre bestanden hat und die Zusage schriftlich erteilt worden ist.
Rückstellungen für Urlaubsverpflichtungen	Rückständige Urlaubsverpflichtungen, die am Bilanzstichtag noch nicht erfüllt sind, sind mit dem Aufwand zu passivieren, der bereits am Bilanzstichtag angefallen wäre (Erfüllungsrückstand). Die Rückstellung bemisst sich nach dem Bruttoarbeitsentgelt, dem Arbeitgeberanteil zur Sozialversicherung, dem Urlaubsgeld sowie den weiteren lohnabhängigen Nebenkosten.

Bewertung von Rückstellungen in der Handelsbilanz und in der Steuerbilanz	
Handelsbilanz	**Steuerbilanz**
Rückstellungen nach § 249 HGB: ▸ Für ungewisse Verbindlichkeiten **(§ 249 Abs. 1 Satz 1 HGB)** ▸ Drohende Verluste aus schwebenden Geschäften **(§ 249 Abs. 1 Satz 1 HGB)** ▸ Im Geschäftsjahr unterlassene Aufwendungen für Instandhaltung, die im folgenden Geschäftsjahr innerhalb von drei Monaten nachgeholt werden **(§ 249 Abs. 1 Satz 2 Nr. 1 HGB)** ▸ Aufwendungen für Abraumbeseitigung, die im folgenden Geschäftsjahr nachgeholt werden **(§ 249 Abs. 1 Satz 2 Nr. 1 HGB)** ▸ Gewährleistungen, die ohne rechtliche Verpflichtung erbracht werden **(§ 249 Abs. 1 Satz 2 Nr. 2 HGB)**	**Handelsrechtliche Rückstellungsbildung gilt auch für die Steuerbilanz (Maßgeblichkeit)** ↓ **Ausnahmen:** Rückstellung für drohende Verluste **(§ 5 Abs. 4a EStG)** ↓ Rückstellung nach § 5 Abs. 3 EStG (wegen Verletzung fremder Patent-, Urheber- oder ähnlicher Schutzrechte) ↓ Rückstellungen für Aufwendungen, die künftig als AK/HK zu aktivieren sind **(§ 5 Abs. 4b EStG)** ↓ Pensionsrückstellungen **(§ 6a EStG)**
Wertansatz: Höhe bestimmt sich nach vernünftiger kaufmännischer Beurteilung mit dem notwendigen **Erfüllungsbetrag (§ 253 Abs. 1 Satz 2 HGB)** Rückstellungen mit einer Restlaufzeit von mehr als einem Jahr sind mit dem Marktzinssatz abzuzinsen **(§ 253 Abs. 2 Satz 1 HGB)**	**Wertansatz:** Es gilt das **Stichtagsprinzip**: Keine Berücksichtigung von künftigen Kosten- oder Preissteigerungen **(§ 6 Abs. 1 Nr. 3a EStG)** Bei einer Restlaufzeit von mindestens 12 Monaten ist die Rückstellung mit 5,5 % abzuzinsen **(§ 6 Abs. 1 Nr. 3a EStG)**

Lernfeld 6: Ergebnisse des Rechnungswesens auswerten

Fall 37: Vorbereitungsarbeiten zur Außenprüfung

Bei einem Mandanten steht eine Außenprüfung an. Sie werden mit der Prüfung beauftragt, wie sich Rohaufschlagsatz, Rohgewinnsatz und Reingewinnsatz im Vergleich mit anderen Betrieben der Branche bzw. mit den Vorjahren verhalten.

Dazu liegen Ihnen folgende Informationen vor:

1. Es handelt sich um eine Drogerie mit einem wirtschaftlichen Umsatz von über 1.000.000 €.

2. Aus der Richtsatzsammlung ergeben sich folgende Informationen:
   Rohgewinnaufschlagsatz: 47 - 122 % (unterer/oberer Rahmensatz) – 82 % (Mittelsatz)

   Reingewinnsatz: 2 - 15 % (unterer/oberer Rahmensatz) – 9 % (Mittelsatz)

3. Aus der eigenen Buchhaltung werden folgende Daten entnommen

	1. Jahr	2. Jahr
Wareneingang	680.000,00	720.000,00
Warenanfangsbestand	75.600,00	79.800,00
Anschaffungsnebenkosten	14.400,00	15.200,00
Erhaltene Skonti	7.400,00	8.200,00
Erhaltene Boni	3.900,00	4.100,00
Umsatzerlöse	1.039.200,00	995.640,00
Gewährte Skonti	11.200,00	8.400,00
Gewährte Boni	6.800,00	5.300,00
Warenendbestand	79.800,00	92.200,00

a) Berechnen Sie den Rohaufschlagsatz, den Rohgewinnsatz und den Reingewinnsatz, wenn die übrigen Kosten im ersten Jahr 295.000 € und im zweiten Jahr 235.000 € betrugen!

b) Wie steht das Unternehmen im Vergleich mit anderen Unternehmen?

c) Wie können Abweichungen erklärt und damit gegenüber dem Außenprüfer begründet werden?

Lösung s. Seite 413

Tangierende Problemkreise:

▶ Einteilung der Unternehmen im Hinblick auf die Außenprüfung

▶ Rechtsgrundlagen für die Außenprüfung.

Rohgewinn und Rohaufschlag

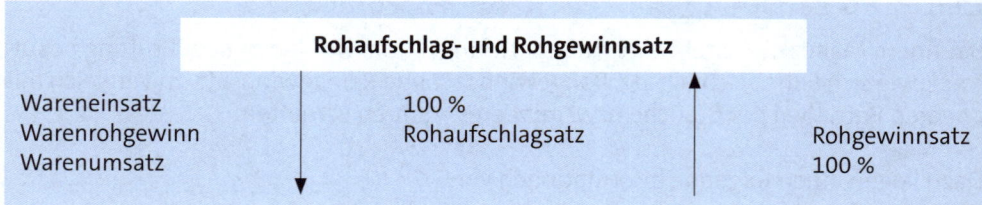

	Rohaufschlag- und Rohgewinnsatz	
Wareneinsatz	100 %	
Warenrohgewinn	Rohaufschlagsatz	Rohgewinnsatz
Warenumsatz		100 %

Rohaufschlag und Rohgewinn sind in absoluten Zahlen gleich.

$$\text{Rohaufschlag (\%)} = \frac{(\text{Warenumsatz} - \text{Wareneinsatz}) \cdot 100}{\text{Wareneinsatz}}$$

$$\text{Rohgewinnsatz (\%)} = \frac{(\text{Warenumsatz} - \text{Wareneinsatz}) \cdot 100}{\text{Warenumsatz}}$$

$$\text{Reingewinnsatz (\%)} = \frac{\text{Reingewinn} \cdot 100}{\text{Warenumsatz}}$$

Umrechnen eines Rohgewinnaufschlagsatzes in einen Rohgewinnsatz:

$$\text{Rohgewinnsatz} = \frac{\text{Rohgewinnaufschlagsatz}}{100 + \text{Rohgewinnaufschlagsatz}}$$

Umrechnen eines Rohgewinnsatzes in einen Rohgewinnaufschlagsatz:

$$\text{Rohgewinnaufschlagsatz} = \frac{\text{Rohgewinnsatz}}{100 - \text{Rohgewinnsatz}}$$

Fall 38: Beratung über einschlägige Bilanzkennzahlen

Ein Mandant hat Schwierigkeiten, die notwendigen Erkenntnisse der BWA (DATEV) für sich nutzbar zu machen. Ihm ist sehr daran gelegen, die Grundstrukturen von Bilanzkennzahlen kennen zu lernen.

Sie bereiten aus diesem Grunde folgende stark vereinfachte Bilanz auf, um ihm die grundlegenden Bilanzkennzahlen zu vermitteln.

AKTIVA	Bilanz	PASSIVA
I. Anlagevermögen II. Umlaufvermögen	I. Eigenkapital II. Fremdkapital	

Erläutern Sie die vier grundlegenden Bilanzkennzahlen.

1. _____ =

2. _____ =

3. _____ =

4. _____ =

Lösung s. Seite 414

Tangierende Problemkreise:

➤ Verschiedene Liquiditätsstufen.

Bilanzkennzahlen
Kennzahlen nach DATEV:
Kennzahlen zur Vermögens- und Kapitalstruktur:

$$\text{Anlagenintensität} = \frac{\text{Anlagevermögen} \cdot 100}{\text{Gesamtvermögen}}$$

$$\text{Eigenkapitalanteil} = \frac{\text{Eigenkapital} \cdot 100}{\text{Gesamtkapital}}$$

$$\text{Verschuldungsgrad} = \frac{\text{Fremdkapital} \cdot 100}{\text{Eigenkapital}}$$

Kennzahlen zur Finanz- und Liquiditätsstruktur:

$$\text{Anlagendeckung I} = \frac{\text{Eigenkapital} \cdot 100}{\text{Anlagevermögen}}$$

$$\text{Anlagendeckung II} = \frac{\text{EK + langfr. FK} \cdot 100}{\text{Anlagevermögen}}$$

Fremdkapital
- flüssige Mittel
= **Nettoverschuldung**

$$\text{Liquidität 2. Grades} = \frac{\text{Flüssige Mittel} + \text{Ford. u. sonst. Vermögensgegenstände}}{\text{kurzfristiges Fremdkapital}}$$

Kennzahlen der Rentabilität:

$$\text{EK-Rentabilität} = \frac{\text{Gewinn} \cdot 100}{\text{Eigenkapital}}$$

$$\text{EK-Rent. vor Steuern} = \frac{\text{Gewinn} + \text{Steuern v. Eink.}}{\text{Eigenkapital}}$$

$$\text{Gesamtkapitalrentabilität} = \frac{\text{Gewinn} + \text{Fremdkapitalzinsen}}{\text{Gesamtkapital}}$$

$$\text{Umsatzrentabilität} = \frac{\text{Gewinn} \cdot 100}{\text{Umsatz}}$$

 MERKE

Art.-Nr. 92755 (DATEV) – Betriebsvergleich

▸ Durchschnittswerte für Kosten, Betriebsergebnis, Rentabilität und Produktivität aus dem Rechenzentrum abrufen

▸ Mandantenunternehmen mit Mitbewerbern vergleichen

▸ Entwicklungstendenzen, Zukunftsaussichten, Schwachstellen auf Basis der Vergleichswerte aufzeigen.

Die **Auswertungen** des Betriebsvergleichs werden **letztmalig** für den **Auswertungszeitraum 2019** angeboten. Ab voraussichtlich Mitte 2020 wird der Rechenzentrum-Druck der Auswertungen für die Auswertungszeiträume bis 31.12.2019 eingestellt. Eine Alternative bietet die Branchenauswertung der DATEV (**Dok.-Nr. 1035760**).

Lernfeld 7: Betriebliches und privates Handeln an den Rechtsnormen ausrichten

Fall 39: Feststellung des Gewinnes nach § 4 Abs. 3 EStG mit Anfertigung der Anlage EÜR

Ein freiberuflicher Finanzberater hat zur Erfüllung seiner steuerlichen Verpflichtungen für die Umsatzsteuer und Einkommensteuer eine Einnahmenüberschussrechnung eingerichtet, nach der die Anlage EÜR erstellt werden kann. Seine beratende Tätigkeit umfasst auch eine Vortragstätigkeit im Finanzwesen. Zu seiner Tätigkeit liegen folgende Angaben vor:

▶ Umsatzsteuerpflichtige Honorareinnahmen (19 %)	150.000 €
▶ Vereinnahmte USt	28.500 €
▶ Gezahlte Vorsteuer	4.900 €
▶ USt-Vorauszahlungen	24.000 €
▶ Nicht steuerbare Honorareinnahmen (Drittland)	20.000 €
▶ Private Pkw-Nutzung (1 %-Regelung)	6.000 €
▶ Ausgaben für Personal	32.000 €
▶ AfA auf bewegliche Wirtschaftsgüter	11.500 €
▶ Aufwendungen für Telekommunikation	1.400 €
▶ Unbeschränkt abziehbare Betriebsausgaben	12.000 €
▶ Kfz-Kosten	8.000 €
▶ Bewirtungsaufwendungen	840 €
▶ Verpflegungsmehraufwendungen (Pauschalen)	1.200 €
▶ Aufwendungen für häusliches Arbeitszimmer (Mittelpunkt der Tätigkeit)	2.400 €

a) Ermitteln Sie die Betriebseinnahmen!

b) Ermitteln Sie die Betriebsausgaben!

c) Ermitteln Sie den Gewinn!

d) Welche Formvorschriften bestehen für die Übermittlung der Anlage EÜR an das Finanzamt?

e) Wodurch wird die Übertragung der EÜR-Daten technisch erleichtert?

f) Welche Verpflichtungen ergeben sich nach dem UStG?

g) Womit werden die AfA-Beträge nachgewiesen?

Lösung s. Seite 416

Grundsätzlicher Aufbau einer Einnahmenüberschussrechnung nach § 4 Abs. 3 EStG

A.   Betriebseinnahmen (Zu- und Abflussprinzip nach § 11 EStG)

B.   - Betriebsaugaben

C.   = Gewinn/Verlust

Vorgeschriebene Abgabeform: Elektronische Übermittlung (Elster-Programm) BMF-Schreiben vom 21.11.2011 - IV C 6 - S 2142/11/10001; BMF-Schreiben vom 17.10.2018 - IV C 6 - S 2142/17/10002:12 und BMF-Schreiben vom 26.11.2018 - IV C 6 - S 2142/17/10002:013

Amtlich vorgeschriebenes standardisiertes Formular: Anlage EÜR + Anlage AVÜR/Anlagenverzeichnis + Anlage SZE (Nachweis Schuldzinsen – ab VAZ 2018 ersetzt durch Anlage SZ).

Die Regelung, nach der bei Betriebseinnahmen von weniger als 17.500 € eine formlose Abgabe der Einnahmenüberschussrechnung als ausreichend angesehen wurde, ist ab der Veranlagung für 2017 entfallen. Auf Antrag kann in Härtefällen die Finanzbehörde weiterhin von einer Übermittlung nach amtlich vorgeschriebenem Datensatz durch Datenfernübertragung verzichten (§ 150 Abs. 8 AO).

	Zuordnung von Betriebseinnahmen und Betriebsausgaben bei § 4 Abs. 3 EStG		
Nr.	Fallbeschreibung	Betriebs-einnahmen	Betriebs-ausgaben
1	Verkauf von Waren mit USt-Barverkauf	ja	
2	Verkauf von Waren mit USt-Zielverkauf	nein	
3	Vereinnahmte USt	ja	
4	Geleistete Vorsteuer		ja
5	USt-Vorauszahlungen nach Voranmeldung		ja
6	USt-Abschlusszahlung nach Jahressteuererklärung		ja
7	Wareneinkauf mit VSt - Barkauf		ja
8	Wareneinkauf mit VSt - Zieleinkauf		nein
9	Betriebsausgaben mit VSt - bar		ja
10	Betriebsausgaben mit VSt - auf Ziel		nein
11	Darlehensaufnahme	nein	
12	Damnum (Darlehensnehmer)		ja
13	Gezahlte Zinsen		ja
14	Geldbeschaffungskosten		ja
15	Forderungsausfälle		nein
16	Verlust von Waren (Diebstahl, Schwund, Brand)		nein
17	Geringwertige Wirtschaftsgüter		ja
18	Diebstahl von Geld		ja

Zuordnung von Betriebseinnahmen und Betriebsausgaben bei § 4 Abs. 3 EStG[1]			
Nr.	Fallbeschreibung	Betriebs-einnahmen	Betriebs-ausgaben
19	Warenentnahme für private Zwecke + USt	ja	
20	Kauf von nicht abnutzbaren Anlagegütern		nein
21	Kauf von abnutzbaren Anlagegütern		nein
22	AfA auf Anlagegüter		ja
23	Verkauf von Anlagegütern	ja	ja (Buchwert)
24	Geldentnahmen		nein
25	Teilwertabschreibung		nein
26	Investitionsabzugsbeträge (§ 7g Abs. 1 EStG)		ja
27	Gewerbesteuer		nein
28	Forderungen	nein	
29	Geldstrafen		nein
30	Laufende Aufwendungen (Miete, Heizung, Lohn, Versicherungen)		ja

Fall 40: Die verschiedenen Vertragsarten und ihr Zustandekommen

Die Mandanten erwarten von ihren Beratern im Zusammenhang mit steuerlichen Problemstellungen auch die Beratung in betriebswirtschaftlichen Fragen. Dazu sind häufig genaue Kenntnisse im Vertragsrecht erforderlich.

Prüfen Sie anhand der nachstehenden Sachverhalte, ob Sie über die erforderliche Beratungs- und Entscheidungskompetenz verfügen.

Sachverhalt 1:
Der Geschäftswagen eines Mandanten wurde in einer Kfz-Werkstatt repariert. Der Mandant war mit der Reparatur nicht zufrieden, insbesondere bemängelte er die Qualität der Lackierarbeiten.

1. Um welche Vertragsart handelt es sich?

2. Wie und wann sind die Mängel geltend zu machen?

Sachverhalt 2:
Der Steuerberater hat mit seinem Mandanten einen Vertrag abgeschlossen, der die Bearbeitung der Buchführung und aller steuerlichen Aufgaben des Betriebes beinhaltet.

1. Um welche Vertragsart handelt es sich?

2. Inwieweit haftet der Steuerberater für seine Handlungen?

---

[1] Ausführliche Erläuterungen im BMF-Schreiben v. 15.06.2022, IV C 6-S. 2189-b/21/10001:001. Vgl. Standardisierte Einnahmeüberschussrechnung nach § 60 Absatz 4 EStDV; Anlage EÜR 2022 GZ IV C & S 2142/21/10002: 010 DOK 2022/0869125- DOK 2022/0869125

Sachverhalt 3:

Ein Steuerberater erwirbt ein Mehrfamilienhaus, in dem er seine Praxis betreiben will. Außerdem wird das Obergeschoss an einen Anwalt vermietet.

Es sind eine Reihe von Umbauarbeiten erforderlich, die er von Handwerkern ausführen lässt.

Zur Finanzierung hat er ein Darlehen aufgenommen, dass durch eine entsprechende Grundschuld abzusichern ist.

1. Welche Vertragsarten liegen vor?

2. Welche Formvorschriften sind bei den einzelnen Verträgen zu beachten?

3. Welche Verpflichtung ergibt sich aus der Grundschuld?

Lösung s. Seite 417

Tangierende Problemkreise:

► Abgrenzung Hypothek und Grundschuld

► Zuordnung von Grundstücken zum Betriebsvermögen.

Vertragsarten	
Vertragsart	**Beschreibung**
Kaufvertrag[1]	► Formloser oder ggf. schriftlicher Vertrag (Beweissicherung) über den Kauf/Verkauf einer Sache gegen Entgelt
	► Beim Kauf von Grundstücken ist notarielle Beurkundung und Eintragung im Grundbuch erforderlich: § 311b BGB
	► Störungen des Kaufvertrages:
	- Schlechtleistung
	- Nicht-Rechtzeitig-Leistung
	- Gläubigerverzug
	- Nicht-Rechtzeitig-Zahlung
	► Rechtsgrundlage: §§ 433 - 479 BGB
Werkvertrag	► Besteller stellt das Material zur Verfügung
	► Herstellung oder Reparatur gegen Entgelt
	► Haftung bei Mängeln
	► Rechtsgrundlage: §§ 631 - 649 BGB
Werklieferungs-vertrag	► Lieferung herzustellender oder zu erzeugender beweglicher Sachen
	► Seit 01.01.2002 finden darauf die Vorschriften des Kaufs Anwendung
	► Unerheblich ist, ob der Besteller oder der Unternehmer das Material liefert
	► Rechtsgrundlage: § 650 BGB

---

[1] Besondere Bestimmung für E-Commerce: § 312 Abs. 2 BGB sowie §§ 13, 14, 312b BGB im Hinblick auf Fernabsatzverträge und Haustürgeschäfte.

Vertragsarten	
Vertragsart	**Beschreibung**
Dienstvertrag	▸ Dienstleistung gegen Entgelt bzw. Honorar
	▸ Dienstleistung kann selbstständig bzw. unselbstständig (Arbeitsvertrag) erbracht werden
	▸ Es wird nur die Überlassung der Dienste geschuldet
	▸ Keine Übernahme einer Erfolgsgarantie
	▸ Rechtsgrundlage: §§ 611 - 630 BGB
Darlehensvertrag	▸ Überlassung von Geld oder Waren gegen Entgelt
	▸ Wesentliche Vertragsinhalte sind Gelddarlehen, Zinssatz und Laufzeit
	▸ Rechtsgrundlage: § 488 - § 515 BGB
Leihvertrag	▸ Überlassung einer Sache ohne Entgelt
	▸ Rechtsgrundlage: §§ 598 - 606 BGB
Pachtvertrag	▸ Überlassung einer Pachtsache und den Ertrag daraus gegen Entgelt
	▸ Rechtsgrundlage: §§ 581 - 597 BGB
Verbrauchs-güterkauf[1]	▸ Kaufvertrag zwischen Verbraucher (§ 13 BGB) und Unternehmer (§ 14 BGB) über bewegliche Sachen
	▸ Besonderer Schutz des privaten Käufers
	▸ §§ 474, 437 ff. BGB
Mietvertrag	▸ Überlassung einer Mietsache gegen Entgelt
	▸ Rechtsgrundlage: §§ 535 - 580a BGB
	▸ Anwendung der Bestimmungen auch auf Leasingverträge
Gesellschafts-verträge	▸ Bei Personengesellschaften (auch Partnerschaftsgesellschaften) formlos, Schriftform zu empfehlen
	▸ Bei einer GmbH und AG notarielle Beurkundung erforderlich

Fall 40a: Kaufverträge im Internet[2]

Wegen der zunehmenden Bedeutung der Kaufverträge über Internet, haben Angehörige der steuer- und wirtschaftsberatenden Berufe im Rahmen ihrer betriebswirtschaftlichen Beratung ein weiteres wichtiges Aufgabenfeld. Anhand folgender typischer Fälle werden grundlegende Kenntnisse aufgezeigt!

Aufgabe 1:
Anton bestellt im Internet per E-Mail ein Notebook. Er will wissen, wann seine im E-Mail enthaltene Willenserklärung beim Empfänger zugeht?

---

[1] § 442 Abs. 1 BGB (Kenntnis des Mangels durch den Käufer) wird zukünftig nicht mehr auf Verbrauchsgüterkäufe angewendet (§ 475 Abs. 3 Satz 2 BGB).

[2] Vgl. *A. Wien*, Internetrecht, 2. Auflage 2009, Gabler.

Aufgabe 2:
Wann kommt der Kaufvertrag zu Fall 1 zustande?

Aufgabe 3:
Auf einer Homepage eines Unternehmens werden 100 Fernseher zu einem sehr günstigen Preis angepriesen. Daraufhin gehen 200 Bestellungen beim Unternehmen ein. Das Unternehmen ist jedoch nicht in der Lage mehr als 100 Fernseher zu liefern.

Wie ist die Rechtslage?

Aufgabe 4:
Anton schickt Berta eine E-Mail, in welcher er einen hochwertigen Drucker für 250 € anbietet. Berta prüft das Angebot einschließlich der Zahlungsmodalitäten sehr sorgfältig. Nach fünf Tagen entschließt sie sich zu einer E-Mail an Anton, in der sie dessen Angebot annimmt.

Wie ist die Rechtslage?

Aufgabe 5:
Anton hat über Internettelefon und via Webcam das Angebot unter Fall 2 übermittelt. Berta überdenkt das Angebot und ruft am nächsten Tag an, um dem Angebot zuzustimmen.

Wie ist die Rechtslage?

Aufgabe 6:
Anton wollte im Internet einen Pullover bestellen. Beim Ausfüllen des Warenkorbs auf der Homepage des Textilhändlers unterläuft ihm ein Tippfehler, statt 1 gibt er 11 ein. Bei Bestätigung der Bestellung fällt ihm der Fehler nicht auf, erst bei Auslieferung wird der Fehler ersichtlich.

Wie ist die Rechtslage?

Aufgabe 7:
Ein sechsjähriges Kind nutzt ohne Kenntnis der Erziehungsberechtigten im Notebook des Vaters das Internet. Dabei bestätigt es die kostenpflichtige Nutzung einer Dienstleistung.

Wie ist die Rechtslage?

Aufgabe 8:
Der 17-jährige Anton bestellt im Internet vier CDs zum Preis von insgesamt 40 €. Er bezahlt sie von seinem ihm zur Verfügung gestellten Geld. Seine Erziehungsberechtigten hat er nicht über den Kauf informiert.

Wie ist die Rechtslage?

Lösung s. Seite 419

Tangierende Problemkreise:

► Welche Bücher enthält das BGB?

Internetverträge (E-Commerce)
Allgemeine Rechtsgrundlagen

Auch im Internet gelten die vertraglichen Regelungen des BGB. Die Bestellung des Kunden bedeutet ein Angebot, das durch Annahme (z. B. Bestätigung durch E-Mail) oder durch Versand der Ware vom Händler akzeptiert wird. Bei Verträgen im Internet handelt es sich um einen Fernabsatzvertrag nach §§ 312b ff. BGB (zweiwöchiges Widerrufsrecht ohne Angabe von Gründen). Die BGB-Informationspflichten-Verordnung verlangt eine umfassende Information des Kunden. Die Bestimmungen des BGB über Gewährleistung (§ 433 Abs. 1 Satz 2 und § 437 BGB) gelten auch für Verträge im Internet. Ebenfalls die Bestimmungen über Anfechtung, Irrtum und arglistige Täuschung (§§ 119, 120, 123 BGB.)

Vertragswege im Internet

► **E-Mail:** Enthält das E-Mail die erforderlichen Angaben: Kaufgegenstand, Kaufpreis und Vertragspartner, so liegt ein wirksames Angebot zum Abschluss eines Kaufvertrages vor.

Für das Zustandekommen eines Kaufvertrages ist es weiter erforderlich, dass der gemachte Antrag bis zu einem Zeitpunkt angenommen wird, in welchem der Antragende unter regelmäßigen Umständen die Rückantwort erwarten darf (§ 147 Abs. 2 BGB). Dabei werden im Allgemeinen 2 - 3 Tage angenommen. Eine verspätete Rückmeldungen kann als neues Angebot angenommen werden (§ 150 Abs. 1 BGB).

► **Per Internet:** Ein „Angebot" auf einer Homepage ist kein rechtswirksames Angebot, sondern entspricht einer Anpreisung in einem Schaufenster. Der Käufer macht ein Angebot. Wird das Angebot vom Verkäufer (Web-Shop) angenommen, so kommt ein Kaufvertrag zustande.

► **Internettelefon mit Webcam:** Hier verläuft die Kommunikation zwischen den Vertragspartnern nicht zeitverzögert. Es gelten somit die Bestimmungen wie bei Gesprächen unter anwesenden Personen (§ 147 Abs. 1 BGB). „Der einem Anwesenden gemachte Antrag kann nur sofort angenommen werden."

► **Silent commerce:** Es handelt sich um Warenwirtschaftssysteme, die per Internet automatisch Ware nachbestellen. Die Willenserklärungen werden zwischen Computern ausgetauscht. Die rechtliche Wirksamkeit wird bejaht.

► **Internetauktionen:** Der Kaufpreis richtet sich in der Regel nach dem höchsten Gebot. Es sind auch die Vorschriften über Fernabsatzverträge (§ 312d Abs. 1 BGB) anwendbar. Insbesondere ist die laufende Rechtsprechung zu beachten.

Zahlungsarten beim Internetkauf

► **Vorauszahlung:** Vorkasse bedeutet eine Zahlung vor Lieferung. Der Kunde trägt hierbei das Risiko einer nicht ordnungsgemäß gelieferten Ware. Besteht nur diese Zahlungsart, so sieht der Kunde häufig von einer Bestellung im Internet ab. Besonders praktikabel ist diese Zahlungsform weder für den Kunden noch für den Lieferer. Der

Kunde muss eine Überweisung (z. B. Homebanking) ausführen, der Lieferer kann die Lieferung erst ausführen, wenn ein Zahlungseingang auf seinem Konto erfolgt ist. Es entstehen Verzögerungen, die durch das sog. giropay-Verfahren vermieden werden können. Bei Wahl dieses Verfahrens wird er bei der Bestellung zum Online-Banking seiner Bank umgeleitet. Das Kreditinstitut übermittelt eine Auftragsbestätigung, wonach der Händler die Ware versenden kann. Es entstehen Kosten von 2 - 3 % für den Händler. Zu beachten ist, dass auch dieses Verfahren eine Bezahlung vor Lieferung darstellt.

► **Rechnung:** Kauf auf Rechnung bedeutet die Zahlung nach Lieferung. Sie hat eine hohe Akzeptanz beim Kunden, weil er vor Bezahlung die Ware prüfen kann.

Das bedeutet einen nicht zu unterschätzenden Kaufanreiz gegenüber anderen Zahlungsarten. Für den Lieferer ist allerdings das Risiko hoch, dass insbesondere bei unbekannten Kunden die Rechnungen verspätet oder überhaupt nicht bezahlt werden. Dadurch entstehen ggf. hohe Kosten. Aus diesem Grunde schließen viele Anbieter den Kauf gegen Rechnung bei einem bestimmten Kundenkreis aus.

► **Nachnahme:** Die Bezahlung mit Nachnahme reduziert das Risiko auf Kunden- und Liefererseite. Es entstehen jedoch für den Kunden zusätzliche Nachnahmekosten und ggf. Zustellgebühren. Ein Problem liegt auch darin, ob der Zusteller den Kunden antrifft, der auch das notwendige Bargeld bereithalten muss. Bei Nichtantreffen und erneuter misslungener Zustellung geht die Ware an den Händler zurück. Er hat die Versandkosten und Gebühren zu tragen.

► **Lastschrift:** Der Kunde gibt im Web-Shop seine Bankverbindung an. Der Händler nutzt dies zum Einzug des Betrages von diesem Konto. Eine Rücklastschrift ist durch Widerspruch des Käufers möglich. Dies ist mit Kosten verbunden. Es bestehen oft beim Kunden Bedenken, seine Bankverbindung im Web-Shop anzugeben. Das Lastschriftverfahren ist zzt. weitgehend auf das Inland beschränkt.

► **Kreditkarte:** Zahlungen mit Kreditkarte sind besonders im internationalen Handel gebräuchlich. Bei Kreditkartenzahlung gibt der Käufer seine Kreditkartendaten in ein Web-Formular und bestätigt den Auftrag. Die Daten werden zur Autorisierung an einen Kreditkartenacquirer geleitet mit anschließender Abbuchung vom Kundenkonto.

► **E-Payment-Verfahren:** Bei Wahl eines E-Payment-Verfahrens wird zu einer Zahlstelle des E-Payment-Anbieters umgeleitet. Hier bestätigt der Kunde die Zahlung; der Händler wird über das Ergebnis der Zahlung informiert. Im weiteren Ablauf erfolgt unter Abzug eines Disagios Gutschrift auf dem Konto des Händlers. Weiter besorgt der Anbieter des E-Payment-Verfahrens den Zahlungsausgleich durch den Kunden (Kreditkarte, Lastschrift).

► **Finanzierung:** Viele Händler bieten Finanzierungsmöglichkeiten über Banken an. Diese sind häufig mit hohen Zinsen verbunden.

Fall 40b: Private oder unternehmerische Tätigkeit im Internet

Ein Mandant wünscht eine Auskunft, inwieweit seine Kauf- und Verkaufstätigkeit mithilfe des Internets rechtliche Auswirkungen auch im Hinblick auf seine Besteuerung habe. So fragt er sich, ob der gelegentliche Verkauf von Gegenständen zur Aufbesserung seiner Haushaltskasse bereits ein Gewerbe, das der Meldepflicht beim Gewerbe- und Finanzamt mit sich führt, darstellt. Er erwartet von Ihnen eine kompetente Beratung!

Folgende Aufgaben sind zu lösen:

Aufgabe 1:
Anton bietet eine gebrauchte Waschmaschine, die er wegen eines Umzugs nicht mehr benötigt, im Internet an. Seine Preisvorstellung beträgt 150 €. Die Maschine müsste bei ihm abgeholt werden. Es handelt sich um sein erstes Internetgeschäft. Die Maschine kostete vor zwei Jahren 450 €.

Das Geschäft kommt zum Angebotspreis zustande.

Handelt Anton als Unternehmer?

Aufgabe 2:
Berta kauft vorrangig Waschmaschinen aus Insolvenzbeständen auf und bietet sie im Inland im Internet an. Sie erzielt damit einen beträchtlichen Umsatz.

Wie ist ihre Tätigkeit zu beurteilen?

Aufgabe 3:
Cäsar nimmt regelmäßig an eBay-Auktionen mit den verschiedensten Gegenständen teil. Diese beschafft er sich durch günstigen privaten Ankauf. Er erzielt damit einen nicht unwesentlichen Gewinn.

Wie ist seine Tätigkeit zu beurteilen?

Aufgabe 4:
Dora hat eine Reihe von z. T. wertvollen Gegenständen (Kunstgegenstände, Schmuck, Briefmarken, Münzen) geerbt. Sie verkauft diese in einem Zeitraum von sechs Monaten und erzielt dabei einen Gewinn von 20.000 €.

Wie ist der Vorgang zu beurteilen?

Aufgabe 5:

Emil stellt ein Verkaufsangebot für einen wertvollen Teppich auf eine Internetplattform (eBay) ein. Es enthält einen Startpreis in Höhe von 300 € und kein Mindestgebot. Der Teppich hat einen Verkehrswert in Höhe von 2.500 €. Der Zuschlag von eBay erfolgte an Franz für 500 €, weil kein höheres Angebot abgegeben wurde.

Emil ist nicht bereit, den Teppich für 500 € zu verkaufen!

Wie ist der Fall zu beurteilen, wenn es sich um

a) ein C2C-Geschäft

b) ein B2C-Geschäft handelt?

Lösung s. Seite 420

Tangierende Problemkreise:

► Private Veräußerungsgeschäfte nach § 22 Nr. 2 i. V. m. § 23 Abs. 1 EStG[1].

 RECHTSGRUNDLAGEN

Unternehmerbegriffe im BGB, UStG und EStG
§ 13 [1] BGB Verbraucher

Verbraucher ist jede natürliche Person, die ein Rechtsgeschäft zu einem Zwecke abschließt, der weder ihrer gewerblichen noch ihrer selbstständigen beruflichen Tätigkeit zugerechnet werden kann.

§ 14 [1] BGB Unternehmer

(1) Unternehmer ist eine natürliche oder juristische Person oder eine rechtsfähige Personengesellschaft, die bei Abschluss eines Rechtsgeschäfts in Ausübung ihrer gewerblichen oder selbstständigen beruflichen Tätigkeit handelt.

§ 2 UStG Unternehmer, Unternehmen

(1) [1]Unternehmer ist, wer eine gewerbliche oder berufliche Tätigkeit selbstständig ausübt. [2]Das Unternehmen umfasst die gesamte gewerbliche oder berufliche Tätigkeit des Unternehmers. [3]Gewerblich oder beruflich ist jede nachhaltige Tätigkeit zur Erzielung von Einnahmen, auch wenn die Absicht, Gewinn zu erzielen, fehlt oder eine Personenvereinigung nur gegenüber ihren Mitgliedern tätig wird.

§ 15 EStG Einkünfte aus Gewerbebetrieb

(4) [1]Eine selbstständige nachhaltige Betätigung, die mit der Absicht, Gewinn zu erzielen, unternommen wird und sich als Beteiligung am allgemeinen

---

[1] Vgl. *Schweizer, R.*, Steuerlehre, 23. Auflage 2021, Kiehl, S. 297 ff.

wirtschaftlichen Verkehr darstellt, ist Gewerbebetrieb, wenn die Betätigung weder als Ausübung von Land- und Forstwirtschaft noch als Ausübung eines freien Berufs noch als eine andere selbstständige Arbeit anzusehen ist.

Merkmale für Tätigkeit als Privatperson	Merkmale für Tätigkeit als Unternehmer
► gelegentlicher Verkauf unterschiedlicher Artikel, die man nicht mehr benötigt (virtueller Flohmarkt) ► Artikelkauf für den eigenen Gebrauch.	► Kauf von Artikeln in der Absicht, sie wieder zu verkaufen ► Verkauf von Artikeln, die für den Weiterverkauf hergestellt wurden ► Auftreten wie ein Händler ► Nachhaltigkeit der Tätigkeit ► Anzahl der getätigten Verkäufe.
Oft problematische Abgrenzung in der Rechtsprechung	
Folgen ob Unternehmer oder Privatperson	
► Gewerbliche Unternehmer müssen ein Widerrufsrecht oder Rückgaberecht einräumen. ► Nur Verbraucher können Gewährleistung komplett ausschließen. ► Unternehmer müssen bei Neuware eine Gewährleistung von 24 Monaten, bei Gebrauchtwaren von 12 Monaten einräumen. ► Gewerbliche Verkäufer tragen gegenüber dem Verbraucher immer das Risiko für Schädigungen während des Versandes oder dem Verlust der Ware (§ 447 BGB ist auf B2C-Verträge nicht anwendbar). ► Gewerbliche Verkäufer können abgemahnt werden.	

Verschiedene Vertragsformen (zum Teil unterschiedliche Vorschriften)		
B2B-Verträge	(Business-to-Business):	Käufer und Verkäufer sind Unternehmer
B2C-Verträge	(Business-to-Consumer):	Verkäufer ist Unternehmer, Käufer ist Konsument
C2C-Verträge	(Consumer-to-Consumer):	Rechtsgeschäfte zwischen zwei Konsumenten

Fall 41: Die vielfältigen Formen der Verjährung

Zum Jahresabschluss gilt es auch, alle erforderlichen Vorkehrungen zu treffen, um eine Verjährung von Forderungen zu vermeiden.

Im Rahmen Ihrer beratenden Tätigkeit stellen sich Ihnen eine Reihe von Sachverhalten, die Sie mandantenorientiert zu lösen haben.

Sachverhalt 1:
Ihr Mandant, der Papiergroßhändler August, lieferte am 28.12.02 an die Bauunternehmung Stein Büromaterialien zum Bruttopreis von 1.428 €. Trotz mehrfacher schriftlicher Mahnungen hat Stein am 15.12.05 noch nicht bezahlt.

Am 16.12.05 wird ihm eine „letzte" Mahnung per Fax gesendet.

Am 15.01.06 meldet sich Stein und teilt mit, dass er nicht mehr bezahle, weil die Forderung verjährt sei.

1. Wie hätte eine sachgerechte Beratung des Mandanten aussehen müssen?

2. Wie ist der Vorgang zu buchen, wenn die Forderung ausfällt

    2.1 bei einer bestehenden Wertberichtigung von 60 % bzw.

    2.2 ohne vorhandene Wertberichtigung?

Sachverhalt 2:
Ihr Mandant, Fachanwalt für Arbeitsrecht, hat eine am 12.09.02 begründete Forderung an den Textileinzelhändler Modig. Nach mehreren Mahnungen erfolgte am 15.06.03 eine Teilzahlung. Auf Bitten des Textileinzelhändlers gewährt der Anwalt am 18.08.03 eine Stundung von zwei Monaten.

Wann ist die Forderung verjährt?

Sachverhalt 3:
Bei einer Mandantin kommt das Realsplitting infrage. Dabei stellt sich heraus, dass die Unterhaltszahlungen des geschiedenen Mannes nicht voll gezahlt worden sind.

Wann verjähren diese Ansprüche?

Sachverhalt 4:
Ein Mandant will über folgende Punkte beraten sein:

1. Welche Bedeutung hat ein Mahnbescheid im Rahmen der Verjährung?

2. Wie ist ein Mahnbescheid zu erteilen?

Lösung s. Seite 422

RECHTSGRUNDLAGEN

Allgemeine Verjährungsfristen (BGB-Allgemeiner Teil)			
Gegenstand der Verjährung (allgemein)	Das Recht von einem anderen ein Tun oder Unterlassen zu verlangen (Anspruch) – § 194 BGB		
Fall	**Inhalt**	**Fristen**	**Fristenbeginn**
Regelmäßige Verjährungsfrist (Normalfall) (§ 195 BGB)	Gesetzliche und vertragliche Ansprüche, soweit keine Sondervorschrift besteht	**3 Jahre**	Schluss des Jahres, in dem der Anspruch enstanden ist und Kenntnis des Gläubigers (§ 199 BGB)
Recht an einem **Grundstück** (§ 196 BGB)	Übertragung, Einräumung, Änderung eines Rechts am Grundstück	**10 Jahre**	Entstehung des Anspruchs (§ 200 BGB)
Dreißigjährige Verjährungsfrist (§ 197 BGB)	► Herausgabeansprüche aus Eigentum	**30 Jahre**	Entstehung des Anspruchs
	► Familien- und erbrechtliche Ansprüche		Entstehung des Anspruchs
	► Rechtskräftig festgestellte Ansprüche		Rechtskraft
	► Ansprüche aus vollstreckbaren Vergleichen oder vollstreckbaren Urkunden		Errichtung des Titels
	► Vollstreckbare Ansprüche aus Insolvenzverfahren.		Feststellung im Verfahren
Rechtsfolgen der Verjährung (§§ 214 ff. BGB)	Nach Eintritt der Verjährung ist der Schuldner berechtigt, die Leistung zu verweigern.		
Hemmung (§§ 203 ff. BGB)	Der Zeitraum, während dessen die Verjährung gehemmt ist, wird in die Verjährung nicht eingerechnet.		
	► Hemmung der Verjährung bei Verhandlungen (§ 203 BGB) (Ende frühestens drei Monate nach Ende der Verhandlungen)		
	► Hemmung der Verjährung durch Rechtsverfolgung (§ 204 BGB) (z. B. Zustellung eines Mahnbescheides) – (Ende sechs Monate nach rechtskräftiger Entscheidung bzw. Ende des Verfahrens)		
	► Hemmung bei Leistungsverweigerungsrecht (§ 205 BGB)		
	► Hemmung bei höherer Gewalt (innerhalb der letzten sechs Monate).		

Allgemeine Verjährungsfristen (BGB-Allgemeiner Teil)	
Neubeginn (§ 212 BGB)	Nach Unterbrechung beginnt die Verjährungsfrist neu zu laufen: bei Initiative durch den Gläubiger: ► Antrag oder Durchführung einer gerichtlichen oder behördlichen Vollstreckungshandlung bei Initiative durch den Schuldner (Anerkenntnis): ► Abschlagzahlung ► Zinszahlung ► Sicherheitsleistung ► Stundungsantrag.

Fall 42: Garantieansprüche werden geltend gemacht

Die Bauunternehmung Hans Stein GmbH gehört zu Ihrem Mandantenstamm. Die Firma hat einen langfristigen Vertrag mit der Telekom bezüglich der Herstellung von Gräben zur Verlegung von Telefonkabeln bzw. zur Durchführung von Reparaturen am Telefonnetz. Die Gräben sind anschließend zu verfüllen, die Deckschicht ist wiederherzustellen. Die Arbeiten werden mit den zuständigen Kommunen abgestimmt. Nach dem Vertrag muss die Firma zwei Jahre für diese Arbeiten haften.

Trotz sorgfältiger Ausführung der Arbeiten kommt es vor, dass Garantiearbeiten erforderlich werden. Dies liegt zum Teil an den Bodenverhältnissen bzw. an einer nicht ordnungsgemäßen Verdichtung beim Verfüllen der Gräben.

Die Garantiearbeiten wurden in den vergangenen Jahren mit 1 % des garantiebehafteten Sollumsatzes angenommen.

In der Bilanz zum 31.12.06 befindet sich eine Garantierückstellung von 52.500 €.

Der garantiebelastete Umsatz des Wirtschaftsjahres 07 beträgt 5.850.000 €.

Die tatsächlichen Garantieaufwendungen sind in den entsprechenden Aufwandskosten (Materialkosten, Löhne usw.) enthalten.

Bei einer größeren Baumaßnahme außerhalb des Vertrages mit der Telekom im Wirtschaftsjahr 07 muss die Firma wahrscheinlich eine Deckschicht erneuern, weil bereits nach zehn Monaten Spurrinnen aufgetreten sind. Es wird mit Kosten in Höhe von 45.000 € gerechnet.

1. Machen Sie geeignete Vorschläge zur Lösung der vorstehenden Problematik!
2. Kontieren Sie die Vorgänge!
3. Grenzen Sie Einzel- und Pauschalrückstellung voneinander ab!

Buchungsliste					
Nr.	SKR 03	Sollkonto	Betrag	SKR 03	Habenkonto

Lösung s. Seite 424

Tangierende Problemkreise:

▸ Einzel- und Pauschalbewertung von Debitoren

▸ Werkvertrag als Grundlage für Garantieansprüche.

Einzel- und Pauschalrückstellungen	
Einzelbewertung	**Pauschalbewertung**
▸ Schätzung der Inanspruchnahme aufgrund der vorliegenden Erkenntnisse ▸ Buchtechnische Erfassung als Aufwand ▸ Kontierung: Aufwand an Rückstellung.	▸ Anwendung eines Prozentsatzes, der sich aus dem Zahlenmaterial als Durchschnitt der letzten drei Jahre ergibt ▸ Buchtechnische Erfassung der Differenz zur bestehenden Pauschalrückstellung ▸ Tatsächlicher Aufwand des Wirtschaftsjahres wird als Aufwand ohne Inanspruchnahme der bestehenden Rückstellung gebucht.
Auflösung der Rückstellung ist erforderlich, wenn der Rückstellungsgrund entfällt: ▸ Verpflichtungsbetrag entspricht der Rückstellung ▸ Verpflichtungsbetrag ist größer als die Rückstellung ▸ Verpflichtungsbetrag ist kleiner als die Rückstellung.	▸ Jährliche Anpassung der bestehenden Pauschalrückstellung.
Beispiele	
▸ Rückstellung für Prozesskosten ▸ Rückstellung für Jahresabschlusskosten ▸ Rückstellungen für Gratifikationen.	▸ Garantierückstellungen ▸ Pensionsrückstellungen.

Vgl. auch Schaubild zu Fall 36!

Fall 43: Fragen zu verschiedenen Rechtsgeschäften

In Ihrem Steuerbüro treten auch oft Fragen auf, die die Wirksamkeit von Rechtsgeschäften betreffen. Dazu ist Ihrerseits Grundlagenwissen erforderlich, damit Sie Sachverhalte richtig beurteilen können. Testen Sie Ihre Kompetenz anhand nachfolgender Sachverhalte und Fragestellungen!

Sachverhalt 1:
Unterscheiden Sie folgende Begriffe:

1. einseitige und zweiseitige Rechtsgeschäfte

2. empfangsbedürftige und nicht empfangsbedürftige Rechtsgeschäfte.

Sachverhalt 2:
1. Nennen Sie Beispiele zu nichtigen Rechtsgeschäften!

2. Wann sind Rechtsgeschäfte anfechtbar?

Sachverhalt 3:
Der 6-jährige Sohn eines Mandanten hat sich Rollerskates zu einem Preis von 89 € ohne Wissen der Eltern gekauft.

Die Eltern sind mit dem Kauf nicht einverstanden.

Muss der Einzelhändler die Rollerskates zurücknehmen und den Kaufpreis erstatten?

Sachverhalt 4:
Ein Mandant hat für seinen Sohn, der mit dem Studium beginnt, bei einem Gebrauchtwagenhändler einen Jahreswagen zum Preis von 25.000 € gekauft. Er ließ sich vom Händler ausdrücklich zusichern, dass es sich nicht um einen Unfallwagen handele.

Nach drei Monaten stellte der Mandant bei einer Reparatur an der Bodengruppe fest, dass es sich um einen Unfallwagen handelt. Die Bodengruppe musste gerichtet werden, eine Neulackierung war erforderlich.

Wie ist die Rechtslage?

Sachverhalt 5:
Ein Mandant berichtet Ihnen, dass er in einem Gespräch anlässlich einer Urlaubsreise mit einem Bekannten einig über den Kauf eines Baugrundstückes mit einer Fläche von 1.000 qm zu einem qm-Preis von 120 € war. Nach der Urlaubsreise sollte der Kauf beim Notar besiegelt werden. Der Bekannte war jedoch nicht mehr bereit, das Grundstück zu verkaufen, weil er zwischenzeitlich ein wesentlich besseres Angebot erhalten hat.

Lösung s. Seite 425

Informationen zu Rechtsgeschäften

Zustandekommen durch entsprechende Willenserklärungen. Das Rechtsgeschäft ist eine Folge der Willenserklärung.

Formen der Willenserklärung			
mündlich	**schriftlich**	**notarielle Beurkundung**	**öffentliche Beglaubigung**
► Kaufverträge des Alltags oder: ► Zustandekommen durch konkludentes Verhalten (z. B. schlüssiges Verhalten ohne Erklärung).	► Kaufverträge (zur Beweissicherung) ► Mietverträge (zur Beweissicherung) ► privates Testament muss handschriftlich und eigenhändig unterschrieben sein.	► Kauf von Grundstücken und Gebäuden ► Verträge bei Personengesellschaften, wenn Grundstücke eingebracht werden ► Satzung bei Gründung einer GmbH.	► Erklärungen gegenüber dem Grundbuchamt (Bestätigung der Echtheit der Unterschrift, nicht des Inhalts).

Arten der Rechtsgeschäfte		
einseitige Rechtsgeschäfte (Rechtswirkung tritt durch einseitige Erklärung ein)		**zwei-/mehrseitige Rechtsgeschäfte** (Rechtswirkung tritt durch einverständliche Erklärung mehrerer Personen ein)
empfangsbedürftige ► Kündigung ► Anfechtung ► Vollmacht ► Mahnung (rechtsgeschäftliche Handlung).	nicht empfangsbedürftige ► Testament (§§ 2064 ff. BGB) ► Eigentumsaufgabe (§ 959 BGB) ► Stiftungsgeschäft (§ 81 BGB).	► Verträge (übereinstimmende Willenserklärungen von zwei oder mehreren Personen) ► Beschlüsse der zuständigen Organe einer Gesellschaft.

Nichtige Rechtsgeschäfte	Anfechtbare Rechtsgeschäfte
► Rechtsgeschäft mit einem Geschäftsunfähigen (§ 105 Abs. 1 BGB) ► Im Zuge der Bewusstlosigkeit oder vorübergehender Störung der Geistestätigkeit abgegebene Willenserklärung (§ 105 Abs. 2 BGB) ► Rechtsgeschäft nur zum Schein (§ 117 BGB) ► Rechtsgeschäft nur zum Scherz (§ 118 BGB) ► Rechtsgeschäft verstößt gegen ein gesetzliches Verbot (§ 134 BGB) ► Rechtsgeschäft unter Missachtung der gesetzlich vorgeschriebenen Form (§ 125 BGB) ► Rechtsgeschäft verstößt gegen die guten Sitten oder Treu und Glaube (§ 138 BGB).	► Zustandekommen durch arglistige Täuschung oder widerrechtliche Drohung (§ 123 BGB) ► Zustandekommen durch einen Inhaltsirrtum (§ 119 Abs. 1 1. Alt. BGB) ► Zustandekommen durch Erklärungsirrtum (§ 119 Abs. 1 2. Alt. BGB) ► Zustandekommen durch einen Übermittlungsirrtum (§ 120 BGB) ► Zustandekommen durch einen Eigenschaftsirrtum (§ 119 Abs. 2 BGB). **Beachte:** § 105a BGB: Wirksamkeit von Geschäften des täglichen Lebens von volljährig Geschäftsunfähigen

Fall 44: Zu beanstandende Lieferungen

Der Steuerberater Hans Emsig hatte in der letzten Zeit einige Schwierigkeiten beim Kauf von Anlagegütern für seine Kanzlei.

Da er in der Regel alles bei Mandanten kauft, steht er vor einem Zielkonflikt. Einerseits bieten ihm die gesetzlichen Bestimmungen gewisse Rechte, andererseits möchte er das Verhältnis zu seinen Mandanten nicht trüben.

Um eine sinnvolle Lösung herbeizuführen, will er sich jedoch zunächst völlige Klarheit über die Rechtslage in den einzelnen Fällen verschaffen.

Folgende Sachverhalte haben sich ereignet:

Sachverhalt 1:
Beim Mandanten Hans Meier hat er einen Kopierer bestellt. Die erforderliche technische Ausstattung des Kopierers war im Einzelnen festgehalten worden. Insbesondere legte Hans Emsig Wert auf die Möglichkeit, beim Kopieren mit Zoom (stufenloses Vergrößern bzw. Verkleinern) zu arbeiten.

Beim Aufstellen des Kopierers stellte sich heraus, dass nur die Größen DIN A4 und DIN A5 kopierfähig sind. Wie ist die Rechtslage?

Sachverhalt 2:
Beim Mandanten Josef Emig hat er einen Laserdrucker bestellt. Dieser wurde auch ordnungsgemäß wie bestellt geliefert. Beim Drucken kam es jedoch zu ständigen Schwierigkeiten. Obwohl der Papierschacht gefüllt war, zeigte der Bildschirm häufig an: „Papierzufuhr überprüfen". Durch Aus- und Einschalten des Druckers konnte der Fehler kurzfristig behoben werden, jedoch traten die Probleme immer wieder auf. Dieser Zustand war äußerst unbefriedigend, da auch wertvolle Arbeitszeit verloren ging. Wie ist die Rechtslage?

Sachverhalt 3:
Beim Mandanten Heinrich Möhn hat er einen neuen Schreibtisch bestellt. Dieser wurde fristgerecht geliefert. Beim Aufstellen stellte Hans Emsig einen kleinen Kratzer im Furnier fest. Das stört ihn und er reklamiert den Fehler. Heinrich Möhn erklärt ihm, er könne den Kratzer so ausbessern, dass kaum noch etwas zu sehen sei.

Das gefällt Hans Emsig nicht besonders. Wie ist die Rechtslage?

Lösung s. Seite 426

Tangierende Problemkreise:

► Kulanzleistungen und Rechtsvorschriften als Zielkonflikt.

Änderungen im Kaufvertragsrecht zum 01.01.2022

Schwerpunkte der Änderungen

Das neue Kaufrecht unterscheidet eine Dreiteilung je nach Kaufobjekt

- ► rein analogen Waren
- ► Waren mit digitalen Elementen
- ► rein digitale Produkte.

Rechtsgrundlagen

Unterscheidung:

- ► Digitale Produkte: § 327 - 327u BGB
- ► Analoge Produkte: § 433 - 479 BGB

Neue inhaltliche Elemente (analoge Produkte)

- ► Neuformulierung des Sachmangelbegriffs (§ 434 BGB)
- ► Beweislastumkehr wird erweitert (§ 477 BGB)
- ► Gewährleistungsansprüche bei Kenntnisnahme über Mängel
- ► Änderungen in folgenden Bereichen:
  - Nacherfüllung
  - Rücktritt und Schadenersatz
  - Verjährung
  - Garantieerklärungen
  - Unternehmerregress
- ► Neue Vertragsart für Sachen mit digitalen Elementen.

Zum Sachmangelbegriff
Mangelfrei ist eine Sache, wenn sie

- ► den subjektiven Anforderungen (§ 434 BGB) entspricht
- ► den objektiven Anforderungen entspricht (§ 434 BGB)
- ► und den Montageanforderungen entspricht (§ 434 BGB) entspricht.

Die Beweislastumkehr
Die bisherige Beweislastumkehr nach § 477 BGB wurde von sechs Monaten auf ein Jahr ausgeweitet. Wenn sich innerhalb dieses Zeitraums ein Mangel ergibt, so wird grundsätzlich vermutet, dass diese bereits bei Gefahrenübergang vorhanden war. Die Annahme kann jedoch auch vom Verkäufer widerlegt werden. Bei Kaufverträgen über Sachen beträgt der Zeitraum zwei Jahre.

Nacherfüllung

Beim Verbrauchsgüterverkauf (§ 474 BGB)[1] bestimmt § 475 Abs. 5 BGB, dass der Unternehmer die Nacherfüllung innerhalb einer angemessenen Frist und ohne erhebliche Unannehmlichkeiten für den Verbraucher durchführen muss. Nach Ablauf dieser Frist kann Rücktritt oder Schadenersatz geltend gemacht werden.

Verjährung

Gemäß § 474 e Abs. 3 und Abs. 4 und § 476 BGB tritt die Verjährung beim Verbrauchsgüterverkauf nicht vor Ablauf von vier Monaten nach dem Zeitpunkt ein, in dem sich der Mangel erstmals gezeigt hat.

► Wurde die Ware vom Verbraucher zurückgeschickt tritt die die Verjährung nicht vor Ablauf von zwei Monaten ein.

► Bei einer Vereinbarung über die Verjährung kann bei B2C-Vertrieb keine kürzere Dauer als zwei Jahre oder ein Jahr für gebrauchte Güter vereinbart werden.

Garantieerklärungen (§ 479 BGB):

► Garantieerklärungen sind beim Verkauf an Verbraucher im § 479 BG und § 443 BGB geregelt.

► Sie sichern dem Vertragspartner zusätzliche Vorteile über die gesetzlichen Bestimmungen hinaus.

► Garantieerklärungen sind freiwillige und frei gestaltbare Verpflichtungen für eine bestimmte Beschaffenheit. Die Garantieerklärung muss dem Käufer in Papierform oder per E-Mail oder pdf-Datei übermittelt werden

Unternehmerregress (§ 327 BGB)

Es handelt sich hierbei um den Rückgriff des Unternehmers, der dem Verbraucher ein digitales Produkt bereitgestellt hat(§ 327u BGB), von dem er das digitale Produkt bezogen hat.

Neue Vertragsart für Sachen mit digitalen Elementen

Im § 327 BGB wird eine neue Vertragsart dargestellt. Es handelt sich um Verträge mit Bereitstellung digitaler Produkte oder digitaler Dienstleistungen.

Im Rahmen der Gewährleistungspflicht besteht für den Unternehmer auch die Aktualisierungspflicht (§ 327f BGB). Dazu gehören auch Sicherheitsaktualisierungen.

---

[1] Verbrauchsgüterkäufe sind Verträge, durch die ein Verbraucher von einem Unternehmer eine Ware (§ 241a Abs. 1 BGB) kauft.

 **RECHTSGRUNDLAGEN**

§ 434 BGB – Sachmangel

(1) Die Sache ist frei von Sachmängeln, wenn sie bei Gefahrübergang den subjektiven Anforderungen, den objektiven Anforderungen und den Montageanforderungen dieser Vorschrift entspricht.

(2) [1]Die Sache entspricht den subjektiven Anforderungen, wenn sie

    1. die vereinbarte Beschaffenheit hat,

    2. sich für die nach dem Vertrag vorausgesetzte Verwendung eignet und

    3. mit dem vereinbarten Zubehör und den vereinbarten Anleitungen, einschließlich Montage und Installationsanleitungen, übergeben wird.

[2]Zu der Beschaffenheit nach Satz 1 Nummer 1 gehören Art, Menge, Qualität, Funktionalität, Kompatibilität, Interoperabilität und sonstige Merkmale der Sache, für die die Parteien Anforderungen vereinbart haben.

(3) [1]Soweit nicht wirksam etwas anderes vereinbart wurde, entspricht die Sache den objektiven Anforderungen, wenn sie

    1. sich für die gewöhnliche Verwendung eignet,

    2. eine Beschaffenheit aufweist, die bei Sachen derselben Art üblich ist und die der Käufer erwarten kann unter Berücksichtigung

        a) der Art der Sache und

        b) der öffentlichen Äußerungen, die von dem Verkäufer oder einem anderen Glied der Vertragskette oder in deren Auftrag, insbesondere in der Werbung oder auf dem Etikett, abgegeben wurden,

    3. der Beschaffenheit einer Probe oder eines Musters entspricht, die oder das der Verkäufer dem Käufer vor Vertragsschluss zur Verfügung gestellt hat, und

    4. mit dem Zubehör einschließlich der Verpackung, der Montage- oder Installationsanleitung sowie anderen Anleitungen übergeben wird, deren Erhalt der Käufer erwarten kann.

[2]Zu der üblichen Beschaffenheit nach Satz 1 Nummer 2 gehören Menge, Qualität und sonstige Merkmale der Sache, einschließlich ihrer Haltbarkeit, Funktionalität, Kompatibilität und Sicherheit. [3]Der Verkäufer ist durch die in Satz 1 Nummer 2 Buchstabe b genannten öffentlichen Äußerungen nicht gebunden, wenn er sie nicht kannte und auch nicht kennen konnte, wenn die Äußerung im Zeitpunkt des Vertragsschlusses in derselben oder in gleichwertiger Weise berichtigt war oder wenn die Äußerung die Kaufentscheidung nicht beeinflussen konnte.

(4) Soweit eine Montage durchzuführen ist, entspricht die Sache den Montageanforderungen, wenn die Montage

    1. sachgemäß durchgeführt worden ist oder

2. zwar unsachgemäß durchgeführt worden ist, dies jedoch weder auf einer unsachgemäßen Montage durch den Verkäufer noch auf einem Mangel in der vom Verkäufer übergebenen Anleitung beruht.

(5) Einem Sachmangel steht es gleich, wenn der Verkäufer eine andere Sache als die vertraglich geschuldete Sache liefert.

Vertragstypische Pflichten beim Kaufvertrag (§ 433 BGB)

Der Verkäufer ist verpflichtet, dem Käufer die Sache zu übergeben und das Eigentum an der Sache zu verschaffen. Der Verkäufer hat dem Käufer die Sache frei von Sach- und Rechtsmängeln zu verschaffen.

Schlechtleistung			
► Sachmängel (§ 434 Abs. 1 Satz 1 BGB)	► Fehlen der vereinbarten Beschaffenheit (§ 434 Abs. 1 Satz 2 Nr. 1 BGB) ► Fehlen der gewöhnlichen Beschaffenheit (§ 434 Abs. 1 Satz 2 Nr. 2 BGB).	► Montagemangel (§ 434 Abs. 2 BGB) ► Mangelhafte Montageanleitung ► Ware ungleich Werbung (§ 434 Abs. 1 Satz 3 BGB).	► Zu-Wenig-Lieferung ► Falschlieferung (§ 434 Abs. 3 BGB).

Die neue begriffliche Gestaltung besteht darin, dass der subjektive und der objektive Sachmangelbegriff gleichrangig nebeneinander gelten. Eine Sache kann auch dann mangelhaft sein, wenn sie der vereinbarten Beschaffenheit entspricht, aber nicht der Üblichen. Allerdings ist § 434 BGB zu beachten. Die objektiven Anforderungen an die Kaufsache gelten nur, soweit nicht wirksam etwas anderes vereinbart wurde.

Verjährung der Gewährleistungsansprüche (§ 438 BGB)	
Bei Verjährung kann der Verkäufer die Erfüllung der Rechte aus Mängelhaftung verweigern (Verjährungseinrede).	
Regelmäßige kaufrechtliche Verjährungsfrist	2 Jahre
Arglistig verschwiegene Mängel	3 Jahre
Mängel an Bauwerken	5 Jahre
Dingliches Herausgaberecht und im Grundbuch eingetragenes Recht (siehe § 197 BGB)	30 Jahre

Rechte des Käufers bei mangelhafter Lieferung (§ 437 BGB)

1. Nacherfüllung (§§ 437 Nr. 1 und 439 BGB): **vorrangig**
2. Rücktritt vom Vertrag (§§ 437 Nr. 2, 440, 323 und 326 Abs. 5 BGB): **nachrangig**

3. Kaufpreisminderung (§§ 437 Nr. 2 und 441 BGB)

4. Schadensersatz (§§ 437 Nr. 3, 440, 280, 281, 283 und 311a BGB): **bei Verschulden**

5. Ersatz vergeblicher Aufwendungen (§§ 437 Nr. 3 und 284 BGB)

Geltendmachung der Rechte (Verlaufssystematik)			
Schritt 1: Nacherfüllung verlangen			
▸ Beseitigung des Mangels oder			
▸ Lieferung der mangelfreien Sache			
▸ Verkäufer muss die Aufwendungen der Nacherfüllung tragen (Transport-, Wege-, Arbeits- und Materialkosten)			
▸ Verkäufer hat ein Verweigerungsrecht, wenn unverhältnismäßige Kosten dadurch entstehen (§ 439 Abs. 3 BGB)[1]			
▸ nach zwei erfolglosen Nachbesserungsversuchen gilt sie als fehlgeschlagen (§ 440 Satz 2 BGB).			
Schritt 2: Nach erfolgloser Nacherfüllung: **Geltendmachung folgender Rechte**			
Rücktritt vom Vertrag (§§ 437 Nr. 2, 440, 323, 326 Abs. 5 BGB)	Minderung (§§ 437 Nr. 2 und 441 BGB)	Schadensersatz statt Leistung (§§ 437 Nr. 3, 440, 280, 281, 283 und 311a BGB)	Ersatz vergeblicher Aufwendungen (§§ 437 Nr. 3 und 284 BGB)
Voraussetzungen		**Voraussetzungen**	
▸ Angemessene Nachfrist		▸ Angemessene Nachfrist	
▸ nicht erforderlich bei:		▸ nicht erforderlich bei:	
- Verweigerung der Nacherfüllung		- Verweigerung der Nacherfüllung	
- zwei fehlgeschlagenen Nacherfüllungsversuchen und wenn		- zwei fehlgeschlagenen Nacherfüllungsversuchen und wenn	
- Nacherfüllung für Verkäufer und Käufer unzumutbar		- Nacherfüllung für Verkäufer unzumutbar	
- Fixgeschäft.		**Verschulden erforderlich** (Beweislast des Nicht-Verschuldens trägt der Verkäufer).	

---

[1] Beachte: Ein- und Ausbauten in § 439 Abs. 3 BGB sind nur dann vom Käufer zu zahlen, wenn er im Zeitpunkt des Einbaues Kenntnis vom Mangel hatte. Dabei reicht es nicht aus, dass er es hätte wissen müssen (grob fahrlässige Unkenntnis).

Fall 45: Nicht-Rechtzeitig-Lieferung?

Die Steuerberater Emsig und Fleißig haben sich seit zwei Jahren zu einer Partnerschaftsgesellschaft zusammengeschlossen. Zur noch besseren Nutzung der DATEV-Leistungen haben sie eine neue Computer-Konfiguration mit entsprechender Vernetzung der Arbeitsplätze bei einer renommierten Computerfirma bestellt. Da man mit der Anlage ab 01.01.05 arbeiten wollte, vereinbarte man im Kaufvertrag die Lieferung und die Installation für Ende des Jahres 04.

Von der Anlage versprechen sich die Partner auch eine rationellere Arbeitsweise. Aus diesem Grunde haben sie für das Jahr 05 zehn neue Mandanten gewinnen können. Die erforderliche Dienstleistung ist jedoch nur mit der neuen EDV-Anlage möglich.

Wegen Beschaffungsschwierigkeiten und Arbeitsüberlastung war es der Computerfirma nicht möglich, die Anlage Ende des Jahres 04 zu liefern.

Die Anlage konnte erst im Februar 05 installiert werden.

Die Partnerschaftsgesellschaft ist durch die spätere Lieferung in erhebliche Schwierigkeiten geraten. Die Steuerfachangestellten mussten viele Überstunden leisten, die die Kostensituation der Gesellschaft entsprechend verschlechterte.

Es stellen sich eine Reihe von Fragen:

1. Die wichtigste Frage, die sich die Partner stellen: Hat der Lieferer nicht rechtzeitig geliefert?
2. Welche Maßnahmen sind von der Partnerschaftsgesellschaft zu ergreifen?
3. Kann Schadenersatz von der Computerfirma verlangt werden?
4. Welche Probleme stellen sich bei der Feststellung des Schadens?
5. Was sollte bei Vertragsabschluss unbedingt beachtet werden, um von daher eine bessere rechtliche Ausgangsposition zu haben?

Lösung s. Seite 427

Tangierende Problemkreise:

► Partnerschaftsgesellschaft (Zustandekommen, Bedeutung)
► Bedeutung eines schriftlichen Vertragsabschlusses für die Beweissicherung.

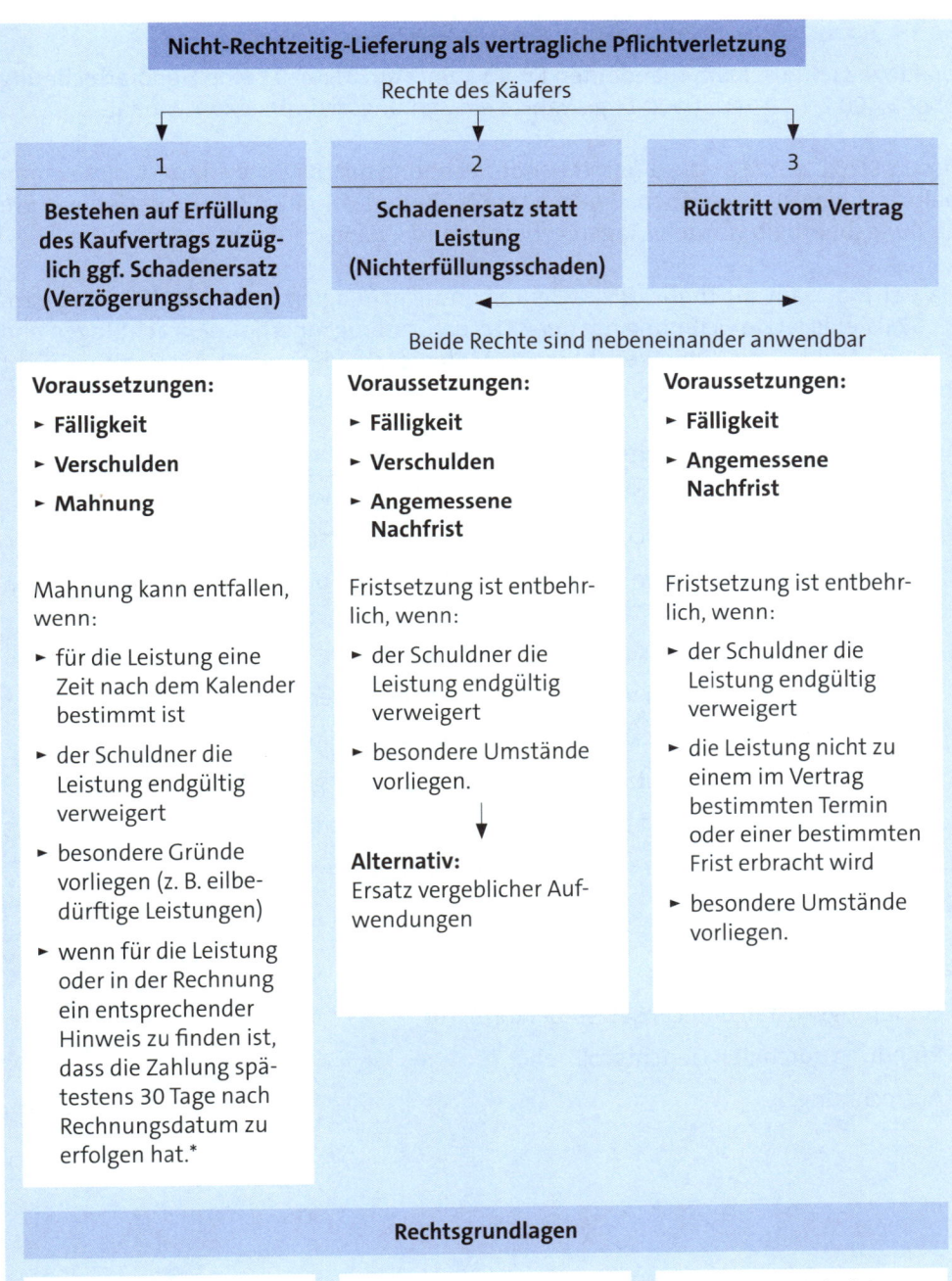

Nicht-Rechtzeitig-Lieferung als vertragliche Pflichtverletzung

Rechte des Käufers

1	2	3
Bestehen auf Erfüllung des Kaufvertrags zuzüglich ggf. Schadenersatz (Verzögerungsschaden)	**Schadenersatz statt Leistung (Nichterfüllungsschaden)**	**Rücktritt vom Vertrag**

Beide Rechte sind nebeneinander anwendbar

Voraussetzungen:

▸ **Fälligkeit**

▸ **Verschulden**

▸ **Mahnung**

Mahnung kann entfallen, wenn:

▸ für die Leistung eine Zeit nach dem Kalender bestimmt ist

▸ der Schuldner die Leistung endgültig verweigert

▸ besondere Gründe vorliegen (z. B. eilbedürftige Leistungen)

▸ wenn für die Leistung oder in der Rechnung ein entsprechender Hinweis zu finden ist, dass die Zahlung spätestens 30 Tage nach Rechnungsdatum zu erfolgen hat.*

Voraussetzungen:

▸ **Fälligkeit**

▸ **Verschulden**

▸ **Angemessene Nachfrist**

Fristsetzung ist entbehrlich, wenn:

▸ der Schuldner die Leistung endgültig verweigert

▸ besondere Umstände vorliegen.

Alternativ:
Ersatz vergeblicher Aufwendungen

Voraussetzungen:

▸ **Fälligkeit**

▸ **Angemessene Nachfrist**

Fristsetzung ist entbehrlich, wenn:

▸ der Schuldner die Leistung endgültig verweigert

▸ die Leistung nicht zu einem im Vertrag bestimmten Termin oder einer bestimmten Frist erbracht wird

▸ besondere Umstände vorliegen.

Rechtsgrundlagen

§ 271 BGB: Leistungszeit § 286 BGB: Verzug des Schuldners	§ 281 BGB: Schadenersatz statt Leistung § 284 BGB: Ersatz vergeblicher Aufwendungen	§ 323 BGB: Rücktritt wegen nicht oder nicht vertragsgemäß erbrachter Leistungen

* Beachte: Der Schuldner kommt nach der Änderung des § 288 BGB bei einer Geldforderung grundsätzlich spätestens 30 Tage nach Fälligkeit und Zugang einer Rechnung in Verzug.

Fall 46: Der säumige Kunde

Dr. Kluge stellte seinem Mandanten Emil Säumig am 15.04.01 eine Honorarrechnung über 5.400 € + 19 % USt aus. Er gewährte ein Zahlungsziel von einem Monat.

Am 15.06.01 wurde an die offen stehende Rechnung mit der Bitte erinnert, diese innerhalb 14 Tagen zu begleichen. Eine weitere Mahnung vom 07.07.01, in der erneut um Zahlung innerhalb von zehn Tagen gebeten wurde, blieb erfolglos.

Da der Mandant auch auf dieses Schreiben nicht reagierte, schickte Dr. Kluge am 25.07.01 eine letzte Mahnung mit der Bitte, um Zahlung innerhalb von acht Tagen und mit der Androhung eines gerichtlichen Mahnbescheides, wenn die Zahlung nicht innerhalb von 14 Tagen eingeht.

Auch diese Zeit verstreicht ohne einen Zahlungseingang.

1. Beschreiben Sie das Verfahren bei einem Mahnbescheid!
2. Warum ist der Mahnbescheid einem Zivilprozess vorzuziehen?
3. Welche Gründe könnten dafür sprechen, trotz erfolgloser Mahnungen keinen Mahnbescheid zu beantragen?
4. Welche Rechte ergeben sich aus der Nicht-Rechtzeitig-Zahlung des Schuldners?
5. In welcher Höhe können Verzugszinsen berechnet werden?
6. Wann ist es sinnvoll, direkt den Klageweg zu beschreiten?
7. Wie ist die sachliche Zuständigkeit beim Zivilprozess geregelt?
8. Welche Vorschriften sind bei einer Pfändung zu beachten?
9. Was versteht man unter einer Pfändungstabelle?

Lösung s. Seite 428

Tangierende Problemkreise:

► Forderungsausfall und Umsatzsteuerkorrektur

► Pfändung durch den Gerichtsvollzieher

► Aufrechnung.

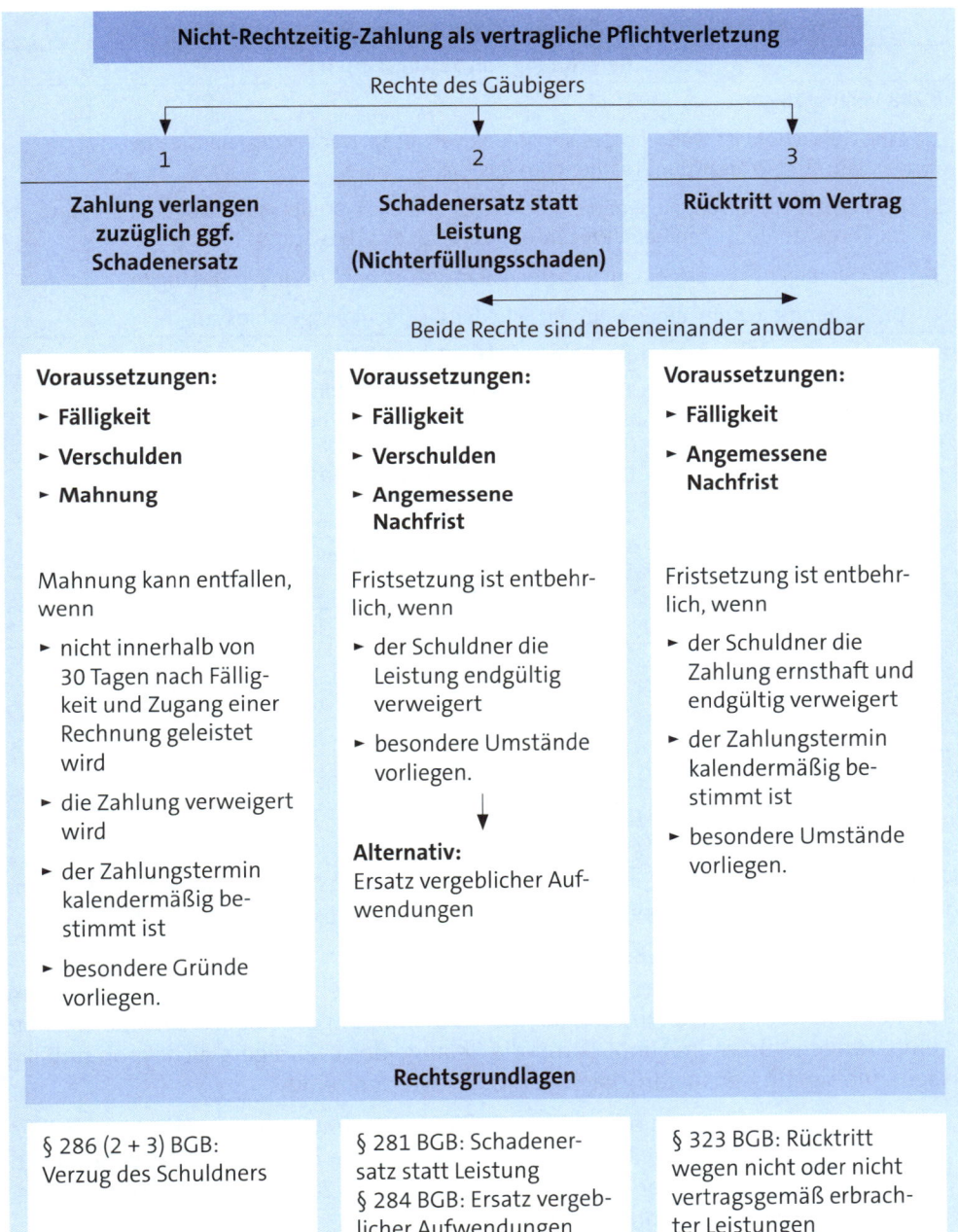

Nicht-Rechtzeitig-Zahlung als vertragliche Pflichtverletzung

Rechte des Gäubigers

1	2	3
Zahlung verlangen zuzüglich ggf. Schadenersatz	**Schadenersatz statt Leistung (Nichterfüllungsschaden)**	**Rücktritt vom Vertrag**

Beide Rechte sind nebeneinander anwendbar

Voraussetzungen:

- **Fälligkeit**
- **Verschulden**
- **Mahnung**

Mahnung kann entfallen, wenn

- nicht innerhalb von 30 Tagen nach Fälligkeit und Zugang einer Rechnung geleistet wird
- die Zahlung verweigert wird
- der Zahlungstermin kalendermäßig bestimmt ist
- besondere Gründe vorliegen.

Voraussetzungen:

- **Fälligkeit**
- **Verschulden**
- **Angemessene Nachfrist**

Fristsetzung ist entbehrlich, wenn

- der Schuldner die Leistung endgültig verweigert
- besondere Umstände vorliegen.

Alternativ:
Ersatz vergeblicher Aufwendungen

Voraussetzungen:

- **Fälligkeit**
- **Angemessene Nachfrist**

Fristsetzung ist entbehrlich, wenn

- der Schuldner die Zahlung ernsthaft und endgültig verweigert
- der Zahlungstermin kalendermäßig bestimmt ist
- besondere Umstände vorliegen.

Rechtsgrundlagen

§ 286 (2 + 3) BGB: Verzug des Schuldners	§ 281 BGB: Schadenersatz statt Leistung § 284 BGB: Ersatz vergeblicher Aufwendungen	§ 323 BGB: Rücktritt wegen nicht oder nicht vertragsgemäß erbrachter Leistungen

Nicht-Rechtzeitig-Zahlung als vertragliche Pflichtversicherung
Berechnung von Verzugszinsen

§ 288 Verzugszinsen

1   Eine Geldschuld ist während des Verzugs zu verzinsen. Der Verzugszinssatz beträgt für das Jahr **fünf Prozentpunkte** über dem Basissatz.

2   Bei Rechtsgeschäften, an denen ein Verbraucher nicht beteiligt ist, beträgt der Zinssatz für Entgeltforderungen **neun Prozentpunkte** über dem Basissatz.

3   Der Gläubiger kann aus einem anderen Rechtsgrund höhere Zinsen verlangen.

4   Die Geltendmachung eines weiteren Schadens ist nicht ausgeschlossen.

Basiszinssatz (+ 5 % bzw. 9 %)[1]
Mit Inkrafttreten des Gesetzes zur Modernisierung des Schuldrechts besteht seit 01.01.2002 ein Basiszinssatz nach § 247 Abs. 1 BGB. Anpassungen des Basiszinssatzes erfolgen zweimal jährlich zum 01.01. und 01.07. (§ 247 Abs. 1 Satz 2 BGB). Basiszinssatz ab 01.01.2014 = -0,63 % (§ 247 BGB), ab 01.07.2014 = - 0,73 %

Entwicklung des Basiszinssatzes		
	01.01	**01.07.**
2022	- 0,88 %	- 0,88 %
2021	0,88 %	0,88 %
2020	0,88 %	0,88 %
2019	0,88 %	0,88 %
2018	- 0,88 %	- 0,88 %
2017	- 0,88 %	- 0,88 %

Nach dem Gesetz zur Bekämpfung von Zahlungsverzug im Geschäftsverkehr und zur Änderung des Erneuerbare-Energien-Gesetzes vom 22.07.2014 ist Folgendes zu beachten:

► **Einführung des § 271a BGB:**

Sinn dieser Vorschrift ist es, dass längere Zahlungsfristen als 60 Tage zukünftig im privaten Sektor nur noch unter erschwerten Bedingungen möglich sind. Solche Vereinbarungen dürfen im Hinblick auf die Belange des Gläubigers nicht grob unbillig sein und sie müssen ausdrücklich vereinbart worden sein.

Ist der Schuldner aus dem öffentlichen Sektor, so ist abweichend von Satz 1 die Frist auf 30 Tage reduziert. Eine Vereinbarung, nach der der öffentliche Gläubiger die Erfüllung einer Entgeltforderung erst nach mehr als 60 Tagen nach Empfang der Gegenleistung verlangen kann, ist unwirksam.

► **Änderung des § 288 BGB:**

§ 288 BGB wurde dahingehend geändert, dass ihm die Absätze 5 und 6 angefügt wurden. Im Abs. 2 wurde der %-Satz für Verzugszinsen von 8 % auf 9 % erhöht.

Durch die Absätze 5 und 6 werden die Verzugsfolgen und eine Beschränkung der Vertragsfreiheit bei der Einräumung von Zahlungs-, Prüf- und Annahmefristen ver-

---

[1]   Internet: **http://www.bundesbank.de** (aktueller Basiszinssatz).

schärft. Insbesondere sollen kleinere und mittlere Unternehmen durch diese Änderungen geschützt werden.

Weiter hat der Gläubiger einer Entgeltforderung bei Verzug des Schuldners, sofern er kein Verbraucher ist, auch einen Anspruch auf Zahlung einer **Pauschale** in Höhe von 40 € (**§ 288 Abs. 5 Satz 1 BGB**). Nach Absatz 6 ist es unwirksam, den Anspruch des Gläubigers auf Verzugszinsen auszuschließen, teilweise auszuschließen oder darauf zu verzichten.

Die Bestimmungen sind nur auf Schuldverhältnisse anzuwenden, die nach dem 28.07.2014 entstanden sind.

Vertragstypische Pflichten bei digitalen Produkten (Rechtsgrundlagen)

	Gesetzliche Grundlagen (Regelungsbereich)	
1	Anwendungsbereich	§ 327,327a BGB
2	Bereitstellung digitaler Produkte	§ 327b,327c BGB
3	Vertragsmäßigkeit digitaler Produkte	§ 327d - 327 h BGB
4	Rechte des Verbrauchers bei Mängeln	§ 327i - 327p BGB
5	Beweislastumkehr und Verjährung	§ 327k,327j BGB
6	Änderung an digitalen Produkten	§ 327r BGB
7	Rückgriff des Unternehmers	§ 327u BGB
8	Verhältnis zum Datenschutz	§ 327q BGB

Pflichten des Unternehmers bei digitalen Produkten		
Zurverfügungstellung (§ 327b BGB)	bei Nichtleistung	Vertragsbeendigung (§ 37c BGB)
Vertragsmäßigkeit (§ 327d ff. BGB)	bei Schlechtleistung	Mängelrechte (§ 327i ff. BGB)
Änderung an digitalen Produkten (§ 327r BGB)	bei Schlechtleistung	Vertragsbeendigung (§ 327r BGB)

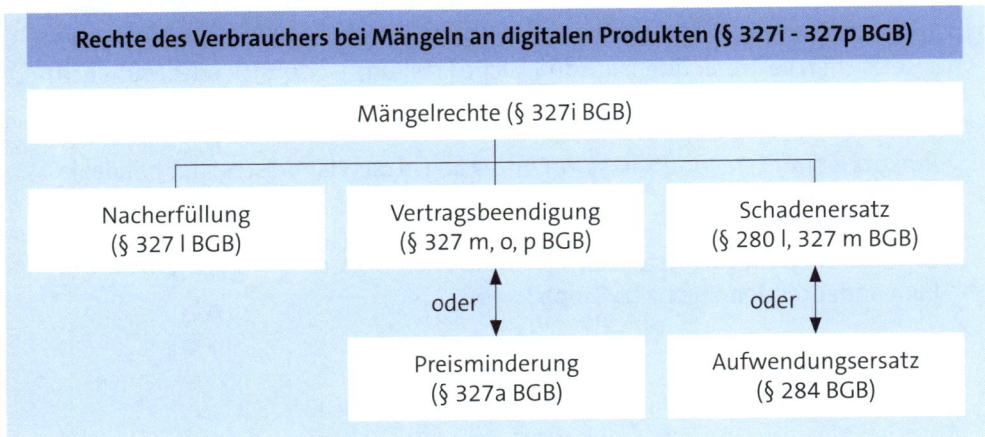

Fall 47: Bestellung zum Prokuristen

Ihr Mandant Emil Emsig verkauft Maschinen für Schreinereibetriebe im In- und Ausland. Sie haben ihn in der Vergangenheit in vielen betriebswirtschaftlichen Fragen erfolgreich beraten. Er wendet sich mit der Bitte an Sie, ausführlich über die Bestellung eines Prokuristen beraten zu werden.

Die im Unternehmen des Mandanten Emsig für diese Funktion infrage kommenden Personen sind Ihnen hinreichend bekannt.

Der Mandant wünscht sich eine Beratung nach zwei Gesichtspunkten, nämlich auf die Prüfung der Eignung und die Beratung in allen rechtlichen Fragen.

Dabei sind folgende Fragen von Interesse:

1. Welche Anforderungen sind an die Person des Prokuristen zu stellen?
2. In welcher Form kann die Ernennung zum Prokuristen erfolgen?
3. Welche Rechte hat der Prokurist?
4. Welche Rechtsgeschäfte kann der Prokurist nicht ausüben?
5. Nennen Sie die Arten der Prokura!
6. Wodurch erlischt die Prokura?

Lösung s. Seite 430

Tangierende Problemkreise:

► Handlungsvollmacht (Arten).

 RECHTSGRUNDLAGEN

Die Prokura (§§ 48 ff. HGB) als weitgehende Vollmacht:

► ermächtigt zu allen gerichtlichen und außergerichtlichen Geschäften und Rechtshandlungen, die der Betrieb eines Handelsgewerbes mit sich bringt.

► Erteilung nur durch einen Inhaber eines Handelsgeschäfts oder seinen gesetzlichen Vertreter durch ausdrückliche Erteilung (schriftlich oder mündlich) und Eintragung in das Handelsregister.

Prokura ist mit Erteilung wirksam, Eintragung in das Handelsregister hat deklaratorische Wirkung.

Unterschrift des Prokuristen: Firma + Name des Prokuristen mit einem die Prokura andeutenden Zusatz (z. B. ppa.).

Was der Prokurist darf	Was der Prokurist nicht darf
► Ein- und Verkauf	► Prokura erteilen
► Arbeitnehmer einstellen und entlassen	► Grundstücke belasten
► Zahlungsvorgänge ausführen	► Bilanzen unterschreiben
► Darlehen aufnehmen	► Steuererklärungen unterschreiben
► Prozesse führen	► Insolvenz anmelden
► Grundstücke kaufen[1]	► Gesellschafter aufnehmen
► Wechsel akzeptieren.	► Eintragungen im Handelsregister
	► Geschäft auflösen oder verkaufen
	► Eid für den Unternehmer leisten.
Wichtig: Im Innenverhältnis (Unternehmer-Prokurist) können die einzelnen Vollmachten eingeschränkt werden. Sie haben jedoch keine Wirkung gegenüber Dritten.	

Arten der Prokura

► Einzelprokura: Alleinvertretungsrecht

► Gesamtprokura: Gemeinsame Ausübung

► Filialprokura: Beschränkung auf eine selbstständige Zweigniederlassung.

Erlöschen der Prokura

► Widerruf

► Ausscheiden aus dem Unternehmen

► Liquidation oder Insolvenz des Unternehmers

► Sie erlischt nicht beim Tod des Unternehmers.

Eintragung im Handelsregister erforderlich, erst damit wird das Erlöschen im Außenverhältnis wirksam.

---

[1] Zur Veräußerung oder Belastung von Grundstücken berechtigt die Prokura nur, wenn eine Immobilienklausel erteilt ist (§ 49 Abs. 2 HGB).

Fall 48: Die Kaufmannsarten

In Ihrem Steuerbüro stellt sich oft die Frage nach der Buchführungs- und Bilanzierungspflicht. Dabei haben Sie die Bestimmungen des HGB und der AO zu berücksichtigen. Besonders bei Existenzgründern ist dann die Frage nach der Kaufmannseigenschaft zu klären. Testen Sie, ob Sie die nachfolgenden Sachverhalte sachgerecht lösen können!

Sachverhalt 1:

Verena Bollig hat eine Flaschenbierhandlung eröffnet. Sie lässt sich von Ihnen über ihre Buchführungs- und Aufzeichnungspflichten beraten. Sie rechnet mit einem monatlichen Umsatz von 1.250 €. Bei einem Aufschlag von 50 % auf den Einkaufspreis ermitteln Sie einen vorläufigen Gewinn von 5.000 €. Kosten fallen kaum an, nur die eigene Arbeitskraft von Verena Bollig.

Wie beraten Sie Frau Bollig, auch im Hinblick auf ihre Kaufmannseigenschaft?

Sachverhalt 2:

Otto Rehling gründet eine Einmann-GmbH. Gegenstand des Unternehmens ist der An- und Verkauf von Immobilien. Liegt Kaufmannseigenschaft vor?

Sachverhalt 3:

Der Maurerpolier Heinz Stein hat die Meisterprüfung als Maurermeister erfolgreich bestanden. Nachdem er ein Seminar für Existenzgründer besucht hat, entschließt er sich, eine Bauunternehmung zu gründen. Da er eigene Mittel angespart hat, konnte er die Finanzierung, auch mithilfe von Existenzgründerdarlehen, ohne große Schwierigkeiten über seine Hausbank abwickeln.

Er investierte 2 Mio. € für den Maschinenpark, damit er auch bei den Ausschreibungen von Bauprojekten mithalten kann. Er hat einen jungen Bauingenieur sowie zwei technische Zeichner für sein Büro angestellt. Über die erforderliche Büroeinrichtung verfügt er ebenfalls. Für die eigentlichen Bauarbeiten im Bereich Tiefbau hat er 20 Arbeiter eingestellt.

Wie ist die Kaufmannseigenschaft zu beurteilen?

Sachverhalt 4:

Der Landwirt Johann Fleißig hat einen landwirtschaftlichen Betrieb, der 100 Hektar Weideland umfasst. Neben der Milchwirtschaft (100 Kühe) betreibt er noch Getreideanbau auf angepachteter Fläche. Seine Ehefrau erledigt die anfallenden Büroarbeiten. Sein Büro ist mit allen modernen Einrichtungen ausgestattet, die Fütterung der Tiere ist ebenfalls computergesteuert.

Kann der Landwirt seinen Wunsch erfüllen, die Kaufmannseigenschaft zu besitzen?

Lösung s. Seite 431

Die Kaufmannseigenschaft	
Begriff (§ 1 Abs. 1 HGB)	Kaufmann ist, wer ein Handelsgewerbe betreibt. Dabei gilt als Handelsgewerbe jedes gewerbliche Unternehmen, es sei denn, dass es das nach Art und Umfang keinen in kaufmännischer Weise eingerichteten Geschäftsbetrieb erfordert, und zwar ohne Rücksicht auf die Eintragung in das Handelsregister. Es besteht die Pflicht zur deklaratorischen Eintragung in das Handelsregister. Im Interesse der Rechtssicherheit gilt die Vermutung, dass bei Vorliegen eines Gewerbes von einem Handelsgewerbe und damit vom Kaufmannsstatus auszugehen ist. Der Gewerbetreibende trägt die Beweislast, dass sein betriebenes Gewerbe nicht kaufmännisch ist.
Ist- und Nicht-Kaufmann (§ 1 HGB)	Das „Erfordernis eines kaufmännisch eingerichteten Geschäftsbetriebes" wird zum entscheidenden Abgrenzungskriterium zwischen Ist- und Nichtkaufmann. Die bisherigen „Minderkaufleute" werden den Nichtkaufleuten zugeordnet.
Eintragung in das Handelsregister (§ 29 HGB)	Maßgebliche Kriterien für die Eintragung sind: ▸ Es wird ein Handelsgewerbe betrieben. ▸ Art und Umfang erreichen eine Größe, die die Eintragung in das Handelsregister zur Pflicht machen. Die Eintragung wirkt deklaratorisch (rechtsbekundend), d. h. Kaufmann ist er bereits mit Beginn des Geschäftsbetriebes. Liegen diese Voraussetzungen nicht vor, so handelt es sich um einen Kleingewerbetreibenden, für den, wie für den Privatmann, das BGB gilt.
Eintragungsoption für Kleingewerbetreibende Kannkaufmann (§ 2 HGB)	Kraft eigener Entscheidung kann ein Kleingewerbetreibender sich in das Handelsregister eintragen lassen. Die Eintragung wirkt konstitutiv (rechtsbegründend). Sie unterliegen damit dem HGB.
Formkaufmann (§ 6 HGB)	Kaufmann ohne Rücksicht auf den Gegenstand des Unternehmens (AG, KGaA, GmbH, Genossenschaft, OHG, KG). Auch hier ist die Eintragung konstitutiv.
Land- und forstwirtschaftlicher Kannkaufmann (§ 3 HGB)	Inhaltlich bleibt es bei der bisherigen Regelung: ▸ im Regelfall kein Kaufmann ▸ Kaufmann kraft berechtigter Eintragung, wenn Großbetrieb (Erfordernis der kaufmännischen Einrichtung) ▸ Eintragung auch für Nebenbetriebe unter gleichen Voraussetzungen.

Fall 49: Wie soll die Firma lauten?

Ihr langjähriger Mandant Oskar Fleißig betreibt seit Jahrzehnten einen Einzelhandels-betrieb mit Fahrzeugteilen. Er wendet sich an Sie mit der Frage nach einer geeigneten Nachfolgeregelung. Seine beiden Söhne Detlef und Stefan haben eine Ausbildung als Einzelhandelskaufmann absolviert und haben sich beide auch mit Erfolg als Bilanz-buchhalter bzw. Handelsfachwirt weitergebildet. Die Tochter Melanie ist verheiratet und hat drei Kinder. Sie haben die Umwandlung des Einzelunternehmens in eine KG ins Auge gefasst. Dabei soll berücksichtigt werden, dass der Sohn Stefan eine gut dotierte Stelle als Bilanzbuchhalter gefunden hat und die Tochter Melanie sich ihrer Familie widmen will. Die bilanztechnische Übernahme der Werte des Einzelunternehmens wird in einem anderen Zusammenhang geklärt.

Oskar Fleißig will wissen, wie er das umgewandelte Unternehmen firmieren kann. Da-bei legt er großen Wert darauf, dass der gut eingeführte Firmenname weitest gehend erhalten bleibt.

Dabei sollten Sie folgende Fragen klären:

1. Was ist begrifflich unter Firma i. S. d. HGB zu verstehen?
2. Für wen gelten die Vorschriften über die Firma?
3. Welche konkreten Vorschriften gibt es zur Firmierung von:
   - ► Einzelunternehmen
   - ► Personengesellschaften (OHG, KG)
   - ► GmbH und
   - ► AG?
4. Was versteht man unter Personen-, Sach- und gemischten Firmen?
5. Erläutern Sie den Grundsatz der Firmenwahrheit!
6. Erläutern Sie den Grundsatz der Firmenbeständigkeit!
7. Erläutern Sie den Grundsatz der Firmenausschließlichkeit!
8. Erläutern Sie den Grundsatz der Firmenöffentlichkeit!
9. Machen Sie Ihrem Mandanten Fleißig einen geeigneten Vorschlag zur Firmierung des umgewandelten Unternehmens!

Lösung s. Seite 432

Tangierende Problemkreise:

- ► Besteuerung eines Veräußerungsgewinnes bei Betriebsaufgabe
- ► das Handelsregister.

Firma

Die Firma (§§ 17 - 37 HGB)	
Sach- oder Fantasiefirmen (§ 18 Abs. 2 HGB)	► Werbewirksame Firmennamen sind erlaubt. ► Firmenname darf jedoch nicht über die geschäftlichen Verhältnisse, die für den Kunden wesentlich sind, hinwegtäuschen.
Einzelkaufmann (§ 19 Abs. 1 Nr. 1 HGB)	► Ausgeschriebener Vor- und Zuname muss nicht mehr zwingend verwendet werden. Die Firma kann auch ausschließlich mit einem Fantasienamen gebildet werden. ► Es bedarf jedoch des Rechtsformzusatzes „eingetragener Kaufmann", „eingetragene Kauffrau" oder eine entsprechende Abkürzung (z. B.: „e. Kfm.", „e. Kfr.").
OHG (§ 19 Abs. 1 Nr. 2 HGB)	► Wie beim Einzelkaufmann kann die Firma aus einer reinen Fantasiebezeichnung bestehen. ► Notwendiger Rechtsformzusatz: „Offene Handelsgesellschaft" oder OHG. Zusätze wie & Co., & Sohn, Gebrüder usw. reichen nicht mehr aus.
KG (§ 19 Abs. 1 Nr. 3 HGB)	► Auch der Name eines Kommanditisten kann in die Firma aufgenommen werden. ► Auch reine Fantasiefirma ist zulässig. ► Notwendiger Rechtsformzusatz „Kommanditgesellschaft" oder KG.
AG, GmbH (§ 4 AktG – § 4 GmbHG)	Rechtsformzusätze: ► „Aktiengesellschaft" oder allgemein verständliche Abkürzung („AG"). ► „Gesellschaft mit beschränkter Haftung" oder allgemein verständliche Abkürzung („GmbH").

Firmengrundsätze

- **Grundsatz der Firmenwahrheit und Firmenklarheit (§ 18 HGB)**
  Die Firma muss zur Kennzeichnung des Kaufmanns geeignet sein und Unterscheidungskraft besitzen. Es dürfen keine Zusätze vorhanden sein, die geeignet sind, eine Täuschung über die Art und den Umfang des Unternehmens herbeizuführen.

- **Grundsatz der Firmenbeständigkeit** (§ 21, § 22 Abs. 1 HGB):
  Mit Zustimmung des früheren Inhabers oder dessen Erben kann die bisherige Firma weiter geführt werden (Durchbrechung des Grundsatzes der Firmenwahrheit).

- **Grundsatz der Firmenausschließlichkeit** (§ 30 HGB):
  Es sollen Verwechslungen von Firmen am gleichen Ort vermieden werden. Bei gleichen Familiennamen ist eine Verwechslung bei unterschiedlichen Vornamen nicht anzunehmen.

- **Grundsatz der Firmeneinheit:**
  Für jedes selbstständige Unternehmen ist nur eine Firma zu führen. Werden durch einen Unternehmer mehrere Unternehmen geführt, so kann für jedes Unternehmen eine eigene Firma gewählt werden.

- **Grundsatz der Firmenöffentlichkeit** (§ 29, § 31 HGB):

  Es bestehen folgende Verpflichtungen für jeden Istkaufmann:

  1. Anmeldung der Firma zur Eintragung im Handelsregister

  2. Anmeldung bei Änderungen der Firma

  3. Anmeldung bei Erlöschen der Firma.

Lernfeld 8: Rechtsformen der Unternehmung abgrenzen

Fall 50: Eine Personengesellschaft wird gegründet

Der gelernte Einzelhandelskaufmann Emil Sauer und der Diplom-Betriebswirt Ernst Krause beschließen, gemeinsam ein Sportartikelgeschäft zu gründen.

Die Verkaufsräume werden in guter Geschäftslage angemietet.

Bezüglich des schriftlichen Vertrages, den sie Ende 01 mit Wirkung vom 01.01.02 abschließen wollen, haben sie eine Reihe von Vorstellungen:

1. Sie wollen die Firma gemeinsam betreiben.

2. Beide wollen ihre Arbeitskraft einbringen. Die Arbeitsleistung soll honoriert werden. Sie einigen sich auf folgende Lösung: Sauer erhält ein monatliches Gehalt von 6.000 €, Krause von 8.000 €.

3. Im Firmennamen sollen beide Namen wegen ihrer guten Reputation auftauchen.

4. Sauer ist in der Lage, ein Startkapital von 100.000 € einzubringen, Krause bringt 50.000 € ein. Beide Beträge sind zum 01.01.02 auf dem betrieblichen Bankkonto eingezahlt. Sportartikel sind bereits im Werte von 120.000 € eingekauft, für die Geschäftseinrichtung sind 40.000 € aufgewendet. Die Rechnungen hierfür stehen noch offen.

5. Beide erklären sich bereit, die Haftung für das Unternehmen zu übernehmen.

6. Bezüglich der Gewinnverteilung einigen sie sich vorläufig auf folgende Lösung:

   6.1 Jeder erhält auf seine Kapitaleinlage eine Verzinsung, die 2 % über dem jeweilig geltenden Hauptrefinanzierungssatz der EZB am Anfang des Geschäftsjahres liegt.

   6.2 Der Rest wird nach dem Verhältnis der Kapitalanteile verteilt. Sie wünschen, die Relation der Kapitalanteile nicht zu verändern. Im Betrieb verbleibende Gewinnanteile sollen auf einem besonderen Konto gebucht werden und wie unter Nr. 6.1 verzinst werden.

Daraus ergeben sich eine Reihe von Beratungstatbeständen, bei denen Sie gefragt sind!

Lösung s. Seite 434

Tangierende Problemkreise:

► Besteuerung des OHG-Gewinnes

► Begriff des Mitunternehmers

► Gewährung von Darlehen der Gesellschafter an die Gesellschaft

► Vermietungsleistungen der Gesellschafter an die Gesellschaft.

Gewinnverteilungstabelle

Gesell-schafter	Kapital 01.01.	Gehalt	Zinsen	Rest-gewinn	Gesamt-gewinn	Privat-entnahme	Kapital 31.12.	Gewinn-gutschrift
Sauer								
Krause								
Summen								

Buchungsliste

Nr.	SKR 03	SKR 04	Sollkonto	Betrag	SKR 03	SKR 04	Habenkonto

S   Kapital Sauer   H   S   Kapital Krause   H   S   Kapital Krause   H   S   Kontokorrent Krause   H

S   Privat Sauer   H   S   Privat Krause   H   S   Kontokorrent Sauer   H

Fall 51: Eine Gesellschaft verteilt ihren Gewinn

Die Gesellschafter Anton, Berta und Cäsar haben eine Gesellschaft in der Rechtsform einer KG gegründet. Der Gesellschafter Cäsar ist nach dem Gesellschaftsvertrag Kommanditist. Er hat bei Gründung ein Grundstück eingebracht.

Im Gesellschaftsvertrag ist weiter vereinbart:

1. Der Gesellschafter Anton erhält für die Geschäftsführung monatlich 8.000 €.
2. Die Kapitalkonten werden mit 5,5 % nach dem Stand zu Jahresbeginn verzinst.
3. Der Restgewinn wird im Verhältnis 4 : 3 : 2 verteilt.

Weitere Angaben:

1. Die Tätigkeitsvergütung von Anton wurde über Personalkosten gebucht.
2. Der Kommanditist Cäsar ist Bilanzbuchhalter im Unternehmen. Sein monatliches Gehalt in Höhe von 7.500 € wurde ebenfalls über Personalkosten gebucht. Das gilt auch für den Arbeitgeberanteil (14.400 €).

Der Gewinn der KG im Wirtschaftsjahr 05 beträgt laut Handelsbilanz 155.902 €.
Die Kapitalkonten zeigen vor dem Jahresabschluss folgendes Bild:

Gesell-schafter	Kapital am 01.01.05	Ent-nahmen	Tätigkeits-vergütung	Zins für Kapital	Gewinn-anteil 05	Kapital am 31.12.05
Anton	143.400,00	24.000,00				
Berta	94.600,00	60.000,00				
Cäsar	32.400,00	15.000,00				
	270.400,00	99.000,00				

1. Stellen Sie den steuerrechtlichen Gewinn fest!
2. Führen Sie die Gewinnverteilung durch!

Lösung s. Seite 435

Tangierende Problemkreise:

► Was versteht man unter einheitlicher und gesonderter Gewinnfeststellung?
► Welcher Steuerbescheid wird erteilt und welches Finanzamt ist zuständig?

Beispiel

Gewinnermittlung einer KG[1]

An einer KG sind der Gesellschafter A als Komplementär und der Gesellschafter B als Kommanditist beteiligt. Stand der Kapitalkonten am 01.01.:

- A: 600.000 €
- B: 200.000 €

Die Privatentnahmen des Komplementärs betrugen im abzurechnenden Wirtschaftsjahr 28.000 €.

Der handelsrechtliche Jahresgewinn beträgt 140.000 €.

Die Kapitalien zu Beginn des Jahres werden vertraglich mit 5 % verzinst, der Rest im Verhältnis 3 : 1 verteilt.

A erhält für seine Geschäftsführung ein monatliches Gehalt von 3.000 €. Die Beträge wurden über „Personalkosten" gebucht.

B hat der KG ein Darlehen in Höhe von 100.000 € zur Verfügung gestellt. Es handelt sich um ein Fälligkeitsdarlehen mit einer Laufzeit von sechs Jahren. Der Zinssatz beträgt 8 %. Die am 31.12. gezahlten Zinsen wurden von der KG als Zinsaufwand gebucht.

Steuerliche Gewinnermittlung

	Handelsbilanzgewinn	140.000 €
+	Geschäftsführergehalt Gesellschafter A	36.000 €
+	Darlehenszinsen für Gesellschafter B	8.000 €
=	**Einheitlicher Gesamtgewinn**	**184.000 €**

Daraus ergibt sich folgende Gewinnverteilungstabelle:

Gesellschafter	Kapital am 01.01.	5 % Kapitalverzinsung	Gehalt	Darlehenszinsen
A	600.000	30.000	36.000	
B	200.000	10.000		8.000
	800.000	40.000	36.000	8.000

---

[1] *Kotz, H.*: Rechnungswesen, 5. Auflage 2012, Kiehl, S. 497 f.

Restgewinn	Gesamtgewinn	Privat-entnahmen	Kapital am 31.12.	Gewinn-gutschrift
75.000	141.000	64.000	677.000	
25.000	43.000		200.000	43.000
100.000	184.000	64.000	877.000	43.000

Kontierung:

Nr.	Sollkonto SKR 03 (SKR 04)	Betrag	Habenkonto SKR 03 (SKR 04)
U1	Privat A	36.000	Gehälter
U2	Verbindlichkeiten Gesellschafter	8.000	Zinsaufwand
1	Kapital A	64.000	Privat A
2	GuV	141.000	Kapital A
3	Kapital A	677.000	SBK
4	GuV	43.000	Verbindlichkeiten Gesellschafter
5	Verbindlichkeiten Gesellschafter	35.000	SBK
6	Kapital B	200.000	SBK

Fall 52: Die stille Gesellschaft – eine Alternative?

Ihr Mandant ist selbstständiger Architekt. Er verfügt über eine freie Finanzspitze von 200.000 €. Er ist daran interessiert, sich an einer Bauunternehmung zu beteiligen. Die Bauunternehmung wird in Form einer GmbH betrieben. Er möchte jedoch nicht als Gesellschafter in die Firma einsteigen. Andererseits will er seine Finanzmittel nicht nur als Darlehen einbringen, sondern am Gewinn der sich gut am Markt behauptenden Unternehmung beteiligt sein. Er denkt dabei an eine stille Beteiligung.

Er will jedoch vor seiner Entscheidung über alle handels- und steuerrechtlichen Problemstellungen und deren Lösungen informiert sein.

1. Welche Arten der stillen Gesellschaft erläutern Sie Ihrem Mandanten?

2. Wer kann stiller Gesellschafter sein?

3. Wie ist die Beteiligung aus der Sicht der Bauunternehmung betriebswirtschaftlich zu beurteilen?

4. Wie wird eine stille Gesellschaft gegründet?

5. Erläutern Sie Rechte und Pflichten bei der stillen Gesellschaft!

6. Wie sind die Einkünfte des Architekten aus der Beteiligung steuerlich einzuordnen?

7. Welche Quellensteuer ist von den Erträgen aus der stillen Beteiligung einzubehalten?

8. Wie wird der stille Gesellschafter bei Insolvenz behandelt?

9. Welche Kriterien sprechen für eine Mitunternehmerschaft i. S. d. § 15 EStG?

Lösung s. Seite 436

Tangierende Problemkreise:

► BGB-Gesellschaft

► KG.

 RECHTSGRUNDLAGEN

Stille Gesellschaft (§§ 230 - 237 HGB)	
reine Innengesellschaft – nicht rechtsfähig	
Stiller Gesellschafter	Einlage geht über in das Vermögen des Inhabers des Handelsgeschäfts
Keine Eintragung in das Handelsregister – keine Firma	
Stille Gesellschafter können sein: ► natürliche Personen ► juristische Personen ► OHG, KG ► BGB-Gesellschaft.	
► Typisch stille Gesellschafter ► Kein Mitunternehmer ► Einkünfte aus Kapitalvermögen (§ 20 EStG) ► Kapitalertragsteuer + SolZ u. ggf. KiSt ► als Abgeltungssteuer ► Besteuerung nach dem Zuflussprinzip (§ 11 EStG).	► Atypisch stille Gesellschafter ► Mitunternehmer (§ 15 Abs. 1 Nr. 2 EStG) ► Einkünfte aus Gewerbebetrieb (§ 15 EStG) ► Einheitliche und gesonderte ► Gewinnfestlegung ► Periodengerechte Gewinnermittlung.
Stille Gesellschaft bei Insolvenz	
Stiller Gesellschafter ist Insolvenzgläubiger, soweit seine Einlage die Verlusttragung übersteigt	

§ 230 HGB [Leistung der Einlage]

(1) Wer sich als stiller Gesellschafter an dem Handelsgewerbe, das ein anderer betreibt, mit einer Vermögenseinlage beteiligt, hat die Einlage so zu leisten, dass sie in das Vermögen des Inhabers des Handelsgeschäfts übergeht.

(2) Der Inhaber wird aus den in dem Betriebe geschlossenen Geschäften allein berechtigt und verpflichtet.

§ 231 HGB [Gewinn- und Verlustanteil]

(1) Ist der Anteil des stillen Gesellschafters am Gewinn und Verluste nicht bestimmt, so gilt ein den Umständen nach angemessener Anteil als bedungen.

(2) Im Gesellschaftsvertrage kann bestimmt werden, dass der stille Gesellschafter nicht am Verluste beteiligt sein soll; seine Beteiligung am Gewinne kann nicht ausgeschlossen werden.

§ 232 HGB [Gewinn- und Verlustberechnung]

(1) Am Schlusse jedes Geschäftsjahrs wird der Gewinn und Verlust berechnet und der auf den stillen Gesellschafter fallende Gewinn ihm ausbezahlt.

(2) Der stille Gesellschafter nimmt an dem Verluste nur bis zum Betrage seiner eingezahlten oder rückständigen Einlage teil. Er ist nicht verpflichtet, den bezogenen Gewinn wegen späterer Verluste zurückzuzahlen; jedoch wird, solange seine Einlage durch Verlust vermindert ist, der jährliche Gewinn zur Deckung des Verlustes verwendet.

(3) Der Gewinn, welcher von dem stillen Gesellschafter nicht erhoben wird, vermehrt dessen Einlage nicht, sofern nicht ein anderes vereinbart ist.

§ 233 HGB [Kontrollrecht des stillen Gesellschafters]

(1) Der stille Gesellschafter ist berechtigt, die abschriftliche Mitteilung des Jahresabschlusses zu verlangen und dessen Richtigkeit unter Einsicht der Bücher und Papiere zu prüfen.

(2) Die in § 716 des Bürgerlichen Gesetzbuchs dem von der Geschäftsführung ausgeschlossenen Gesellschafter eingeräumten weiteren Rechte stehen dem stillen Gesellschafter nicht zu.

(3) Auf Antrag des stillen Gesellschafters kann das Gericht, wenn wichtige Gründe vorliegen, die Mitteilung einer Bilanz und eines Jahresabschlusses oder sonstiger Aufklärungen sowie die Vorlegung der Bücher und Papiere jederzeit anordnen.

Fall 53: Die Partnerschaftsgesellschaft – eine Lösung?

Dr. med. Anton Haut, Facharzt für Hautkrankheiten, und Dr. med. Fritz Natur, Facharzt für Naturheilkunde, beabsichtigen ihre schulmedizinischen und naturkundlichen Kenntnisse zum Wohle ihrer Patienten gemeinsam einzusetzen. Dabei sind sie auf eine enge Zusammenarbeit angewiesen. Bisher haben sie ihre Tätigkeit zwar in Kooperation, jedoch abrechnungstechnisch getrennt abgewickelt. Dies bereitete jedoch einige Abgrenzungsschwierigkeiten. Sie haben vom Partnerschaftsgesellschaftsgesetz gehört und wollen von Ihnen in verschiedenen Fragen beraten sein. Erst danach wollen sie sich für eine Partnerschaftsgesellschaft entscheiden.

Folgende Fragen stehen insbesondere an:

1. Besteht für die beiden Ärzte überhaupt die Möglichkeit für die Gründung einer Partnerschaftsgesellschaft?
2. Welche Motive sprechen für die Gründung einer Partnerschaftsgesellschaft?
3. Welche rechtlichen Voraussetzungen müssen erfüllt sein?
4. Welchen Mindestinhalt muss der Gesellschaftsvertrag haben?
5. Welche ergänzenden Regelungen sind zweckmäßig?
6. Wie sind die Haftungsverhältnisse geregelt und besteht eine Möglichkeit, diese zu begrenzen?
7. Wie wird die Partnerschaftsgesellschaft besteuert?

Lösung s. Seite 437

Zur weiteren Information:

Die Partnerschaftsgesellschaft	
Wesensmerkmale	**Bedeutung**
Vertragsgestaltung	Schriftform erforderlich
Registerpflicht	Eintragung in das Partnerschaftsregister
Gesellschafter	Nur natürliche Personen
Außengesellschaft	Mit Rechtswirkung gegenüber Dritten
Gesamthandsgesellschaft	Gesamtschuldnerische Haftung – Träger von Rechten und Pflichten
Parteifähigkeit	Partei in einem Rechtsstreit, auch gegenüber Gesellschafter
Grundbuchfähigkeit	Eintragung in das Grundbuch auf den Namen der Gesellschaft
Haftung	Gesamtschuldnerisch, jedoch Haftungsbeschränkung auf handelnden Gesellschafter möglich
Steuer- und Buchführungspflicht	Keine Buchführungspflicht – Gewinnermittlung nach § 4 Abs. 3 EStG. Jeder einzelne Partner versteuert den Gewinnanteil.

Fall 54: Gründung einer GmbH

Heinz Adorf und Detlef Sonne haben die Steuerberaterprüfung erfolgreich bestanden und ihre Zulassung erhalten. Sie wollen gemeinsam eine Praxis gründen. Die Rechtsverhältnisse untereinander wollen sie vertraglich eindeutig ordnen. Sie überlegen, in welcher Form dies geschehen kann.

Die Möglichkeit, eine Partnerschaftsgesellschaft zu gründen, sagt ihnen nicht zu.

So wollen sie die Frage klären, ob sie ihre Praxis auch in Form einer GmbH führen können.

Dabei stellen sich ihnen eine Reihe von Fragen, die sie erst sorgfältig beantwortet haben wollen!

1. Widerspricht die Rechtsform der GmbH dem Standesrecht von Steuerberatern und Wirtschaftsprüfern?
2. Für welche Zwecke kann eine GmbH gegründet werden?
3. Wie ist die Kaufmannseigenschaft einer GmbH zu beurteilen?
4. Was bedeutet Mindestkapital und Mindesteinlage?
5. Ergeben sich daraus Konsequenzen für die Gewinnermittlung von Adorf und Sonne?
6. Könnte jeder der Beteiligten seine Praxis auch allein als GmbH betreiben?
7. Was ist bei Gründung einer GmbH zu beachten (Inhalt des Gesellschaftsvertrages)?
8. Was versteht man unter einer Sachgründung?
9. Kann das Gehalt des Gesellschafters als Betriebsausgabe geltend gemacht werden?
10. Was versteht man in diesem Zusammenhang unter einer verdeckten Gewinnausschüttung?
11. Erläutern Sie die Organe einer GmbH!
12. Wie wird die GmbH steuerlich behandelt?

Lösung s. Seite 438

Die GmbH	
Wesen (§ 1 GmbHG)	Kapitalgesellschaft, die zu jedem gesetzlich zulässigen Zweck gegründet werden kann. Rechtsgrundlage ist das GmbH-Gesetz ► Unbeschränkte Haftung der Gesellschaft ► Beschränkte Haftung der Gesellschafter ► Besondere Eignung auch für kleinere Unternehmen ► Keine aufwendigen Gründungsvorschriften.
Gründung (§§ 2, 3 GmbHG)	Gesellschaftsvertrag bedarf der notariellen Beurkundung. Die Gesellschaft kann auch als Einmann-GmbH gegründet werden. Zusatzinformation: Nach dem Gesetz zur Umsetzung der Digitalisierungsrichtlinie kann eine GmbH von August 2022 an auch online gegründet werden. Das Stammkapital muss allerdings in Form von Geld aufgebracht werden.
Rechtsfähigkeit (§ 13 GmbHG)	Die GmbH ist eine juristische Person, d. h. sie kann Träger von Rechten und Pflichten sein.
Mindestkapital (§§ 5, 7 Abs. 2 Satz 1 GmbHG)	Mindestkapital = 25.000 € Mindestgeschäftsanteil = 1 € Mindesteinzahlung = 12.500 €
Vermögensverhältnisse	Die GmbH ist Inhaber des Vermögens, die Einlagen können in Geld- oder Sachwerten erfolgen.
Registereintragung (§§ 7, 10 GmbHG)	GmbH wird in der Abteilung B des Handelsregisters eingetragen.
Firma	Sach- und Personenfirma und Fantasiefirma Die Gesellschaft mit beschränkter Haftung muss nach § 4 GmbHG den Zusatz „Gesellschaft mit beschränkter Haftung" oder eine allgemein verständliche Abkürzung (z. B. "GmbH") in ihre Firma aufnehmen.
Organe (§§ 6, 48, 52 GmbHG)	► Geschäftsführer (gesetzlicher Vertreter) ► Gesellschafterversammlung und ggf. ► Aufsichtsrat.
Geschäftsführung (§ 6 GmbHG)	Geschäftsführer, bestellt von der Gesellschafterversammlung, muss nicht Gesellschafter sein.
Kontrollrechte (§§ 51a, 51b GmbHG)	Auskunfts- und Einsichtsrechte
Haftung (§ 13 GmbHG)	Die juristische Person haftet mit ihrem Gesellschaftsvermögen.

Die GmbH	
Gewinn und Verlust (§ 29 GmbHG)	Nach Geschäftsanteilen
Entnahmen	Regelung im Gesellschaftsvertrag
Stimmrecht (§ 47 GmbHG)	Nach Geschäftsanteilen bzw. abweichender Gesellschaftsvertrag
Pflichtprüfung und Publizität	Je nach Größe der Kapitalgesellschaft gem. §§ 316 ff. bzw. §§ 325 ff. HGB
Übertragung von Anteilen	Frei veräußerlich in notarieller Form
Auflösung	Zeitablauf, Gesellschafterbeschluss

 RECHTSGRUNDLAGEN

Ab 01.11.2008 trat das MoMiG in Kraft. Es bezweckt eine vereinfachte, schnellere und kostengünstigere Neugründung einer GmbH (Alternative zur „Limited". Das MoMiG verändert wesentliche Vorschriften des GmbHG, des HGB und der InsO. Einzelheiten (Auszug):

▸ Das Mindestkapital bei einer Voll-GmbH bleibt bei 25.000 €. Neu ist die „haftungsbeschränkte Unternehmergesellschaft" nach § 5a GmbHG. Das Mindestkapital darf nach und nach angespart werden (gesetzliche Rücklage). Die Firma darf nur mit dem Zusatz „UG haftungsbeschränkt" firmieren. Die Gewinne dürfen nur zu ¾ an die Gesellschafter ausgeschüttet werden, ein Viertel ist „anzusparen" bis das Mindestkapital von 25.000 € erreicht ist. Danach kann umfirmiert werden.

▸ Statt der bisherigen Stammeinlage von 100 € kann der Geschäftsanteil auf einen Betrag von einem Euro lauten.

▸ Nach wie vor ist notarielle Beurkundung erforderlich.

▸ Deutsche GmbHs können ihren Verwaltungssitz im Ausland begründen.

▸ Gesellschafter ist nur der, der in die Gesellschafterliste eingetragen ist.

▸ Gesellschafter unterliegen einer strengeren Haftung als bisher. Jeder Gesellschafter muss Insolvenz anmelden, sonst droht Haftung mit dem Privatvermögen.

Lernfeld 9: Finanzierungsalternativen und Kreditsicherheiten bearbeiten

Fall 55: Finanzierungsalternativen

Der mittelständische Unternehmer Wilhelm Saftig hat einen gut gehenden Reifenhandel. Um seine Kunden noch besser bedienen zu können, will er das Angebot auf Überprüfung der Stoßdämpfer und Vermessung der Achsen ausdehnen. Damit verbindet er auch den Verkauf und Einbau von Stoßdämpfern. So ist er sicher, dass der Zins- und Tilgungsdienst für Fremdkapital keine Schwierigkeiten bereitet. Die Investition der erforderlichen Maschinen erfordert Aufwendungen in Höhe von 150.000 €. Aus eigenen Mitteln kann er 50.000 € bereitstellen. Zur Finanzierung des Restbetrages lässt er sich als kreditwürdiger Unternehmer verschiedene Angebote von Banken unterbreiten. Bei einer Nutzungsdauer von zehn Jahren denkt er auch an eine Laufzeit des Darlehens von zehn Jahren.

Vier Angebote liegen ihm vor:

Angebotsspiegel				
	Zinssatz	**Tilgung**	**Zinsbindung**	**Auszahlung**
Angebot 1	6,25 %	10 % Ratentilgung	volle Laufzeit	98 %
Angebot 2	6,10 %	10 % Annuitätentilgung	5 Jahre	100 %
Angebot 3	6,00 %	10 % Ratentilgung	volle Laufzeit	95 %
Angebot 4	5,85 %	10 % Ratentilgung	3 Jahre	99 %

Nehmen Sie zu folgenden Fragen Stellung und bereiten Sie eine Entscheidung vor!

1. Was versteht man unter Ratentilgung, Annuitätentilgung und Fälligkeitsdarlehen?

2. Welche Problematik ist mit der Zinsbindungsfrist verbunden?

3. Welche Zusammenhänge können zwischen Zinssatz und Damnum hergestellt werden?

4. Inwieweit spielt für die Entscheidung die Überlegung eine Rolle, dass das Darlehen ggf. früher abgelöst wird?

5. Welches der obenstehenden Angebote würden Sie annehmen, wenn Sie die Priorität auf einen über die volle Laufzeit geltenden niedrigen Zinssatz setzen?

Lösung s. Seite 440

Tangierende Problemkreise:

► Kreditsicherungen

► Auswertung der Kreditunterlagen durch die Banken.

Darlehensarten		
Tilgungsdarlehen		**Fälligkeitsdarlehen**
Ratentilgung	**Annuitätentilgung**	
► feste Laufzeit ► regelmäßige Tilgung ► ggf. tilgungsfreie Zeit.	► Laufzeit variiert durch Abhängigkeit von der Zinshöhe, weil die Zinszahlung vom Ausgangsbetrag geleistet wird. ► Tilgung nimmt ständig zu. ► Je höher der Zinssatz, desto schneller die Tilgung.	► feste Laufzeit ► volle Tilgung am Ende der Laufzeit.
Berechnung der Rate: $$\text{Rate} = \frac{\text{Darlehenssumme}}{\text{Anzahl der Raten}}$$ oder $$\text{Tilgungs-\%} = \frac{100\,\%}{\text{Anz. d. Raten}}$$	Berechnung der Rate: (Annuität) $$\begin{array}{rl} & \text{x \% Zinsen v. Darlehen} \\ + & \text{x \% Tilgung} \\ \hline = & \text{Annuität} \end{array}$$ oder: Berechnung der Annuität mit Annuitätenfaktoren	
Tilgung ist am Ende der Laufzeit erreicht	Tilgung ist schneller erreicht bei Annuitätenfaktoren am Ende der Laufzeit	Gesamte Tilgung am Ende der Laufzeit

Verteilung des Damnums auf die Laufzeit	
linear	**digital**
gleichmäßige Verteilung	**degressive Verteilung**
Begründung: Damnum hat zinsähnlichen Charakter und soll der jeweiligen Zinsbelastung entsprechen	
Berechnung: Damnum: Anzahl der Jahre Dabei wird im Jahr der Darlehensaufnahme mit angefangenen Monaten gerechnet.	Berechnung: 1. Summe der Jahresziffern $= \dfrac{n}{2} \cdot (n+1)$ 2. Degressionsbetrag $= \dfrac{\text{Damnum}}{\text{Summe d. Ziffern}}$ 3. $a\,1 = n \cdot D$ $a\,2 = (n-1) \cdot D$ usw. n = Anzahl der Raten D = Degressionsbetrag

Fall 56: Kauf oder Leasing?

Ihr Mandant Helmut Vorsichtig steht der Beschaffung einer Maschine auf der Basis des Leasing skeptisch gegenüber.

Er will eine Maschine anschaffen, deren Anschaffungskosten sich auf 145.000 € belaufen. Beim Kauf der Maschine ist er weitgehend auf Fremdkapital angewiesen.

Von der Leasinggesellschaft wird ihm folgendes Angebot unterbreitet:

► monatlicher Mietzins 2,16 %

► Grundmietzeit: 60 Monate

► Mit Kauf- oder Verlängerungsoption. In beiden Fällen wird nach Ablauf der Grundmietzeit der Buchwert, der sich unter Anwendung der linearen AfA nach der amtlichen AfA-Tabelle ergibt, nicht durch den Kaufpreis bzw. die Mietraten gedeckt.

► Die betriebsgewöhnliche Nutzungsdauer der Maschine beträgt acht Jahre.

1. Nach welchen Kriterien ist die Problemstellung „Kauf oder Leasing" anzugehen?
2. Erläutern Sie die Zuordnung von Leasinggegenständen bei
   ► Finanzierungsleasing
   ► Non-pay-out-Verträgen!
3. Wonach richtet sich die umsatzsteuerliche Behandlung beim Leasinggeschäft?
4. Welche Buchungen fallen beim Leasinggeber und Leasingnehmer an bei
   ► Zuordnung des Leasinggegenstandes beim Leasinggeber
   ► Zuordnung des Leasinggegenstandes beim Leasingnehmer?

Buchungsliste							
Nr.	SKR 03	SKR 04	Sollkonto	Betrag	SKR 03	SKR 04	Haben-konto
Bei Zuordnung beim Leasingnehmer: Leasingnehmer bucht:							
Aktivierung der Maschine							
Buchung der Umsatzsteuer							
Überweisung der 1. Rate							
Teilauflösung der aktiven RAP							

Lösung s. Seite 442

Kriterienkatalog zur Beurteilung: „Kauf oder Leasing"
► Laufzeit des Leasingvertrages (Möglichkeit der Vertragsverlängerung)
► Höhe der Leasingraten (Amortisation der Anschaffungskosten + Kosten + Gewinn)
► Nutzungsdauer (tatsächlich erforderliche Nutzung)
► realistischer Restwertansatz (bei Überhöhung ergeben sich Nachzahlungen)
► Liquidität (Freisetzung für andere Investitionen)
► keine Abschreibungsmöglichkeit (Gestaltungsmöglichkeiten) bei Zuordnung beim Leasing-geber
► Sicherheiten werden auch bei Leasing überprüft
► Kostenvergleich.

Zuordnung des Leasinggegenstandes

Beachten Sie folgende Erlasse des BMF (Anhang 21 zum ESt-Handbuch):

► Ertragsteuerliche Behandlung von Leasingverträgen über bewegliche Wirtschaftsgüter (BMF vom 19.04.1971, BStBl I S. 264)

► Ertragsteuerliche Behandlung von Finanzierungs-Leasing-Verträgen über unbewegliche Wirtschaftsgüter (BMF vom 21.03.1972, BStBl I S. 188)

► Ertragsteuerliche Behandlung von Teilamortisations-Leasing-Verträgen über unbewegliche Wirtschaftsgüter (BMF vom 23.12.1991, BStBl I 1992 S. 13)

► Steuerrechtliche Zurechnung des Leasing-Gegenstandes beim Leasinggeber (BMF vom 22.12.1975).

Formel für die Aufteilung der Leasingrate in einen Tilgungs- und Zins-/Kostenanteil

$$\text{Zins-/Kostenanteil je Rate} = \frac{\text{Summe der Zins- und Kostenanteile aller Raten}}{\text{Summe der Zahlenreihe aller Raten}} \cdot (\text{Anz. der restlichen Raten} + 1)$$

Summenformel für die Berechnung der Zahlenreihe aller Raten

$$\text{Summe der Zahlenreihe (Raten)} = \frac{\text{Anzahl der Raten}}{2} \cdot (\text{Anzahl der Raten} + 1)$$

Beispiel

Leasingbedingungen (Vollamortisation)	
Monate	bis 51.129 € (Prozentsatz mtl.)
43	2,72 %
36	3,13 %
30	3,69 %
24	4,51 %
20	5,37 %

Mit einem Leasingrechner (z. B. hier abrufbar: www.zinsen-berechnen.de/leasingrechner.php) kann man den der Berechnung zugrunde gelegten Zinssatz ermitteln.

Für das vorliegende Beispiel mit 3,13 % bei 36 Monaten werden folgende Werte ermittelt:

Anfangswert	25.000,00 €
Anzahlung	0,00 €
Nominaler Jahreszinssatz	8,394 %
Effektiver Jahreszinssatz	8,725 %
Leasingrate	782,49 €
Ratenintervall	Monatlich
Zahlungsart	vorschüssig
Laufzeit	36 Monate
Gesamtaufwand	28.169,64 €

Zahlenbeispiel:
Leasingbemessungsgrundlage:

Anschaffungskosten des Leasinggegenstandes = 25.000 €

36 Leasingraten (Grundmietzeit)

	Monatliche Leasingrate = 3,13 % von 25.000 €	782,50 €
=	Gesamtbelastung = 36 · 782,50 €	28.170,00 €
-	Anschaffungskosten	25.000,00 €
=	**Zins- und Kostenanteil aller Raten**	**3.170,00 €**

Daraus kann die Effektivverzinsung berechnet werden.

Kompakte Informationen zur Leasingbilanzierung nach IFRS 16	
Geltungsbereich	Unternehmen, die nach IFRS bilanzieren (Pflicht oder freiwillig)
Termin	Berichtsperioden, die nach dem 01.01.2018 beginnen
Bedeutung für Leasingnehmer	► Aktivierung eines Nutzungsrechts an dem Leasinggut (right-of-use-asset) **(Grundsatz)**
	► Bewertung mit dem Zugangswert der Leasingverbindlichkeit
	► Passivierung einer entsprechenden Leasingverbindlichkeit;
	► Bewertung mit dem Barwert der noch nicht geleisteten Leasingraten
	► Bewertungsspielraum durch Ansatz des Zinssatzes bei Ermittlung des Barwertes
Ausnahmeregelung	► Bei kurzfristige Leasingverhältnissen (Mindestlaufzeit weniger als 12 Monate und ohne Verlängerungsoption) oder solche mit geringem Wert können die Leasingraten als Aufwand erfasst werden.
Folgebewertung des Nutzungswertes	► Der Nutzungswert ist über planmäßige/außerplanmäßige Abschreibung nach der betriebsgewöhnlichen Nutzungsdauer des Leasinggegenstandes abzuschreiben.
Folgebewertung der Leasingverbindlichkeit	► Bewertung unter Berücksichtigung der geleisteten Leasingraten und des noch verbleibenden Abzinsungszeitraumes
Bedeutung für Leasinggeber	► Die Unterscheidung in Finanzierungsleasing und Operating Leasing ist weiter maßgebend
	► Bei Operating Leasing bilanziert der Leasinggeber
	► Bei Finanzierungleasing wird eine Leasingforderung aktiviert
	► Die Leasingraten sind über die Leasingdauer als Ertrag zu erfassen.

Fall 57: Das Kontokorrentkonto

Im Rahmen der laufenden Buchungen fallen viele Buchungen an, die das laufende Geschäftskonto (Kontokorrentkonto) betreffen.

Auch die Quartalsabrechnungen werfen eine Reihe von Fragen auf, die einer sachlichen und betriebswirtschaftlich fundierten Analyse bedürfen, um den Mandanten neutral beraten zu können.

Dazu bedarf es der notwendigen Kenntnisse, damit betriebs- und finanzwirtschaftlich sinnvolle Entscheidungen angedient werden.

Testen Sie Ihre Kenntnisse mit der Beantwortung bzw. Lösung folgender Fragen!

1. Welche Konditionen sind bei einem Kontokorrentkonto von grundsätzlicher Bedeutung?

2. Was versteht man unter Kreditlimit (Dispositionskredit) in diesem Zusammenhang?

3. Welche Überlegungen sind erforderlich, um die Höhe des Kreditlimits auszuloten?

4. Welche Bedingungen wird die Bank bei der Gewährung eines Dispositionskredites stellen?

5. Lohnt es sich ggf. das Kreditvolumen des Kontokorrentkontos in Anspruch zu nehmen, um damit eine Rechnung unter Abzug von Skonto bezahlen zu können?

6. Welche Bedeutung haben Kontokorrentzinsen bei der Ermittlung der Gewerbesteuer?

7. Worauf müssen Sie bei einem Angebotsvergleich achten?

Lösung s. Seite 444

Tangierende Problemkreise:

► Kreditsicherungen für das Kontokorrentkonto

► Effektivverzinsung durch Inanspruchnahme von Skonto.

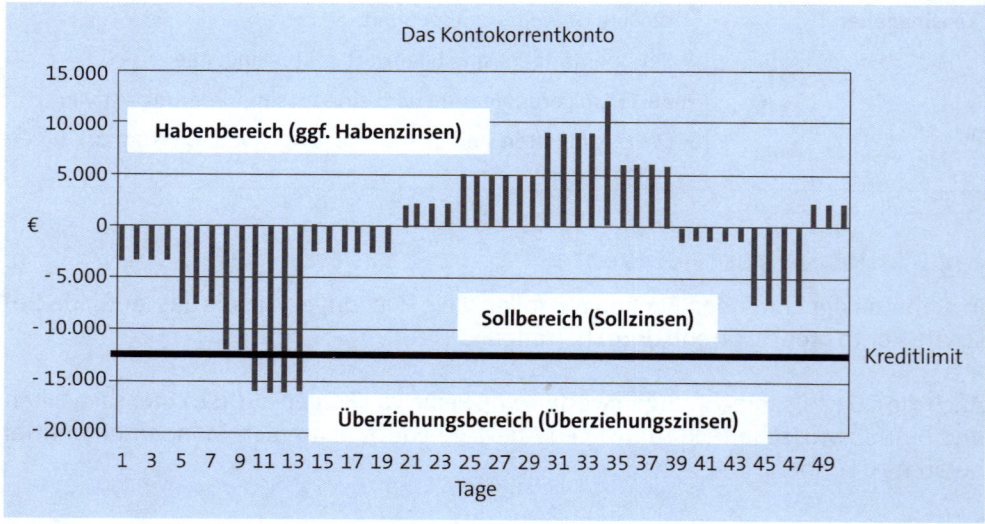

Erläuterungen:

▸ **Habenzinsen:** Sie werden ggf. für Guthabensalden in geringer Höhe gewährt (z. B. $\frac{1}{8}$ %).

▸ **Sollzinsen:** Sie werden für Sollsalden in Rechnung gestellt. Je nach Zinsniveau zwischen 10 - 14 %.

▸ **Überziehungsprovision:** Es handelt sich um einen zusätzlichen Zins (ca. 3 %) für Beträge, die über das Kreditlimit hinaus in Anspruch genommen werden.

 MERKE

Die Diskussion um Überziehungszinsen auf Girokonten zeigt Wirkung. Inzwischen dürfte etwa die Hälfte der 416 deutschen Sparkassen auf den Überziehungszins verzichten, nach Informationen des Sparkassenverbands DSGV. „Weitere Häuser befinden sich in Überlegung, dieses zu tun." (Stand März 2015)

Beispiel

Eine Kontokorrentstaffel:

Kontokorrentstaffel						
Wert	Soll	Haben	Euro	Tage	Sollzinszahlen	Habenzinszahlen
31.12.	S		6.000,00	10	600	
10.01.	S		7.000,00			
	S		13.000,00	7	910	
17.01.		H	11.000,00			
	S		2.000,00	3	60	
20.01.	S		18.000,00			
			20.000,00	2	400	
22.01.		H	25.000,00			
		H	5.000,00	5		250
27.01.	S		14.000,00			
	S		9.000,00	3	270	
31.01.	S		4.000,00			
31.01.	**S**		**13.000,00**	**30**	**2.240**	**250**
Sollzinsen (9 %): 2.240:40						**+ 56,00 €**
Habenzinsen (0,5 %): 250:720						**- 0,35 €**
Saldovortrag 31.01.						**13.055,65 €**

Fall 58: Kredite und Grundpfandrechte

Ein Mandant hat ein Einfamilienhaus hergestellt, das er auch selbst bewohnen will. Gegenüber dem Finanzamt muss er die Finanzierung des Hauses nachweisen.

Er legt Ihnen folgenden Finanzierungsplan vor:

Dabei stellt sich eine Reihe von Fragen!

Herstellungsaufwendungen		Finanzierung	
Kosten des Grund und Bodens (1.000 qm • 130 €)	130.000,00	Eigenmittel	180.000,00
		Grundschuld 1. Rang (Abt. III, Nr. 1)	**294.000,00**
+ Nebenkosten Herstellungskosten des EFH	470.000,00	Hypothek (Abt. III, Nr. 2)	76.000,00
		Hypothek (Abt. III, Nr. 3)	50.000,00
Summen	600.000,00		600.000,00

1. Warum ist das Finanzamt am Nachweis der Finanzierung interessiert?

2. Welche Bedeutung hat das selbst bewohnte EFH im Rahmen der Besteuerung?

3. Worin liegt der Unterschied zwischen einer Grundschuld und einer Hypothek?

4. Erläutern Sie den Ablauf zur Bestellung einer Grundschuld bzw. einer Hypothek!

5. Was versteht man unter einem Grundbuchauszug?

6. Was sind zzt. durchschnittliche Bedingungen für eine Darlehensaufnahme mit Sicherung durch eine Grundschuld?

7. Warum beträgt die Tilgungszeit bei einer Grundschuld mit einem Tilgungsprozentsatz von 2 % keine 50 Jahre?

8. Welche Rolle spielt bei der Annuitätentilgung die Höhe des Zinssatzes für die Tilgungsdauer?

9. Es kommt zu einer Zwangsvollstreckung des vorliegenden Grundstücks. Der Erlös der Zwangsversteigerung beträgt wider Erwarten nur 280.000 €.

   Wie werden die Gläubiger befriedigt, wenn folgende Restforderungen bestehen:

   ► Gläubiger Grundschuld 1. Rang $\qquad$ 258.000 €

   ► Gläubiger Hypothek 2. Rang $\qquad$ 60.000 €

   ► Gläubiger Hypothek 3. Rang $\qquad$ 40.000 €

10. Was versteht man unter einer Löschungsbewilligung?

Lösung s. Seite 446

Grundbuch und Grundpfandrechte

 **MERKE**

Das Grundbuch und die Grundpfandrechte
Das Grundbuch als öffentliches Register beim Amtsgericht gibt Auskunft über die Rechtsverhältnisse an Grundstücken

---

Die drei Abteilungen des Grundbuches:
- 1. Abteilung dient der Erfassung der Eigentümer
  - Alleineigentum
  - Gemeinschaftliches Eigentum (Bruchteile, Gesamthandseigentum).
- 2. Abteilung dient der Erfassung von Lasten und Beschränkungen
  - Dienstbarkeiten (z. B. Wegerecht)
  - Reallast (Recht auf wiederkehrende Leistungen aus dem Grundstück)
  - Vorkaufsrecht (Eintrittsrecht in einen Kaufvertrag zu gleichen Bedingungen)
  - Erbbaurecht (Recht auf einem fremden Grundstück ein Bauwerk zu haben).
- 3. Abteilung dient der Erfassung von Grundpfandrechten
  - Hypothek
  - Grundschuld.

Hypothek
Zugunsten des Hypothekengläubigers ist eine bestimmte Geldsumme aus dem Grundstück wegen einer Forderung zu zahlen. Die Hypothek ist vom Bestand einer Forderung abhängig (Akzessorietät der Hypothek) – § 1113 BGB Dingliche und persönliche Haftung.

Grundschuld
Zugunsten des Grundschuldgläubigers ist eine bestimmte Summe aus dem Grundstück zu zahlen (§ 1191 BGB). Die Grundschuld ist nicht vom Bestand einer Forderung abhängig (Abstraktheit der Grundschuld). Nur dingliche Haftung, allerdings über den Darlehensvertrag auch persönliche Haftung.

Entstehen und Erwerb eines Grundpfandrechts:
- Entstehung durch Einigung über die Bestellung des Rechts und Eintragung im Grundbuch (§ 873 BGB)
- Erwerb nach Bestehen der Forderung (Akzessorietät der Forderung bzw. bei einer Grundschuld mit Eintragung im Grundbuch – Abstraktheit der Grundschuld)
- (Abwicklung über einen Notar).

Verwertung der Kreditsicherheiten erfolgt nach der Rangfolge der Eintragungen.

Löschung der Grundschuld bzw. Hypothek unter Vorlage einer Löschungsbewilligung.

Beispiel

Annuitätentilgung:

Darlehenssumme: 100.000,00 €   Darlehensaufnahme: 01.01.2022

Zinssatz: 6,25 %   Tilgung: Annuität ab 31.12.2022 (nachschüssige Tilgung)

Laufzeit: 10 Jahre (Berechnung mit Kreditrechner für Ratenkredite als Annuitätendarlehen)

Jahr	Rate Nr.	Schuldenstand Vorjahr	Ratenzahlung	davon Zinsen	davon Tilgung
1	1	100.000,00	13.748,18	6.250,00	7.498,00
2	2	92.501,82	13.748,18	5.781,36	7.966,00
3	3	84.535,01	13.748,18	5.283,44	8.464,00
4	4	76.070,27	13.748,18	4.754,39	8.993,00
5	5	67.076,48	13.748,18	4.192,28	9.555,00
6	6	57.520,58	13.748,18	3.595,04	10.153,00
7	7	47.367,44	13.748,18	2.960,46	10.187,00
8	8	36.579,73	13.748,18	2.286,23	11.461,00
9	9	25.117,78	13.748,18	1.569,86	12.178,00
10	10	12.939,46	13.748,18	808,72	12.939,00
Summen			137.481,71	37.481,79	100.000,00

Fall 59: Welche Kreditsicherungsmöglichkeiten bieten sich an?

Ihr Mandant, die Bauer GmbH, bestehend aus den Gesellschaftern Bauer und Meyer, betreibt einen Getränkegroßhandel. Im Bereich der Getränkebelieferung an Festveranstalter ist eine Markterweiterung möglich. Für die notwendigen Investitionen sind nach dem Finanzierungsplan 250.000 € erforderlich. Es handelt sich dabei um Getränkeverkaufsstände mit dem notwendigen Inventar.

Eine Finanzierungsförderung über eine Brauerei schließt die GmbH aus, um ein flexibles Sortiment an Bier anbieten zu können.

Der Mandant bittet bei der Beschaffung der Kredite behilflich zu sein und insbesondere zu überprüfen, welche Sicherheiten der Bank angeboten werden können. Die aktuelle Bilanz der GmbH hat folgendes Aussehen:

AKTIVA		Bilanz am 31.12.14		PASSIVA
	Euro			Euro
A. Anlagevermögen		**A. Eigenkapital**		
1. Grund und Boden	250.000,00	1. Gezeichnetes Kapital		200.000,00
2. Geschäftsbauten	800.000,00	2. Kapitalrücklage		300.000,00
3. Maschinen	230.000,00	3. Gewinnrücklage		414.900,00
4. Geschäftsausstattung	124.000,00			
5. Pkw	54.000,00	**B. Rückstellungen**		
6. Lkw	420.000,0	1. Steuerrückstellungen		85.000,00
0		2. Sonst. Rückstellungen		37.800,00
B. Umlaufvermögen				
1. Ware	184.000,00	**C. Verbindlichkeiten**		
2. Forderungen	450.000,00	1. Darlehen, langfristig		780.000,00
3. Sonstige Wertpapiere	120.000,00	2. Darlehen, mittelfristig		420.000,00
4. Bank, Kasse	32.000,00	3. Verbindlichkeiten		410.000,00
		4. Sonstige Verbindlichk.		14.500,00
C. Aktive RAP	5.400,00			
		D. Passive RAP		7.200,00
	2.669.400,00			2.669.400,00

Erläuterungen:

► Das langfristige Darlehen ist durch eine Grundschuld gesichert.

► Das mittelfristige Darlehen ist durch Sicherungsübereignung des Pkw, der Lkws und der Maschinen abgesichert.

► Grund und Boden haben mittlerweile einen Verkehrswert von 600.000 €.

Folgende Fragen sollen geklärt werden:

1. Welche Fragen sind unbedingt im Kreditvertrag über 250.000 € mit der Bank zu klären?

2. Nennen und begründen Sie die Kreditsicherungsmöglichkeiten, die aus der vorstehenden Bilanz abzuleiten sind!

3. Welche Kreditsicherungsmöglichkeit könnte der Bank ggf. außerhalb der Daten, die sich aus der Bilanz ergeben, angeboten werden?

Lösung s. Seite 447

 **MERKE**

Kredite und ihre Absicherung
Kann der Schuldner seine Verpflichtungen aus dem Kreditvertrag nicht erfüllen, kann die Kreditsicherung verwertet werden.

Einteilung der Kreditsicherungen		
Primärer Personalkredit (Nur der Schuldner haftet)	**Sekundärer Personalkredit** (Die Haftung des Schuldners wird durch eine oder mehrere Personen ergänzt)	**Realkredite** (Sachen haften: Mobilien und Immobilien)
Entscheidendes Kriterium ist die persönliche Kreditwürdigkeit des Kreditnehmers: ► Vermögensverhältnisse ► Einkommensverhältnisse ► Persönliche Zuverlässigkeit ► Rechtsform der Unternehmung.	Entscheidendes Kriterium ist die zusätzliche Haftung weiterer Personen: ► Bürgschaftskredit ► Ausfallbürgschaft ► Selbstschuldnerische Bürgschaft ► Zessionskredit (Forderungsabtretung) ► Stille Zession ► Offene Zession ► Diskontkredit (Diskontierung und Wechselhaftung).	Entscheidendes Kriterium ist das Zugriffsrecht auf Sachen: ► Hypothek ► Grundschuld ► Lombardkredit ► Sicherungsübereignung. Siehe Text zu Fall 58.
geeignet für: ► Girokonto (Dispositionskredit z. B. bis zum 4-Fachen des monatlichen Einkommens) ► kurzfristige Kredite (Ratenkredite).	geeignet für: ► Kurz- und mittelfristige Kredite ► Kontokorrentkredite und Darlehen.	geeignet für: ► Langfristige Kredite ► Kontokorrentkredite.

Fall 60: Ein Grundstück wird gekauft

Ein Mandant beabsichtigt, ein 5.000 qm großes Grundstück als Lagerfläche (siehe Auszug aus dem Liegenschaftskataster) zu kaufen.

Im Zusammenhang mit dem Kauf hat er eine Fülle von Fragen, die er gerne mit Ihnen vorher besprochen hätte.

1. Nach Besichtigung des Grundstücks stellt er fest, dass nicht alle Grenzmarkierungen vorhanden sind. Er hat sich gegenüber dem Verkäufer bereit erklärt, eine entsprechende Vermessung vornehmen zu lassen. An wen kann er sich wenden und mit welchen Kosten hat er zu rechnen? Wie sind diese Kosten im Rechnungswesen zu erfassen?

2. Der qm-Preis von 120 € ist ortsüblich. Mit welchen Nebenkosten muss der Mandant außerdem rechnen?

3. Die Finanzierung kann der Mandant nur teilweise mit Eigenkapital erfüllen. Er muss Fremdkapital in Höhe von 400.000 € beschaffen. Vorsorglich hat er sich bereits drei Angebote von Banken eingeholt:

	Zinssatz[1]	Tilgung	Auszahlungsquote
Angebot 1	7,50 %	Ratentilgung 10 %	96 %
Angebot 2	7,75 %	Ratentilgung 10 %	98 %
Angebot 3	8,00 %	Tilgungsdarlehen	100 %

Vergleichen Sie die Angebote!

Bevor er endgültig mit den Banken verhandelt, will er sich noch über die Sicherheiten informieren, die er der Bank bieten kann. Ihnen sind alle Daten aufgrund der Bilanzen des Mandanten bekannt.

4. Unter der Voraussetzung, dass die Finanzierung geklärt ist, will der Mandant über die weiteren erforderlichen Schritte von Ihnen informiert werden.

Lösung s. Seite 447

Tangierende Problemkreise:

► Bewertung von Grund und Boden an den Bilanzstichtagen

► Einheitswert eines Grundstücks

► Berücksichtigung eines Betriebsgrundstückes bei der Gewerbesteuer.

---

[1] Zzt. sind die Zinssätze wesentlich günstiger.

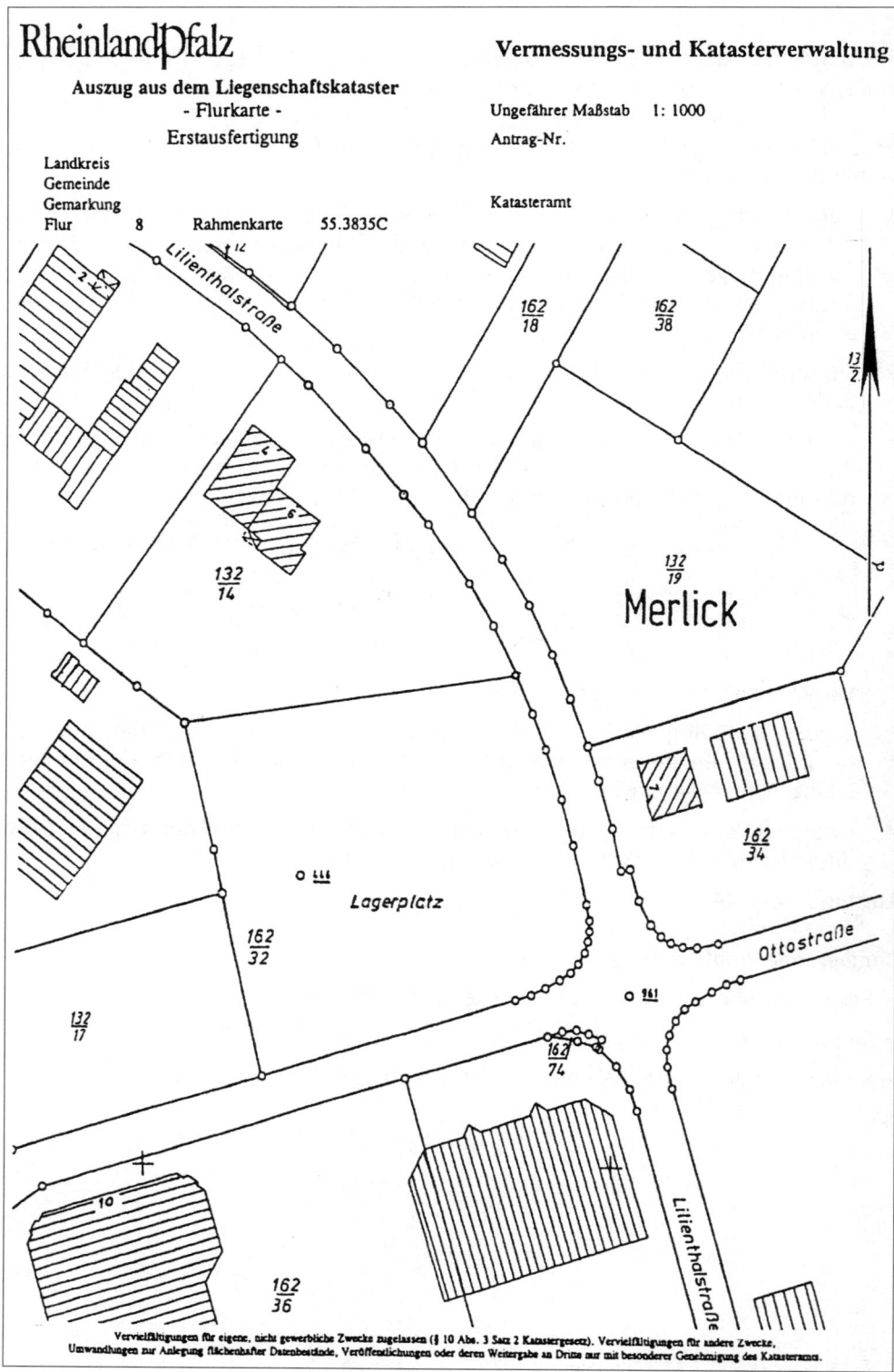

Rheinland Pfalz

Vermessungs- und Katasterverwaltung

Auszug aus dem Liegenschaftskataster
- Flurkarte -
Erstausfertigung

Ungefährer Maßstab   1: 1000

Antrag-Nr.

Landkreis
Gemeinde
Gemarkung   Katasteramt
Flur   8   Rahmenkarte   55.3835C

Lilienthalstraße

162/18

162/38

13/2

132/14

132/19

Merlick

162/34

Lagerplatz

162/32

132/17

Ottostraße

162/74

Lilienthalstraße

162/36

Vervielfältigungen für eigene, nicht gewerbliche Zwecke zugelassen (§ 10 Abs. 3 Satz 2 Katastergesetz). Vervielfältigungen für andere Zwecke,
Umwandlungen zur Anlegung flächenhafter Datenbestände, Veröffentlichungen oder deren Weitergabe an Dritte nur mit besonderer Genehmigung des Katasteramts.

Lernfeld 10: Die Umsatzsteuer für den Unternehmer berechnen

Fall 61: Ein Mandant wünscht eine Beratung über das Zustandekommen der monatlichen USt-Voranmeldung in der Buchhaltung

Er will auch darüber beraten werden, wie er überprüfen kann, ob die von ihm geltend gemachte Vorsteuer bzw. angesetzte Umsatzsteuer der Umsatzsteuersonderprüfung standhält.

Entwickeln Sie für ihn ein Berechnungsschema, mit dessen Hilfe die anstehenden Fragen beantwortet werden können!

Lösung s. Seite 450

Tangierende Problemkreise:

▶ Welche USt-Konten kennen Sie beim SKR 03 bzw. SKR 04?

▶ Welche Funktion hat das USt-Zahlungskonto?

▶ Warum ist die Bezeichnung Mehrwertsteuer bei Fakturierung nicht korrekt?

▶ Welche Funktion hat in diesem Zusammenhang ein automatisches Konto?

▶ Erläutern Sie den Aufbau der USt-Voranmeldung!

▶ Was bedeutet in diesem Zusammenhang „Verspätungszuschlag" bzw. „Säumniszuschlag"?

Anmerkung:
Die USt-Voranmeldungen sind wie die Lohnsteuer-Anmeldungen elektronisch zu übermitteln (Steuerdaten-Übermittlungsverordnung). Die ausgefüllten Vordrucke werden mit dem „Elster-Programm" übersendet.

 RECHTSGRUNDLAGEN

§ 18 Besteuerungsverfahren

(1) [1]Der Unternehmer hat bis zum 10. Tag nach Ablauf jedes Voranmeldungszeitraums eine Voranmeldung nach amtlich vorgeschriebenem Datensatz durch Datenfernübertragung nach Maßgabe der Steuerdaten-Übermittlungsverordnung zu übermitteln, in der er die Steuer für den Voranmeldungszeitraum (Vorauszahlung) selbst zu berechnen hat. [2]Auf Antrag kann das Finanzamt zur Vermeidung von unbilligen Härten auf eine elektronische Übermittlung verzichten; in diesem Fall hat der Unternehmer eine Voranmeldung nach amtlich vorgeschriebenem Vordruck abzugeben. [3]§ 16 Abs. 1 und 2 und § 17 sind entsprechend anzuwenden. Die Vorauszahlung ist am 10. Tag nach Ablauf des Voranmeldungszeitraums fällig.

(2) [1]Voranmeldungszeitraum ist das Kalendervierteljahr. [2]Beträgt die Steuer für das vorangegangene Kalenderjahr mehr als 7.500, ist der Kalendermo-

nat Voranmeldungszeitraum. [3]Beträgt die Steuer für das vorangegangene Kalenderjahr nicht mehr als 1.000, kann das Finanzamt den Unternehmer von der Verpflichtung zur Abgabe der Voranmeldungen und Entrichtung der Vorauszahlungen befreien. [4]Nimmt der Unternehmer seine berufliche oder gewerbliche Tätigkeit auf, ist im laufenden und folgenden Kalenderjahr Voranmeldungszeitraum der Kalendermonat.

(2a) [1]Der Unternehmer kann an Stelle des Kalendervierteljahres den Kalendermonat als Voranmeldungszeitraum wählen, wenn sich für das vorangegangene Kalenderjahr ein Überschuss zu seinen Gunsten von mehr als 7 500 ergibt. [2]In diesem Fall hat der Unternehmer bis zum 10. Februar des laufenden Kalenderjahres eine Voranmeldung für den ersten Kalendermonat abzugeben. [3]Die Ausübung des Wahlrechts bindet den Unternehmer für dieses Kalenderjahr. Abs. 2 Satz 6 gilt entsprechend.

Weitere Informationen:

▸ Für die Umsatzsteuervoranmeldung 2022[1] gilt der Vordruck USt 1 A des Bundesministeriums der Finanzen

▸ Die Umsatzsteuervoranmeldung an das Finanzamt kann ab dem Jahr 2011 nur noch über ELSTER erfolgen.

▸ Kleinunternehmer bilden eine Ausnahme. Kleinunternehmer ist, dessen Umsatz im Vorjahr

▸ einen Betrag von 22.000 € nicht überschritten hat und der Umsatz im laufenden Jahr 50.000 € voraussichtlich nicht übersteigen wird.

▸ Kleinunternehmer haben eine Optionsmöglichkeit zur Regelbesteuerung mit Vorsteuerabzug.

▸ Die Umsatzsteuer-Voranmeldung 2022 sowie der Antrag auf Dauerfristverlängerung/die Anmeldung der Sondervorauszahlung 2022 sind nach amtlich vorgeschriebenem Datensatz durch Datenfernübertragung nach Maßgabe der Steuerdaten-Übermittlungsverordnung authentifiziert zu übermitteln (§ 18 Abs. 1 Satz 1 UStG und § 48 Abs. 1 Satz 2 UStDV). Informationen hierzu sind unter der Internet-Adresse **www.elster.de** erhältlich.

▸ Nach dem Bürokratieentlastungsgesetz II wurde der Schwellenwert für umsatzsteuerliche Kleinbetragsrechnungen mit Wirkung vom 01.01.2017 von 150 € auf 250 € angehoben (§ 33 UStDV).

---

[1] Anders als in den Vorjahren muss in den Jahren 2021 - 2026 nach dem Bürokratieentlastungsgesetz III keine monatliche USt-VA abgegeben werden. Im Gründungsjahr ist die Steuerzahllast realistisch zu schätzen und im Folgejahr die im Erstjahr gezahlte Steuer in eine Jahressteuer umzurechnen.
Die Erleichterung für Kleinbetragsrechnungen gilt nicht bei:
▸ § 3c UStG: grenzüberschreitender Versandhandel
▸ § 6a UStG: Innergemeinschaftliche Lieferung
▸ § 13b UStG: Reverse Charge Leistungen.

Zeile								
1			- Bitte weiße Felder ausfüllen oder ☒ ankreuzen, Anleitung beachten -					**2022**

- Bitte weiße Felder ausfüllen oder ☒ ankreuzen, Anleitung beachten -

2022

Fallart	Steuernummer	Unter-fallart
11		**56**

30 Eingangsstempel oder -datum

Umsatzsteuer-Voranmeldung 2022

Finanzamt

_____

_____

_____

Unternehmer – ggf. abweichende Firmenbezeichnung –
Anschrift – Telefon – E-Mail-Adresse

Voranmeldungszeitraum

bei **monatlicher** Abgabe bitte ankreuzen | bei **vierteljährlicher** Abgabe bitte ankreuzen

22 01 Jan.	**22 07** Juli	**22 41** I. Kalender-vierteljahr
22 02 Feb.	**22 08** Aug.	**22 42** II. Kalender-vierteljahr
22 03 März	**22 09** Sept.	**22 43** III. Kalender-vierteljahr
22 04 April	**22 10** Okt.	**22 44** IV. Kalender-vierteljahr
22 05 Mai	**22 11** Nov.	
22 06 Juni	**22 12** Dez.	

Berichtigte Anmeldung
(falls ja, bitte eine „1" eintragen) **10**

Belege (Verträge, Rechnungen usw.) sind beigefügt bzw.
werden gesondert eingereicht (falls ja, bitte eine „1" eintragen) **22**

I. Anmeldung der Umsatzsteuer-Vorauszahlung

	Bemessungsgrundlage ohne Umsatzsteuer		Steuer	
	volle EUR	Ct	EUR	Ct

Lieferungen und sonstige Leistungen
(einschließlich unentgeltlicher Wertabgaben)

Steuerpflichtige Umsätze
(Lieferungen und sonstige Leistungen einschl. unentgeltlicher Wertabgaben)

		Bemessungsgrundlage		Steuer	
zum Steuersatz von 19 %.	**81**				
zum Steuersatz von 7 %.	**86**				
zu anderen Steuersätzen	**35**		**36**		
Lieferungen land- und forstwirtschaftlicher Betriebe nach § 24 UStG an Abnehmer **mit** USt-IdNr.	**77**				
Umsätze, für die eine Steuer nach § 24 UStG zu entrichten ist (Säge-werkserzeugnisse, Getränke und alkohol. Flüssigkeiten, z.B. Wein). . .	**76**		**80**		

Steuerfreie Umsätze mit Vorsteuerabzug
Innergemeinschaftliche Lieferungen (§ 4 Nr. 1 Buchst. b UStG)

an Abnehmer **mit** USt-IdNr.	**41**				
neuer Fahrzeuge an Abnehmer **ohne** USt-IdNr.	**44**				
neuer Fahrzeuge außerhalb eines Unternehmens (§ 2a UStG).	**49**				

Weitere steuerfreie Umsätze mit Vorsteuerabzug
(z.B. **Ausfuhrlieferungen**, Umsätze nach § 4 Nr. 2 bis 7 UStG) . . . . . | **43**

Steuerfreie Umsätze ohne Vorsteuerabzug
(z.B. Umsätze nach § 4 Nr. 8 bis 29 UStG) . . . . | **48**

Innergemeinschaftliche Erwerbe

Steuerfreie innergemeinschaftliche Erwerbe
von bestimmten Gegenständen und Anlagegold (§§ 4b und 25c UStG) | **91**

Steuerpflichtige innergemeinschaftliche Erwerbe

zum Steuersatz von 19 %.	**89**				
zum Steuersatz von 7 %	**93**				
zu anderen Steuersätzen	**95**		**98**		
neuer Fahrzeuge (§ 1b Abs. 2 und 3 UStG) von Lieferern **ohne** USt-IdNr. zum allgemeinen Steuersatz	**94**		**96**		

Leistungsempfänger als Steuerschuldner (§ 13b UStG)

Sonstige Leistungen nach § 3a Abs. 2 UStG eines im übrigen Gemein-schaftsgebiet ansässigen Unternehmers (§ 13b Abs. 1 UStG)	**46**		**47**		
Umsätze, die unter das GrEStG fallen (§ 13b Abs. 2 Nr. 3 UStG)	**73**		**74**		
Andere Leistungen (§ 13b Abs. 2 Nr. 1, 2, 4 bis 12 UStG).	**84**		**85**		

Übertrag . . . . zu übertragen in Zeile 45

USt 1 A – Umsatzsteuer-Voranmeldung 2022 – (01.21)

– 2 –

			Steuer EUR	Ct
44	Steuernummer:			
45	Übertrag			

46	**Ergänzende Angaben zu Umsätzen**		Bemessungsgrundlage ohne Umsatzsteuer	
47			volle EUR	Ct
48	Lieferungen des ersten Abnehmers bei **innergemeinschaftlichen Dreiecksgeschäften** (§ 25b UStG)	42		■
49	Steuerpflichtige Umsätze des leistenden Unternehmers, für die der **Leistungsempfänger** die Steuer nach § 13b Abs. 5 UStG schuldet ...	60		■
50	**Nicht steuerbare sonstige Leistungen** gem. § 18b Satz 1 Nr. 2 UStG	21		■
51	**Übrige nicht steuerbare Umsätze** (Leistungsort nicht im Inland)	45		■

52	Umsatzsteuer		
53	**Abziehbare Vorsteuerbeträge**		
54	Vorsteuerbeträge aus Rechnungen von anderen Unternehmern (§ 15 Abs. 1 Satz 1 Nr. 1 UStG), aus Leistungen im Sinne des § 13a Abs. 1 Nr. 6 UStG (§ 15 Abs. 1 Satz 1 Nr. 5 UStG) und aus		
55	innergemeinschaftlichen Dreiecksgeschäften (§ 25b Abs. 5 UStG)..	66	
56	Vorsteuerbeträge aus dem innergemeinschaftlichen Erwerb von Gegenständen (§ 15 Abs. 1 Satz 1 Nr. 3 UStG)	61	
57	Entstandene Einfuhrumsatzsteuer (§ 15 Abs. 1 Satz 1 Nr. 2 UStG)	62	
58	Vorsteuerbeträge aus Leistungen im Sinne des § 13b UStG (§ 15 Abs. 1 Satz 1 Nr. 4 UStG)	67	
59	Vorsteuerbeträge, die nach allgemeinen Durchschnittssätzen berechnet sind (§§ 23 und 23a UStG)	63	
60	Vorsteuerabzug für innergemeinschaftliche Lieferungen neuer Fahrzeuge außerhalb eines Unternehmens (§ 2a UStG) sowie von Kleinunternehmern im Sinne des § 19 Abs. 1 UStG (§ 15 Abs. 4a UStG)	59	
61	Berichtigung des Vorsteuerabzugs (§ 15a UStG)	64	
62	Verbleibender Betrag		

63	**Andere Steuerbeträge**		
64	Steuer infolge des Wechsels der Besteuerungsform sowie Nachsteuer auf versteuerte Anzahlungen u. ä. wegen Steuersatzänderung	65	
65	In Rechnungen unrichtig oder unberechtigt ausgewiesene Steuerbeträge (§ 14c UStG) sowie Steuerbeträge, die nach § 6a Abs. 4 Satz 2, § 17 Abs. 1 Satz 7, § 25b Abs. 2 UStG oder von einem Auslagerer oder Lagerhalter nach § 13a Abs. 1 Nr. 6 UStG geschuldet werden	69	
66	Umsatzsteuer-Vorauszahlung/Überschuss		
67	**Abzug** der festgesetzten **Sondervorauszahlung** für Dauerfristverlängerung (in der Regel nur in der letzten Voranmeldung des Besteuerungszeitraums auszufüllen)................	39	
68	**Verbleibende Umsatzsteuer-Vorauszahlung** _____ **(bitte in jedem Fall ausfüllen)**	83	
69	**Verbleibender Überschuss** - bitte dem Betrag ein Minuszeichen voranstellen -		

70	**Ergänzende Angaben zu Minderungen nach § 17 Abs. 1 Sätze 1 und 2 i.V.m. Abs. 2 Nr. 1 Satz 1 UStG**		Bemessungsgrundlage ohne Umsatzsteuer	
71			volle EUR	Ct
72				Steuer EUR	Ct
73	Minderung der Bemessungsgrundlage (in den Zeilen 20 bis 24 enthalten)...........................	50		■	
74	Minderung der abziehbaren Vorsteuerbeträge (in der Zeile 55 aus Rechnungen von anderen Unternehmern (§ 15 Abs. 1 Satz 1 Nr. 1 UStG) sowie in den Zeilen 59 und 60 enthalten)	37			

75			
76	**II. Sonstige Angaben und Unterschrift**		
77	Ein Erstattungsbetrag wird auf das dem Finanzamt benannte Konto überwiesen, soweit der Betrag nicht mit Steuerschulden verrechnet wird.		
78	**Verrechnung des Erstattungsbetrags erwünscht / Erstattungsbetrag ist abgetreten** (falls ja, bitte eine „1" eintragen)		29
79	Geben Sie bitte die Verrechnungswünsche auf einem gesonderten Blatt an oder auf dem beim Finanzamt erhältlichen Vordruck „Verrechnungsantrag".		
80	Das **SEPA-Lastschriftmandat** wird ausnahmsweise (z.B. wegen Verrechnungswünschen) für diesen Voranmeldungszeitraum **widerrufen** (falls ja, bitte eine „1" eintragen)		26
81	Ein ggf. verbleibender Restbetrag ist gesondert zu entrichten.		
82	Über die Angaben in der Steueranmeldung hinaus sind weitere oder abweichende Angaben oder Sachverhalte zu berücksichtigen (falls ja, bitte eine „1" eintragen)		23
83	Geben Sie bitte diese auf einem gesonderten Blatt an, welches mit der Überschrift **„Ergänzende Angaben zur Steueranmeldung"** zu kennzeichnen ist.		
84 85		**Datenschutzhinweis:** Die mit der Steueranmeldung angeforderten Daten werden auf Grund der §§ 149, 150 AO und der §§ 18, 18b UStG erhoben. Die Angabe der Telefonnummer und der E-Mail-Adresse ist freiwillig. Informationen über die Verarbeitung personenbezogener Daten in der Steuerverwaltung und über Ihre Rechte nach der Datenschutz-Grundverordnung sowie über Ihre Ansprechpartner in Datenschutzfragen entnehmen Sie	
86	**Datum, Unterschrift**	bitte dem allgemeinen Informationsschreiben der Finanzverwaltung. Dieses Informationsschreiben finden Sie unter www.finanzamt.de (unter der Rubrik „Datenschutz") oder erhalten Sie bei Ihrem Finanzamt.	

Auflistung umsatzsteuerlicher Tatbestände im Waren- und Leistungsverkehr mit dem Ausland (EU und Drittländer)		
Tatbestand (Umsatzvorgang)	Umsatzsteuerliche Behandlung	USt-Lösung
1 Möbelhändler Anton aus Freiburg versendet eine Büroeinrichtung an einen Rechtsanwalt nach Straßburg. ↓ EU-Lieferung an einen Unternehmer	Lieferung ist im Inland steuerbar; jedoch steuerbefreit.	▸ Ort der Lieferung ist dort, wo die Versendung oder Beförderung beginnt (Freiburg) ▸ Beförderung oder Versendung in das übrige Gemeinschaftsgebiet ▸ Abnehmer ist ein Unternehmer (erworben für sein Unternehmen ▸ Gegenstand unterliegt beim Abnehmer im anderen Mitgliedstaat der Umsatzbesteuerung Nachweis: USt-IdNr.).
2 Möbelhändler Anton aus Freiburg versendet eine Büroeinrichtung an eine Privatperson nach Straßburg. ↓ EU-Lieferungen an eine Privatperson	Lieferung ist im Inland steuerbar und steuerpflichtig. Voraussetzungen für die Steuerbefreiungen liegen nicht vor. Zu beachten: Bei Überschreitung der Lieferschwelle (10.000 €) besteht Steuerpflicht in Frankreich.	▸ Ort der Lieferung ist dort, wo die Versendung oder Beförderung beginnt (Freiburg) ▸ Abnehmer ist kein Unternehmer ▸ Gegenstand unterliegt beim Abnehmer im anderen Mitgliedstaat nicht der Umsatzbesteuerung.
3 Sportartikelhersteller aus München liefert Spielbälle an einen Sportartikelhändler zu einem Fußballturnier nach Brasilien. ↓ Lieferung in ein Drittland	Lieferung ist im Inland steuerbar; jedoch steuerbefreit weil der Unternehmer den Gegenstand in das Drittlandsgebiet versendet.	▸ Ort der Lieferung ist dort, wo die Versendung oder Beförderung beginnt (München) ▸ Ausfuhrnachweis erforderlich).

Auflistung umsatzsteuerlicher Tatbestände im Waren- und Leistungsverkehr mit dem Ausland (EU und Drittländer)		
Tatbestand (Umsatzvorgang)	Umsatzsteuerliche Behandlung	USt-Lösung
4 Ein Grafiker aus Köln fertigt ein Logo für einen Unternehmer in Brüssel. ↓ Sonstig Leistung für EU-Unternehmer	Die Sonstige Leistung ist im Inland nicht steuerbar, sondern in Belgien.	► Ort der sonstigen Leistung ist dort, wo der Leistungsempfänger sein Unternehmen betreibt (Brüssel). ► Steuerschuldner ist der in Brüssel ansässige Unternehmer (Umkehr der Steuerschuldnerschaft (Reverse-Charge-Verfahren).
5 Ein Grafiker aus Berlin entwickelt eine Hochzeitskarte für ein Hochzeitspaar in Madrid.	Es liegt eine steuerbare Sonstige Leistung vor.	► Ort der sonstigen Leistung ist dort, wo der leistende Unternehmer sein Unternehmen betreibt (Berlin).

Auflistung umsatzsteuerlicher Tatbestände im Waren- und Leistungsverkehr im Inland		
Tatbestand (Umsatzvorgang)	Umsatzsteuerliche Behandlung	USt-Lösung
1 Käufer und Verkäufer sind Unternehmer (B2B-Verträge) Vertragsinhalt: (Verkauf von Waren).	Es liegt eine steuerbare und steuerpflichtige Lieferung vor.	Lieferung ist steuerbar, weil sie ein ► Unternehmer ► im Rahmen seines Unternehmens ► gegen Entgelt ausführt.
2 Ein Unternehmer führt eine Sonstige Leistung für einen anderen Unternehmer aus.	Es liegt eine steuerbare und steuerpflichtige Sonstige Leistung vor.	Sonstige Leistung ist steuerbar, weil sie ein ► Unternehmer ► im Rahmen seines Unternehmens ► gegen Entgelt ausführt.
3 Ein Unternehmer entnimmt seinem Warenlager Gegenstände zum privaten Verbrauch (aus dem Anlage- oder Umlaufvermögen).	Es liegt eine steuerbare und steuerpflichtige Entnahme vor	Gegenstandsentnahme ist steuerbar mit ihrem Wiederbeschaffungswert (pauschaler Ansatz für bestimmte Wirtschaftszweige nach BMF-Schreiben zu Pauschbeträgen).

Auflistung umsatzsteuerlicher Tatbestände im Waren- und Leistungsverkehr im Inland		
Tatbestand (Umsatzvorgang)	Umsatzsteuerliche Behandlung	USt-Lösung
4	Ein Unternehmer nimmt eine Dienstleistung für private Zwecke in Anspruch (z. B. private Nutzung des Firmenwagens).	Gleichstellung mit einer entgeltlich erbrachten sonstigen Leistung (§ 3 Abs. 9a Nr. 1 UStG)	Rechtswirkung einer sonstigen Leistung.
5	Unternehmer verkauft Waren an Privatmann (B2 C-Verträge).	Es liegt eine steuerbare und steuerpflichtige Lieferung vor	Lieferung ist steuerbar, weil sie ein ▶ Unternehmer ▶ im Rahmen seines Unternehmens ▶ gegen Entgelt ausführt.
6	Ein Unternehmer führt eine Sonstige Leistung für einen Privatmann aus (z. B. Handwerksleistung).	Es liegt eine steuerbare und steuerpflichtige Sonstige Leistung vor.	Sonstige Leistung ist steuerbar, weil sie ein ▶ Unternehmer ▶ im Rahmen seines Unternehmens ▶ gegen Entgelt ausführt.
7	Rechtsgeschäfte zwischen zwei Privaten.	Der Vorgang ist nicht steuerbar, weil es an den erforderlichen Voraussetzungen mangelt (Unternehmereigenschaft).	

Erläuterungen zur Reform der Umsatzsteuer

Grundlegende Fragen zum One Stop Shop Verfahren – OSS
Über den One Stop Shop (OSS) können Onlinehändler die Umsatzsteuer-Meldungen und die Umsatzsteuer-Bezahlung für ihre **Fernverkäufe** gesammelt für alle EU-Länder über ein zentrales Online-Portal der lokalen Steuerbehörde durchführen.

One-Stop-Shop-Verfahren
Das Verfahren One-Stop-Shop ist eine Sonderregelung auf dem Gebiet der Umsatzsteuer und richtet sich an Unternehmer, die im Inland ansässig sind. Sie ermöglicht es Unternehmern ausgeführte Umsätze, die unter diese Sonderregelung fallen, in einer Steuererklärung zentral an das Bundeszentralamt für Steuern zu übermitteln (Quelle: Bundeszentralamt für Steuern). One-Stop-Shop eröffnet die Möglichkeit, alle notwendigen steuerlichen Maßnahmen, an einer einzigen Stelle (statt in den verschiedenen Bestimmungsländern) durchzuführen. Die Maßnahme hat zum Ziel, grenzüberschreitende Lieferungen immer im Bestimmungsland zu besteuern. Die Registrierung und Abwicklung sollen dabei jeweils zentral in den Ursprungsländern vorgenommen werden.

Gesetze, Vorschriften und Rechtsprechung:

Geregelt ist der One-Stop-Shop in § 18 h UStG. Der Anwendungsbereich ergibt sich derzeit aus § 3a Abs. 5 UStG. Die Verwaltungsauffassung ist in Abschn. 18 h.1 UStAE nachzulesen.

Zur Teilnahme an dem One-Stop-Shop-Verfahren ist eine Mitteilung an das BZStOnline-Portal (BOP) erforderlich. Bundeszentralamt für Steuern:

One-Stop-Shop
Ludwig-Karl-Balzer-Allee 2
66740 Saarlouis

Die Anmeldung muss vor Beginn des Besteuerungszeitraumes erfolgen.

Wird die Lieferschwelle (§ 3c Abs. 3 UStG) nicht überschritten, so erfolgt die Besteuerung im Ursprungsland.

Wird die Lieferschwelle überschritten, so gilt die Lieferung als dort ausgeführt, wo die Beförderung oder Versendung endet. Die Besteuerung erfolgt im Bestimmungsland.

Beim Erwerb von Waren durch die sog. Schwellenerwerber (§ 1a Abs. 3 und 4 UStG) gilt für die Erwerbsteuer Folgendes:

▸ Schwellenerwerber sind erwerbsteuerpflichtig, wenn die Erwerbsschwelle überschritten ist oder

▸ die Erwerbsschwelle zwar nicht überschritten, jedoch für die Erwerbsbesteuerung optiert worden ist.

Liegen diese Voraussetzungen nicht vor, erfolgt die Versteuerung nach der Versandhandelsregelung.

Der OSS ist ein elektronisches Portal, über das Unternehmen die in der EU anfallende Umsatzsteuer für bestimmte Umsätze seit 01.07.2021 erklären und bezahlen können. Verwendet ein Unternehmen die Sonderregelung für den OSS, entfällt die Verpflichtung, sich für die Umsätze, die über den OSS erklärt werden können, im jeweiligen Mitgliedstaat zur Umsatzsteuer zu registrieren. Innerhalb der EU gibt es drei verschiedene One-Stop-Shop Schemen: Über den EU-OSS können sonstige Leistungen an Nichtunternehmerinnen/Nichtunternehmer, innergemeinschaftliche Versandhandelsumsätze und bestimmte Umsätze einer Plattform erklärt werden. Über den IOSS können sowohl EU-Unternehmen als auch Drittlandsunternehmen Einfuhr-Versandhandelsumsätze erklären. Für den Nicht-EU-OSS (eVAT) können sich nur Drittlandsunternehmen registrieren, um dort ihre Umsatzsteuer für Dienstleistungen an Nichtunternehmerinnen/Nichtunternehmer zu erklären (Quelle: Bundesfinanzministerium).

▸ **Der bisherige Begriff „Versandhandelslieferungen" wurde ersetzt durch den Begriff " innergemeinschaftlicher Fernverkauf".** Ein Fernverkauf bezeichnet den Versand oder Verkauf von Ware von einem EU-Staat in einen anderen EU-Staat an **Endverbraucher** (B2C-Verkäufe).

▸ Lieferungen eines/r deutschen Onlinehändlerin (aus einem Lager in DE) an einen deutschen Kunden sind nicht über das OSS Verfahren zu melden, sondern über die deutsche **Umsatzsteuervoranmeldung** .

▸ Für die Besteuerung der innergemeinschaftlichen Fernverkäufe muss keine USt-ID im Zielland beantragt werden, wenn der One-Stop-Shop genutzt wird.

▸ Werden durch den Unternehmer Waren im EU-Ausland eingelagert, so ist weiterhin eine umsatzsteuerliche Registrierung erforderlich. Die erforderlichen Steueranmeldungen müssen vor Ort erfolgen.

▸ Wurden in der Vergangenheit bereits die lokalen Lieferschwellen (unterschiedlich) überschritten, stellt auf OSS um und beendet damit die steuerliche Registrierung/ Fiskalvertretung

▸ Die Steuerlast wird gesammelt für alle Länder an eine einzige Anlaufstelle (eben den „One Stop Shop") überwiesen. Unternehmer, die den OSS in Deutschland nutzen, überweisen die Umsatzsteuer an das Bundeszentralamt für Steuern bzw. auf ein Konto bei der Bundeskasse.

▸ Nach Einführung des One Stop Shop können weiterhin Rechnungen ausgestellt werden.

▸ Alle Dienstleistungen an Privatkunden im EU-Ausland können ab dem 01.07. über den One-Stop-Shop (vormals Mini-One-Stop-Shop) gemeldet werden

▸ Die Lieferschwelle von 10.000 € gilt für die gesamte EU, das heißt für alle grenzüberschreitenden Fernverkäufe innerhalb der EU.

Berechnung der 10.000 €-Grenze

Klarstellung der deutschen Finanzverwaltung im Umsatzsteuer-Anwendungserlass Abschnitt 3a.9a Abs. 1 Satz 1 Nr. 1 Satz 2 Umsatzsteuer-Anwendungserlass (UStAE): für die Beurteilung des Leistungsorts im Besteuerungszeitraum 2021 sind auch die vorgenannten sonstigen Leistungen und innergemeinschaftlichen Fernverkäufe einzubeziehen, die im Kalenderjahr 2020 und im ersten Halbjahr 2021 ausgeführt wurden; eine zeitanteilige Aufteilung der Umsatzschwelle von 10.000 € ist im Kalenderjahr 2021 nicht vorzunehmen.

Hinweis: Der UStAE ist kein Gesetz aber bindend für die Finanzverwaltung.

▸ Wenn ich über mehrere Verkaufswege verkauft wird – also über Verkaufsplattformen und direkte Fernverkäufe – zählt die 10.000 € Lieferschwelle einheitlich für alle Fernverkäufe

▸ Lieferungen in Drittländer sind nicht in die Lieferschwelle einzurechnen (nur die sog. Innergemeinschaftlichen Fernverkäufe).

▸ Sofern die Lieferschwelle von 10.000 € nicht überschritten worden ist, ist die Lieferung/Leistung in Deutschland steuerbar und unterliegt somit der deutschen Umsatzsteuer (19 % oder 7 %). Bei Überschreitung der Lieferschwelle ist der Verkauf im Empfangsland steuerbar, d. h. die Lieferung unterliegt auch dem dort geltenden Steuersatz.

► Bei der Beurteilung der Lieferschwelle ist immer relevant, ob die Lieferschwelle im vorangegangenen Kalenderjahr überschritten wurde oder ob sie im laufenden Kalenderjahr überschritten wird. Sobald einer dieser beiden Fälle zutrifft, gilt die Lieferschwelle als überschritten.

► Nutzung der Zertifikatsdatei aus „Mein Elster": Für die Anmeldung über mein BOP kann gemäß der Auskunft des BZSt auch die Zertifikatsdatei aus „Mein Elster" genutzt werden. Hierfür muss das Registrierungsverfahren wie in dem folgendem Link beschrieben befolgt werden, sofern noch keine Elster-Zertifikatsdatei vorhanden ist: https://www.elster.de/eportal/registrierung-auswahl/hinweis2

► Unternehmer, die sich bereits für das OSS Verfahren registriert haben, können im BZStOnline-Portal (Mein BOP) ihre Registrierungsdaten ändern, ihre Steuererklärungen übermitteln sowie sich vom Verfahren abmelden.

► Unternehmer, die bereits für das Vorgänger-Verfahren Mini-One-Stop-Shop registriert sind, nehmen automatisch an der Sonderregelung One-Stop-Shop, EU-Regelung teil.

Zur Abgrenzung zum bisherigen Verfahren
Die Steuerpflicht im Rahmen des Versandhandels (jetzt: „innergemeinschaftlicher Fernverkauf") von Unternehmern an Endverbraucher innerhalb der EU befand sich **im Land des Empfängers.**

Bei Überschreiten der Lieferschwelle (unterschiedlich) war folgendes zu beachten:

► Lieferung muss im Bestimmungsland (Land des Empfängers) versteuert werden

► Meldung beim Finanzamt des Bestimmungslandes mit steuerlicher Registrierung

► Abgabe einer Umsatzsteuererklärung und Abführung der Umsatzsteuer im EU-Ausland.

Neue Regelung

► nationale Lieferschwellen entfallen

► Einführung einer einheitlichen Lieferschwelle in Höhe von 10.000 €

► Lieferungen von Unternehmern an Endverbraucher im EU-Ausland werden ab 01.07.2021 im Bestimmungsland versteuert, sobald die Lieferschwelle von 10.000 € überschritten ist

► Abwicklung über One-Stop-Shop (OSS).

Fall 62: Der Autokauf in Luxemburg

Ein grenznaher Unternehmer mit USt-IdNr. vergleicht die Preise für einen Pkw in der Oberklasse. Der Kaufpreis in der Bundesrepublik beträgt einschließlich Umsatzsteuer 55.335 €. Der Kaufpreis in Echternach (Luxemburg) beträgt einschließlich luxemburger Umsatzsteuer 54.405 €.

1. Wie sieht die umsatzsteuerliche Abwicklung aus?

2. Liegt ein Preisunterschied vor?

3. Wie ist der Fall zu kontieren?

4. Wie ist der Fall zu beurteilen, wenn ein Privatmann das Neufahrzeug in Luxemburg kauft?

Lösung s. Seite 451

Tangierende Problemkreise:

▸ Kauf oder Leasing eines Pkw

▸ Auswirkung auf die Bilanzierung bei Kauf oder Leasing eines Pkw

▸ Private Pkw-Nutzung des betrieblichen Fahrzeuges

▸ Kosten für die Fahrten zwischen Wohnung und Betriebsstätte.

Umsatzsteuersätze im Binnenmarkt (Stand Februar 2021 Aktualisierung erfolgt zweimal jährlich (Januar-Juli))			
EU-Mitgliedstaat	**MwSt-Abkürzung**	**Normalsatz**	**ermäßigte Sätze[1]**
Belgien	BTW/TVA	21	12; 6
Bulgarien	DDS	20	9
Dänemark	MOMS	25	–
Deutschland	USt/MwSt	19	7
Estland	KMKR	20	9
Finnland	ALV/ML	24	14; 10
Frankreich	TVA	20	10; 5,5; 2,1
Griechenland	FPA	24	13; 6
Irland	VAT	23	13,5; 9
Italien	IVA	22	10; 5,0
Kroatien	PDV	25	13; 5/0
Lettland	PVN	21	12; 5
Litauen	PVM	21	9; 5
Luxemburg	TVA	17	8
Malta	VAT	18	7; 5/0

---

[1] Ermäßigte Steuersätze gelten insbesondere für Waren des lebensnotwendigen Bedarfs und für bestimmte Dienstleistungen im Sozial- und Kulturbereich.

Umsatzsteuersätze im Binnenmarkt (Stand Februar 2021 Aktualisierung erfolgt zweimal jährlich (Januar-Juli))			
EU-Mitgliedstaat	**MwSt-Abkürzung**	**Normalsatz**	**ermäßigte Sätze[1]**
Niederlande	BTW	21	9
Norwegen (Drittstaat)	MVA	25	15; 12; 11,11
Österreich	MwSt	20	13; 10
Polen	VAT	23	8; 5/0
Portugal	IVA	23	13; 6
Rumänien	TVA	19	9; 5
Schweden	MOMS	25	12; 6
Schweiz (Drittstaat)	MwSt	7,7	3,7; 2,5
Slowakische Republik	DPH	20	10
Slowenien	DPH	22	9,5/5
Spanien	IVA	21	10; 4
Tschechien	DPH	21	15; 10
Türkei (Drittstaat)	KDV	18	8; 1
Ungarn	AFA	27	18; 5
Zypern	FPA	19	9; 5

Auswirkungen des EU-Austritt des Vereinigten Königreichs (Brexit):

► Mit Wirkung vom 31.01.2020 ist das Vereinigte Königreich kein Mitgliedstaat der Europäischen Union mehr

► In einem Übergangszeitraum vom 01.02.2020 bis 31.12.2020 wird Großbritannien umsatzsteuerlich wie ein Mitgliedstaat der Europäischen Union behandelt; insoweit ergeben sich noch keine umsatzsteuerlichen Auswirkungen.

Das BMF hat mit Schreiben vom 10.12.2020 zu den Folgen des Brexits Stellung genommen. Folgende Konsequenzen ergeben sich:

► Warenlieferungen nach und von Großbritannien sind keine innergemeinschaftlichen Lieferungen bzw. innergemeinschaftlichen Erwerbe mehr

► Keine Anmeldung in der Zusammenfassenden Meldung

► Die Steuerschuldnerschaft richtet sich nicht mehr nach § 13b Abs. 1 UStG

► Für Nordirland gilt eine Sonderregelung: Für die Umsatzbesteuerung des **Warenverkehrs** gelten auch nach dem 31.12.2020 die Vorschriften des Mehrwertsteuerrechts der Union.

Die **Umsatzsteuer Identifikationsnummer (USt-IdNr. – § 27a UStG)** dient insbesondere dem innergemeinschaftlichen Kontrollverfahren für innergemeinschaftliche Lieferungen.

---

[1] Ermäßigte Steuersätze gelten insbesondere für Waren des lebensnotwendigen Bedarfs und für bestimmte Dienstleistungen im Sozial- und Kulturbereich.

 **RECHTSGRUNDLAGEN**

MwStSystRL	Art. 262 - 271 MwStSystRL
AO	§ 152 AO
UStG	§ 3a Abs. 2 UStG, § 4 Nr. 1 Buchst. b UStG, § 6a UStG, § 6b UStG, § 18a UStG, § 18b UStG, § 18e UStG, § 25b UStG, § 26a Abs. 1 Nr. 5 UStG, § 26a Abs. 2 UStG, § 27a UStG
UStAE	Abschnitt 18a.1 UStAE, Abschnitt 18a.2 UStAE, Abschnitt 18a.3 UStAE, Abschnitt 18a.4 UStAE, Abschnitt 18a.5 UStAE, Abschnitt 18e.2 UStAE, Abschnitt 27a.1 UStAE

MwStSystRL:
RICHTLINIE 2006/112/EG DES RATES vom 28. November 2006 über das gemeinsame Mehrwertsteuersystem (ABl. L 347 vom 11.12.2006, S. 1.

Name und Anschrift der IdNr. sind in einer Datenbank gespeichert, auf die alle Mitgliedstaaten Zugriff haben.

▸ Unternehmer, die steuerfreie innergemeinschaftliche **Warenlieferungen** und/oder innergemeinschaftliche **sonstige Leistungen** und/oder Lieferungen i. S. d. § 25b Abs. 2 Umsatzsteuergesetz (UStG) im Rahmen von innergemeinschaftlichen Dreiecksgeschäften ausgeführt haben, sind verpflichtet, eine **Zusammenfassende Meldung (ZM)** dem BZSt, Dienstsitz Saarlouis, auf **elektronischem Weg nach Maßgabe der Steuerdaten-Übermittlungs-Verordnung StDÜV zu übermitteln**.

▸ Die ZM ist bis zum 25. Tag nach Ablauf jedes Meldezeitraumes (monatlich) dem BZSt, Dienstsitz Saarlouis, auf elektronischem Weg zu übermitteln. Unternehmer die in den letzten vier Quartalen jeweils weniger als 100.000 € in der Zusammenfassenden Meldung erklärt haben, dürfen weiterhin vierteljährlich abgeben.

▸ Die Zusammenfassende Meldung darf grundsätzlich nur noch elektronisch an das Bundeszentralamt für Steuern übermittelt werden. Zur Vermeidung von unbilligen Härten kann das Finanzamt auf Antrag eine **Ausnahme** von der elektronischen Übermittlung gestatten.

▸ Kleinunternehmer i. S. d. § 19 Abs. 1 UStG trifft keine Verpflichtung zur Abgabe der ZM.

Eine USt-IdNr. benötigt eine Unternehmerin oder ein Unternehmer, die oder der

▸ Waren in das übrige Gemeinschaftsgebiet liefert (innergemeinschaftliche Lieferung gem. § 4 Abs. 1 Nr. 1 lit. b) UStG i. V. m. § 6a UStG, § 18a Abs. 6 UStG) oder aus dem übrigen Gemeinschaftsgebiet erwirbt,

▸ Lieferungen i. S. d. § 25b Abs. 2 UStG ausführt (innergemeinschaftliche Dreiecksgeschäfte),

➤ steuerpflichtige sonstige Leistungen nach § 3a Abs. 2 UStG im übrigen Gemeinschaftsgebiet erbringt, für die der Leistungsempfänger die Steuer schuldet, oder sonstige Leistungen eines im übrigen Gemeinschaftsgebiet ansässigen Unternehmers in Anspruch nimmt.[1]

Erteilungsverfahren
Schriftlicher Antrag (§ 27a Abs. 1 Satz 5 UStG) beim Bundeszentralamt für Steuern, Dienstsitz Saarlouis

Folge: schriftlicher Bescheid: IdNr. DE, es folgen 8 Ziffern + eine Prüfziffer

Deutsche Unternehmer, die im übrigen Gemeinschaftsgebiet Betriebsstätten oder Zweigniederlassungen haben, können zusätzliche zur deutschen USt-IdNr. auch eine des Mitgliedstaates erhalten.

Bestätigungsverfahren
Nach § 18e UStG erteilt das Bundeszentralamt für Finanzen auf Anfrage schriftliche Bestätigungen über die Gültigkeit von USt-Identifikationsnummern, die in anderen Mitgliedstaaten erteilt wurden. Anfrage per E-Mail: **www.bzst.bund.de**

Fall 63: Die mehrtägige Dienst- und Geschäftsreise[2]

Ein Mandant hat Probleme mit der steuerlichen Behandlung von Reisekosten im Inland. Er hat seine Probleme sorgfältig anhand der konkreten Sachverhalte aufgelistet und bittet Sie um fachgerechte Information.

Nach § 14 Abs. 4 Nr. 5 UStG sind Hoteliers und Gastronomen verpflichtet, neben den sonstigen Pflichtangaben auch Angaben über die „Menge und die Art (handelsübliche Bezeichnung) der gelieferten Gegenstände oder den Umfang und die Art der sonstigen Leistung " in der Rechnung zu machen.

Bei Pauschalangeboten (beinhalten z. B.: Frühstück, Nutzung von Kommunikationsnetzen, Transport von Gepäck usw.) gestattet die Finanzverwaltung eine Vereinfachung gem. Abschnitt 12.16 Abs. 10 UStAE. Ansatz mit 20 % des Pauschalpreises (vom 01.01.2021 bis 31.12.2022 = 15 %)

Sachverhalt 1:
Der Unternehmer führte eine Geschäftsreise mit dem betrieblichen Pkw nach Köln durch. Er begann die Fahrt um 6:00 Uhr, sie war beendet um 16:00 Uhr. Belege für entstandene Ausgaben hat er nicht gesammelt. Er kann lediglich eine Ausgabe in Höhe von 10 € für ein Parkhaus nachweisen.

---

[1] Bundeszentralamt für Steuern – 2014.
[2] **Reisekostenvereinfachung** ab 2014: Neudefinition „regelmäßige Arbeitsstätte" in „erste Tätigkeitsstätte"; Wegfall der Staffelung für Pauschalen bei eintägiger Dienstreise durch eine Pauschale von 14 € bei einer Mindestabwesenheit von acht Stunden. Bei mehrtägigen Dienstreisen besteht eine einheitliche Pauschale für An- und Abreisetag von 14 €. Bei Abwesenheit von 24 Stunden weiterhin 28 €.

Sachverhalt 2:

Ein Unternehmer unternimmt eine Geschäftsreise nach Frankfurt. Für zwei Übernachtungen in einem Hotel zahlt er je Übernachtung pauschal 150 €. Darin sind enthalten Frühstück, Überlassung des Parkhauses, Benutzung von Fitnessgeräten und Internetnutzung.

Das Hotel rechnet wie folgt ab:

Gesamtpreis (brutto) 2 · 150,00 €	300,00 €
20 % für Business-Package	60,00 €
Übernachtung	240,00 €

Die Rechnung hat folgendes Aussehen:

2 Übernachtungen + 7 % USt	224,30 € 15,70 €	240,00 €
Business-Package + 19 % USt	50,42 € 9,58 €	60,00 €
Gesamtbetrag		**300,00 €**

Sachverhalt 3

Für eine weitere Reise des Unternehmers liegen folgende Daten vor:
Zimmer reserviert für eine Übernachtung für 150 € einschließlich Business-Paket (Parkplatz, Frühstück, Fitnessraum)

Reisebeginn am	15.03.01 um	5:00 Uhr
Reiseende am	16.03.01 um	18:00 Uhr

Hotelrechnung:

1 Einzelzimmer und Business-Paket laut Angebot	150,00 €

Aufteilung des Endpreises:

1 Übernachtung	7 % USt	120,00 €
1 Business-Paket (20 %)	19 % USt	30,00 €

Wie ist der Vorgang abzuwickeln?

Sachverhalt 4

Der Arbeitnehmer Emil Krause hat eine Dienstreise unternommen:

Reisebeginn am	18.03.01 um	6:00 Uhr
Reiseende am	19.03.01 um	19:00 Uhr

Er legt folgende auf den Arbeitgeber ausgestellte Rechnung vor:

Hotelrechnung:
1 Einzelzimmer: Übernachtung (7 %)	107,00 €
+ Frühstück (19 %)	11,90 €

Der gesamte Betrag wird vom Arbeitgeber erstattet.

Wie ist der Vorgang abzuwickeln?

Lösung s. Seite 452

Tangierende Problemkreise:

- Dienst- und Geschäftsreisen in das Ausland
- Berücksichtigung der Vorsteuer bei Reisekosten.

Reisekostenrecht ab 01.01.2014
Beruflich veranlasste Auswärtstätigkeit

- Auswärtstätigkeit liegt vor, wenn der Arbeitnehmer
  - vorübergehend
  - außerhalb seiner Wohnung
  - nicht an seiner ersten Tätigkeitsstätte

  beruflich tätig wird.

Erste Tätigkeitsstätte

- jede ortsfeste betriebliche Einrichtung eines Arbeitgebers
- je Dienstverhältnis nur eine erste Tätigkeitsstätte (§ 9 Abs. 4 Satz 5 EStG)
- Kommen mehrere Tätigkeitsstätten als erste Tätigkeitsstätte infrage, so bestimmt der Arbeitgeber die erste Tätigkeitsstätte (§ 9 Abs. 4 Satz 6 EStG). Geschieht dies nicht, so ist die der Wohnung örtlich am nächsten liegende Tätigkeitsstätte (§ 9 Abs. 4 Satz 7 EStG) die erste Tätigkeitsstätte.
- Für Fahrten zwischen Wohnung und erster Tätigkeitsstätte kann nur die Entfernungspauschale von 0,30 € bzw. 0,35 € ab dem 21. Entfernungskilometer geltend gemacht werden (§ 9 Abs. 1 Satz 3 Nr. 4 EStG).

Pauschalen für Verpflegungsmehraufwand nach § 9 Abs. 4a EStG

- Eintägige Auswärtstätigkeiten ab einer Abwesenheit von mehr als acht Stunden = 14 €
- Mehrtägige Auswärtstätigkeiten für den An- und Abreisetag = 14 €
- Für Kalendertage mit 24-stündiger Abwesenheit = 28 €
- Übernachtungskostenpauschale (Arbeitnehmer) = 20 €.

Auslandsreisekosten (Auszug) 2022 in €[1]		
Auszug	Pauschbeträge für Verpflegungsmehraufwendungen bei einer Abwesenheitsdauer je Kalendertag von		Pausch-betrag für Über-nachtungs-kosten
Land	mindestens 24 Std.	Für den An- und Abreisetag sowie bei einer Abwesenheit von mehr als 8 Stunden pro Kalendertag	
Belgien	42,00	28,00	135,00
Brasilien	57,00	38,00	127,00
Dänemark	58,00	39,00	143,00
Frankreich Paris	44,00 58,00	29,00 39,00	115,00 152,00
Griechenland	36,00	24,00	135,00
Großbritannien London	45,00 62,00	30,00 41,00	115,00 224,00
Irland	58,00	39,00	129,00
Israel	66,00	44,00	190,00
Italien, Rom	40,00	27,00	135,00
Kanada	47,00	32,00	134,00
Luxemburg	47,00	32,00	130,00
Niederlande	47,00	32,00	122,00
Norwegen	80,00	53,00	182,00
Österreich	40,00	27,00	108,00
Polen Warschau	29,00 29,00	20,00 20,00	60,00 109,00
Portugal	36,00	24,00	102,00
Schweden	50,00	33,00	168,00
Schweiz	64,00	43,00	180,00
Spanien	34,00	23,00	115,00
Südafrika	22,00	15,00	94,00
Tschechische Republik	35,00	24,00	94,00
Ungarn	22,00	15,00	63,00
Vereinigte Staaten New York	51,00 58,00	34,00 39,00	138,00 282,00

---

1 Vgl. BMF-Schreiben v. 15.11.2021 nach dem Bundereisekostengesetz zum 01.01.2022 nicht neu festge-setzt.

Fall 64: Der Exportfall nach Frankreich

Die Trierer Maschinenfabrik AG, die Maschinen für die Herstellung von Fliesen anfertigt, hat eine Maschine an einen französischen Unternehmer zum Preis von 350.000 € verkauft.

Vereinbarungsgemäß wird die Maschine von der Trierer Unternehmung mit eigenem Fahrzeug nach Metz geliefert.

Das Rechnungsdatum lautet auf den 05.08.01. Dem Kunden wird ein Zahlungsziel von 60 Tagen eingeräumt. Der Kunde zahlt pünktlich zum 05.10.01.

1. Welche Angaben muss die Rechnung weiter enthalten?

2. Wie ist der Vorgang am 05.08.01 zu buchen?

3. Wie ist am 05.10.01 bei Zahlungseingang zu buchen?

4. Welche Bedeutung hat in diesem Zusammenhang die Zusammenfassende Meldung?

5. Ergeben sich Unterschiede in der umsatzsteuerlichen Behandlung, wenn der französische Unternehmer die Maschine in Trier abholt?

6. Wie ist die umsatzsteuerliche Beurteilung, wenn die Maschine vom Trierer Unternehmer installiert wird. Die Kosten hierfür sind im Preis enthalten.

Lösung s. Seite 455

Tangierende Problemkreise:

▶ Innergemeinschaftliche Lieferungen in der USt-Voranmeldung

▶ Ort der Lieferung.

Umsatzsteuer-Binnenmarktgesetz

▶ Innergemeinschaftliche Lieferungen

▶ Innergemeinschaftlicher Erwerb

▶ Ausfuhr in ein Drittland

▶ Einfuhr aus dem Drittland.

Umsatzsteuerliches Ausland		
Unternehmer A	Unternehmer B	Unternehmer C
Inland	Übriges Gemeinschaftsgebiet	Drittland
Gemeinschaftsgebiet (EU-Staaten)		
Unternehmer A (Inland) liefert an Unternehmer B (übriges Gemeinschaftsgebiet)	Innergemeinschaftliche Lieferung ► steuerfrei ► Vorsteuerabzug.	
Unternehmer A (Inland) liefert an Unternehmer C (Drittland)	Ausfuhr in ein Drittland ► steuerfrei ► Vorsteuerabzug.	
Unternehmer B (übriges Gemeinschaftsgebiet) liefert an Unternehmer A	Innergemeinschaftlicher Erwerb ► steuerpflichtig (Erwerbsteuer) ► gleichzeitiger Vorsteuerabzug.	
Unternehmer C (Drittland) liefert an Unternehmer A (Inland)	Einfuhr aus Drittland ► Einfuhrumsatzsteuer ► Einfuhrumsatzsteuer = Vorsteuerabzug.	

Fall 65: Der Exportfall in die Schweiz

Der deutsche Unternehmer Horst Krause verkauft an eine Schweizer Bank eine Computeranlage (Hardware).

Die Verkaufskalkulation in Euro ergibt einen Gesamtbetrag von 85.000 €.

Die Anlage wird von der Firma Krause nach Zürich geliefert.

Die Rechnung wird in Euro erstellt.

Vereinbarungsgemäß überweist die Schweizer Bank den Rechnungsbetrag nach der Zahlungsfrist von 30 Tagen unter Abzug von 2 % Skonto. Wegen einer Beanstandung erfolgt außerdem ein Abzug von 2.500 €.

1. Wie ist der Vorgang umsatzsteuerlich zu beurteilen?

2. Wie ist der Vorgang bei Lieferung zu buchen?

3. Wie ist der Vorgang bei Zahlungseingang zu buchen?

4. Welches Risiko würde vorliegen, wenn die Rechnungserstellung in Schweizer Franken erfolgte?

Datev-Buchungsliste								
Soll	Haben	S	U	Gegenkonto	B. Nr.	Konto	Skonto

Lösung s. Seite 461

Tangierende Problemkreise:

► Umsatzsteuerliche Bestimmungen bei einer Ausfuhrlieferung

► Erfassung der Ausfuhrlieferungen in der USt-Voranmeldung.

Leistungsaustausch mit Drittländern		
Inland	Übriges Gemeinschaftsgebiet	Drittländer
	► Belgien	► z. B.
	► Bulgarien	► Schweiz
	► Dänemark	► USA
	► Deutschland	► Russland
	► Estland	► Türkei
	► Finnland	► Vereinigtes Königreich
	► Frankreich	
	► Griechenland	► usw.
	► Irland	
	► Italien	
	► Kroatien	
	► Lettland	
	► Litauen	
	► Luxemburg	
	► Malta	
	► Niederlande	
	► Österreich	
	► Polen	
	► Portugal	
	► Rumänien	
	► Schweden	
	► Slowenien	
	► Spanien	
	► Slowakische Republik	
	► Tschechische Republik	
	► Ungarn	
	► Zypern.	
Export: Steuerfreie Ausfuhr (§ 4 Nr. 1 Buchst. a i. V. m. § 6 UStG)		
Import: Steuerpflichtige Einfuhr (EStG – § 1 Abs. 1 Nr. 4 UStG)		
Innergemeinschaftliche Lieferung ⟶ Steuerfrei (§ 4 Nr. 1b i. V. m. § 6a UStG)		
Innergemeinschaftlicher Erwerb ⟵ Steuerbar und steuerpflichtig (§ 1 Abs. 1 Nr. 5 UStG mit Vorsteuerabzug)		

Fall 66: Ein Unternehmer wendet das Reverse-Charge-Verfahren an[1]

Emil Grafiker betreibt in Hessen ein Unternehmen, in dem Zeichnungen angefertigt werden, die insbesondere auch bei der Herstellung und Illustration von Kinderbüchern verwendet werden.

Mit seinen Werken ist er auch innerhalb der EU erfolgreich. So hat er auch einen größeren Auftrag eines Verlages aus Paris erhalten. Der Auftrag besteht darin, ein Kinderbuch mit entsprechenden Illustrationen auszustatten. Seine Vorschläge und Ergebnisse übermittelt er dem Verlag per E-Mail als PDF-Datei.

Für seine Tätigkeit erhält er eine vertragliches Honorar i. H. v. 5.000 €, netto.

Wie ist der Vorgang umsatzsteuerlich zu beurteilen?

Informationen:
Reverse-Charge-Verfahren bedeutet **in bestimmten Fällen** die **Umkehrung** der Steuerschuldnerschaft; auch als Abzugsverfahren bezeichnet (**§ 13b UStG**). Im Normalfall ist der leistende Unternehmer Steuerschuldner.

Normalfall			
Verkäufer		$\leftrightarrow$	**Käufer**
↓			↓
Nettobetrag	1.000 €	Nettobetrag	1.000 €
+ 19 % USt	190 €	+ 19 % USt	190 €
Bruttorechnungsbetrag	1.190 €	Bruttorechnungsbetrag	1.190 €
↓		↓	
abzuführen an das Finanzamt	190 €	USt-Erstattung durch das Finanzamt	190 €
(USt-Schuld)		**(Vorsteuerabzug)**	

Umkehr der Steuerschuldnerschaft			
Verkäufer		$\leftrightarrow$	**Käufer**
↓			↓
Nettobetrag	1.000 €	Nettobetrag	1.000 €
		+ 19 % USt	190 €
		Bruttorechnungsbetrag	1.190 €
		↓	
		USt an das Finanzamt	190 €
		(USt-Schuld)	
		USt-Erstattung durch das Finanzamt	190 €
		(Vorsteuerabzug)	

---

[1] Vgl. Wirtschaftslexikon (Gabler: Reverse-Charge-Verfahren).

Anwendungsregeln für das Verfahren:

▸ Bei grenzüberschreitenden Katalogleistungen besteht unter bestimmten Umständen für alle Mitgliedsstaaten Anwendungspflicht

▸ Bei übrigen grenzüberschreitenden Geschäften ist den Mitgliedstaaten die Einführung erlaubt

▸ Die Anwendung auf weitere Fallkonstellationen ist EG-rechtlich nur gestattet, wenn es hierfür als Maßnahme zur Verhinderung von Steuerumgehung oder Steuerhinterziehung oder als Maßnahme zur Steuervereinfachung von der EG genehmigt worden ist.

Bezüglich der umsatzsteuerlichen Belastung besteht kein Unterschied zwischen dem Reverse-Charge-Verfahren und der normalen Umsatzsteuer.

Zunächst ist zu prüfen, ob das Reverse-Charge-Verfahren im betreffenden Mitgliedstaat gestattet ist.[1]

Bei der Rechnungserstellung ist u. a. **§ 14a Abs. 1 und 3 UStG** zu beachten „Zusätzliche Pflichten bei der Ausstellung von Rechnungen in besonderen Fällen":

▸ UID-Nummer und UID-Nummer des Empfängers

▸ Nettobetrag ohne Angabe eines Steuersatzes

▸ Rechnung mit einem Hinweis zum Reverse-Charge-Verfahren (Steuerschuldnerschaft des Leistungsempfängers).

Auswirkung:
Nicht der leistende Unternehmer, sondern der Leistungsempfänger muss die Umsatzsteuer entrichten.

Folgen:
Der leistende Unternehmer stellt dem Leistungsempfänger nur das **Nettoentgelt** in Rechnung. Daraus resultiert für den Leistungsempfänger eine Umsatzsteuerschuld gegenüber seinem Finanzamt. Bei Vorsteuerberechtigung kann allerdings die Umsatzsteuer als Vorsteuer geltend gemacht werden.

---

[1] Das Reverse-Charge-Verfahren wird auf Telekommunikationsdienstleistungen gem. § 13b Abs. 1 i. V. m Nr. 12 Satz 6 UStG ausgeweitet (BMF-Schreiben v. 23.12.2020).

Vorteile des Abzugsverfahrens:
Der leistende Unternehmer muss den Umsatzvorgang nicht seinem Finanzamt gegenüber deklarieren.

Das Verfahren ist besonders bei **grenzüberschreitenden Umsatzvorgängen** vorteilhaft, weil auch der ausländisch leistende Unternehmer keinen Kontakt zum deutschen Finanzamt herstellen muss.

Somit handelt es sich um eine Vereinfachung für grenzüberschreitende Geschäfte.

Steuerpflichtige sonstige Leistung an einen anderen Unternehmer im EU-Ausland ,für die der Leistungsempfänger die Umsatzsteuer schuldet, sind in die „**Zusammenfassende Meldung**" (ZM) mit aufzunehmen. (Meldezeitraum bis zum 25. Tag nach Ablauf eines jeden Kalendervierteljahres – **§ 18 a UStG**). Dies dient der Kontrolle dieser Umsätze.

Ab 01.01.2019 sind steuerpflichtige Umsätze, für die der Leistungsempfänger die Steuer nach **§ 13b Abs. 5 UStG** schuldet, vom **leistenden Unternehmer** im Vordruckmuster USt 1 A **insgesamt** in der **Zeile 39** anzugeben.

39	Steuerpflichtige Umsätze für die der Leistungsempfänger die Steuer nach § 13 b Abs. 5 UStG schuldet

Lösung s. Seite 462

Anlagengitter

Bilanz-posten	Historische AK/HK	Zugänge (+)	Abgänge (-)	Umbuchun-gen (+/-)	Abschrei-bungen ku-muliert (-)	Zuschrei-bungen (+)	Abschrei-bungen d. Abschluss-jahres (-)	Buchwert 31.12.20..	Buchwert Vorjahr

Fall 67: Der Computerkauf in den USA

Ein Berliner Unternehmer kauft am 16.01.2017 eine Computeranlage von einer amerikanischen Firma aus Detroit.

Die amerikanische Firma erteilt folgende Rechnung:

1 Computeranlage	43.500 USD
Frachtkosten bis Hafen Hamburg	1.430 USD
= Summe	**44.930 USD**

Den Transport von Hamburg nach Berlin übernimmt ein Spediteur. Dieser erteilt folgende Rechnung:

1. Fracht Hamburg-Berlin	600,00 €
2. Einfuhrumsatzsteuer (19 % von 42.503,07 €)	8.075,58 €
3. Speditionsversicherung	20,00 €
4. Zollabfertigung	50,00 €
5. Vorlageprovision (1,5 %) von 8.075,58 €	121,13 €
= Summe	**8.866,71 €**
+ 19 % USt von 791,13 €	150,31 €
= Rechnungsbetrag	**9.017,02 €**

Die Rechnungen werden unverzüglich ohne Abzug von Skonto beglichen.

1. Berechnen Sie die Anschaffungskosten! Referenz-Kurse Euro: Geld (1,0571) - Brief (1,0631).

2. Kontieren Sie die Vorgänge!

3. Erstellen Sie einen Abschreibungsplan bei einer betriebsgewöhnlichen Nutzungsdauer von fünf Jahren und der höchstmöglichen AfA!

4. Kontieren Sie die Abschreibung des 1. Jahres!

Abschreibungsplan	
Text	
Anschaffungskosten	
- AfA 1. Jahr	
= Restbuchwert n. d. 1. Jahr	
- AfA 2. Jahr	
= Restbuchwert n. d. 2. Jahr	
- AfA 3. Jahr	
= Restbuchwert n. d. 3. Jahr	
- AfA 4. Jahr	
= Restbuchwert n. d. 4. Jahr	
- AfA 5. Jahr	
= Restbuchwert n. d. 5. Jahr	

Lösung s. Seite 463

Tangierende Problemkreise:

▸ Teilwertabschreibung auf eine Computeranlage

▸ Bilanzierung von Software.

Bestimmung des Teilwertes (§ 6 Abs. 1 Nr. 1 EStG)
Voraussichtlich dauernde Wertminderung, Wertaufholungsgebot
(nach BMF-Schreiben **16.07.2014** IV C 6 - S 2171-b/09/10002)

▸ **Legaldefinition:** Teilwert ist der Betrag, den der Erwerber des ganzen Betriebes im Rahmen des Gesamtkaufpreises für das einzelne Wirtschaftsgut ansetzen würde; dabei ist davon auszugehen, dass der Erwerber den Betrieb fortführt (**§ 6 Abs. 1 Nr. 1 Satz 3 EStG**).

▸ Der Teilwertbegriff beinhaltet somit die **Fiktion**, dass der Betrieb veräußert wird.

▸ **Kernaussage:** Der niedrigere Teilwert kann nur angesetzt werden, wenn eine **voraussichtlich dauernde Wertminderung vorliegt (§ 6 Abs. 1 Nr. 1 Satz 2 und Nr. 2 Satz 2 EStG).**

▸ **Eine voraussichtlich dauernde Wertminderung** bedeutet ein voraussichtlich nachhaltiges Absinken des Wertes des Wirtschaftsgutes unter den maßgeblichen Buchwert; eine nur vorübergehende Wertminderung reicht für eine Teilwertabschreibung nicht aus (vgl. auch § 253 Abs. 3 HGB).

▸ Die Wertminderung ist **voraussichtlich nachhaltig**, wenn der Steuerpflichtige hiermit aus der Sicht am Bilanzstichtag aufgrund objektiver Anzeichen ernsthaft zu rechnen hat. Grundsätzlich ist davon auszugehen, wenn der Wert des WG die Bewertungsobergrenze (AK oder HK abzgl. AfA) während eines erheblichen Teils der Restnutzungsdauer nicht erreicht. Werterhellende Erkenntnisse bis zum Zeitpunkt der Aufstellung der Handelsbilanz sind zu berücksichtigen.

▸ **Teilwertvermutung:** Die Finanzbehörde unterstellt, dass der Teilwert den AK/HK bzw. den fortgeführten AK/HK (- AfA) entspricht. **Damit hat der Steuerpflichtige die Beweislast.**

Nach dem vorgenannten BMF-Schreiben werden konkret folgende Lösungen angedient:

▸ Für **WG des nicht abnutzbaren Anlagevermögens** ist grundsätzlich darauf abzustellen, ob die Gründe für eine niedrigere Bewertung voraussichtlich anhalten werden (siehe dazu Beispiel 2 im BMF-Schreiben).

▸ Für **WG des abnutzbaren Anlagevermögens** kann von einer voraussichtlich dauernden Wertminderung ausgegangen werden, wenn der Wert des jeweiligen WG zum Bilanzstichtag mindestens für die halbe Restnutzungsdauer unter dem planmäßigen Restbuchwert liegt (siehe dazu Beispiel 1 und 3 im BMF-Schreiben).

▸ Bei **börsennotierten Aktien des Anlagevermögens** ist von einer voraussichtlich dauernden Wertminderung auszugehen, wenn der Börsenwert zum Bilanzstichtag unter den Wert zum Zeitpunkt des Erwerbs gesunken ist und der Kursverlust die Bagatellgrenze von **5 %** überschreitet (siehe dazu Beispiel 5 im BMF-Schreiben).

► Bei der Bewertung des Vorratsvermögens (Roh-, Hilfs- und Betriebsstoffe, Ware) sind zwei Situationen zu unterscheiden:

1. Sind die Einkaufspreise am Bilanzstichtag gesunken, so entspricht der Teilwert in der Regel den Wiederbeschaffungskosten (R 6.8 Abs. 2 Satz 1 EStR).

2. Der voraussichtlich erzielbare Verkaufspreis deckt nicht den noch nach dem Bilanzstichtag anfallenden Aufwand und den durchschnittlichen Unternehmergewinn (R 6.8 Abs. 2 Satz 3 - 6 EStR).

   Dabei gilt die Formel:

$$\text{Teilwert (Z)} = \frac{\text{Voraussichtlich erzielbarer VP}}{(1 + Y1 + Y2 \cdot W)}$$

Z = erzielbarer VP

Y1 = Durchschnittsunternehmergewinn %

Y2 = Rohgewinnaufschlagrest

W = Prozentsatz an Kosten, der nach Abzug des durchschnittlichen Unternehmergewinns % nach dem Bilanzstichtag anfällt

Vgl. dazu: Beispiel in H 6.8 EStH

► Bei der **Bewertung der Forderungen** wird der Teilwertgedanke insbesondere bei der Pauschalwertberichtigung durch folgende Elemente begründet:

1. das noch vorhandene latente Ausfallrisiko

2. der noch mögliche Skontoabzug

3. der innerbetriebliche Zinsverlust

4. die noch anfallenden Inkassokosten

► Bei der **Bewertung eines Wertpapierbestandes** geht man vom Kurswert am Bilanzstichtag aus. Da der Erwerber auch die Kaufnebenkosten tragen müsste, sind diese ebenfalls einzubeziehen. In der Steuerbilanz sind die Erkenntnisse zwischen Bilanzstichtag und Bilanzaufstellung (wertaufhellende Erkenntnisse) zu beachten.

In der Handelsbilanz gilt das strenge Niederstwertprinzip.

Es ist zu unterscheiden zwischen Wertpapieren des Anlage- und Umlaufvermögens.

- Handelsbilanz: § 253 Abs. 3 Satz 3 und 4 HGB
  → Anlagevermögen: Wahlrecht bei vorübergehender Wertminderung; niedrigerer Wert bei voraussichtlich dauernder Wertminderung
  → Umlaufvermögen: **Ansatz des niedrigeren Wertes bei dauernder und vorübergehender Wertminderung.**

- Steuerbilanz: § 6 Abs. 1 Nr. 2 EStG:
  → Anlagevermögen: Wahlrecht bei voraussichtlich dauernder Wertminderung
  → Umlaufvermögen: bei nur vorübergehender Wertminderung besteht Abschreibungsverbot; bei voraussichtlich dauernder Wertminderung besteht Wahlrecht zum Ansatz des niedrigeren Teilwertes

▸ Bei der **Bewertung von Devisen** wird der Teilwert sowohl auf der Aktiv- als auch auf der Passivseite vom Geldkurs (Passivseite) bzw. Briefkurs (Aktivseite) am Bilanzstichtag bestimmt.

Fall 68: Grenzüberschreitende Leistungen und Reverse Charge

Otto Glanz ist Inhaber einer Lackiererei und hat seinen Firmensitz in Aachen.

Zur umsatzsteuerlichen Beurteilung legt er Ihnen folgende Sachverhalte vor:

Sachverhalt 1:
Für einen belgischen Hersteller von Rennrädern der Marke Eddy Merz, Brüssel, lackierte er 1.000 Rennradrahmen. Der belgische Unternehmer stellte den Speziallack. Hierfür wurden 75.000 € in Rechnung gestellt.

Sachverhalt 2:
Für eine Privatperson aus dem benachbarten Belgien lackierte er dessen Pkw für 1.800 €.

Sachverhalt 3:
Er erhielt auch einen Lackierauftrag für einen Speziallack von einem Schweizer Unternehmen. Hierfür wurden 7.500 € in Rechnung gestellt.

1. Wie sind die Vorgänge umsatzsteuerlich zu beurteilen?
2. Wie sind die Beträge in der Voranmeldung zu erfassen?
3. Welche Konten werden im SKR 03 bzw. SKR 04 benötigt?

Lösung s. Seite 464

Tangierende Problemkreise:
▸ Ort der sonstigen Leistung
▸ Werklieferung und Werkleistung.

Ort der sonstigen Leistung
Begriff: § 3 Abs. 9 UStG : Leistungen, die keine Lieferungen sind

Leistung ist die Erfüllung einer Verpflichtung durch:
▸ Tun
▸ Dulden oder
▸ Unterlassen.

 RECHTSGRUNDLAGEN

    ▸ § 3a UStG (Ort der sonstigen Leistung)
    ▸ § 3b UStG (Ort der Beförderungsleistung).

Ab dem 01.01.2010 ist zwischen Leistungen an steuerpflichtige Unternehmer (sog. „B2B-Leistung" = business to business) und an nicht steuerpflichtige Personen (sog. „B2C-Leistung" = business to customer) zu unterscheiden.

Gliederung des § 3a UStG:

▸ Allgemeiner Grundsatz: Ort der Leistung ist dort, wo der Unternehmer sein Unternehmen betreibt (§ 3a Abs. 1 Satz 1 UStG): gilt für **B2C-Umsätze (Umsätze an Private)**

▸ Für **B2B-Umsätze (Umsätze an Unternehmer)** gilt der Ort des Leistungsempfängers (§ 3a Abs. 2 UStG)

▸ Sonderregelungen (Ausnahmetatbestände) haben jedoch Vorrang: § 3a Abs. 3 - 7 und § 3b, 3e und 3f UStG.

Prüfraster für den Ort der sonstigen Leistung:

▸ **1. Arbeitsschritt:**
Liegt eine sonstige Leistung i. S. d. § 3 Abs. 9 UStG vor? Abgrenzung zu einer Lieferung bzw. Werklieferung herstellen!

▸ **2. Arbeitsschritt:**
Unterscheidung, ob eine sonstige Leistung gegenüber einem Unternehmer (business to business (B2B-Umsatz)) oder an einen Nichtunternehmer (business to consumer (B2C-Umsatz)) vorliegt.

▸ **3. Arbeitsschritt:**
Trifft ein Ausnahmetatbestand nach § 3a Abs. 3 bis 7 UStG oder § 3b und § 3f UStG zu?

▸ **4. Arbeitsschritt:**
Liegt kein Ausnahmetatbestand vor, gilt die Grundregel für B2B-Umsätze nach § 3a Abs. 2 UStG (Empfängerortprinzip) und für B2C-Umsätze nach § 3a Abs. 1 UStG (Sitz des leistenden Unternehmers).

Ausnahmen bei dem Ort der sonstigen Leistung		
2.1 Leistung an Unternehmer		
UStG	**Art der sonstigen Leistung**	**Ort der sonstigen Leistung**
§ 3a Abs. 3 Nr. 1 UStG	sonst. Leistungen im Zusammenhang mit Grundstücken	Ort des betroffenen Grundstücks
§ 3a Abs. 3 Nr. 2 UStG	kurzfristige Vermietung eines Beförderungsmittels	Ort an dem das Beförderungsmittel zur Verfügung gestellt wird
§ 3a Abs. 3 Nr. 3a UStG	kulturelle, künstlerische, sportliche, lehrende oder ähnliche Leistung sowie Leistungen im Zusammenhang mit Messen etc.	Ort an dem der Leistende seine Leistung tatsächlich erbringt

Ausnahmen bei dem Ort der sonstigen Leistung		
2.1 Leistung an Unternehmer		
UStG	**Art der sonstigen Leistung**	**Ort der sonstigen Leistung**
§ 3a Abs. 3 Nr. 3b UStG	Abgabe von Speisen und Getränken (Ausnahme: Ausgabe in Beförderungsmitteln innerhalb der EU, z. B. Flugzeuge, Schiffe oder Bahn)	Ort an dem der Unternehmer seine Leistung tatsächlich erbringt
§ 3b UStG	Beförderung von Personen	Ort der Beförderungsstrecke (Aufteilung in In- und Auslandsstrecke kann erforderlich werden)

Ausnahmen bei dem Ort der sonstigen Leistung		
2.2 Leistung an Privatkunden		
§ 3a Abs. 3 Nr. 3c UStG	Arbeiten an und Begutachtung von beweglichen, körperlichen Gegenständen	Ort an dem der Unternehmer seine Leistung tatsächlich erbringt
§ 3a Abs. 3 Nr. 4 UStG	Vermittlungsleistungen	Leistungsort dort, wo der vermittelte Umsatz ausgeführt wird
§ 3a Abs. 5 UStG	auf elektronischem Weg erbrachte sonstige Leistung	vgl. Liste der Katalogleistungen
§ 3a Abs. 4 UStG	verbleibende sonstige Leistungen	Leistungsort befindet sich dort, wo der Empfänger seinen Wohnsitz hat

Fall 69: Der Park des Geschäftsinhabers wird gepflegt

Der Bauunternehmer Klaus Protz besitzt eine Villa mit einer ausgedehnten Parkanlage. Diese dient ihm nicht zuletzt auch zur Erholung von seiner anstrengenden unternehmerischen Tätigkeit. Sie wird auch bisweilen zur Durchführung von Grillpartys mit seinen Geschäftsfreunden genutzt.

Die Anlage lässt er während des ganzen Jahres von seinen Arbeitern pflegen. Diese Tatsache hat er in keiner Weise in seiner Buchführung berücksichtigt, weil er den ganzen Vorgang als eine betriebliche Angelegenheit gewertet hat.

1. Worauf wirkt es sich aus, wenn der genannte Vorgang im Rechnungswesen unberücksichtigt bleibt?

2. Die Arbeitsstunden sind aus Kontrollgründen aufgezeichnet worden. Insgesamt wurden im Kalenderjahr 240 Stunden in der Parkanlage gearbeitet.

   Welche weiteren Informationen benötigen Sie, um den Vorgang bilanzsteuerrechtlich und umsatzsteuerrechtlich ordnungsgemäß zu bearbeiten?

3. Wie ist der Vorgang ggf. buchtechnisch zu behandeln?

4. Begründen Sie die erforderlichen Entscheidungen!

Buchungsliste								
Soll	Haben	S	U	Gegenkonto			B. Nr.	Konto	Skonto

Lösung s. Seite 466

Tangierende Problemkreise:

► Entnahme von Gegenständen und Leistungen aus umsatzsteuerlicher Sicht

► Inhalt des § 12 EStG.

Betriebs- und Privatausgaben

 MERKE

Abgrenzung zwischen Betriebsausgaben und Privatausgaben
Problematik entsteht nur, wenn Privatausgaben aus dem Betriebsvermögen getätigt werden. Der Unternehmer hat das Recht, sein Betriebsvermögen für private Zwecke einzusetzen.

In der betriebswirtschaftlichen Beratung ist darauf Wert zu legen, dass die Privatentnahmen nicht den Gewinn übersteigen. Dies geht zulasten der Substanz des Betriebes und gefährdet damit die Existenz des Betriebes. Auch lässt die vollständige Entnahme der Gewinne keinen Spielraum für eigenfinanzierte Investitionen.

Beispiele

► Entnahme von Bargeld

► Überweisungen von privaten Versicherungsbeiträgen usw.

► Überweisung der ESt-Vorauszahlungen

► Verwendung des betrieblichen Pkw für private Zwecke

► Entnahme von Nutzungen.

Für die Abgrenzung von Betriebsausgaben und Privatausgaben spielt der § 12 EStG eine bedeutende Rolle: Das sog. Aufteilungsverbot bedeutet, dass nur in den Fällen, in denen sich der betriebliche Anteil von den Kosten der privaten Lebensführung leicht trennen lässt, eine Aufteilung erfolgen kann. In allen anderen Fällen gehört der Gesamtbetrag zu den nicht abzugsfähigen Ausgaben (Privatausgaben).

Praktische Konsequenz:
Werden aus dem Betriebsvermögen abgeflossene Finanzmittel, Sachmittel und Leistungen, die dem privaten Bereich zuzuordnen sind, nicht als Privatentnahme erfasst, so wird in gleicher Höhe der Gewinn zu niedrig ausgewiesen.

Anders ausgedrückt:
Der Unternehmer könnte einen Teil seiner Privatausgaben über die dadurch ersparten Steuern finanzieren.

Für die Buchung der Privatausgaben ist darauf zu achten, dass ein getrenntes Konto für eventuelle Privateinlagen einzurichten ist. Eine Saldierung auf einem Konto hat keinen Aussagewert.

Ebenfalls ist auf eine hinreichende Untergliederung des Privatkontos Wert zu legen, damit die Daten für die Steuererklärung (z. B. verschiedene Sonderausgaben) leicht zu ermitteln sind oder direkt in ein Softwareverbundsystem übernommen werden können.

Kontengruppe im:
- ► SKR 03: 1800
- ► SKR 04: 2100

Fall 70: Der Firmenwagen des Arbeitnehmers unter Berücksichtigung der Umsatzsteuer

In der täglichen Kanzleiarbeit werden Sie ständig mit dem Problem des dem Arbeitnehmer zur Verfügung gestellten Firmenwagens konfrontiert. Dabei ergeben sich folgende Problemkreise:

- ► Ertragssteuerrechtliche für den Unternehmer
- ► Lohnsteuerrechtliche für den Arbeitnehmer
- ► Sozialversicherungsrechtliche für den Arbeitnehmer
- ► Umsatzsteuerrechtliche für den Unternehmer.

Dabei stellen sich Ihnen u. a. folgende Fragen:

1. Nach welchen Methoden werden die lohnsteuerrechtlichen Beträge berechnet?
2. Was gilt für die Sozialversicherungen?
3. Wie kann die umsatzsteuerliche Bemessungsgrundlage berechnet werden?
4. Bearbeiten Sie die vorliegenden Sachverhalte!

Sachverhalt 1

Dem Arbeitnehmer Anton wird ein Firmen-Pkw für seine berufliche Tätigkeit zur Verfügung gestellt. Diesen kann er auch für Privatfahrten und Fahrten von seiner Wohnung zur Tätigkeitsstätte benutzen.

1. Wie ist dieser Vorgang in seiner Lohn-/Gehaltsabrechnung zu berücksichtigen?
2. Wie kann diese Nutzung rechentechnisch ermittelt werden?

Sachverhalt 2

Arbeitnehmer Anton hat sich entschlossen, für das kommende Jahr ein Fahrtenbuch zu führen. Er verspricht sich davon eine bessere Lösung.

1. In welcher Form kann er das Fahrtenbuch führen?
2. Welche Anforderungen sind an ein Fahrtenbuch zu stellen?
3. Welche Rechtsfolgen hat ein nicht ordnungsgemäß geführtes Fahrtenbuch?

Sachverhalt 3

Beim Arbeitnehmer Berta ist der geldwerte Vorteil nach der 1 %-Methode mit 5.400 € und für die Fahrten zwischen Wohnung und Arbeitsstätte mit 1.080 € ermittelt worden.

1. Welche umsatzsteuerlichen Folgen ergeben sich daraus für den Unternehmer?
2. Wie ist der Vorgang buchtechnisch zu erfassen?

Sachverhalt 4

Arbeitnehmer Cäsar führt ein ordnungsgemäßes Fahrtenbuch für seinen Dienstwagen. Dazu liegen folgende Angaben vor:

- Jahresfahrleistung: 40.000 km
- 200 Tage Fahrten zwischen Wohnung und Tätigkeitsstätte mit einer Entfernung von 15 km
- Gesamte Kfz-Kosten = 13.805 €
- Private Fahrten (ohne Fahrten zwischen Wohnung und Tätigkeitsstätte) 6.800 km.

1. Ermitteln Sie die umsatzsteuerliche Bemessungsgrundlage und die Umsatzsteuer!
2. Wie ist zu buchen?

Sachverhalt 5

Der Arbeitgeber überlässt seinem Arbeitnehmer Emil einen betrieblichen Pkw mit einem Listenpreis + Sonderausstattung in Höhe von 30.000 € auch zur privaten Nutzung. Es wird vereinbart, dass der Arbeitnehmer für privat gefahrene Kilometer 0,10 € zu zahlen hat. Der Arbeitnehmer fährt monatlich durchschnittlich 400 km.

Wie hoch ist der monatliche geldwerte Vorteil, wenn nach der 1 %-Regelung gerechnet wird?

Lösung s. Seite 468

Informationen:

▸ Überlässt der Unternehmer einen Firmenwagen an einen Arbeitnehmer auch zur privaten Nutzung, so liegt **lohnsteuerrechtlich** ein geldwerter Vorteil (Sachbezug) vor **(§ 8 Abs. 2 Satz 2 - 5 EStG, R 8.1 Abs. 9,10 LStR)**.

▸ Stellt die Nutzung des Firmenwagens lohnsteuerlich einen geldwerten Vorteil dar, so liegt auch **sozialversicherungsrechtlich** ein beitragspflichtiges Entgelt vor **(§ 1 SvEV).**[1]

▸ Die Berechnung des privaten Nutzungsanteils kann erfolgen **(§ 8 Abs. 2 EStG)**:

- nach der 1 %-Methode (pauschal)

- anhand eines Fahrtenbuches

▸ Überlässt der Unternehmer einen Firmenwagen an einen Arbeitnehmer auch zur privaten Nutzung, so liegt **umsatzsteuerlich** eine entgeltliche Leistung i. S. d. **§ 1 Abs. 1 UStG** vor (steuerbare sonstige Leistung). Diese unterliegt nach **§ 3 Abs. 9 Nr. 1 UStG** der Umsatzsteuer.[2]

Bemessungsgrundlage ist nach **§ 10 Abs. 2 Satz 2 UStG** der Wert der nicht durch Barlohn abgegoltenen Arbeitsleistung. Dieser Wert kann nach der Fahrtenbuchmethode oder nach der 1 %-Methode bzw. 0,03 %-Methode ermittelt werden.

- Wird der geldwerte Vorteil nach der 1 %-Methode ermittelt, so stellt dieser Wert einen Bruttowert (119 % – **Abschnitt 1.8 Abs. 8 UStAE**) dar, aus dem die Umsatzsteuer herauszurechnen ist. Eine pauschale Herausrechnung der nicht mit Vorsteuer belasteten Kosten ist unzulässig.

- Ist die Umsatzsteuer von den anteiligen Gesamtkosten (Fahrtenbuchmethode) zu berechnen, so stellen diese die Bemessungsgrundlage dar. Es handelt sich somit um einen Nettobetrag. Eine pauschale Herausrechnung der nicht mit Vorsteuer belasteten Kosten ist ebenfalls unzulässig.

▸ Liegt eine **Nutzungsvereinbarung** vor, nach der der Arbeitnehmer für privat gefahrene Kilometer ein **Nutzungsentgelt** (z. B. 0,20 € je km) zahlt, so reduziert sich entsprechend der geldwerte Vorteil. Dies gilt nicht für die vollständige oder teilweise Übernahme von Kfz-Kosten (R 8.1 Abs. 9 Nr. 4 Satz 1 und 2 LStR).

---

[1] Verordnung über die sozialversicherungsrechtliche Beurteilung von Zuwendungen des Arbeitgebers als Arbeitsentgelt.

[2] Das FG des Saarlandes (Beschluss v. 18.03.2019, 1 K 1208/16 beim EugH anhängig), lässt klären, ob es sich bei der Überlassung eines Dienstwagens an einen Arbeitnehmer um eine entgeltliche Leistung oder eine unentgeltliche Wertabgabe handelt. Nach erfolgtem EUGH Urteil vom 20.01.2021 - RS.C-288/19 liegt bei der Überlassung eines betrieblichen Kfz an einen Arbeitnehmer zur privaten Nutzung kein Entgelt und damit keine Leistung des Unternehmers an seinen Arbeitnehmer vor. Die Umsetzung des Beschlusses durch die Finanzbehörde bleibt abzuwarten.

Fall 71: Verkauf einer Computer-Konfiguration an einen französischen Privatmann

Der deutsche Unternehmer Max Schnell aus Kehl (Rhein) ist in der Computerbranche tätig. Aufgrund der geografischen Lage tätigt er einen ausgeprägten Umsatz in das benachbarte Frankreich.

So verkaufte er auch eine Computer-Konfiguration mit entsprechender Standard-Software an einen Kunden (Privatmann) aus Mühlhausen (Frankreich) für 4.500 €.

Der Kunde beförderte die Anlage mit eigenem Pkw nach Frankreich.

1. Wie ist der Sachverhalt umsatzsteuerlich zu beurteilen?
2. Wie ist der Vorgang zu kontieren?
3. Ändert sich etwas an der umsatzsteuerlichen Beurteilung, wenn Max Schnell die Computer-Konfiguration mit eigenem Fahrzeug nach Mühlhausen befördert? Dabei ist zu berücksichtigen, dass er die Lieferschwelle überschritten hat.
4. Wie ist dieser Vorgang zu kontieren?
5. Wie ist der Vorgang zu beurteilen, wenn die Lieferschwelle nicht überschritten ist?
6. Wie ist dieser Vorgang zu kontieren?

Kontierung 1							
Soll	Haben	S	U	Gegenkonto	B. Nr.	Konto	Skonto

Kontierung 2							
Soll	Haben	S	U	Gegenkonto	B. Nr.	Konto	Skonto

Kontierung 3							
Soll	Haben	S	U	Gegenkonto	B. Nr.	Konto	Skonto

Lösung s. Seite 470

Tangierende Problemkreise:

► Erwerbsschwelle

Prinzipien der Besteuerung in den Mitgliedstaaten	
Ursprungslandprinzip	**Bestimmungslandprinzip**
Die Besteuerung des Umsatzes erfolgt im Ursprungsland der Ware.	Die Besteuerung des Umsatzes erfolgt im Bestimmungsland der Ware.
Länder mit hohem Exportüberschuss bevorzugen dieses Prinzip, da sie den Export selbst versteuern.	Länder mit hohem Importüberschuss bevorzugen das Bestimmungslandprinzip, da sie den Import besteuern.
Regelung für eine Übergangszeit in den Mitgliedstaaten (Umstellung auf Ursprungslandprinzip vorgesehen)	
► Warenerwerbe privater Verbraucher auf Reisen in einem anderen EU-Mitgliedstaat	► Warenumsätze zwischen Unternehmern im grenzüberschreitenden Verkehr
► Grenzüberschreitende Versandumsätze an private Abnehmer bis zu einer bestimmten Höhe	► Innergemeinschaftliche Lieferungen von neuen Fahrzeugen (auch an private Abnehmer)
► Grenzüberschreitende Versandumsätze an nicht vorsteuerabzugsberechtigte Unternehmer bis zu einer bestimmten Höhe.	► Innergemeinschaftliche Lieferungen von verbrauchsteuerpflichtigen Waren an Letztverbraucher.

Steuerung der beiden Prinzipien über den Ort der Lieferung:

► § 3 Abs. 6 Satz 1 UStG (Befördern und Versenden) beinhaltet das Ursprungslandprinzip, weil der Ort der Lieferung am Beginn der Beförderung bzw. bei der Übergabe an den Beauftragten liegt.

► Zur Verwirklichung des Bestimmungslandprinzips verlegt § 3c UStG den Ort der Lieferung an das Ende der Beförderung oder Versendung.

Besonderheiten sind beim innergemeinschaftlichen Versandhandel zu beachten, wenn

► der Abnehmer eine Privatperson oder

► ein Abnehmer ist, der den innergemeinschaftlichen Erwerb nicht zu versteuern hat (§ 1a Abs. 3 u. 4 UStG).

Bedeutung der Lieferschwelle (ab 01.07.2021):

Die Lieferschwelle beträgt 10.000 €. Es werden alle Verkäufe in alle EU-Länder zusammengerechnet. Werden grenzüberschreitende Verkäufe von mehr als 10.000 € innerhalb eines Jahres getätigt, ist der Umsatzvorgang über die „One-Stop-Shop-Regelung" abzuwickeln. Das geschieht über ein nationales elektronisches Portal.

Fall 72: Der Vorsteuerabzug

Manfred Sauber hat sich in seinem Unternehmen auf Kücheneinrichtungen für die Gastronomie spezialisiert.

Er besitzt auch ein Wohn- und Geschäftshaus, das im Veranlagungszeitraum wie folgt genutzt wurde:

Das Erdgeschoss (100 qm) ist an einen Steuerberater zu einem monatlichen Mietpreis von 1.000 € vermietet.

Das 1. Obergeschoss (100 qm) ist an ein Rentnerehepaar für monatlich 500 € vermietet.

Das 2. Obergeschoss (2 • 50 qm) enthält zwei Appartements, die als Ferienwohnungen vermietet werden. Im Laufe des Jahres erzielte er Einnahmen in Höhe von 5.117 €.

Im Veranlagungszeitraum wurden eine Reihe von Reparaturen durchgeführt:

- Renovierung im Erdgeschoss   20.000 € netto
- Renovierung im 1. Obergeschoss   10.000 € netto
- Renovierung im 2. Obergeschoss   5.000 € netto

Außerdem hat Sauber in den beiden Ferienwohnungen zwei neue Kühlschränke eingebaut. Der Einkaufspreis betrug je Kühlschrank 560 €, netto.

Im Veranlagungszeitraum wurden auch für einen Fassadenanstrich 12.000 €, netto, aufgewendet.

Für das Betanken des Heizöltanks wurden weitere 2.800 €, netto, aufgewendet.

1. Stellen Sie die abzugsfähige Vorsteuer fest! Dabei ist davon auszugehen, dass Sauber soweit als möglich für die Umsatzsteuer optiert hat.

2. Berechnen Sie die abzuführende Umsatzsteuer bzw. den Steuererstattungsanspruch!

Lösung s. Seite 471

Tangierende Problemkreise:

- Abzugsumsätze und Ausschlussumsätze
- Option.

Vorsteuerabzug

 **MERKE**

Grundsatz: Unternehmer kann die Vorsteuer abziehen, wenn er auch seine Umsätze der USt unterwirft (Beachten der Voraussetzungen des § 15 Abs. 1 UStG).

Steuerbefreiungen schließen jedoch den Abzug nicht in allen Fällen aus bzw. lassen eine Option zu.

Umsätze und Abzugsfähigkeit der Vorsteuer		
Abzugsumsätze **(§ 15 Abs. 3 Nr. 1 u. 2 UStG)**	**Ausschlussumsätze** **(§ 15 Abs. 2 UStG)**	**Optionsumsätze** **(§ 9 Abs. 1 UStG)**
Umsätze, die den Vorsteuerabzug nicht ausschließen	Umsätze, die den Vorsteuerabzug ausschließen	Umsätze, bei denen der Unternehmer optieren kann
§ 4 Nr. 1 - 7 UStG § 25 Abs. 2 UStG § 26 Abs. 5 UStG § 4 Nr. 8 Buchst. a - g Nr. 10 oder Nr. 11 UStG	§ 4 Nr. 8 - 28 UStG	§ 4 Nr. 8 Buchst. a - g Nr. 9 Buchst. a Nr. 12, 13 und 19

Aufteilung der Vorsteuer in abzugsfähige und nicht abzugsfähige Teile (§ 15 Abs. 4 UStG)

▸ Aufteilung nach dem Prinzip der wirtschaftlichen Zuordnung (z. B. Verhältnis der Flächen bei einem Gebäude). Der Gesetzgeber spricht von einer sachgerechten Schätzung.

Berichtigung des Vorsteuerabzugs (§ 15a UStG)

▸ Änderung der Verwendung, die für den Vorsteuerabzug maßgeblich war

▸ Berichtigung des Vorsteuerabzugs für jedes Kalenderjahr der Änderung

▸ Fünf-Jahresfrist bei WG allgemein

▸ Zehn-Jahresfrist bei Grundstücken

▸ Für jedes Jahr der Änderung ist von einem Fünftel bzw. einem Zehntel der auf das Wirtschaftsjahr entfallenden Vorsteuer auszugehen.

Ändern sich bei einem WG, das nur einmalig zur Ausführung eines Umsatzes verwendet wird (WG des Umlaufvermögens), die für den ursprünglichen Vorsteuerabzug maßgebenden Verhältnisse, ist eine Berichtigung der Vorsteuer vorzunehmen (§ 15a Abs. 2 UStG).

Einschränkung des Vorsteuerabzugs

▶ **Nicht abziehbar sind Vorsteuerbeträge**, die auf Aufwendungen, für die das Abzugsverbot des § 4 Abs. 5 Satz 1 Nr. 1 bis 4, 7 oder des § 12 Nr. 1 des Einkommensteuergesetzes gilt, entfallen. Dies gilt nicht für Bewirtungsaufwendungen, soweit § 4 Abs. 5 Satz 1 Nr. 2 des Einkommensteuergesetzes einen Abzug angemessener und nachgewiesener Aufwendungen ausschließt.

▶ Bei Reisekosten des Unternehmers und seines Personals, soweit es sich um Verpflegungskosten, Übernachtungskosten oder um Fahrtkosten für Fahrzeuge des Personals handelt, kann die Vorsteuer unter den Voraussetzungen des § 15 Abs. 1 Nr. 1 EStG geltend gemacht werden, d. h. die Rechnungserteilung muss auf den Namen des Unternehmers erfolgen. Aus den Pauschalen kann keine Vorsteuer geltend gemacht werden.

Fall 73: USt-Fälle im Voranmeldungszeitraum

Neben den Umsätzen im Inland hat eine Maschinenfabrik mit Firmensitz in Trier im Voranmeldungszeitraum weitere Umsätze, die Sie umsatzsteuerlich beurteilen sollen.

1. Aus dem benachbarten Luxemburg wurden Fertigteile, die bei der Herstellung der Maschinen benötigt werden, gekauft. Der Luxemburger Unternehmer mit USt-IdNr. stellte 45.000 € in Rechnung.

2. Nach Belgien wurde eine Maschine an einen belgischen Unternehmer mit USt-IdNr. geliefert. Für die Maschine wurden 160.000 € in Rechnung gestellt.

3. Eine weitere Maschine wurde nach Polen geliefert. Der Verkaufspreis der Maschine betrug 140.000 €. Die Maschine wurde mit eigenem Fahrzeug nach Warschau befördert.

4. Weitere Fertigteile wurden bei einer Schweizer Firma eingekauft. Die Schweizer Firma stellte 35.000 € in Rechnung.

5. Es wurde auch eine Maschine in die USA geliefert. Vereinbarungsgemäß wurde die Rechnung in USD ausgestellt. Es wurden frei Hafen Hamburg 95.000 USD berechnet (Referenz-Kurse Euro: Geld = 1,0571, Brief = 1,0631).

    a) Beurteilen Sie vorstehende Sachverhalte umsatzsteuerlich!

    b) Verwenden Sie dabei ggf. die nebenstehende Lösungstabelle!

Lösung s. Seite 473

Tangierende Problemkreise:

▶ Zusammenfassende Meldung

▶ Problematik bei Rechnungserteilung in ausländischer Währung.

Arbeitsschritte zur Lösung eines umsatzsteuerlichen Sachverhalts		
1. Arbeitsschritt	Liegt ein Umsatz i. S. d. § 1 UStG vor? ► Lieferung oder ► sonstige Leistung ► Lieferungen i. S. d. § 3 Abs. 1b UStG und die sonstigen Leistungen i. S. d. § 3 Abs. 9a UStG ► Einfuhr ► Innergemeinschaftlicher Erwerb.	Bei Vorliegen eines Tatbestandes ist weiter zu überprüfen, ob die Tatbestandsmerkmale erfüllt sind.
2. Arbeitsschritt	Überprüfung der Steuerbarkeit Voraussetzungen bei Lieferungen und sonstigen Leistungen ► Unternehmer ► im Rahmen des Unternehmens ► Inland ► Entgelt.	Bei Vorliegen aller Voraussetzungen ist der Umsatz steuerbar. sonst: nicht steuerbar, damit Sachverhalt gelöst
3. Arbeitsschritt	Liegt ggf. eine Steuerbefreiung vor? ► Katalog des § 4 UStG beachten	Bei Vorliegen einer Steuerbefreiung ist der Sachverhalt gelöst, wenn nicht optiert wurde (§ 9 UStG). Die Bemessungsgrundlage ist festzustellen.
4. Arbeitsschritt	Liegt keine Steuerbefreiung vor, so ist der Sachverhalt steuerbar und steuerpflichtig.	Anwendung des Regelsteuersatzes oder des ermäßigten Steuersatzes.

Lösungstabelle								
Nr.	Art des Umsatzes §	Ort der Lieferung §	steuerbar §	steuerfrei §	steuerpflichtig §	Bemessungsgrundlage §	USt €	Vorsteuer ∑€
1								
2								
3								
4								
5								

Fall 74: Der Umsatz in der Flaschenbierhandlung

Frau Isolde Krause hat in ihrem Wohngebiet eine Marktlücke erkannt. Ihre bescheidene Rente aus der gesetzlichen Sozialversicherung will sie mit einem Getränkeverkauf aufbessern. Bei der Preisgestaltung will sie so vorgehen, dass der Einkauf bei ihr günstig ist, zumal weite Anfahrtswege für die Kunden nicht anfallen.

Frau Krause ist in ihren Entscheidungen sehr vorsichtig und hat eine Reihe von Fragen, die sie erst geklärt haben will, bevor sie in das Geschäft einsteigt.

Für die Lagerung und den Verkauf kann sie einen kleinen Raum in ihrer Wohnung entbehren. Sie wohnt in einem kleinen ihr gehörenden Einfamilienhaus.

Frau Isolde Krause hat folgende Fragen:

1. Wie ist diese Tätigkeit steuerlich einzustufen?
2. Bestehen bestimmte Anmeldepflichten?
3. Was ist umsatzsteuerlich zu beachten?
4. Haben die Einkünfte ggf. Auswirkungen auf die Besteuerung der Rente?
5. Bestehen Buchführungs- und Aufzeichnungspflichten?
6. Sie hat ein alternatives Angebot seitens der Getränkefirma:
   ► Verkauf auf Provisionsbasis oder
   ► als Eigenhändler.

Sie sucht Ihren Rat auch in dieser Frage!

Lösung s. Seite 474

Tangierende Problemkreise:

► Handelsreisender und Handelsvertreter
► Unterschied zwischen Buchführungs- und Aufzeichnungspflichten.

Der umsatzsteuerliche Kleinunternehmer (§ 19 UStG)

 MERKE

Umsatzsteuer wird bei Kleinunternehmern nicht erhoben[1]
Kleinunternehmer ist, dessen Umsatz i. S. d. § 19 Abs. 1 UStG

► im vorangegangenen Kalenderjahr 22.000 € nicht überstiegen hat und
► im laufenden Kalenderjahr 50.000 € voraussichtlich nicht übersteigen wird.

---

[1] Vgl. *Schweizer, R.*, Steuerlehre, 24. Auflage 2022, Kiehl, S. 670 ff.

Der Umsatz nach § 19 Abs. 1 UStG (Grundlage für die Entscheidung, ob Kleinunternehmereigenschaft vorliegt) berechnet sich wie folgt:

Ermittlung des Gesamtumsatzes	
	Steuerbare Umsätze nach § 1 Abs. 1 Nr. 1 UStG
-	Steuerfreie Umsätze nach § 4 Nr. 8i, 9b und 11 - 28 UStG
-	Steuerfreie Hilfsumsätze nach § 4 Nr. 8a bis 8 h, 9a und 10 UStG
=	**Gesamtumsatz nach § 19 Abs. 3 UStG**
-	Umsätze von Gegenständen des Anlagevermögens
=	**Umsatz nach § 19 Abs. 1 Satz 1 UStG**
+	darauf entfallende Umsatzsteuer
=	**Umsatz nach § 19 Abs. 1 Satz 1 UStG**

Bei den Bruttoerlösen ist von vereinnahmten Entgelten auszugehen.

Folgende Vorschriften finden folglich keine Anwendung:

► Keine Steuerbefreiung der innergemeinschaftlichen Lieferung (§ 4 Nr. 1 Buchst. b, § 6a)

► Kein Verzicht auf Steuerbefreiung nach § 9 UStG

► Kein gesonderter Steuerausweis in einer Rechnung nach § 14 UStG

► Keine Angabe einer USt-IdNr. in einer Rechnung (jedoch Steuernummer des leistenden Unternehmers)

► Kein Vorsteuerabzug

► Die Übertragung der Steuerschuld nach § 13b UStG gilt nicht, wenn bei dem Unternehmer, der die Umsätze ausführt, die Steuer nach § 19 Abs. 1 UStG (Kleinunternehmer) nicht erhoben wird (Grundregel).

Jedoch schulden Kleinunternehmer (§ 19 UStG) sowie Unternehmer, die ausschließlich steuerbefreite Umsätze erzielen als Leistungsempfänger die Umsatzsteuer nach § 13b UStG.

Option für die Regelbesteuerung möglich:

► Erklärung gegenüber dem Finanzamt bis zur Unanfechtbarkeit der Steuerfestsetzung (auch durch Abgabe einer Voranmeldung oder USt-Jahreserklärung, dass Regelbesteuerung gewünscht wird).

► Der Unternehmer ist an diese Option fünf Jahre gebunden.

► Die Option kann nur mit Wirkung vom Beginn eines Kalenderjahres widerrufen werden.

► Widerruf ist spätestens bis zur Unanfechtbarkeit der Steuerfestsetzung des Kalenderjahres zu erklären, für das er gelten soll.

Ausstellung von sog. Kleinbetragsrechnungen

Um Kleinbetragsrechnungen handelt es sich, wenn der Rechnungsbetrag **brutto 250 €** nicht überschreitet. Sie werden sowohl von normal umsatzsteuerpflichtigen Unternehmen als auch durch Kleinunternehmer (§ 19 UStG) erstellt.

Es fehlt der offene USt-Ausweis (Ausweis des Bruttobetrages).

Folgende Angaben müssen jedoch eine Kleinbetragsrechnung enthalten:

▸ vollständiger Name und die komplette Anschrift des Rechnungsstellenden

▸ ein Ausstellungsdatum für die Rechnung

▸ Art und Umfang der Leistung oder Lieferung

▸ **Brutto-Entgelt und darauf anfallender Steuerbetrag in einer Summe**

▸ bei einer Auflistung mehrere Posten reicht jeweils der Bruttopreis.

▸ der enthaltene Umsatzsteuersatz also z. B. 7 % oder 19 %, oder beides

▸ ein Hinweis auf die Steuerbefreiung z. B. nach **Kleinunternehmerregelung**, falls der Rechnungsstellende als **Kleinunternehmer** auftritt.

Folgende Angaben können entfallen:

▸ Anschrift und vollständigen Namen des Rechnungsempfängers

▸ **Steuernummer** oder **Umsatzsteuer-Identifikationsnummer**

▸ **Rechnungsnummer**

▸ Lieferzeitpunkt oder Leistungszeitraum

▸ Nettoentgelt und den Betrag der Umsatzsteuer

 **ACHTUNG**

Eine Angabe, wie „inklusive gesetzlicher Umsatzsteuer" oder „inklusive Regelsteuersatz" ist nicht ausreichend und eröffnet bei dem Leistungsempfänger keinen Vorsteuerabzugsanspruch.

Besser: Gemäß § 19 UStG (Kleinunternehmerregelung) wird keine Umsatzsteuer für den Rechnungsbetrag ausgewiesen."

Es ist jedoch auch § 14 c Abs. 2 UStG zu beachten, wobei bei einem unberechtigten Steuerausweis USt geschuldet wird.

 **RECHTSGRUNDLAGEN**

§ 14c Unrichtiger oder unberechtigter Steuerausweis

(2) Wer in einer Rechnung einen Steuerbetrag gesondert ausweist, obwohl er zum gesonderten Ausweis der Steuer nicht berechtigt ist (unberechtigter Steuerausweis), schuldet den ausgewiesenen Betrag. Das Gleiche gilt, wenn jemand wie ein leistender Unternehmer abrechnet und einen Steuerbetrag gesondert ausweist, obwohl er nicht Unternehmer ist oder eine Lieferung oder sonstige Leistung nicht ausführt.

Weitere Informationen

▸ Das Finanzamt ist über die Inanspruchnahme der Kleinunternehmerregelung zu informieren

▸ Fragebogen zur steuerlichen Erfassung (bei Gründung)-Formular-Management der Bundesfinanzverwaltung

▸ In dem Fragebogen kann auch der Verzicht auf die Anwendung der Kleinunternehmerregelung erklärt werden

▸ Zur nachträglichen Inanspruchnahme der Kleinunternehmerregelung reicht ein formloses Schreiben an das Finanzamt aus, mit dem Inhalt, dass von der Regelbesteuerung auf die Kleinunternehmerregelung übergegangen werden soll. Anschließend prüft das Finanzamt, ob die Voraussetzungen des § 19 UStG erfüllt sind

▸ Die Kleinunternehmerregelung gilt so lange, wie ihre Voraussetzungen erfüllt sind. Wenn der Umsatz die Kleinunternehmergrenze übersteigt, entfällt der Anwendungsanspruch

▸ Es besteht auch die Möglichkeit, zur Regelbesteuerung zu wechseln

▸ Hat sich der Unternehmer zur Kleinunternehmerregelung entschieden, so ist er fünf Jahre gebunden.

Fall 75: Ein deutscher Architekt plant für einen Spanier

Der deutsche Architekt Emil Findig wohnt in Trier. Seit vielen Jahren verbringt er seinen Urlaub in Ampuriabrava/Costa Brava (Spanien).

Ein spanischer Hotelier plant in Ampuriabrava den Bau eines größeren Hotelkomplexes und beauftragt den Trierer Architekten nach vielen Vorgesprächen mit der kompletten Planung und Abwicklung des Bauvorhabens.

Vereinbarungsgemäß wird nach der deutschen HAOI abgerechnet.

Die Gesamtkosten des Projekts können voraussichtlich mit umgerechnet 4.000.000 € angesetzt werden. Daraus ergibt sich ein Architektenhonorar von ca. 550.000 €.

Der Architekt wendet sich mit einer Reihe von Fragen an Sie!

1. Wie sind die Einnahmen ertragsteuerrechtlich beim Architekten zu behandeln?
2. Was muss der Architekt bezüglich der Umsatzsteuer beachten?
3. Welche Bedeutung hat die Zusammenfassende Meldung in diesem Zusammenhang?
4. Wie ist die Vorsteuer zu behandeln, die im Zusammenhang mit diesem Auftrag steht?
5. Welcher rechtliche Zusammenschluss wäre möglich, wenn der Architekt wegen des Auftragsumfangs einen Trierer Kollegen hinzuziehen würde?
6. Welche steuerlichen Konsequenzen würden sich daraus ergeben?

Lösung s. Seite 476

Tangierende Problemkreise:

▸ Ort der sonstigen Leistung

▸ Unbeschränkte und beschränkte Einkommensteuerpflicht.

Zusammenfassende Meldung

▸ Die ZM dient dem Umsatzsteuer-Kontrollverfahren in der EU.

▸ Unternehmer, die

- steuerfreie innergemeinschaftliche Warenlieferungen und/oder

- innergemeinschaftliche sonstige Leistungen und/oder

- Lieferungen i. S. d. § 25b Abs. 2 UStG im Rahmen von innergemeinschaftlichen Dreiecksgeschäften ausgeführt haben,

sind verpflichtet, eine Zusammenfassende Meldung (ZM) dem BZSt mit Dienstsitz in Saarlouis auf elektronischem Weg nach Maßgabe der Steuerdaten-Übermittlungsverordnung (StDÜV) zu übermitteln.

▸ Die ZM ist bis zum 25. Tag nach Ablauf jedes Meldezeitraums (25. Tag nach Ablauf des Kalendermonats; ggf. Dauerfristverlängerung von einem Monat) dem BZSt auf elektronischem Wege zu übermitteln; für sonstige Leistungen quartalsweise bis zum 25. Tag nach Ablauf des Kalendervierteljahres.

▸ Zur Vermeidung von unbilligen Härten kann das Finanzamt auf Antrag eine Ausnahme von der elektronischen Übermittlung gestatten. Soweit das Finanzamt nach § 18 Abs. 1 Satz 2 UStG auf eine elektronische Übermittlung der Umsatzsteuer-Voranmeldung verzichtet hat, gilt dies auch für die ZM.

▸ Kleinunternehmer (§ 19 Abs. 1 UStG) sind nicht zur Abgabe einer ZM verpflichtet.

▸ Für die Übermittlung ist seit dem 01.01.2013 eine Authentifizierung erforderlich.

► Voraussetzung für die Teilnahme am Verfahren ist die Zuteilung einer Teilnehmer-nummer.

► Der Vordruck für die Abgabe der ZM steht als Download auf der Internetseite des Bundeszentralamtes für Steuern bereit. Das Formular kann am PC ausgefüllt werden.

Umsatzsteuer-Identifikationsnummer (USt-IdNr.) Bitte 9 Ziffern eintragen

| 01 | D | E | | | | | | | | | |

Bundeszentralamt für Steuern
- Dienstsitz Saarlouis -

66738 Saarlouis

Zusammenfassende Meldung
über innergemeinschaftliche Warenlieferungen
und innergemeinschaftliche sonstige Leistungen
und innergemeinschaftliche Dreiecksgeschäfte

Unternehmer, Anschrift, Telefon (Angabe freiwillig)

| 02 | **201** |

(Bitte nur **einen Meldezeitraum** ankreuzen)

Jan.		April		Juli		Okt.	
Feb.		Mai		Aug.		Nov.	
März		Juni		Sept.		Dez.	

| Jan/Feb | | April/Mai | | Juli/Aug | | Okt/Nov | |

| 1. Quart. | | 2. Quart. | | 3. Quart. | | 4. Quart. | |

| Kalenderjahr | |

Berichtigung | 03 | |
(falls ja, bitte "x" eintragen)

Einlagebogen | 04 | Anzahl |

Anzeige nach § 18a Abs. 1 UStG

☐ Die in § 18a Abs. 1 Satz 2 enthaltene Regelung nehme ich nicht in Anspruch. Ich gebe die ZM künftig monatlich ab. Diese Anzeige bindet mich bis zum Zeitpunkt des Widerrufes, mindestens aber für die Dauer von 12 Kalendermonaten.

☐ Widerruf meiner Anzeige nach § 18a Abs. 1 UStG

Ich versichere, die Angaben in dieser Zusammenfassenden Meldung wahrheitsgemäß nach bestem Wissen und Gewissen gemacht zu haben.

Hinweis:
Wer vorsätzlich oder leichtfertig entgegen seinen Verpflichtungen gem. § 18 a Umsatzsteuergesetz (UStG) eine Zusammenfassende Meldung nicht, nicht richtig, nicht vollständig oder nicht rechtzeitig abgibt oder nicht bzw. nicht rechtzeitig berichtigt, handelt ordnungswidrig. Die Ordnungswidrigkeit kann mit einer Geldbuße bis zu 5.000 Euro geahndet werden (§ 26 a UStG).

Bei der Anfertigung dieser ZM hat mitgewirkt:

Name, Anschrift, Telefon (Angabe freiwillig)

Hinweis nach den Vorschriften der Datenschutzgesetze:
Die mit der Zusammenfassenden Meldung angeforderten Daten
werden aufgrund der §§ 149 ff Abgabenordnung (AO) und
§ 18 a UStG erhoben.
Die Angaben der Telefonnummern sind freiwillig.

| Einlagebogen Nr. | | | zur Zusammenfassenden Meldung für den Meldezeitraum |

02 **201**

	Jan.		April		Juli		Okt.	
Umsatzsteuer-Identifikationsnummer (USt-IdNr.) Bitte 9 Ziffern eintragen	Feb.		Mai		Aug.		Nov.	
	März		Juni		Sept.		Dez.	
01 D E	Jan/Feb		April/Mai		Juli/Aug		Okt/Nov	
	1. Quart.		2. Quart.		3. Quart.		4. Quart.	

Kalenderjahr

Berichtigung (falls ja, bitte "x" eintragen)   **03**

Meldung der Warenlieferungen vom Inland in das übrige Gemeinschaftsgebiet (§ 18a Abs. 7 Nr. 1 u. 2 UStG), der sonstigen Leistungen (§ 18a Abs. 7 Satz 1 Nr. 3 UStG) und der Lieferungen i.S.d. § 25 b Abs. 2 UStG im Rahmen innergemeinschaftlicher Dreiecksgeschäfte (18a Abs. 7Satz 1 Nr. 4 UStG)

Bitte beachten!

Sonstige Leistungen bzw. Dreiecksgeschäfte sind in Spalte 3 jeweils durch Eintragung der Ziffer "1" oder "2" entsprechend zu kennzeichnen. Wurden sowohl Warenlieferungen, sonstige Leistungen und/oder Dreiecksgeschäfte an denselben Unternehmer erbracht, sind diese in getrennten Zeilen anzugeben.

		1	2	3
Zeile	Länder-kenn-zeichen	USt-IdNr. des Erwerbers/ Unternehmers in einem anderen EU-Mitgliedstaat	Summe der Bemessungsgrundlagen volle EUR Ct	Sonstige Leistungen (falls JA, bitte **1** eintragen) ‑‑‑‑‑‑‑‑‑‑‑‑‑‑‑‑‑ Dreiecksgeschäfte (falls JA, bitte **2** eintragen)
1			■	
			■	

Fall 76: Der Gastwirt und sein Eigenbedarf

Bei der letzten Betriebsprüfung hat der Gastwirt Probleme mit seinem Rohaufschlagsatz. Der Betriebsprüfer war der Auffassung, dass aufgrund seines Wareneinsatzes erfahrungsgemäß und insbesondere in Anwendung der Richtsatzsammlung höhere Erlöse als aufgezeichnet angefallen sind.

Der Gastwirt wollte der Argumentation nicht folgen und argumentierte, dass schließlich die Getränke, die er und seine Familie selbst verbraucht haben, nicht zu Einnahmen geführt haben.

Der Gastwirt ist verheiratet und hat drei Kinder im Alter von eins, fünf und zehn Jahren.

Der Gastwirt wendet sich an Sie und möchte eingehend informiert werden, wie er sich in dieser Frage gegenüber der Finanzbehörde verhalten soll.

1. Erläutern Sie in diesem Zusammenhang die Richtsatzsammlung!

2. Erklären Sie dem Gastwirt den Aufbau der Pauschbeträge für die Warenentnahmen (Gleichstellung mit entgeltlichen Lieferungen)!

3. Was empfehlen Sie dem Gastwirt, wenn er der Auffassung ist, dass sein tatsächlicher Eigenbedarf niedriger ist als der pauschalierte Eigenverbrauch (Gleichstellung mit entgeltlicher Lieferung)?

4. Ordnen Sie den Eigenbedarf umsatzsteuerlich zu!

5. Was ist die Bemessungsgrundlage für die Entnahmen?

6. Erläutern Sie dem Gastwirt, inwieweit der Eigenbedarf eine Auswirkung auf seinen Gewinn hat! Dabei wird Gewinnermittlung nach § 5 EStG unterstellt.

Lösung s. Seite 477

Tangierende Problemkreise:

► Bewertung einer Entnahme nach dem EStG

► Bewertung einer Einlage nach dem EStG

► Auswirkung der Privatentnahmen auf die Kapitalstruktur des Unternehmens

► Wie sind Privatentnahmen und Privateinlagen beim Betriebsvermögensvergleich nach § 4 Abs. 1 EStG zu berücksichtigen?

 RECHTSGRUNDLAGEN

Pauschbeträge für unentgeltliche Wertabgabe (Sachentnahmen 2022)
Mit Schreiben v. 15.06.2021, IV A 8-S 1547/19/10001:002 hat das BMF die Pauschbeträge für Sachentnahmen angepasst.

Unter Bezugnahme auf das Ergebnis der Erörterungen mit den obersten Finanzbehörden der Länder gebe ich nachstehend die für das Jahr 2020 geltenden Pauschbeträge für unentgeltliche Wertabgaben (Sachentnahmen) bekannt:

Pauschbeträge für unentgeltliche Wertabgaben (Sachentnahme) für das Kalenderjahr 2020

Vorbemerkungen

1. Die Pauschbeträge für unentgeltliche Wertabgaben werden durch die zuständigen Finanzbehörden festgesetzt.

2. Sie beruhen auf Erfahrungswerten und bieten dem Steuerpflichtigen die Möglichkeit, die Warenentnahmen monatlich pauschal zu verbuchen. Sie entbinden ihn damit von der Aufzeichnung einer Vielzahl von Einzelentnahmen.

3. Diese Regelung dient der Vereinfachung und lässt keine Zu- und Abschläge wegen individueller persönlicher Ess- oder Trinkgewohnheiten zu. Auch Krankheit oder Urlaub rechtfertigen keine Änderungen der Pauschbeträge.

4. Die Pauschbeträge sind Jahreswerte für eine Person. Für Kinder bis zum vollendeten 2. Lebensjahr entfällt der Ansatz eines Pauschbetrages. Bis zum vollendeten zwölften Lebensjahr ist die Hälfte des jeweiligen Wertes anzusetzen. Tabakwaren sind in den Pauschbeträgen nicht enthalten. Soweit diese entnommen werden, sind die Pauschbeträge entsprechend zu erhöhen (Schätzung).

5. Die pauschalen Werte berücksichtigen im jeweiligen Gewerbezweig das allgemein übliche Warensortiment.

6. Bei gemischten Betrieben (Metzgerei oder Bäckerei mit Lebensmittelangebot oder Gastwirtschaft) ist nur der jeweils höhere Pauschbetrag der entsprechenden Gewerbeklasse anzusetzen.

Jahreswert für eine Person ohne Umsatzsteuer 2022 BMF-Schreiben Pauschbeträge für Sachentnahmen (Eigenverbrauch) 2022; Befristete Anwendung des ermäßigten Steuersatzes der Umsatzsteuer für Restaurant- und Verpflegungsdienstleistungen GZ IV A 8 - S 1547/19/10001 : 003DOK 2022/0065050			
Gewerbezweig	**zu 7 %** in €	**zu 19 %** in €	**Insgesamt** in €
Bäckerei	1.394	268	1.662
Fleischerei	1.240	537	1.777
Gaststätten aller Art			
a) mit Abgabe von kalten Speisen	1.521	588	2.109
b) mit Abgabe von kalten und warmen Speisen	2.646	755	3.401
Getränkeeinzelhandel	103	294	397
Konditorei und Café	1.342	550	1.892
Milch, Milcherzeugnisse, Fettwaren und Eier (Einzelhandel)	601	90	691
Nahrungs- und Genussmittel (Einzelhandel)	1.163	588	1.751
Obst, Gemüse, Südfrüchte und Kartoffeln (Einzelhandel)	320	218	538

Das BMF-Schreiben vom 11.02.2021 wurde aufgehoben.

Lernfeld 11: Die Einkommensteuer für den Mandanten berechnen

Fall 77: Ein Mandant hat hohe Werbungskosten

Ein Mandant trägt Ihnen vor, dass ihm durch seine berufliche Tätigkeit als Fernfahrer hohe Kosten entstehen. So habe er eine Strecke von 18,3 km von seiner Wohnung bis zur Arbeitsstätte mit dem Pkw zurückzulegen. Von dort aus führt er zum Teil auch Fahrten mit dem Lkw aus, bei denen er mehrere Tage unterwegs ist.

Nach seinen Lohnsteuerabzugsmerkmalen ergibt sich nach ELSTAM die Steuerklasse III,2. Er kann allerdings nicht verstehen, dass seine älteste Tochter (22 Jahre), die sich im Studium befindet, keine Berücksichtigung gefunden hat. Seine Ehefrau hat die Steuerklasse V. Sie hat eine Halbtagsstelle mit einem monatlichen Bruttobetrag von 900 €. Sein monatlicher Bruttolohn beträgt im Durchschnitt 2.250 €. In diesem Zusammenhang möchte er wissen, ob die Steuerklassenkombination III/V für ihn zweckmäßig ist.

Neben diesen Einkünften hat er noch Zinseinkünfte von voraussichtlich ca. 1.500 €.

Er wünscht sich von Ihnen eine umfassende Beratung, wie er sich steuerlich am besten stellt.

Ergänzend teilt er Ihnen mit, dass er im abgelaufenen Jahr ein Einfamilienhaus erstellt hat, das er selbst mit seiner Familie bewohnt. Die Herstellungskosten betrugen nach der Schlussabrechnung 225.000 €.

Der Mandant ist auch daran interessiert, dass sich alle Sachverhalte bereits während der laufenden Besteuerung auswirken.

Er will genau wissen, was er unternehmen muss und wohin er sich wenden muss, um seine Besteuerung zu optimieren.

Lösung s. Seite 478

Tangierende Problemkreise:

► Veranlagung von Arbeitnehmern

► Monatliche Lohnsteuertabellen und ihr Zusammenhang mit der Jahrestabelle.

Leitfaden zur Berechnung des zu versteuernden Einkommens (§ 2 EStG) → Ablauf der Steuererklärungsvordrucke (Programme) und des Steuerbescheides (→ Aufbauablauf für die Lösung der ESt-Prüfungsaufgabe)		
Die sieben Einkunftsarten		§ 2 Abs. 2 EStG
Einkünfte aus Land-und Forstwirtschaft (Landwirtschaft, Wein-Obstbau)	Gewinn-einkünfte	§ 13 EStG
Einkünfte aus Gewerbetrieb (Einzelunternehmen Beteiligungen an Unternehmen z. B. OHG)		§ 15 EStG
Einkünfte aus selbstständiger Arbeit (Selbstständige Freiberufler)		§ 18 EStG
Einkünfte aus nichtselbstständiger Arbeit (Lohneinkünfte als Arbeitnehmer, Beamte, Pensionäre, Betriebsrentner)	Überschuss-einkünfte	§ 19 EStG
Einkünfte aus Kapitalvermögen (Zinsen aus Geldanlagen, Fondsanteile, Dividenden aus Aktien ,Aktienerlöse)		§ 20 EStG
Einkünfte aus Vermietung und Verpachtung (Mieteinnahmen, Pachteinnahmen)		§ 20 EStG
Sonstige Einkünfte (Renten, Veräußerungsgewinne aus Grundstücken und Wertgegenständen)		§ 22 EStG
= **Summe der Einkünfte**		
- Altersentlastungsbetrag (§ 24 a EStG)		
- Entlastungsbetrag für Alleinerziehende (§ 24 b EStG)		
- Sonderausgaben (§ 10, 10a, 10b, 10c EStG		
- Außergewöhnliche Belastungen (§ 33,33a EStG)		
= **Einkommen**		
- Freibeträge für Kinder (§ 32 EStG)		
= **zu versteuerndes Einkommen:** Anwendung der maßgeblichen Steuertabelle (Grund- oder Splittingtabelle) abzüglich möglicherer Steuerermäßigungen (z. B.: Handwerkerleistungen im eigenen Haushalt oder Beschäftigung einer Haushaltshilfe).		
Nach § 3 EStG sind bestimmte Einkommen steuerfrei (z. B. Lohnersatzleistungen). Sie unter-liegen jedoch dem sog. Progressionsvorbehalt nach § 32b EStG). Das bedeutet dass diese Einnahmen Einfluss auf den Steuersatz haben (siehe Fall 95).		

Übersicht über Zahlen zur Lohnsteuer 2022			
Fundstelle/Inhalt	**€**	**Fundstelle/Inhalt**	**€**
§ 3 Nr. 11 EStG, R 3.11 LStR Beihilfen und Unterstützungen steuerfrei bis	600	**§ 9 Abs. 1 Satz 3 Nr. 5 EStG** Doppelte Haushaltsführung	
		▸ Erste und letzte Fahrt (Pauschale/km)	0,30/km
		▸ Familienheimfahrten (wöchentlich) ab 21 km	0,30/km 0,35/km
		▸ Verpflegungsmehraufwendungen (für die ersten drei Monate)	28 €/14 €
		▸ Aufwendungen für Zweitwohnung (angemietet oder eigene) (R 9.11 Abs. 8 Satz 1 LStR)	maximal 1.000 € mtl.
		▸ Übernachtungskosten (Pauschale (Nur AG-Ersatz))	
		- 1. - 3. Monat	20 €
		- ab 4. Monat	5 €
		▸ Umzugskosten	Einzelnachweis
§ 3 Nr. 11a EStG Corona-Sonderzahlung (befristet bis 31.03.2022)	1.500	**§ 4 Abs. 5 Satz 3 Nr. 6b Satz 4 EStG** (Home-Office)	5 (max. 600)
§ 3 Nr. 26 EStG Einnahmen aus ehrenamtlichen Tätigkeiten (Übungsleiterfreibetrag)	3.000	**§ 9 Abs. 1 Satz 3 Nr. 4 EStG** Entfernungspauschale zwischen Wohnung und erster Tätigkeitsstätte je Entfernungskilometer Höchstbetrag ohne Nachweis Ausnahme: behinderte Menschen im Sinne von § 9 Abs. 2 EStG	0,30 ab 21 km: 0,35 4.500
§ 3 Nr. 34 EStG Freibetrag für Gesundheitsförderung	600	**§ 9a Nr. 1 EStG**	
		▸ Arbeitnehmer-Pauschbetrag	1.000
		▸ Für Versorgungsempfänger	102
§ 3 Nr. 38 EStG Sachprämien aus Kundenbindungsprogrammen steuerfrei bis	1.080	**§ 9 Abs. 1 Satz 3 Nr. 4a EStG** Reisekosten bei Auswärtstätigkeit Fahrtkosten je km (Pkw) Verpflegungsmehraufwendungen	0,30
		▸ Abwesenheit: 24/8	28/14
§ 3 Nr. 39 EStG Freibetrag für Vermögensbeteiligungen	1.440	**§ 19 EStG, R 19.3 Abs. 2 Nr. 3 LStR** Diensteinführung, Verabschiedung usw. Freigrenze für Sachleistungen je teilnehmender Person einschließlich USt	110
§ 3 Nr. 56 EStG Höchstbetrag für Beiträge aus dem 1. Dienstverhältnis an eine nicht kapitalgedeckte Pensionskasse steuerfrei bis jährlich 3 % der Beitragsbemessungsgrenze (West) von 84.600 €	2.538	**§ 19 Abs. 1 Nr. 1a ESG** Betriebsveranstaltungen Freibetrag je Arbeitnehmer einschließlich USt	110

Übersicht über Zahlen zur Lohnsteuer 2022			
Fundstelle/Inhalt	**€**	**Fundstelle/Inhalt**	**€**
§ 3 Nr. 63 EStG Höchstbetrag für Beiträge aus dem 1. Dienstverhältnis an Pensionsfonds, Pensionskassen oder für Direktversicherungen steuerfrei bis jährlich 8 % der Beitragsbemessungsgrenze (West) von 85.200 €[1]	6.816	**§ 19 EStG, R 19.6 Abs. 1 u. 2 LStR** Freigrenze für: ► Aufmerksamkeiten ► Arbeitsessen	60 60
§ 3b EStG Sonntags-, Feiertags- oder Nachtzuschläge des Grundlohns (steuerfrei in %, höchstens von 50 €)		**§ 10 Abs. 1 Nr. 5 EStG** Kinderbetreuungskosten	
► Nachtarbeit	25 %	► $^2/_3$ der Aufwendungen, höchstens	4.000
► Nachtarbeit von 0:00 - 4:00 Uhr, wenn Arbeit vor 0:00 Uhr aufgenommen wird	40 %	► Altersgrenze	14
► Sonntagsarbeit	50 %	► Ausnahme: Behinderte Kinder	
► Feiertage und Silvester ab 14:00 Uhr	125 %		
► Weihnachten, Heiligabend ab 14:00 Uhr und 01. Mai	150 %		
§ 8 Abs. 2 Satz 11 EStG Freigrenze für Sachbezüge monatlich[2]	50		
§ 8 Abs. 2 EStG, § 2 Abs. 1 SvEV		**§ 24b EStG** Entlastungsbetrag für Alleinerziehende für 2020 und 2021	4.008
► Unterkunft (mtl.)	241		
► Mahlzeiten		Für jedes weitere Kind	240
- Frühstück	1,87	**§ 3 Nr. 26a EStG**	
- Mittag-/Abendessen	3,57	Ehrenamtspauschale	840
§ 3 Nr. 51 EStG Trinkgelder	steuerfrei	Heirats- u. Geburtsbeihilfen	steuerpfl.
		§ 101 - 109 EStG Antrag auf Mobilitätsprämie für Pendlerinnen und Pendler (zu versteuerndes Einkommen unter Grundfreibetrag)	35 Cent ab 21. Entfernungs-km

---

[1] In der Sozialversicherung sind 4 % der jeweiligen Beitragsbemessungsgrenze beitragsfrei – 2021: 4 % von 85.200 € = 3.408 €.

[2] Ab 2019 ist ein Jobticket nicht mehr in die 44 €-Freigrenze einzubeziehen. Das Jobticket ist steuer-und beitragsfrei. Es muss zusätzlich zum Arbeitslohn gezahlt werden. Es erfolgt eine Anrechnung auf die Entfernungspauschale.

Energiepreispauschale 2022

Das Steuerentlastungsgesetz 2022 bietet unbeschränkt Steuerpflichtigen einen Anspruch auf eine einmalige steuerpflichtige Energiepreispauschale i. H. v. 300 € (§ 112 - 122 EStG).

Das gilt für folgende Steuerpflichtige, wenn sie

- Gewinneinkünfte nach den § 13, 15, 18 EStG) oder
- Arbeitslohn aus einem gegenwärtigen ersten Dienstverhältnis erzielen und in die Steuerklassen I bis V gehören oder als geringfügig Beschäftigte mit 2 % pauschal besteuert werden
- Das gilt nicht für Renteneinkünfte, sonstige Einkünfte, Kapitaleinkünfte und/oder Einkünfte aus Vermietung und Verpachtung.

Abwicklung

Bei Arbeitnehmern wird die Energiepreispauschale durch den Arbeitgeber. Der Anspruch entsteht zum 01.09.2022. Die Auszahlung erfolgt durch den Arbeitgeber im September 2022. Voraussetzung ist, dass der Arbeitnehmer am 01.09.2022 in einem gegenwärtigen ersten Dienstverhältnis steht.

Der Anspruch von geringfügig Beschäftigten, die nach § 40a Abs. 2 EStG mit 2 % pauschal besteuert werden, besteht nur, wenn der Arbeitnehmer seinem Arbeitgeber schriftlich bestätigt, dass es sich um das erste Dienstverhältnis handelt.

Verrechnung

Der Arbeitgeber verrechnet die ausgezahlte Energiepreispauschale wie folgt:

- bei monatlicher Abgabe der Lohnsteueranmeldung bis zum 10.09.2022
- bei vierteljährlicher Abgabe der Lohnsteueranmeldung bis zum 10.10.2022 und
- bei jährlicher Abgabe der Lohnsteueranmeldung bis zum 10.01.2023.

Bei vierteljährlicher Abgabe der Lohnsteueranmeldung kann der Arbeitgeber die Energiepreispauschale abweichend vom Septembertermin erst im Oktober auszahlen. Im Falle, dass die insgesamt zu gewährende Energiepreispauschale den Betrag übersteigt, der insgesamt an Lohnsteuer abzuführen ist, dann wird der übersteigende Betrag dem Arbeitgeber vom Finanzamt ersetzt.

Steuerpflicht

Die Energiepreispauschale ist steuerpflichtig. Bei geringfügig Beschäftigten besteht Steuerfreiheit (§ 40a EStG).

Beschäftigt der Arbeitgeber lediglich einen oder auch mehrere Minijobber, so entfällt die Abgabe einer Lohnsteuer-Anmeldung (Verrechnung der pauschalen Lohnsteuer über die Mini-Job-Zentrale). Damit entfällt gleichzeitig die Möglichkeit einer Verrechnung der Energiepreispauschale. So entfällt auch die Verpflichtung, die Energiepreispauschale an den Minijobber auszuzahlen. Den Anspruch auf die Energiepreispauschale können Minijobber dann nur im Rahmen ihrer Einkommensteuererklärung 2022 geltend machen.

Fall 78: Die Steuerprogression als Entscheidungskriterium

Ein Steuerpflichtiger, der über ein jährliches Einkommen von 66.467 € verfügt, ist verheiratet. Ihm liegt ein Angebot für eine zusätzliche Tätigkeit vor, bei der er jährliche Einkünfte von 10.226 € erzielen könnte. Da die Einnahmeerzielung mit einem nicht unwesentlichen Arbeitsaufwand verbunden ist, interessiert er sich für die Frage, wie viel Euro Steuern für dieses zusätzliche Einkommen anfällt. Seine Entscheidung will er ggf. von der Höhe der Steuern abhängig machen.

Um dem Steuerpflichtigen zunächst das Problem der Progression grundsätzlich zu erklären, legen Sie ihm folgende Grafik zur Erläuterung vor.

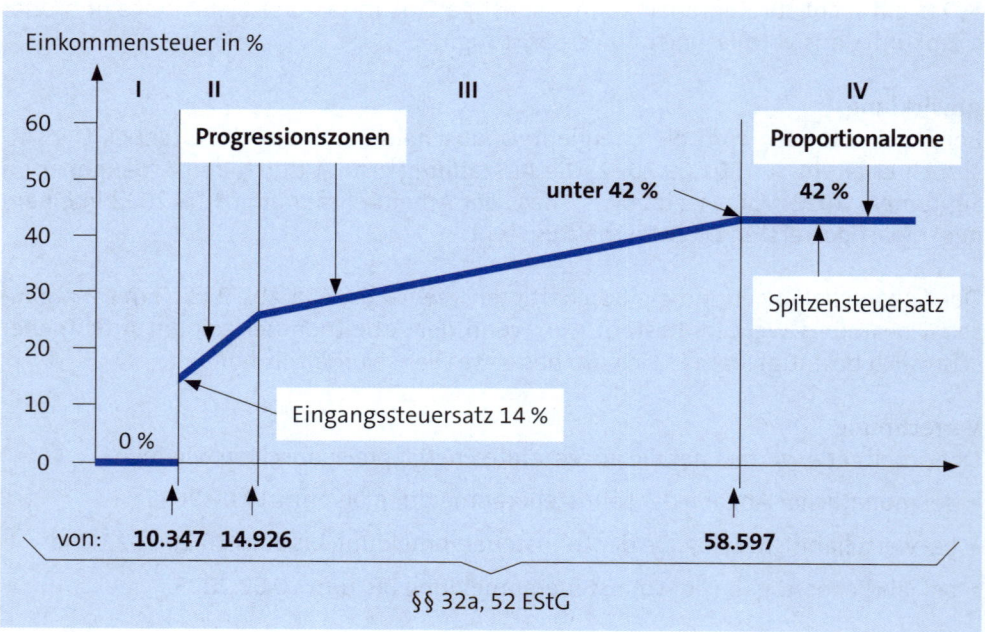

Grundfreibeträge	Einkommensteuertarif 2022		
	(§ 32 a Abs. 1 Satz 1 Nr. 1 EStG(Progressionsstufen)		
2019 (9.168 €)	(1) [1]Die tarifliche Einkommensteuer bemisst sich nach dem zu versteuernden Einkommen. [2]Sie beträgt ab dem Veranlagungszeitraum 2022 vorbehaltlich der § 32b, 32d, 34, 34a, 34b und 34c jeweils in Euro für zu versteuernde Einkommen:		
2020 (9.408 €)			
2021 (9.744 €)			
2022 (10.347 €)			
	bis 10.347 € (Grundfreibetrag): 0;		
	von 10.348 € bis 14.926 €: (1008,67 y + 1400) y;		
	von 14.927 € bis 58.596 €: (206,43 z + 2397) z + 938,24;		
	von 58.597 € bis 277.825 €: 0,42 x - 9.267,53;		
	von 277.826 € an: 0,45 x - 17602,28.		

Der Mandant will genaue Zahlen haben. Aus diesem Grunde rechnen Sie ihm mithilfe der ESt-Tabelle die Gesamtbelastung mit ESt, KiSt und SolZ in Euro und Prozent aus!

Lösung s. Seite 480

Tangierende Problemkreise:

▸ Bedeutung des Existenzminimums

▸ Bedeutung der Kinderfreibeträge für die Besteuerung

▸ Grundtabelle, Splittingtabelle und Jahreslohnsteuertabelle.

Splittingtabelle ESt 2022 (Auszug) – Tabellenauszug zur Bearbeitung des Falles

Einkom- men	ESt	SolZ	KiSt 9 %	Gesamt	Durchschn. Gesamt- belastung	Grenz- Belastung ESt
66.400,00	11.876,00	0	1.068,84	12.944,84	19,50	31,51
66.467,00	11.818,00	0	1.070,82	12.968,82	19,51	31,53
69.900,00	12.992,00	0	1.181,79	14.161,28	20,26	32,24
74.000,00	14.332,00	0	1.289,88	15.621,88	21,11	33,08
76.000,00	14.998,00	0	1.349,82	16.498,24	21,51	33,50
76.600,00	15.198,00	0	1.367,82	16.565,82	21,63	33,62
76.693,00	15.230,00	0	1.370,70	16.600,70	21,65	33,64
76.800,00	15.266,00	0	1.373,94	16.639,94	21,67	33,66

Annexsteuer: Kirchensteuer und Solidaritätszuschlag		
	Kirchensteuer	Solidaritätszuschlag
Bemessungsgrundlage	Einkommensteuer/Lohnsteuer – ggf. Kinderfreibetrag (**§ 32 Abs. 6 EStG**)	Einkommensteuer/ Lohnsteuer
Steuersatz	8 % - 9 % je nach Bundesland	5,5 %

Entwicklung des Solidaritätszuschlages (vgl. Soli-Rechner des BFM)	
Jahreseinkommen (brutto)	Solidaritätszuschlag
bis 73.000 € (Alleinstehende) – 151.000 € (Verheiratete)	entfällt ganz
zwischen ca. 73.000 € und 109.000 € (Alleinstehende) ca. 151.000 € und 221.000 EUR (Verheiratete)	entfällt teilweise
mehr als 109.000 € (Alleinstehende) – 221.000 € (Verheiratete)	der volle Beitrag fällt an

Belastungen durch die Einkommensteuer, SolZ und KiSt 2022 (ausgewählte Beträge aus dem Splittingtarif)							
Zu verst. Einkommen	Einkom-men-Steuer	Durchschn. Steuersatz ESt	Grenz-Steuersatz ESt	Solz	KiSt	Steuer Gesamt	Steuer-belastung insgesamt %
20.000,00	4,00	0,02	14,03	0,00	0,36	4,36	0,02
40.000,00	4.276,00	11,65	26,07	0,00	384,84	4.660,84	12,03
50.000,00	6.986,00	15,23	28,13	0,00	628,74	7.614,74	15,53
60.000,00	9.902,00	17,99	30,19	0,00	891,18	10.793,18	18,24
70.000,00	13.024,00	20,28	32,26	0,00	1.172,16	14.196.16	20,5
80.000,00	16.354,00	22,28	34,32	0,00	1.471,86	17.825,86	22,47
90.000,00	19.890,00	24,09	36,39	0,00	1.700,10	21.680,10	24,26

Belastungen durch die Einkommensteuer, SolZ und KiSt 2022 (ausgewählte Beträge aus dem Grundtarif)							
Zu verst. Einkommen	Einkom-men-Steuer	Durchschn. Steuersatz ESt	Grenz-Steuersatz ESt	Solz	KiSt	Steuer gesamt	Steuer-belastung insgesamt %
20.000,00	2.138,00	10,69	26,06	0,00	192,42	2.330,42	11,65
40.000,00	8.177,00	20,44	34,32	0,00	735,93	8.912,13	22,28
50.000,00	11.816,00	23,63	38,45	0,00	1.063,44	12.879,44	25,76
60.000,00	15.863,00	26,44	42,00	0,00	1.427,67	17.290,67	28,82
70.000,00	20.063,00	28,66	42,00	369,73	1.805,67	22.238,40	31,24
80.000,00	24.263,00	30,32	42,00	869,53	2.183,64	27.316,20	33,06
90.00000	28.463,00	31,62	42,00	1.369,33	2.561,67	32.394,00	34,47

Erläuterungen zur Überprüfung der einkommensteuerlichen Belastung:

▸ Der **Durchschnittssteuersatz** ist der prozentuale Anteil der Einkommensteuer am zu versteuernden Einkommen.

▸ Der **Grenzsteuersatz** ist der Prozentsatz mit dem der letzte Euro belastet wird.

Fall 79: Welche Veranlagungsform soll gewählt werden?

Sie wissen, dass in der Kanzlei in den nächsten Tagen eine Reihe von Fällen auf Sie zukommen, bei denen die Frage nach der möglichen bzw. zweckmäßigen Veranlagungsform zu beantworten ist.

Folgende Fallsituationen werden Sie zu lösen haben:

1. Heinrich Bell hat sich im VZ 01 als Malermeister selbstständig gemacht. Bis zur Betriebseröffnung am 01.07.01 hat er als Malermeister in einem Malerbetrieb gearbeitet.

2. Helga und Otto Sabel sind seit dem VZ 01 verheiratet. Beide beziehen Einkünfte aus verschiedenen Einkunftsarten. Welche Veranlagungsform kommt für den VZ 04 infrage?

3. Oskar Krause heiratete am 15.08. des VZ 03 Anna Lustig. Oskar bringt einen 17-jährigen Sohn mit in die Ehe. Sie wohnen ab dem 15.08. gemeinsam im Einfamilienhaus von Oskar in Köln.

4. Die Eheleute Sandra und Peter Schön haben im VZ 01 gemeinsam eine Boutique betrieben. Am 17.04.01 stirbt der Ehemann. Sandra bleibt bis zum 31.12. des VZ 03 unverheiratet.

5. Wie wäre im Fall 4 zu beraten, wenn Sandra Schön am 23.12.01 wieder heiratet?

6. Isolde Schön und Peter Schnell leben seit dem 15.01.01 getrennt. Die Ehe wird am 17.12.01 geschieden. Bis zum 31.12.01 heiratet keiner von beiden.

7. Wie ist im Fall 6 zu beraten, wenn Peter Schnell am 18.12.01 eine neue Ehe eingeht?

8. Die pensionierten Beamten Herbert Schlau und seine Ehefrau Hilde verlegen nach ihrer Pensionierung im August des VZ 01 ihren Wohnsitz nach Südfrankreich, wo sie sich ein altes Bauernhaus gekauft haben.

9. Der Ehemann arbeitet im benachbarten Luxemburg und bezieht Einkünfte aus nichtselbstständiger Arbeit. Die Ehefrau bezieht ebenfalls Einkünfte aus nichtselbstständiger Arbeit, jedoch in Deutschland. Die Einkünfte des Ehemannes übersteigen die der Ehefrau wesentlich. Der Ehemann hat hohe Fahrtkosten; die Ehefrau hat ebenfalls höhere Werbungskosten als die Werbungskostenpauschale. Welches Problem entsteht bei der Abgabe der Steuererklärungen in Deutschland?

Lösung s. Seite 481

Tangierende Problemkreise:

▶ der ESt-Tarif

▶ die ehelichen Güterstände.

Veranlagungsformen (§ 26 - 26b EStG)[1]	
Zusammenveranlagung[2] (§ 26, 26b EStG)	Einzelveranlagung (§ 26, 26a EStG)
Ehegatten: ▸ unbeschränkt steuerpflichtig ▸ nicht getrennt lebend ▸ nicht geschieden. Ehegatten geben eine gemeinsame Steuererklärung ab.	Voraussetzungen wie bei Zusammenveranlagung, jedoch ein Ehegatte beantragt die Einzelveranlagung. Beide Ehegatten geben eine eigene Steuererklärung ab; sie erhalten einen getrennten Steuerbescheid.
▸ wesentlicher Vorteil durch Anwendung der Splittingtabelle ▸ in der Regel die steuerlich günstigste Veranlagungsform. dabei gilt: ▸ Je unterschiedlicher die Einkommenshöhe der Ehegatten, umso höher ist der steuerliche Vorteil ▸ Bei gleicher Einkommenshöhe der Ehegatten ist der Splittingvorteil aufgehoben ▸ Vorteile bringt auch die Verrechnung von Verlusten des anderen Ehegatten.	▸ Vorteil des Splittingtarifs entfällt ▸ Steuerliche Vorteile können sich trotzdem ergeben: - Einkünfte der Ehegatten sind in etwa gleich und beide haben Nebeneinkünfte von nicht mehr als 410 €, dadurch wird die Nichtveranlagungsgrenze doppelt gewährt - Vermeidung des Progressionsvorbehalts (z. B. bei ausländischen Einkünften) - Vermeidung der Verlustrechnung bei gewerblichen Einkünften beim Ehegatten mit positiven gewerblichen Einkünften (GewSt-Anrechnung).
Gnadensplitting (§ 32a Abs. 6 Nr. 1 EStG)	Antragsveranlagung (§ 46 Abs. 2 EStG)

Fall 80: Welche Steuerklassenwahl ist zweckmäßig?

Martina und Frank haben im November 01 geheiratet. Die Datenweitergabe der Lohnsteuerabzugsmerkmale wurden von der Gemeindeverwaltung an die Finanzverwaltung weitergeleitet. Dabei wird im Falle der Eheschließung standardisiert die Steuerklasse IV/IV unterstellt, wenn beide Ehegatten Arbeitnehmer sind.

Sie suchen Rat und wollen wissen, ob es bei den Eintragungen bleiben soll oder ob sie andere Möglichkeiten haben.

Über ihre Einkommensverhältnisse machen sie folgende Angaben:

1. Frank bezieht voraussichtlich einen Bruttoarbeitslohn von 24.000 € jährlich.

2. Martina bezieht voraussichtlich einen Bruttoarbeitslohn von 21.000 € jährlich.

---

[1] Nach Steuervereinfachungsgesetz vom 01.11.2011 entfällt § 26c EStG (Besondere Veranlagung im Jahr der Eheschließung).

[2] § 2 Abs. 8 EStG: Die Regelungen dieses Gesetzes zu Ehegatten und Ehen sind auch auf Lebenspartner und Lebenspartnerschaften anzuwenden. Die Neuregelung soll in allen noch offenen Steuerfällen gelten (§ 52 Abs. 2a EStG).

Sie wollen auch wissen, ob die Steuerklassenwahl beeinflusst wird, wenn Martina nur halbtags arbeitet und dann mit einem jährlichen Bruttolohn von 11.000 € rechnet!

Beurteilen Sie die verschiedenen Varianten anhand des vorliegenden oder aktuellen Lohnsteuertabellen-Auszugs!

Lösung s. Seite 483

Tangierende Problemkreise:

► Aufbau der Lohnsteuerklassen

► Lohnsteuerklassen und die Veranlagung von Arbeitnehmern

► Tarifverträge

► Lohnformen.

Beispiel

Anwendung der Tabelle 2022 zur Steuerklassenwahl
(Merkblatt zur Steuerklassenwahl 2022):

1. Ein Arbeitnehmer-Ehepaar, beide in allen Zweigen sozialversichert, bezieht Monatslöhne (nach Abzug etwaiger Freibeträge) von 3.000 € und 1.700 €. Da der Monatslohn des geringer verdienenden Ehegatten den nach dem Monatslohn des höher verdienenden Ehegatten in der Spalte 2 der Tabelle I ausgewiesenen Betrag von 2.151 € nicht übersteigt, führt in diesem Falle die Steuerklassenkombination III/V zur geringsten Lohnsteuer.

   Vergleich der Lohnsteuerabzugsbeträge:

   a) Lohnsteuer für 3.000 € nach Steuerklasse III   134,16 €
        für 1.700 € nach Steuerklasse V   284,83 €
        insgesamt also   **418,99 €**

   b) Lohnsteuer für 3.000 € nach Steuerklasse IV   386,25 €
        für 1.700 € nach Steuerklasse IV   95,58 €
        insgesamt also   **481,83 €**

2. Würde der Monatslohn des geringer verdienenden Ehegatten 2.500 € betragen, so würde die Steuerklassenkombination IV/IV insgesamt zur geringsten Lohnsteuer führen.

   Vergleich der Lohnsteuerabzugsbeträge:

   a) Lohnsteuer für 3.000 € nach Steuerklasse III   134,16 €
        für 2.500 € nach Steuerklasse V   546,66 €
        insgesamt also   **680,82 €**

   b) Lohnsteuer für 3.000 € nach Steuerklasse IV   386,25 €
        für 2.500 € nach Steuerklasse IV   267,91 €
        insgesamt also   **354,16 €**

Steuerklassenwahl

Steuerklassenwahl bei Ehegatten	
Zwei Steuerklassenkombinationen bei Ehepaaren	
Steuerklasse IV/IV	Steuerklassen III/V
zweckmäßig bei etwa gleich hohem Einkommen der Ehepartner	zweckmäßig bei unterschiedlich hohem Einkommen der Ehepartner
Kombination führt nicht zu einer Nachzahlung bei der Veranlagung. Keine Veranlagung erforderlich, wenn keine anderen Einkünfte vorhanden sind. **Ausnahme:** Lohnsteuer wurde bei einem Ehegatten für einen Teil des Jahres nach der Allgemeinen und für einen anderen Teil nach der Besonderen Tabelle ermittelt.	Ein Ehepartner zahlt regelmäßig zu viel Lohnsteuer, da die Lohnsteuer eine Jahressteuer ist. Der Mehrverdienende hat die Steuerklasse III, der andere Ehegatte die Steuerklasse V. **Faustformel:** Nachzahlungen fallen an, wenn der Ehegatte mit der Steuerklasse V weniger als 40 % des gemeinsamen Jahreseinkommen verdient. Das Finanzamt führt stets eine Veranlagung durch.
Auswirkung der Steuerklassenwahl auf Sozialleistungen beachten! Diese richten sich nach dem Nettoarbeitsentgelt (z. B. Mutterschaftsgeld und Arbeitslosengeld).	
Ein Antrag auf Änderung der Steuerklassenkombination kann in der Regel nur einmal bis zum 30. November bei der Gemeinde beantragt werden.	

 MERKE

► Nach der Heirat erhalten Ehepartner zunächst automatisch die Steuerklasse IV/IV, unabhängig davon, ob beide Ehepartner Einkünfte aus nichtselbstständiger Arbeit beziehen.

► Wird die Steuerklassenkombination III/V gewünscht, so muss dies schriftlich beim Finanzamt beantragt werden.

► Somit verbleiben für Eheleute die Steuerklassenkombinationen III/V und IV/IV.

Steuerklassenwahl

Für die Ermittlung der Lohnsteuer sind zwei Tabellen zur Steuerklassenwahl aufgestellt worden:

► Die **Tabelle I** ist zu benutzen, wenn der höher verdienende Ehegatte oder Lebenspartner **in allen Zweigen sozialversichert** ist (z. B. auch bei Pflichtversicherung in der gesetzlichen Rentenversicherung und freiwilliger Versicherung in der gesetzlichen Kranken- und sozialen Pflegeversicherung).

► Die **Tabelle II** ist zu benutzen, wenn der höher verdienende Ehegatte oder Lebenspartner **in keinem Zweig sozialversichert** ist und keinen steuerfreien Zuschuss des Arbeitgebers zur Kranken- und Pflegeversicherung erhält (z. B. privat krankenversicherte Beamte).

Ist einer der Ehegatten oder Lebenspartner nicht in allen Zweigen sozialversichert (z. B. rentenversicherungspflichtiger, privat krankenversicherter Arbeitnehmer) oder einer der Ehegatten oder Lebenspartner in keinem Zweig sozialversichert, jedoch zuschussberechtigt (z. B. nicht rentenversicherungspflichtiger, privat krankenversicherter Arbeitnehmer mit steuerfreiem Zuschuss des Arbeitgebers zur Kranken- und Pflegeversicherung), führt die Anwendung der Tabellen zu **unzutreffenden Ergebnissen**.

Beide Tabellen gehen vom monatlichen Arbeitslohn A[1] des höher verdienenden Ehegatten oder Lebenspartners aus. Dazu wird jeweils der monatliche Arbeitslohn B[2] des geringer verdienenden Ehegatten oder Lebenspartners angegeben, der **bei einer Steuerklassenkombination III** (für den höher verdienenden Ehegatten oder Lebenspartner) **und V** (für den geringer verdienenden Ehegatten oder Lebenspartner) **grds. nicht überschritten werden darf**, wenn der geringste Lohnsteuerabzug erreicht werden soll. Die Spalten 2 und 5 sind maßgebend, wenn der geringer verdienende Ehegatte oder Lebenspartner in allen Zweigen sozialversichert ist; ist der geringer verdienende Ehegatte oder Lebenspartner in keinem Zweig sozialversichert und hat keinen steuerfreien Zuschuss des Arbeitgebers zur Kranken- und Pflegeversicherung erhalten, sind die Spalten 3 und 6 maßgebend. Übersteigt der monatliche Arbeitslohn des geringer verdienenden Ehegatten oder Lebenspartners den nach den Spalten 2, 3 oder 5 und 6 der Tabellen in Betracht kommenden Betrag, **führt die Steuerklassenkombination IV/IV für die Ehegatten oder Lebenspartner grds. zu einem geringeren oder zumindest nicht höheren Lohnsteuerabzug** als die Steuerklassenkombination III/V.

Tabellen zur Steuerklassenwahl 2022 – Auszug					
Bei Sozialversicherungspflicht des Höherverdienenden (A)			Bei Sozialversicherungsfreiheit des Höherverdienenden (A)		
Mtl. Arbeitslohn A	Mtl. Arbeitslohn B		Mtl. Arbeitslohn A	Mtl. Arbeitslohn B	
€	bei SV-Pflicht	bei SV-Freiheit	€	bei SV-Pflicht	bei SV-Freiheit
1	2	3	4	5	6
1.250	214	194	1.250	571	336
1.500	582	528	1.500	832	754
1.750	1.59	960	1.750	437	1.319
2.000	1.517	1.392	2.000	1.812	1.656
2.250	1.789	1.636	2.250	2.033	1.837
2.500	1.923	1.747	2.500	2.268	2.033
2.750	2.033	1.839	2.750	2.528	2.646
3.000	2.151	1.936	3.000	2.729	2.479

---

[1] Nach Abzug etwaiger Freibeträge.

[2] Nach Abzug etwaiger Freibeträge.

Faktorverfahren

Anstelle der Steuerklassenkombination I II/V können Arbeitnehmer-Ehegatten oder Lebenspartner auch die Steuerklassenkombination IV/IV mit Faktor wählen. Durch die Steuerklassenkombination IV/IV in Verbindung mit dem vom Finanzamt zu berechnenden und als Lohnsteuerabzugsmerkmal zu bildenden Faktor wird erreicht, dass für jeden Ehegatten der Lebenspartner durch Anwendung der Steuerklasse IV der Grundfreibetrag beim Lohnsteuerabzug berücksichtigt wird und sich die einzubehaltende Lohnsteuer durch Anwendung des Faktors von 0,... (stets kleiner als eins) entsprechend der Wirkung des Splittingverfahrens reduziert. Der Faktor ist ein steuermindernder Multiplikator, der sich bei unterschiedlich hohen Arbeitslöhnen der Ehegatten oder Lebenspartner aus der Wirkung des Splittingverfahrens errechnet. Das Faktorverfahren kann mit dem Vordruck „Antrag auf Steuerklassenwechsel bei Ehegatten/Lebenspartnern" entweder elektronisch unter „Mein Elster" (www.elster.de) oder beim Wohnsitzfinanzamt beantragt werden. Der gebildete Faktor gilt dann für zwei Kalenderjahre. Im Antrag sind die voraussichtlichen Arbeitslöhne des Jahres 2022 aus den ersten Dienstverhältnissen anzugeben. Das Finanzamt berechnet danach den Faktor mit drei Nachkommastellen ohne Rundung und trägt ihn jeweils zur Steuerklasse IV ein. Der Faktor wird wie folgt berechnet: voraussichtliche Einkommensteuer im Splittingverfahren („Y") geteilt durch die Summe der Lohnsteuer für die Arbeitnehmer-Ehegatten der Lebenspartnergemäß Steuerklasse IV („X"). Ein etwaiger Freibetrag wird hier nicht gesondert berücksichtigt, weil er bereits in die Berechnung der voraussichtlichen Einkommensteuer im Splittingverfahren einfließt.

Die Höhe der steuermindernden Wirkung des Splittingverfahrens hängt von der Höhe der Lohnunterschiede ab. Mit dem Faktorverfahren wird der Lohnsteuerabzug der voraussichtlichen Jahressteuerschuld sehr genau angenähert. Damit können höhere Nachzahlungen (und ggf. auch Einkommensteuer-Vorauszahlungen) vermieden werden, die bei der Steuerklassenkombination I II/V auftreten können. In solchen Fällen ist die Summe der Lohnsteuer im Faktorverfahren dann folgerichtig höher als bei der Steuerklassenkombination III/V. Grundsätzlich führt die Steuerklassenkombination IV/IV-Faktor zu einer erheblich anderen Verteilung der Lohnsteuer zwischen den Ehegatten oder Lebenspartnern als die Steuerklassenkombination III/V. Die Ehegatten oder Lebenspartnersollten daher beim Faktorverfahren – ebenso wie bei der Steuerklassenkombination III/V-daran denken, dass dies die Höhe der Entgelt-/Lohnersatzleistungen oder die Höhe des Lohnanspruchs bei Altersteilzeit beeinflussen kann (s. o.). Das Bundesministerium der Finanzen und die obersten Finanzbehörden der Länder halten auf ihren Internetseiten neben dem Lohnsteuerrechner auch eine Berechnungsmöglichkeit für den Faktor bereit, damit die Arbeitnehmer-Ehegatten oder Lebenspartner die steuerlichen Auswirkungen der jeweiligen Steuerklassenkombination prüfen können; siehe diesbezüglich z. B. „www.bmf-steuerrechner.de".

Wie bei der Wahl der Steuerklassenkombination III/V sind die Arbeitnehmer-Ehegatten/Lebenspartner auch bei der Wahl des Faktorverfahrens verpflichtet, eine Einkommensteuererklärung beim Finanzamt einzureichen.

Beispiel zur Ermittlung und Anwendung des Faktors[1]:
Jährliche Lohnsteuer bei Steuerklassenkombination IV/IV (beide Ehegatten oder Lebenspartner in allen Zweigen sozialversichert):
Arbeitnehmer-Ehegatte A: für 36.000 € (monatlich 3.000 € · 12) = 4.635 €
Arbeitnehmer-Ehegatte B: für 20.400 € (monatlich 1.700 € · 12) = 1.147 €

Summe der Lohnsteuer bei Steuerklassenkombination IV/IV (entspricht „X") beträgt 5.782 €.
Die voraussichtliche Einkommensteuer im Splittingverfahren (entspricht „Y") beträgt 5.610 €.
Der Faktor ist Y geteilt durch X, also 5.782 € : 5.610 € = 0,970 (Der Faktor wird mit drei Nachkommastellen berechnet und nur eingetragen, wenn er kleiner als 1 ist).

Jährliche Lohnsteuer bei Steuerklasse IV/IV mit Faktor 0,970:
Arbeitnehmer-Ehegatte A für 36.000 € (4.635 € · 0,970) = 4.495 €
Arbeitnehmer-Ehegatte B für 20.400 € (1.147 € · 0,970) = 1.112 €

Summe der Lohnsteuer bei Steuerklassenkombination IV/IV mit Faktor 0,970 = 5.607 €.
Im Beispielsfall führt die Einkommensteuerveranlagung unter der Voraussetzung, dass keine anderen steuerlichen Sachverhalte zu berücksichtigen sind:

► bei der **Steuerklassenkombination III/V** zu einer Nachzahlung in Höhe von 582 € (voraussichtliche Einkommensteuer im Splittingverfahren 5.610 € - Summe Lohnsteuer bei Steuerklassenkombination III/V 5.028 € [1.610 € + 3.418 €])

► bei der **Steuerklassenkombination IV/IV** zu einer Erstattung in Höhe von 172 € (voraussichtliche Einkommensteuer im Splittingverfahren 5.610 € - Summe Lohnsteuer bei Steuerklassenkombination IV/IV 5.782 €)

► bei der **Steuerklassenkombination IV/IV-Faktor** weder zu einer hohen Nachzahlung noch zu einer Erstattung (in diesem Fall nur Rundungsdifferenz in Höhe von 3 €; voraussichtliche Einkommensteuer im Splittingverfahren 5.610 € - Summe der Lohnsteuer bei Steuerklasse IV/IV mit Faktor 5.607 €).

► Die Lohnsteuer ist im Faktorverfahren wesentlich anders verteilt (4.499 € für A und 1.112 € für B) als bei der Steuerklassenkombination III/V (1.610 € für A und 3.418 € für B). Die Lohnsteuerverteilung im Faktorverfahren entspricht der familienrechtlichen Verteilung der Steuerlast im Innenverhältnis der Ehegatten.

---

[1] Vgl. Merkblatt zur Steuerklassenwahl 2022.

Bei den Berechnungen wurde im Übrigen für 2022 berücksichtigt, dass

► in der gesetzlichen Krankenversicherung und sozialen Pflegeversicherung die Beitragsbemessungsgrenze 2022 58.050 € beträgt,

► in der gesetzlichen Krankenversicherung der ermäßigte Beitragssatz (§ 243 SGB V) 14 % beträgt,

► jede gesetzliche Krankenkasse legt ihren Zusatzbeitrag selbst fest – die **günstigste Krankenkasse** liegt 2022 bei **0,35 %**, die **teuerste** bei **1,9 %**. Der **durchschnittliche Zusatzbeitrag** liegt **2021** bei **1,3 %** (§ 242a VSGB),

► in der sozialen Pflegeversicherung der bundeseinheitliche Beitragssatz 3,05 % und der Zuschlag für Kinderlose 0,35 % beträgt,

► in der allgemeinen Rentenversicherung die allgemeine Beitragsbemessungsgrenze (BBG West) 2022: 84.600 € und die Beitragsbemessungsgrenze Ost (BBG Ost) 2022: 81.000 € beträgt,

► in der allgemeinen Rentenversicherung der Beitragssatz 2022 18,6 % beträgt und

► der Teilbetrag der Vorsorgepauschale für die Rentenversicherung um 4 Prozentpunkte auf 88 % steigt (§ 39b Abs. 4 EStG).

Beispiel

Die unterschiedlichen Belastungen bei einem Jahreseinkommen von 40.000 € für 2022

St.-Kl.	LSt	SolZ	KiSt	Summe
I	5.507,00	0	495,68	6.002,68
II	4.300,00	0	387,00	4.687,00
III,0	2.214,00	0	199,26	2.413,26
IV	5.507,00	0	495,63	6.002,63
V	9.819,00	0	883,71	10.702,71
VI	10.338,00	0	930,42	11.268,42

Fall 81: Pauschalbesteuerung oder Lohnsteuerabzugsmerkmale

Sie sollen einen Mandanten beraten, wie er bei folgenden Sachverhalten den Lohnsteuerabzug optimieren kann! Beurteilen Sie auch die Fälle aus sozialversicherungsrechtlicher Sicht!

Sachverhalt 1:
Die in geringem Umfang Beschäftigte Isolde Schön leistet monatlich durchschnittlich zehn Arbeitsstunden und erhält dafür 9,35 € je Stunde. Die Beschäftigte hat kein wei-

teres Arbeitsverhältnis und auch keine weiteren Einkünfte. Der Ehemann hat die Lohnsteuerklasse III,0. Die Ehefrau ist bei ihrem Ehemann in der gesetzlichen Krankenversicherung familienversichert.[1]

Sachverhalt 2:
Wie wäre der Sachverhalt 1 zu beurteilen, wenn der Ehemann Beamter wäre?

Sachverhalt 3:
Wie ist im Sachverhalt 1 zu beraten, wenn der Arbeitsumfang auf 15 Arbeitsstunden ausgedehnt werden soll?

Sachverhalt 4:
Ändert sich etwas an der Beurteilung von Sachverhalt 3, wenn Isolde Schön uns darüber informiert, dass sie ein weiteres Arbeitsverhältnis eingegangen ist, bei dem sie monatlich 340 € verdient?

Sachverhalt 5:
Ein ehrenamtlicher Ortsbürgermeister erhält eine monatliche Aufwandsentschädigung von 801 €.

1. Er fragt an, ob eine pauschale Besteuerung möglich ist!

2. Warum ist er an der pauschalen Besteuerung interessiert?

Sachverhalt 6:
Ein Student arbeitet in den Semesterferien zwei Monate in der Gastronomie. Er erzielt Einnahmen in Höhe von 3.500 €. Der Student ist ledig.

Sachverhalt 7:
Ein Rentnerin, die in der gesetzlichen Krankenversicherung versichert ist, bezieht eine Altersrente in Höhe von monatlich 1.000 € (Rentenbeginn = 65 Jahre). Sie betreut Kinder und erhält dafür monatlich 300 €.

Sachverhalt 8:
Ein Arbeitnehmer erzielt neben seiner Haupttätigkeit durch eine Nebenbeschäftigung monatliche Einnahmen von 310 €. Seine Haupttätigkeit versteuert er nach der Lohnsteuerklasse III,2.

Lösung s. Seite 485

Tangierende Problemkreise:

► Aushilfslöhne und Sozialversicherung

► Meldeverfahren bei Aushilfslöhnen.

---

[1] Ab dem **01.07.2021** beträgt der **Mindestlohn 9,60 € brutto** pro Zeitstunde. Weitere Anhebungen: ab 01.01.2022 mit 9,82 € und ab 01.07.2022 mit 10,45 € Alle zwei Jahre überprüft die Mindestlohnkommission die Höhe des Mindestlohnes. Ausnahmen gelten für Arbeitnehmer nach § 22 MiLoG

Pauschalbesteuerung von Aushilfslöhnen (§ 40a EStG)		
Teilzeitbeschäftigte		**Aushilfskräfte**
Steuersatz: 25 %	**Steuersatz: 2 %/20 %**	**Steuersatz: 5 %**
Kurzfristige Beschäftigung (§ 40a Abs. 1 EStG)	**Beschäftigung in geringem Umfang und Arbeitslohn** (§ 40a Abs. 2, 2a EStG)	**Aushilfskräfte in der Land- und Forstwirtschaft** (§ 40a Abs. 3 EStG)
► gelegentliche, nicht regelmäßig wiederkehrende Beschäftigung ► Beschäftigungsdauer übersteigt nicht 18 zusammenhängende Arbeitstage ► Arbeitslohn liegt durchschnittlich je Arbeitstag nicht über 72 € und Stundenlohn übersteigt durchschnittlich nicht 12 € je Stunde (§ 40a Abs. 4 EStG) **oder** ► Beschäftigung wird zu einem unvorhergesehenen Zeitpunkt sofort erforderlich.	Arbeitslohngrenze: monatlich = 450 € (Minijob) ► bei pauschalen Arbeitgeberbeiträgen zur Rentenversicherung (15 %/5 % im Privathaushalt) = 2 % pauschale Steuer (SolZ und Kirchensteuer enthalten) ► ohne pauschale RV-Beiträge = 20 % pauschale Steuer (SolZ und Kirchensteuer nicht enthalten) ► z. B. wegen Zusammenrechnen mehrerer geringfügiger Beschäftigungen; jedoch Arbeitslohn der einzelnen Beschäftigung nicht über 450 € ► Nebentätigkeit eines Beamten.	► Beschäftigung mit ausschließlich typisch land- und forstwirtschaftlichen Arbeiten

 MERKE

► Verzicht auf Abruf von elektronischen Lohnsteuerabzugsmerkmalen

► keine Erfassung der Einkünfte bei der Steuererklärung

► Beachtung der Aufzeichnungspflichten nach § 4 Abs. 2 Nr. 8 LStDV.

 RECHTSGRUNDLAGEN

§ 7 SGB IV: Beschäftigung

§ 8 SGB IV: Geringfügige Beschäftigung und geringfügige selbstständige Beschäftigung

§ 8a SGB IV: Geringfügige Beschäftigung im Privathaushalt

Fall 82: Das häusliche Arbeitszimmer

Die Abzugsfähigkeit der Aufwendungen für ein häusliches Arbeitszimmer spielt bei allen Einkunftsarten eine Rolle. Die Abzugsfähigkeit der anteiligen Aufwendungen war jedoch nach § 4 Abs. 5 Satz 1 Nr. 6b Satz 1 und § 9 Abs. 5 Satz 1 EStG a. F. grundsätzlich weder als Betriebsausgabe noch als Werbungskosten möglich. Durch das Jahressteuergesetz 2010 vom 08.12.2010 (BGBl Teil I, Seite 1768) ist eine Änderung eingetreten (§ 4 Abs. 5 Nr. 6b Satz 2 EStG).

Nach BFH-Urteil vom 15.12.2016, VI R 53713 kann ein häusliches Arbeitszimmer auch von mehreren Steuerpflichtigen (Mehrfachnutzung) bei Vorliegen der Voraussetzungen geltend gemacht werden.

Untersuchen Sie, unter welchen Voraussetzungen dennoch ein Abzug infrage kommt.

Vereinfachtes Prüfraster für die Anerkennung eines häuslichen Arbeitszimmers:

1. Schritt: Stellt das Arbeitszimmer den Mittelpunkt Ihrer beruflichen oder betrieblichen Tätigkeit dar?

Wenn ja: Die gesamten Kosten sind entweder als Werbungskosten oder Betriebsausgaben abzugsfähig.

2. Schritt: Stellt das Arbeitszimmer nicht den Mittelpunkt Ihrer beruflichen oder betrieblichen Tätigkeit dar, steht Ihnen jedoch neben dem häuslichen Arbeitszimmer kein anderweitiger Arbeitsplatz zur Verfügung, ist ein begrenzter Abzug der Kosten bis 1.250 € möglich.

3. Schritt: Ist einer der beiden Abzugsalternativen gegeben, so ist der prozentuale Anteil des Arbeitszimmers in Bezug zur gesamten Wohnfläche zu ermitteln (Baupläne).

4. Schritt: Ermittlung der gesamten Hauskosten (Miete, Heizung , Strom, Müllabfuhr usw.). Darauf Anwendung des ermittelten Prozentsatzes für den Flächenanteil des Arbeitszimmers. Ermittelter Anteil wird als Werbungskosten bzw. Betriebsausgaben angesetzt.

Hinweis: BMF-Schreiben vom 06.10.2017 – IV C 6 - S 2145/07/10002

Bearbeiten Sie den Sachverhalt nach folgenden Fragestellungen:

1. Was versteht man begrifflich unter einem häuslichen Arbeitszimmer?
2. Welche zwei Fallkonstellationen kommen vor?
3. Welche anteiligen Aufwendungen kommen infrage?
4. Wie ist der „Mittelpunkt der gesamten betrieblichen und beruflichen Betätigung" zu definieren?
5. Wie ist die Nutzung eines Arbeitszimmers durch mehrere Steuerpflichtige zu beurteilen?
6. Können auch Aufwendungen für ein häusliches Arbeitszimmer zu Ausbildungszwecken geltend gemacht werden?

Beurteilen Sie folgende Sachverhalte:

Sachverhalt 1:

Ein Lehrer einer Berufsbildenden Schule hat für seine häuslichen Vorbereitungen ein Arbeitszimmer. Seine anteiligen Kosten kann er genau nachweisen. Für das übrige private Wohnbedürfnis steht genügend Platz zur Verfügung.

Sachverhalt 2:

Ein freiberuflich tätiger Konzertpianist hat ein eigenes Musikzimmer in seinem Einfamilienhaus eingerichtet, in dem er vornehmlich Musikunterricht erteilt.

Sachverhalt 3:

Eine Heimarbeiterin in der Textilbranche hat sich in ihrer für das private Wohnbedürfnis ausreichend großen Wohnung ein ausschließlich für die Heimarbeit mit entsprechenden Maschinen eingerichtetes Zimmer eingerichtet. Sie übt nur diese Tätigkeit aus.

Lösung s. Seite 487

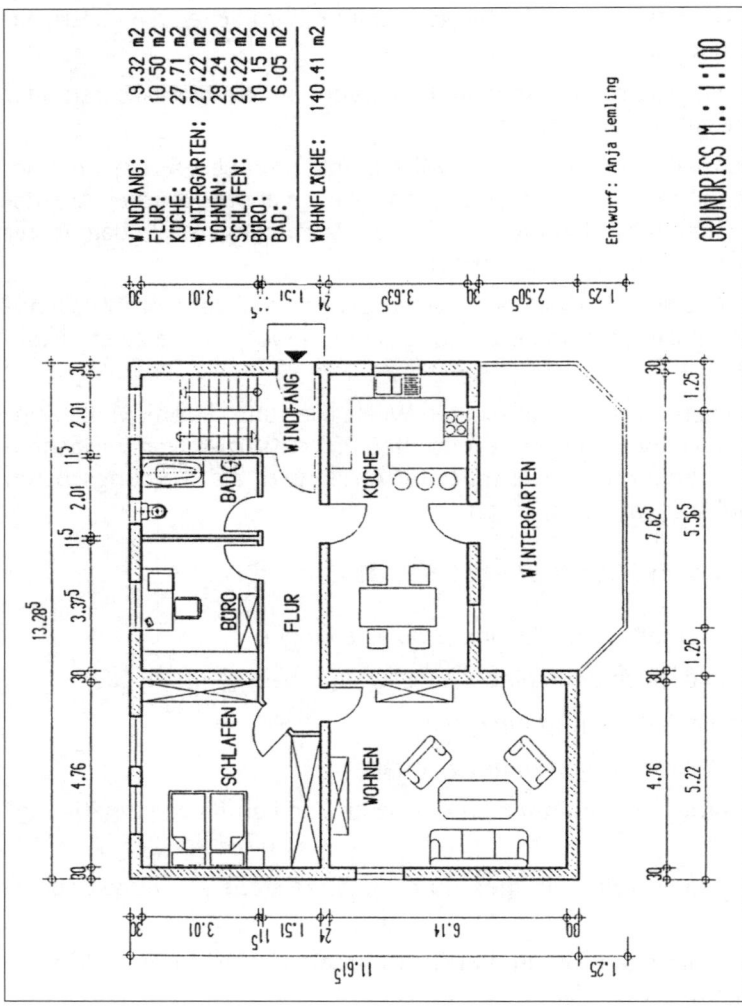

Fall 83: Kosten der Berufsausbildung

Sachverhalt 1:

Der Kfz-Geselle Otmar Pfiffig besuchte an 40 Wochenenden einen Meisterlehrgang in der 24 km entfernten Stadt. Außer Lehrgangsgebühren in Höhe von 2.400 € hat er im Veranlagungszeitraum für Fachliteratur 340 € ausgegeben.

Im Dezember hat er seine Meisterprüfung bestanden. Sein Meisterstück hat eine gute Bewertung beim Prüfungsausschuss erzielt. Für die Herstellung hat er 1.400 € an Materialien aufgewendet.

Sachverhalt 2:

Der Polizeimeister Artur Streng besuchte im Veranlagungszeitraum 01 das in der 28 km entfernten Stadt stattfindende Telekolleg. Er will auf dem zweiten Bildungsweg die Fachhochschulreife erlangen.

Folgende Ausgaben sind ihm entstanden:

➤ 28 Fahrten mit dem eigenen Pkw

➤ Lehrmaterial und Fachbücher für 250 €

➤ Im Rahmen des Lehrgangs wurde die Anschaffung eines Computers erforderlich. Von einem Kollegen konnte er einen gebrauchten PC für 410 € erwerben.

Sachverhalt 3:

Der Steuerfachangestellte Helmut Fleißig besuchte im Veranlagungszeitraum 01 die „Fachschule für Steuern, Datenverarbeitung und Rechnungswesen". Beim Abschluss der Schule wird der Titel „Staatlich geprüfter Betriebswirt für Datenverarbeitung, Steuern und Rechnungswesen" verliehen. Der Unterrichtsumfang betrug je Woche 12 Stunden. (Samstagvormittag, Dienstag- und Donnerstagabend).

Insgesamt hat er nach seinen Aufzeichnungen an 87 Unterrichtstagen am Unterricht teilgenommen. Er besuchte den Unterricht mit dem eigenen Pkw, die einfache Entfernung beträgt 32 km.

Für Steuergesetze und Fachliteratur hat er 360 € aufgewendet.

Lösung s. Seite 490

Tangierende Problemkreise:

➤ Kosten eines häuslichen Arbeitszimmers

➤ Berücksichtigung eines Computers als Werbungskosten.

Ausbildungskosten (BMF-Schreiben v. 22.09.2010)	Fortbildungskosten
Sonderausgaben	Werbungskosten
Kriterien: ► erstmalige Berufsausbildung ► Erststudium.	**Kriterien:** ► weitere Ausbildungskosten über die erstmalige Berufsausbildung oder ein abgeschlossenes Erststudium hinaus ► Vermittlung von berufsbezogenem Lehrstoff ► Weiterbildung im beruflichen Bereich ► „Up to date" bleiben ► Vertiefung des beruflichen Wissens.
Beispiele: ► Berufsausbildungsverhältnisse nach dem BBiG ► Erststudium an einer Hochschule ► Erststudium an einer Fachhochschule ► Wiederaufnahme eines abgebrochenen (nicht mit Prüfung abgeschlossen) Studiums.	**Beispiele:** ► Meisterprüfung eines Gesellen ► Bilanzbuchhalterprüfung ► Steuerberaterprüfung ► Ausbildung zur Fremdsprachenkorrespondentin einer Bürokauffrau ► Besuch von Fachschulen, Qualifikation des praktischen Betriebswirts ► Aufwendungen des wissenschaftlichen Assistenten für die Professur ► Kosten für die Vorbereitung der zweiten Lehrerprüfung bzw. zweite juristische Staatsprüfung.
Anzusetzende Kosten: ► Studien- und Lehrgangsgebühren ► Lehrmaterial, Fachbücher ► Fahrten zwischen Wohnung und Ausbildungsstätte (0,30 € je Entfernungs-km) ► Bei auswärtiger Unterbringung Mehraufwendungen für Verpflegung und Übernachtungskosten ► Arbeitsmittel, bei AK über 800 €, netto, (952 €, brutto), netto nur AfA ► häusliches Arbeitszimmer (z. B. bei Fernstudium – Mittelpunkt der gesamten Berufsausbildung).	**Anzusetzende Kosten:** (siehe Ausbildungskosten)
Ggf. Kürzung der Aufwendungen um Zuschüsse zu den Ausbildungsmaßnahmen.	Ggf. Kürzung der Aufwendungen um Zuschüsse zu den Ausbildungsmaßnahmen.
Abzugsbeschränkung nach § 10 Abs. 1 Nr. 7 Satz 1 EStG: 6.000 € im Kalenderjahr; bei Zusammenveranlagung für jeden Ehegatten	Keine Abzugsbeschränkung der Höhe nach. Fahrtkosten zwischen Wohnung und Fortbildungsstätte pauschal wie bei Auswärtstätigkeit.
Fallen keine Einnahmen an, so geht das Abzugspotenzial verloren.	Werbungskostenüberhang kann als vortragsfähiger Verlust festgestellt werden.

Fall 84: Betriebliche Direktversicherung

Der ledige Steuerpflichtige Hermann Grün macht sich Gedanken über seine Altersversorgung. Er möchte neben seiner Absicherung durch die gesetzliche Rentenversicherung eine weitere Säule aufbauen.

Er ist geboren am 12.01.1964 und ist als Heizungsmonteur bei einer großen Firma tätig.

In 2021 werden ihm über seine Firma in Zusammenarbeit mit einer Versicherungsgesellschaft folgende Angebote unterbreitet:

► Verzicht auf Teile seines Lohnes in Höhe von monatlich 100 € zugunsten eines Vertrages mit einer Pensionskasse

Alternativ:

► Verzicht auf Teile seines Lohnes in Höhe von monatlich 200 €
► Verbunden mit diesem Angebot ist eine Berechnung, wie sich der Lohnverzicht (Entgeltumwandlung) auf seinen monatlichen Nettolohn auswirkt.

1. Was versteht man steuerlich unter einer betrieblichen Direktversicherung?
2. Führen Sie eine Modellrechnung bei einem monatlichen Bruttogehalt von 2.800 bzw. 3.800 € durch. Beitragsatz zur Krankenversicherung = 14,6 % + 0,9 %
3. Welche weitere Information ist für den Steuerpflichtigen wichtig?

Lösung s. Seite 491

Tangierende Problemkreise:

► Bestimmungsgrößen für die Rente aus der gesetzlichen Rentenversicherung
► Grundsätzliches zur Riester-Rente
► Grundsätzliches zur Rürup-Rente.

Bruttolohn mtl.	Lohnsteuer Stkl.1 2022	SolZ	KiSt (9 %)
2.800,00	327,41	0,00	29,46
2.700,00	303,75	0,00	27,33
2.600,00	280,50	0,00	25,24
3.800,00	582,00	0,00	52,38
3.700,00	555,00	0,00	49,95
3.600,00	528,33	0,00	47,54

Steuerliche Direktversicherung (§ 2 Abs. 2 BetrAVG - § 3 Nr. 63 EStG)

► Arbeitgeber schließt als Versicherungsnehmer Lebensversicherung zugunsten seines Arbeitnehmers bzw. dessen Hinterbliebenen ab

▸ Voraussetzungen:

- Beitragsleistungen werden im ersten Dienstverhältnis erbracht.

- Beiträge werden im Kapitaldeckungsverfahren erhoben.

- Vorsorgeleistungen sind in Form einer lebenslangen Rente oder eines Auszahlungsplans mir Resterrechnung festgelegt.

▸ Finanzierung:

- Arbeitgeber finanziert Altersversorgung.

- Arbeitnehmer finanziert Altersversorgung.

Der steuerfreie Höchstbetrag für Beiträge des Arbeitgebers aus dem ersten Dienstverhältnis an eine Pensionskasse, einen Pensionsfonds oder eine Direktversicherung zum Aufbau einer kapitalgedeckten betrieblichen Altersversorgung steigt ab 01.01.2019 von 4 % der Beitragsbemessungsgrenze 2022: 84.600 € (West)/81.000 € (Ost) in der allgemeinen Rentenversicherung auf **8 %** (§ 3 Nr. 63 Satz 1 EStG). 2021 beträgt der steuerfreie Höchstbetrag damit 6.768 €. Der zusätzliche Höchstbetrag von 1.800 € wurde abgeschafft. Der sozialversicherungsfreie Höchstbetrag bleibt bei 4 %.

▸ Tatsächlich übersteigende Beitragsleistungen sind lohnsteuerpflichtiger Arbeitslohn (keine pauschale Besteuerung mehr).

▸ Besteuerung in der Leistungsphase:

- Zahlungen sind beim Arbeitnehmer als sonstige Einkünfte voll steuerpflichtig (§ 22 Nr. 5 Satz 1 EStG)

Beispiel: siehe Fall mit Lösung

Rürup oder Basisrente

▸ Staatlich geförderter privater Rentenvertrag

▸ Besondere Eignung für Selbstständige und Freiberufler, die keine Riester-Rente abschließen können

▸ Klassische Rentenversicherung mit drei verschiedenen Überschussbeteiligungen oder Fonds gebunden

▸ Anbieter sind verschiedene Lebensversicherer

▸ Aufwendungen werden bei den Sonderausgaben berücksichtigt:

Jahr	Höchstbeträge[1]
2020	25.046 €/50926 €
2021	25.787 €/52.574 €
2022	25.639 €/51.278 €
2022	abzugsfähig: 2022: (94 %): 24.100 €/48.200 €

---

[1] Der Höchstbetrag zur knappschaftlichen Rentenversicherung erschließt sich dabei aus dem jeweiligen Beitragssatz (24,7 %) und der entsprechenden Beitragsbemessungsgrenze, die 2022 bei 103.800 € liegt. 103.800 € geteilt durch 100, multipliziert mit 24,7 ergibt einen Betrag von 25.639 €. Dieser wird aufgerundet und gibt so die neue Höchstgrenze für die anrechenbaren Rürup-Beitrage an. Dieser Wert gilt in West und Ost.

- Seit 2015 ist der **anrechenbare Höchstbetrag an** die Entwicklung der Beitragsbemessungsgrenze bei der **knappschaftlichen Rentenversicherung gekoppelt**.
- Staffelung:

Abzugsfähig vom jeweiligen jährlichen Höchstbetrag (§ 10 Abs. 3 Satz 4 und 6 EStG):

2017	2018	2019	2020	2021	2022	2025
84 %	86 %	88 %	90 %	92 %	94 %	100 %

2020 = 25.046 €/50.926 €
2021 = 25.787 €/51.574 €
2022 = 24.100 €/48.200 €

► Nachteile:

- Besteuerung der Renteneinkünfte im Alter
- Renditeschwach

► **Voraussetzungen**

- Abzugsfähigkeit erfordert eine verbindliche lebenslange Leibrente, frühestens ab Vollendung des 60. Lebensjahres, bei Vertragsabschluss nach dem 31.02.2011 das 62. Lebensjahr
- Keine Kapitalauszahlung am Stichtag
- Keine Beleihung der Policen, Verpfändung oder Abtretung
- Keine Kündigung oder Rückkauf
- Kein Leistungsübergang auf Hinterbliebene

► **Steuerliche Behandlung**

- Ansparphase: **Sonderausgabenabzug (s. o.)**
- **Rentenphase:**
Die Besteuerung erfolgt wie bei der Rentenbesteuerung nach § 22 EStG. Die monatlichen Renten sind bis 2040 begrenzt steuerpflichtig. Der steuerfreie Anteil wird als fester Betrag zu Beginn des Rentenbezuges festgelegt und lebenslang festgeschrieben.

Rentenbeginn	2018	2019	2020	2021	2022
Besteuerungsanteil	76 %	78 %	80 %	81 %	82 %

Beispiel

Rentenbetrag 5.000 €; Rentenbeginn 2014; Besteuerungsanteil = 68 % = 3.400 €; Steuerfreiheit = 1.600 € für die gesamte Laufzeit.
Spätere Rentenerhöhungen sind voll zu versteuern.

Riester-Rente

- **Kombimodell:** staatliche Zulagen oder Sonderausgabenabzug

- **Begünstigte Personen** (Auszug)

  - Arbeitnehmer

  - Beamte, Richter, Berufssoldaten

- **Nicht begünstigte Personen**

  - Selbstständige (Unternehmer, freiberuflich Tätige)

  - Geringfügig Beschäftigte bei pauschaliertem AG-Anteil zur Rentenversicherung

- **Begünstigte Altersvorsorgeverträge**

  - Beiträge zu einem Altersvorsorgevertrag (§ 82 Abs. 1 EStG)

  - Beiträge zu einer betrieblichen Altersversorgung (Pensionsfonds, Pensionskasse oder Direktversicherung (§ 82 Abs. 2 EStG)

  - Eigenheim Rentenmodell (Wohn-Riester)

- **Höhe der Zulage**

  - 2006/2007: Grundzulage 114 €, Kinderzulage 138 €

  - 2008: Grundzulage 154 €, Kinderzulage 185 € (Geburt vor dem 01.01.2008)

  - seit 01.01.2018: Grundzulage 175 €

  - für Kinder (Geburt ab 01.08.2018) 300 €

- **Mindestsparleistung:** 60 €

- **Jährliche Sparleistung:** 4 % des maßgebenden Bruttojahreseinkommens; maximal 2.100 €.

Zulagen sind jährlich vom Versicherer bei der Zulagenstelle für Altersvermögen (Zentrale Zulagenstelle für Altersvermögen – ZfA bei dem Deutschen Rentenversicherung Bund mit Dienstsitz in Brandenburg an der Havel) zu beantragen (Daueranlagenantrag möglich).

Die Geltendmachung als **Sonderausgaben** erfolgt über die Anlage AV in der Jahressteuererklärung.

Nach Abgabe der Anlage AV prüft das Finanzamt, ob neben der gewährten Zulage ein zusätzlicher steuerlicher Vorteil wegen des Sonderausgabenabzuges gegeben ist. Ist die Zulage höher als der steuerliche Vorteil, bleibt es bei der Zulage. Ergibt die Prüfung des Finanzamtes, dass der Sonderausgabenabzug zu einem steuerlichen Vorteil führt, der höher als die Zulage ist, so wird bei der Einkommensteuerveranlagung der über die Zulage hinausgehende Betrag festgestellt. Dies führt zu einer Steuererstattung.

Fall 85: Veräußerungsgewinne bei Immobilien und Wertpapieren im privaten Bereich

Toni Riskant hat eine Leidenschaft, er spekuliert mit Grundstücken und Wertpapieren. Vor allem versucht er, erzielte Gewinne legal an der Steuer vorbeizuführen.

Er trägt Ihnen folgende Sachverhalte vor und wünscht genaue Informationen zur Vermeidung der Besteuerung.

1. Am 15.02.01 hat er Bauerwartungsland gekauft. Das Grundstück hat eine Größe von 10.000 qm und kostete ohne Nebenkosten 10 € je qm. Seine Vermutung, dass hier eines Tages eine Bebauung möglich wäre, bestätigte sich im Jahre 12. Er verkaufte 5.000 qm zu einem qm-Preis von 80 €. Wie ist der entstandene Veräußerungsgewinn steuerlich zu beurteilen?

2. Am 18.09.01 kaufte er ein weiteres Grundstück. Für die 2.000 qm zahlte er einschließlich Kaufnebenkosten 31.240 €. Am 12.08.03 wurden ihm 30 € pro qm geboten. Da er das Geld zum Kauf von Aktien benötigte, verkaufte er das Grundstück. Nutzen und Lasten gingen auf den Käufer am 10.09.03 über. Wie ist dieser Vorgang steuerlich zu beurteilen?

3. Toni Riskant kaufte am 15.08.03 200 AX-Aktien. Der Kurswert betrug 380 €. Die Kaufnebenkosten können mit 1,1 % angenommen werden. Die Wertpapiere gehören zu seinem Privatvermögen. Seine Spekulation ging auf. Am 23.05.06 konnte er die Aktien zu einem Kurs von 460 € verkaufen. Die Verkaufskosten betrugen 1,1 %. Wie hoch ist sein Gewinn und wie ist dieser steuerlich zu erfassen?

4. Am 15.08.03 kaufte er auch Bundesanleihen:

Nennwert	20.000,00 €
Kurswert	101,20 €
Verzinsung:	6,5 %
Zinstermin:	15.12.
Kaufkosten:	0,6 %

    Am 28.12.03 verkaufte er für 10.000 € Nennwert dieser Bundesanleihen.

Kurswert	103,20 €
Verkaufskosten:	0,6 %

    a) Wie ist der Fall steuerlich für den Veranlagungszeitraum 03 zu beurteilen?

    b) Wie ist der Sachverhalt zu beurteilen, wenn er die restlichen Bundesanleihen am 15.03.04 zu einem Kurs von 100,20 € verkauft. Die Verkaufskosten können ebenfalls mit 0,6 % angenommen werden.

Lösung s. Seite 493

Tangierende Problemkreise:

► Sonstige Einkünfte im Sinne der § 22, 23 EStG

► Dividendeneinkünfte

► Zuordnung von Wertpapieren zum Betriebsvermögen

► Effektivverzinsung bei festverzinslichen Papieren und Aktien.

Die Abgeltungssteuer als quasi Quellensteuer

 **MERKE**

Kapitalerträge, die im privaten Bereich anfallen, werden mit einem einheitlichen Steuersatz von 25 % besteuert. Hinzu kommen der Solidaritätszuschlag und die Kirchensteuer.

Einkünfte, die unter die Abgeltungssteuer fallen:

► Zinserträge aus Geldanlagen

► Dividenden

► Erträge aus Investmentfonds

► Erträge aus Termingeschäften

► Zertifikatserträge

► Gewinne aus privaten Veräußerungsgeschäften (bei Wertpapieren, Investmentanteilen und Beteiligungen an Kapitalgesellschaften, nicht jedoch bei Immobilien)

   - Leerverkäufe zählen zukünftig auch zu den privaten Veräußerungsgeschäften nach § 23 EStG.

Folge:

► Wegfall der Veräußerungsfrist (Spekulationsfrist)

► Wegfall des Teileinkünfte-Verfahrens.

Ausnahmen von der Abgeltungssteuer:

► Erträge aus typisch stillen Gesellschaften

► Erträge aus partiarischen Darlehen (als Nichtunternehmer)

► Zinsen aus Darlehen im Privatvermögen bei Kapitalüberlassung zwischen nahe stehenden Personen oder Kapitalgesellschaften und ihren Anteilseignern

► Forderungen aus sog. Back-to-back Finanzierungen

► Zinsen und Kursgewinne von ausländischen Anlegern.

Vermeidung der Abgeltungssteuer mit Nichtveranlagungsbescheinigung und Freistellungsaufträgen

► **Sparer-Pauschbetrag** = 801 €/1.602 €

► Abzug von tatsächlichen Werbungskosten ist ausgeschlossen.

 **MERKE**

Durch die Abgeltungssteuer ist die Steuerschuld grundsätzlich abgegolten; d. h. eine Angabe in der ESt-Erklärung kann entfallen.

Zu beachten: **Veranlagungsoption:**

- Grenzsteuersatz liegt unter 25 %
- Günstigerprüfung durch das Finanzamt, wenn sich der Antrag auf Veranlagung als nachteilig erweist.

Fall 86: Der Sohn gewährt seinem Vater Unterhalt

Herr Sorge bezieht eine Altersrente aus der gesetzlichen Rentenversicherung. Er ist am 03.09.1937 geboren und bezieht die Rente ab 01.09.2002.

Hier ein Auszug aus dem letzten Rentenbescheid:

Mitteilung der Deutschen Rentenversicherung zur Vorlage beim Finanzamt
Leistungen aus der gesetzlichen Rentenversicherung 2021

Sie erhalten hiermit eine Aufstellung über die Leistungen aus der gesetzlichen Rentenversicherung im **Jahr 2021**, die Ihnen beim Ausfüllen Ihrer Einkommensteuererklärung helfen soll. Diese Daten haben wir auch der zentralen Zulagenstelle für Altersvermögen (ZfA) mitgeteilt. Dazu sind wir gesetzlich verpflichtet (§ 22a EStG). Von der ZfA werden die Daten an die zuständige Landesfinanzverwaltung übermittelt.

Anspruch auf Regelaltersrente
Mit einem Rentenbeginn am 01.09.2002
(einzutragen in die Anlage R, Zeile 6)
Rentenbetrag einschließlich Einmalzahlung   5.282,64 €
(einzutragen in die Anlage R, Zeile 4)
Im Rentenbetrag enthaltene Rentenanpassungsbetrag   1.245,36 €
(einzutragen in die Anlage R, Zeile 5)
Folgende Beträge haben wir als Zuschuss zur Krankenversicherung an die ZfA gemeldet:
Geleisteter Zuschuss zur Krankenversicherung vom 01.01.2021 bis 12.2021   420,00 €
(Anlage Vorsorgeaufwand Zeile 21 (freiwillig gesetzlich Krankenversicherte)
bzw. Zeile 26 (privat Krankenversicherte)

Ermittlung des Anpassungsbetrages	
Jahres-Rentenbetrag des betreffenden Jahres	5.282,64 €
- Jahres-Rentenbetrag, der für den Rentenfreibetrag maßgebend war (Folgejahr auf Rentenbeginn)	4.037,28 €
= Rentenanpassungsbetrag für das betreffende Jahr	1.245,36 €

Regelmäßige Rentenanpassungen sind damit **in voller Höhe steuerpflichtig** (BFH-Beschluss vom 06.03.2013 – X B 113/11 – BFH/NV 2013 S. 929).

Er hat auch noch ein Sparguthaben. Daraus hat er im Kalenderjahr 750 € Zinsen bezogen.

Um dem Vater eine angemessene Lebensführung zu gewährleisten, überweist ihm sein Sohn Artur monatlich 400 €.

Die Beiträge zur Basiskrankenversicherung können nicht beim Vater als Sonderausgaben geltend gemacht werden.

Wie wirkt sich der Unterhaltsbeitrag 2021 steuerlich aus?

Ändert sich etwas, wenn der Bruder von Artur ab dem nächsten Jahr dem Vater weitere 100 € monatlich zukommen lässt?

Lösung s. Seite 494

Tangierende Problemkreise:

- ▶ Begriff und Arten der außergewöhnlichen Belastungen (§ 33 - 33c EStG)
- ▶ Besteuerung von Beamtenpensionen
- ▶ Besteuerung der eigen genutzten Wohnung.

Überblick über die außergewöhnlichen Belastungen[1]		
§ 33 EStG	§ 33a EStG	§ 33b EStG
a. g. Belastungen im Allgemeinen	a. g. Belastungen in besonderen Fällen	Pauschbeträge für Behinderte
Aufwendungen - Erstattungen = a. g. Belastung - zumutbare Belastung = Belastung **Beispiele:** ▶ Nicht gedeckte Kosten für Krankheit und Medikamente ▶ Badekuren (amtsärztlich) ▶ Beerdigungskosten (Nachlass berücksichtigen) ▶ Formaldehydschäden ▶ Hausrat und Kleidung (unabwendbares Ereignis) ▶ Kfz- Kosten (80 %/70 % MdE) ▶ Pflegekosten (Unterbringung) ▶ Schadenersatzleistungen ▶ Scheidungskosten. **Stufenweise Ermittlung der zumutbaren Belastung:** Nach BFH-Urteil vom 19.01.2017, VI R 75/14 wird nur der Teil des Gesamtbetrages der Einkünfte, der den in § 33 Abs. 3 Satz 1 EStG übersteigenden Betrages mit dem jeweils höheren Prozentsatz belastet.	▶ Unterhalt von Personen, soweit kein Anspruch nach § 32 Abs. 6 EStG (Kinderfreibeträge)oder Kindergeld besteht + Bedürftigkeit der unterhaltenen Person[1] Jährlicher Höchstbetrag 2018: 9.000,00 € 2019: 9.168,00 € 2020: 9.408,00 € (§ 33a Abs. 1 EStG) 2021: 9.744,00 € 2022: 10.347,00 € **jedoch:** Eigene Einkünfte und Bezüge über 624,00 € werden angerechnet. Erhöhung des Höchstbetrages für Beiträge zur Basisversicherung (Kranken- und Pflegeversicherung), soweit nicht nach § 10 Abs. 1 Nr. 3 EStG als Sonderausgaben abzugsfähig (§ 33a Abs. 1 Satz 2 EStG) ▶ Ausbildungsfreibetrag 924,00 € ▶ (Ab VAZ 2012 keine Anrechnung eigener Einkünfte und Bezüge) ▶ Volle Anrechnung öffentlicher Zuschüsse ▶ Zeitanteilige Ermäßigung.	▶ Behindertenpauschbetrag Tabelle (§ 33b) (Grad der Behinderung) 20: 384,00 € von 25 und 30: 620,00 € von 35 und 40: 860,00 € von 45 und 50: 1.140,00 € von 55 und 60: 1.440,00 € von 65 und 70: 1.760,00 € von 75 und 80: 2.120,00 € von 85 und 90: 2.460,00 € von 95 und 100: 2.840,00 € Blinde und Halbblinde: Pauschbetrag = 7.400,00 € (§ 33b Abs. 3 EStG) ▶ Hinterbliebenen-Pauschbetrag: 370,00 € (§ 33b Abs. 4 EStG) ▶ Pflege-Pauschbetrag: (§ 33b Abs. 6 EStG) Pfleggrad 2 = 600,00 € und Pfleggrad 3 = 1.100,00 € Pflegegrad 4 und 5 = 1.800,00 €, (wenn keine Einnahmen aus der Pflegeversicherung vorliegen). ▶ Behinderungsbedingte **Fahrkosten-Pauschale** (§ 33 2a EStG: Grad der Behinderung mindestens 80 % oder 70 % mit Merkzeichen „G" = 900,00 € – Grad mit Merkzeichen „aG", „Bl" oder „H" = 4.500,00 €.

---

[1] Um Fehler und Missbrauch im Zusammenhang mit dem Abzug bzw. der korrespondierenden Steuerpflicht von Unterhaltsleistungen zu vermeiden, ist künftig ein Abzug nur noch möglich, wenn die Identifikationsnummer i. S. d. § 139b AO der unterhaltenen Person erklärt wird. Verweigert der Empfänger die Mitteilung seiner IdNr. kann der Zahlende diese beim Finanzamt erfragen (§ 33a Abs. 1 Satz 9 bis 11 EStG).

Die zumutbare Belastung beträgt:

bei einem Gesamtbetrag der Einkünfte (§ 33 Abs.3 EStG)	bis 15.340 €	über 15.340 € bis 51.130 €	über 51.130 €
1. bei Steuerpflichtigen, die keine Kinder haben und bei denen die Einkommensteuer			
a) nach § 32a Absatz 1	5	6	7
b) nach § 32a Absatz 5 oder 6 (Splitting-Verfahren)	4	5	6
zu berechnen ist;			
2. bei Steuerpflichtigen mit			
a) einem Kind oder zwei Kindern,	2	3	4
b) drei oder mehr Kindern	1	1	2
			% des Gesamtbetrages der Einkünfte

Beispiel

Beispiel für stufenweise Ermittlung der zumutbaren Belastung (Steuerpflichtiger verheiratet):

Gesamtbetrag der Einkünfte   51.835 €
Krankheitskosten   4.148 €

Berechnung:

bis 15.340 €	2 %	306,80 €
bis 51.130 €	3 %	1.073,70 €
bis 51.835 €	4 %	28,20 €
zumutbare Belastung		**1.408,70 €**

Fall 87: Die Kinder und die Steuern

Oskar und Susi Brause wohnen in Trier und haben sechs Kinder:

► Manfred, 15 Jahre

► Otto, 17 Jahre

► Carla, 20 Jahre

► Helmut, 21 Jahre

► Egon, 23 Jahre

► Sandra, 27 Jahre.

Manfred besucht ein Trierer Gymnasium. Er hat Einnahmen aus Vermietung und Verpachtung in Höhe von 6.000 €, seine Werbungskosten betragen nachweislich 1.600 €. Otto befindet sich in einem Internat und ist auswärts untergebracht. Er verfügt über keine Einkünfte.

Carla hat die Steuerfachangestelltenprüfung bestanden und befindet sich in einem Arbeitsverhältnis mit einem monatlichen Bruttogehalt von 1.750 €.

Helmut studiert Betriebswirtschaftslehre an der Universität Trier und wohnt bei den Eltern. Aus verschiedenen Tätigkeiten hat er im Veranlagungszeitraum einen Bruttolohn von 2.500 € erzielt.

Egon studiert Jura in Köln und hat dort ein Zimmer. Er jobbt ständig und hat insgesamt einen Bruttolohn in Höhe von 3.900 € im Veranlagungszeitraum erzielt. Außerdem hat er ein Sparbuch, auf dem ihm im Kalenderjahr 750 € Zinsen gutgeschrieben wurden.

1. Wie werden die Kinder steuerlich berücksichtigt?

2. Worauf hat die Berücksichtigung Auswirkungen?

Lösung s. Seite 496

Tangierende Problemkreise:

► Welche Beziehung besteht zwischen Kinderfreibetrag und Kindergeld?

► Wie werden Pflegekinder steuerlich berücksichtigt?

► Zuordnung zu den Großeltern.

Berücksichtigung von Kindern (§ 32, § 62 - 76 EStG)

Kindergeld (2022)		Kinderfreibetrag
1. und 2. Kind monatlich ab 01.07.2019	219,00 €	Auswirkung auf die Kirchensteuer und SolZ in jedem Falle
3. Kind monatlich	225,00 €	
4. und jedes weitere Kind monatlich	250,00 €	
Weitere Auswirkungen der Berücksichtigung von Kindern:		► Unterstützungsfreibetrag (§ 33a Abs. 1 EStG)
► Ausbildungsfreibetrag (§ 33a Abs. 2 EStG)		► Günstigerer Prozentsatz bei zumutbarer Belastung (§ 33 Abs. 3 EStG)
► Entlastungsbetrag für Alleinerziehende (§ 24b EStG)		► Hinterbliebenenpauschbetrag (§ 33b Abs. 4, 5 EStG)
► Pflegepauschbetrag (§ 33b Abs. 6 EStG)		► Kinderfreibetrag – Kinderbetreuungsbetrag (§ 32 Abs. 6 EStG)
► Kfz-Kosten f. Privatfahrten des behinderten Kindes (H 33.1 - 33.4 EStH)		

Zu berücksichtigende Kinder			
leibliche Kinder	Adoptivkinder	Pflegekinder	

Bedeutung des Alters der Kinder		
Kinder unter 18 Jahre	Kinder über 18 Jahre bis zur Vollendung des 25. Lebensjahres	Kinder über 25 Jahre
Eigene Einkünfte und Bezüge des Kindes haben keine Bedeutung	Ab VZ 2012 keine steuerliche Berücksichtigung der eigenen Einkünfte und Bezüge des Kindes. Weitere Voraussetzungen: Bei Kindern von 18 bis Vollendung des 21. Lebensjahres: Kind ist arbeitslos und steht der Arbeitsvermittlung im Inland zur Verfügung Bei Kindern von 18 - 25 Jahre: ► Ausbildung für einen Beruf ► Berufsausbildung kann mangels Ausbildungsplatz nicht begonnen oder fortgesetzt werden ► Freiwilliges soziales oder ökologisches Jahr, und die Ableitung des neuen Bundesfreiwilligendienstes. Berücksichtigung in der Übergangszeit zwischen zwei Ausbildungsabschnitten (höchstens 4 Monate).	Kind ist nicht in der Lage, sich selbst zu unterhalten wegen: ► körperlicher ► geistiger oder ► seelischer Behinderung. ► Einkünfte und Bezüge dürfen die Einkunftsgrenzen nicht übersteigen. ► Behinderung muss vor Vollendung des 25. Lebensjahres entstanden sein.

Fall 88: Die Günstigerberechnung

Ein Mandant hat seinen ESt-Bescheid erhalten. Er ist verheiratet und hat einen Sohn im Alter von 17 Jahren. Er hat eine Reihe von Fragen zur Berechnung der Einkommensteuer, der Kirchensteuer und des Solidaritätszuschlages. Insbesondere hat er Probleme mit dem Verständnis der sog. „Günstigerberechnung" und den Berechnungsgrundlagen für die Annexsteuern Solidaritätszuschlag und Kirchensteuer. Er hat auch Probleme mit der Einbindung des gezahlten Kindergeldes in diesem Zusammenhang.

Er interessiert sich auch, inwieweit von ihm entrichtete Abgeltungssteuer in die Berechnung einbezogen wird.

Anmerkung: Ob Kindergeld oder Kinderfreibetrag für Steuerpflichtige vorteilhafter ist, prüft das Finanzamt automatisch im Rahmen einer Günstigerberechnung nachträglich bei der Einkommensteuererklärung.

Er konkretisiert seine Fragen wie folgt:

1. Anhand seines ESt-Bescheides will er die Günstigerberechnung erläutert haben. Einkommen i. S. d. § 2 Abs. 4 EStG: 47.000 €

2. In welcher Höhe hat er Solidaritätszuschlag und Kirchensteuer (9 %) zu zahlen?

Lösung s. Seite 497

Tangierende Problemkreise:

► Entlastungsbetrag für Alleinerziehende

► Kirchensteuersätze.

Die Günstigerberechnung (§ 31 Satz 4 EStG)

Problem: Freibeträge oder Kindergeld?
Die Freibeträge nach § 32 Abs. 6 EStG:

Entwicklung der Kinderfreibeträge				
Jahr	Kinderfreibetrag § 32 Abs. 6 EStG)		Betreuungs- freibetrag	insgesamt
	voll	halb		
2020	5.172 €	2.586 €	2.640 €	7.812 €
2021	5.460 €	2.730 €	2.920 €	8.388 €
2022	5.460 €	2.730 €	2.928 €	8.388 €

oder

Kindergeld		
	ab 01.2021	2022
1. und 2. Kind	219,00 €	219,00 €
3. Kind	225,00 €	225,00 €
4. und jedes weitere Kind	250,00 €	250,00 €

(§ 31 EStG)

Problemlösung:
1. Schritt
Alternative Berechnung zur günstigsten steuerlichen Belastung

Berechnungsalternative 1
Einkommen i. S. d. § 2 Abs. 4 EStG .... €
Kein Abzug der Freibeträge .... €
zu versteuerndes Einkommen .... €

Tarifliche ESt lt. Tabelle .... €
Ergebnis 1

Berechnungsalternative 2
Einkommen i. S. d. § 2 Abs. 4 EStG .... €
- Kinderfreibetrag .... €
- Betreuungsfreibetrag .... € .... €
zu versteuerndes Einkommen .... €
Tarifliche ESt lt. Tabelle .... €
Ergebnis 2

2. Schritt
Ermittlung der Differenz der beiden Ergebnisse
Ergebnis 1 .... €
Ergebnis 2 .... €
Differenz .... €

3. Schritt
Vergleich der Differenz mit dem gezahlten Kindergeld

Kindergeld ist **höher**:
Ansatz der tariflichen ESt nach **Ergebnis 1**

Kindergeld ist **niedriger**:
Ansatz der tariflichen ESt nach **Ergebnis 2**
+ Hinzurechnung des gezahlten Kindergeldes

4. Schritt
Berechnung der Kirchensteuer und des SolZ:
Bemessungsgrundlage (§ 51a Abs. 2 EStG):
Festzusetzende ESt   .... €
- Kinderfreibeträge   .... €
- Betreuungsfreibeträge   .... €   .... €
Bemessungsgrundlage   .... €

► Kirchensteuer: 9 % bzw. 8 %

► SolZ: 5,5 %.

Fall 89: Nicht gedeckte Krankheitskosten

Die Steuerpflichtigen Wilhelm und Susanne Eckel wählen die Zusammenveranlagung nach § 26 i. V. m. § 26b EStG.

Dabei werden drei Kinder berücksichtigt.

Das zu versteuernde Einkommen beträgt nach vorläufiger Berechnung 47.700 €.

Der Gesamtbetrag der Einkünfte beträgt 60.400 €.

Noch nicht berücksichtigt sind folgende Sachverhalte:

1. Die Ehefrau musste sich im Veranlagungszeitraum einer Operation unterziehen. Die Kosten beliefen sich einschließlich des Krankenhausaufenthalts auf 23.000 €. Die private Krankenkasse erstattete 8.000 €.
    Außerdem erhielt sie ein Krankenhaustagegeld in Höhe von 2.000 € und ein Genesungsgeld von 1.000 €.

2. Der Ehemann kaufte im Veranlagungszeitraum eine Brille mit Gleitsichtgläsern. Die Brille kostete 810 €. Die private Krankenkasse erstattete 120 €.

3. Der Ehemann gönnte sich eine Kur wegen eines Rückenleidens. Die Kur wurde ihm von seinem Hausarzt empfohlen. Es entstanden Kosten in Höhe von 2.700 €. Da die private Krankenkasse keine Kosten übernommen hat, will der Steuerpflichtige sie steuerlich geltend machen, weil die Kur sich auf seine persönliche Arbeitskraft sehr positiv ausgewirkt hat.

4. Für die sich im Studium befindliche Tochter haben die Eltern eine Zahnarztrechnung nach Abzug des Kassenanteils in Höhe von 2.400 € beglichen.

Wie beraten Sie den Mandanten?

Lösung s. Seite 498

Tangierende Problemkreise:

► Pflegeversicherung: Beiträge, Leistungen und steuerliche Berücksichtigung

► Problematik des Ausstiegs aus der gesetzlichen Krankenversicherung bei Erreichen der Versicherungspflichtgrenze.

Überblick über die Pflegeversicherung
Versicherte Personen:

► Personen, die gesetzlich krankenversichert sind, ohne Unterschied ob pflicht- oder freiwillig versichert.

► Freiwillig Krankenversicherte sind befreit, wenn sie eine Pflegeversicherung im privaten Bereich nachweisen.

► Privatkrankenversicherte sind verpflichtet, eine private Pflegeversicherung abzuschließen. Beamte für den Anteil, der nicht durch die Beihilfe gedeckt ist.

 **TIPP**

Erläuterung der Beihilfe:
Ein Beamter erhält z. B. 50 % der Krankheitskosten vom Dienstherrn ersetzt. Dafür leistet der Dienstherr nicht den Arbeitgeberanteil zur Krankenversicherung (auch nicht zur Rentenversicherung). Die „Beihilfe" ist somit der „Arbeitgeberanteil" des Dienstherrn. Für den nicht gedeckten Anteil schließt der Beamte eine private Krankenversicherung und Pflegeversicherung ab, wobei jede Person (Ehegatte und Kinder) einzeln zu versichern ist. Es sind die länderspezifischen Vorschriften zu beachten!

► Beitragssatz: ab 01.01.2019 = 3,05 %

► Arbeitgeber und Arbeitnehmer tragen je 50 % (1,575 % - 1,575 %)

► Zuschlag für Kinderlose = 0,25 % (vom Versicherten zu tragen)

► Sachsen: AG = 1,025 %, AN: 2,025 %

► Der Beitragssatz des Arbeitgebers in Sachsen ist immer 1 % niedriger als der des Arbeitnehmers. Grund: Sachsen hat keinen Feiertag aufgehoben. Nur wer Anspruch auf den Feiertag (Buß- und Bettag) hat, muss auch den höheren Arbeitnehmeranteil zahlen!

Wer keinen Anspruch auf den Feiertag hat, zahlt nur wie in allen anderen Bundesländern die Hälfte des Beitrags.

► Zuschlag für Kinderlose 0,25 % (vom Versicherten zu tragen).

Es gelten die Beitragsbemessungsgrenzen wie bei der Krankenversicherung 2022: mtl. 4.837,50 €.

Für den Arbeitgeber stellen die Anteile Lohnnebenkosten dar, der Gesamtbetrag ist an die Krankenkasse abzuführen.

Ab dem 01.01.2017 gelten die neuen Pflegegrade, die die alten Pflegestufen (1 - 3) vollständig ablösen.

Künftig wird nicht mehr der zeitliche Aufwand für die Pflege als entscheidendes Kriterium für die Pflegebedürftigkeit gelten, sondern der **Grad der Selbstständigkeit**. Es ist also festzustellen, wie eigenständig die Person im Alltag handeln kann. Dafür gibt es einen Kriterienkatalog.

Die Pflegegrade sollen vor allem Menschen mit Demenz und psychisch Erkrankten die gleichen Pflegeleistungen ermöglichen, wie Pflegebedürftigen mit körperlichen Beeinträchtigungen.

Überblick über die Pflegeleistungen					
Pflegegrad	Pflegegeld	Pflegesach- leistungen[1]	Pflegehilfs- mittel	Teilstationäre Pflege	Vollstationäre Pflege
1	125,00	0,00	60,00	0,00	125,00
2	316,00	689,00 *723,00*	60,00	689,00	770,00
3	545,00 572,00	1.298,00 *1.363,00*	60,00	1.298,00	1.262,00
4	728,00	1.612,00 *1.693,00*	60,00	1.612,00	1.775,00
5	901,00	1.995,00 *2.095,00*	60,00	1.995,00 *2.094,00*	2.005,00
Ambulant				(Teil-)Stationär	

---
[1] Die kursiv gedruckten Beträge gelten ab 01.01.2022.

- ▶ Pflegegrad 1: Geringe Beeinträchtigung der Selbstständigkeit
- ▶ Pflegegrad 2: Erhebliche Beeinträchtigung der Selbstständigkeit
- ▶ Pflegegrad 3: Schwere Beeinträchtigung der Selbstständigkeit
- ▶ Pflegegrad 4: Schwerste Beeinträchtigung der Selbstständigkeit
- ▶ Pflegegrad 5: Schwerste Beeinträchtigung der Selbstständigkeit mit besonderen Anforderungen an die pflegerische Versorgung.

 MERKE

Übersicht über die einzelnen Leistungsbereiche[1]:

- ▶ Pflegegeld für häusliche Pflege
- ▶ Ansprüche auf Pflegesachleistungen für häusliche Pflege
- ▶ Pflegehilfsmittel
- ▶ Pflege bei Verhinderung einer Pflegeperson durch Personen, die keine nahen Angehörigen sind
- ▶ Teilstationäre Leistungen der Tages-/Nachtpflege
- ▶ Kurzzeitpflege
- ▶ Zusätzliche Leistungen für Pflegebedürftige in ambulant betreuten Wohngruppen
- ▶ Wohnumfeldverbessernde Maßnahmen
- ▶ Leistungen bei vollstationärer Pflege
- ▶ Pflege in vollstationären Einrichtungen der Hilfe für behinderte Menschen
- ▶ Zusätzliche Betreuungs- (und Entlastungs-) Leistungen.

Zu beachten ist, dass zum Unterhalt verpflichtete Personen (Verwandte in gerader Linie) bei Unterbringung in einem Pflegeheim entsprechend ihren Vermögens- und Einkommensverhältnissen Leistungen erbringen müssen. Hier ist zu überprüfen, inwieweit ein Abzug als außergewöhnliche Belastung möglich ist. In einem BGH-Urteil (AZ: XII ZR 224/00) wurde die Pflicht indirekt auf Schwiegerkinder erweitert.

Die Beiträge zur Pflegeversicherung gehören zu den Sonderausgaben i. S. d. § 10 Abs. 1 Nr. 3 Satz 1 Buchst. b Abs. 1 Nr. 3a EStG) (Basisversorgung/Vorsorgeaufwendungen).

---

[1] Quelle: Bundesministerium für Gesundheit – Tabellen mit Leistungen.

Fall 90: Der Sohn und die Kosten für sein Studium

Tobias ist 23 Jahre und befindet sich im 3. Semester an der Universität Trier. Seine Eltern, die in Koblenz wohnen, erfüllen die Voraussetzungen für die Zusammenveranlagung. Der Gesamtbetrag der Einkünfte beträgt 37.250 €.

Tobias hat eine Nebenbeschäftigung in Trier bei einem Anwalt, bei dem er auch seine Kenntnisse, die er als Rechtsanwaltsfachangestellter erworben hat, erweitern kann. Aus seiner Lohnsteuerbescheinigung ist Folgendes zu entnehmen:

Bruttogehalt	2.700 €

Tobias besucht an den Wochenenden regelmäßig seine Eltern in Koblenz.
Diese unterstützen ihren Sohn monatlich mit:

Überweisung der Zimmermiete	210 €
Barmittel	300 €

Außerdem haben sie für eine Brille für den Sohn 625 € aufwenden müssen. Für Kleidung haben sie im Veranlagungszeitraum zusätzlich 375 € gezahlt.

Können die Aufwendungen bei der Veranlagung der Eltern geltend gemacht werden?

Lösung s. Seite 500

Tangierende Problemkreise:

- Ausbildungsfreibeträge (allgemein)
- Außergewöhnliche Belastungen nach § 33 EStG.

 RECHTSGRUNDLAGEN

§ 33a EStG

(2) [1]Zur Abgeltung des Sonderbedarfs eines sich in Berufsausbildung befindenden, auswärtig untergebrachten, volljährigen Kindes, für das Anspruch auf einen Freibetrag nach § 32 Absatz 6 oder Kindergeld besteht, kann der Steuerpflichtige einen Freibetrag in Höhe von 924 Euro je Kalenderjahr vom Gesamtbetrag der Einkünfte abziehen. [2]Für ein nicht unbeschränkt einkommensteuerpflichtiges Kind mindert sich der vorstehende Betrag[2] nach Maßgabe des Absatzes 1 Satz 6. [3]Erfüllen mehrere Steuerpflichtige für dasselbe Kind die Voraussetzungen nach Satz 1, so kann der Freibetrag insgesamt nur einmal abgezogen werden. [4]Jedem Elternteil steht grundsätzlich die Hälfte des Abzugsbetrags nach den Sätzen 1 und 2 [3] zu. [5] Auf gemeinsamen Antrag der Eltern ist eine andere Aufteilung möglich

(3) [1]Für jeden vollen Kalendermonat, in dem die in den Absätzen 1 und 2 bezeichneten Voraussetzungen nicht vorgelegen haben, ermäßigen sich die dort bezeichneten Beträge um je ein Zwölftel. [2]Eigene Einkünfte und Bezüge der unterhaltenen Person oder des Kindes, die auf diese Kalendermonate entfallen, vermindern die nach Satz 1 ermäßigten Höchstbeträge und Freibeträge nicht. [3]Als Ausbildungshilfe bezogene Zuschüsse mindern nur die zeitanteiligen Höchstbeträge und Freibeträge der Kalendermonate, für die die Zuschüsse bestimmt sind.

Wichtig: Die eigenen Einkünfte und Bezüge des Kindes sind ab VZ 2012 unbeachtlich.

Auswirkungen:

Kinder in Ausbildung (§ 33a Abs. 1 und 2 EStG)	
Fallbeschreibung	**Lösung**
Kind ist unter 18 Jahre: ► befindet sich in Berufsausbildung ► nicht auswärts untergebracht.	Kein Ausbildungsfreibetrag
Kind (18 - 25 Jahre) ► nicht auswärts untergebracht.	Kein Ausbildungsfreibetrag
Kind (18 - 25 Jahre) ► befindet sich in Berufsausbildung ► auswärts untergebracht.	Ausbildungsfreibetrag 924 € Seit VAZ 2012 mindern die Einkünfte und Bezüge des volljährigen Kindes den abzugsfähigen Ausbildungsfreibetrag nicht mehr.
Kind hat das 25. Lebensjahr vollendet und der Steuerpflichtige erhält Kindergeld (Verlängerung um die Dauer des gesetzlichen Grundwehr- oder Zivildienst) ► befindet sich in Berufsausbildung ► auswärts untergebracht.	
Bei den berechtigten Kindern haben die Vorsausetzungen nicht während des ganzen Jahres vorgelegen.	Ausbildungsfreibetrag wird gezwölftet: Für jeden angefangenen Monat wird $\frac{1}{12}$ angesetzt.

Fall 91: Das behinderte Kind

Die Eheleute Monika und Horst Bauer haben eine Tochter, die seit ihrer Geburt körperlich so behindert ist, dass sie außer Stande ist, sich selbst zu unterhalten.

Die Tochter ist 28 Jahre und wohnt bei ihren Eltern.

Außerdem haben sie noch einen Sohn, 24 Jahre alt, der sich im Studium befindet und auswärts untergebracht ist. Er hat im Veranlagungszeitraum eigene Einnahmen aus nichtselbstständiger Tätigkeit in Höhe von 3.750 € erzielt.

Im Veranlagungszeitraum haben die Eltern neben den Kosten für den Lebensunterhalt der Tochter folgende Ausgaben getätigt:

Behandlungskosten wegen ihrer Krankheit, die nicht durch die Krankenkasse bezahlt wurden: 1.200 €.

Die Tochter wurde wöchentlich zu einem Massageinstitut gefahren. Die Entfernung beträgt 12 km.

Die Tochter hat im Veranlagungszeitraum aus einem Sparbuch, das ihr Onkel angelegt hat, Zinseinnahmen in Höhe von 1.700 €.

Die Eltern haben für ihre Tochter ein Pflegegeld von monatlich 316 € (Pflegegrad 2) erhalten.

Der Gesamtbetrag der Einkünfte beträgt bei den Eltern 27.300 €.

Beraten Sie die Familie Bauer, welche Möglichkeiten sich ihnen steuerlich insbesondere durch die Behinderung ihrer Tochter eröffnen!

Lösung s. Seite 501

Tangierende Problemkreise:

▶ Pauschbeträge für Behinderte, Hinterbliebene und Pflegepersonen

▶ Anspruch auf Kindergeld

▶ Verfahren zur Feststellung einer Minderung der Erwerbsfähigkeit

▶ Der Freistellungsauftrag bei Einkünften aus Kapitalvermögen

Ausweis

Zum Nachweis der Schwerbehinderteneigenschaft, des Grades der Behinderung und weiterer gesundheitlichen Merkmale, die Voraussetzung für die Inanspruchnahme von Rechten und Nachteilsausgleichen nach dem Schwerbehindertengesetz oder nach anderen Vorschriften sind, erhält der Behinderte, dessen GdB mindestens 50 % beträgt, einen Ausweis in grüner Grundfarbe nach folgendem Muster:

Vorderseite

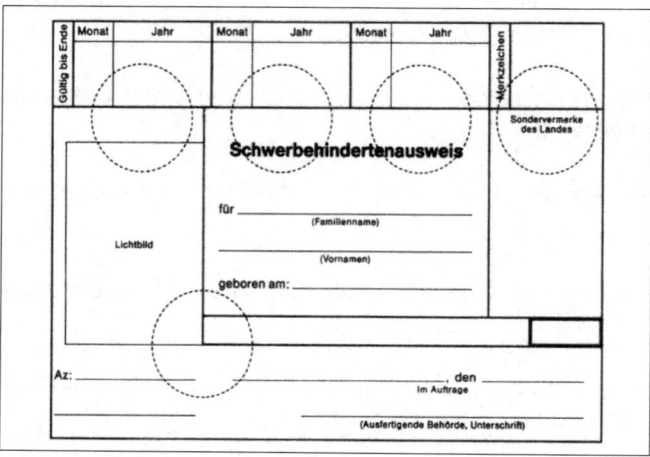

Rückseite

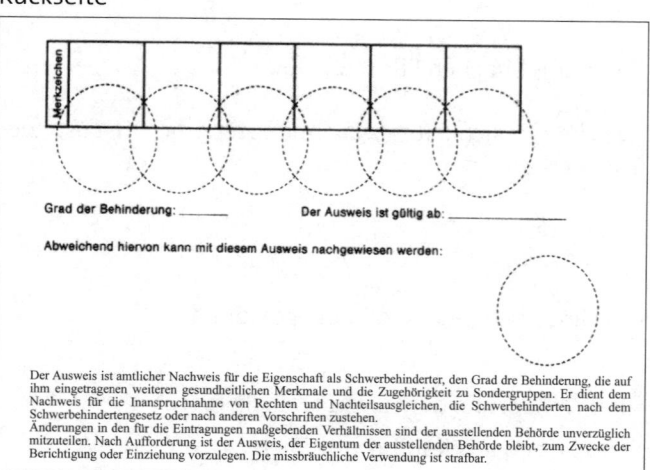

Auf seiner Rückseite ist im ersten Feld das Merkzeichen	
G	ausgedruckt. Es bedeutet, dass der Ausweisinhaber in seiner Bewegungsfähigkeit im Straßenverkehr erheblich beeinträchtigt ist.
aG	Der Ausweisinhaber ist außergewöhnlich gehbehindert.

Fall 92: Die Betreuung der Kinder

Sabine Schön ist seit Dezember des vorherigen Veranlagungszeitraums geschieden. Das Sorgerecht für die beiden Kinder wurde ihr zugesprochen. Ernst wurde im Veranlagungszeitraum zehn Jahre alt. Sandra ist fünf Jahre alt. Die beiden Kinder wohnen in ihrem Haushalt. Da Sabine Schön berufstätig ist, ist Sandra tagsüber in einem Kinderhort.

Im Veranlagungszeitraum sind hierfür folgende Kosten entstanden:

► Kostenpauschale für Verpflegung	mtl. 100 €
► Kinderhortgebühr	mtl. 150 €

Für ihren Haushalt und die Beaufsichtigung des schulpflichtigen Sohnes hat sie eine Frau beschäftigt, die monatlich 500 € brutto erhält. Die beitragsrechtlichen Vorschriften werden erfüllt: der Arbeitgeberanteil beträgt 93 € monatlich.

Frau Schön hat im Veranlagungszeitraum noch folgende weitere Aufwendungen:

Rechtsanwalts- und Prozesskosten für:

► Sorgerechtsregelung für die Kinder	850 €
► Regelung der Unterhaltspflicht	450 €
► Regelung des Versorgungsausgleichs	950 €
► Anschaffung einer Gleitsichtbrille	1.200 €
► gezahlte Kirchensteuer	240 €
► Altersvorsorgeaufwendungen	6.600 €
Kosten für eine Operation	2.250 €
Erstattung durch die Krankenkasse	1.500 €

Frau Schön hat eine Summe der Einkünfte (Einkünfte aus selbstständiger Arbeit) in Höhe von 36.478 € ermittelt.

Frau Schön will wissen, inwieweit vorstehende Sachverhalte bei ihrer Einkommensteuerveranlagung berücksichtigt werden können!

Lösung s. Seite 502

Tangierende Problemkreise:

► Unterhaltszahlungen bei Geschiedenen

► Zuordnung der Kinder bei Geschiedenen.

 RECHTSGRUNDLAGEN

Maß und Umfang des Unterhaltsanspruchs

Maßgebend für die Bemessung von Unterhaltsansprüchen von Kindern, Ehegatten oder geschiedenen Ehegatten gegen den unterhaltsverpflichteten Elternteil oder Ehegatten bzw. geschiedenen Ehegatten sind Unterhaltsrichtsätze der verschiedenen Oberlandesgerichte, insbesondere nach herrschender Rechtsprechung die des Oberlandesgerichts Düsseldorf (Düsseldorfer Tabelle).

Diese Unterhaltsrichtsätze basieren auf einer Familie mit zwei Kindern. Sie errechnen für die Kinder nur den Barunterhaltsbedarf und setzen deren Betreuung durch denjenigen Elternteil voraus, in dessen Haushalt sie leben.

Die Unterhaltsrichtsätze der Düsseldorfer Tabelle werden regelmäßig den Einkommens- und Unterhaltskostensteigerungen angepasst. Sie betragen für Kinder seit dem 01.01.2018 bei einem monatlichen Nettoeinkommen lt. nachstehender Tabelle:

Unterhaltstabellen

Düsseldorfer Tabelle Stand 01.01.2022 Richtlinie für Scheidungskinder und nicht eheliche Kinder monatlich in €				
Monatliches Nettoeinkommen des Unterhaltspflichtigen	**Altersstufen**			
	bis 5 Jahre	6 - 11	12 - 17	ab 18
Alle Beträge in €				
bis 1.900	396	455	533	569
1.901 - 2.300	416	478	560	598
2.301 - 2.700	436	501	587	626
2.701 - 3.100	456	524	613	655
3.101 - 3.500	476	546	640	683
3.501 - 3.900	507	583	683	729
3.901 - 4.300	539	619	725	774
4.301 - 4.700	571	656	768	820
4.701 - 5.100	602	692	811	865
5.101 - 5.500	634	728	853	911
ab 5.501	nach den Umständen des Falles			
Der tatsächliche Zahlbetrag ergibt sich nach Berücksichtigung von Selbstbehalt, Kindergeld u. Ä.				

Kinderbetreuungskosten (§ 10 Abs. 1 Nr. 5 EStG)

Nach dem Steuervergünstigungsgesetz 2011 erfolgt die steuerliche Berücksichtigung von Kinderbetreuungskosten nur noch über Sonderausgaben (ab VAZ 2012).

Ein Abzug über Werbungskosten/Betriebsausgaben entfällt; damit auch die Unterscheidung in erwerbsbedingte und nicht erwerbsbedingte Kinderbetreuungskosten.

Anspruchsvoraussetzungen bei den Eltern (z. B. Erwerbstätigkeit, Krankheit/Behinderung)	entfallen
Anspruchsvoraussetzungen beim Kind	► Kind i. S. d. § 32 Abs. 1 EStG ► 14. Lebensjahr noch nicht vollendet ► vor Vollendung des 25. Lebensjahres eingetretene körperliche, geistige oder seelische Behinderung (nicht in der Lage sich selbst zu unterhalten) ► zum Haushalt des Steuerpflichtigen gehörend
Formelle Voraussetzung	► Rechnung für Aufwendungen ► Zahlung über Konto des Leistungserbringers
Kinderbetreuungskosten	► Kosten für Unterbringung in Kindergärten, Kindertagesstätten, Kinderhorten, Kinderheimen, Kinderkrippen, Tagesmütter, Wochenmütter, Ganztagspflegestellen ► Hausgehilfen, soweit diese Kinder betreuen ► Kinderpflegerinnen, Erzieherinnen und Kinderschwestern.
Abzugsfähig	$\frac{2}{3}$ der Aufwendungen, höchstens 4.000 € je Kind. Jahreshöchstbetrag; keine Kürzung bei nur einem Teil des Kalenderjahres (§ 10 Abs. 1 Nr. 5 EStG)
Aufteilung des Höchstbetrages	Berücksichtigung bei dem Elternteil, der die Aufwendungen getragen hat. Höchstbetrag je Elternteil = 2.000 € Abweichende Aufteilung möglich

Fall 93: Dem geschiedenen Partner wird Unterhalt gewährt

Sabine und Hermann Schön sind seit Dezember des vorherigen Veranlagungszeitraumes geschieden.

Hermann Schön erklärte sich sofort bereit, seiner ehemaligen Frau ab Januar des folgenden Jahres monatlich 1.000 € an Unterhaltsleistungen zu zahlen.

Außerdem überlässt er ihr das ihm gehörende Einfamilienhaus zur weiteren Nutzung. Der Mietwert des Einfamilienhauses kann unstrittig mit 500 € monatlich angenommen werden.

Eine vertragliche Regelung bezüglich der vorstehenden Regelung besteht nicht.

Herr Schön hat außerdem im Veranlagungszeitraum Scheidungskosten in Höhe von 1.750 € beglichen.

Eine Minderung der Erwerbsfähigkeit von 70 % ist seit Jahren beim Finanzamt nachgewiesen.

Der Gesamtbetrag der Einkünfte beträgt für den Veranlagungszeitraum 60.175 €.

Herr Schön wünscht Ihre steuerliche Beratung für die vorstehenden Sachverhalte!

Lösung s. Seite 504

Tangierende Problemkreise:

► Kindergeldzahlung bei Geschiedenen

► Berücksichtigung der Kinder bei Geschiedenen.

Ehegattenunterhalt

Monatliche Unterhaltsrichtsätze des berechtigten Ehegatten ohne unterhaltsberechtigte Kinder (§ 1361, 1569, 1578, 1581 BGB):

1. gegen einen erwerbstätigen Unterhaltspflichtigen:

   a) wenn der Berechtigte kein Einkommen hat: 3/7 des anrechenbaren Erwerbseinkommens zuzüglich ½ der anrechenbaren sonstigen Einkünfte des Pflichtigen, nach oben begrenzt durch den vollen Unterhalt, gemessen an den zu berücksichtigenden ehelichen Verhältnissen;

   b) wenn der Berechtigte ebenfalls Einkommen hat:

      3/7 der Differenz zwischen den anrechenbaren Erwerbseinkommen der Ehegatten, insgesamt begrenzt durch den vollen ehelichen Bedarf; für sonstige anrechenbare Einkünfte gilt der Halbteilungsgrundsatz;

   c) wenn der Berechtigte erwerbstätig ist, obwohl ihn keine Erwerbsobliegenheit trifft: gemäß § 1577 Abs. 2 BGB: (2) Einkünfte sind nicht anzurechnen, soweit der Verpflichtete nicht den vollen Unterhalt (§ 1578 und 1578b) leistet. Einkünfte, die den vollen Unterhalt übersteigen, sind insoweit anzurechnen, als dies unter Berücksichtigung der beiderseitigen wirtschaftlichen Verhältnisse der Billigkeit entspricht.

   d) gegen einen nicht erwerbstätigen Unterhaltspflichtigen (z. B. Rentner)

      ► wie zu 1a); b) oder c), jedoch 50 %

Ehegatten- und Kindesunterhalt und Eigenbedarf	
Monatlicher Eigenbedarf gegenüber minderjährigen Kindern	
a) nicht erwerbstätig	960,00
b) erwerbstätig.	1.160,00
Angemessener Eigenbedarf gegenüber volljährigen Kindern in der Regel mindestens	1.400,00
Angemessener Gesamtunterhaltsbedarf eines Studierenden, der nicht bei den Eltern oder einem Elternteil wohnt, in der Regel	860,00
Monatlicher ausbildungsbedingter Mehrbedarf	100,00
Notwendiger monatlicher Eigenbedarf gegenüber dem getrennt lebenden und geschiedenen Berechtigten,	
a) wenn der Unterhaltsverpflichtete erwerbstätig ist	1.280,00
b) wenn der Unterhaltsverpflichtete nicht erwerbstätig ist.	1.180,00
Notwendiger monatlicher Eigenbedarf des Ehegatten, der in einem gemeinsamen Haushalt mit dem Unterhaltspflichtigen lebt,	
a) falls erwerbstätig	1.024,00
b) falls nicht erwerbstätig.	944,00

Fall 94: Überprüfung des ESt-Steuerbescheides

Zur Abgabe der ESt-Erklärung 2021 werden bei einem Mandanten folgende Feststellungen getroffen:

Bereich: Veranlagung

Die Eheleute Max Bollig, geb. am 05.08.1962 und Anita Bollig, geb. am 17.10.1967 haben aus verschiedenen Einkunftsarten Einkünfte. Sie sind seit 15.11.1987 verheiratet.

Bereich Kinder

Die Eheleute haben 3 Kinder:

► Anton, geb.12.01. 1998: studiert Jura und hat eine Wohnung am Studienort.

► Julia, geb. 12.04.1999: hat ihre Ausbildung als Krankenschwester in 2000 abgeschlossen und bezieht eigene Einkünfte

► Benjamin, geb. 05.08. 2005: besucht das örtliche Gymnasium und wohnt bei den Eltern.

Einkünfte der Familienmitglieder

Max hat Einkünfte aus selbstständiger Tätigkeit. Die ordnungsmäßige EÜR weist einen Gewinn i. H. v. 96.400,00 € aus.

Anita hat Einkünfte aus nicht selbstständiger Arbeit:

Lohnsteuerbescheinigung

Steuerklasse III, 2 Kinderfreibeträge

Kirchensteuer 9 % Geburtsdatum Nach 1957

Krankenversicherung/Gesetzlicher Beitrag Krankenversicherung 14,6 % KV-Zusatzbeitrag 1,30 % Arbeitslosenversicherung/Pflichtversichert Rentenversicherung/Pflichtversichert

Bruttogehalt	**48.400,00 €**
Lohnsteuer	4.276,00 €
Kirchensteuer	384,84 €
Solidaritätszuschlag	0,00 €
Steuerabzüge	4.680,84 €
Krankenversicherung	3.847,80 €
Pflegeversicherung	738,12 €
Rentenversicherung	4.501,20 €
Arbeitslosenversicherung	580,80 €
SV-Gesamt	9.667,92 €
Nettogehalt	**34.829,28 €**

Anita ist an 204 Tagen zur 32 km entfernten Tätigkeitsstätte mit eigenem Pkw gefahren. Für Fachliteratur hat sie in 2021 245,00 € belegmäßig nachgewiesen, Kontoführungsgebühren 16 €.

Julia hat in 2021 einen Bruttolohn i. H. v. 38.400,00 € bezogen

Sonstige Ausgaben

Folgende Spenden wurden mit Spendenbescheinigung geleistet:

Spende an eine politische Partei	600,00 €
Spende an das Deutsche Rote Kreuz	300,00 €
Spende an die Caritas	500,00 €
Spende an Kirche vor Ort (Banküberweisung ohne Spendenquittung)	200,00 €

Weitere Versicherungen

Rechtschutzversicherung (privat)	180,00 €
Kfz-Haftplicht	980,00 €
Private Haftpflicht	160,00 €
Gezahlter Beitrag für Basisschutz	
Private Krankenversicherung Max Bollig	2.925,97 €
Private Pflegepflichtversicherung Max Bollig	616,56 €
Hausversicherung mit Elementarschaden	1.050,00 €

Weitere Sachverhalte:

► Erstattete Kirchensteuer   345,00 €

► Vorliegende Bescheinigungen wegen Körperbehinderung durch das Versorgungsamt:

- Ehemann: 55 %

- Ehefrau: 30 %

► Beschäftigung einer Haushaltshilfe: (Mini-Job mit Haushaltsscheckverfahren): **Abgabenberechnung** (Knappschaft Bahn See)

Zeit-raum	Arbeits-Entgelt	KV	RV	RV AN-Anteil	UV	U1	U2	PSt	Summe der Ab-gaben
01.01. - 31.12. 2021	2.400,00	120,00	120,00	326,40	38,40	24,00	9,36	48,00	686,16

Erläuterungen		Höhe der Abgaben
Die folgenden Rechengrößen gelten seit dem 1.Oktober 2020		
KV	Pauschbeitrag zur Krankenversicherung	5,00 %
RV	Pauschbetrag zur Rentenversicherung	5,00 %
UV	Beitrag zur gesetzlichen Unfallversicherung	1,60 %
U1	Umlage 1-Ausgleich der Arbeitgeberaufwendungen bei Krankheit/Kur	1,00 %
U2	Umlage 2- Ausgleich der Arbeitgeberaufwendungen bei Mutterschaft	0,39 %
PSt	Einheitliche Pauschalsteuer	2.00 %

Der Lohn für die Beschäftigte wurden auf ihr Bankkonto überwiesen (§ 35 Abs. 5 Satz 3 EStG). Die Aufstockung der Rentenbeiträge (18,6 % - 5 %) = 13,6 % =326,40 € (wurde vom AG übernommen).

Der vorliegende Sachverhalt kann prüfungstechnisch nach zwei Möglichkeiten bearbeitet werden:

1. Lösung einzelner Problemblöcke (z. B. Sonstige Ausgaben)

2. Erstellung eines ESt-Bescheides.

In 2021 wurden keine ESt-Vorauszahlungen gezahlt.

Lösung s. Seite Seite 505

Fall 94a: Der Progressionsvorbehalt

Der Steuerpflichtige Anton Meyer hat im Kalenderjahr 2021 Einkünfte aus nichtselbstständiger Arbeit bezogen. Sein zu versteuerndes Einkommen beträgt 35.017 €.

Daneben hat er in 2021 noch Entgeltersatzleistungen (Krankengeld) i. H. v. 4.526 € bezogen.

Ermitteln Sie die zu zahlende Einkommensteuer, Kirchensteuer (9 %) und SolZ!

Berechnungsschema für Sonderausgaben:

Altersvorsorgeaufwendungen	€	€
Arbeitnehmeranteil zur gesetzlichen RV		
Summe Altersvorsorgeaufwendungen		
+ Arbeitgeberanteil zur gesetzlichen RV anzusetzen		
Höchstbetrag (20.000/40.000)		
Zu berücksichtigende Altersvorsorgeaufwendungen		
ansetzbar (z. B. 2021 – 92 %, 2022 – 94 %)[1]		
- Arbeitgeberanteil zur gesetzlichen RV		
= **Abziehbare Vorsorgeaufwendungen**		

---

[1] § 10 Abs. 3 Satz 3 + 4 EStG.

Basisversorgung	€	€
Arbeitnehmeranteil zur Krankenversicherung		
Arbeitnehmeranteil zur Pflegeversicherung		
- 4 % (bei Anspruch auf Krankengeld)		
= **Kranken- u. Pflegeversicherung zur Basisversorgung**		

Sonstige Vorsorgeaufwendungen	€	€
Arbeitslosenversicherung		
Kürzung bei Basisversorgung (4 %)		
Höchstbetrag (1.900/3.800)		
= **Maximal abzugsfähig (Beträge zur Basisversorgung werden auf den Höchstbetrag angerechnet und können diesen voll verbrauchen)**		

Lösung s. Seite 508

 MERKE

Sonderausgaben 2022 (Überblick)

► **Sonderausgaben** sind im Gegensatz zu **Betriebsausgaben (§ 4 Abs. 4 EStG)** und **Werbungskosten (§ 9 EStG)** private Ausgaben für Kosten der Lebensführung (§ 10 EStG).

► Das EStG enthält eine abschließende Aufzählung der Sonderausgaben **(§ 10 EStG).**

► Folgende Einteilung ist von wesentlicher Bedeutung:

- Altersvorsorgeaufwendungen

- Sonstige Vorsorgeaufwendungen

- Aufwendungen für andere Versicherungen.

► Innerhalb der Einkommensermittlung werden die Sonderausgaben vom Gesamtbetrag der Einkünfte abgezogen, soweit sie den Sonderausgaben-Pauschbetrag übersteigen.

► **Altersvorsorgeaufwendungen** (Basisversorgung) sind:

- Beiträge zu den gesetzlichen Rentenversicherungen + Arbeitgeberanteil

- Beiträge zu den landwirtschaftlichen Alterskassen

- Beiträge zu berufsständischen Versorgungswerken, die den gesetzlichen Rentenversicherungen vergleichbare Leistungen erbringen

- Beiträge zur Rürup-Rente.

Ansatz der Altersvorsorgeaufwendungen 2010 mit 70 %. Steigerungsrate jedes Jahr um zwei Prozentpunkte bis zum Jahre 2025 auf 100 % der Höchstgrenze von 20.000 €. Bei zusammen veranlagten Ehegatten verdoppelt sich die Höchstgrenze auf 40.000 €. Im Jahr 2017 beträgt der Prozentsatz 84 % und im Jahr 2018 beträgt er 86 %, 2019 88 %, 2020 90 % und 2021 92 %.[1]

Ab 2021 steigen die Höchstbeträge auf 25.787/51.574 € (24,7 % von der Beitragsbemessungsgrenze = 104.400 €). Der maximale Steuervorteil wächst demzufolge auf 23.724 € (92 % von 25.787 €) an, Verdoppelung bei Zusammenveranlagung (47.448 €).

Kürzung der Höchstbeträge (Kürzung entfällt ab 2025):

2020	2021	2022	2023	2024	2025
90 %	92 %	94 %	96 %	98 %	100 %

► **Sonstige Vorsorgeaufwendungen und andere Versicherungen sind:**
- Versicherungen gegen Arbeitslosigkeit
- Erwerbs- und Berufsunfähigkeitsversicherungen
- Krankenversicherungen
- Pflegeversicherungen
- Unfallversicherungen
- Haftpflichtversicherungen
- Risikolebensversicherungen
- Kapitallebensversicherungen, wenn vor dem 01.01.2005 abgeschlossen.

Dabei gilt folgende **Höchstbetragsregelung:**

► 1.900 € beträgt der Höchstbetrag für Angestellte, Rentner, Beamte, Pensionäre und mitversicherte, nicht berufstätige Partner

► 2.800 € beträgt der Höchstbetrag für Selbstständige, für nicht berufstätige, privatversicherte Partner oder Partner von Beamten ohne eigenen Beihilfeanspruch.

Ab 2010 können jedoch nach dem **Bürgerentlastungsgesetz** Kranken- und Pflegeversicherungsbeiträge als Sonderausgaben in vollem Umfange geltend gemacht werden. Das gilt unabhängig davon, ob jemand privat oder gesetzlich versichert, Arbeitnehmer oder Selbstständiger ist. Grundsätzlich können alle Beiträge für die Kranken- und Pflegeversicherung abgesetzt werden, soweit damit eine Absicherung auf **Basis der gesetzlichen Krankenversicherung (Basiskrankenversicherung)** erfolgt. Darüber hinausgehende Beiträge zählen zu den sonstigen **übrigen Vorsorgeaufwendungen.**

---

[1] Ab 2015 ist der Höchstbetrag an den Maximalbetrag der **knappschaftlichen Rentenversicherung** gekoppelt. Dieser orientiert sich wiederum am aktuellen Beitragssatz, der in 2020 24,7 % beträgt, und an der Beitragsbemessungsgrenze der Knappschaft. Diese erhöht sich 2020 auf 101.400 €, 2021 auf 104.400 € und 2022 auf 103.860 €.

Voll abzugsfähig sind ab 2010 auch die Beiträge für die **gesetzliche Pflegeversicherung** sowie für die **private Pflege-Pflichtversicherung**.

Der auf das Krankengeld entfallende Beitragsteil ist nicht abzugsfähig. Besteht bei einer gesetzlichen Krankenversicherung Anspruch auf Krankengeld, wird der abzugsfähige Beitrag deshalb pauschal um 4 % gemindert.

 **ACHTUNG**

> Übersteigen die Beiträge zur Basisversorgung die Höchstbeträge von 1.900 € bzw. 2.800 €, so besteht für die übrigen sonstigen Vorsorgeaufwendungen keine Abzugsmöglichkeit mehr.

Fall 95: Die spendenfreudigen Steuerpflichtigen

Emil und Anita Freudig werden zusammen veranlagt. Für den Veranlagungszeitraum wird ein Gesamtbetrag der Einkünfte von 78.390 € festgestellt. Bei der Besteuerung werden zwei Kinder berücksichtigt.

Die Eheleute haben im Veranlagungszeitraum verschiedene Spenden getätigt:

Spende für „Misereor"	500 €
Spende für „Brot für die Welt"	500 €
Beiträge an die CDU	1.800 €
Beiträge an die SPD	1.400 €
Spenden an die CDU und SPD	1.500 €
Spende an eine anerkannte Wählergemeinschaft	500 €
Beiträge an den örtlichen Sportverein	120 €
Spende an den örtlichen Sportverein für die Jugendarbeit	1.000 €
Spenden für die Krebsforschung	2.000 €
Spenden für kirchliche Zwecke	3.000 €
Spenden für gemeinnützige Zwecke	1.000 €

Die Eheleute Freudig wollen von Ihnen wissen, ob die Spenden steuerlich berücksichtigt werden können. Außerdem interessieren sie sich dafür, ob die Übernahme einer Patenschaft für ein Kind in Honduras (mtl. Kosten = 40 €) auch noch steuerlich berücksichtigt werden könnte!

Lösung s. Seite 508

Tangierende Problemkreise:

▸ Auswirkung des Spendenabzug im Zusammenhang mit dem Steuertarif

▸ Pauschalen bei den Sonderausgaben.

Arbeitsschritte bei der Berechnung der abzugsfähigen Spenden[1]

1. Arbeitsschritt

Zusammenstellung der Spenden	
Spendenart	**€**
Spende 1	
Spende 2	
Spende 3	

2. Arbeitsschritt

Sortieren (Reihenfolge)	
Spenden und Beiträge an **politische Parteien** (§ 34g Nr. 1 EStG)	
Einzelveranlagung	Zusammenveranlagung
1.650 €/825 € = Abzug von der tariflichen ESt (50 % der Aufwendungen)	3.300 €/1.650 € = Abzug von der tariflichen ESt (50 % der Aufwendungen)
Spenden und Beiträge an **Wählervereinigungen** (§ 34g Nr. 2 EStG)	
Beide Spendengruppen werden **gesondert und nebeneinander** angesetzt (BMF-Schreiben v. 16.06.1989)	

3. Arbeitsschritt

Überhang von Spenden und Beiträgen an politische Parteien und Wählervereinigungen
Abzugsfähig nach § 10b Abs. 2 EStG mit 1.650/3.300 €

4. Arbeitsschritt

Übrige Spenden
▸ Gemeinnützige Zwecke (§ 52 AO)   ▸ Mildtätige Zwecke (§ 53 AO)   ▸ Kirchliche Zwecke (§ 54 AO).
Zuwendungen müssen erfolgen: ▸ an eine inländische juristische Person des öffentlichen Rechts   ▸ an eine inländische öffentliche Dienststelle   ▸ an eine nach § 5 Abs. 1 Nr. 9 KStG steuerbefreite Körperschaft.
Spendenabzug bis zu einem Höchstbetrag (2 Alternativen):   ▸ 20 % des Gesamtbetrages der Einkünfte oder   ▸ 4 ‰ der Summe aus Umsätzen, Löhnen und Gehältern (§ 10b Abs. 1 Satz 1 EStG).

---

[1] Mit dem Jahressteuergesetz 2020 vom Dezember 2020 wurde die Grenze für Kleinspenden, bei denen der „erleichterte Nachweis" zum Einsatz kommt, von 200 € auf 300 € angehoben.

 **MERKE**

Ein nicht abziehbarer Teil kann im Rahmen der Höchstbeträge zeitlich unbegrenzt in den folgenden VAZ abgezogen werden (§ 10b Abs. 1 Satz 9 EStG).

Fall 96: Abgrenzung von Anschaffungskosten und Erhaltungsaufwendungen bei Gebäuden

Der Steuerpflichtige Max Schmitt hat am 15.04.2019 ein 1962 erbautes Wohngebäude mit 4 Wohnungseinheiten für 400.000 € erworben. Die vier Wohnungseinheiten sind vermietet. Die Mietverträge werden weitergeführt.

Folgende Baumaßnahmen wurden in 2020 zur Verbesserung der Wohnbedingungen durchgeführt:

1. Die bisher einfach verglasten Fenster wurden mit einem Aufwand von 60.000 € durch Isolierverglasung ersetzt.

2. Die in allen vier Wohnungseinheiten vorhandenen Duschen wurden durch den Einbau von Badewannen ergänzt. Gesamtaufwand 40.000 €.

3. Die Beheizung erfolgte bisher mit Elektrospeicheröfen. Sie wurden durch eine zentrale Ölheizung mit einem Aufwand von 45.000 € ersetzt.

4. Der bisher vorhandene einfache Fußbodenbelag wurde durch einen qualitativ guten Fliesenbelag ersetzt. Die Aufwendungen hierfür betrugen 24.000 €.

5. Das Treppenhaus wurde neu gestrichen. Die Aufwendungen betrugen 4.000 €.

a) Wie sind die einzelnen Aufwendungen steuerlich zuzuordnen?

b) Ermitteln Sie die AfA-Bemessungsgrundlage!

Lösung s. Seite 509

Tangierende Problemkreise:

▸ Nach welchen Kriterien erfolgt die Zuordnung eines Gebäudes zum Betriebsvermögen?

▸ Erläutern Sie die verschiedenen AfA-Vorschriften für Wirtschaftsgebäude!

Abgrenzung von Anschaffungskosten und Erhaltungsaufwendungen bei der Instandsetzung und Modernisierung von Gebäuden (BMF-Schreiben vom 18.07.2003, BStBl I S. 386 – AE)

↓

Die Anschaffungskosten werden gem. § 255 Abs. 1 HGB definiert:
AK = Aufwendungen bis zur Betriebsbereitschaft des Gebäudes (RZ 1 AE):

► Aufwendungen für den Erwerb (Kaufpreis, Schuldübernahme)

► Versetzen in einen betriebsbereiten Zustand

► Kaufnebenkosten (Notar- und Gerichtskosten, Vermessungskosten, Grunderwerbsteuer usw.)

► Abzüglich Anschaffungspreisminderungen.

↓

Prüfung der Betriebsbereitschaft für jeden selbstständig nutzbaren Gebäudeteil:

► eigenbetriebliche Nutzung　　　　► fremde Wohnzwecke

► fremdbetriebliche Nutzung　　　　► eigene Wohnzwecke.

↓

Prüfung der Funktionstüchtigkeit (RZ 5-8 AE)

| objektive Funktionstüchtigkeit | subjektive Funktionstüchtigkeit |

↓

wesentliche Teile objektiv nicht verfügbar

für konkrete Zweckbestimmung des Erwerbers nicht nutzbar

↓

Bei fehlender Funktionstüchtigkeit führen die Aufwendungen zur Herstellung der Funktionstüchtigkeit zu Anschaffungskosten.

Bedeutung des Standards eines Gebäudes (RZ 9-14 AE)

↓

drei Standardkategorien:

► einfacher Standard　　　　► mittlerer Standard　　　　► sehr anspruchsvoller Standard

↓

Aufwendungen für Baumaßnahmen zu einem höheren Standard machen das Objekt betriebsbereit und sind Anschaffungskosten

↓

Der Standard wird **ausschließlich** durch vier zentrale Ausstattungsmerkmale bestimmt:

► **Heizungsinstallation**　　► **Sanitärinstallation**　　► **Elektroinstallation**　　► **Fenster**

3 von 4 Regelung (Verbesserungen in mindestens drei von vier Ausstattungskriterien)
2 + Regelung (bei mindestens zwei zentralen Ausstattungsmerkmalen und typischen HK, die noch einen weiteren der vier Elementarbereiche betreffen (z. B. eine Erweiterung)
Die Aufwendungen für die übrigen Baumaßnahmen sind ggf. Erhaltungsaufwendungen
Handwerksleistungen für Renovierungs-, Erhaltungs- und Modernisierungsmaßnahmen in einem inländischen Haushalt können die ESt um 20 % (§ 35a EStG) mindern. Begünstigt sind nur Arbeitskosten, keine Materialkosten.

Fall 97: Das teilweise vermietete Haus

Die Eheleute Heinz und Gertrud Zimmermann besitzen ein Mehrfamilienhaus, das ihnen jeweils zur Hälfte gehört. Sie haben das Grundstück (1.000 qm) 1995 zu einem qm-Preis von 40 € gekauft. Der Bauantrag wurde im Dezember 1996 gestellt, das Haus war im November 1997 bezugsfertig. Die Herstellungskosten betrugen bis zu diesem Zeitpunkt 240.000 €.

Das Haus wird wie folgt genutzt:

Das Erdgeschoss (120 qm) wird von den Eheleuten Zimmermann bewohnt.

Das 1. Obergeschoss (120 qm) ist privat vermietet. Der monatliche Mietpreis beträgt 600 € + Nebenkosten. Für Heizkosten sind monatlich 45 € zu zahlen. Die Abrechnung erfolgt zum 31.12. des Jahres anhand von Wärmezählern. Für eine Garage sind monatlich weitere 45 € zu zahlen. Die Stromabrechnung erfolgt über eigene Zähler durch den Mieter. Für Nebenkosten (Müllabfuhr, Versicherungen usw.) sind monatlich 25 € zu entrichten.

Das 2. Obergeschoss (80 qm) ist ebenfalls privat vermietet. Der Mietpreis beträgt 500 € + Nebenkosten. Für Heizkosten sind monatlich 35 € zu zahlen. Für sonstige Nebenkosten sind monatlich 25 € zu entrichten.

Die Eheleute legen Ihnen folgende Belege vor:

1. Grundsteuer   320 €
2. Feuerversicherung   370 €
3. Hausratversicherung für die eigene Wohnung   210 €
4. Heizöl (2 Belege)   2.900 €
    Ergebnis der Wärmezähler:

Wohnungen	Stand am 01.01.10	Stand am 31.12.10	Jahresverbrauch
Erdgeschoss	3.450	37.750	34.300
1. Obergeschoss	4.200	52.200	48.000
2. Obergeschoss	3.200	36.900	33.700
Summe			116.000

5. Müllabfuhr, Straßenreinigung   600 €
6. Wasserversorgung, Entwässerung, Hausbeleuchtung   700 €
7. Schornsteinfegergebühren   240 €
8. Schuldzinsen   7.400 €

a) Ermitteln Sie die Einkünfte aus Vermietung und Verpachtung für 2021!

b) Erläutern Sie die erforderlichen Eintragungen im Vordruck VuV!

Lösung s. Seite 511

2021

Anlage V

| | zur Einkommensteuererklärung |
| | zur Feststellungserklärung |

1 Name / Gemeinschaft

2 Vorname

3 Steuernummer   lfd. Nr. der Anlage

Diese Anlage ist bei Zusammenveranlagung von Ehegatten / Lebenspartnern gemeinsam auszufüllen.

Einkünfte aus Vermietung und Verpachtung
(Bei ausländischen Einkünften: Anlage AUS beachten)

Einkünfte aus dem bebauten Grundstück   25

Lage des Grundstücks / der Eigentumswohnung

Angeschafft am

4 Straße, Hausnummer

Fertig gestellt am

5 Postleitzahl   Ort

Veräußert / Übertragen am

6 00   Einheitswert-Aktenzeichen (ohne Sonderzeichen)   53

7 Das in Zeile 4 bezeichnete Objekt wird ganz oder teilweise als Ferienwohnung genutzt **61** 1 = Ja / 2 = Nein   kurzfristig vermietet **63** 1 = Ja / 2 = Nein   an Angehörige zu Wohnzwecken vermietet **62** 1 = Ja / 2 = Nein

8 Gesamtwohnfläche **54** m²   davon eigengenutzter oder unentgeltlich an Dritte überlassener Wohnraum **55** m²   davon als Ferienwohnung genutzter Wohnraum **56** m²

	Erdgeschoss	1. Obergeschoss	2. Obergeschoss	weitere Geschosse	EUR
9 Mieteinnahmen für **Wohnungen** (ohne Umlagen)	€	€	€	€	**01**

10 | Anzahl | Wohnfläche m² | Anzahl | Wohnfläche m² | Anzahl | Wohnfläche m² | Anzahl | Wohnfläche m² |

					EUR
11 für andere **Räume** (ohne Umlagen / Umsatzsteuer)	€	€	€	€	**02**

12 Einnahmen für an Angehörige zu Wohnzwecken vermietete Wohnungen (ohne Umlagen)   Anzahl   Wohnfläche m² **03**

Umlagen, verrechnet mit Erstattungen (z. B. Wassergeld, Flur- u. Kellerbeleuchtung, Müllabfuhr, Zentralheizung usw.)

13 auf die Zeilen 9 und 11 entfallen **04**

14 auf die Zeile 12 entfallen **05**

15 Vereinnahmte Mieten für frühere Jahre / verrechnete Mietkautionen / auf das Kalenderjahr entfallende Mietvorauszahlungen aus Baukostenzuschüssen **06**

16 Einnahmen aus Vermietung von Garagen, Werbeflächen, Grund und Boden für Kioske usw. **07**

17 Vereinnahmte Umsatzsteuer **09**

18 Vom Finanzamt erstattete und ggf. verrechnete Umsatzsteuer **10**

19 Öffentliche Zuschüsse nach dem Wohnraumförderungsgesetz oder zu Erhaltungsaufwendungen, Aufwendungszuschüsse, Guthabenzinsen aus Bausparverträgen und sonstige Einnahmen   Gesamtbetrag €

20 davon entfallen auf eigengenutzte oder unentgeltlich an Dritte überlassene Wohnungen lt. Zeile 8   – € ▶ = **08**

21 **Summe der Einnahmen**

22 **Summe der Werbungskosten** (Übertrag aus Zeile 51)

23 **Überschuss** (zu übertragen nach Zeile 24)

	stpfl. Person / Ehemann / Person A / Gesellschaft EUR	Ehefrau / Person B EUR
24 Zurechnung des Betrags aus Zeile 23 **20**	–	**21**

Die Eintragungen in den Zeilen 25 bis 32 sind nur in der ersten Anlage V vorzunehmen.

Anteile an Einkünften aus
(Gemeinschaft, Finanzamt und Steuernummer)

		stpfl. Person / Ehemann / Person A / Gesellschaft EUR	Ehefrau / Person B EUR
25 1. Grundstücksgemeinschaft	**856**	–	**857**
26 2. Grundstücksgemeinschaft	**858**	–	**859**
27 allen weiteren Grundstücksgemeinschaften	**854**	–	**855**
28 geschlossenen Immobilienfonds	**874**	–	**875**
29 Gesellschaften / Gemeinschaften / ähnlichen Modellen i. S. d. § 15b EStG		–	

2021AnlV101NET   – Juli 2021 –   **2021AnlV101NET**

Steuernummer, Name und Vorname, lfd. Nr. der Anlage

Andere Einkünfte

		stpfl. Person / Ehemann / Person A / Gesellschaft EUR		Ehefrau / Person B EUR

31 Einkünfte aus **Untervermietung** von gemieteten Räumen — 866 _____ , — — 867 _____ , —

32 Einkünfte aus Vermietung und Verpachtung **unbebauter Grundstücke**, von anderem **unbeweglichen Vermögen**, von **Sachinbegriffen** sowie aus **Überlassung von Rechten** — 852 _____ , — — 853 _____ , —

Werbungskosten
aus dem bebauten Grundstück in den Zeilen 4 und 5

	Nur ausfüllen, wenn die Aufwendungen für das Gebäude nur teilweise Werbungskosten sind (siehe Anleitung zu den Zeilen 33 bis 52)			Abzugsfähige Werbungskosten
	Gesamtbetrag	Ausgabe, die **nicht** mit Vermietungseinkünften zusammenhängen, wurden		
		durch direkte Zuordnung ermittelt	verhältnismäßig ermittelt	
	EUR			EUR
	1	2	3 %	4

Absetzung für Abnutzung für Gebäude (ohne Beträge in den Zeilen 34 und 35)

33 ☐ linear ☐ degressiv _____ % | wie 2020 | lt.ges. Erftg. | | | 30 _____ , —

34 Sonderabschreibung für Mietwohnungsneubau nach § 7b EStG | wie 2020 | lt.ges. Erftg. | | | 70 _____ , —

35 Erhöhte Absetzungen nach den §§ 7h, 7i EStG, Schutzbaugesetz | wie 2020 | lt.ges. Erftg. | | | 31 _____ , —

36 Absetzung für Abnutzung für bewegliche Wirtschaftsgüter | wie 2020 | lt.ges. Erftg. | | | 60 _____ , —

37 Schuldzinsen (ohne Tilgungsbeträge) | | | | 33 _____ , —

38 Geldbeschaffungskosten (z. B. Schätz-, Notar-, Grundbuchgebühren) | | | | 34 _____ , —

39 Renten, dauernde Lasten | | | | 35 _____ , —

40 2021 voll abzuziehende Erhaltungsaufwendungen, die direkt zugeordnet werden können | | ☒ | | 36 _____ , —

41 verhältnismäßig zugeordnet werden | | | | 37 _____ , —

Auf bis zu 5 Jahre zu verteilende Erhaltungs-aufwendungen (§§ 11a, 11b EStG, § 82b EStDV)

Gesamtaufwand 2021 EUR

42 57 _____ , — davon 2021 ab-zuziehen | | | | 38 _____ , —

43 zu berücksichtigender Anteil | aus 2017 | | | 39 _____ , —

44 | aus 2018 | | | 40 _____ , —

45 | aus 2019 | | | 41 _____ , —

46 | aus 2020 | | | 42 _____ , —

47 Grundsteuer, Straßenreinigung, Müllabfuhr, Wasserversorgung, Entwässerung, Hausbeleuchtung, Heizung, Warmwasser, Schornsteinreinigung, Hausversicherungen, Hauswart, Treppenreinigung, Fahrstuhl | | | | 52 _____ , —

48 Verwaltungskosten | | | | 48 _____ , —

49 Nur bei umsatzsteuerpflichtiger Vermietung: an das Finanzamt gezahlte und ggf. verrechnete Umsatzsteuer | | ☒ | | 58 _____ , —

50 Sonstiges | | | | 49 _____ , —

51 **Summe der Werbungskosten** (zu übertragen nach Zeile 22) | | | | _____ , —

52 Nur bei umsatzsteuerpflichtiger Vermietung: in Zeile 51 enthaltene abziehbare Vorsteuerbeträge | | | | 59 _____ , —

Zusätzliche Angaben

		stpfl. Person / Ehemann / Person A	Ehefrau / Person B

53 2021 vereinnahmte oder bewilligte Zuschüsse aus öffentlichen Mitteln zu den Anschaffungs- / Herstellungskosten (lt. gesonderter Aufstellung) | _____ € | _____ €

2021AnlV102NET

2021AnlV102NET

Lernfeld 12: Die Gewerbesteuer und sonstige kommunale Abgaben für das Unternehmen berechnen

Fall 98: Abgaben an die Kommunen

Beim Buchen der Belege fallen auch Überweisungen an die Gemeinde (Stadt oder Verbandsgemeinde) für die verschiedensten Abgaben an.

Um eine sachgerechte Bearbeitung und Beratung zu gewährleisten, muss der Steuerfachangestellte Inhalt, Bedeutung und Berechnung der einzelnen Abgaben nachvollziehen können.

Prüfen Sie anhand der nachstehenden Fragen, ob Sie kompetente Antworten im Beratungsgespräch geben können!

1. Sie zahlen z. B. am 15.02., 15.05., 15.08. und 15.11. Gewerbesteuer-Vorauszahlungen. Wie ist die Höhe dieser Vorauszahlungen zu erklären?

2. Was kann unternommen werden, wenn der Mandant der Auffassung ist, dass die Vorauszahlungen zu hoch sind?

3. Wer legt den Hebesatz fest?

4. Kann der Hebesatz von Gemeinde zu Gemeinde unterschiedlich sein?

5. Kann der Hebesatz innerhalb einer Gemeinde unterschiedlich sein?

6. Für welchen Zeitraum und in welchem Zusammenhang wird der Hebesatz festgelegt?

7. Wie unterscheiden sich Grundsteuer A und Grundsteuer B?

8. Wie sind Anschlusskosten an den Kanal und die Wasserleitung bilanzsteuerrechtlich zu behandeln?

9. Was sind Erschließungskosten und wie sind sie bilanzsteuerrechtlich zu behandeln?

10. Welches Rechtsmittel ist gegen Bescheide der Kommunen einzulegen und wo wird dieses Rechtsmittel verhandelt?

11. Welche Möglichkeit verbleibt, wenn das Rechtsmittel negativ beschieden wird?

12. Was wissen Sie über die Aufteilung des Gewerbesteueraufkommens?

Lösung s. Seite 512

Tangierende Problemkreise:

► Buchung der gemeindlichen Abgaben

► Bedeutung der unterschiedlichen Belastungen bei der Gewerbesteuer für die Ansiedlung von gewerblichen Unternehmen.

Abgaben an die Gemeinde

Gewerbesteuer	Grundsteuer	Erschließungsbeiträge	Ausbaubeiträge
► Feststellung des Steuermessbetrages durch das FA aufgrund der Gewerbesteuererklärung ► Erteilung eines GewSt-Messbescheides durch das FA ► Rechtsbehelf ist der Einspruch ► Festlegung des Hebesatzes durch die Gemeinde in der Haushaltssatzung (jährlich) ► Erteilung eines GewSt-Bescheides durch die Gemeinde ► Rechtsbehelf ist der Widerspruch ► vier Vorauszahlungen an die Stadt bzw. Verbandsgemeinde.	► Festlegung des Steuermessbetrages durch das FA aufgrund des Einheitswertes ► Festlegung des Hebesatzes durch die Gemeinde in der Haushaltssatzung (jährlich) ► Grundsteuer A: für landwirtschaftliches Vermögen ► Grundsteuer B: für Wohngrundstücke ► Erteilung eines Steuerbescheides ► Rechtsbehelf ist der Widerspruch.	► Beiträge für die erstmalige Erschließung von Baugebiet ► Einzelabrechnung der jeweiligen Abrechnungsmaßnahme an die Grundstückseigentümer Gemeindeanteil an den Investitionsaufwendungen in der Regel 10 % ► Abrechnungsgrundlage ist die Grundstücksgröße (Beitragsforderung durch Bescheid) ► Rechtsbehelf ist der Widerspruch.	► Beiträge für die Erneuerung oder Verbesserung einer vorhandenen Straße ► Gemeindeanteil an den Investitionsaufwendungen in der Regel zwischen 35 % u. 50 % ► Einzelabrechnung der jeweiligen Baumaßnahme an die Grundstückseigentümer oder ► Wiederkehrende Beiträge (alle Grundstückseigentümer leisten Beiträge) ► Maßgeblich ist die jeweilige Satzung ► Festlegung durch Beitragsabrechnung ► Rechtsbehelf ist der Widerspruch.

Übersicht über Abgaben an eine Ortsgemeinde

Steuern		Gebühren		Beiträge	
Grundsteuer	Gewerbesteuer	Verwaltungsgebühren	Benutzungsgebühren	Erschließungsbeiträge	Ausbaubeiträge

Fall 99: Die Gewerbesteuer ist zu berechnen

Uwe Stein hat eine Bauunternehmung. Für das Wirtschaftsjahr 2021 wurde ein Handelsbilanzgewinn in Höhe von 1.400.000 € durch Betriebsvermögensvergleich ermittelt. Ihnen liegen folgende weitere Informationen vor:

- Zur Finanzierung des Maschinenparks wurden Darlehen aufgenommen. Die Zinsbelastung in 2021 betrug 300.000 €.
- Seine Lkw wurden geleast. An Leasingraten wurden in 2021 320.000 € gezahlt.
- Für ein gemietetes Lagergebäude zahlte er an eine Immobilienverwaltungsgesellschaft in 2021 120.000 € Miete.
- Seine Büroräume befinden sich im eigenen Betriebsgebäude. Der Einheitswert der Immobilie beträgt 150.000 €.
- Der Hebesatz der Gemeinde beträgt 400 %.
- In 2021 spendete er für gemeinnützige Zwecke 3.000 €.
- Bei der Gewinnermittlung wurden Gewerbesteuerzahlungen in Höhe von 15.000 € als Aufwand gebucht.
- Für eine Beteiligung an einer KG wurde in 2021 ein Verlustanteil in Höhe von 60.000 € gezahlt.
- An einen stillen Gesellschafter wurde in 2021 ein Gewinnanteil in Höhe von 70.000 € gezahlt.

1. Berechnen Sie die Gewerbesteuer für 2021!
2. Wann und wie sind im laufenden Jahr Vorauszahlungen zu buchen?
3. Wonach richtet sich die Höhe der Vorauszahlungen?
4. Wer befindet über die Höhe des Hebesatzes?
5. Wer legt den Steuermessbetrag fest?
6. Welcher Rechtsbehelf kommt gegen die Festlegung des Steuermessbetrages in Betracht?
7. Welcher Rechtsbehelf ist beim Gewerbesteuerbescheid anzuwenden?

Lösung s. Seite 514

Tangierende Problemkreise:

- Anrechnung der Gewerbesteuer auf die ESt (§ 35 EStG)

Berechnung der Gewerbesteuer
Gewinn aus Gewerbebetrieb
+ Hinzurechnungen (§ 8 GewStG)
Ein Viertel (25 %) der Summe aus:
▸ Entgelte für Schulden (Nr. 1a)
▸ Renten und dauernde Lasten (Nr. 1b)
▸ Gewinnanteile des stillen Gesellschafters (Nr. 1c)

Berechnung der Gewerbesteuer
▶ 20 % der Miet- und Pachtzinsen (einschließlich Leasingraten) für die Benutzung von beweglichen WG des AV, die im Eigentum eines anderen stehen (Nr. 1d)
▶ 50 % der Miet- und Pachtzinsen (einschließlich Leasingraten) für unbewegliche WG des AV, die im Eigentum eines anderen stehen (Nr. 1e)
▶ Nur zur Hälfte vorzunehmen bei:
- Fahrzeugen mit Antrieb ausschließlich durch Elektromotoren, die ganz oder überwiegend aus mechanischen oder elektrochemischen Energiespeichern oder aus emissionsfrei betriebenen Energiewandlern gespeist werden (Elektrofahrzeuge),
- extern aufladbaren Hybridelektrofahrzeugen, für die sich aus der Übereinstimmungsbescheinigung nach Anhang IX der Richtlinie 2007/46/EG oder aus der Übereinstimmungsbescheinigung nach Artikel 38 der Verordnung (EU) Nr. 168/2013 ergibt, dass das Fahrzeug eine Kohlendioxidemission von höchstens 50 Gramm je gefahrenen Kilometer hat oder die Reichweite des Fahrzeugs unter ausschließlicher Nutzung der elektrischen Antriebsmaschine mindestens 80 Kilometer beträgt, und
- Fahrrädern, die keine Kraftfahrzeuge sind,
▶ 50 % der Miet- und Pachtzinsen (einschließlich Leasingraten) für unbewegliche WG des AV, die im Eigentum eines anderen stehen (Nr. 1e) soweit die Summe den Betrag von 200.000 € übersteigt.
▶ Gewinnanteile an persönlich haftende Gesellschafter einer KG auf Aktien (Nr. 4) Die nach § 3 Nr. 40 EStG oder § 8b Abs. 5 und 10 KStG außer Ansatz bleibenden Gewinnanteile (Nr. 5)
▶ Anteile am Verlust einer in- oder ausländischen OHG, KG oder anderen Gesellschaft, bei der die Gesellschafter als Mitunternehmer anzusehen sind (Nr. 8
▶ Ausgaben i. S. d. § 9 Abs. 1 Nr. 2 des KStG (Nr. 9)
Gewinnminderungen durch (Nr. 10)
a) Ansatz des niedrigeren Teilwerts des Anteils an einer Körperschaft
b) Durch Veräußerung oder Entnahme des Anteils an einer Körperschaft oder bei Auflösung oder Herabsetzung des Kapitals der Körperschaft
Ausländische Steuern, die nach § 34c EStG usw. abgezogen werden (Nr. 1)
- Kürzungen (§ 9 GewStG)
1,2 % des Einheitswertes des zum Betriebsvermögen des Unternehmes gehörenden und nicht von der Grundsteuer befreiten Grundbesitzes (§ 9 Nr. 1 GewStG)
Gewinnanteile an Personengesellschaften (§ 9 Nr. 2 GewStG)
Spenden (§ 9 Nr. 5 GewStG)
- Gewerbeverlust aus Vorjahren nach § 10a GewStG
= Gewerbeertrag (abzurunden auf volle 100 €)
Freibetrag 24.500 € nach § 11 Abs. 1 Nr. 1 GewStG – gilt nicht für Kapitalgesellschaften
Summe • Steuermesszahl (3,5 %) (§ 11 Abs. 2 GewStG)
= Steuermessbetrag nach dem Gewerbeertrag
= Steuermessbetrag • Hebesatz der Gemeinde = Gewerbesteuer

Fall 100: Die Belastung durch die Gewerbesteuer für den Einzelunternehmer

Unser Mandant Otto Lustig ist Einzelunternehmer. Er möchte wissen, inwieweit die Gewerbesteuer eine Belastung für ihn darstellt. Er weiß, dass die Gewerbesteuer einerseits bei der Gewinnermittlung keine Betriebsausgabe mehr darstellt, andererseits offensichtlich eine Entlastung bei der Einkommensteuer eintritt. Dem Mandanten ist daran gelegen, anhand seiner Gewinnsituation des letzten Jahres eine genaue Berechnung zu erhalten. Sie informieren sich über das erforderliche Zahlenmaterial und ermitteln folgende Daten für das letzte Wirtschaftsjahr:

- Maßgeblicher Gewerbeertrag   240.000 €
- Hebesatz der Gemeinde   380 %

Alternative 1:
- Hebesatz der Gemeinde   360 %

Alternative 2:
- Hebesatz der Gemeinde   420 %

Lösung s. Seite 515

Tangierende Problemkreise:

- Behandlung der Gewerbesteuerzahlungen in der Buchführung
- Begründung der Höhe der Gewerbesteuer-Vorauszahlungen.

Gewerbebetrieb

Für die Annahme eines Gewerbebetriebes sind die folgenden Merkmale ausschlaggebend:

Merkmale Gewerbebetrieb	
positive Merkmale	**negative Merkmale**
► Selbstständigkeit	► keine Land- und Forstwirtschaft
► Nachhaltigkeit	► keine selbstständige Arbeit
► Gewinnerzielungsabsicht	► keine Vermögensverwaltung.
► Beteiligung am allgemeinen wirtschaftlichen Verkehr.	

Die positiven Merkmale sind wie folgt zu interpretieren:

► **Selbstständigkeit**
  Eine Tätigkeit wird selbstständig ausgeübt, wenn sie auf eigene Rechnung (Unternehmerinitiative) und **eigene Verantwortung** (Unternehmerrisiko) erfolgt. Selbstständige Tätigkeiten sind insbesondere dadurch gekennzeichnet, dass ihnen keine

Weisungsgebundenheit zugrunde liegt. Entscheidungen können grundsätzlich frei getroffen werden.

Bei der Beantwortung der Frage, ob eine konkrete Tätigkeit selbstständig oder unselbstständig ausgeübt wird, ist auf das **Gesamtbild der Verhältnisse** abzustellen. Die für oder gegen die Selbstständigkeit sprechenden Umstände müssen gegeneinander abgewogen werden; die gewichtigeren Merkmale sind dann für die Gesamtbeurteilung ausschlaggebend. Auf vertragliche Bezeichnungen oder die Art der Entlohnung kommt es hierbei nicht an. Natürliche Personen können zum Teil selbstständig und zum Teil nichtselbstständig sein.

▶ **Nachhaltigkeit**
Eine Tätigkeit, die mit **Wiederholungsabsicht** betrieben wird, gilt als nachhaltig. Eine derartige Tätigkeit wird von der Absicht getragen, innerhalb eines bestimmten Zeitraums daraus eine ständige Erwerbsquelle zu machen. Wenn die Absicht der Wiederholung erkennbar ist, kann auch eine einmalige Handlung als nachhaltig angesehen werden.

Durch das Merkmal der Nachhaltigkeit findet eine Abgrenzung zu den Einkünften aus sonstigen Leistungen gem. § 22 Nr. 3 EStG, die auf gelegentlichen Betätigungen beruhen.

▶ **Gewinnerzielungsabsicht**
Die Tätigkeit muss von Anfang an erkennbar geeignet sein, auf **Dauer eine Mehrung des Betriebsvermögens** zu erbringen. Hierbei ist es nicht zu beanstanden, wenn sich positive Einkünfte erst nach einer längeren Anlaufzeit erzielen lassen; die sog. **Totalgewinnprognose** muss jedoch positiv ausfallen. Es ist nicht notwendig, dass mit der selbstständigen Tätigkeit tatsächlich Gewinn erzielt wird; ausreichend ist die **Absicht**, Gewinn zu erzielen. Ein Unternehmen, welches ohne Gewinnerzielungsabsicht geführt wird, ist steuerlich als Liebhaberei anzusehen und dann bei der Ermittlung der Einkünfte nicht zu berücksichtigen.

▶ **Beteiligung am allgemeinen wirtschaftlichen Verkehr**
Dieses Merkmal ist erfüllt, wenn der Steuerpflichtige mit Gewinnerzielungsabsicht nachhaltig **am Leistungs- und Güteraustausch** teilnimmt. Die Teilnahme am allgemeinen Wirtschaftsverkehr erfordert, dass der Steuerpflichtige mit dieser Tätigkeit nach außen in Erscheinung tritt, d. h. sich an eine – wenn auch begrenzte – Allgemeinheit wendet und damit seinen Willen zu erkennen gibt, ein Gewerbe zu betreiben.

Es ist nicht erforderlich, dass der Steuerpflichtige seine Leistungen einer Mehrzahl von Interessenten anbietet. Ob der Kundenkreis groß oder klein ist, ist ohne Bedeutung. Zur Abgrenzung der Einkünfte aus Gewerbebetrieb zu den Einkünften aus Land- und Forstwirtschaft enthält **R 15.5 EStR 2012** umfangreiche Ausführungen.

Lernfeld 13: Die AO auf konkrete Sachverhalte anwenden

Fall 101: Die versäumte Steuererklärung

In Ihrer Kanzlei sind eine Reihe von Fällen bezüglich Terminen und Fristen und den Folgen ihrer Nichteinhaltung zu klären. Es sollen auch Vorschläge unterbreitet werden, wie Fristversäumnisse vermieden werden.

Mandant Artur Neumann bezieht nur Einkünfte aus nichtselbstständiger Arbeit. Seine Ehefrau ist nicht berufstätig und bezieht auch keine anderen Einkünfte. Die Eheleute Neumann haben bisher keine Einkommensteuererklärungen abgegeben.

Es stellt sich jedoch heraus, dass die Werbungskosten stets über 1.000 € gelegen haben. Außerdem studiert ihre Tochter ab Oktober 2017 an der Universität Köln und ist auch dort auswärts untergebracht.

Sein Anliegen trägt Ihnen Herr Neumann im April 2020 vor.

1. Prüfen Sie die Steuererklärungspflicht!
2. Was bedeutet in diesem Zusammenhang „Antragsveranlagung"?
3. Prüfen Sie die Fristen!
4. Was bedeutet Wiedereinsetzung in den vorherigen Stand nach § 110 AO?

Lösung s. Seite 516

Tangierende Problemkreise:

► Gesetzliche und behördliche Fristen

► Folgen einer Fristversäumnis.

Termine und Fristen
Zusammenfassende Aussagen zu „Terminen und Fristen" (§§ 108 ff. AO)

► Fristen und Termine führen bei Nichteinhaltung zur Veränderung der Rechtslage!

► Die Frist ist ein abgegrenzter Zeitraum, innerhalb dessen ein bestimmtes Verhalten erforderlich ist.

► Ein Termin ist ein fester Zeitpunkt, an dem etwas gefordert wird.

► Behördliche Fristen sind verlängerbar.

► Von den gesetzlichen Fristen sind nur die Erklärungsfristen und die Zahlungsfristen verlängerbar. Diese Fristen können auch rückwirkend verlängert werden.

► Bei Ereignisfristen wird der Tag, in den das Ereignis fällt, nicht mitgezählt.

► Diese Fristen enden dann an dem Tag in der Benennung (bei Wochenfristen) oder Zahl (bei Monats- oder Jahresfristen) entsprechenden Tag um 24:00 Uhr.

► Bei den Beginnfristen, insbesondere bei der Lebensaltersberechnung, zählt der Anfangstag bei der Berechnung der Frist mit. Diese Fristen enden dann an dem diesen Tag in der Benennung oder Zahl vorangehenden Tag um 24:00 Uhr.

► Fällt ein Fristende auf einen Samstag, Sonntag oder gesetzlichen Feiertag, so verlängert sich die Frist bis zum Ablauf des nächsten Werktages.

► Ab dem Voranmeldungszeitraum Januar 2004 entfällt die Schonfrist von fünf Tagen nach § 152 Nr. 7 AEAO a. F.

► Nach § 240 Abs. 3 AO wird die Zahlungs-Schonfrist auf drei Tage verkürzt.

 RECHTSGRUNDLAGEN

§ 108 AO i. V. m. §§ 187 - 193 BGB

Fristen
Behördliche Fristen

► Frist zur Vorlage von Belegen (§ 97 AO)

► Stundungsfrist (§ 222 AO)

► Frist zur Aussetzung der Vollziehung (§ 361 AO).

Gesetzliche Fristen

► Antragsabgabe auf VA zur ESt v. AN (§ 46 Abs. 2 Nr. 8 EStG)

► Festsetzungsfrist (§ 169 AO)

► Rechtsbehelfsfrist (§ 355 Abs. 1 AO)

► Wiedereinsetzungsfrist (§ 110 Abs. 2 AO)

► Zahlungsverjährungsfrist (§ 228 AO).

Folgen der Fristversäumnis[1]

► Verspätungszuschläge (§ 152 AO)

► Säumniszuschläge (§ 240 AO)

► Zinsen (§§ 233 - 239 AO)

► Zwangsgelder (§ 329 AO).

---

[1] Ab 18.12.2019 gilt ein vollautomatisierter Verspätungszuschlag. Somit entfällt jeglicher Ermessens- oder Beurteilungsspielraum der Finanzverwaltung.

Fall 102: Wir legen Einspruch ein

Mandant Heinz Alt hat seinen ESt-Bescheid mit Rechtsbehelfsbelehrung für das Kalenderjahr 2021 erhalten. Der Bescheid trägt das Datum vom 06.05.2022 (Freitag). Da dem Steuerpflichtigen verschiedene Werbungskosten nicht anerkannt wurden, hat er am 13.06.2022 Einspruch eingelegt und diesen auch begründet beim Finanzamt in den Hausbriefkasten gelegt. Die ESt-Erklärung und auch den Einspruch hat er ohne fremde Hilfe mit einem PC-Programm erstellt.

Nun erhält er vom Finanzamt die Mitteilung, dass der Einspruch nicht fristgerecht eingelegt wurde.

Der Mandant wendet sich an Ihre Kanzlei und legt Ihnen alle Unterlagen vor. Darunter befindet sich auch noch der Briefumschlag des ESt-Bescheides. Es fällt Ihnen auf, dass das Datum des Poststempels von dem des ESt-Bescheides abweicht. Der Poststempel[1] datiert auf Dienstag, den 10.05.2022.

Kalenderbereich Juni 2022:

1. Ist der Einspruch formgerecht eingelegt worden?

06.06.2022	Montag
07.06.2022	Dienstag
08.06.2022	Mittwoch
09.06.2022	Donnerstag
10.06.2022	Freitag
11.06.2022	Samstag
12.06.2022	Sonntag
13.06.2022	Montag
14.06.2022	Dienstag
15.06.2022	Mittwoch

2. Ist der Einspruch fristgerecht eingelegt worden?

Lösung s. Seite 519

Tangierende Problemkreise:

▶ Einspruch als Schriftstück

▶ Führen eines Fristenkontrollbuches.

---

[1] Soweit ein Datum auf dem Briefumschlag nicht vorhanden ist, sollte die verspätete Zustellung beweissicher dokumentiert werden (z. B. Bestätigungszugang durch Dienstleister).

Rechtsbehelfsverfahren	
Außergerichtliches Rechtsbehelfsverfahren	**Gerichtliches Rechtsbehelfsverfahren**

► Einspruch (§ 347 AO)
 	
   1. Prüfung der Zulässigkeit
 	
     - Statthaftigkeit (§ 347 AO)
 	
     - Form des Einspruchs (§ 357 AO)
 	
     - Frist für den Einspruch (§§ 355, 356 AO)
 	
     - Vorliegen einer Beschwer (§ 350 AO)
 	
     - Kein Verzicht (§ 354 AO)
 	
   2. Begründetheit des Einspruchs
 	
     - Formelle Rechtmäßigkeit: Zuständigkeitsfehler (§ 127 AO) Verfahrensfehler (§§ 91, 126 AO) Formfehler (§ 157 AO, § 121 AO, jedoch § 126 AO beachten)
 	
     - Materielle Rechtmäßigkeit
 	
     - Subjektive Rechtmäßigkeit (§ 85 AO)
	► Klage vor dem Finanzgericht (§ 40 FGO)
	
	   - gegen Einspruchsentscheidung des Finanzamtes unter Wahrung einer Frist von einem Monat nach Bekanntgabe der Einspruchentscheidung
	
	 ► Revision vor dem Bundesfinanzhof
	
	   - gegen Urteile des Finanzgerichts bei grundsätzlicher Bedeutung des Revisionssachverhaltes (Zulassung durch FG)
	
	   - bei Abweichung des Urteils von einem Urteil des BFH (Zulassung durch FG)
	
	   - bei Verfahrensmangel (§§ 115, 116 FGO)

Informationen über Kosten im Steuerprozess

Bei den Kosten ist zu unterscheiden:

► Gerichtskosten (Finanzgericht)

► Außergerichtliche Kosten (Kosten z. B. des Anwalts/Steuerberaters).

Gebührentabelle: Gerichtskosten[1] (Anlage 2 zu § 34 Abs. 1 Satz 3) (Fundstelle: BGBl. I 2014, 217)		Gebührentabelle: Außergerichtliche Kosten (Anlage 2 zu § 13 Abs. 1 Satz 3 RVG)	
bis Streitwert €	1,0 Gebühr €	Gegenstandswert bis €	Gebühr €
500,00	38,00	500,00	49,00
1.000,00	58,00	1.000,00	88,00
1.500,00	78,00	1.500,00	127,00
2.000,00	98,00	2.000,00	166,00
3.000,00	119,00	3.000,00	222,00
4.000,00	140,00	4.000,00	278,00
5.000,00	161,00	5.000,00	334,00
6.000,00	182,00	6.000,00	390,00
7.000,00	203,00	7.000,00	446,00
8.000,00	224,00	8.000,00	502,00
9.000,00	245,00	9.000,00	558,00
10.000,00	266,00	10.000,00	614,00

---

[1] GKG = Gerichtskostengesetz.

RVG = Gesetz über die Vergütung der Rechtsanwältinnen und Rechtsanwälte (Rechtsanwaltsvergütungsgesetz – RVG).

Gerichtskosten

Es handelt sich um die Gebühren und Auslagen des Finanzgerichts (§ 139 FGO). Die Gebührenarten sowie die tatbestandsmäßigen Voraussetzungen der Gebühren sind ebenso wie deren Umfang in den Nrn. 6110 ff. des Kostenverzeichnisses (Anlage 1 Teil 6 zum Gerichtskostengesetz) geregelt. Die Höhe einer Gebühr ist nach dem Streitwert zu bemessen, der sich gemäß § 52 GKG (Auszug) aus der Bedeutung der Sache für den Kläger ergibt. Im Regelfall entspricht in Klageverfahren der Streitwert der Höhe der angestrebten Steuerminderung. In einem Verfahren des vorläufigen Rechtsschutzes beträgt der Streitwert 10 % des Betrages, hinsichtlich dessen die Aussetzung der Vollziehung beantragt wird. In welchem Umfang Auslagen für finanzgerichtliche Verfahren erhoben werden, bestimmt sich nach Teil 9, Nrn. 9000 ff. des Kostenverzeichnisses (Anlage 1 Teil 9 zum Gerichtskostengesetz).[1]

Gebühren

Die durch die Gebühren verursachten Kosten können wie folgt ermittelt werden: Im Kostenverzeichnis wird die Anzahl der verwirklichten Gebührentatbestände festgestellt. Anhand des Streitwertes wird die Höhe einer Gebühr in der Gebührentabelle abgelesen. Dieser Wert wird mit der Anzahl der entstandenen Gebühren multipliziert.[1]

Beispiele

Ein Klageverfahren (eingegangen nach dem 31.07.2013), mit dem der Kläger eine Steuerminderung von 300 € anstrebte, wird durch ein Urteil abgeschlossen: Entstanden sind die 4 Gebühren nach dem Mindeststreitwert von 1.500 € (§ 52 Abs. 4 GKG, Anlage 1 Teil 6 Nr. 6110 zum GKG). Der Wert einer Gebühr beträgt 71 €, die durch die Gerichtsgebühren entstandenen Kosten betragen 284 €.

Außergerichtliche Kosten

Es handelt sich um die zur zweckentsprechenden Rechtsverfolgung oder Rechtsverteidigung notwendigen Aufwendungen der Beteiligten einschließlich der Kosten des Vorverfahrens. Zu den außergerichtlichen Kosten zählt vor allem das Honorar für einen Rechtsanwalt oder Steuerberater, der mit der Wahrnehmung der rechtlichen Interessen des Klägers betraut worden ist.[1]

Gegenstand der Vergütung sind die nach Maßgabe des Rechtsanwaltsvergütungsgesetzes und der Steuerberatergebührenverordnung entstehenden Gebühren und die nach den vorgenannten Rechtsvorschriften erstattungsfähigen Auslagen. Über Einzelheiten seiner Vergütung informiert der Bevollmächtigte. Kosten für einen Bevollmächtigten entstehen jedoch nicht zwangsläufig, da es nicht vorgeschrieben ist, sich durch einen Anwalt oder Steuerberater vertreten zu lassen.

---

[1] Quelle: Justizportal Nordrhein-Westfalen (Justiz online).

Kosten des Finanzamtes

Das Finanzamt trägt die im Rahmen eines Verfahrens vor dem Finanzgericht entstehenden Aufwendungen immer selbst (§ 139 Abs. 2 FGO).[1]

Wer muss die Kosten tragen?

Wird das finanzgerichtliche Verfahren beendet, entscheidet das Gericht auch über die Kosten. Im Grundsatz gilt, dass der unterliegende Beteiligte die Kosten des Verfahrens zu tragen hat (§ 135 FGO). Bei teilweisem Obsiegen und Unterliegen der Beteiligten (§ 136 FGO) sind die Kosten gegeneinander aufzuheben (jede Partei trägt ihre eigenen Kosten) oder verhältnismäßig zu teilen (jede Partei trägt einen Teil der Gesamtkosten).[1]

Fall 103: Einspruch und Antrag auf schlichte Änderung

Die Eheleute Max (geb. 25.12.1956) und Eva Bollig (geb. 15.07.1956) haben aufgrund ihrer Steuererklärung für das Kalenderjahr 2020 ihren Steuerbescheid erhalten.

Max bezieht eine Beamtenpension, in 2020 betrugen die Versorgungsbezüge 36.000 €. Aus einer Autorentätigkeit erzielte er Einkünfte aus selbstständiger Tätigkeit in Höhe von 9.000 €.

Aus Vermietung eines Mehrfamilienhauses wurden in 2021 Einkünfte in Höhe von 14.000 € erzielt. Das Grundstück ist auf den Namen der Eheleute je zu ½ im Grundbuch eingetragen.

Die Ehefrau bezieht eine Rente aus der Sozialversicherung. In 2021 betrugen die Einnahmen 8.600 €.

Im Steuerbescheid, der am 20.04.2022 datiert, wurde kein Altersentlastungsbetrag berücksichtigt.

1. Nehmen Sie Stellung und zeigen Sie ggf. Gestaltungsmöglichkeiten auf!

2. Was bedeutet in diesem Zusammenhang „Verböserung"?

Lösung s. Seite 520

Tangierende Problemkreise:

► Unterschied zwischen einer offenbaren Unrichtigkeit und einem Rechtsanwendungsfehler

► Möglichkeiten bei Ablehnung eines Einspruchs.

---

[1] Quelle: Justizportal Nordrhein-Westfalen (Justiz online).

RECHTSGRUNDLAGEN

Offenbare Unrichtigkeit (§ 129 AO)

▼

- Berichtigung von Steuerbescheiden und anderen Verwaltungsakten wegen objektiv erkennbaren Unrichtigkeiten durch Verrechnen, Verschreiben und mechanisch-technischen Versehen.

- Fehler der Finanzbehörde (ggf. auch bei Übernahme von solchen Fehlern des Steuerpflichtigen), jedoch keine Fehler bei Anwendung der Gesetze. Bei Anwendungsfehlern greift das Rechtsbehelfsverfahren (Einspruch).

- Berichtigungsmöglichkeit innerhalb der

Festsetzungsfrist (§ 169 Abs. 2 AO)

▼

- Grundsatz: 4 Jahre (§ 169 Abs. 2 Satz 1 Nr. 2 AO)
- Bei Hinterziehung von Steuern 10 Jahre (§ 169 Abs. 2 Satz 2 AO)
- Bei leichtfertiger Steuerverkürzung 5 Jahre (§ 169 Abs. 2 Satz 2 AO)

Zu beachten ist die Anlaufhemmung bzw. Ablaufhemmung:

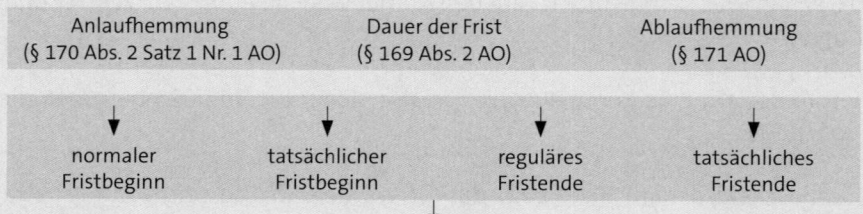

Anlaufhemmung (§ 170 Abs. 2 Satz 1 Nr. 1 AO)	Dauer der Frist (§ 169 Abs. 2 AO)	Ablaufhemmung (§ 171 AO)
normaler Fristbeginn	tatsächlicher Fristbeginn · reguläres Fristende	tatsächliches Fristende

Anlaufhemmung:

- Bei ESt, USt und GewSt mit Ablauf des Jahres, in dem der Steueranspruch entstanden ist
- Bei Nichterklärung mit Ablauf des dritten Kalenderjahres, in dem der Steueranspruch entstanden ist

Ablaufhemmung:

- Bei einer offenbaren Unrichtigkeit nicht vor Ablauf eines Jahres seit Bekanntgabe des offenbar unrichtigen Steuerbescheids
- Bei Einspruch und Änderungsantrag nicht bevor über den Antrag unanfechtbar entschieden worden ist (§ 171 Abs. 3 AO)
- Beginn einer Außenprüfung (§ 171 Abs. 4 AO)
- Steuerfahndungsmaßnahmen (§ 171 Abs. 5 AO)
- Vorläufige Steuerbescheide (§ 171 Abs. 8 AO)
- Selbstanzeige (§ 171 Abs. 9 AO)
- Bindungswirkung des Grundlagenbescheides (§ 171 Abs. 10 AO)

Fall 104: Die örtliche Zuständigkeit der Finanzämter[1]

Der Steuerpflichtige Max Emsig betreibt in Köln ein Restaurant. In Euskirchen besitzt er ein Einfamilienhaus, das er mit seiner Familie bewohnt.

In Bonn ist er Eigentümer eines Mehrfamilienhauses mit vier Wohnungen, die er vermietet hat.

In Düsseldorf ist er an einer KG als Kommanditist beteiligt, die Gaststättenzubehör vertreibt.

1. Welche Feststellungen bzw. Festsetzungen kommen infrage?
2. Von welchen Finanzämtern werden sie ausgeführt?

Informationen zu den Finanzämtern:
Finanzamt Köln-Porz   – FA Nr. 5216 - 51143 Köln
Finanzamt Euskirchen   – FA Nr. 5209 - 53879 Euskirchen
Finanzamt Bonn-Innenstadt – FA Nr. 5205 - 53111 Bonn
Finanzamt Düsseldorf-Mitte – FA Nr. 5133 - 40227 Düsseldorf

Lösung s. Seite 522

Tangierende Problemkreise:

► Bedeutung der gesonderten und einheitlichen Gewinnfeststellung

► Gewinnverteilung einer KG nach Gesetz und Vertrag.

---

[1] **Suchfunktion zur Ermittlung der örtlich und sachlich zuständigen Finanzämter:** Seit April 2018 steht die neue GemFA-Suche 2.0 zur Verfügung. Außerdem werden die GemFA-Daten als XML-Datei nebst dazugehöriger XSD-Beschreibungsdatei zum Download angeboten.

Sachliche und örtliche Zuständigkeit der Finanzbehörden (§§ 16 - 29 AO)			
Sachliche Zuständigkeit	**Örtliche Zuständigkeit nach der gesonderten und einheitlichen Feststellung und der Steuerart (räumlicher Wirkungskreis)**		
	Bezeichnung	**Zuständig für:**	**Rechts-grundlage**
Verteilung der Aufgaben auf: ► Bundes-, und ► Gemeinde-finanz-behörden.	**Wohnsitzfinanzamt**	► Einkommensteuer Beachte: Zur Vermeidung der gesonderten Feststellung nach § 180 AO die Zuständigkeit in Großstädten des Lage-, Betriebs-, Tätigkeitsfinanzamtes oder Geschäftsleitungsfinanzamtes	§ 19 Abs. 1 AO § 19 Abs. 3 AO § 18 Abs. 1 Nr. 1, 2 oder 3 AO
	Lagefinanzamt	► Feststellung der Einheitswerte des Grundvermögens und Land- und forstwirtschaftlichen Vermögens ► Gesonderte und einheitliche Feststellung der Einkünfte aus LuF ► Festsetzung und Zerlegung der Grundsteuer-Messbeträge	§ 18 Abs. 1 Nr. 1 AO § 22 Abs. 1 AO
	Betriebsfinanzamt	► Gesonderte und einheitliche Feststellung der Einkünfte aus Gewerbebetrieb ► Festsetzung und Zerlegung des Gewerbesteuer-Messbetrages ► USt der inländischen Unternehmer	§ 18 Abs. 1 Nr. 2 AO § 21 Abs. 1 AO § 22 Abs. 1 AO
	Tätigkeitsfinanzamt	► Feststellung des dem freien Beruf dienenden Vermögens ► Gesonderte und einheitliche Feststellung der Einkünfte aus freiberuflicher Tätigkeit	§ 18 Abs. 1 Nr. 3 AO
	Verwaltungsfinanzamt	► Gesonderte und einheitliche Feststellungen im Zusammenhang mit den Überschusseinkünften aus Kapitalvermögen und VuV	§ 18 Abs. 1 Nr. 4 AO
	Zentralfinanzamt	► USt ausländischer Unternehmer.	§ 21 Abs. 1 AO

Fall 105: Die Stundung von Steuerschulden

In Ihrer Kanzlei sind eine Reihe von Fällen anhängig, bei denen Ihre Mandanten Stundung ihrer Steuerschulden wünschen.

Welche Erfolgsaussichten räumen Sie ein oder raten Sie gar von einem Stundungsantrag ab?

Sachverhalt 1:
Mandant A schuldet der Finanzbehörde einbehaltene Lohnsteuer, Kirchensteuer und Solidaritätszuschlag. Er führt als Begründung für den Stundungsantrag an, dass er durch hohe Kosten für einen Krankenhausaufenthalt seiner Ehefrau zurzeit erhebliche Liquiditätsschwierigkeiten hat.

Sachverhalt 2:
Für Mandant B wurde die ESt-Erklärung für das Vorjahr fristgerecht eingereicht. Nach Ihrer internen Berechnung mit vorliegendem Programm ist mit Sicherheit mit einer beachtlichen Erstattung zu rechnen.

Andererseits schuldet der Mandant als Transportunternehmer die fällige Kfz-Steuer. Da er sich im Moment wegen schleppender Forderungseingänge in Zahlungsschwierigkeiten befindet, wünscht auch er eine Stundung dieser Steuern.

Sachverhalt 3:
Mandant C hatte eine Weltreise unternommen. Nun hat er Schwierigkeiten, seine ESt-Vorauszahlung, fällig am 10.06., zu leisten. Er bittet ebenfalls um Stundung.

Sachverhalt 4:
Mandant D ist Bauunternehmer. Durch das in diesem Jahr extreme Hochwasser sind schwere Schäden auf seinem Betriebsgelände an den Maschinen und am Material entstanden. Hinzu kommt, dass Zahlungen der Kommunen verspätet eingehen bzw. Beträge infrage gestellt werden. Er bittet um Stundung der ESt-Vorauszahlung zum 10.09.!

Lösung s. Seite 523

Tangierende Problemkreise:
▸ Formulieren Sie den Text eines Stundungsantrages!

Stundung von Steuern (§ 222 AO) – Ermessensentscheidung

Kriterien für die Ermessensentscheidung	
Anspruch	Die Einziehung des Anspruchs stellt für den Schuldner eine erhebliche Härte dar (Interessenabwägung zwischen Steuergläubiger und Steuerschuldner). ► Die Einziehung von LSt, KiSt und SolZ ist regelmäßig keine erhebliche Härte ► Die Stundung von Lohnsteuer ist gesetzlich ausgeschlossen (§ 222 Satz 3 u. 4 AO).
Sachliche Stundungsgründe	**1. Der Schuldner kann sich die erforderlichen Mittel nicht auf zumutbare Weise beschaffen (Kreditaufnahme zumutbar).** **2. Der Schuldner kann sich nicht rechtzeitig auf Zahlung einstellen.** **3. Die Tilgung mit Gegenansprüchen ist in Sicht (Verrechnungsstundung).**
Persönliche Stundungsgründe	Es ist dem Steuerpflichtigen nach seinen persönlichen Verhältnissen nicht zumutbar, die Steuern zu zahlen. **Beispiele:** Krankheit des Steuerpflichtigen, verspätete Zahlungen der öffentlichen Hand, notwendige Investitionen, Naturkatastrophen, Saisongeschäfte usw.
Stundungswürdigkeit	Der Steuerpflichtige verfügt aus von ihm nicht zu vertretenden Umständen nicht über die notwendigen Finanzmittel zur Tilgung der Steuerschuld. Es ist jedoch von ihm zu erwarten, dass er für die Tilgung der Steuerschulden entsprechende Rücklagen bildet. Zahlungsunfähigkeit durch privates Konsumverhalten schadet der Stundungswürdigkeit.
Realisationsgefährdung	Die Realisierung des Steueranspruchs darf nicht gefährdet sein. Sie ist z. B. nicht gefährdet, wenn ► ausreichende Sicherheit vorhanden (§§ 241 ff. AO) ► der Steueranspruch mit großer Wahrscheinlichkeit nicht oder nicht in der beanspruchten Höhe besteht.
Stundung als Verwaltungsakt	► schriftlich oder mündlich ► Einspruch gegen Ablehnung.

Lernfeld 14: Sachverhalte nach dem KStG bearbeiten

Fall 106: Unbeschränkte und beschränkte Körperschaftsteuerpflicht

Prüfen Sie für folgende Unternehmen die Steuerpflicht nach dem KStG!

Unternehmen 1

A, B und C betreiben ihr Unternehmen in der Rechtsform der Kommanditgesellschaft. A ist Komplementär (Vollhafter), B und C sind Kommanditisten (Teilhafter).

Unternehmen 2

Die Anton & Berta GmbH & Co. KG hat ihren Sitz in Rostock.

Unternehmen 3

Die Perfect Steuerberatungs- und Wirtschaftsprüfungs AG hat ihre Geschäftsleitung in Berlin sowie verschiedene Zweigstellen im Inland.

Unternehmen 4

Ein Landkreis erhält aus einer Beteiligung an einer Entsorgungs-AG Dividendeneinnahmen.

Unternehmen 5

Eine luxemburgische S. A. (AG) hat eine Zweigstelle in Trier/Mosel. Sie erzielt dort inländische Einkünfte.

Unternehmen 6

Eine Verbandsgemeinde betreibt eigene Wasserwerke mit Abwasserentsorgung gegen Gebührenrechnung.

Lösung s. Seite 525

Tangierende Problemkreise:

► Aufbau einer GmbH & Co. KG

► Steuerbefreiungen nach § 5 KStG.

Steuerpflicht und Besteuerung bei der Körperschaftsteuer

Steuerpflicht und Besteuerung bei der Körperschaftsteuer		
	Unbeschränkte Steuerpflicht (§ 1 Abs. 1 KStG)	**Beschränkte Steuerpflicht (§ 2 KStG)**
Juristische Personen	mit Geschäftsleitung oder Sitz im Inland ▸ Kapitalgesellschaften (AG, KG auf Aktien, GmbH, bergrechtliche Gewerkschaft) ▸ Erwerbs- und Wirtschaftsgenossenschaften ▸ Versicherungsvereine auf Gegenseitigkeit ▸ Nichtrechtsfähige Vereine, Anstalten, Stiftungen und andere Zweckvermögen des privaten Rechts ▸ Betriebe gewerblicher Art von juristischen Personen des öffentlichen Rechts.	ohne Geschäftsleitung oder Sitz im Inland
Steuerpflicht	erstreckt sich auf alle inländischen und ausländischen Einkünfte (§ 1 Abs. 2 KStG)	besteht für die inländischen Einkünfte
Steuerbefreiungen (§ 5 KStG)	(siehe Katalog im Gesetz) **z. B.** ▸ Deutsche Bundesbank ▸ Staatliche Lotterieunternehmen ▸ Politische Parteien im Sinne von § 2 des Parteiengesetzes ▸ Körperschaften, Personenvereinigungen und Vermögensmassen, die ausschließlich und unmittelbar gemeinnützigen, mildtätigen oder kirchlichen Zwecken dienen (§§ 51 - 68 AO) Beachte: Sonderregelung für wirtschaftliche Geschäftsbetriebe (steuerpflichtig, wenn Bruttoeinnahmen 35.000 € überschreiten – § 64 Abs. 3 AO).	–
Zu versteuerndes Einkommen	(siehe Schaubild zu Fall 107)	

Steuerpflicht und Besteuerung bei der Körperschaftsteuer		
	Unbeschränkte Steuerpflicht (§ 1 Abs. 1 KStG)	**Beschränkte Steuerpflicht (§ 2 KStG)**
Ermittlung des Gewinns (Jahresüberschuss)	nach einkommensteuerlichen Vorschriften und den Vorschriften des KStG	
Aufwendungen	**abziehbare** (§ 9 KStG) ► Ausgaben zur Förderung mildtätiger, kirchlicher, religiöser und wissenschaftlicher Zwecke im Rahmen des § 9 Abs. 1 Nr. 2 KStG (keine Parteispenden) ► Bei KG auf Aktien ist § 9 Abs. 1 Nr. 1 zu beachten.	**nicht abziehbare** (§ 10 KStG) ► Steuern vom Einkommen und sonstige Personensteuern ► Umsatzsteuer auf Entnahmen (§ 3 Abs. 1 Nr. 1b UStG) und Sonstige Leistungen i. S. d. § 3 Abs. 9a UStG ► Hälfte der Vergütungen an Mitglieder des Aufsichtsrates oder an andere Personen mit Beauftragung zur Überwachung der Geschäftsführung.
Gewinn (Jahresüberschuss) und seine Verwendung	**Thesaurierung**	**Ausschüttung** unter Abzug von 25 % Kapitalertragsteuer + SolZ (Betriebsvermögen) bzw. 25 % Abgeltungssteuer + SolZ + ggf. KiSt (Privatvermögen)
Einheitlicher Steuersatz	**= 15 % Körperschaftsteuer**	

Fall 107: Die Ermittlung des steuerpflichtigen Einkommens einer GmbH

Die Gebrüder Anton und Willi Bauer haben mit Wirkung vom 01.01.2009 (Eintragung in das Handelsregister) eine Bauunternehmung gegründet. Die Vorgründungsphase war zu diesem Zeitpunkt abgeschlossen. Sie betreiben das Unternehmen in Form einer GmbH.

An dem Stammkapital in Höhe von 100.000 € sind sie jeweils mit 50 % beteiligt.

Die erforderlichen Buchführungspflichten nach § 238 HGB i. V. m. § 41 GmbHG wurden im Kalenderjahr 2020 ordnungsgemäß erfüllt.

Für das Wirtschaftsjahr 2020 wurde ein Jahresüberschuss von 300.000 € festgestellt.

Folgende Sachverhalte sind noch zu überprüfen:

1. Als Aufwand wurden gebucht:

   Spenden

► an politische Parteien	4.000 €
► an Aktion „Misereor" und „Brot für die Welt"	5.000 €

2. Körperschaftsteuer-Vorauszahlungen — 30.000 €

   SolZ-Vorauszahlungen — 1.650 €

3. Gewerbesteuer-Nachzahlung — 3.500 €

4. Gewerbesteuer-Vorauszahlungen — 22.350 €

Aufgaben:

1. Wie hoch ist das zu versteuernde Einkommen der GmbH für 2021?

2. Wie hoch ist die Steuerbelastung, wenn die GmbH nach Gesellschafterbeschluss den Gewinn in vollem Umfang thesauriert (nicht ausschüttet)?

3. Wie erfolgt die Besteuerung, wenn Gewinne ausgeschüttet werden und die Gesellschaftsanteile sich im Privatvermögen der Gesellschafter befinden?

Lösung s. Seite 526

Tangierende Problemkreise:

► Was versteht man unter einer Vorgründungsgesellschaft?

► Was versteht man unter einer Gründungs-GmbH (Vor-GmbH)?

Die Einkommensermittlung für die Körperschaftsteuer

 RECHTSGRUNDLAGEN

Es gelten die Vorschriften des EStG und des KStG als lex specialis (§ 8 KStG).

Ermittlung der Bemessungsgrundlage zur Berechnung der Körperschaftsteuer (Auszug)	
	Erläuterungen
Bilanzsteuerrechtliche Korrekturen	
Jahresüberschuss/-fehlbetrag lt. Handelsbilanz (§ 275 HGB)	Handelsrechtliche Bewertung liegt zugrunde
+/- **Korrekturen** nach § 60 Abs. 2 EStDV	**Anpassung** der Handels- an die Steuerbilanz ► Bewertungsunterschiede (z. B. bei Rückstellungen für Drohverluste)
= Steuerbilanzgewinn	
Einkommensteuerrechtliche Korrekturen	
+ nicht abziehbare Aufwendungen (§ 4 Abs. 5 EStG)	Katalog des § 4 EStG
+ alle Spenden	unabhängig von ihrer Abzugsfähigkeit; Korrektur erfolgt weiter unten
Körperschaftsteuerliche Korrekturen	
+ verdeckte Gewinnausschüttungen (§ 8 Abs. 3 KStG)	Siehe Schaubild zu Fall 108
- verdeckte Einlagen	(weil vorher als Ertrag erfasst)
+ nicht abziehbare Aufwendungen (§ 10 KStG)	► nicht abziehbare Steuern (KSt, SolZ) ► Gewerbesteuer ► Hälfte der Vergütungen an Aufsichtsratmitglieder
- steuerfreie Einkünfte nach § 8b Abs. 1 i. V. m. Abs. 5 KStG (95 %)	Ergebnisse aus Beteiligungen: Dividende (Vermeidung der Doppelbesteuerung)
- ausländische Steuern (DBA)	
- Investitionszulagen	
= Summe der Einkünfte	
- abzugsfähige Spenden (§ 9 Abs. 1 Nr. 2 KStG)	Tatsächliche Spenden im Rahmen von ► 20 % der Einkünfte oder ► 4 % der Summe aus Umsätzen + gezahlten Löhnen und Gehältern
= Gesamtbetrag der Einkünfte	

Ermittlung der Bemessungsgrundlage zur Berechnung der Körperschaftsteuer (Auszug)	
	Erläuterungen
- Verlustabzug (§ 8c KStG)	
= Einkommen	
- Freibetrag für bestimmte Körperschaften (§ 24 KStG und § 25 KStG)	Erwerbs- und Wirtschaftsgenossenschaften sowie Vereine, die Land- und Forstwirtschaft betreiben (15.000 €) alle anderen Körperschaften 5.000 €
= zu versteuerndes Einkommen	

Fall 108: Verdeckte Gewinnausschüttung

Die EDV-Consulting GmbH, bestehend aus den Gesellschaftern Anton, Bert und Cäsar, hat für das Wirtschaftsjahr 2020 ein zu versteuerndes Einkommen in Höhe von 150.000 € ausgewiesen.

Bei der Ermittlung des zu versteuernden Einkommens sind folgende Sachverhalte strittig:

1. Dem geschäftsführenden Gesellschafter Anton wurde ein Jahresgehalt in Höhe von 200.000 € gezahlt. Ein Gehalt in Höhe von 150.000 € kann als angemessen angenommen werden.

2. Dem Gesellschafter Bert wurde ein zinsloses Darlehen in Höhe von 25.000 € für private Anschaffungen gewährt. Bei Aufnahme eines entsprechenden Kredites hätte er bei gleichen Darlehensbedingungen 7 % Zinsen bezahlen müssen. Der Festgeldzinssatz für Dreimonatsgelder liegt bei 3,5 %.

3. Gesellschafter Cäsar hat eine Etage (120 qm) seines zum Privatvermögen gehörenden Mehrfamilienhauses an die GmbH vermietet. Der Mietpreis wurde mit 15 € je qm vereinbart, der ortsübliche qm-Preis beträgt jedoch nur 10 €/qm.

a) Prüfen Sie die vorliegenden Sachverhalte auf ihre mögliche Auswirkung auf das zu versteuernde Einkommen der GmbH!

b) Besteht eine Auswirkung auf die Gewerbesteuer? Der Hebesatz der Gemeinde beträgt 360 %.

c) Zeigen Sie ggf. die Auswirkungen für die Besteuerung der Gesellschafter auf!

Lösung s. Seite 527

Tangierende Problemkreise:

► Das Teileinkünfte-Verfahren

► Private Pkw-Nutzung des betrieblichen Pkw durch den geschäftsführenden Gesellschafter.

Verdeckte Gewinnausschüttung (§ 8 Abs. 3 Satz 2 KStG – R 8.5 KStR)	
Begriff	
Vermögensvorteile durch die Kapitalgesellschaft an Gesellschafter; das gilt auch, wenn die Vorteilsziehung nicht unmittelbar durch den Gesellschafter, sondern durch eine nahestehende Person (natürliche oder juristische) erfolgt. Sie können sich als Vermögensminderungen oder als verhinderte Vermögensmehrungen für die Kapitalgesellschaft auswirken.	
Wirkung	
Die verdeckte Gewinnausschüttung darf das Einkommen der Kapitalgesellschaft nicht mindern; d. h. sie ist bei der Einkommensermittlung hinzuzurechnen. Die verdeckte Gewinnausschüttung führt beim Gesellschafter als sonstige Einkünfte zu steuerpflichtigen Einkünften aus Kapitalvermögen (§ 20 Abs. 1 Nr. 1 Satz 2 EStG), soweit sie nicht nach § 20 Abs. 3 EStG zu diesen Einkünften zählen.	
Formen der verdeckten Gewinnausschüttung	
► Geldleistungen	
► Sachleistungen	
► Nutzungen	
► Sonstige Leistungen.	
Entgangene Betriebseinnahmen	**Erhöhte Betriebsausgaben**
► Gewährung eines zinslosen Darlehens an einen Gesellschafter	► Übernahme der Gründungskosten ohne ausdrückliche Vereinbarung
► Übernahme einer Bürgschaft für einen Gesellschafter ohne angemessene Avalprovision	► Gewährung eines Darlehens eines Gesellschafter an die Gesellschaft zu überhöhten Zinsen
► Überlassung von Wirtschaftsgütern des Anlagevermögens gegen ein zu geringes Entgelt	► Ein Gesellschafter überlässt Sachen, Rechte oder immaterielle Wirtschaftsgüter gegen überhöhtes Entgelt (z. B. Miete).
► Unentgeltliche oder verbilligte Warenlieferung an einen Gesellschafter	► Der Gesellschafter-Geschäftsführer erhält ein nicht angemessenes überhöhtes Gehalt.
► Gestattung von Geschäften ohne angemessenes Entgelt, die auch Geschäfte des Unternehmens sind.	► Ein Gesellschafter übereignet ein Grundstück auf die Kapitalgesellschaft gegen einen überhöhten Kaufpreis.
	► Ein Gesellschafter überträgt ein WG des abnutzbaren Anlagevermögens gegen einen überhöhten Kaufpreis auf die Kapitalgesellschaft.
	► Ein Gesellschafter überträgt Umlaufvermögen auf die Kapitalgesellschaft gegen einen überhöhten Kaufpreis.
Bewertung der verdeckten Gewinnausschüttung	
► Wirtschaftsgüter	► Gemeiner Wert
► Nutzungsüberlassung	► Erzielbare Vergütung
► Zinsen für Darlehen.	► Anlehnung an Habenzinsen bei Dreimonatsfestgeld.
Korrekturen erfolgen außerhalb der Bilanz	

Fall 109: Das Teileinkünfte-Verfahren

Josef Clemens hat eine Einmann-GmbH gegründet. Die GmbH wurde zum 01.01.2001 in das Handelsregister eingetragen.

Das Stammkapital beträgt 25.000 €.

Der Jahresabschluss zum 31.12.2020 hat folgendes Aussehen:

AKTIVA		Bilanz zum 31.12.2020	PASSIVA	
		Euro		Euro
A. Anlagevermögen	200.000,00	A. Eigenkapital		25.000,00
		Gezeichnetes Kapital		28.400,00
B. Umlaufvermögen	204.000,00	Gewinnrücklage		100.000,00
C. Aktive RAP	1.000,00	B. Rückstellungen		
		KSt-Rückstellung		16.209,00
		GewSt-Rückstellung		14.473,00
		C. Verbindlichkeiten		219.085,00
		D. Passive RAP		1.833,00
	405.000,00			405.000,00

Gewinn- und Verlustrechnung

Umsatzerlöse		1.200.000
Aufwand für bezogene Waren (Wareneinsatz)		800.000
Warenrohgewinn		400.000
Personalkosten	200.000	
Abschreibung auf Anlagevermögen	30.000	
Sonstige Aufwendungen	70.000	
darin enthalten:		
KSt-Vorauszahlung	5.500	
KSt-Rückstellung	16.209	
Gewerbesteuerrückstellung	14.473	
Spenden	4.000	
(an Parteien 1.000)		
Jahresüberschuss		100.000

1. Erläutern Sie die Bilanzposition „Eigenkapital" in vorliegender Bilanz!

2. Berechnen Sie das zu versteuernde Einkommen der GmbH!

3. Wie hoch ist die Körperschaftsteuer, wenn der gesamte Gewinn thesauriert wird?

4. Erläutern Sie den Vorgang, wenn 50 % des Gewinnes ausgeschüttet werden!

Lösung s. Seite 528

Tangierende Problemkreise:

► Aufstellung der Bilanz vor, nach teilweiser und vollständiger Verwendung des Jahreserfolges.

Zeitpunkt der Bilanzaufstellung bei einer Kapitalgesellschaft
Auswirkung auf Bilanzpositionen

1. Möglichkeit:

► vor erfolgter Verwendung des Jahresüberschusses

► entspricht dem Gliederungsschema nach § 266 HGB

► Anwendung, wenn keine Verpflichtung zur Rücklagenbildung durch Satzung oder Gesellschafterbeschluss besteht

► Gewinn lt. GuV wird als Jahresüberschuss ausgewiesen.

Beispiel

Eigenkapital

Gezeichnetes Kapital	25.000,00
Kapitalrücklage	50.000,00
Gewinnrücklagen	100.000,00
Jahresüberschuss	60.000,00

2. Möglichkeit:

► nach teilweiser Verwendung des Jahresüberschusses

► Befugnis zur Bildung von Rücklagen liegt vor

► Es entfallen die Bilanzpositionen „Gewinnvortrag/Verlustvortrag bzw. Jahresüberschuss/Jahresfehlbetrag".

► Ausweis der Bilanzpostion „Bilanzgewinn/Bilanzverlust".

Beispiel

Beispielerweiterung:

Eigenkapital		
Gezeichnetes Kapital	25.000,00	
Kapitalrücklage	50.000,00	
Gewinnrücklagen	130.000,00	(50 % Thesaurierung)
Bilanzgewinn	30.000,00	

3. Möglichkeit: Nach vollständiger Ergebnisverwendung

▸ **Thesaurierung** als Gewinnrücklagen

▸ **Ausschüttung** als Sonstige Verbindlichkeit.

Beispiel

Beispielerweiterung: (Thesaurierung + Ausschüttung)
Eigenkapital

Gezeichnetes Kapital	25.000,00
Kapitalrücklage	50.000,00
Gewinnrücklage	130.000,00
Sonstige Verbindlichkeit	30.000,00

Fall 110: Die Steuerbelastung der GmbH und ihrer Gesellschafter

Die X-GmbH besteht aus den Gesellschaftern A und B.

Das Stammkapital beträgt 200.000 €. A ist mit 80 % als geschäftsführender Gesellschafter beteiligt, B mit 20 %.

Der Jahresüberschuss wurde für das Jahr 2020 mit 85.000 € festgestellt. Dabei wurden als Aufwand erfasst:

▸ Körperschaftsteuer-Vorauszahlungen 10.000 €

▸ Gewerbesteuer 15.000 €.

Das an A gezahlte Gehalt ist angemessen; sonstige vGA liegen nicht vor. Nach Gesellschafterbeschluss werden für 2020 50 % ausgeschüttet.

1. Berechnen Sie das zu versteuernde Einkommen der GmbH!

2. Berechnen Sie die Ausschüttung für A und B!

Lösung s. Seite 529

Tangierende Problemkreise:

▸ Einkünfte nach § 19 EStG

▸ Erhebungsformen der Einkommensteuer.

Ergänzung:
Ziel der Unternehmenssteuerreform 2008 war die Belastung mit Ertragsteuern auf unter 30 % zu senken. Deswegen wurde der Körperschaftsteuersatz von 25 % auf 15 % gesenkt. Außerdem wurde die Steuermesszahl bei der GewSt von 5 % auf 3,5 % gesenkt. Allerdings stellt die GewSt keine Betriebsausgabe mehr dar. Sie beeinflusst somit weder die Höhe der GewSt selbst noch die Höhe der Körperschaftsteuer.

Gewinn	100,00
Gewerbesteuerbelastung bei einem Hebesatz von 400 %	- 14,00
	86,00
Körperschaftsteuer (15 % von 100) – GewSt keine Betriebsausgabe	- 15,00
Solidaritätszuschlag (5,5 % von 15 %)	- 0,825
Gewinn nach Steuern	70,175 %
Steuern insgesamt	29,825 %
aufgerundet	29,83 %

Besteuerung einer GmbH

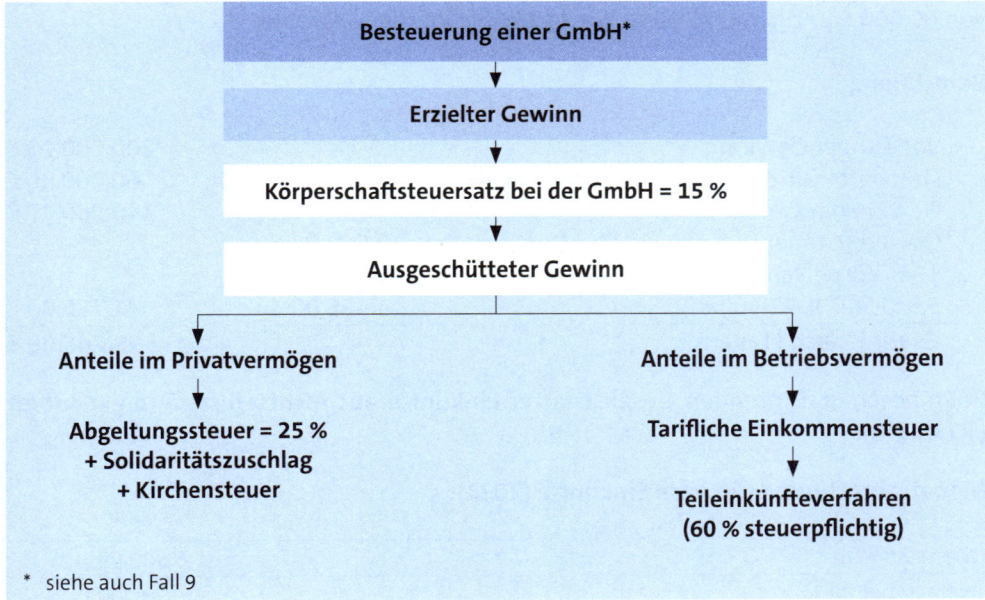

* siehe auch Fall 9

Besteuerungsfälle bei einer GmbH
Fall 1:
Der Jahresgewinn wird **nicht ausgeschüttet** (volle Thesaurierung)
Jahresgewinn = 200.000 €
Gewerbesteuer-Hebesatz = 400 %

Berechnung:

Jahresgewinn		200.000,00 €
- Gewerbesteuer (3,5 % • 400 % = 14 %) (keine Betriebsausgabe)	- 28.000,00 €	
- 15 % Körperschaftsteuer v. 200.000 €	- 30.000,00 €	
- 5,5 % SolZ v. 30.000 €	- 1.650,00 €	59.650,00 €
= **Gewinn nach Steuern**		**140.350,00 €**

Fall 2:

Im **Folgejahr** wird der Gewinn aus Fall 1 als Dividende ausgeschüttet. Der GmbH-Anteil befindet sich im Privatvermögen.

Berechnung:

Ausschüttungsbetrag		140.350,00 €
25 % Abgeltungssteuer v. 140.350 €	- 35.087,50 €	
5,5 % SolZ v. 35.087,50 €	- 1.929,82 €	37.017,32 €
= **Dividende nach Steuern**		**103.332,68 €**

Fall 3:

Falldaten wie Fall 1; dem Gesellschafter wird jedoch ein Geschäftführergehalt in Höhe von 60.000 € (monatlich 5.000 €) im Laufe des Jahres ausgezahlt.

Berechnung:

	Vorläufiger Gewinn		200.000,00 €
-	Geschäftsführergehalt (= Betriebsausgabe)		60.000,00 €
	Gewinn der GmbH		140.000,00 €
-	Gewerbesteuer (3,5 % · 400 % = 14 %)	19.600,00 €	
-	15 % Körperschaftsteuer v. 140.000 €	21.000,00 €	
-	5,5 % SolZ v. 21.000 €	1.155,00 €	41.755,00 €
=	**Gewinn nach Steuern**		**98.245,00 €**

Beim geschäftsführenden Gesellschafter **Einkünfte aus nichtselbstständiger Arbeit (§ 19 EStG)**.

Monatsabrechnung für diese Einkünfte (2021):

Monatsgehalt	5.000,00
Lohnsteuer (III,1)	581,00
SolZ 5,5 %[1]	0,00
KiSt 9 %	35,20
Summe Steuern	**616,20**
Krankenversicherung (14,6 % + Zuschlag 1,1 %) Anteil 50 % = 7,85 % (BMG = 4.837,50 €)	379,75
Pflegeversicherung 1,525 % (BMG = 4.837,50 €)	73,77
Rentenversicherung 9,3 %	465,00
Arbeitslosenversicherung 1,2 %	60,00
Sozialversicherung insgesamt	**978,52**
Netto	**3.405,28**

---

[1] Auf die Körperschaftsteuer von Kapitalgesellschaften (z. B. GmbH, AG) wird weiterhin SolZ fällig. Auf die Gewerbesteuer wird kein SolZ erhoben. Auf die steuerpflichtigen Kapitalerträge (Zinsen, Dividenden und Gewinne aus dem Verkauf von Aktien und Fonds) fällt ebenfalls SolZ an.

Lernfeld 15: Grundlagen des Insolvenzrechts

Fall 111: Die insolvente Unternehmung

In einer Wirtschaftszeitung lesen Sie unter den Handelsregistereintragungen Folgendes:

„Über das Vermögen des Anton Berta, Rosenweg 20, Adorf wurde am 17.08.2020 11:30 Uhr das Insolvenzverfahren eröffnet.

Insolvenzverwalter: Rechtsanwalt Dr. Emil Kluge, Kastanienweg 30, Adorf. Forderungen der Insolvenzgläubiger sind bis zum 06.10.2020 unter Beachtung des § 174 InsO beim Insolvenzverwalter anzumelden. Berichtstermin und gleichzeitiger Prüfungstermin: Montag, 23.11.2020, 9:00 Uhr im Gebäude des Amtsgerichts Adorf."

Nehmen Sie zu folgenden Punkten Stellung:

1. Schildern Sie den Ablauf des Insolvenzverfahrens!
2. Erläutern Sie die Bedeutung des Eröffnungsbeschlusses!
3. Was müssen Gläubiger unternehmen, um ihre Rechte im Insolvenzverfahren zu sichern?

Lösung s. Seite 529

Tangierende Problemkreise:

► Bedeutung eines ordnungsmäßigen Rechnungswesens für die Existenzsicherung eines Unternehmens
► Die Haftung des Geschäftsführers einer GmbH.

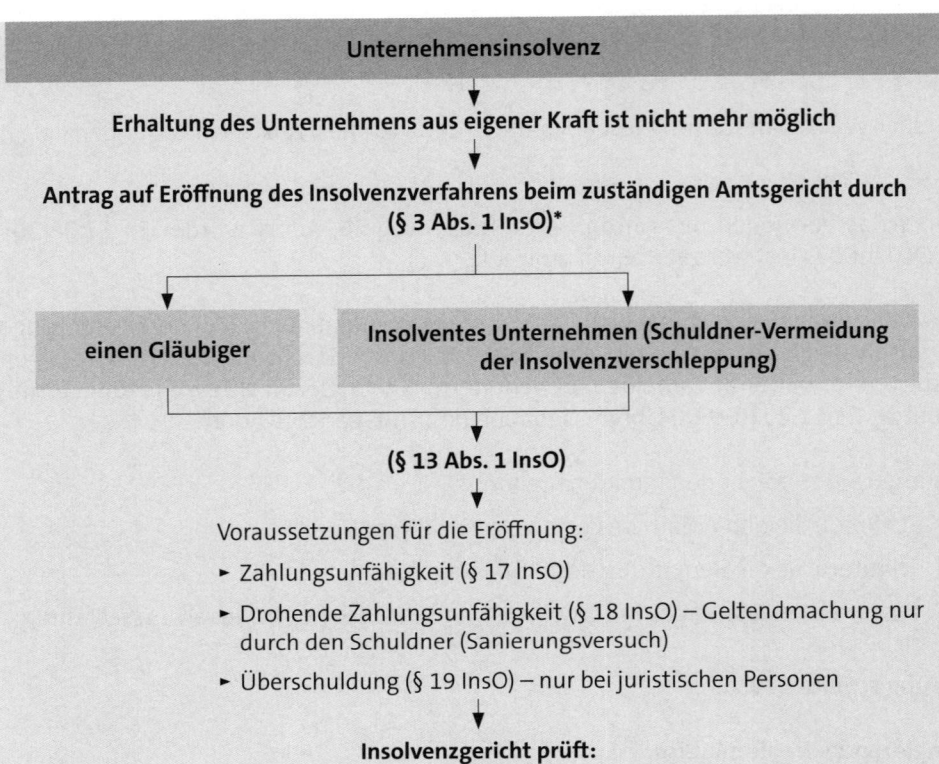

Unternehmensinsolvenz

↓

Erhaltung des Unternehmens aus eigener Kraft ist nicht mehr möglich

↓

Antrag auf Eröffnung des Insolvenzverfahrens beim zuständigen Amtsgericht durch (§ 3 Abs. 1 InsO)*

einen Gläubiger

Insolventes Unternehmen (Schuldner-Vermeidung der Insolvenzverschleppung)

↓

(§ 13 Abs. 1 InsO)

↓

Voraussetzungen für die Eröffnung:

► Zahlungsunfähigkeit (§ 17 InsO)

► Drohende Zahlungsunfähigkeit (§ 18 InsO) – Geltendmachung nur durch den Schuldner (Sanierungsversuch)

► Überschuldung (§ 19 InsO) – nur bei juristischen Personen

↓

Insolvenzgericht prüft:

↓

Bestellung eines **vorläufigen** Insolvenzverwalters

↓

Reicht das Vermögen nicht zur Deckung der Kosten (Kosten des Insolvenzverwalters und Gerichtskosten) aus, wird das Verfahren mangels Masse abgelehnt. Bei Ablehnung und Antragstellung durch einen Gläubiger haftet der Gläubiger für die Gerichtskosten)

↓

Sonst erfolgt der Eröffnungsbeschluss

↓

Übergang sämtlicher Verfügungs- und Verwaltungsaufgaben auf den Insolvenzverwalter

↓

Veröffentlichung im Bundesanzeiger – Deklaratorische Eintragung im Handelsregister

---

* Gemäß § 1 CoVInsAG i. V. m. Art. 6 Abs. 1 COVID-19-Pandemie-Gesetz war die Pflicht zur Stellung eines Insolvenzantrags nach § 15a InsO und § 42 BGB für die Zeit vom 01.03. - 30.09.2020 ausgesetzt. Diese Regelung galt allerdings dann nicht, wenn die Insolvenzreife nicht auf der COVID-19-Pandiemie beruhte oder wenn keine Aussichten darauf bestanden, eine bestehende Zahlungsunfähigkeit zu beseitigen.

Unternehmensinsolvenz		
Bedeutung des Eröffnungsbeschlusses		
für den Gläubiger	**für den Drittschuldner**	**für den Schuldner**
▸ Anmeldung der Forderung beim Insolvenzgericht ▸ Anmeldefrist wird vom Insolvenzgericht festgelegt. (§ 28 InsO) (mindestens zwei Wochen, höchstens drei Monate) ▸ Verjährung wird durch die Geltendmachung gehemmt (§ 204 BGB).	▸ Zahlung bestehender Forderungen des Schuldners nur noch zugunsten der Insolvenzmasse, also an den Insolvenzverwalter (§ 82 InsO).	▸ Schuldner darf keine Verfügungen mehr über das Vermögen treffen (§ 80 InsO) ▸ Zur Insolvenzmasse gehört das ganze Vermögen des Schuldners zum Zeitpunkt der Eröffnung des Verfahrens und das, was er während des Verfahrens erwirbt (§ 35 InsO) ▸ Insolvenzverwalter verwaltet die Insolvenzmasse ▸ Erlöschung aller durch den Schuldner vor Insolvenzeröffnung erteilten Vollmachten (z. B. Prokura) ▸ Auskunftspflicht und Mitwirkungspflicht gegenüber dem Insolvenzverwalter (§ 97 InsO).
Rechtshandlungen, die vor der Eröffnung des Insolvenzverfahrens stattgefunden haben, können angefochten werden (§ 129 InsO).		

Fall 112: Insolvenz – Ja oder Nein?

Folgende Sachverhalte werden Ihnen zur Beurteilung vorgelegt:

Sachverhalt 1:
Folgende Bilanz einer GmbH liegt vor:

AKTIVA	Bilanz der X-GmbH zum 31.12.05		PASSIVA
	Euro		Euro
Anlagevermögen		Eigenkapital	
Grundstücke und Bauten	240.000,00	Gezeichnetes Kapital	25.000,00
Technische Anlagen	115.000,00	Jahresfehlbetrag	100.000,00
BGA	134.000,00		- 75.000,00
Umlaufvermögen			
Vorräte	190.000,00	Rückstellungen	
Forderungen	160.000,00	Sonstige Rückstellungen	17.000,00
Flüssige Mittel	5.000,00	Verbindlichkeiten	
Nicht durch EK gedeckter		Verbindlichkeiten g. Banken	720.000,00
Fehlbetrag	75.000,00	Verbindlichkeiten aus L. u. L.	170.000,00
Aktive RAP	6.000,00	Sonstige Verbindlichkeiten	18.000,00
	925.000,00		925.000,00

Die vorstehenden Bilanzwerte entsprechen den Liquidationswerten.

Ergeben sich aus der vorliegenden Bilanz Konsequenzen für den Geschäftsführer?

Sachverhalt 2:
In einer Wirtschaftszeitung lesen Sie folgende Überschrift: „Agfa-Photo arbeitet trotz Insolvenz weiter." Weitere Aussagen des Insolvenzverwalters: „Wir haben gute Lösungen gefunden, wie wir weiter machen können."

Welche Maßnahmen sieht Ihrer Meinung nach der Insolvenzplan vor?

Lösung s. Seite 531

Insolvenz

Weitere Informationen zur Insolvenz:

Die Aufgaben des Insolvenzverwalters sind:

► Nach der Eröffnung des Insolvenzverfahrens hat der Insolvenzverwalter das gesamte zur Insolvenzmasse gehörende Vermögen sofort in Besitz und Verwaltung zu nehmen. (§ 148 Abs. 1 InsO)

► Der Insolvenzverwalter kann zur Sicherung der Sachen, die zur Insolvenzmasse gehören, durch den Gerichtsvollzieher oder eine andere dazu gesetzlich ermächtigte Person Siegel anbringen lassen. Das Protokoll über eine Siegelung oder Entsiegelung hat der Verwalter auf der Geschäftsstelle zur Einsicht der Beteiligten niederzulegen. (§ 150 InsO)

► Der Insolvenzverwalter hat ein Verzeichnis der einzelnen Gegenstände der Insolvenzmasse aufzustellen. Der Schuldner ist hinzuzuziehen, wenn dies ohne eine nachteilige Verzögerung möglich ist. (§ 151 Abs. 1 InsO)

► Der Insolvenzverwalter hat ein Verzeichnis aller Gläubiger des Schuldners aufzustellen, die ihm aus den Büchern und Geschäftspapieren des Schuldners, durch sonstige Angaben des Schuldners, durch die Anmeldung ihrer Forderungen oder auf andere Weise bekannt geworden sind. In dem Verzeichnis sind die absonderungsberechtigten Gläubiger und die einzelnen Rangklassen der nachrangigen Insolvenzgläubiger gesondert aufzuführen. Bei jedem Gläubiger sind die Anschrift sowie der Grund und der Betrag seiner Forderung anzugeben. Bei den absonderungsberechtigten Gläubigern sind zusätzlich der Gegenstand, an dem das Absonderungsrecht besteht, und die Höhe des mutmaßlichen Ausfalls zu bezeichnen. Weiter ist anzugeben, welche Möglichkeiten der Aufrechnung bestehen. Die Höhe der Masseverbindlichkeiten im Falle einer zügigen Verwertung des Vermögens des Schuldners ist zu schätzen

► Erstellung einer Übersicht (bilanzmäßig) auf den Zeitpunkt der Eröffnung des Verfahrens

► Abwicklung ausstehender Geschäfte bzw. neue Geschäftsabschlüsse

► Kündigung aller bestehenden Miet-, Pacht- und Dienst-/Arbeitsverträge

► Entwurf eines Insolvenzplanes zur Erhaltung des Unternehmens.

Fall 113: Verteilung der Insolvenzmasse

Nach Durchführung des Insolvenzverfahrens verbleibt folgende Insolvenzmasse im Werte von 1.510.000 €.

► Im Warenlager befinden sich Waren für 60.000 €, die unter Eigentumsvorbehalt geliefert wurden.

► Zur Absicherung eines Darlehens besteht eine Grundschuld in Höhe von 500.000 €.

► Einer Forderung eines Kunden in Höhe von 60.000 € stehen Schulden in Höhe von 60.000 € gegenüber.

► Die Gerichtskosten betragen 40.000 €.

► Die Kosten für den Insolvenzverwalter belaufen sich auf 120.000 €.

► Der Gesamtbetrag der Forderungen der übrigen Insolvenzgläubiger beträgt 15.400.000 €.

1. Verteilen Sie die Insolvenzmasse!

2. Wie lauten die Kontierungen der Insolvenzgläubiger, wenn sie bisher mit einer Insolvenzquote von 10 % gerechnet haben?

Lösung s. Seite 532

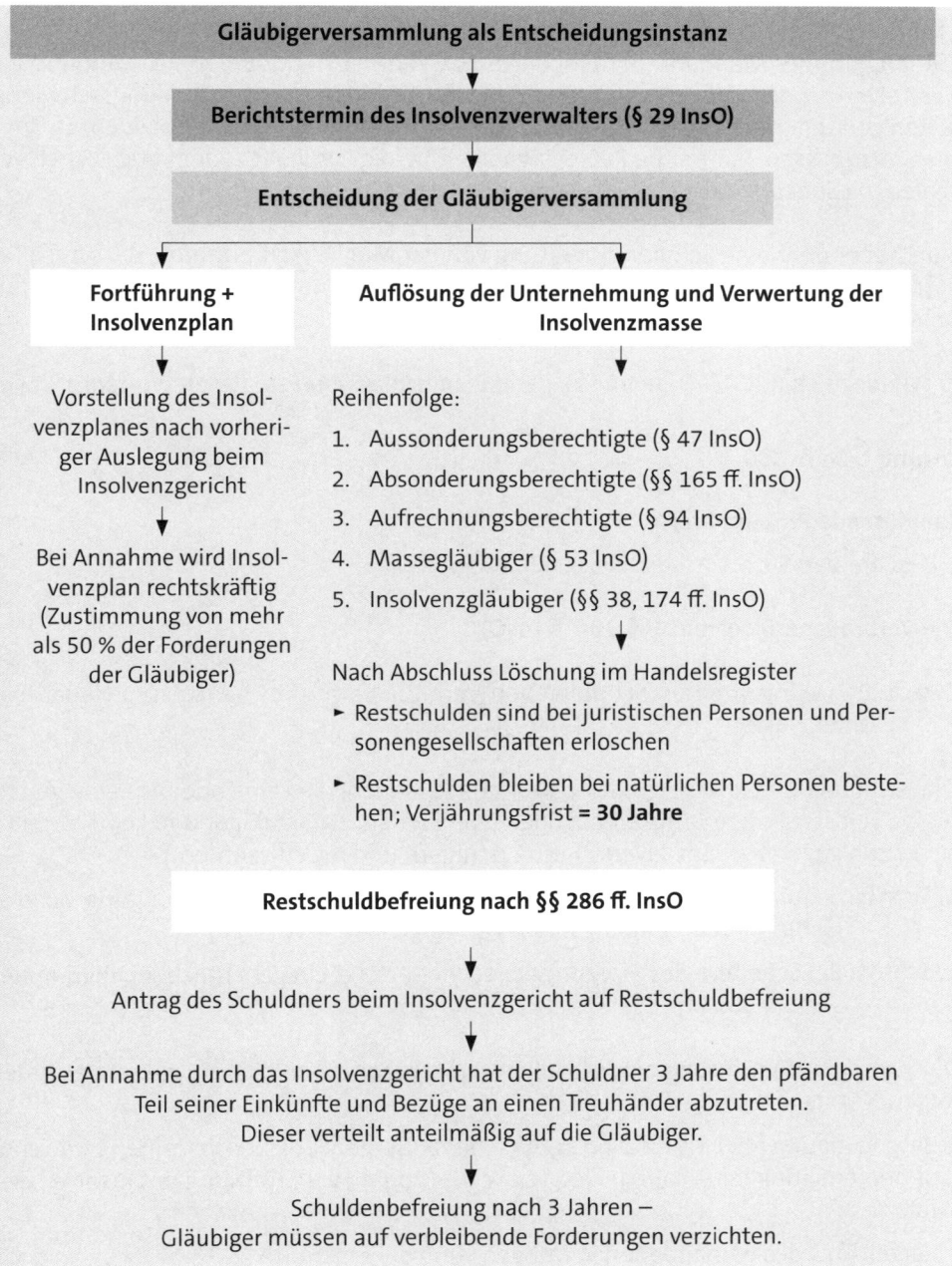

Gläubigerversammlung als Entscheidungsinstanz

↓

Berichtstermin des Insolvenzverwalters (§ 29 InsO)

↓

Entscheidung der Gläubigerversammlung

Fortführung + Insolvenzplan

↓

Vorstellung des Insolvenzplanes nach vorheriger Auslegung beim Insolvenzgericht

↓

Bei Annahme wird Insolvenzplan rechtskräftig (Zustimmung von mehr als 50 % der Forderungen der Gläubiger)

Auflösung der Unternehmung und Verwertung der Insolvenzmasse

↓

Reihenfolge:

1. Aussonderungsberechtigte (§ 47 InsO)
2. Absonderungsberechtigte (§§ 165 ff. InsO)
3. Aufrechnungsberechtigte (§ 94 InsO)
4. Massegläubiger (§ 53 InsO)
5. Insolvenzgläubiger (§§ 38, 174 ff. InsO)

↓

Nach Abschluss Löschung im Handelsregister

▸ Restschulden sind bei juristischen Personen und Personengesellschaften erloschen

▸ Restschulden bleiben bei natürlichen Personen bestehen; Verjährungsfrist **= 30 Jahre**

Restschuldbefreiung nach §§ 286 ff. InsO

↓

Antrag des Schuldners beim Insolvenzgericht auf Restschuldbefreiung

↓

Bei Annahme durch das Insolvenzgericht hat der Schuldner 3 Jahre den pfändbaren Teil seiner Einkünfte und Bezüge an einen Treuhänder abzutreten. Dieser verteilt anteilmäßig auf die Gläubiger.

↓

Schuldenbefreiung nach 3 Jahren –
Gläubiger müssen auf verbleibende Forderungen verzichten.

Fall 114: Die Verbraucherinsolvenz

Ein langjähriger Mandant, der Einkünfte aus Vermietung und Verpachtung und aus Kapitalvermögen bezog, ist aus verschiedenen Gründen in große Zahlungsschwierigkeiten geraten. Trotz Ihrer häufigen Hinweise, sein Ausgabenverhalten seinem Einkommen anzupassen, hat er Ihre Ratschläge nicht befolgt und hat zudem noch durch verschiedene Spekulationsgeschäfte seine finanzielle Situation ruiniert.

Nun hat er über eine Schuldnerberatung von der Möglichkeit erfahren, dass auch Privatpersonen insolvent werden können und nach Durchführung eines Insolvenzverfahrens von ihren Schulden befreit werden können.

Er wendet sich mit der Bitte an Sie, genaue Informationen zu diesem Verfahren zu erhalten.

Lösung s. Seite 533

Tangierende Problemkreise:

▸ Beschreiben Sie die Arbeitsweise der SCHUFA!

Die Verbraucherinsolvenz (§§ 304 ff. InsO)

Zweck: Befreiung von den Schulden von Verbrauchern mit Chance zum Neuaufbau einer Existenz

Die Verbraucherinsolvenz gilt für natürliche Personen, die keine oder nur eine geringfügige selbstständige Tätigkeit ausüben (weniger als 20 Gläubiger und keine Verbindlichkeiten gegenüber Sozialversicherungsträgern und Arbeitnehmern):

1. Schritt: Schuldner und Gläubiger sollen eine außergerichtliche Einigung erzielen (Schuldnerbereinigungsplan: ggf. Vergleich – § 305 InsO).

2. Schritt: Bei Scheitern des Einigungsversuches erfolgt ein gerichtlicher Einigungsversuch (§ 305a InsO).

Der **Antrag auf Eröffnung eines Insolvenzverfahrens** beim Insolvenzgericht erfordert folgende Anlagen:

▸ Bescheinigung über die Erfolglosigkeit eines außergerichtlichen Verfahrens zur Schuldenbereinigung innerhalb der letzten sechs Monate vor Eröffnung des Insolvenzverfahrens

▸ Verzeichnis des vorhandenen Vermögens und der Einkünfte

▸ Gläubigerverzeichnis

▸ Schuldnerbereinigungsplan.

Funktion des **Treuhänders:**

▸ Verwertung der Insolvenzmasse und Verteilung an die Gläubiger

▸ Bei vorhandener Restschuld nach Abschluss des Insolvenzverfahrens

► Antrag auf Restschuldbefreiung nach drei Jahren

► (Wohlverhaltensphase)

► Pfändbare Bezüge werden für die Dauer von sechs Jahren an die Gläubiger über den Treuhänder quotal verteilt.

Insolvenzrechtsreform zum 01.07.2014:

► Ab diesem Zeitpunkt kann die bisherige Sechs-Jahresfrist (§ 300 Abs. 1 InsO) für die Restschuldbefreiung auf drei bzw. fünf Jahre verkürzt werden:

- auf drei Jahre (§ 300 Abs. 1 Ziff. 2 InsO), wenn der Schuldner mindestens 35 % der Schulden und die gesamten Verfahrenskosten begleichen kann,

- auf fünf Jahre (§ 300 Abs. 1 Ziff. 3 InsO), wenn der Schuldner innerhalb dieses Zeitraums die gesamten Verfahrenskosten zahlt.

► Im Einvernehmen mit Gläubigern und Gericht kann ein Verbraucher-Insolvenzplanverfahren geschaffen werden.

► Die Vorschriften gelten für Verfahren, die nach Inkrafttreten der vorgezogenen Restschuldbefreiung beantragt werden.

► Zu beachten sind die Ausnahmen von der Restschuldbefreiung. Hinzu gekommen sind die Ansprüche aus rückständigem Unterhalt und Steuerschulden wegen einer Steuerstraftat.

► Auch die Versagungsgründe sind zu beachten (§ 290 InsO).

Die Neuregelung 2021:

► Es gilt eine **kürzere Verfahrensdauer** von **drei Jahren**. Sie gilt rückwirkend für alle ab dem 01.10.2020 beantragten Verfahren.

► Für zwischen dem 17.12.2019 und dem 30.09.2020 beantragte Insolvenzverfahren gilt eine **Übergangsregelung**. In diesen Fällen verkürzt sich der bisherige reguläre Zeitraum von sechs Jahren für die Erlangung einer Restschuldbefreiung um so viel volle Monate wie seit dem Inkrafttreten der EU-Richtlinie am 16.07.2019 bis zur Stellung des Insolvenzantrages vergangen sind. Daneben besteht in die Möglichkeit, eine vorzeitige Restschuldbefreiung nach bisherigem Recht zu erlangen.

► Insolvenzbedingte **Verbote beruflicher Tätigkeiten** treten künftig mit Ablauf der Entschuldungsfrist außer Kraft. Bei erlaubnis- und zulassungspflichtigen Tätigkeiten ist jedoch erneut eine Genehmigung dafür einzuholen.

► Die derzeitige zehnjährige **Sperrfrist** für ein zweites Restschuldbefreiungsverfahren wird auf **elf Jahre** erhöht. Es unterliegt dann auch einer längeren Verfahrensdauer von fünf Jahren. Denn die Verkürzung des Verfahrens soll nicht dazu führen, dass Schuldner im Falle einer späteren Wiederverschuldung schneller zu einer zweiten Entschuldung kommen können.

 RECHTSGRUNDLAGEN

§ 290 InsO (Auszug)

Die Restschuldbefreiung ist durch Beschluss zu versagen, wenn dies von einem Insolvenzgläubiger, der seine Forderung angemeldet hat, beantragt worden ist und wenn

1. der Schuldner in den letzten fünf Jahren vor dem Antrag auf Eröffnung des Insolvenzverfahrens oder nach diesem Antrag wegen einer Straftat nach den §§ 283 bis 283c des Strafgesetzbuchs rechtskräftig zu einer Geldstrafe von mehr als 90 Tagessätzen oder einer Freiheitsstrafe von mehr als drei Monaten verurteilt worden ist,

2. der Schuldner in den letzten drei Jahren vor dem Antrag auf Eröffnung des Insolvenzverfahrens oder nach diesem Antrag vorsätzlich oder grob fahrlässig schriftlich unrichtige oder unvollständige Angaben über seine wirtschaftlichen Verhältnisse gemacht hat, um einen Kredit zu erhalten, Leistungen aus öffentlichen Mitteln zu beziehen oder Leistungen an öffentliche Kassen zu vermeiden,

3. weggefallen

4. der Schuldner in den letzten drei Jahren vor dem Antrag auf Eröffnung des Insolvenzverfahrens oder nach diesem Antrag vorsätzlich oder grob fahrlässig die Befriedigung der Insolvenzgläubiger dadurch beeinträchtigt hat, dass er unangemessene Verbindlichkeiten begründet oder Vermögen verschwendet oder ohne Aussicht auf eine Besserung seiner wirtschaftlichen Lage die Eröffnung des Insolvenzverfahrens verzögert hat,

5. der Schuldner Auskunfts- oder Mitwirkungspflichten nach diesem Gesetz vorsätzlich oder grob fahrlässig verletzt hat,

6. der Schuldner in der nach § 287 Absatz 1 Satz 3 vorzulegenden Erklärung und in den nach § 305 Absatz 1 Nummer 3 vorzulegenden Verzeichnissen seines Vermögens und seines Einkommens, seiner Gläubiger und der gegen ihn gerichteten Forderungen vorsätzlich oder grob fahrlässig unrichtige oder unvollständige Angaben gemacht hat,

---

Kritik an der Insolvenzrechtsreform:

Die weitaus überwiegende Mehrzahl der Schuldner wird nicht in der Lage sein, 35 % der Schulden und die Verfahrenskosten in den ersten drei Jahren zu begleichen. Das gilt auch für die nicht unbeachtlichen Verfahrenskosten in dem Fünfjahreszeitraum.

Ergänzende Fälle

Fall 115: Der private „Powerseller" bei eBay

Im Rahmen Ihrer beratenden Tätigkeit offenbaren Ihnen verschiedene Mandanten ihre Aktivitäten bei einer Internetplattform und möchten steuerlich keine Fehler in diesem Zusammenhang machen.

Max Vorsichtig hat im Veranlagungszeitraum einen gebrauchten Rasentraktor „Sentinell" bei eBay versteigern lassen. Er erzielte für den bisher von ihm privat genutzten Rasentraktor einen Verkaufserlös von 350 €.

Emil Emsig hat im Veranlagungszeitraum viele Gegenstände bei eBay gekauft, ersteigert und zum Teil wieder gewinnbringend verkauft bzw. versteigert. Emsig hat genaue Aufzeichnungen gemacht. Sein Umsatz betrug im abgelaufenen Veranlagungszeitraum 15.450 €. Sein dabei erzielter Gewinn lag bei 4.500 €. Auch in den Vorjahren waren Umsatz und Gewinn ähnlich. Als Privatmann hat er bisher keine steuerlichen Konsequenzen daraus gezogen.

Franz Klar nutzt die Internetplattformen neben seiner normalen Verkaufstätigkeit von Gartenartikeln und erzielt dabei Umsätze von über 250.000 € jährlich.

Wie ist diese Verkaufstätigkeit zu beurteilen?

Lösung s. Seite 534

Tangierende Problemkreise:

► Merkmale einer unternehmerischen Tätigkeit

Kauf- und Verkaufstätigkeit bei Internetplattformen aus steuerlicher Sicht durch Privatpersonen
Gelegentlicher Kauf, Verkauf, Steigerung, Versteigerung durch eine Privatperson ↓ keine steuerliche Bedeutung
Verkauf einer Vielzahl von Gegenständen über Jahre hinweg durch eine Privatperson ↓ **Prüfung ob eine unternehmerische bzw. gewerbliche Tätigkeit vorliegt (BFH-Urteil vom 26.04.2012, BStBl. II 2012 S. 634)** ↓ **Prüfkriterien (nach BFH)** ► Dauer und Intensität des Tätigwerdens ► Höhe der Entgelte ► Beteiligung am Markt ► Zahl der ausgeführten Umsätze ► Planmäßiges geschäftsmäßiges Tätigwerden ► Unterhalten eines Geschäftslokals. ↓ **Beurteilung des Gesamtbildes der Verhältnisse**
Bei Annahme einer nachhaltigen Tätigkeit bei einer Privatperson ↓ Es liegt eine **unternehmerische Tätigkeit** i. S. d. UStG vor (Keine USt bei Anwendung der Kleinunternehmerregelung nach § 19 UStG. Umsatz zuzüglich der darauf entfallenden USt im vorangegangenen Kalenderjahr nicht höher als 22.000 € und voraussichtlich im laufenden Kalenderjahr nicht höher als 50.000 €). ↓ Die erzielten Gewinne sind als **Einkünfte aus Gewerbebetrieb** zu versteuern (Anlage G und Anlage EÜR. Elektronische Übermittlung der EÜR mit Anlagen.
Hinweis: Die Finanzverwaltung überprüft verstärkt gewerbliche Internetverkäufe. Sie bedient sich dabei der Suchmaschine XPIDER. **Die Steuerfahndungsstellen der Finanzämter dürfen Sammelauskunftsersuchen zur Aufdeckung von unbekannten Steuerfällen bei Internetplattformen erwirken (§ 208 Abs. 1 AO).**

Informationen zur Umsatzsteuer im Internethandel ab 01.01.2019[1]

Betroffene		
Online- Händler als Unternehmer i. S. d. § 2 UStG		**Marktplatzbetreiber (z. B. Amazon, Ebay u. a. Plattformen.)**
↓		↓
die sich **nicht** als Unternehmer registrieren lassen umgehen die Umsatzsteuer, besonders Unternehmer aus Nicht-EU-Ländern	↔	Übernahme der Haftung für die Umsatzsteuer der Online-Händler **(§ 26a Abs. 1 UStG)**
↓		↓
Registrierung als Nicht-Unternehmer[2]	↔	Keine umsatzsteuerlichen Auswirkungen
↓ **Registrierung als Unternehmer** ↓ Antrag mit Vordruck: ↓ Vordruckmuster **USt 1 TJ** – Antrag auf Erteilung einer Bescheinigung nach § 22f Abs. 1 Satz 2 UStG – und **USt 1 TI** – Bescheinigung über die Erfassung als Steuerpflichtiger (Unternehmer) i. S. v. § 22f Abs. 1 Satz 2 UStG ↓ Verpflichtung für jeden Online-Unternehmer, der eine USt-ID besitzt ↓ Bis zur Einrichtung eines elektronischen Datenabrufverfahrens wird die Bescheinigung übergangsweise in Papierform erteilt **(22 f Abs. 4 UStG)**	↔	↓ **Vermeidung der Haftung (§ 25e UStG)** ↓ **Besondere Pflichten für Betreiber elektronischer Marktplätze (§ 22f UStG) Aufzeichnungspflichten:** ↓ 1. den vollständigen Namen und die Vollständige Anschrift des liefernden Unternehmers, 2. die dem liefernden Unternehmer von dem nach § 21 der Abgabenordnung zuständigen Finanzamt erteilte Steuernummer und soweit vorhanden die ihm vom Bundeszentralamt für Steuern erteilte Umsatzsteuer-Identifikationsnummer, 3. das Beginn- und Enddatum der Gültigkeit der Bescheinigung nach Satz 2, 4. den Ort des Beginns der Beförderung oder Versendung sowie den Bestimmungsort und den Zeitpunkt und die Höhe des Umsatzes.

---

[1] BMF-Schreiben vom 17.12.2018: „Vordruckmuster für die Antragstellung sowie die Bescheinigung über die Erfassung als Steuerpflichtiger (Unternehmer) – Online-Handel und Gesetz zur Vermeidung von Umsatzsteuerausfällen beim Handel mit Waren im Internet vom 11.12.2018 mit Wirkung zum 01.01.2019".

[2] Bei Rechnungserstellung erfolgt der Zusatz: „Gemäß § 19 UStG wird keine Umsatzsteuer berechnet".

Fall 116: Der Ehrenamtliche

Viele Ihrer Mandanten üben ein Ehrenamt aus. Aus der ehrenamtlichen Tätigkeit resultieren jedoch bisweilen geringfügige Einnahmen, die mehr oder weniger als Ausgleich für entstehende Aufwendungen (Aufwandsentschädigung) gedacht sind.

Dennoch haben diese Einnahmen eine steuerliche Relevanz. Der Fiskus hat jedoch ein Interesse daran, dass bestimmte Tätigkeiten ehrenamtlich wahrgenommen werden, weil damit sozialpolitische Aufgaben des Staates erfüllt werden. Aus diesem Grund gibt es im Steuerrecht ein eigenes **„Gesetz zur Stärkung des Ehrenamtes"** (Ehrenamtsstärkungsgesetz) vom 21.03.2013. Wie bei anderen steuerlichen Bestimmungen haben diese auch Auswirkungen auf die sozialversicherungsrechtliche Beurteilung dieser Einnahmen.

Prüfen Sie, ob Sie in folgenden Fällen kompetente Lösungen anbieten können.

Hans Schnell ist Übungsleiter im örtlichen Sportverein. Er betreut und trainiert die Jugendmannschaften des Vereins. Als Entschädigung für seine Arbeit zahlt ihm der Verein monatlich 180 €.

Oskar Pfiffig ist Trainer einer Bezirksligamannschaft. Für sein dreimaliges Training in der Woche sowie die Betreuung bei den Spielen bezieht er monatlich 600 €.

Für entstehende Fahrten zum Training und zu Spielen erhält er eine km-Pauschale für jeden Entfernungskilometer von 0,30 €. Seine gesamte wöchentliche Tätigkeit liegt im Durchschnitt bei acht Stunden.

Helmut Zuverlässig sorgt für Ordnung im Vereinsheim (Platzwart, Gerätewart). Er erhält vom Verein als billige Entschädigung monatlich 60 €.

Ewald Lustig ist Dirigent des örtlichen Musikvereins; darüber hinaus ist er Organist in der Kirchengemeinde und leitet den Pfarrchor.

Vom Musikverein erhält er einen monatlichen Betrag in Höhe von 400 €. Für seine Tätigkeit in der Kirchengemeinde erhält er monatlich 200 €.

Oskar Krause ist örtlicher Feuerwehrführer. Er erhält von der Kommune eine monatliche Aufwandsentschädigung von 160 €.

Franz Schlau ist Ortsbürgermeister. Er erhält eine monatliche Aufwandsentschädigung von 680 €.

Heinz Ehrlich erhält als ehemaliger Ortsbürgermeister einen Ehrensold in Höhe von monatlich 240 €.

Hermann Betreuer übt sieben rechtliche Betreuungen aus. Er erhält dafür jeweils 323 € als jährliche Aufwandspauschale.

Lösung s. Seite 534

Tangierende Problemkreise:

► 450 €-Jobs

Begünstigte ehrenamtliche Tätigkeiten (§ 3 Nr. 26 EStG – Übungsleiterfreibetrag)
↓
► Nebenberufliche Tätigkeit als Übungsleiter, Ausbilder, Erzieher u. Ä.
► Nebenberufliche Tätigkeit als Betreuer
► Nebenberufliche Pflegetätigkeit
► Künstlerische Nebentätigkeit
► Ehrenamtliche Betreuung i. S. d. BGB
↓
sind **steuer- und sozialversicherungsfrei** bis zum sog. **Übungsleiterfreibetrag** von **3.000 €** **jährlich**.
↓
Voraussetzungen
► Tätigkeit muss nebenberuflich ausgeübt werden
► Tätigkeit muss für eine gemeinnützige Organisation oder eine juristische Person des öffentlichen Rechts in einem EU/EWR-Mitgliedstaat ausgeübt werden und
► gemeinnützigen, mildtätigen oder kirchlichen Zwecken dienen.
Typische nebenberufliche Tätigkeiten:
► **Trainer und Mannschaftsbetreuer in Sportvereinen:** Hier ist die Frage zu klären, ob es sich um eine selbstständige oder nicht selbstständige Tätigkeit handelt. Die Frage wird von der Finanzbehörde wie folgt beantwortet: Beträgt die Tätigkeit in der Woche nicht mehr als sechs Stunden, so gilt sie als **selbstständige Tätigkeit**. Damit hat der Tätige seine Vergütung selbst zu versteuern (unter: Inanspruchnahme des Übungsleiterfreibetrages). Bei einer Tätigkeit von mehr als sechs Stunden wöchentlich wird eine **nichtselbstständige Tätigkeit** angenommen. Es liegen Einkünfte nach § 19 EStG vor. Die Besteuerung erfolgt unter Berücksichtigung des Übungsleiterfreibetrages von 3.000 € durch Lohnsteuerabzug. Übersteigt die Vergütung 3.000 € kann ggf. die Regelung für geringfügige Beschäftigung Anwendung finden. Zu den monatlich 250 € kommen 450 €, sodass insgesamt 700 € steuerfrei bleiben. Der Arbeitgeber muss für den Minijob insgesamt 30 % (15 % + 13 % + 2 %) abführen.
► **Organist und Chorleiter:** Bei nebenberuflichen Organisten in Kirchengemeinden handelt es sich um eine künstlerische Tätigkeit. Der Übungsleiterfreibetrag findet Anwendung. Darüber hinaus sind auch die Bestimmungen über einen Minijob anwendbar. Bei einer Chorleitertätigkeit handelt es sich um eine selbstständige Tätigkeit. Der Übungsleiterfreibetrag wird berücksichtigt.

Begünstigte ehrenamtliche Tätigkeiten (§ 3 Nr. 26 EStG – Übungsleiterfreibetrag)
► **Nebenberufliche Tätigkeit als Betreuer:** Es handelt sich nicht um Betreuer i. S. d. Betreuungsgesetzes (§ 1896 ff. BGB), sondern um folgende Fälle: - Betreuer in Vereinen des Sports, der Kinder- und Jugendarbeit - Soziale Arbeit, Umwelt- und Tierschutz, Katastrophenschutz - Tätigkeit in Kirchen für Senioren, Behinderte usw. - Telefonseelsorger - Viele andere gesellschaftliche Zwecke. Vergütungen bis 3.000 € sind steuer- und sozialversicherungsfrei.
► **Nebenberufliche Pflegetätigkeit:** Vergütungen für nebenberufliche Pflegetätigkeiten alter, kranker und behinderter Menschen sind bis zu 3.000 € steuer- und sozialversicherungsfrei. Voraussetzung ist, dass die Dauerpflege im Auftrag einer Krankenkasse oder eines ambulanten Pflegedienstes ausgeführt wird (R 3.26 Abs. 1 Satz 4 LStR).
► **Künstlerische Nebentätigkeit, z. B.:** - Sänger und Musiker eines Gesang- oder Musikvereins - Kirchenmusiker - Darsteller eines Theatervereins - Mitwirkende eines Faschings- oder Karnevalsvereins.
► **Ehrenamtliche rechtliche Betreuer (§ 1896 ff. BGB):** - Betreuung in rechtlichen Angelegenheiten wegen psychischer Erkrankung oder körperlicher, geistiger oder seelischer Behinderung - Ehrenamtliche Vormünder (§ 1793 ff. BGB) - Ehrenamtliche Pfleger (§ 1909 ff. BGB). Anwendung des Betreuungsfreibetrages (3.000 €) – § 3 Nr. 26b EStG. Keine Anwendung neben dem Ehrenamtsfreibetrag – § 3 Nr. 26a EStG.

Begünstigte ehrenamtliche Tätigkeiten (§ 3 Nr. 26a EStG – Ehrenamtsfreibetrag)
↓
Aufwandsentschädigungen für ehrenamtlich tätige Personen in Vereinen, Organisationen und juristischen Personen des öffentlichen Rechts (nebenberufliche Tätigkeit im gemeinnützigen, mildtätigen oder kirchlichen Bereich) ↓
► Vereinsvorstände, Kassenwart, Schriftführer ► Platzwart, Gerätewart, Feuerwehrgerätewart ► Ehrenamtliche Schiedsrichter ► Fahrdienst von Eltern ► Helfer im kirchlichen Leben ► Helfer von Mahlzeitendiensten ► Patientenfürsprecher. ↓
Ehrenamtsfreibetrag: 840 € jährlich (kann nicht mehrfach beansprucht werden – jedoch Kombination mit AN-Pauschbetrag (1.000 €) möglich, wenn sonst keine AN-Tätigkeit vorliegt)
Reisekosten (z. B. Fahrtkosten) können zusätzlich steuerfrei ersetzt werden.

Fall 117: Der reuige Steuersünder

Steuerpflichtige, die ihre Einnahmen nicht oder nicht vollständig dem Fiskus erklären, machen sich wegen Steuerhinterziehung strafbar. Eine Aufklärung durch die Steuerbehörden erweist sich als besonders schwierig, wenn es sich um Einkünfte im Ausland handelt, die jedoch durch die unbeschränkte Steuerpflicht im Inland zu erfassen sind (§ 1 EStG). Wird die Steuerhinterziehung entdeckt, so hat dies ggf. schwerwiegende Konsequenzen für den Steuerpflichtigen bis hin zu einer Gefängnisstrafe.

Der § 371 AO bietet jedoch die verfassungsrechtlich abgesicherte Möglichkeit, durch eine sog. strafbefreiende Selbstanzeige den Schaden zu minimieren.

Beispielfall 1:
Oskar Mutig betreibt zwei Gaststätten. Er hat seit vielen Jahren nicht versteuerte Einnahmen bei einer Luxemburger Bank angelegt. Mittlerweile hat sich ein Kontenstand einschließlich angelaufener Zinsen in Höhe von 100.000 € ergeben.

Auch bei einer stattgefundenen Betriebsprüfung wurde der Sachverhalt nicht entdeckt, weil er durch „geschickte" Manipulation Teile seiner Wareneinkäufe ohne Rechnung getätigt hat und die Einnahmen unter Berücksichtigung seines Rohaufschlagsatzes bei seinen Tageseinnahmen entsprechend gekürzt hat.

Nun hat er Bedenken, dass seine Steuerhinterziehung entdeckt werden könnte.

Was raten Sie Herrn Mutig?

Beispielfall 2:
Hans Glücklich hat im Januar des Jahres 01 einen Lottogewinn in Höhe von 600.000 € erzielt. 500.000 € hat er sofort in festverzinslichen Wertpapieren mit einer Verzinsung von 2,95 % bei seiner Bank angelegt. Somit erzielte er jährlich 14.750 € Zinsen.

Im Jahre 06 hat er 100.000 € Nennwert dieser Papiere zu 111,5 % verkauft. Die Anschaffungskosten betrugen 101,8 % (Kauf und Verkauf einschließlich Provision und Maklergebühr).

Hans Glücklich glaubte, dass der Lottogewinn keine ESt auslösen würde und hat den gesamten Vorgang bisher bei seiner Steuererklärung (Einkünfte aus nichtselbstständiger Arbeit und VuV) nicht erklärt.

Was raten Sie Herrn Glücklich?

Beispielfall 3:
Der Steuerpflichtige Franz Klein hat sich zu einer Selbstanzeige entschlossen. In dieser deklariert er „Schwarzgeld" für den Veranlagungszeitraum 01. Daraus ergibt sich eine Einkommensteuer in Höhe von 58.000 €. Die Umsatzsteuer wurde um 32.000 € verkürzt.

Womit muss Franz Klein rechnen?

Lösung s. Seite 536

Selbstanzeige bei Steuerhinterziehung (§ 371 AO)
(Gesetz zur Verbesserung der Bekämpfung von Geldwäsche und Steuerhinterziehung vom 28.04.2011 („Schwarzgeldbekämpfungsgesetz"))

§ 371 Selbstanzeige bei Steuerhinterziehung

(1) Wer gegenüber der Finanzbehörde zu allen unverjährten Steuerstraftaten einer Steuerart in **vollem Umfang** die unrichtigen Angaben berichtigt, die unvollständigen Angaben ergänzt oder die unterlassenen Angaben nachholt, wird wegen dieser Steuerstraftaten nicht nach § 370 bestraft.

(2) Straffreiheit tritt **nicht** ein, wenn

1. bei einer der zur Selbstanzeige gebrachten unverjährten Steuerstraftaten vor der Berichtigung, Ergänzung oder Nachholung

    a) dem Täter oder seinem Vertreter eine Prüfungsanordnung nach § 196 bekannt gegeben worden ist oder

    b) dem Täter oder seinem Vertreter die Einleitung des Straf- oder Bußgeldverfahrens bekannt gegeben worden ist oder

    c) ein Amtsträger der Finanzbehörde zur steuerlichen Prüfung, zur Ermittlung einer Steuerstraftat oder einer Steuerordnungswidrigkeit erschienen ist oder (...)

2. eine der Steuerstraftaten im Zeitpunkt der Berichtigung, Ergänzung oder Nachholung ganz oder zum Teil bereits entdeckt war und der Täter dies wusste oder bei verständiger Würdigung der Sachlage damit rechnen musste oder

3. die nach § 370 Absatz 1 verkürzte Steuer oder der für sich oder einen anderen erlangte nicht gerechtfertigte Steuervorteil einen Betrag von 50.000 Euro je Tat übersteigt.

(3) Sind Steuerverkürzungen bereits eingetreten oder Steuervorteile erlangt, so tritt für den an der Tat Beteiligten Straffreiheit nur ein, wenn er die aus der Tat zu seinen Gunsten hinterzogenen Steuern innerhalb der ihm bestimmten angemessenen Frist entrichtet.

(4) Wird die in § 153 vorgesehene Anzeige rechtzeitig und ordnungsmäßig erstattet, so wird ein Dritter, der die in § 153 bezeichneten Erklärungen abzugeben unterlassen oder unrichtig oder unvollständig abgegeben hat, strafrechtlich nicht verfolgt, es sei denn, dass ihm oder seinem Vertreter vorher die Einleitung eines Straf- oder Bußgeldverfahrens wegen der Tat bekannt gegeben worden ist. Hat der Dritte zum eigenen Vorteil gehandelt, so gilt Absatz 3 entsprechend. (...)

Somit wichtige Voraussetzungen:

- alle unverjährten Steuerstraftaten aller unverjährten Veranlagungszeiträume müssen vollständig offenbart werden. Eine teilweise Aufklärung ist ausgeschlossen

- Die Straffreiheit erlischt rückwirkend, wenn zu einem späteren Zeitpunkt weitere hinterzogene Sachverhalte bekannt werden.

Zeitpunkt für die Straffreiheit:
Die Straffreiheit ist nicht mehr möglich, sobald die Prüfungsanordnung erfolgt ist (§ 371 Abs. 2 Nr. 1a EStG), also nicht erst mit dem Erscheinen des Betriebsprüfers zur steuerlichen Prüfung.

Selbstanzeige bei Steuerhinterziehung (§ 371 AO) (Gesetz zur Verbesserung der Bekämpfung von Geldwäsche und Steuerhinterziehung vom 28.04.2011 („Schwarzgeldbekämpfungsgesetz"))
Folgen einer erfolgreichen Selbstanzeige:
▸ Die hinterzogenen Steuern sind ggf. für die letzten zehn Jahre in angemessener Frist zu zahlen (ca. sechs Monate).
▸ Es fallen Hinterziehungszinsen in Höhe von 6 % jährlich an (§ 235 AO)
▸ Die offenbarten Steuerquellen sind in Zukunft ordnungsgemäß zu versteuern
▸ Bei einem Hinterziehungsbetrag von mehr als 50.000 € je Steuerart und Besteuerungszeitraum kommt Straffreiheit nur infrage, wenn zu den hinterzogenen Steuern 6 % Hinterziehungszinsen auf den Hinterziehungsbetrag gezahlt werden.
Unterschiedliche Fristen:
▸ Die steuerliche Festsetzungsverjährungsfrist beträgt zehn Jahre (§ 169 Abs. 2 Satz 2 AO. Dabei sind An- und Ablaufhemmung nach § 170, 171 AO weiter zu berücksichtigen, sodass u. U. 13 Jahre zurückliegend Steuern festgesetzt werden
▸ Die strafrechtliche Verjährungsfrist beträgt fünf Jahre (§ 78 Abs. 3 Nr. 4 StGB).
Verspätete Selbstanzeige bzw. Entdeckung der Steuerhinterziehung durch die Finanzbehörde:
▸ Bei Steuerhinterziehung bis 50.000 € besteht die Strafe in Form einer Geldstrafe.
▸ Bei Steuerhinterziehung über 50.000 € erfolgt Geldstrafe oder auch mit Haftstrafe auf Bewährung
▸ Bei Steuerhinterziehung ab 100.000 € erfolgt nur bei Vorliegen von „gewichtigen Milderungsgründen" eine Geldstrafe; sonst Haftstrafe auf Bewährung
▸ In besonders schweren Fällen der Steuerhinterziehung kann eine Freiheitsstrafe von sechs Monaten bis zu 10 Jahren infrage kommen (§ 370 Abs. 3 Nr. 1 bis 5 AO).

Fall 118: Der Rentenfall

Seit dem 01.01.2005 wird die sog. nachgelagerte Rentenbesteuerung umgesetzt. Das heißt, die Aufwendungen für die Altersvorsorge werden schrittweise steuerfrei. Im Gegenzug müssen Senioren auf ihre Renteneinkünfte Steuern zahlen. Wie hoch der zu versteuernde Anteil für die Rentner ausfällt, ist dabei abhängig vom **Jahr des Renteneintritts (siehe Tabelle des § 22 EStG)**.

Wer im Jahr 2022 in Rente geht, muss einen höheren Anteil der Rentenbezüge versteuern. Während im Jahr 2021 der steuerpflichtige Anteil noch bei 80 % liegt, steigt die Rentenbesteuerung 2022 auf 82 %, 2023 auf 83 % und 2024 auf 84 %.

Die Rentenerhöhungen aus der Sozialversicherung haben folgenden Verlauf:

	West	Ost
2017	1,9 %	3,6 %
2018	3,22 %	3,37 %
2019	3,18 %	3,91 %
2020	3,45 %	4,20 %
2021	0,00 %	0,72 %
2022	5,35 %	6,12 %

Damit ist das Problem verbunden, dass Rentner, die bisher nicht der Einkommensteuerpflicht unterlagen, steuerpflichtig werden. Dies ist dann der Fall, wenn der Grundfreibetrag und andere Freibeträge des jeweiligen Jahres überschritten werden.

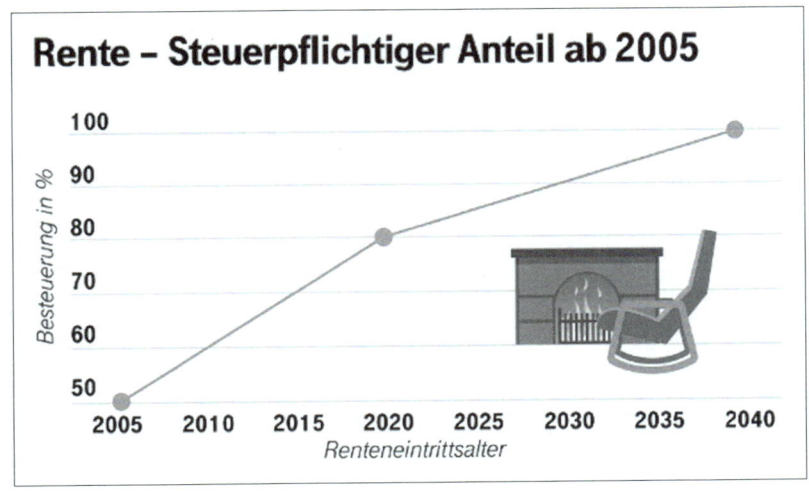

Steuerpflichtiger Anteil der Altersbezüge: Seit Inkrafttreten des Alterseinkünftegesetzes im Jahr 2005 steigt der steuerpflichtige Anteil der Altersbezüge.

Beispielfall:
Sabine Becker, geb. 12.08.1926, ist seit dem 01.05.1996 verwitwet. Sie wohnt im sog. betreuten Wohnen des DRK.

Sie bezieht verschiedene Alterseinkünfte:

▶ Pension von ihrem verstorbenen Mann

▶ Witwenrente: Eigene Rente aus der gesetzlichen Rentenversicherung

▶ Mütterrente.

Angaben zu den einzelnen Einkünften in 2021

Pension von ihrem verstorbenen Mann:

Aus der Lohnsteuerbescheinigung für 2021 ist folgendes zu entnehmen:

Zeile	Text	EUR	Ct
3	Bruttoarbeitslohn	15.449,	86
4	Einbehaltene Lohnsteuer von 3.	108,	00
5	Einbehaltener Solidaritätszuschlag von 3.		
6	Einbehaltene Kirchensteuer des Arbeitnehmers von 3.	9,	68
8	Enthaltene Versorgungsbezüge	15.449,	86
28	Beiträge zur KV und Pflegeversicherung	1.854,	00
29	BMG für Versorgungsfreibetrag	15.449,	86
30	Versorgungsbeginn	1988	

Aus den Rentenbescheiden der Rentenversicherungsanstalt ist zu entnehmen:

Große Witwenrente:

Auszug aus dem Rentenbescheid 2021

Rentenbeginn	01.05.1996 Anlage R Zeile 7
Rentenjahresbetrag + Einmalzahlung	3.054,52 € Anlage R Zeile 5
Rentenanpassungsbetrag	458,04 € Anlage R Zeile 6
Zuschuss zur KV	432,56 € Anlage Vorsorgeaufwand Zeile 26

Eigene Rente aus der gesetzlichen Rentenversicherung einschließlich Mütterrente:

Auszug aus dem Rentenbescheid 2021

Rentenbeginn	01.06.1991 Anlage R Zeile 7
Rentenjahresbetrag + Einmalzahlung	2.871,42 € Anlage R Zeile 5
Rentenanpassungsbetrag	430,62 € Anlage R Zeile 6

Weitere Angaben zum Steuerfall:

1	Die Steuerpflichtige zahlte monatlich einen Beitrag an das DRK für Betreuungsleistungen in Höhe von	89,50 €
2	Die monatliche Miete an eine Immobilien GmbH betrug 785 €. Laut Bescheinigung der Immobilien GmbH (Betreutes Wohnen) sind in der Jahresmiete enthalten:	
	→ für Handwerkerleistungen anteilig	1.130,24 €
3	Die Steuerpflichtige hat Anspruch auf Beihilfe zu den Krankheitskosten (80 %): Für den nicht gedeckten Anteil besteht keine Zusatzversicherung.	
	In 2018 betrug der nicht gedeckte Anteil an Arztkosten und Medikamenten laut Belegen	1.257,00 €

Angaben zu Sonderausgaben:
Krankenversicherung – Basisversicherung **(§ 10 Abs. 1 Nr. 3a EStG)**   1.476,64 €
Private Pflegeversicherung (§ 10 Abs. 1 Nr. 3b EStG)   398,52 €

Weitere Vorsorgeaufwendungen:
Krankenversicherung (Wahlleistungen)   377,26 €
Haftpflichtversicherung   46,00 €

Ermitteln Sie das zu versteuernde Einkommen und das Veranlagungsergebnis.

Kompakte Informationen als Bestandteile des Vortrags:

Für die Ermittlung des steuerpflichtigen Einkommens werden alle Einkünfte zusammengerechnet. Erst wenn die übrigen Einkünfte zusammen mit dem steuerpflichtigen Teil der Rente und nach Berücksichtigung aller übrigen steuerlichen Abzugsmöglichkeiten den steuertariflichen Grundfreibetrag von 10.347 € (2021) **(§ 32a Abs. 1 Nr. 1 EStG)** pro Jahr (bei Ehepartnern oder Lebenspartnern **18.336 €** (2021) überschreiten, fällt ESt, SolZ und ggf. KiSt an.

Die **Pensionseinkünfte** unterliegen der Besteuerung nach **§ 19 Abs. 1 Nr. 2 EStG**. Zu berücksichtigen sind Werbungskosten und der **Versorgungsfreibetrag**.

Der Versorgungsfreibetrag und der Zuschlag zum Versorgungsfreibetrag werden schrittweise gesenkt.

Auszug aus Tabelle **(§ 19 Abs. 2 Satz 3 EStG)**:

Jahr des Versorgungsbeginns	Versorgungsfreibetrag		Zuschlag zum Versorgungs- freibetrag in €
	in % der Versor- gungsbezüge	Höchstbetrag in €	
2005	40,0	3.000,00	900,00
2017	20,8	1.560,00	468,00
2018	19,2	1.440,00	432,00
2019	17,6	1.320,00	396,00
2020	16,0	1.200,00	360,00
2021	15,2	1.140,00	342,00
2022	14,4	1.080,00	324,00

Maßgeblich für die Höhe des Versorgungsfreibetrages ist somit das Jahr des **Versorgungsbeginns**.

Dieser Betrag bleibt **unverändert**.

Bemessungsgrundlage für den Versorgungsfreibetrag ist laut **§ 19 Abs. 2 Satz 4 EStG**

a) bei Versorgungsbeginn vor 2005 das Zwölffache des Versorgungsbezugs für Januar 2005,

b) bei Versorgungsbeginn ab 2005 das Zwölffache des Versorgungsbezugs für den ersten vollen Monat, jeweils zuzüglich voraussichtlicher Sonderzahlungen im Kalenderjahr, auf die zu diesem Zeitpunkt ein Rechtsanspruch besteht.

Das Finanzamt berechnet den steuerpflichtigen Anteil der **Bruttorente** mithilfe des sog. **Anpassungsbetrages**. Dies ist der auf die regelmäßigen **Rentenanpassungen** entfallende Teil der jährlichen Bruttorente.

Der Anpassungsbetrag ist in der **Anlage R** zur Einkommensteuererklärung zusätzlich zur Jahresbruttorente einzutragen.

Beispiel

Berechnung des Anpassungsbetrages und des steuerpflichtigen Betrages:

Beispiel 1: Rente besteht seit 2005		
Rentenbetrag des Jahres	2020	2.000,00 €
Abzüglich Rentenbetrag	2005	1.800,00 €
Rentenanpassungsbetrag	2020	200,00 €
Steuerpflichtig (50 % von Rentenbetrag)	2005	900,00 €
+ Anpassungsbetrag	2020	200,00 €
Summe	2020	1.100,00 €
- Werbungskostenpauschbetrag	2020	102,00 €
Einkünfte	2020	998,00 €

Beispiel 2: Rente besteht seit 2010 (erstes volles Rentenjahr)		
Rentenbetrag des Jahres	2020	2.000,00 €
Abzüglich Rentenbetrag	2010	1.880,00 €
Rentenanpassungsbetrag	2020	120,00 €
Steuerpflichtig (60 % von Rentenbetrag)	2010	1.128,00 €
+ Anpassungsbetrag	2020	120,00 €
Summe	2020	1.248,00 €
- Werbungskostenpauschbetrag	2020	102,00 €
Einkünfte	2020	1.146,00 €

Anmerkung:
Der individuelle Rentenfreibetrag wird aus der vollen Jahresbruttorente des zweiten Bezugsjahres ermittelt, weil im ersten Jahr meistens für weniger als 12 Monate gezahlt wird. Für den Prozentsatz nach § 22 EStG gilt das Jahr des Rentenbeginns.

Das bedeutet somit:

Der zu Beginn der Rente festgelegte individuelle „Rentenfreibetrag" führt dazu, dass die jährlichen Rentenerhöhungen in voller Höhe (also zu 100 %) versteuert werden.

Der Prozentsatz zur Berechnung des steuerfreien Anteils ist abhängig vom Jahr des Rentenbeginns und vermindert sich jedes Jahr nach 2005 um 2 % (ab 2020 noch um 1 % jährlich), bis die Steuerfreiheit für die Renteneinkünfte im Jahr 2040 endet. **In 2021 sind dies 19 %**; somit 81 % steuerpflichtig.

Der Unterschiedsbetrag zwischen dem Jahresbetrag der Rente und dem der Besteuerung unterliegenden Anteil der Rente ist der steuerfreie Teil der Rente. Dieser gilt ab dem Jahr, das dem Jahr des Rentenbeginns folgt, **für die gesamte Laufzeit** des Rentenbezugs. Regelmäßige Anpassungen des Jahresbetrags (laufende Rentenerhöhungen) der Rente führen **nicht** zu einer Neuberechnung des Steuerfreibetrages **(§ 22 Nr. 1 Satz 4 EStG)**

Auszug aus der Tabelle (§ 22 EStG)

Jahr des Rentenbeginns	Besteuerungsanteil in %
bis 2005	50
ab 2006	52
2007	54
2008	56
2009	58
2010	60

Jahr des Rentenbeginns	Besteuerungsanteil in %
2011	62
2012	64
2013	66
2014	68
2015	70
2016	72
2017	74
2018	76
2019	78
2020	80
2021	81
2022	82

Hinweis:

Da der Anpassungsbetrag in der Regel nicht einfach zu ermitteln ist, kann man sich diesen Betrag vom Rentenversicherungsträger bescheinigen lassen: (Service-Telefon der Deutschen Rentenversicherung Bund, Nr. 0800 1000 480 70). Zusätzlich werden dabei die Jahresbruttorente und die einbehaltenen Beiträge zur gesetzlichen Kranken- und Pflegeversicherung bzw. die Zuschüsse bei freiwillig Versicherten aufgelistet.

Die Rentenversicherungsträger haben jedoch diese Informationen dem zuständigen Finanzamt mitgeteilt. Diese können somit auch über die „vorbereitete Steuererklärung" beim Finanzamt über Elster abgerufen werden.

Das Ergebnis kann wie folgt als Vortrag bzw. mit Ergänzung an der Tafel (OHP) dargestellt werden:

► Die grundlegende Frage zum vorliegenden Fall besteht darin, ob Frau Becker für das Kalenderjahr 2021 einkommensteuerpflichtig ist.

► Die Höhe der Renten aus der Sozialversicherung lässt vermuten, dass unter Berücksichtigung des Grundfreibetrages in Höhe von 10.347 € für 2021 und der als Sonderausgaben abzugsfähigen Krankenversicherungs- und Pflegeversicherungsbeiträge keine Steuerpflicht entsteht. Hinzu kommt, dass ggf. noch außergewöhnliche Belastungen zu berücksichtigen sind.

Wegen der Pensionseinkünfte ist auch noch der Versorgungsfreibetrag zu berücksichtigen.

► Somit ist eine rechnerische Überprüfung des Sachverhalts erforderlich.

Lösung s. Seite 538

Fall 119: Wir beantragen Baukindergeld

Die Eheleute Stefan Müller (42 Jahre) und Christine Müller (34 Jahre) sind seit 2014 verheiratet. Sie haben einen Sohn, geb. am 15.08.2015, und eine Tochter, geb. am 25.11.2017, welche mit den Eltern in einem Haushalt leben. Seit langem hegen die Eheleute den Wunsch, ihre Mietwohnung gegen ein Einfamilienhaus zu tauschen. Beide haben gesicherte Einkommen und bereits einen größeren Betrag zur Anschaffung eines EFH angespart. Sie hören von der Möglichkeit, ihr Bauvorhaben/Kauf nun mehr mithilfe des Baukindergeldes in die Tat umzusetzen.

Im Mai 2020 erwarten die Eheleute ihr drittes Kind.

Sie wünschen Ihren Rat und informieren Sie über weitere Einzelheiten:

- ► Sie stellten einen Bauantrag für ein EFH am 15.12.2018; die Baugenehmigung erfolgte am 25.06.2019.
- ► Kostenvoranschlag 400.000 € (einschließlich Grund und Boden)
- ► Sie wurden in 2015 und 2016 mit folgendem Einkommen zusammenveranlagt:
    - 2016: 90.000 €
    - 2017: 92.000 €
- ► Baufertigstellung: 20.11.2019; Einzug am 01.12.2019
- ► Baukosten nach Bauabnahme: 440.000 €

Beraten Sie Familie Müller!

Informationen:

Gesamtüberblick

- ► **Fördermaßnahme** für Familien mit Kindern zum Bau oder Erwerb von Wohneigentum (Alleinerziehende sind ebenfalls Baukindergeld-berechtigt)
- ► **Förderbetrag:** 1.200 € je Kind jährlich
- ► **Förderdauer:** 10 Jahre
- ► **Fördervoraussetzung:** Einkommensgrenze 75.000 € + 15.000 € je Kind

    Für die Höhe des Einkommens gilt der Durchschnitt aus dem vorletzten und dem vorvorletzten Jahr – für einen Antrag im Jahr 2019 also die Jahre 2017 und 2016. Nachweise sind im Zuschussportal der KfW (Kreditanstalt für Wiederaufbau) hochzuladen. Als Haushaltseinkommen dient die steuerliche Größe „Zu versteuerndes Einkommen".

- ► **Zeitraum:** Die Förderung läuft ab 01.01.2018 bis 31.03.2021

Gesamtförderung:[1]

Kinderzahl	Jahresförderung	Gesamförderung
1 Kind	1.200 €	12.000 €
2 Kinder	2.400 €	24.000 €
3 Kinder	3.600 €	36.000 €
Jedes weitere KInd	+ 1.200 €	+ 12.000 €

Voraussetzungen:

▶ Baugenehmigung zwischen dem 01.01.2018 und 31.03.2021

▶ Es muss sich um einen Ersterwerb handeln. Wer schon eine Immobilie hat, bekommt kein Baukindergeld

▶ Mindestens ein Kind muss vorhanden sein

▶ Bei der Antragstellung dürfen Kinder noch nicht volljährig sein, müssen im selben Haushalt wie die Eltern leben, es muss ein Kindergeldanspruch bestehen.[2]

Somit sind folgende **Unterlagen** bei der Antragstellung erforderlich:

▶ Steuerbescheide der beiden abgeschlossenen Veranlagungen

▶ Nachweis über den Bezug von Kindergeld

▶ Erklärung , dass es sich um einen Ersterwerb einer selbst genutzten Immobilie handelt

▶ Meldebestätigung von allen Familienmitgliedern für die **neue** Wohnadresse.

Die Beantragung erfolgt ausschließlich über die KfW

▶ Der Antrag auf Baukindergeld kann erst nach Einzug gestellt werden

▶ Meldebescheinigung für neue Wohnung nachweisen

▶ Registrierung im KfW-Zuschussportal mit Antragstellung online

▶ Identität nachweisen: Legitimation per Video-Identifizierung oder mit Postident.

(Quelle: Baukindergeld: So funktioniert's im KfW-Zuschussportal)

Beachte:
Das Baukindergeld gilt rückwirkend bis zum 01.01.2018. Es erhalten somit alle Familien eine Förderung, wenn der Kaufvertrag ab dem 01.01.2018 unterschreiben oder einen Bauantrag für einen Neubau gestellt wurde. Vor diesem Zeitpunkt geschlossene Verträge werden nicht berücksichtigt.

Lösung s. Seite 540

---

[1] In Bayern wird das Baukindergeld in zweifacher Form ergänzt:
Bayerische Eigenheimzulage = 10.000 €
„Baukindergeld plus" = 300 € pro Kind und Jahr. Gesamtbetrag bei 2 Kindern somit 24.000 € + 10.000 € + 6.000 € = 40.000 €. Antragsberechtigt sind auch Kinderlose.

[2] Wenn später ein weiteres Kind hinzukommt, ändert dies nichts an der Förderhöhe.

Fall 120: Wohnungseigentum und Photovoltaikanlage

Das Ehepaar Otto und Maria Glücklich ist seit dem 24.05.2015 verheiratet. Bisher haben Sie in einer Mietwohnung gewohnt. Im Juli 2020 wurde das von Ihnen geplante Einfamilienhaus bezugsfertig.

Sie haben die neuesten Erkenntnisse für ein klimagerechtes Bauen berücksichtigt. So wurde u. a. auch ein 29.70 KWp Sonnen-Kraftwert installiert. Fertigstellung 31.07.2020.

Das Sonnen-Kraftwert besteht aus:

99 Stück	Solarmodule Luxor Line M60/300 Full Black	
		15.542,12 €
1 Stück	ABB-Powerone Trio 27.6-TL-0UTD-S2X-EU	
1 Stück	Sonnenbatterie 10/11,0 KWh LiFePo4 Batterie + Zubehör (Material)	8.999,00 €
Summe netto		**24.541,12 €**
	16 % USt[1]	3.926,58 €
Rechnungsbetrag		**28.467,70 €**
	- 2 % Skonto	569,35 €
Banküberweisung		**27.898,35 €**

Bezüglich der Umsatzsteuer wurde in 2020 optiert. Die gezahlte Umsatzsteuer wurde vom Finanzamt in 2021 i. H. v. 3.848,05 € erstattet: 27.898,35 € : 1,16 = 24.050.00 • 16 % = 3.848,05 €).

Für 2021 liegen folgende Zahlen vor:	
Einspeisevergütung 2021 des Netzbetreibers laut Anlage, netto:	
3.607 kWh zu 12,34 ct	445,10 €
+ 902 kWh zu 12,30 ct	110,95 €
Vereinnahmte Umsatzsteuer	105,65 €
Eigenverbrauch 2021 2831 KWh Eigenverbrauch (pauschaler Ansatz)	
Kosten Messung und Zähler	15,21 €
Beiträge, Gebühren, Versicherungen	80,83 €
Darlehensaufnahme 31.07.2020: Konditionen: Auszahlung 100 %; Zinssatz : 2,25 %;Tilgungsbeginn (Ratentilgung) 01.01.2021 Laufzeit: 10 Jahre 1. Zinszahlung zum 31.12.2020 und 1. Tilgung sowie 2. Zinszahlung zum 31.12.2021	20.000,00 €

Der Gewinn für die Photovoltaikanlage soll möglichst niedrig unter Anwendung der Abschreibungsmöglichkeiten angesetzt werden.

---

[1] Vom 01.07.2020 bis 31.12.2020 wurde die Umsatzsteuer von 19 % auf 16 % befristet gesenkt.

Steuerliche Aspekte bei Wohneigentum

Das eigengenutzte Haus

► Bei Eigennutzung fällt keine ESt usw. an

► Für das eigengenutzte Haus wird der sogenannte Einheitswert festgestellt (Bewertet werden u. a. Art, Größe und Lage des Grundstücks sowie Alter, Größe und Ausstattung der darauf befindlichen Gebäude – Neufestsetzung der Einheitswerte vorgesehen zum 01.01.2025)

► Durch Anwendung der Steuermesszahl auf den Einheitswert wird der Steuermessbetrag ermittelt.

 RECHTSGRUNDLAGEN

§ 15 GrStG

Steuermesszahl für Grundstücke

(1) Die Steuermesszahl beträgt

    1. für unbebaute Grundstücke im Sinne des § 246 des Bewertungsgesetzes 0,34 Promille,

    2. für bebaute Grundstücke

        a) im Sinne des § 249 Absatz 1 Nummer 1 bis 4 des Bewertungsgesetzes 0,31 Promille,

        b) im Sinne des § 249 Absatz 1 Nummer 5 bis 8 des Bewertungsgesetzes 0,34 Promille.

        (Ermäßigungen nach § 15 Abs. 2 GrStG)

Die Berechnungsformel lautet:

Einheitswert • Steuermesszahl = Steuermessbetrag

Durch Anwendung des Hebesatzes (wird von dem Gemeinderat/Stadtrat in der jeweiligen Jahressatzung festgelegt (z. B. 500 %) wird die zu zahlende Grundsteuer B ermittelt.

Das vermietete Haus und die Steuern

Bei Vermietung des Hauses erzielt der Steuerpflichtige Einkünfte aus Vermietung und Verpachtung (§ 21 EStG): Ermittlung der Einkünfte aus VuV : Mieteinnahmen - Werbungskosten

Das Haus mit der Photovoltaikanlage

Grundsätzlich gilt bei Installation einer Photovoltaikanlage:
Wird ein Teil des erzeugten Stroms neben der Eigennutzung verkauft, so stellen sich zwei steuerliche Fragen.

1. Fällt Umsatzsteuer an? (Beachte: Abschnitt 2.5. UStAE – Betrieb von Anlagen zur Energieerzeugung)
2. Fällt Einkommensteuer an?

Wichtig: Beide Fragen sind unabhängig voneinander zu beantworten!

Musterschreiben an das Finanzamt gem. BMF-Schreiben vom 02.06.2021

Absender:

Finanzamt

Steuernummer unter der die Anlage geführt wird (soweit vorhanden):

Steuer Identifikationsnummer/n:

Standort der Anlage   Zeitpunkt der Inbetriebnahme

Angaben über die Photovoltaikanlagen oder Blockheizkraftwerke (Zutreffendes bitte ankreuzen)

	1	2
Leistung der Photovoltaikanlage	☐ Bis zu 10,0 kW/kWp	☐ Über 10,0 kW/kWp
Elektrische Leistung der Blockheizkraftwerke	☐ Bis zu 2,5 kW	☐ Über 2,5 kW
Nutzung des produzierten Stroms	☐ Einspeisung ins öffentliche Netz und/oder Verbrauch in zu eigenen Wohnzwecken genutzten oder zu Wohnzwecken unentgeltlich überlassenen Räumen	☐ Sonstiges

Soweit die Voraussetzungen der Spalte 1 vorliegen:

☐ Hiermit nehme/n ich/wir Bezug auf das Schreiben des Bundesministeriums der Finanzen vom 29.10.2021 (GZ IV C 6 - S 2240/19/10006 :006, DOK 2021/1117804) und erkläre/n, dass ich/wir die Vereinfachungsregelung in Anspruch nehmen.

Lösung s. Seite 541

Fall 121: Gründung einer OHG mit Grundstückskauf

Heinrich Mutig beabsichtigt als Existenzgründer einen Handel und Kundendienst mit Öfen verschiedener Art aufzubauen. Als gelernter Schornsteinfegermeister verfügt er über die entsprechenden Fachkenntnisse. Im örtlichen Industriegebiet konnte er eine geeignete Parzelle erwerben. Hier will er eine entsprechende Verkaufshalle errichten.

Die Firma will er mit einem Fachkollegen als OHG führen.

Bearbeiten Sie den Sachverhalt nachfolgenden Informationen:

▸ Mutig kann ein Eigenkapital i. H. v. 150.000 € einbringen

▸ Sein Geschäftspartner Franz Zuverlässig sagt eine Kapitaleinlage von 100.000 € zu.

Das Vorhaben entwickelt sich wie folgt:

▸ Am 15.02.01 wird der notarielle Vertrag zur Gründung einer OHG bei gleichzeitiger Beurkundung des Grundstückskaufs abgeschlossen.

▸ Das 1000 qm große Grundstück kostet 100 €/qm, fällig am 15.05.01

▸ Der Grunderwerbsteuerbescheid (5 %) ergeht nach Geschäftseröffnung am 05.05.01

▸ Die Notarkosten schlüsseln sich auf :

▸ Gründung der OHG, Rechnung steht noch aus.

Grundstücksübertragung: 797,00 € + 19 % USt = 151,43 €

Rechnungseingang 30.04.01

▸ Am 15.03.01 liegt die Baugenehmigung für die Halle vor. Für die in Fertigbauweise zu erstellende Halle wird ein Festpreis i. H. v. 300.000 € + 19 % USt vereinbart. Am 15.04.01 ist die Halle fertiggestellt; Zahlung wird fällig am 15.05.01. Rechnung liegt vor. Die ND beträgt 20 Jahre.

▸ Zur Geschäftseröffnung sind folgende Geschäftsvorfälle angefallen:

  - Kauf von 20 Öfen, brutto 47.600 € auf Ziel

  - Zusatzmaterial, brutto 11.900 € auf Ziel

  - Büroeinrichtung, brutto 23.800 € auf Ziel

    · ND = 10 Jahre

    · Einzahlung der Kapitaleinlagen 250.000 €

- Finanzierung der Halle:
  - Eigenmittelverwendung 100.000 €
  - Darlehensaufnahme 200.000 €
  - Konditionen:
    - 3,5 % Zinsen
    - Damnum 2 %
    - Laufzeit 10 Jahre
    - Jahresraten
- Finanzierung des Grundstücks: Eigenmittelverwendung

Lösung s. Seite 542

Prüfungsordnung für Steuerfachangestellte (Auszug)

§ 15 Umfang und Gegenstand des mündlichen Prüfungsfachs „Mandantenorientierte Sachbearbeitung"

Das Prüfungsfach „Mandantenorientierte Sachbearbeitung" besteht aus einem Prüfungsgespräch. Der Prüfungsteilnehmer soll ausgehend von einer aus zwei ihm mit einer Vorbereitungszeit von höchstens zehn Minuten zur Wahl gestellten Aufgaben zeigen, dass er berufspraktische Vorgänge und Problemstellungen bearbeiten und Lösungen darstellen kann. Für die zur Wahl gestellten Aufgaben sowie das weitere Prüfungsgespräch kommen insbesondere folgende Gebiete in Betracht:

a) allgemeines Steuer- und Wirtschaftsrecht

b) Einzelsteuerrecht

c) Buchführungs- und Bilanzierungsgrundsätze

d) Rechnungslegung.

Das Prüfungsgespräch soll für den einzelnen Prüfungsteilnehmer nicht länger als 30 Minuten dauern.

§ 16 Durchführung des mündlichen Prüfungsfachs „Mandantenorientierte Sachbearbeitung"

(1) Die Prüfungsteilnehmer können einzeln oder in Gruppen von höchstens fünf Kandidaten geprüft werden. Die besonderen Verhältnisse Behinderter sind zu berücksichtigen; die erforderlichen Regelungen trifft die Steuerberaterkammer.

(2) Der Prüfungsausschuss hat darauf zu achten, dass die dem Prüfungsteilnehmer obliegende Verschwiegenheitspflicht nicht verletzt wird.

§ 17 Nichtöffentlichkeit

(1) Die Prüfung ist nicht öffentlich. Vertreter der Steuerberaterkammer und Mitglieder des Berufsbildungsausschusses können bei der Prüfung anwesend sein. Sie haben sich jeder Einwirkung auf die Prüfung zu enthalten.

(2) Die Steuerberaterkammer kann beim mündlichen Teil der Prüfung die Anwesenheit von anderen Personen gestatten. Sie haben sich jeder Einwirkung auf die Prüfung zu enthalten. Ihre Wahrnehmungen unterliegen der Verschwiegenheitspflicht. Aufzeichnungen über Prüfungsunterlagen und Prüfungsablauf sind ihnen nicht gestattet. Der Vorsitzende des Prüfungsausschusses hat auf diese Bestimmungen hinzuweisen.

(3) Ausbildende und/oder Ausbilder, deren Auszubildende geprüft werden, dürfen bei der Prüfung nicht anwesend sein.

(4) Über das Prüfungsergebnis hat der Prüfungsausschuss in Abwesenheit der in Abs. 1 und 2 genannten Personen zu beraten und zu beschließen.

Lösung zu Fall 1:

Zunächst ist zu überprüfen, ob Herr Müller nach Handelsrecht zur Buchführung verpflichtet ist. Nach § 238 HGB ergibt sich diese Verpflichtung, wenn er als Kaufmann i. S. d. § 1 HGB anzusehen ist. Kaufmann ist danach, wer ein Handelsgewerbe betreibt. Dabei gilt als Handelsgewerbe jedes gewerbliche Unternehmen, es sei denn, dass es nach Art und Umfang keinen in kaufmännischer Weise eingerichteten Geschäftsbetrieb erfordert. Die Eintragung in das Handelsregister ist deklaratorisch. Im Interesse der Rechtssicherheit gilt die Vermutung, dass bei Vorliegen eines Gewerbes von einem Handelsbetrieb und damit vom Kaufmannstatus auszugehen ist. Der Gewerbetreibende trägt die Beweislast, dass sein betriebenes Gewerbe nicht kaufmännisch ist.

Die Angaben, die der Mandant über seine Betriebsgröße macht, belegen, dass der Mandant Istkaufmann nach § 1 HGB ist.

Seine Buchführungspflicht begründet sich somit nach § 238 HGB. Das Steuerrecht schließt sich dieser Verpflichtung an. § 140 AO besagt, dass derjenige, der nach anderen Gesetzen als den Steuergesetzen Bücher und Aufzeichnungen zu führen hat, die für die Besteuerung von Bedeutung sind, diese Verpflichtungen auch für die Besteuerung zu erfüllen hat.

Von der Buchführungspflicht sind die Aufzeichnungspflichten zu unterscheiden:

- ► Aufzeichnung des Wareneinkaufs und Warenverkaufs (§§ 143, 144 AO)
- ► Führung von Lohnkonten (§ 41 Abs. 1 Satz 1 EStG)
- ► Aufzeichnung der Entgelte usw. nach § 22 Abs. 2 Nr. 1 u. 2 UStG.

Mit einer ordnungsmäßigen Buchführung werden diese Aufzeichnungspflichten bei Herrn Müller jedoch innerhalb der Buchführung erfüllt.

Konkret machen Sie Herrn Müller den Vorschlag, sich der von Ihnen in der Kanzlei vorhandenen Software zu bedienen. Sie beraten ihn, dass die monatliche Voranmeldung, die Gehaltsabrechnungen, die sonstigen Steuererklärungen von Ihnen erstellt werden. Sie erläutern ihm seine verbleibenden Aufgaben, insbesondere eine ordnungsgemäße Kassenführung und das Aufbewahren der Belege. Sie informieren ihn über die monatlichen Auswertungen anhand derer er seine betriebliche Entwicklung im Griff habe.

Grundsätze zur ordnungsmäßigen Führung und Aufbewahrung von Büchern, Aufzeichnungen und Unterlagen in elektronischer Form sowie zum Datenzugriff (GoBD) GZIV A 4 - S 0316/19/10003 :001 DOK 2019.

Tangierende Problemkreise:
Bei welchen Behörden muss das Unternehmen angemeldet werden?

- ► Finanzamt
- ► Amtsgericht (Handelsregister)
- ► Krankenkassen

- IHK

- Berufsgenossenschaft.

Wie ist der Arbeitsvertrag mit der Ehefrau steuerlich zu beurteilen?
Voraussetzungen für die Anerkennung:

- eindeutige und ernsthafte Vereinbarung

- tatsächliche Durchführung des Arbeitsverhältnisses

- das Arbeitsverhältnis muss einem Fremdvergleich standhalten (Angemessenheit der Bezüge)

- Genaue Beschreibung des Aufgabenbereiches (Arbeitsvertrag abschließen).

Beurteilen Sie die Finanzierungsmöglichkeiten von Herrn Müller!
Herrn Müller steht grundsätzlich die Möglichkeit der Eigen- und Fremdfinanzierung offen. Eine angemessene Eigenkapitalquote ist eine gute Eingangsvoraussetzung für den weiteren Betriebsablauf.

Bei der Fremdfinanzierung müssen entsprechende Kreditsicherungen zur Verfügung stehen.

- Grundpfandrechte (Grundschuld - Hypothek)

- Bürgschaften

- Sicherungsübereignung.

Lösung zu Fall 2:

Grundsätzlich erfüllt auch eine Durchschreibebuchführung die Anforderungen an eine ordnungsgemäße Buchführung.

Wie beraten Sie Herrn Krause und was empfehlen Sie ihm?

- Die Belege sind zeitgerecht zu buchen. Es gibt hierfür keine genaue Vorschrift. Das Buchen nach einem Quartal erfüllt jedoch die Anforderung an eine zeitgerechte Buchung nicht. Früher verlangte man, dass die Buchführungsarbeiten täglich erledigt wurden. Mit dem Einsatz der Technik lockerte man diese Anforderung auf. So gilt, dass die Belege bis zum Ende des darauf folgenden Monats gebucht sein müssen (R 5.2 Abs. 1 EStR). Dabei muss jedoch gewährleistet sein, dass die Buchführungsunterlagen bis zu ihrer Erfassung im Grundbuch nicht verloren gehen (Ablage in besonderen Mappen und Ordnern).

- Die Kasseneinnahmen und Kassenausgaben sind täglich zu erfassen. Konkret ist ein Kassenbericht zu erstellen, der über den Kassenanfangsbestand, über die Einnahmen und Ausgaben und den Kassenendbestand informiert.

- Die Durchführung der jährlichen Inventur ist eine Grundvoraussetzung für eine periodengerechte Gewinnermittlung. Das Fehlen einer Inventur macht eine Buchführung für zwei Jahre nicht ordnungsgemäß. Bei der Durchführung der Inventur sind entsprechende Zähllisten zu verwenden, die von den aufnehmenden Personen zu unterschreiben sind.

▶ Insbesondere sind ab 01.01.2020 die neu gefassten GoBD anzuwenden:

Grundsätze zur ordnungsmäßigen Führung und Aufbewahrung von Büchern, Aufzeichnungen und Unterlagen in elektronischer Form sowie zum Datenzugriff (GoBD) – BMF-Schreiben IV A 4 – S 0316/19/10003 :001 DOK 2019/0962810. Werfen Sie einen Blick in die umfangreichen Aussagen (Internet) – Anlage 2!

Sie raten Herrn Krause, sich Ihres Steuerbüros zu bedienen. Sie bieten ihm Ihr Buchführungsprogramm an, mit dem er seinen Buchführungspflichten ordnungsgemäß nachkommt.

Lesen Sie R 5.2 und H 5.2 EStR!

Tangierende Problemkreise:
Erforderliche Bücher einer ordnungsgemäßen Buchführung

▶ Inventar- und Bilanzbuch

▶ Grundbuch (Journal)

▶ Hauptbuch (Konten)

▶ Nebenbücher (Kassenbuch, Kontokorrentbuch, Wechselbuch).

Formelle und materielle Ordnungsmäßigkeit[1]

Wichtige Aussagen zu den ab 01.01.2020 geltenden GoBD:

▶ **Gewährleistung der Datensicherheit und Unveränderbarkeit:** Alle Daten müssen, zum Beispiel durch regelmäßige Sicherung oder Historisierungen, laut GoBD wirkungsvoll vor Verlust und einer nachträglichen Änderung geschützt sein.

▶ **Nachvollziehbarkeit und Nachprüfbarkeit:** Die digitale Dokumentation muss laut GoBD die Nachvollziehung der Geschäftsvorfälle durch einen sachkundigen Dritten gewährleisten.

▶ **Vollständigkeit:** Die notwendigen Daten müssen durch die GoBD aufgrund der Einzelaufzeichnungspflicht lückenlos vorhanden sein.

▶ **Richtigkeit:** Die Aufzeichnungen müssen laut GoBD die tatsächliche Abbildung der erfassten Geschäftsvorfälle gewährleisten.

▶ **Zeitgerechtheit:** Geschäftsvorfälle sind zeitnah und immer im zeitlich richtigen Rahmen zu verbuchen.

▶ **Ordnung:** Die digitalen Aufzeichnungen, müssen nach den GoBD so übersichtlich erfolgen, dass auch ein Dritter sich schnell einarbeiten und in einer angemessenen Zeit die Unternehmenslage überblicken kann.

Welcher Kontenrahmen soll für einen Kontenplan zugrunde gelegt werden?
Man wird dem Mandanten raten, sich eines der Kontenrahmen aus dem Angebot der Kanzlei zu bedienen.

---

[1] Siehe Schaubild S. 24.

Wie unterscheiden sich Buchführungs- und Aufzeichnungspflichten?

Bei der Erfüllung der Buchführungspflicht werden die wesentlichen Aufzeichnungspflichten mit erfüllt. Steuerpflichtige, die nicht der Buchführungspflicht nach Handels- oder Steuerrecht unterliegen, haben auch ggf. Aufzeichnungspflichten zu erfüllen. So muss ein Unternehmer nach § 22 UStG seine Umsätze aufzeichnen, ein Arbeitgeber nach § 41 EStG ein Lohnkonto führen. Bei verschiedenen Geschäftszweigen sind bestimmte Bücher zu führen, z. B. Weinbuch des Winzers oder Kehrbuch des Schornsteinfegers.

Lösung zu Fall 3:

1. Ernst Geimer ist Unternehmer i. S. d. § 2 UStG, weil er eine berufliche Tätigkeit selbstständig ausübt. Er unterliegt mit seinen Sonstigen Leistungen der USt mit dem Regelsteuersatz von 19 %. Die ihm in Rechnung gestellte Umsatzsteuer kann er nach § 15 UStG als Vorsteuer geltend machen. Er ist verpflichtet, eine Voranmeldung nach den Vorschriften des § 18 UStG abzugeben (monatlich, wenn die Steuer für das vorangegangene Kalenderjahr mehr als 7.500 € beträgt).[1]

2. Einkommensteuerlich wird Herr Geimer in Zukunft auch anders behandelt. Mit der Selbstständigkeit bezieht er nunmehr Einkünfte aus selbstständiger Tätigkeit nach § 18 EStG. Diese Einkunftsart gehört zu den Gewinneinkunftsarten. Statt bisher Werbungskosten geltend zu machen, hat er nunmehr Betriebsausgaben. Wird der Gewinn nach § 4 Abs. 3 des Gesetzes durch den Überschuss der Betriebseinnahmen über die Betriebsausgaben ermittelt, ist die Einnahmenüberschussrechnung nach amtlich vorgeschriebenem Datensatz durch Datenfernübertragung zu übermitteln. Auf Antrag kann die Finanzbehörde zur Vermeidung unbilliger Härten auf eine elektronische Übermittlung verzichten; in diesem Fall ist der Steuererklärung eine Gewinnermittlung nach amtlich vorgeschriebenen Vordruck beizufügen (§ 60 Abs. 4 EStDV).

3. Herr Geimer ist verpflichtet, seinen Gewinn zu ermitteln. Er ist jedoch weder nach Handels- noch nach Steuerrecht zur ordnungsmäßigen Buchführung verpflichtet. Er könnte diese freiwillig einrichten. Zweckmäßig ist die Gewinnermittlung durch die Ermittlung des Überschusses der Betriebseinnahmen über die Betriebsausgaben nach § 4 Abs. 3 EStG.

4. Auf die getätigten Investitionen kann Herr Geimer wie bei der ordnungsmäßigen Buchführung die AfA nach § 7 EStG geltend machen. Die mit den Investitionen im Zusammenhang stehenden Zinsen kann er als laufende Betriebsausgaben geltend machen, nicht jedoch die anteiligen Tilgungsbeträge.

5. Die Beschäftigten müssen ordnungsgemäß bei den zuständigen Krankenkassen gemeldet werden. Die Sozialversicherung (Renten-, Kranken-, Arbeitslosen- und Pflegeversicherung), Lohn-, Kirchensteuer und SolZ sind einzubehalten und termingerecht an die Krankenkasse bzw. an das Finanzamt abzuführen.

---

[1] Beachte: § 18 Abs. 2 Satz 4 UStG: Nimmt der Unternehmer seine berufliche oder gewerbliche Tätigkeit auf, ist im laufenden und folgenden Kalenderjahr Voranmeldungszeitraum der Kalendermonat. Nach dem Bürokratieentlastungsgesetz III tritt eine Änderung ein. Ab 2021 - 2026 ist die Steuerzahllast zur Frage der Abgabe von Voranmeldungen im Erstjahr realistisch zu schätzen. Für das Folgejahr ist die gezahlte Steuer des Erstjahres in eine Jahressteuer umzurechnen.

6. Bei Teilzeitbeschäftigten ist darauf zu achten, dass die Vorschriften bei der Sozial-versicherung und bei der Lohnsteuer beachtet werden. Siehe hierzu die Schaubilder zu Fall 19 und Fall 81!

Tangierende Problemkreise:
Private Nutzung des Pkw des Architekten
Die private Nutzung des betrieblichen Pkw erfordert zwei Korrekturen:

▸ Die privatanteiligen Pkw-Aufwendungen müssen als Betriebseinnahmen angesetzt werden, da sie vorher als Betriebsausgaben angesetzt wurden. Die Erfassung erfolgt durch Einzelermittlung (Fahrtenbuch) oder durch Pauschalierung nach der 1 %-Rege-lung, soweit der Pkw zum notwendigen Betriebsvermögen gehört (mehr als 50 %).

▸ Außerdem sind die Aufwendungen für Fahrten zwischen Wohnung und Betrieb, so-weit sie über den Pauschalen liegen, als Betriebseinnahme anzusetzen (siehe hierzu Schaubild zu Fall 10 und 14!)

Alterssicherung des Architekten durch Abschluss einer Lebensversicherung
Für Versicherungsverträge (Kapitallebensversicherungen, Rentenversicherungen und fondgebundene) entfiel ab 01.01.2005 der Abzug als Sonderausgabe. Bei Vertragsab-schluss vor dem 01.01.2005 besteht bei Erfüllung der Voraussetzungen weiterhin eine Abzugsmöglichkeit bei den „Sonstigen Vorsorgeaufwendungen". Eine Berücksichtigung erfolgt jedoch nur dann, wenn der abzugsfähige Höchstbetrag von 1.900 € (Arbeitneh-mer, Rentner) bzw. 2.800 € (Selbstständige) noch nicht mit Beiträgen zur Basis-Kranken- und Pflegeversicherung aufgebraucht ist.

Beschäftigung der Ehefrau als Büroangestellte
Bei eindeutiger Vereinbarung und Durchführung des Arbeitsverhältnisses zu Bedingun-gen wie bei Dritten werden die Aufwendungen als Betriebsausgaben anerkannt. In der gemeinsamen Einkommensteuererklärung sind die Einnahmen bei der Einkunftsart „Nichtselbstständige Arbeit" nach § 19 EStG zu erklären.

Zusätzliches häusliches Arbeitszimmer des Architekten
Nach § 4 Abs. 5 Satz 1 Nr. 6b Satz 1 und § 9 Abs. 5 Satz 1 EStG dürfen die Aufwendungen für ein häusliches Arbeitszimmer sowie die Kosten der Ausstattung grundsätzlich nicht als Betriebsausgaben oder Werbungskosten abgezogen werden. Bildet das häusliche Arbeitszimmer den Mittelpunkt der gesamten betrieblichen und beruflichen Betäti-gung, dürfen die Aufwendungen in voller Höhe steuerlich berücksichtigt werden (§ 4 Abs. 5 Satz 1 Nr. 6b Satz 3, 2. Halbsatz EStG). Steht für die betriebliche oder berufliche Tätigkeit kein anderer Arbeitsplatz zur Verfügung, sind die Aufwendungen bis zur Höhe von 1.250 € je Wirtschaftsjahr oder Kalenderjahr als Betriebsausgaben oder Werbungs-kosten abziehbar (§ 4 Abs. 5 Satz 1 Nr. 6b Satz 2 und 3, 1. Halbsatz EStG).

(BMF, 06.10.2017, IV C 6 - S 2145/07/10002:019 BStBl 2017 I S. 1320)

Lösung zu Fall 4:

1. Der SKR 03 ist im Ablauf der zehn Kontenklassen nach dem sog. Prozessgliederungsprinzip aufgebaut. Gemeint ist die Abfolge der Betriebsprozesse von der Beschaffung der Investitionsgüter, über die Ausstattung mit Finanzmitteln, den Einkauf des Vorratsvermögens, die Kosten für die betriebliche Leistungserstellung bis hin zu den Umsatzerlösen.

   Der SKR 04 ist nach dem Abschlussgliederungsprinzip aufgebaut. Das gilt auch für den vom neuen Mandanten bisher verwendeten IKR (Industriekontenrahmen). Sie empfehlen ihm deshalb zweckmäßigerweise den SKR 04.

2. Der Aufbau des SKR 04 folgt der Erstellung von Bilanz und Gewinn- und Verlustrechnung.

Kontenklasse 0	Anlagevermögenskonten
Kontenklasse 1	Umlaufvermögenskonten
Kontenklasse 2	Eigenkapitalkonten
Kontenklasse 3	Fremdkapitalkonten
Kontenklasse 4	Betriebliche Erträge
Kontenklasse 5	Betriebliche Aufwendungen
Kontenklasse 6	Betriebliche Aufwendungen
Kontenklasse 7	Weitere Erträge und Aufwendungen
Kontenklasse 8	frei
Kontenklasse 9	Vortragskonten

3. Die Rechtsgrundlagen für die Aufstellung der GuV und der Bilanz befinden sich in:

   ► § 242 HGB, § 247 HGB (Inhalt der Bilanz)

   ► für Kapitalgesellschaften in: § 264 HGB (Pflicht zur Aufstellung), § 265 HGB (Allgemeine Grundsätze für die Gliederung), § 266 HGB (Gliederungsschema für die Bilanz), § 275 HGB (Gliederung der Gewinn- und Verlustrechnung).

4. Die Zuordnung der Konteninhalte zur Bilanz bzw. zur GuV zeigt folgender Auszug aus dem SKR 03:

Personalaufwendungen		
Löhne und Gehälter		4100 Löhne und Gehälter
		4110 Löhne
		4120 Gehälter
		4124 Geschäftsführer-Gehälter der GmbH-Gesellschafter
		4125 Ehegattengehalt
	K	4126 Tantiemen Gesellschafter-Geschäftsführer
		4127 Geschäftsführergehälter
	G	4128 Vergütungen an angestellte Mitunternehmer § 15 EStG
	K	4129 Tantiemen Arbeitnehmer

Personalaufwendungen		
Soziale Abgaben und Aufwendungen für Altersversorgung und für Unterstützung	G	4130 Gesetzliche soziale Aufwendungen 4137 Gesetzliche soziale Aufwendungen für Mitunternehmer § 15 EStG 4138 Beiträge zur Berufsgenossenschaft

Tangierende Problemkreise:
Kontenrahmen und Kontenplan
Aus dem Kontenrahmen als Vorgabe (z. B. SKR 03, SKR 04, IKR) wird für den einzelnen Betrieb ein Kontenplan aufgestellt. Er enthält die im Betrieb verwendeten Konten. Dabei besteht die Möglichkeit, individuell Konten einzurichten.

Kontenklassen-Kontengruppen
Die Kontenrahmen enthalten zehn Kontenklassen. Jede Kontenklasse umfasst zehn Kontengruppen. Der Aufbau entspricht dem dekadischen System.

Lösung zu Fall 5:

1. Buchungsliste

Soll	Haben	S	U	Gegenkonto					B. Nr.	Konto	Text	Skonto
2.975,00				7	1	0	0	0	1.1	3400		
	10.115,00			1	1	0	0	0	1.2	8400		
	1.200,00			4	5	1	0		1.3	1200		
	595,00		9	4	5	4	0		1.4			
	2.915,50			7	1	0	0	0	1.5			59,50

Tangierende Problemkreise:
Automatisches Konto
Folgende Bezeichnungen sind im DATEV-System zu beachten:

► AM = Automatische Errechnung der Umsatzsteuer

► AV = Automatische Errechnung der Vorsteuer

► KU = Keine Errechnung der Umsatzsteuer möglich

► V   = Zusatzfunktion Vorsteuer

► M   = Zusatzfunktion Umsatzsteuer

Ohne Automatik kommt man mit folgenden Steuerschlüsseln zur Errechnung der USt bzw. Vorsteuer:

- 1 = Umsatzsteuerfrei (mit Vorsteuerabzug)
- 2 = Umsatzsteuer 7 %
- 3 = Umsatzsteuer 19 %
- 4 = gesperrt
- 5 = Umsatzsteuer 16 %
- 6 = gesperrt
- 7 = Vorsteuer 16 %
- 8 = Vorsteuer 7 %
- 9 = Vorsteuer 19 %

Buchungskreise
Zur rationellen Bearbeitung bildet man Buchungskreise, damit bestimmte Konten in die nächste Buchungszeile übernommen werden können (Folgebuchungen, Kurzbuchungen):

- Bank
- Kasse
- Wareneinkauf
- Warenverkauf
- Löhne und Gehälter.

Innerhalb der Buchungskreise wird nach dem Datum sortiert. Belege gleichen Datums werden nach Belegnummern sortiert.

Zeitpunkt der Buchungen
Siehe Lösung zu Fall 2!

Erstellung der USt-Voranmeldung aus der Buchhaltung
Das Buchhaltungsprogramm (Software) liefert die USt-Voranmeldung automatisch. Voraussetzung ist, dass die Vorgänge, die die USt betreffen, ordnungsgemäß erfasst worden sind. Dies geschieht entweder durch Verwendung von automatischen Konten, Steuerschlüsseln oder direkter Bebuchung der USt-Konten. Ab 2005 ist die USt-VA dem FA auf elektronischem Wege zu übermitteln (§ 18 Abs. 1 Satz 1 UStG) Ausnahmen werden nur in Härtefällen zugestanden.

Lösung zu Fall 6:

Betriebsvermögensvergleich und Kapitalkontenentwicklung über drei Jahre:

Betriebsvermögensvergleich

		01	02	03
	BV am Schluss des Wirtschaftsjahres	756.000,00	678.000,00	876.000,00
	BV am Schluss des vorangegangenen Wj.	545.000,00	756.000,00	678.000,00
=	Zwischensumme	211.000,00	- 78.000,00	198.000,00
+	Privatentnahmen	60.000,00	65.000,00	70.000,00
=	Zwischensumme	271.000,00	- 13.000,00	268.000,00
-	Privateinlagen	5.000,00	10.000,00	0,00
=	**Gewinn/Verlust**	**266.000,00**	**- 23.000,00**	**268.000,00**

Tangierende Problemkreise:
Kapitalkontenentwicklung

		01	02	03
	Kapital am 01.01.01	545.000,00	756.000,00	678.000,00
+	Gewinn/ Verlust	266.000,00	- 23.000,00	268.000,00
	Zwischensumme	811.000,00	733.000,00	946.000,00
+	Privateinlagen	5.000,00	10.000,00	0,00
=	Zwischensumme	816.000,00	743.000,00	946.000,00
-	Privatentnahmen	60.000,00	65.000,00	70.000,00
=	**Kapital am 31.12.**	**756.000,00**	**678.000,00**	**876.000,00**

Rechtsgrundlage für den Betriebsvermögensvergleich

Die Rechtsgrundlage für den Betriebsvermögensvergleich befindet sich im § 4 Abs. 1 Satz 1 EStG: „Gewinn ist der Unterschiedsbetrag zwischen dem Betriebsvermögen am Schluss des Wirtschaftsjahres und dem Betriebsvermögen am Schluss des vorangegangenen Wirtschaftsjahres, vermehrt um den Wert der Entnahmen und vermindert um den Wert der Einlagen".

Bedeutung der Privatentnahmen für die Kapitaldecke des Unternehmens

Der Einzelunternehmer und die Gesellschafter von Personengesellschaften sind in der Regel auf Privatentnahmen zur Bestreitung ihres Lebensunterhalts angewiesen. Privatentnahmen stellen vorweggenommene Gewinne dar. Problematisch wird die Höhe der Privatentnahmen dann, wenn sie den zu erwartenden Gewinn übersteigen. Diese Kapitalminderung bedeutet Substanzverlust des Unternehmens und vermindert auch die Kreditwürdigkeit. Zur Durchführung von Investitionen ist es auch von besonderer Bedeutung, dass nicht der gesamte Gewinn entnommen wird. So wird die Selbstfinanzierung verstärkt.

Erläuterung der Kennzahl „Finanzierung"

Die Bilanz kann in vier Blöcke eingeteilt werden: Anlagevermögen, Umlaufvermögen, Eigenkapital und Fremdkapital. Setzt man das Eigenkapital in Beziehung zum Fremdkapital, so ergibt sich die Kennzahl „Finanzierung". Sie gibt insbesondere Auskunft über die Eigenkapitaldecke. Eine zu niedrige Eigenkapitalquote gefährdet die Existenz des Unternehmens.

Lösung zu Fall 7:

1. und 2. Der unterschiedliche Ankaufskurs kann wie folgt begründet werden: Die Bundesanleihen haben eine hohe Bonität. Sie sind mit Aaa, der höchsten Stufe bewertet (siehe Anlage 1). Außerdem spielt die lange Restlaufzeit eine Rolle. Da zurzeit (2022) die Zinsen ein absolutes Tief (gegen 0 %) aufweisen, ergibt sich trotz der hohen Anschaffungskosten noch eine Rendite von ca. 1 %. Die Landesanleihen haben eine kürzere Restlaufzeit (04/24). Es ist zu beachten, dass der Kurs über 100 mit 108,32 sich in der Restlaufzeit (04/24) auf 100 reduziert.[1]

3. Am Fälligkeitstag werden dem jeweiligen Inhaber der Papiere jeweils 10.000 € (Nennwert) gutgeschrieben.

4. Wertpapiere befinden sich im Betriebsvermögen, daher keine Abgeltungssteuer. Die Kapitalertragsteuer wird bei der ESt angerechnet.

	2,5 % Bundesanleihen 12/44 jeweils zum Zinstermin (04.08.)		250,00 €
-	25 % Kapitalertragsteuer	62,50 €	
-	5,5 % SolZ	3,43 €	65,93 €
=	**Gutschrift**		**184,07 €**
	1,625 % Bayern LSA 04/24 jeweils zum Zinstermin (15.04.)		162,50 €
-	25 % Kapitalertragsteuer	40,62 €	
-	5,5 % SolZ	2,23 €	42,85 €
=	**Gutschrift**		**119,65 €**

ggf. Kirchensteuer (8 %/9 %)

Ab 01.01.2015 ist neben der Abgeltungssteuer auch der Abzug der Kirchensteuer vorgeschrieben. Dies betrifft sowohl Kapitalerträge bei auszuzahlenden Kreditinstituten als auch Kapitalgesellschaften. Die Kirchensteuerabzugsmerkmale können online beim Bundeszentralamt für Steuern (BZSt) abgerufen werden. Die Anteilseigner bzw. Beteiligte haben jedoch die Möglichkeit, erstmals ab 30.06.2014 der Weitergabe des Kirchensteuermerkmals gegenüber der BZSt zu widersprechen. Dann besteht jedoch die Verpflichtung zur Nacherklärung der Kirchensteuer bei der ESt-Erklärung.[2]

Tatsächlich wurden aufgewendet für:

▸ 2,5 % Bundesanleihen bei einem Kurs von 129,34 %   12.934,00 €

▸ 1,625 % Bayern LSA bei einem Kurs von 108,32 %   10.832,00 €

Da man für beide Wertpapiere mehr als 100 % aufgewendet hat, liegt die tatsächliche Verzinsung unter dem für die Wertpapiere geltenden Nominalzinssatz (hier 2,5 % bzw. 1,625 %). Bezieht man noch die Tatsache ein, dass am Rückzahlungstag nur der Nominalwert (hier jeweils 10.000 €) ausgezahlt wird, so ist die Nominalverzinsung noch niedriger (Rentabilität auf Verfall).

---

[1] Kurse der Wertpapiere am 18.06.2022: 2,5 % Bundesanleihen: 112,541 % – Bayern LSA: 100,29 %.

[2] BMF-Schreiben v. 18.01.2016, IV C 1 - S 2252/08/10004:017.

5. **Kaufabrechnung von Zinspapieren (mit Pluszinsen)**

			Deutsche Zinsmethode:	Euro- Zinsmethode:
	Nennwert	10.000,00 €		
	Kurswert	129,34 %	12.934,00 €	12.934,00 €
+	Stückzinsen 329 Tage[1] (04.08. - 02.07.) 2,5 %		228,47 €	
+	Stückzinsen 334 Tage[1] (04.08. - 02.07.)[2] 2,5 %			231,94 €
	Ausmachender Betrag		13.162,47 €	13.165,94 €
+	Bankprovision	%		
+	Maklergebühr	‰		
=	**Kaufpreis**		**13.162,47 €**	**13.165,94 €**

6. Wertpapiere   (12.394,00)
   Zinsschein   (228,47 bzw. 231,94)   an   Bank   (13.162,47 bzw. 13.165,94)

7. Das Kursrisiko besteht insbesondere darin, dass sich das allgemeine Zinsniveau, das durch die aktuelle Zinspolitik der EZB gesteuert wird, verändert. Steigen die Zinsen, so bedeutet das einen Kursverlust, weil die Zinsen des Wertpapiers für die gesamte Laufzeit festliegen. Umgekehrt steigen die Kurse, wenn die Zinsen sinken.

   Ebenso besteht eine Abhängigkeit zur Entwicklung auf dem Aktienmarkt, der sich positiv oder negativ auswirken kann.

8. Siehe Internet: Zum Beispiel Wikipedia (Rating).

Lösung zu Fall 7a:

1.

Verkaufsabrechnung von Zinspapieren			
Nennwert	8.000,00 €		
Kurswert	134,56 %		10.764,80 €
+ Stückzinsen vom 04.08. - 25.11.	111 Tage	2,5 %	61,67 €
= Ausmachender Betrag			10.826,47 €
- Bankprovision	0,5 %		53,82 €
- Maklergebühr	0,75 ‰		6,00 €
= Verkaufspreis			10.766,65 €
Kapitalertragsteuer	25 %		- 2.691,66 €
SolZ	5,5 %		148,04 €
= Bankgutschrift			7.926,95 €

---

[1] **30/360 – Deutsche Zinsmethode (30E/360):** Die Deutsche Zinsmethode sieht vor, dass jeder Monat mit 30 Zinstagen und ein gesamtes Jahr mit 360 Zinstagen gerechnet wird. Der erste Tag zählt nicht mit. **Eurozinsmethode:** Die Eurozinsmethode sieht vor, dass die Zinstage kalendergenau bestimmt werden und zur Ermittlung des Anteils am nominalen Jahreszinssatz durch 360 geteilt wird. Der erste Tag zählt nicht mit.

[2] Schaltjahr.

2.

Sollkonto SKR 03 (SKR 04)		Betrag	Habenkonto SKR 03 (SKR 04)	
Bank	1200 (1800)	7.926,95		
Privatsteuern	1810 (2150)	2.839,70		
		9.915,20	Sonst. Wertp.	1348 (1510)
		61,67	Zinserträge	2650 (7110)
		789,78	Erträge a. Abg. UV	2725 (4905)

Erläuterungen:	
Verkaufskurswert für 8.000,00 € Nennwert	10.764,80 €
Kaufkurs für 8.000,00 € Nennwert (80 % von 12.394,00 €) =	9.915,20 €
Z 1	849,60 €
- Verkaufskosten	59,82 €
Erträge aus Abgang von UV	789,78 €

3. Befinden sich die Wertpapiere im Privatvermögen, so sind erzielte Kursgewinne ebenfalls nach § 20 Abs. 2 Nr. 1 EStG steuerpflichtig (Kapitalertragsteuer als Abgeltungssteuer, § 20 Abs. 4 EStG, § 20 Abs. 1 Nr. 3 EStG. Die vereinnahmten Stückzinsen werden nach § 20 Abs. 2 Nr. 7 EStG erfasst.

Lösung zu Fall 8:

1. Mit dem Besitz einer Aktie ist ein Anteil am Vermögen einer AG verbunden. Dabei ist der Nennwert der Aktie nur ein Teil des Eigenkapitals einer AG.

Das Eigenkapital einer AG setzt sich zusammen aus:

▸ Gezeichnetes Kapital (Summe der Nennwerte aller Aktien)

▸ Kapitalrücklage (z. B. Agio bei Ausgaben von Aktien)

▸ Gewinnrücklagen (thesaurierte = nicht ausgeschüttete Gewinne)

▸ Gewinnvortrag/Verlustvortrag

▸ Jahresüberschuss/Jahresfehlbetrag (Ergebnis der GuV-Rechnung).

Da der Aktienbesitzer am gesamten Eigenkapital anteilmäßig beteiligt ist, liegt der Kurswert höher als der Nennwert. Hinzu kommen noch zwei weitere Faktoren:

In den Vermögensposten stecken ggf. noch stille Reserven, die sich durch die handels- und steuerrechtliche Bewertung ergeben.

Wichtige Faktoren kommen hinzu, die das Wechselspiel von Angebot und Nachfrage an der Börse bestimmen (z. B. wirtschaftliche Lage, Zinsniveau usw.).

Es besteht seit 1998 auch die Möglichkeit zur Umstellung auf die nennwertlose Stückaktie. Das Beteiligungsverhältnis ergibt sich dann aus dem Aktienbestand des einzelnen Aktionärs zur Gesamtzahl der ausgegebenen Aktien der Aktiengesellschaft.

2. Der Bilanzkurs drückt das Verhältnis von Nennwert aller Aktien zum gesamten Eigenkapital der AG aus:

$$\text{Bilanzkurs} = \frac{\text{Eigenkapital}}{\text{Gezeichnetes Kapital}}$$

3. In der Bilanzposition „Gezeichnetes Kapital"

4. Beim Kauf von Aktien entstehen folgende Kosten:

    ► Bankprovision (ca. 1 % vom Kurswert)

    ► Maklergebühr (0,8 ‰ vom Kurswert)

    ► Sonstige Auslagen (z. B. Telefongebühren).

5. Die Erträge aus Aktien können sein: Dividende und Kursgewinne.

    Befinden sich die Aktien im Betriebsvermögen, so sind beide Ertragsarten Betriebseinnahmen. Für private Kapitalerträge, die bisher als Einkünfte aus Kapitalvermögen erfasst wurden, wird ab 01.01.2009 eine Abgeltungssteuer von 25 % (zuzüglich Soli und KiSt) einbehalten. Das Halbeinkünfteverfahren wird abgeschafft. Führt die pauschale Besteuerung zu einer höheren Steuerbelastung, so können diese Einkünfte nach den allgemeinen Grundsätzen in der Einkommensteuererklärung erfasst werden.

6. Durch die Aktivierung der Aktien bringt der Steuerpflichtige zum Ausdruck, dass die Wertpapiere zum Betriebsvermögen gehören sollen.

7. Es ist die Frage zu klären, ob die Aktien zum Anlage- oder Umlaufvermögen zu rechnen sind. Das ist abhängig von der Absicht des Bilanzierenden, die Aktien nur kurzfristig oder langfristig im Betriebsvermögen zu belassen.

8. Die Kaufnebenkosten gehören nach § 255 Abs. 1 HGB zu den Anschaffungskosten und sind somit aktivierungspflichtig.

9.1 Kontierung:

> **(1348**/1510) Sonstige Wertpapiere 50.540,00   an   **(1200**/1800) Bank 50.540,00 €

9.2 Beim Umlaufvermögen gilt handelsrechtlich bei dauernder und vorübergehender Wertminderung eine Abschreibungspflicht (§ 253 Abs. 4 HGB), d. h. der niedrigere Wert (Kurswert + Nebenkosten) muss zwingend angesetzt werden. Steuerrechtlich gilt nach § 6 Abs. 1 Nr. 2 Satz 2 EStG ein Abschreibungswahlrecht bei dauernder Wertminderung. Bei nur vorübergehender Wertminderung besteht ein Abschreibungsverbot. Steuerlich ist eine voraussichtlich dauernde Wertminderung anzunehmen, wenn der Teilwert der Aktien bis zum Zeitpunkt der Aufstellung der Bilanz oder bei vorherigem Verkauf unter deren AK liegt. Der steuerliche Teilwert kann wie folgt ermittelt werden:

200 · 230 € = 46.000 € + 1,08 % Kaufnebenkosten (496,80 €) =	46.496,80 €
Die Anschaffungskosten betrugen:	50.540,00 €
Wertansatz	46.496,80 €
= Abschreibung	4.043,20 €

Somit ergibt sich in der Handelsbilanz eine Abschreibungspflicht und in der Steuerbilanz ein Abschreibungswahlrecht.

Kontierung:

4876 (7210) Abschr. auf WP 4.0343,20   an   **1348** (1510) Sonstige WP 4.043,20

9.3 Zwischen dem höheren Teilwert (200 • 280 € + Nebenkosten) und den AK sind zwingend die niedrigeren AK anzusetzen. Somit ergibt sich keine Veränderung in der Buchhaltung.

Lösung zu Fall 9:

1. und 2. Befinden sich die Aktien im Privatvermögen, so stellt die Dividende Einnahmen aus Kapitalvermögen dar. Es fällt die Abgeltungssteuer in Höhe von 25 % + 5,5 % SolZ und ggf. Kirchensteuer an. Nach § 20 Abs. 9 EStG ist der Sparerfreibetrag zu berücksichtigen (801/1.602 €).

Kursgewinne unterliegen ebenfalls der Abgeltungssteuer.

Befinden sich die Aktien im Betriebsvermögen, so muss unterschieden werden, ob sich die Anteile im Betriebsvermögen eines Einzelunternehmers, einer Personengesellschaft oder einer Kapitalgesellschaft (auch als Gesellschafter einer Personengesellschaft) befinden:

▸ Bei Auszahlung der Dividende bei Einzelunternehmern und Mitunternehmern wird 25 % Kapitalertragsteuer + SolZ einbehalten; ggf. KiSt.

▸ Bei Einzelunternehmern und Mitunternehmer (natürliche Personen) gilt für die endgültige Besteuerung das Teileinkünfteverfahren für Dividenden und Veräußerungen/Entnahmen von Anteilen an Kapitalgesellschaften (Besteuerung mit 60 %) unter Anrechnung der gezahlten Kapitalertragsteuer.

▸ Teilwertab- und -zuschreibungen werden bei Einzelunternehmern und Mitunternehmern (natürliche Personen) mit 60 % berücksichtigt.

▸ Veräußerungsverluste werden bei Einzelunternehmern und Mitunternehmer (natürliche Personen) nach dem Teileinkünfteverfahren berücksichtigt.

▸ Dividenden/Gewinnanteile sind bei Kapitalgesellschaften von der KSt zu 95 % freigestellt (§ 8b Abs. 1 und 5 KStG).

▸ Veräußerungsgewinne von Anteilen an Kapitalgesellschaften sind bei diesen von der KSt freigestellt.

▸ Teilwertab- und -zuschreibungen auf Anteile an Kapitalgesellschaften werden bei der steuerlichen Gewinnermittlung von Kapitalgesellschaften nicht berücksichtigt.

▸ Veräußerungsverluste werden bei der steuerlichen Gewinnermittlung von Kapitalgesellschaften nicht berücksichtigt.

3. Der Aktionär hat auf der Hauptversammlung ein Stimmrecht. Dieses wird nach Aktiennennbeträgen ausgeübt (§ 134 Abs. 1 Satz 1 AktG). Der Aktionär kann sein Stimmrecht durch eine schriftliche Vollmacht seiner Depotbank übertragen (Depotstimmrecht).

4. Mit Effektivverzinsung ist die tatsächliche Verzinsung gemeint. Erhält man z. B. auf eine Aktie mit einem Nennwert von 50 € eine Dividende in Höhe von 10 €, so wäre das auf 50 € bezogen = 20 %. Hat man jedoch beim Kauf der Aktie z. B. 300 € aufgewendet, so muss man die 10 € auf die investierten 300 € beziehen, dann ergibt sich eine Effektivverzinsung von 3,33 %. In diesem Zusammenhang spielt allerdings die Kursentwicklung der Aktie eine wichtigere Rolle.

5. Die Größe KgV (price-earnings-ratio) bringt das Kurs-Gewinnverhältnis zum Ausdruck. Es bringt zum Ausdruck, das Wievielfache des Reingewinns je Aktie der Kurs einer Aktie ausmacht. Entfällt auf eine Aktie z. B. ein Gewinn von 15 € und beträgt der Kurs 300 €, so beträgt das KgV 20. Diese Maßgröße ist aussagefähiger als die Effektivverzinsung, da der wirkliche Reingewinn und nicht nur der ausgeschüttete Gewinn berücksichtigt wird.

6. Bei der Besteuerung des Gewinnes einer AG wird zwischen dem ausgeschütteten und nicht ausgeschütteten Gewinn unterschieden. Der Steuersatz beträgt einheitlich 15 %.

7. Bei der Buchung der Dividendengutschrift ist darauf zu achten, dass die Dividende als Betriebseinnahme erfasst wird; soweit es sich um den steuerpflichtigen Teil (60 %) handelt. Die einbehaltene Kapitalertragsteuer und der SolZ stellen Privatentnahmen dar, weil sie bei der persönlichen ESt verrechnet werden können.

Kontierung:

1200 (1800)	(1.104,38)	Bank		
1810 (2150)	(395,62)	Private Steuern	an	2615 (7005) (1.500,00)
				Lfd. Erträge aus Ant.
				an Kap.Ges. (Beteiligung)
				§ 3 Nr. 40 EStG/§ 8b KStG)

Bei Einzelunternehmen können 40 % der Dividende (600 €) auch als Privateinlage gebucht werden. Ansonsten sind 40 % der Dividendeneinkünfte außerhalb der Bilanz vom Gewinn abzuziehen.

8. Rücklagen sind Teile des Eigenkapital

Rückstellungen gehören zum Fremdkapital (siehe Schaubild zu Fall 36)

Lösung zu Fall 10:

1. Zur Klärung der Frage, ob die Führung eines Fahrtenbuches zweckmäßig ist, bedarf es einer Vergleichsrechnung. Der Mandant hat grundsätzlich zwei Möglichkeiten, den privaten Kostenanteil vom betrieblichen Kostenanteil zu trennen, weil das Fahrzeug offensichtlich zu mehr als 50 % betrieblich genutzt wird und somit notwendiges Betriebsvermögen darstellt:

Pauschalierung nach § 6 Abs. 1 Nr. 4 EStG für die privaten Fahrten und Pauschalierung für die Fahrten zwischen Wohnung und Betrieb nach § 4 Abs. 5 Nr. 6 EStG.

Führen eines Fahrtenbuches zur genauen Ermittlung der Kosten je km.

Bei Pauschalierung ergibt sich folgende Berechnung für die Privatfahrten:

für die Privatfahrten:

	1 % des Bruttolistenpreises[1] von 53.500,00 € = 535,00 € mtl. · 12 =	6.420,00 €
−	20 % Pauschalabzug für nicht mit Vorsteuer belastet	1.284,00 €
	Bemessungsgrundlage für USt	5.136,00 €
	davon 19 % USt	975,84 €
	Privatentnahme	7.395,84 €

Die Überführungs- und Zulassungskosten zählen nicht zur Bemessungsgrundlage, gehören jedoch zu den Anschaffungskosten.

für die Fahrten zwischen Wohnung und Betrieb:

	0,03 % des Bruttolistenpreises von 53.500 € · 12 · 16	3.081,60 €
−	16 km · 230 Tage · 0,30 €	1.104,00 €
=	Nicht abzugsfähig	1.977,60 €

Umsatzsteuer fällt nicht an, da die Aufwendungen dem unternehmerischen Bereich zuzuordnen sind (siehe auch BMF-Schreiben vom 27.08.2004, IV 87 - S 300-70/74 Nr. 3).

Die Gewinnerhöhung beträgt somit insgesamt (6.420,00 € + 1.977,60 € =) 8.397,60 €, die Umsatzsteuer beträgt 975,84 €.

Bei **Führen eines Fahrtenbuches** ergibt sich folgende Berechnung:
(Es wird unterstellt, dass bei Führung eines Fahrtenbuches sich 3.000 km für private Fahrten ergeben.)

Ermittlung der Gesamtkosten:

	AfA: 20 % von 45.540,00 €	9.108,00 €
+	Laufende Kfz-Kosten	8.120,00 €
	Gesamtkosten	**17.228,00 €**

Kosten je km = 17.228,00 : 42.000 km = 0,41 €

Private Nutzung:

	3.000 km · 0,41 €	1.230,00 €
	Kosten je km für Zwecke der USt: (17.228,00 - 2.000,00) : 42.000 km = 0,36 €	
	3.000 km · 0,36 € = 1.080,00 €	
	davon 19 % USt =	205,20 €
=	**Privatentnahme, insgesamt**	**1.435,20 €**

---

[1] Nach einem Entwurf eines BMF-Schreibens vom Juli 2021 ist ein Abschlag zur Ermittlung des Bruttolistenpreises bei Nutzung für private Fahrten, Fahrten zwischen Wohnung und Betriebsstätte/erster Tätigkeitsstätte und Familienheimfahrten bei Elektro- und Hybridelektrofahrzeugen vorzunehmen. Beispiel: Der Steuerpflichtige hat in 2018 ein Elektrofahrzeug mit einer Batteriekapazität von 25,4 Kilowattstunden (kWh) erworben. Der Bruttolistenpreis beträgt 45.000 €. Der Bruttolistenpreis (45.000 €) ist um 6.350 € (25,4 kWh · 250 €) zu mindern. Der für die Ermittlung des Entnahmewerts geminderte und auf volle hundert Euro abgerundete Bruttolistenpreis beträgt 38.600 €. Die Nutzungsentnahme nach der 1 %-Regelung beträgt 386 € pro Monat.

Fahrten zwischen Wohnung und Betrieb:

	230 · 32 · 0,41	3.017,60 €
-	Pauschale s. o.	1.104,00 €
=	Nicht abzugsfähige Betriebsausgabe	1.913,60 €

Umsatzsteuer fällt nicht an, da die Aufwendungen dem unternehmerischen Bereich zuzuordnen sind (siehe auch BMF-Schreiben vom 27.08.2004).

Für den Mandanten ist es also wesentlich günstiger, ein Fahrtenbuch zu führen. Das Fahrtenbuch muss folgende Angaben enthalten:

- ► Datum
- ► km-Stand zu Beginn und am Ende jeder einzelnen Dienstreise
- ► Reiseziel und genaue Reiseroute
- ► Reisezweck und Name des aufgesuchten Geschäftspartners
- ► Für Privatfahrten genügen Kilometerangaben
- ► Für Fahrten zwischen Wohnung und Betrieb sowie Familienheimfahrten genügt ein Vermerk
- ► Erleichterungen für verschiedene Berufe (z. B. Ärzte).

2. Der Verkauf oder auch die Inzahlunggabe des Pkw stellt ein umsatzsteuerliches Hilfsgeschäft dar. Der Vorgang ist steuerbar und steuerpflichtig.

3. Bei der Entnahme nach fünf Jahren ist der Teilwert anzusetzen. Da der Pkw voll abgeschrieben ist, ergibt sich bei der Entnahme ein Buchgewinn in Höhe des Teilwertes. Außerdem ist dies die Bemessungsgrundlage für die Umsatzsteuer.

Tangierende Problemkreise:
Die umsatzsteuerliche Behandlung von Gegenstandsentnahmen: siehe Schaubild zu Fall 16.

Lösung zu Fall 11:

Die Schenkung des Pkw an seine Tochter stellt eine Entnahme dar und unterliegt außerdem nach § 3 Abs. 1b UStG der Umsatzsteuer. Die Entnahme muss sowohl bilanzsteuerrechtlich als auch umsatzsteuerrechtlich bewertet werden.

Bilanzsteuerrechtlich ist die Entnahme nach § 6 Abs. 1 Nr. 4 EStG mit dem Teilwert zu bewerten. Aus dem Sachverhalt ergibt sich, dass dieser mit 6.000 € angesetzt werden kann. Dieser Wert als Einzelveräußerungspreis stellt die unterste Grenze des Teilwertes dar. Erkenntnisse, die einen höheren Teilwert begründen, liefert der Sachverhalt nicht.

Die Bemessungsgrundlage für die USt ergibt sich aus § 10 Abs. 4 Nr. 1 UStG. Der Einkaufspreis zum Zeitpunkt des Umsatzes entspricht ebenfalls den 6.000 €. Die Umsatzsteuer beträgt somit 1.140 €.

Bei einem Anlagenabgang ist grundsätzlich zu überprüfen, ob ein Buchgewinn oder ein Buchverlust entstanden ist. Dazu sind der Verkaufserlös (Entnahmewert), netto, und der Restbuchwert zum Zeitpunkt des Ausscheidens aus dem Betriebsvermögen zu vergleichen.

	Anschaffungskosten des Pkw am 17.01.2017	25.000,00 €
-	AfA für 2017, 2018, 2019, 2020, 2021 (100 %)	24.999,00 €
	Restbuchwert zum Ausscheidungszeitpunkt	1,00 €

Ermittlung des Buchgewinnes

	Entnahmewert	6.000,00 €
-	Buchwert zum Ausscheidungszeitpunkt	1,00 €
	Buchgewinn	5.999,00 €

Die vorgenommene Buchung ist vom Restbuchwert zum 01.01.2021 ausgegangen. Erforderliche Korrekturen:

1. Stornobuchung: 0320 Pkw an 1880 Privatentnahmen (Eigenverbrauch) (1,00)

2. Neueinbuchung:

1.	1880 Privatentnahme (7.140,00)	an	8910 Entnahme von Gegenständen	(6.000,00)
			1770 Umsatzsteuer	(1.140,00)
2.	2315 Anlageabgänge (8.333,00)	an	0320 Pkw	(1,00)

Die Korrekturen sind erforderlich, damit der Gewinn ordnungsgemäß ausgewiesen wird. Wäre eine Entnahme zum Buchwert möglich, so könnte der Pkw z. B. im privaten Bereich ohne Versteuerung bei der Einkommensteuer und der Umsatzsteuer veräußert werden.

Bei einem Fahrzeugwechsel müssen die anteiligen Kosten beider Fahrzeuge für die Privatfahrten und die Fahrten zwischen Wohnung und Betrieb ermittelt und gebucht werden. Dabei spielt die zeitanteilige AfA eine besondere Rolle.

Tangierende Problemkreise:
Notwendiges und gewillkürtes Betriebsvermögen bei einem Pkw
Siehe hierzu Schaubild zu Fall 15

Die km-Pauschbeträge
Folgende km-Pauschbeträge spielen eine Rolle:

▶ 0,30 € je Kilometer für Dienstreisen, Werbungskosten für Fahrten zwischen Wohnung und Arbeitsstätte bei Schwerbehinderten (§ 9 Abs. 2 EStG), Ansatz als außergewöhnliche Belastung bei Schwerbehinderten für 3.000 km nach § 33 EStG

▶ 0,30 € je Entfernungskilometer (Hin- und Rückweg) nach § 9 Abs. 1 Nr. 4 EStG

▶ Der Gesetzgeber hat eine Erhöhung der Pendlerpauschale (auch „Entfernungspauschale" genannt) beschlossen.

▶ Die Entfernungspauschale beträgt somit 0,30 € für jeweils die ersten 20 km und 0,38 € ab dem 21. Kilometer. Dieser Pauschalbetrag ab dem 21. Kilometer wurde rückwirkend zum 01.01.2022 auf 0,38 € angehoben und soll bis 2026 gelten.

▶ Erst 2027 soll dann wieder die bis einschließlich 2020 geltende Pendlerpauschale von 0,30 € für jeden gefahrenen Kilometer (§ 9 EStG Werbungskosten) gelten.

Anmerkung: Die **Pendlerpauschale** ist nicht mit der **Kilometerpauschale** zu verwechseln. Die Pendlerpauschale betrifft ausschließlich die Distanz zwischen Wohnort und der ersten Tätigkeitsstätte.

Beispiel für 2022:

Beispiel: Ein Arbeitnehmer ist im Jahr (2022) an 220 Tagen im Jahr mit seinem Auto zur Arbeit gefahren, die Entfernung betrug 38 km. Seine Fahrtkosten ergeben sich folgendermaßen:

▶ Die Pendlerpauschale für die ersten 20 Kilometer: 20 • 0,30 € • 220 Tage = 1.320,00 €

▶ Die Pendlerpauschale für die restlichen 18 Kilometer: 18 • 0,38 € • 220 Tage = 1.504,80 €

▶ Der Arbeitnehmer hat Anspruch auf: 2.824,80 € (1.320,00 € + 1.504,80 €) Werbungskosten; damit überschreitet er die AN-Pauschale von 1.200,00 €.

Lösung zu Fall 12:

1. Zunächst ist der Restbuchwert zum Ausscheidungszeitpunkt zu ermitteln:

Darstellung der AfA auf Alt-Lkw

	Abschreibungsverlauf	
	Anschaffungskosten 01	210.000,00 €
-	AfA 01 (16 ⅔ %, davon ⁷/₁₂)	20.417,00 €
	Restbuchwert am 31.12.01	189.583,00 €
-	AfA 02 (16 ⅔ %)	35.000,00 €
	Restbuchwert am 31.12.02	154.583,00 €
-	AfA 03 (16 ⅔ %, davon ¹⁰/₁₂)	29.167,00 €
	Restbuchwert zum Ausscheidungszeitpunkt	125.416,00 €

Kontierungen am 18.11.03

Buchung der zeitanteiligen AfA:

4830 (6220) Abschreibung auf Sachanlagen	an	0320 (0540) Lkw	(29.167,00)

Buchung des Anlagenabgangs:

2315 (4855) Anlageabgänge	an	0320 (0540) Lkw	(125.416,00)

Buchung der Forderung an die Versicherung:

1500 (1300) Sonstige Forderung	an	2720 (4900) Erträge aus Anlageabgängen	(140.000,00)

2. Auf die Entschädigungssumme von 140.000 € wird keine USt gezahlt, weil es sich um echten Schadenersatz im Sinne von Abschn. 1.3 UStAE handelt. Es mangelt an einem Leistungsaustausch, der Vorgang ist nicht steuerbar.

3. Es ergibt sich folgender Buchgewinn durch die Entschädigungszahlung:

Entschädigung der Versicherung	140.000 €
Restbuchwert zum Ausscheidungszeitpunkt	125.416 €
Buchgewinn	14.584 €

    Der Lkw ist durch höhere Gewalt aus dem Betriebsvermögen ausgeschieden. Brand wird bei fahrlässigem oder vorsätzlichem Verhalten als höhere Gewalt anerkannt; nicht jedoch z. B. ein Verkehrsunfall (R 6.6 Abs. 2 EStR).

    Es kann somit eine RfE gebildet werden.

    Buchungen am 31.12.03:

2340 (6925) Einstellung in Sonderposten mit Rücklageanteil	an	0932 (2982) Sonderposten mit Rücklageanteil nach R 6.6 EStR	(14.584,00)

4. Siehe Ausführungen zu Fall 12, S. 48!

5. Die Rücklage ist aufzulösen:

0932 (2982) Sonderposten mit Rücklageanteil	an	2740 (4935) Erträge aus der Auflösung von Sonderposten mit Rücklageanteil	(14.584,00)

    Buchung der Neuanschaffung:

0350 (0540) Lkw	(210.000,00)	an	1200 (1800) Bank	(249.900,00)
1570 (1400) Vorsteuer	(39.900,00)			

    Erfassung der Rücklage als Sonderabschreibung:

4840 (6230) Außerplanmäßige Abschreibung	an	0350 (0540) Lkw	(14.584,00)

    Beim Jahresabschluss ist die AfA durch den Rücklagebetrag entsprechend vermindert.

    (210.000 € - 14.584 € = 195.416 € = AfA-Basis)

6. Siehe dazu Schaubild zu diesem Fall (siehe auch H 6.6 EStR)!

Tangierende Problemkreise:
Lesen Sie dazu H 6.6 (3) und R 6.6 (4) EStR!

Lösung zu Fall 13:

1. Die Reise des Unternehmers ist eine Geschäftsreise.

   Die Reise des Arbeitnehmers ist eine Dienstreise.

2. Eine Auswärtstätigkeit liegt vor, wenn ein Arbeitnehmer:
   - ► vorübergehend
   - ► außerhalb seiner Wohnung
   - ► und der ersten Tätigkeitsstätte beruflich tätig wird.

3. Für An- und Abreisetage (auch bei mehrtägigen Reisen) 14 €

   Bei mehr als 24 Stunden Abwesenheit 28 €

4.

Gesamtausgaben für Verpflegung, netto	150,00 €
Kosten für ein Frühstück, netto	10,00 €
	160,00 €

Ertragsteuerlich können folgende Beträge angesetzt werden:

► Für den Anreise- und Abreisetag jeweils 14 €	= 28,00 €
► Für den 2. Tag (24 Stunden)	28,00 €
Zusammen	56,00 €
Nicht abzugsfähige Betriebsausgabe	104,00 €

Die Vorsteuer kann aus den gesamten Verpflegungsmehraufwendungen geltend gemacht werden = 30,40 €

Für die Übernachtungskosten ergibt sich folgende Berechnung:

2 Übernachtungen	260,00 €
- 1 Frühstück (pauschal)	5,60 €
abzugsfähig	254,40 €
Nicht abzugsfähig	4,50 €

Die Vorsteuer hingegen kann in voller Höhe aus den Übernachtungskosten angesetzt werden (7 % von 260,00 €) = 18,20 €.

Die Gesamterstattung beträgt:

Übernachtungskosten	278,20 €
1 Frühstück	11,90 €
Verpflegungskosten (6 Belege)	178,50 €
Summe	468,60 €

Nr.	Sollkonto SKR 03 (SKR 04)		Betrag	Habenkonto SKR 03 (SKR 04)	
1	Reisekosten	4674 (6674)	56,00		
	Vorsteuer	1570 (1400)	30,40		
	Nicht abz.BA	4655 (6645)	109,60		
	Reisek.Untern.	4676 (6676)	254,40		
	Vorsteuer	1570 (1400)	18,20		
			468,60	Bank	1200 (1800)

S	Reisekosten UN **4674** (6674)	H		S	Bank **1200** (1800)	H
1)	56,00				1)	468,60

S	Nicht abz.Betriebsausg. **4655** (6645)	H		S	Vorsteuer **1570** (1400)	H
1)	108,50			1)	48,60	

S	Reisekosten UN (Üb.) **4676** (6676)	H
1)	254,40	

Lösung zu Fall 14:

Die zur Verfügungstellung des Firmenwagens für die Fahrten zwischen Wohnung und Arbeitsstätte stellt einen geldwerten Vorteil dar. Er ist mit 0,03 % vom Listenpreis + Umsatzsteuer je Entfernungskilometer monatlich anzusetzen.

Für den vorliegenden Fall ergibt sich folgender Ansatz:
0,03 % von 59.500,00 • 30 = 535,50 € monatlich

Herr Schnell kann jedoch für diese Fahrten Werbungskosten geltend machen:

230 • 20 • 0,30 € =	1.380,00 €
230 • 10 • 0,38 € =	874,00 €
Summe	2.254,00 €

Dies gilt nicht, wenn der Arbeitgeber diesen geldwerten Vorteil pauschal versteuert hat (§ 40 Abs. 2 Satz 2 EStG). Der pauschale Steuersatz beträgt 15 % (auf 0,30 € je Entfernungskilometer). Das, was über die 0,30 € je Entfernungskilometer hinausgeht, ist normal zu besteuern. Der pauschal versteuerte Fahrtkostenersatz ergibt sich aus Zeile 18 der Lohnsteuerbescheinigung.

Bei der Pauschalierung ist aus Vereinfachungsgründen von 15 Arbeitstagen monatlich (180 Arbeitstage) auszugehen (R 40.2 Abs. 6 Nr. 2b aa LStR 2013). Danach ergibt sich folgende Berechnung:[1]

---

[1] Der Pauschalierung kann aber auch die tatsächliche Anzahl der Arbeitstage zugrunde gelegt werden.

15 Tage • 20 km • 0,30 € =	90,00 €
15 Tage • 10 km • 0,38 € =	57,00 €
Summe	147,00 €

Geldwerter Vorteil (siehe oben)	535,50 €
verbleiben	**388,50 €**

Dieser Betrag ist zusammen mit dem Monatslohn steuer- und beitragspflichtig.

Für den pauschalierten Betrag ergibt sich folgende Berechnung:

15 % von 147,00 €	22,05 €
5,5 % SolZ[1]	1,21 €
7 % Kirchensteuer	1,54 €

Wenn Herr Schnell für die über 20 km liegende Entfernung 0,15 € je Kilometer erstattet, ergibt sich folgende Berechnung (Annahme = 20 Arbeitstage je Monat):

0,15 € • 10 • 2 • 20 = 60 €	
0,03 % von 59.500 • 30 =	535,50 €
- Zuzahlung	60,00 €
= **verbleibender steuerpflichtiger und beitragspflichtiger geldwerter Vorteil** (monatlich)	**475,50 €**

Nach den Lohnsteuer-Änderungsrichtlinien 2015 – LStÄR 2015 gilt Folgendes:

Fahrten zwischen Wohnung und erster Tätigkeitsstätte[2]
R 40.2 Abs. 6 LStR: Die Lohnsteuer kann nach **§ 40 Abs. 2 Satz 2 EStG** mit einem Pauschalsteuersatz von 15 % erhoben werden. Maßgeblich für die Höhe des pauschalierten Betrages sind die tatsächlichen Aufwendungen des Arbeitnehmers für die Fahrten zwischen Wohnung und erster Tätigkeitsstätte oder Fahrten nach § 9 Abs. 1 Satz 3 Nr. 4a Satz 3 EStG, jedoch höchstens der Betrag, den der Arbeitnehmer nach § 9 Abs. 1 Satz 3 Nr. 4, Abs. 2 EStG als Werbungskosten geltend machen könnte.

Herr Schnell kann, wenn keine pauschale Besteuerung erfolgt, als Werbungskosten bei angenommenen 230 Arbeitstagen geltend machen:

20 km • 0,30 € • 230 Arbeitstage =	1.380,00 €
10 km • 0,38 € • 230 Arbeitstage =	874,00 €
	2.254,00 €

Die Überlassung des Pkw durch den Arbeitgeber stellt umsatzsteuerlich eine sonstige entgeltliche Leistung dar. Aus den oben ermittelten Beträgen ist die Umsatzsteuer mit 19 % herauszurechnen. Der Sachbezug teilt sich buchtechnisch in einen Nettobetrag und die Umsatzsteuer auf.

---

[1] Bei der pauschalen Besteuerung fällt weiterhin SolZ an.
[2] Beachte: BMF-Schreiben: Steuerliche Behandlung der Reisekosten von Arbeitnehmern vom 25.11.2020 (AZ.: C5-S2353/19/10011:006).

Tangierende Problemkreise:
Fahrtkostenersatz für Fahrten zwischen Wohnung und Arbeitsstätte in Euro

- Fahrtkostenzuschüsse für Fahrten mit öffentlichen Verkehrsmitteln im Linienverkehr waren bis zum 31.12.2003 steuerfrei. Die Zuschüsse durften die Aufwendungen des Arbeitnehmers jedoch nicht übersteigen. Ab 01.01.2004 ist der Arbeitgeberersatz für Fahrten zwischen Wohnung und Arbeitsstätte ohne Rücksicht auf das benutzte Verkehrsmittel steuerpflichtig. Allerdings kann die Lohnsteuer pauschal mit 15 % erhoben werden. Hier gilt die Beschränkung auf die Höhe der Entfernungspauschale bzw. der entstandenen Kosten.

- Ab 01.01.2019 wurde die bis 2003 geltende Regelung der Steuerbefreiung wieder eingeführt (§ 3 Nr. 15 EStG – Art. 3 des Gesetzes zur Vermeidung von Umsatzsteuerausfällen beim Handel mit Waren im Internet). Dies gilt jedoch nur für die Nutzung öffentlicher Verkehrsmittel für Fahrten zwischen Wohnung und erster Tätigkeitsstätte. Der Zuschuss muss als zusätzlicher Arbeitslohn gewährt werden; somit ist keine Entgeltumwandlung möglich. Der Zuschuss (Jobticket) wird auf die Entfernungspauschale angerechnet.

- Ersetzt der Arbeitgeber Kosten für die Fahrten zwischen Wohnung und erster Tätigkeitstätte für einen eigenen Pkw, liegt steuerpflichtiger Arbeitslohn vor. Die Lohnsteuerpauschalierung nach § 40 Abs. 2 Satz 2 EStG ist anwendbar.

- Steuerfreiheit besteht noch für die Sonderfälle des § 3 Nr. 32 EStG (Sammelbeförderung von Arbeitnehmern) und § 3 Nr. 16 EStG (Fahrkostenerstattungen im Rahmen einer beruflich veranlassten doppelten Haushaltsführung und bei Auswärtstätigkeit).

Fahrtkostenersatz für Fahrten zwischen Wohnung und Arbeitsstätte in der Sozialversicherung
Die beitragsrechtlichen Bestimmungen orientieren sich an den steuerlichen Vorschriften. (§ 14 Abs. 1 Satz 1 SGB IV, § 1 Satz 1 Nr. 3 SvEV und § 1 Abs. 1 Satz 1 SvEV).

So ist der steuerfreie Fahrtkostenersatz und der pauschal versteuerte Teil beitragsfrei, ein übersteigender Teil ist beitragspflichtig.

Lösung zu Fall 15:

1. Der Pkw wird zu ca. 6 % betrieblich genutzt. Er gehört damit zum notwendigen Privatvermögen. Er kann nicht aktiviert werden.

2. Die Aufwendungen für die betrieblichen Fahrten stellen Betriebsausgaben dar. Sie können

   - pauschal mit 0,30 € je km oder

   - mit den tatsächlichen Kosten bei Führung eines Fahrtenbuches geltend gemacht werden.

3. Die § 36 - 39 UStDV sind durch das Steuerentlastungsgesetz 1999/2000/2002 ab 01.04.1999 aufgehoben worden. Somit entfällt der Vorsteuerabzug.

4. 1.380 km • 0,30 € = 414 €

5. Bei Führen eines Fahrtenbuches sind die Kosten/km zu ermitteln:

	Gesamtkosten	
	Laufende Kosten	3.500,00 €
+	AfA	8.000,00 €
	Summe	11.500,00 € : 25.000 km = 0,46 €/km
	1.380 km • 0,46 € =	634,80 €

6. Kontierungen:
   bei Pauschalierung:

4590 (6590) Kfz-Kosten für betrieblich genutzte zum Privatvermögen gehörende Kraftzahrzeuge	an	1000 (1600) Kasse	(414,00)

bei Einzelnachweis:

4590 (6590) Kfz-Kosten für betrieblich genutzte zum Privatvermögen gehörende Kraftzahrzeuge	an	1000 (1600) Kasse	(634,80)

Tangierende Problemkreise:
Notwendiges und gewillkürtes Betriebsvermögen
Siehe Schaubild zu vorliegendem Fall!

Lösung zu Fall 16:

Sachverhalt 1:
Es handelt sich um eine Entnahme in Geld bzw. um Überweisungen für den privaten Bereich, denn die Einkommensteuer ist eine private Steuer. Bewertungsprobleme entstehen nicht, soweit keine Sorten oder Devisen entnommen werden. Geldentnahmen sind umsatzsteuerlich nicht steuerbar.

Sachverhalt 2:
Es handelt sich um eine Sachentnahme bzw. um eine Gegenstandsentnahme. Die Entnahme muss buchtechnisch erfasst werden, weil beim Kauf des Fahrrades die Anschaffungskosten als Aufwand gebucht worden sind. Dieser Aufwand darf jedoch den Gewinn nicht mindern. Umsatzsteuerlich handelt es sich um eine Gegenstandsentnahme nach § 3 Abs. 1b UStG.

Die Entnahme ist nach § 6 Abs. 1 Nr. 4 EStG mit dem Teilwert zu bewerten. Dieser entspricht dem Wiederbeschaffungspreis zum Zeitpunkt der Entnahme und beträgt 1.520 €.

Für Zwecke der Umsatzbesteuerung ist die Bemessungsgrundlage festzustellen; nach § 10 Abs. 4 Nr. 1 UStG mit dem Einkaufspreis zuzüglich Nebenkosten (Anschaffungskosten) zum Zeitpunkt des Umsatzes. Dieser Wert entspricht dem Wert, der auch nach

§ 6 Abs. 1 Nr. 4 EStG anzusetzen ist. Insofern kann auch ein automatisches Konto für den Buchungsvorgang angesprochen werden.

Sachverhalt 3:
Die Auffassung des Metzgermeisters bezüglich der Einzelaufzeichnung seiner Warenentnahmen ist nachzuvollziehen. Sie können ihm auch eine Möglichkeit eröffnen, die ihm keine zusätzliche Arbeit kostet. Er kann seinen Eigenverbrauch pauschal ermitteln.

Aus der Tabelle für die Pauschalierung ergibt sich für ihn Folgendes:

Pauschbeträge für Sachentnahmen 2022			
	zu 7 %	**zu 19 %**	**Insgesamt**
Unternehmer	1.240,00	537,00	1.777,00
Ehefrau	1.240,00	537,00	1.777,00
Kind (13 Jahre)	1.240,00	537,00	1.777,00
Kind (11 Jahre)	620,00	268,50	888,50
	4.340,00	1.879,50	6.219,50

19 % USt von 1.879,50 € = 357,11 €
 7 % USt von 4.340,00 € = 303,80 €

Das BMF-Schreiben vom 11.02.2021 wurde aufgehoben.

Sachverhalt 4:
Die Entnahme des Schreibtisches ist mit dem Teilwert zu bewerten. Dieser entspricht dem Wiederbeschaffungspreis von 500 €. Für Zwecke der Umsatzsteuer ist der Einkaufspreis + Nebenkosten zum Zeitpunkt des Umsatzes anzusetzen, dies entspricht ebenfalls dem Wiederbeschaffungspreis von 500 €.
Für die Entnahme des Pkw gelten die gleichen Wertansätze. Hier ist allerdings noch der Restbuchwert zum Zeitpunkt des Ausscheidens zu ermitteln. In Höhe der Differenz zum Teilwert entsteht ein Buchgewinn.

Buchwert am 01.01.	20.000,00 €
- zeitanteilige AfA ($^9/_{12}$ von 10.000,00 €)	7.500,00 €
Restbuchwert zum Entnahmezeitpunkt	12.500,00 €
Entnahmewert (Teilwert)	14.000,00 €
Buchgewinn	**1.500,00 €**

Sachverhalt 5:

Einlagen sind grundsätzlich mit dem Teilwert zu bewerten. Das gilt jedoch nach § 6 Abs. 1 Nr. 5a) EStG nicht, wenn das zugeführte Wirtschaftsgut innerhalb der drei letzten Jahre angeschafft wurde. In diesem Falle sind höchstens die Anschaffungskosten bzw. die fortgeführten Anschaffungskosten anzusetzen.

AfA-Bemessungsgrundlage sind die fortgeführten AK (Einlagewert - bisherige AfA).

	Anschaffungskosten	1.600,00 €
-	2 • 10 % AfA = 20 %	320,00 €
	Fortgeführte Anschaffungskosten (Einlagewert)	**1.280,00 €**

Die Einlage ist mit 1.280 € zu bewerten. Somit ist der Schrank zu aktivieren und nach der betriebsgewöhnlichen Nutzungsdauer abzuschreiben.

Lösung zu Fall 17:

1. Berechnung der Anschaffungskosten:

	Listenpreis einschließlich Sonderzubehör	21.977,00 €
-	5 % Rabatt	1.098,85 €
	Zwischensumme	20.878,15 €
+	Überführungskosten	429,00 €
+	Kfz-Brief und Zulassung	48,55 €
	Anschaffungskosten	21.355,70 €

Die Aufwendungen für die erste Tankfüllung werden als sofort abzugsfähige Betriebsausgaben erfasst.

2.

Nr.	Sollkonto SKR 03 (SKR 04)		Betrag	Habenkonto SKR 03 (SKR 04)	
1	Bank	**1200** (1800)	10.000,00	Verb.g.Kreditinst.	**0630** (3150)
2	Pkw	**0320** (0520)	22.406,00		
	Vorsteuer	**1570** (1400)	4.257,14		
			26.663,14	Verbindlichkeiten	**1600** (3300)
3	Pkw	**0320** (0520)	48,55	Verbindlichkeiten	**1600** (3300)
4	Fahrzeugkosten	**4500** (6500)	55,00		
	Vorsteuer	**1570** (1400)	10,45		
			65,45	Verbindlichkeiten	**1600** (3300)
5	Verbindlichkeiten	**1600** (3300)	26.663,14		
			25.355,51	Bank	**1200** (1800)
			1.098,85	Pkw	**0320** (0520)
			208,78	Vorsteuer	**1570** (1400)
6	Verbindlichkeiten	**1600** (3300)	48,55	Bank	**1200** (1800)
7	Verbindlichkeiten	**1600** (3300)	65,45	Bank	**1200** (1800)

S	Bank **1200** (1800)		H		S	Verbindl. g. Kreditinst. **0630** (3150)	H
1)	10.000,00	5)	25.355,51			1)	10.000,00
		6)	48,55				
		7)	65,45				

S	Pkw **0320** (0520)		H		S	Verbindlichkeiten **1600** (3300)		H
2)	22.406,00	5)	1.098,85	5)	26.663,14	2)	26.663,14
3)	48,55			6)	48,55	3)	48,55
				7)	65,45	4)	65,45

S	Vorsteuer **1570** (1400)		H		S	Fahrzeugkosten **4500** (6500)	H
2)	4.257,14	5)	208,78	4)	55,00		
4)	10,45						

3. Wird der Pkw auch für private Zwecke genutzt, dann ist der Privatanteil zu erfassen (Fahrtenbuch oder 1 %-Methode)

Lösung zur Alternativaufgabe: Kauf einer Maschine im Leasingverfahren

1. Es handelt sich um einen Finanzierungs-Leasingvertrag, weil die Grundmietzeit zwischen 40 und 90 % (60 %) liegt und nach Ablauf der Grundmietzeit der Kaufpreis oder die Miete den Buchwert nicht deckt. Umsatzsteuerlich liegt in diesem Falle eine Lieferung vor (**Abschnitt 25 Abs. 4 Satz 2 UStR**).

   Zur umsatzsteuerlichen Bemessungsgrundlage gehört alles, was der Leasingnehmer insgesamt für das Leasingobjekt aufzuwenden hat. Danach ist die Bemessungsgrundlage (§ 10 UStG) die Summe aller Leasingraten + Verlängerungsmieten bzw. Kaufpreis bei Kaufoption.

2. Der Leasinggegenstand ist dem Leasingnehmer zuzuordnen.

Berechnung der Leasingrate:
3,47 % von 200.000 € = 6.940 € monatliche Rate

Aufteilung der Leasingraten wird an der ersten Rate dargestellt:

1. Summe der Zahlenreihe = $\frac{36}{2} \cdot (36 + 1) = 666$

2. Zins- und Kostenanteil 1. Rate = $\frac{49.840,00\ € \cdot 36}{666} = 2.694,05\ €$

   Tilgungsanteil somit: (6.940,00 € - 2.694,05 €) = 4.245,95 €

   Der Zins- und Kostenanteil ergibt sich wie folgt:

36 Raten • 6.940,00 € =	249.840,00 €
Anschaffungskosten =	200.000,00 €
Zins-Kostenanteil =	49.840,00 €

Berechnung der Umsatzsteuer:

36 Raten · 6.940,00 € =		249.840,00 €
+ Kaufpreis (offen) =		
Bemessungsgrundlage		249.840,00 €
19 % USt		47.469,60 €

3. und 4.

Buchungen beim Leasingnehmer unter Beachtung des § 253 Abs. 1 Satz 2 HGB:

Nr.	Sollkonto	Betrag	Habenkonto
	Bei Zuordnung beim Leasingnehmer: **Leasingnehmer** bucht:		
Aktivierung der Maschine			
1	Maschinen	200.000,00	
	Vorsteuer	47.469,60	
	Aktive RAP	49.840,00	
		297.309,60	Verbindlichkeiten
Überweisung der Umsatzsteuer			
2	Verbindlichkeiten	47.469,60	Bank
Überweisung der 1. Rate			
	Verbindlichkeiten	6.940,00	Bank
Teilauflösung der aktiven RAP			
3	Kaufleasing	2.694,05	Aktive RAP

Die Auflösung der RAP kann auch am Ende des Jahres zusammengefasst durchgeführt werden.

5. und 6.

Kontierung beim Leasinggeber unter Beachtung des § 253 Abs. 1 Satz 2 HGB:

Nr.	Sollkonto	Betrag	Habenkonto
	Bei Zuordnung beim Leasingnehmer: **Leasinggeber** bucht:		
Zurverfügungstellung der Maschine			
1	Forderungen	297.309,60	
		200.000,00	Maschinen
		47.469,60	Umsatzsteuer
		49.840,00	Passive RAP
Überweisung der Umsatzsteuer			
2	Bank	47.469,60	Forderungen
Überweisung der 1. Rate			
	Bank	6.940,00	Forderungen
Teilauflösung der aktiven RAP			
3	Passive RAP	2.694,05	Sonstige Erträge

Lösung zu Fall 18:

Zu den einzelnen Zeilen der Gehaltsabrechnung:

Zeile 1: Gehalts- und Lohnabrechnungen erfolgen in der Regel monatlich.

Zeile 2: Das Bruttogehalt ist entweder das tariflich vereinbarte oder das aufgrund eines Arbeitsvertrages vereinbarte Entgelt für die Arbeitsleistung.

Zeile 3: Die vermögenswirksamen Leistungen werden nicht mehr auf der Lohnsteuerkarte bescheinigt. Von den Anlageinstituten wird eine Bescheinigung (Vordruck VL) ausgestellt, die der Steuererklärung beigefügt wird.

Zeile 4: Das Gesamtbrutto ergibt sich aus der Addition des Bruttogehalts und der VWL und ggf. sonst. Leistungen.

Zeile 5: Die Sozialversicherungspflicht wird durch die sog. Beitragsbemessungsgrenzen bestimmt, die für jedes Jahr neu festgelegt werden. Dabei beträgt die Beitragsbemessungsgrenze für die Krankenversicherung und die Pflegeversicherung jeweils 75 % der Beitragsbemessungsgrenze für die Rentenversicherung bzw. Arbeitslosenversicherung.

Zeile 6: Der Arbeitnehmer hat die Möglichkeit, aufgrund eines Lohnsteuerermäßigungsantrages sich einen Freibetrag bei den Lohnsteuerabzugsmerkmalen (ELSTAM) eintragen zu lassen. Die Eintragung erfolgt durch das zuständige Finanzamt. Eintragungsgründe sind: Werbungskosten über der Arbeitnehmer-Pauschale von 1.200 € usw. (Vgl. § 39a EStG: Freibetrag beim Lohnsteuerabzug). Der Antrag kann bis zum 30.11. des Jahres auf amtlichem Vordruck gestellt werden.

Zeile 7: Der steuerpfl. Betrag ergibt sich durch Subtraktion des eingetragenen Freibetrages vom Gesamtbrutto.

Zeile 8 - 10: Die einzubehaltene Lohn-, Kirchensteuer und SolZ ergibt sich aus der Lohnsteuertabelle (Allgemeine bzw. Besondere Tabelle). Entscheidend ist die bei den Lohnsteuerabzugsmerkmalen (ELSTAM) erfasste Lohnsteuerklasse.

Zeile 11 - 14: Hier handelt es sich um die Sozialversicherung, die auch mithilfe von Tabellen oder einem entsprechenden Programm ermittelt wird.

Zeile 15: Gesamtabzüge = Zeilen 8 - 14

Zeile 16: Zeile 4 - Zeile 15

Zeile 17: VWL, die abzuführen ist

Zeile 18: Vorwegnahme von Gehaltsteilen

Zeile 19: Banküberweisung für das Gehalt (hinzu kommt ggf. das Kindergeld, wenn durch AG ausgezahlt).

Tangierende Problemkreise:
Lohnsteuertabellen und Lohnsteuerklasse.
Siehe zum Aufbau der Lohnsteuerklassen Schaubild zu Fall 18!

Besondere Tabelle: Anwendung z. B. für Beamte
Buchung der Gehaltsabrechnung mit Lohnverrechnungskonto, Beispiel:

Soll	Haben	S	U	Gegenkonto				B. Nr.	Konto	Text	Skonto
	2.735,86			4	1	2	0		1755	Bruttogehalt	
	20,00			4	1	7	0			VWL-AG	
611,62				1	7	4	1			LSt, KiSt, SolZ	
520,86				1	7	4	2			Sozialvers. AN	
40,00				1	7	5	0			VWL AN	
1.583,38				1	7	4	0			Nettogehalt	
520,86				1	7	4	2		4130	Sozialvers. AG	
	611,62			1	7	4	1		1200	Übw. LSt, KiSt, SolZ	
	1.041,72			1	7	4	2			Übw. Sozialvers.	
	1.583,38			1	7	4	0			Übw. Nettogehalt	
	40,00			1	7	5	0			Übw. VWL	

Lösung zu Fall 19:

1. Es ist zu unterscheiden zwischen:

   - Kurzfristiger Beschäftigung

   - Geringfügiger Beschäftigung

   - Aushilfskräfte in der Land- und Forstwirtschaft
     (siehe hierzu Schaubilder zu Fall 19 und Fall 81).

2. Zu den beitragsrechtlichen Bestimmungen zur Sozialversicherung siehe Text zu Fall 19!

3. Die rechtliche Grundlage für die steuerliche Abwicklung bei Teilzeitbeschäftigten befindet sich im § 40a EStG „Pauschalierung der Lohnsteuer für Teilzeitbeschäftigte". Siehe dazu auch Schaubild zu Fall 81!

4. Bei Arbeitnehmern, die zwar die Voraussetzungen für die pauschale Lohnbesteuerung erfüllen, ist die Pauschalierung dann unzweckmäßig, wenn sie eine Lohnsteuerkarte der Steuerklassen I - V vorlegen können.

Beispiel

Eine Arbeitnehmerin übt eine Tätigkeit in geringem Umfang gegen geringes Entgelt aus. Sie erhält monatlich 75 €.

Werden bei der Arbeitnehmerin die Lohnsteuerabzugsmerkmale der Steuerklasse V zugrunde gelegt, so fällt keine Steuer an, weil der monatliche Tabelleneingangsbetrag nicht erreicht wird. Der Arbeitgeber kann die pauschale Lohnsteuer von 2 % = 1,50 € sparen. In den Fällen, in denen die pauschale Lohnsteuer nach § 40a EStG zu berechnen ist (z. B. bei mehreren an sich geringfügigen Beschäftigungen, die jedoch zusammen über 520 € liegen) liegt die Ersparnis bei 20 % Lohnsteuer + 7 % Kirchensteuer und 5,5 % SolZ.

5. Der Arbeitnehmer braucht die pauschal versteuerten Beträge nicht mehr bei seiner persönlichen Steuererklärung anzugeben. Somit können zu hohe Pauschalsteuern auch nicht rückerstattet werden.

6. Nach Auffassung des Bundesministeriums für Arbeit sind Vereinbarungen, die die Einbehaltung der Pauschalbeträge zur Sozialversicherung vom Arbeitsentgelt bei gering entlohnten Beschäftigungen zum Inhalt haben, nicht rechtens und ordnungswidrig. Auch eine diesbezügliche privatrechtliche Vereinbarung sei mit Rücksicht auf § 32 SGB I (Verbot nachteiliger Vereinbarungen) nichtig.

    Bei der Pauschalsteuer von 2 % hingegen wird die Auffassung vertreten, dass diese aufgrund einer Vereinbarung zwischen Arbeitgeber und Arbeitnehmer gekürzt werden darf. Der Arbeitgeber kann auch die Lohnsteuerabzugsmerkmale zugrunde legen.

7. Die ursprüngliche Absicht der Sonderregelung für die pauschale Besteuerung und die Versicherungsfreiheit war das Anliegen, bei dringend notwendigen kurzfristigen Beschäftigungen und Aushilfsarbeiten flexibel handeln zu können. Diese rechtliche Möglichkeit hat sich jedoch in die Richtung entwickelt, dass viele Unternehmer einen großen Anteil ihrer Arbeit über diese Entlohnungsform abwickeln. Seit 01.04.2013 sind geringfügige Beschäftigungen jedoch weitgehend in die Sozialversicherung einbezogen worden (siehe Schaubild zum vorliegenden Fall!).

8. Für Aushilfslöhne sieht der SKR 03 die Konten 4190 „Aushilfslöhne" und 4199 „pauschale Steuern für Aushilfen" vor. Im SKR 04 sind dies: 6030 und 6040.

Tangierende Problemkreise:
Urlaubsanspruch von Teilzeitbeschäftigten
Arbeitsrechtlich werden Teilzeitbeschäftigte wie alle anderen Arbeitnehmer behandelt. Teilzeitbeschäftigte, die regelmäßig an weniger Arbeitstagen einer Woche als die Vollzeitbeschäftigten beschäftigt sind, haben Anspruch auf den vollen Erholungsurlaub aller anderen Arbeitnehmer entsprechend der Zahl der für sie maßgebenden Arbeitstage (BAG-Urteil vom 25.02.88).

Lösung zu Fall 20:

1. Zur Sozialversicherung gehören:

   ▸ Krankenversicherung

   ▸ Arbeitslosenversicherung

   ▸ Rentenversicherung

   ▸ Pflegeversicherung

   ▸ Gesetzliche Unfallversicherung

2. Die Beitragsbemessungsgrenze besagt, dass nur bis zur diesem Betrag Beiträge berechnet werden. Die übersteigenden Beträge sind beitragsfrei. Bei der Krankenversicherung ist die Beitragsbemessungsgrenze 75 % der BMG der Rentenversicherung und Arbeitslosenversicherung. Die Versicherungspflichtgrenze zur Krankenversicherung ist getrennt festgelegt. Sie beträgt 2021 5.362,50 €. Liegt der Arbeitnehmer über dieser Grenze, so kann er aus der gesetzlichen Krankenversicherung aussteigen und sich ggf. privat versichern. Das Problem liegt darin, dass ein Wiedereinstieg unter diesen Bedingungen nicht mehr möglich ist. Gründet er eine Familie, so muss er jedes Familienmitglied einzeln versichern. Dabei muss er ggf. mit sehr hohen Beiträgen rechnen, weil die gesetzliche Krankenversicherung als eine Familienversicherung unabhängig von der Anzahl der Familienmitglieder ist.

   Für das Jahr 2022 gilt: Bei 5.000 € brutto wird die Rentenversicherung und Arbeitslosenversicherung von 5.000 € und die Beiträge zur Krankenversicherung und Pflegeversicherung von 4.837,50 € berechnet.

3. Die Träger der gesetzlichen Sozialversicherung entnehmen Sie bitte dem Schaubild zu diesem Fall!

4. Siehe Schaubild zum vorliegenden Fall!

5. Als Geringverdiener werden Personen bezeichnet, deren monatlicher Lohn 325 € nicht überschreitet. Die Anwendung gilt nur noch bei Auszubildenden.

6. Die Rente aus der Sozialversicherung ist leistungsbezogen. Entscheidende Faktoren sind die Versicherungsjahre (auch anrechenbare Zeiten) und das Jahreseinkommen in den einzelnen Versicherungsjahren im Verhältnis zu dem durchschnittlichen Jahreseinkommen aller Versicherten.

7. 2015 neuer Beitragsnachweis:
   Nach dem GKV-Finanzstruktur- und Qualitäts-Weiterentwicklungsgesetz (GKV-FQWG) wird 2018 der paritätisch (Arbeitgeber und Arbeitnehmer) finanzierte Beitragssatz auf 14,6 v. H. festgelegt und die Einführung von Zusatzbeiträgen ermöglicht. Diese werden Teil des Gesamtsozialversicherungsbeitrags und erfordern eine Modifizierung des **Beitragsnachweis-Datensatzes**.

   Wenn eine Krankenkasse mit den Zuweisungen aus dem Gesundheitsfonds nicht auskommt, hat sie von ihren Mitgliedern einen kassenindividuellen Zusatzbeitrag zu erheben, der prozentual vom Arbeitsentgelt des Mitglieds erhoben wird. Der Zusatzbeitrag ist Teil des Gesamtsozialversicherungsbeitrags und ist vom Versicherten allein zu tragen. Er wird getrennt vom allgemeinen Beitrag berechnet und danach addiert.

   In diesem Zusammenhang sind die Beitragsnachweise um ein neues Feld **„Zusatzbeiträge"** zu ergänzen. Der Beitragsnachweis-Datensatz sieht für die Zeit ab 01.01.2015 eine entsprechende gesonderte Ausweisung der Zusatzbeiträge vor.

8. Die Beiträge zur Sozialversicherung sind an die zuständigen Krankenkassen abzuführen, die ihrerseits die Beträge weiterleiten. Ab 01.01.2006 sind die Gesamtsozialversicherungsbeiträge in voraussichtlicher Höhe der Beitragsschuld nach § 23 Abs. 1 Satz 2 SGB IV spätestens am drittletzten Bankarbeitstag desjenigen Monats fällig, in dem die Beschäftigung, mit der das Arbeitsentgelt erzielt wird, ausgeübt worden ist. Verbleibende Restbeträge werden zum drittletzten Bankarbeitstag des Folgemonats fällig. Zu beachten ist die Änderung der Fälligkeitsregelung für die Gesamtsozialversicherung.

9. Der Arbeitgeber trägt bei der Lohn/Gehaltsabrechnung 50 % der Rentenversicherung (9,3 %), 50 % der Arbeitslosenversicherung (1,2 %), 50 % der Krankenversicherung, einschließlich Zusatzbeitrag (7,3 % + X) und 50 % der Pflegeversicherung ohne Kinderzuschlag (1,525 %, Sachsen 1,025 %).

10. Buchungsliste

Soll	Haben	S	U	Gegenkonto				B. Nr.	Konto	Skonto
	X			4	1	2	0		1755	
	X			4	1	7	0			
X				1	7	4	1			
X				1	7	4	2			
X				1	7	5	0			
X				1	7	4	0			
X				1	7	4	2		4130	
	X			1	7	4	0		1200	
	X			1	7	4	1			
	X			1	7	4	2			
	X			1	7	5	0			

Lösung zu Fall 21:

Aufgabe 1:

1. Berechnungen

	Rechnungsbetrag, brutto	23.800,00 €
-	10 % Rabatt	2.380,00 €
	Zwischensumme	21.420,00 €
-	2 % Skonto	428,40 €
	Banküberweisung	**20.991,60 €**

Bruttorabatt 2.380,00 € : 1,19 = 2.000,00 € - USt-Anteil = 380,00 €
Bruttoskonto 428,40 € : 1,19 = 360,00 € - USt-Anteil = 68,40 €

2. Kontierungen bei Überweisung:

1600 (3300)		an	1200 (1800) Bank	(20.991,60)
Verbindlichkeiten	(23.800,00)		3730 (5730) Erhaltene Skonti	(360,00)
			3770 (5770) Erhaltene Rabatte	(2.000,00)
			1570 (1400) Vorsteuer	(448,40)

Aufgabe 2:

1. In der Rechnung ist die Umsatzsteuer nicht offen ausgewiesen.

    Der Umsatzsteueranteil beträgt 880,60 € : 1,19 = 740,00 €, also 140,60 €.

2. Die Vorsteuer kann nur geltend gemacht werden nach § 15 UStG, wenn sie offen in der Rechnung ausgewiesen ist. Die Vorschriften über eine Kleinbetragsrechnung nach § 33 UStDV (250 €) treffen nicht zu. Es ist zu empfehlen, sich eine ordnungsmäßige Rechnung i. S. d. § 14 UStG von der Firma Mustermann ausstellen zu lassen.

Aufgabe 3:

1. 11.543,00 € entsprechen (100 % - 3 %) = 97 %

    11.900,00 € entsprechen 100 % = Rechnungsbetrag, brutto

    Bruttoskonto = 357,00 € : 1,19 = Nettoskonto = 300,00 €

    Vorsteueranteil = 57,00 €

2. Kontierung bei Überweisung:

1600 (3300)		an	1200 (1800) Bank	(11.543,00)
Verbindlichkeiten	(11.900,00)		3730 (5730) Erhaltene Skonti	(300,00)
			1570 (3800) Vorsteuer	(57,00)

Lösung zu Fall 22:

Aufgabe 1:

1. Bei der Berechnung der Tage liegt ein Fehler vor. Der 1. Tag wird nicht mit in die Zinsberechnung einbezogen, sodass die Zinsen nur von 188 Tagen zu berechnen sind. Danach ergibt sich folgende Korrektur: 8 % Verzugszinsen vom 15.01.01 - 23.07.01 = 188 Tage von 23.000 € = 960,89 €.

2. Verzugszinsen stellen nach Abschn. 1.3 UStAE Schadenersatz dar und sind somit nicht steuerbar. Die Umsatzsteuer auf Verzugszinsen ist somit nicht in Rechnung zu stellen. Ist sie in Rechnung gestellt worden, so ist sie auch abzuführen. Der andere Teil kann sie als Vorsteuer abziehen.

Aufgabe 2:

Zinsabrechnung (Stichtag 03.05.01)				
Rechnungsdatum	Fälligkeit	Betrag	Tage	Zinszahlen
18.01.01	18.02.01	5.060,00	75	3.795
27.01.01	27.02.01	13.800,00	66	9.108
15.02.01	15.03.01	3.220,00	48	1.546
		22.080,00		14.449

Divisor bei 8,5 % = 360 : 8,5 = 42,3529
Verzugszinsen = 14.449 : 42,3529 = 341,16 €

Anmerkung: Der Fälligkeitstag wurde in die Zinsberechnung einbezogen. Die Berechnung erfolgte nach der kaufmännischen Methode.

Aufgabe 3:
Kontrollrechnung:

$$\text{Zinsen} = \frac{34.500,00 \cdot 8 \cdot 35}{100 \cdot 360} = \mathbf{268,33\ €}$$

Es wurden somit 33,55 € Zinsen zu viel berechnet.

$$\text{Zinssatz} = \frac{301,88 \cdot 100 \cdot 360}{34.500,00 \cdot 35} = \mathbf{9\ \%}$$

Es wurde somit statt, wie vereinbart mit 8 % Zinsen, mit 9 % Zinsen gerechnet.

Lösung zu Fall 23:

1. Zunächst ist der wirtschaftliche Warenumsatz und der wirtschaftliche Wareneinsatz zu ermitteln:

Berechnung des wirtschaftlichen Wareneinsatzes:

	Warenanfangsbestand		65.400,00 €
	Wareneingang		345.000,00 €
+	Anschaffungsnebenkosten		12.800,00 €
	Zwischensumme		423.200,00 €
-	Erhaltene Skonti	5.400,00 €	
-	Entnahme von Waren	11.500,00 €	
-	Warenendbestand	60.200,00 €	77.100,00 €
=	**Wirtschaftlicher Wareneinsatz**		**346.100,00 €**

Berechnung des wirtschaftlichen Warenumsatzes:

	Umsatzerlöse	514.500,00 €
-	Gewährte Skonti	2.400,00 €
	Wirtschaftlicher Warenumsatz	512.100,00 €
-	wirtschaftlicher Wareneinsatz	346.100,00 €
=	**Warenrohgewinn**	**166.000,00 €**

$$\text{Rohaufschlagsatz} = \frac{166.000,00 \cdot 100}{346.100,00} = \mathbf{47,96\,\%}$$

Mit 47,96 % liegt der Rohaufschlagsatz somit ca. 34 % unter dem mittleren Rahmensatz aller geprüften Betriebe.

2. Berechnung des Rohgewinnsatzes:

$$\text{Rohgewinnsatz} = \frac{100 \cdot 47,96}{100 + 47,96} = \mathbf{32,41\,\%}$$

3. Der Reingewinn in € beträgt:

	Warenrohgewinn	166.000,00 €
-	betriebliche Aufwendungen	102.000,00 €
=	**Reingewinn (Betriebsergebnis)**	**64.000,00 €**

$$\text{Reingewinnsatz} = \frac{64.000 \cdot 100}{512.100,00} = \mathbf{12,5\,\%}$$

Mit dem Reingewinnsatz liegt die Drogerie 3,5 % über dem Mittelsatz, jedoch im Bereich der Rahmensätze.

Lösung zu Fall 24:

1. bis 3.

Kalkulationsschema	Typ 1	Typ 2	Typ 3
Listeneinkaufspreis, netto	1.000,00	1.000,00	902,47
- Liefererrabatt 10 %	100,00	100,00	(i. H.) 90,25
Zieleinkaufspreis	900,00	900,00	812,22
- Liefererskonti 2 %	18,00	18,00	(i. H.) 16,24
Bareinkaufspreis	882,00	882,00	795,98
+ Anschaffungsnebenkosten	18,00	18,00	18,00
Bezugspreis (AK)	900,00	900,00	813,98
+ Kosten 30 %	270,00	270,00	(a. H.) 244,20
Selbstkosten	1.170,00	1.170,00	1.058,18
+ Gewinn 10 %	117,00	(Differenz) 42,50	(a. H.) 105,82
Barverkaufspreis	1.287,00	1.212,50	1.164,00
+ Kundenskonto 3 %	(i. H.) 39,80	37,50	(v. H.) 36,00
Zielverkaufspreis	1.326,80	(v. H.) 1.250,00	1.200,00
+ Kundenrabatt	0,00	0,00	0,00
= **Listenverkaufspreis, netto**	**1.326,80**	**1.250,00**	**1.200,00**

4. Kalkulationszuschlag in €:

Listenverkaufspreis, netto	1.326,80 €
- Bezugspreis	900,00 €
= **Aufschlag in €**	**426,80 €**

$$\text{Kalkulationszuschlag} = \frac{426,80 \cdot 100}{900,00} = \textbf{47,42 \%}$$

5. Handelsspanne in € wie Kalkulationszuschlag 426,80 €

$$\text{Handelsspanne} = \frac{426,80 \cdot 100}{1.326,80} = \textbf{32,17 \%}$$

Tangierende Problemkreise:
Rohaufschlagsatz - Rohgewinnsatz und Reingewinnsatz
Siehe Schaubild zu Fall 37!

Mischkalkulation
Das Warensortiment wird unterschiedlich kalkuliert. Durch Sonderangebote will man Kunden auch zum Kauf von höher kalkulierten Waren gewinnen. Insgesamt soll die Mischkalkulation zu einem zufriedenstellenden Betriebsergebnis führen.

Lösung zu Fall 25:

1. Zuschlagskalkulation

	Fertigungsmaterial	12.300,00	
+	Materialgemeinkosten 18 %	2.214,00	
=	Materialkosten	14.514,00	14.514,00
	Fertigungslöhne:	4.763,80	
	36 · 28,50 € = 1.026,00		
	45 · 35,40 € = 1.593,00		
	56 · 38,30 € = 2.144,80		
+	Fertigungsgemeinkosten 260 %	12.385,88	
+	Sondereinzelkosten d. F.	150,00	
=	Fertigungskosten	17.299,68	17.299,68
=	Herstellkosten		31.813,68
+	Verwaltungsgemeinkosten 12 %		3.817,64
+	Vertriebsgemeinkosten 10 %		3.181,37
+	Sondereinzelkosten d. V.		0,00
-	Selbstkosten		38.812,69
+	Gewinnzuschlag 12 %		4.657,52
=	Bar-Verkaufspreis		43.470,21
+	Kundenskonto 2 %		887,15
=	Ziel-Verkaufspreis		44.357,36
+	Kundenrabatt 8 %		3.857,16
=	**Listenpreis, netto**		**48.214,52**

2. Rechnung in amerikanischer Währung:
   Umrechnung von € in USD: 48.214,52 · 1,1283 = 54.400,44 USD

3. Es handelt sich um einen steuerbaren Umsatz, der jedoch nach § 4 Nr. 1a UStG i. V. m. § 6 UStG als Ausfuhrlieferung in ein Drittland steuerbefreit ist.

4. Zwischenzeitlich kann sich die Kostensituation geändert haben. Dann sind die Ist-Sätze der Vergangenheit entsprechend anzupassen.

Tangierende Problemkreise:
Kalkulation mit Maschinenstundensätzen
Der Zuschlagsatz für die Fertigungsgemeinkosten ist nach dem Kostenverursachungsprinzip sehr unrealistisch. Zwischen der Zuschlagsgrundlage Fertigungslöhne und den Gemeinkosten besteht kein lineares Verhältnis. Es ist deshalb sinnvoll, Kosten für die Maschinenstunde zu berechnen und die Produktion mit den tatsächlichen Maschinenkosten zu kalkulieren.

Deckungsbeitragsrechnung
Als Deckungsbeitrag bezeichnet man die Differenz zwischen dem Verkaufspreis und den variablen Kosten. Die Differenz zeigt, inwieweit die anderen Kosten (fixen Kosten) gedeckt sind und wie viel als Gewinn verbleibt. Diese Art der Kalkulation führt zu anderen Produktions- und Verkaufsentscheidungen als die Vollkostenrechnung, weil ein Verkauf auch dann noch interessant ist, wenn nicht die Vollkosten gedeckt sind. Der Verkaufspreis leistet jedoch noch einen Deckungsbeitrag zu den fixen Kosten, sodass sich von daher die Gewinnsituation des Unternehmens verbessert.

Lösung zu Fall 26:

Sachverhalt 1:

Aus dem Sachverhalt ergeben sich zwei Aufgabenstellungen:

► Umrechnung von 2.000 Euro in CHF und

► Umrechnung von 300 CHF in Euro.

Bei der Umrechnung von 2.000 Euro in CHF ist der Sorten-Verkaufskurs anzuwenden.

Auslandswährung = 2.000,00 € • 1,0986 = 2.197,20 CHF

Bei der Umrechnung von 300 CHF in € ist der Sorten-Ankaufskurs anzuwenden.

$$\frac{300}{1,1186} = \textbf{268,19 €}$$

Sachverhalt 2:

1. Bevor die Rechnung zum 15.12.01 gebucht werden kann, muss in Euro umgerechnet werden:

    55 000,00 USD : 1,1277 (Geldkurs) = 48.771,84 €

2. Kontierung am 15.12.01:

0210 (0440) Maschinen	an	1600 (3300) Verbindlichkeiten	(48.771,84)

3. Am 31.12. ist die Verbindlichkeit zu bewerten. Bei einem Kurs von 1,1166 ergibt sich folgende Berechnung:

    55.000,00 USD : 1,1166 = 49.256,67 €. Es ergibt sich ein höherer Teilwert von 49.256,67 € – Differenz zu 48.771,84 € = 484,83 €. Es ist jedoch zu überprüfen, ob es sich um eine voraussichtlich dauernde Wertveränderung handelt. Laut BMF-Schreiben vom 12.08.2002 berechtigen übliche Wechselkursschwankungen nicht zu einem höheren Ansatz der Verbindlichkeit. Es handelt sich hier offensichtlich um solche üblichen Schwankungen. Es bleibt somit beim bisherigen Wertansatz.

4. Nach dem Geldkurs am 15.01.02 von 1,1238 ergibt sich folgende Berechnung:

    55.000,00 USD : 1,1238 = 48.941,09 €

    Kontierung am 15.01.02:

1600 (3300) Verbindlichkeiten	(48.771,84)	an	1200 (1800) Bank	(48.941,09)
2130 (7350)				
Aufw. aus Kursdifferenzen	(169,25)			

Anmerkung: Beim Buchungsvorgang blieb die Einfuhrumsatzsteuer unberücksichtigt. Sie ist wie die Vorsteuer abzugsfähig.

Sachverhalt 3:

1. Umrechnung in Euro: 120 000,00 GBP : 0,8118 (Briefkurs) = 147.819,66 €

2. Kontierung am 01.12.01:

1400 (1200) Forderungen	an	8125 (4125) Steuerfreie innergem. Lieferung	(147.819,66)

3. Die Forderung ist zum 31.12.01 zu bewerten: 120.000,00 : 0,8086 (Briefkurs) = 148.404,65 €. Es handelt sich um den höheren Teilwert. Dieser darf nach dem strengen Niederstwertprinzip nicht angesetzt werden. Somit ist keine Buchung erforderlich.

4. Am 18.01.02 werden 120 000,00 GBP überwiesen.

   120.000,00 GBP : 0,8194 = 146.448,62 €

   (Gebühren unberücksichtigt)

   Kontierung:

1200 (1800) Bank	(146.448,62)	an	1400 (1200) Forderungen	(147.819,66)
2130 (7350) Aufw. aus Kursdifferenzen	(1.371,04)			

Lösung zu Fall 27:

Sachverhalt 1:

Der Skonto von 3 % ist in einen Zinssatz umzurechnen, um ihn mit dem Sollzinssatz von 11,75 % vergleichen zu können.

Lösung mit dem Kettensatz:

$$\begin{array}{l} \text{? \% - 360 Tage} \\ \text{20 Tage - 3 \%} \end{array} \quad \frac{360 \cdot 3}{20} = \textbf{54 \%}$$

Es lohnt sich also, den Skonto in Anspruch zu nehmen.

Sachverhalt 2:

Um die Effektivverzinsung festzustellen, muss das eingesetzte Kapital dem Ertrag aus den Wertpapieren gegenübergestellt werden.

Das eingesetzte Kapital entspricht den Anschaffungskosten der Wertpapiere:

	Kurswert	50.750,00 €
+	Kaufnebenkosten 0,6 %	304,50 €
=	**Eingesetztes Kapital**	**51.054,50 €**

Der Ertrag aus den Wertpapieren ist wie folgt zu ermitteln:

	8 % Zinsen für ein Jahr von 50.000,00 €	4.000,00 €
-	Verlust bei Rückzahlung zum Nennwert	1.054,50 €
=	**Verbleibender Ertrag**	**2.945,50 €**

$$\text{Effektivverzinsung} = \frac{2.945,50 \cdot 100}{51.054,50} = \textbf{5,77 \%}$$

Sachverhalt 3:

1. Dividendenabrechnung[1]:

	100 Aktien · 15,00 € =		1.500,00 €
-	25 % Kapitalertragsteuer	375,00 €	
-	5,5 % SolZ	20,62 €	395,62 €
=	**Bankgutschrift**		**1.104,38 €**

2. Effektivverzinsung (ohne Kursdifferenzen)

$$Ev = \frac{1.500,00 \cdot 100}{40.000,00} = \textbf{3,75 \%}$$

---

[1] Berechnung ohne Kirchensteuer.

Tangierende Problemkreise:
Wertpapiere des Anlagevermögens
Beim Kauf der Wertpapiere entscheidet der Bilanzierende, ob er die Wertpapiere zum Anlage- oder Umlaufvermögen bilanzieren will. Das hängt von seiner Anlageabsicht ab. Gehören die Wertpapiere zum Anlagevermögen, so werden sie nach dem gemilderten Niederstwertprinzip bewertet.

Verkauf von Wertpapieren des Betriebsvermögens
Beim Verkauf von Wertpapieren des Betriebsvermögens ist zu prüfen, ob ein Kursgewinn oder Kursverlust erzielt wird. In beiden Fällen wird der Gewinn beeinflusst. Kursgewinne und Kursverluste bei Aktien unterliegen dem Teileinkünfteverfahren.

Erträge aus Wertpapieren des Betriebsvermögens
Erträge aus Wertpapieren des Betriebsvermögens erhöhen den Gewinn und damit die Besteuerungsgrundlagen. Dafür mindern Kursverluste aber auch den Gewinn. Für Erträge, Verluste und Dividenden gilt jedoch das Teileinkünfteverfahren.

Lösung zu Fall 28:

1. Ein geringwertiges Wirtschaftsgut (GWG) liegt vor, wenn die Anschaffungs- oder Herstellungskosten bzw. der Teilwert bei einer Einlage 800 € ohne Umsatzsteuer nicht übersteigen. Die AK bzw. HK sind nach § 255 Abs. 1 und 2 HGB zu ermitteln.

2. Die Rechtsgrundlage für ein GWG finden wir im § 6 Abs. 2 EStG und § 6 Abs. 2a EStG. Weiter sind zu beachten die R 6.13 EStR und H 6.13 EStR!

3. Bewertungsfreiheit bringt das Wahlrecht zum Ausdruck, GWGs im Jahr der Anschaffung, Herstellung oder Einlage voll abzuschreiben.

4. Die Anschaffungskosten der drei WG können im Jahr 2022 in einen Sammelposten (2.300 €) nach § 6 Abs. 2a EStG eingestellt werden, der jährlich mit 460 € aufzulösen ist ($\frac{1}{5}$ von 2.300 €). Die kürzere Nutzungsdauer des Computers und des gebrauchten Kopierers bzw. die längere Nutzungsdauer des Regals sind ohne Bedeutung für den Bestand des Sammelpostens und damit für den Gewinn.

   Die WG könnten auch jeweils nach der ND abgeschrieben werden.

5. Der Computer ist bei der Einlage mit dem Teilwert zu bewerten (§ 6 Abs. 1 Nr. 1 i. V. m. § 6 Abs. 1 Nr. 5 EStG). Der Teilwert kann hilfsweise berechnet werden:

	AK bei Neuanschaffung	800,00 €
-	AfA bei einer ND von 4 Jahren (linear) = 75 %	600,00 €
=	fiktiver Teilwert	200,00 €

   Da der Einlagewert 1.000 € nicht überschreitet, kann der Computer als GWG in den Sammelposten übernommen werden.

6. und 7. Folgende Konten stehen für die Buchung bereit:

    0480 (0670) Aktivierte GWG

    4860 (6262) Abschreibung auf aktivierte GWG

    0485 (0675) GWG größer 150 bis 1.000 € (Sammelposten)

    4855 (6260) Sofortabschreibung GWG

    4862 (6264) Abschreibung auf den Sammelposten GWG

    Bei Anschaffung, Herstellung oder Einlage nach dem 31.12.2007 sind besondere Aufzeichnungen gesetzlich nicht mehr vorgesehen.

Tangierende Problemkreise:
Bewegliche und unbewegliche Wirtschaftsgüter
Siehe Schaubild zu Fall 11! Wichtig ist, dass auf unbewegliche Wirtschaftsgüter nicht degressiv abgeschrieben werden kann.

Begriff der Anschaffungskosten
Der Begriff der AK ist im § 255 Abs. 1 HGB definiert. Danach sind Anschaffungskosten die Aufwendungen, die geleistet werden, um einen Vermögensgegenstand (steuerlich: Wirtschaftsgut) zu erwerben und ihn in einen betriebsbereiten Zustand zu versetzen, soweit sie dem Vermögensgegenstand einzeln zugeordnet werden können. Beachten Sie auch R 6.2 und H 6.2 EStR!

Behandlung der GWG bei anderen Einkunftsarten
An sich beschränkt sich die Bewertungsfreiheit eines GWG auf die Einkunftsarten, die den Gewinn zu ermitteln haben. In der Praxis lässt die Finanzbehörde auch den direkten Abzug bei anderen Einkunftsarten zu, insbesondere bei den Einkünften aus nichtselbstständiger Arbeit (Arbeitsmittel).

Bewertung der Einlagen
Hierbei ist § 6 Abs. 1 Nr. 5 EStG zu beachten: Grundsätzlich sind sie mit dem Teilwert anzusetzen. Sie sind jedoch höchstens mit den Anschaffungs- oder Herstellungskosten anzusetzen, wenn das zugeführte WG

a) innerhalb der letzten drei Jahre vor dem Zeitpunkt der Zuführung angeschafft oder hergestellt worden ist, oder

b) ein Anteil an einer Kapitalgesellschaft ist und der Steuerpflichtige an der Gesellschaft i. S. d. § 17 Abs. 1 EStG beteiligt ist (siehe auch Fall 16).

Aufbau eines Anlagenverzeichnisses

						Anlagenverzeichnis					
WG	Datum	AK/ HK	ND	AfA- Art	Pro- zent	kumu- lative AfA	Bestand 1.1.20..	Zugänge, Zuschrei- bungen 20..	Abgänge 20..	AfA 20..	Bestand 31.12.20..

Lösung zu Fall 29:

1.

Nr.	SKR 03	SKR 04	Sollkonto	Betrag	SKR	SKR	Habenkonto
1	0210	0440	Maschinen	150.000,00			
	1570	1400	Vorsteuer	28.500,00			
				178.500,00	1800	3300	Verbindlichkeiten
2	0210	0440	Maschinen	10.000,00			
	1570	1400	Vorsteuer	1.900,00			
				11.900,00	1000	1600	Kasse
3	0210	0440	Maschinen	3.000,00			
	1570	1400	Vorsteuer	570,00			
				3.570,00	1000	1600	Kasse
4	0210	0440	Maschinen	1.200,00	8990	4820	Akt. Eigenl.
5	1600	3300	Verbindlichkeiten	11.900,00			
				10.000,00	8820	4845	Erl. Anlagen
				1.900,00	1770	3800	USt
6	4830	6220	Abschr. a. S.	20.000,00	0210	0440	Maschinen
7	2315	4855	Anl.abg.	4.000,00	0210	0440	Maschinen
8	1200	1800	Bank	129.132,00	0650	3170	Verb. Kred.
9	2120	7320	Zinsaufwend.	1.291,32	0650	3170	Verb. Kred.
10	1600	3300	Verbindlichkeiten	166.600,00	1200	1800	Bank

Erläuterungen:
Anlageabgang:

	Buchwert der Alt-Maschine am 01.01.01	24.000,00 €
-	AfA für 10 Monate (10 % der AK)	20.000,00 €
	Restbuchwert bei Anlageabgang	4.000,00 €
	Inzahlunggabe	10.000,00 €
=	**Buchgewinn**	**6.000,00 €**

Zinsberechung (Kfm.):

7,5 % Zinsen vom 12.11.01 - 31.12.01 = 48 Tage von 129.132,00 € = 1.291,32 €
Banküberweisung an Lieferer;

	Rechnungsbetrag, brutto	178.500,00 €
-	Inzahlunggabe Alt-Maschine	11.900,00 €
=	**Banküberweisung**	**166.600,00 €**

2. Bewertung der Maschine zum 31.12.01:

Feststellung der Anschaffungskosten:

	Rechnungsbetrag, netto	150.000,00 €
+	Frachtkosten	10.000,00 €
+	Installationskosten, fremde	3.000,00 €
+	Installationskosten, eigene	1.200,00 €
=	**Anschaffungskosten**	**164.200,00 €**
	10 % lineare AfA für 2 Monate (§ 7 Abs. 1 EStG)	2.737,00 €

3. Vgl. Lösung Fall 62

Tangierende Problemkreise:
Bei der degressiven Abschreibung wird der Abschreibungsprozentsatz vom jeweiligen Buchwert berechnet. Die degressive AfA auf bewegliche Anlagegüter ist ab 01.01.2008 steuerlich nicht mehr möglich. In den Kalenderjahren 2009 und 2010 kann die degressive AfA wieder mit dem 2,5-Fachen, höchstens 25 % geltend gemacht werden. Ab 2011 entfällt die degressive AfA.

Lösung zu Fall 30:[1]

1. Der Heizölbestand gehört grundsätzlich zum Umlaufvermögen, d. h. zum Vorratsvermögen. Das Vorratsvermögen ist bei einem Kaufmann nach § 253 Abs. 4 HGB nach dem strengen Niederstwertprinzip zu bewerten. Nach § 6 Abs. 1 Nr. 2 Satz 2 EStG gilt jedoch, dass eine Teilwertabschreibung nur bei einer voraussichtlich dauernden Wertminderung vorgenommen werden kann. Insofern klaffen Handelsbilanz und Steuerbilanz auseinander. Das Problem liegt beim Vorratsvermögen (Roh-, Hilfs- und Betriebsstoffe, unfertige Erzeugnisse, fertige Erzeugnisse und Waren) darin, dass bei schwankenden AK oder HK diese nicht unmittelbar festgestellt werden können. Dazu wurden verschiedene Verfahren entwickelt, die für die Feststellung der AK bzw. HK angewendet werden können:

   ▸ Durchschnittsverfahren

   ▸ Lifo-Verfahren

   ▸ Hifo-Verfahren

   ▸ Fifo-Verfahren

   und andere verfeinerte Verfahren.

   Steuerlich können das Durchschnittsverfahren und das Lifo-Verfahren Anwendung finden.

---

[1] BMF-Schreiben zur Lifo-Methode vom 12.05.2015 IV C 6 - S 2174/07/10001.

2. Anwendung des Durchschnittsverfahrens für die Bewertung des Ölbestandes

Bezugstag	Menge	Anschaffungskosten	Preis
Anfangsbestand	100.000 l	0,82 €	82.000,00 €
15.01.	200.000 l	0,83 €	166.000,00 €
17.03.	180.000 l	0,88 €	158.400,00 €
29.06.	220.000 l	0,86 €	189.200,00 €
02.10.	250.000 l	0,89 €	222.500,00 €
27.11.	170.000 l	0,91 €	154.700,00 €
Summen	1.120.000 l		972.800,00 €

972.800 € : 1.120.000 l = 0,8685 € je Liter = Durchschnittspreis

Die Feststellung der AK ergibt einen Wert von 0,8685 € je Liter.

Der Teilwert am Bilanzstichtag beträgt (Wiederbeschaffungskosten) 0,89 €.

Der Bestand ist nach dem Durchschnittsverfahren zu bewerten mit:

95.000 Liter • 0,8685 € = 82.507,50 €

Bei der Anwendung des Lifo-Verfahrens (es wird unterstellt, dass das zuletzt einge-
kaufte Heizöl zuerst verkauft wurde) ergibt sich folgende Berechnung:

95.000 Liter • 0,82 € = 77.900,00 € = fiktive AK

Da der Teilwert mit 0,89 € am Bilanzstichtag höher ist, sind 77.900,00 € zu bilanzieren. Um den Gewinn möglichst niedrig auszuweisen, ist somit das Lifo-Verfahren
vorzuziehen!

Tangierende Problemkreise:
Durchschnittsverfahren und Lifo-Verfahren: siehe Beispiel
Strenges Niederstwertprinzip
Es ist beim Umlaufvermögen anzuwenden und bedeutet, dass von den Bewertungs-
maßstäben AK bzw. HK und dem Teilwert (beizulegender Wert) immer der niedrigere
Wert angesetzt werden muss. Das bedeutet konkret, dass ein Wertansatz in der Bilanz
nie über die AK bzw. HK hinausgehen kann.

Das strenge NWP ist im Steuerrecht abgeleitet aus den handelsrechtlichen Bestimmungen des § 253 Abs. 2 HGB.

Maßgeblichkeit der Handelsbilanz für die Steuerbilanz
Nach dem BilMoG wurde das Maßgeblichkeitsprinzip neu gefasst. Das bedeutet die
Aufgabe des bislang in § 5 Abs. 1 Satz 2 EStG a. F. festgelegten umgekehrten Maßgeb-
lichkeitsprinzips. Steuerliche Wahlrechte können danach ohne Rücksicht auf die Ver-
fahrensweise in der Handelsbilanz wahrgenommen werden (vorher nur in Übereinstimmung mit der Handelsbilanz).

Lesen Sie § 5 Abs. 1 Satz 2 EStG n. F.!

Lösung zu Fall 31:

1. Ermittlung der gesamten Herstellungskosten

	Materialeinzelkosten	80.000,00 €	
+	20 % Materialgemeinkosten	16.000,00 €	
	Materialkosten		96.000,00 €
	Fertigungslöhne	120.000,00 €	
+	Fertigungsgemeinkosten (116,67 %)	140.000,00 €	260.000,00 €
=	**Herstellungskosten**		**356.000,00 €**

2. Bestandsermittlung

	Typ A	Typ B
Anfangsbestand	10.000	15.000
Zugänge	160.000	120.000
Zwischensumme	170.000	135.000
Verkauf	155.000	122.000
Bestand 31.12.	15.000	13.000

Verteilung der Gesamtkosten auf die Gebäckdosen vom Typ A und Typ B

356.000 € : 2,5 = 142.400 €

Es entfallen auf Typ A 142.400 € Herstellungskosten und auf Typ B 213.600 €.

Herstellungskosten je Dose:

► Typ A : 142.400 € : 160.000 = 0,89 €

► Typ B : 213.600 € : 120.000 = 1,78 €

Bewertung des Bestandes

Unter der Voraussetzung, dass der Teilwert nicht niedriger ist und auch keine voraussichtlich dauernde Wertminderung vorliegt, ist der Bestand wie folgt zu bewerten:

► Typ A : 15.000 • 0,89 € =   13.350 €

► Typ B : 13.000 • 1,78 € =   23.140 €

Summe   36.490 €

Tangierende Problemkreise:
Handelsrechtlicher Ansatz der Herstellungskosten
Siehe Schaubild zu Fall 31!

Aufbau eines einfachen BAB

Gemeinkosten	Betrag	Material-gemeinkosten	Fertigungs-gemeinkosten	Verwaltungs-gemeinkosten	Vertriebs-gemeinkosten
Summe					

Berechnung der Zuschlagsätze für die einschlägigen Gemeinkosten
Siehe Schaubild zu Fall 31!

Lösung zu Fall 32:

1. Steuerpflichtige können für die künftige Anschaffung oder Herstellung eines neuen oder gebrauchten abnutzbaren beweglichen WG des AV bis zu 50 % der voraussichtlichen AK/HK gewinnmindernd außerhalb der Bilanz abziehen (Investitionsabzugsbetrag) – § 7g Abs. 1 Satz 1 EStG.

2. Die gesetzlichen Grundlagen befinden sich in § 7g EStG.

3. Voraussichtliche Anschaffung oder Herstellung in den dem Wj folgenden drei Wj.

   ▸ Mindestens bis zum Ende des dem Wj der Anschaffung oder Herstellung folgenden Wj in einer inländischen Betriebsstätte genutzt.

   ▸ Benennung der Summen der Abzugsbeträge nach amtlich vorgeschriebenen Datensätzen durch Datenfernübertragung an das FA (§ 7g Abs. 1 Satz 2 Nr. 2 EStG).

4. Neben dem Zinsvorteil, der sich über die Gewinnminderung und der damit verbundenen geringeren Steuerbelastung ergibt, könnte sich ein Vorteil durch den Steuertarif ergeben. Dies ist dann der Fall, wenn im Jahr des Investitionsabzugsbetrages z. B. der Grenzsteuersatz erreicht wird.

5. a) Der Mandant kann im Jahr 01 außerhalb der Bilanz einen Investitionsabzugsbetrag in Höhe von 50 % von 250.000 € = 125.000 € geltend machen. Dabei wird unterstellt, dass die Voraussetzungen des § 7g Abs. 1 Satz 2 EStG erfüllt sind.

   Im Jahr 02 ist eine Hinzurechnung von 125.000 € vorzunehmen (§ 7g Abs. 2 Satz 1 EStG). Außerdem ist eine gewinnmindernde Kürzung der AK vorzunehmen.

   Kontierung: steuerliche Abschreibung an Lkw (125.000 €)

   Abschreibungsgrundlage somit: (250.000 € - 125.000 € = 125.000 €)

   10 % lineare AfA von 125.000 € = 12.500 €

   20 % Sonderabschreibung nach § 7g Abs. 5 EStG = 25.000 €

   Kontierung:

Abschreibung auf Sachanlagen	an	Lkw (12.500 €)
Steuerliche Abschreibung		Lkw (25.000 €)

   b) Es kommt zu einer Rückgängigmachung des Investitionsabzugsbetrages in Höhe von 50 % von 30.000 € = 15.000 €.

   c) Es wurde im Vorfeld ein Investitionsabzugsbetrag in Höhe von 50.000 € geltend gemacht. Im Jahr der Anschaffung ist der in Anspruch genommene Investitionsabzugsbetrag in Höhe von 50.000 € gewinnerhöhend außerhalb der Bilanz hinzuzurechnen. Die AK werden um den gleichen Betrag gekürzt. Damit vermindert sich die AfA-Bemessungsgrundlage auf 50.000 €.

   10 % AfA von 50.000 € = 5.000 €

   20 % Sonderabschreibung = 10.000 €

   Gewinnmindernde Auswirkung, insgesamt = 15.000 €.

Darstellung der Vorgänge in der Steuerklärung EÜR 2021

▸ Hinzurechnung der Investitionsabzugsbeträge nach § 7 g Abs. 2 Satz 1 EStG aus **2016** (aufgrund Corona-Pandemie bei abweichendem Wirtschaftsjahr; Erläuterungen auf gesondertem Blatt)

▸ Hinzurechnung der Investitionsabzugsbeträge nach § 7 g Abs. 2 Satz 1 EStG aus **2017** (aufgrund Corona-Pandemie; Erläuterungen auf gesondertem Blatt)

▸ Hinzurechnung der Investitionsabzugsbeträge nach § 7 g Abs. 2 Satz 1 EStG aus **2018** (Erläuterungen auf gesondertem Blatt)

▸ Hinzurechnung der Investitionsabzugsbeträge nach § 7 g Abs. 2 Satz 1 EStG aus **2019** (Erläuterungen auf gesondertem Blatt)

▸ Hinzurechnung der Investitionsabzugsbeträge nach § 7 g Abs. 2 Satz 1 EStG aus **2020** (Erläuterungen auf gesondertem Blatt)

Tangierende Problemkreise:
Finanzierung einer Maschine über Leasing-Buchung der Leasingraten bei:

▸ Zuordnung beim Leasinggeber

Kontierung beim Leasingnehmer:

4810 (6840) Mietleasing 1570 (1400) Vorsteuer	an	1200 (1800) Bank

▸ Zuordnung beim Leasingnehmer:

Aktivierung der Maschine:

0210 (0440) Maschinen 1570 (1400) Vorsteuer 0980 (1900) Akt. RAP	an	1600 (3300) Verbindlichkeiten

Überweisung der Leasingrate:

1600 (3300) Verbindlichkeiten	an	1200 (1800) Bank

Teilauflösung der Akt. RAP:

4815 (6250) Kaufleasing	an	0980 (1900) Akt. RAP

(Zins- und Kostenanteil der Rate)

Inzahlunggabe einer Alt-Maschine:

Die Inzahlunggabe einer Alt-Maschine stellt umsatzsteuerlich ein sog. steuerpflichtiges Hilfsgeschäft dar. Für die Auswirkung auf den Gewinn ist der Buchgewinn oder Buchverlust festzustellen. Dieser ergibt sich aus der Differenz von Verkaufserlös (netto) und dem Restbuchwert zum Ausscheidungszeitpunkt (Berücksichtigung der zeitanteiligen AfA). Der Verkaufserlös wird über die Konten 8801/8820 bzw. 4845/6885 Erlöse aus Anlageabgängen gebucht. Die Restbuchwerte werden über die Konten 2310/2315 bzw. 4855/6895 Anlageabgänge (Restbuchwert) gebucht.

Lösung zu Fall 33:

1. Zum Eigenkapital gehören:

   ► Gezeichnetes Kapital: Summe aller Nennwerte der ausgegebenen Aktien

   ► Kapitalrücklage: siehe § 272 Abs. 2 HGB (z. B. Agio bei der Ausgabe von Aktien)

   ► Gewinnrücklagen: Nicht ausgeschüttete Gewinne

   - Gesetzliche Rücklagen: 5 % des um den Verlustvortrag geminderten Jahresüberschusses, bis die gesetzliche und die Kapitalrücklage zusammen 10 % des Grundkapitals erreicht haben (§ 150 Abs. 2 AktG).

   - Andere Gewinnrücklagen: satzungsmäßige Rücklagen (§ 58 Abs. 1 Satz 1 und Abs. 2 AktG)

   ► Bilanzgewinn: Der Bilanzposten kommt nur bei teilweiser Verwendung des Ergebnisses infrage (§ 268 Abs. 1 Satz 1 HGB). Der nicht ausgeschüttete Gewinn ist bereits der Kapitalrücklage bzw. der Gewinnrücklage zugeführt. Somit steht der Bilanzgewinn zur Ausschüttung bereit. Beachten Sie auch § 268 Abs. 1 Satz 1 HGB!

   Grundsätzlich ist also zu unterscheiden zwischen:

   ► Gewinnermittlung (Jahresüberschuss laut Gewinn- und Verlust-Rechnung) und

   ► Gewinnverwendung.

   Hierfür gilt folgendes Berechnungsschema:

	Jahresüberschuss/Jahresfehlbetrag
+	Gewinnvortrag bzw.
-	Verlustvortrag
+	Entnahmen aus Rücklagen
-	Einstellung in Gewinnrücklagen
=	Bilanzgewinn bzw. Bilanzverlust
-	Dividendenausschüttung
=	Gewinnvortrag bzw. Verlustvortrag

2. Ausgeschüttete und nicht ausgeschüttete Gewinne einer AG werden jeweils mit 15 % Körperschaftsteuer belastet.

3.

$$\text{Bilanzkurs} = \frac{\text{Eigenkapital}}{\text{Gezeichnetes Kapital}} = \frac{83.550,00 \cdot 100}{66.000,00} = \mathbf{126,59\,\%}$$

4. Ein höherer tatsächlicher Kurs der Aktien lässt sich wie folgt erklären:

   ▶ In den Vermögenswerten der Bilanz befinden sich stille Reserven.

   ▶ Das Wechselspiel von Angebot und Nachfrage mit seinen bestimmenden Faktoren (allgemeine Wirtschaftslage, Zinsniveau, Branchenlage, Erfolgsaussichten usw.).

5. Bei einem Nennwert von 50 € je Aktie beträgt die Anzahl der Aktien: 66.000.000 : 50 = 1.320.000 Aktien.

   Bilanzgewinn: Anzahl der Aktien = 4.500.000 € : 1.320.000 = 3,409 €. Rundet man auf 3,40 €, so ergibt sich ein Gewinnvortrag von (4.500.000 - 4.488.000) = 12.000 €.

Tangierende Problemkreise:
Bilanzgliederungsschema nach § 266 HGB
§ 266 HGB gilt für Kapitalgesellschaften. Die Buchhaltungsprogramme erstellen den Jahresabschluss in der Regel auch nach diesen Gliederungsvorschriften.

Gewinn- und Verlustrechnung nach § 275 HGB
Für § 275 HGB gilt auch das für § 266 HGB Ausgeführte.

Elektronische Bilanz:
Vgl. BMF-Schreiben v. 19.01.2010, IV C 6 - S 2133-b/0
Vgl. BMF-Schreiben v. 28.09.2011, IV C 6 - S 2133-b/11/10009

Durch Einführung der vollelektronischen Unternehmenssteuererklärung sind zukünftig die Inhalte der Bilanz und der Gewinn- und Verlustrechnung elektronisch als „E-Bilanz" im vorgegebenen XBRL-Format an die Finanzverwaltung zu übermitteln. Rechtsgrundlage ist § 5b EStG.

Die elektronische Übermittlung ist erstmals für Jahresabschlüsse vorzunehmen, deren Wirtschaftsjahr nach dem 31.12.2011 beginnen.

Lösung zu Fall 34:

1. Wurde eine Teilwertabschreibung (außerplanmäßige Abschreibung) auf Grund und Boden vorgenommen, so ist sowohl in der Handelsbilanz **(§ 253 Abs. 5 Satz 1 HGB)** als auch in der Steuerbilanz **(§ 6 Abs. 1 Nr. 1 Satz 2 und 4 EStG)** bei einer Wertsteigerung eine Wertaufholung ggf. bis zu den Anschaffungskosten erforderlich.

Anlagenverzeichnis

Wirtschaftsgut	Datum	AK/HK	ND	AfA-Art	%	kumulative AfA	Bestand 01.01.2020	Zugänge Zuschreib. 2020	Abgänge 2020	AfA 2020	Bestand 31.12.2020
Grundstück		312.000,00						312.000,00			312.000,00
Grundstück		125.000,00					125.000,00		5.000,00		120.000,00
Grundstück		100.000,00				70.000,00	30.000,00	70.000,00			100.000,00
Betriebsgebäude	1/12	940.000,00	33,33	lin.	3	58.525,00	881.475,00			28.200,00	853.275,00

2.1 Die Notar- und Gerichtskosten sowie 3,5 % Grunderwerbsteuer sind aktivierungspflichtig. Grunderwerbsteuer unterscheidet sich nach Bundesländern: zzt. 3,5 % - 6,5 %.

2.2 Es entsteht ein Veräußerungsgewinn in Höhe von 200 • 5,00 € = 1.000,00 €

2.3 Die Teilwertabschreibung betrug 1.000 qm • 70,00 € = 70.000,00 €. In gleicher Höhe muss eine Zuschreibung erfolgen.

2.4 Herstellungskosten 12/2015 .... 850.000,00 €
-   AfA 2015 = 3 % (1/12) .... 2.125,00 €
  Restbuchwert am 31.12.2015 .... 847.875,00 €
+ nachträgliche Herstellungskosten 2016 .... 90.000,00 €
  Zwischensumme .... 937.875,00 €
-   3 % AfA von 940.000,00 € .... 28.200,00 €
  Restbuchwert am 31.12.2016 .... 909.675,00 €
-   AfA 2019 .... 28.200,00 €
  Restbuchwert am 31.12.2019 .... 881.475,00 €
-   AfA 2020 .... 28.200,00 €
= **Restbuchwert am 31.12.2020** .... **853.275,00 €**

Weiterführende AfA 2021, 2022, usw. = 28.200,00 €

Buchungsliste

Nr. 1	SKR 03	SKR 04	Sollkonto	Betrag	SKR 03	SKR 04	Habenkonto
1	0085	0235	Grundstückswerte	12.000,00	4900	6300	Sonst. betriebl. Aufwendungen
2	1500	1300	Sonstige Forderung	6.000,00	0085	0235	Grundstückswerte
				5.000,00	2720	4900	Erträge aus Abgang von AV
				1.000,00	2710	4910	Erträge aus Zuschreibung
3	0085	0235	Grundstückswerte	70.000,00	0090	0240	Geschäftsbauten
4	4830	6220	Abschreibung auf Sachanlagen	28.200,00			

Lösung zu Fall 35:

Nr.	SKR 03	SKR 04	Sollkonto	Betrag	SKR 03	SKR 04	Habenkonto
1.1	0998	1246	Einzelwertber.	11.520,00	1460	1260	Zweifelh. Ford.
1.2	1770	3800	Umsatzsteuer	3.648,00	1460	1260	Zweifelh. Ford.
1.3	2400	6930	Forderungs- verluste	7.680,00	1460	1260	Zweifelh. Ford.
1.4	0998	1246	Einzelwertber.	7.680,00	2732	4925	Ertr. a. abgeschr. Ford.
1.5	1200	1800	Bank	15.232,00	1460	1260	Zweifelh. Ford.
2.1	1460	1240	Zweifelh. Ford.	9.520,00	1400	1200	Forderungen
2.2	4886	6910	Abschreibung a. UV	4.800,00	0998	1246	Einzelwertbericht.
3	2450	6920	Einstellung in PW	660,00	0996	1248	Pauschalwertber.

(Tabellentitel: Buchungsliste)

Berechnungen:

Forderung an Anton:

	Bruttoforderung	22.848,00 €
-	Umsatzsteuer	3.648,00 €
	Nettoforderung	19.200,00 €
	bestehende Wertberichtigung (60 %)	11.520,00 €
	zusätzlicher Forderungsverlust	7.680,00 €
	Umsatzsteuerkorrektur	3.648,00 €

Forderung an Bermes:

	Bruttoforderung	15.232,00 €
-	Umsatzsteuer	2.432,00 €
	Nettoforderung	12.800,00 €
	bestehende Wertberichtigung	7.680,00 €
	Erträge aus abgeschriebenen Forderungen	7.680,00 €

Forderung an Conz:

	Bruttoforderung	9.520,00 €
-	Umsatzsteuer	1.520,00 €
	Nettoforderung	8.000,00 €
	vermutlicher Ausfall 60 % = Wertberichtigung	4.800,00 €

Pauschalwertberichtigung:

	Forderungen laut Saldenbilanz	623.560,00 €
-	Zweifelhafte Forderungen	9.520,00 €
=	Bemessungsgrundlage, brutto	614.040,00 €
-	Umsatzsteuer	98.040,00 €
=	Bemessungsgrundlage, netto	516.000,00 €
	1 % davon	5.160,00 €
	bestehende Pauschalwertberichtigung	4.500,00 €
	anzupassen	660,00 €

Lösung zu Fall 36:

1. Die Rückstellungen haben eine enge Verwandtschaft mit den Sonstigen Verbindlichkeiten bei der periodengerechten Gewinnermittlung. Es handelt sich auch hier um Aufwendungen, die im abzurechnenden Jahr verursacht worden sind, deren Höhe jedoch noch nicht wie bei einer Sonstigen Verbindlichkeit feststeht. Es besteht auch die Möglichkeit, dass der Aufwand später nicht eintritt. Bei Bildung der Rückstellung zum Bilanzstichtag muss jedoch mit den Aufwendungen mit großer Wahrscheinlichkeit gerechnet werden. Neben den aktiven und passiven Rechnungsabgrenzungsposten (transitorische Posten) und den antizipativen Posten „Sonstige Forderungen" und „Sonstige Verbindlichkeiten" gehören die Rückstellungen auch zu den Bilanzposten, die der periodengerechten Gewinnermittlung dienen.

2. Grundsätzlich ist bei Bildung einer Rückstellung zu buchen: Aufwandskonto an Rückstellungen

   Die Bildung einer Rückstellung wirkt sich also immer gewinnmindernd aus. Es wird kein eigenes Aufwandskonto zur Bildung der Rückstellung eingerichtet, sondern es werden die jeweils passenden Aufwandskonten verwendet.

   Die Rückstellungskonten sind insbesondere wegen der Gliederungsvorschriften in:

   ► Steuerrückstellungen und

   ► Sonstige Rückstellungen

   ► zu unterteilen. Eine weitere Gliederung ist zweckmäßig, so wie es der SKR 03 oder SKR 04 auch vorsieht.

3. Bei der Auflösung einer Rückstellung ergeben sich drei Situationen:

   ► Verpflichtungsbetrag entspricht der Rückstellung (Auflösung ist gewinnneutral)

   ► Verpflichtungsbetrag ist größer als Rückstellung (Bei der Auflösung entsteht ein zusätzlicher Aufwand)

   ► Verpflichtungsbetrag ist kleiner als Rückstellung (Bei der Auflösung entsteht ein Ertrag).

4. Die Gewerbesteuer ist bis einschließlich 2007 als Betriebsausgaben abzugsfähig und kürzt daher die eigene Bemessungsgrundlage und den einkommensteuerpflichtigen Gewinn. Ab 2008 ist nach § 4 Abs. 5b EStG der Abzug der Gewerbesteuer und aller darauf entfallenden Nebenleistungen als Betriebsausgabe nicht mehr möglich. Da dieses Abzugsverbot über § 7 Satz 1 GewstG auch für die Ermittlung des Gewerbeertrages gilt, mindert die Gewerbesteuer dann auch nicht mehr ihre eigene Bemessungsgrundlage.

- ► Einzelunternehmer und Personengesellschaften haben Anspruch auf einen Freibetrag von 24.500 € und bis einschließlich 2007 auf den gewerbesteuerlichen Staffeltarif. Ab dem Erhebungszeitraum 2008 tritt an die Stelle des Staffeltarifs eine einheitliche Steuermesszahl für den Gewerbeertrag von 3,5 %.

- ► Nach § 35 Abs. 1 EStG ermäßigt sich die tarifliche Einkommensteuer bis einschließlich 2007 um das 1,8-Fache, ab 2008 um das 3,8-Fache des Gewerbesteuer-Messbetrags, soweit sie anteilig auf im zu versteuernden Einkommen enthaltene gewerbliche Einkünfte entfällt.

- ► Ungeachtet des Abzugsverbots des § 4 Abs. 5b EStG ist in der Steuerbilanz weiterhin eine Gewerbesteuerrückstellung zu bilden. Dabei ist der volle Steuerbetrag anzusetzen, der sich ohne Berücksichtigung der Gewerbesteuer ergibt. Die Gewinnauswirkungen sind jedoch außerbilanziell zu neutralisieren. Ebenso ist in der Handelsbilanz eine Rückstellung zu bilden.

5. Rücklagen sind Teile des Eigenkapitals, es handelt sich um nicht ausgeschüttete Gewinne. Rückstellungen gehören zum Fremdkapital, sie stellen unbestimmte Verbindlichkeiten dar.

Tangierende Problemkreise:
Jahresrechnungsabgrenzungsposten
Sie dienen der periodengerechten Gewinnermittlung. Dazu gehören:

- ► Aktive RAP

- ► Sonstige Forderungen

- ► Sonstige Verbindlichkeiten

- ► Rückstellungen.

Zusammenhang zwischen handels- und steuerrechtlichen Vorschriften bei der Bildung von Rückstellungen
Besteht handelsrechtlich eine Verpflichtung, eine Rückstellung zu bilden, so gilt dies auch für die Steuerbilanz (Ausnahme: Rückstellung für drohende Verluste § 5 Abs. 1 Nr. 4a EStG). Besteht handelsrechtlich ein Wahlrecht, so darf in der Steuerbilanz eine Rückstellung nicht gebildet werden.

Beachte: BMF vom 12.3.2010, IV C 6 - S 2133/09/10001: Maßgeblichkeit der handelsrechtlichen Grundsätze ordnungsgemäßer Buchführung für die steuerliche Gewinnermittlung.

Lösung zu Fall 37:

Berechnung des wirtschaftlichen Wareneinsatzes

	Warenanfangsbestand			75.600,00	(79.800,00)
+	Wareneingang			680.000,00	(720.000,00)
+	Anschaffungsnebenkosten			14.400,00	(15.200,00)
	Zwischensumme			770.000,00	(815.000,00)
-	Erhaltene Skonti	7.400,00	(8.200,00)		
-	Erhaltene Boni	3.900,00	(4.100,00)		
-	Warenenbestand	79.800,00	(92.200,00)	91.100,00	(104.500,00)
=	**Wirtschaftlicher Wareneinsatz**			**678.900,00**	**(710.500,00)**

Berechnung des wirtschaftlichen Warenumsatzes

	Umsatzerlöse			1.039.200,00	(995.640,00)
-	Gewährte Skonti	11.200,00	(8.400,00)		
-	Gewährte Boni	6.800,00	(5.300,00)	18.000,00	(13.700,00)
=	**Wirtschaftlicher Warenumsatz**			**1.021.200,00**	**(981.940,00)**

Berechnung des Warenrohgewinnes und des Reingewinnes

	Wirtschaftlicher Warenumsatz	1.021.200,00	(981.940,00)
-	wirtschaftlicher Wareneinsatz	678.900,00	(710.500,00)
=	Warenrohgewinn	342.300,00	(271.440,00)
-	Übrige Kosten	295.000,00	(235.000,00)
=	**Reingewinn**	**47.300,00**	**(36.440,00)**

1. Berechnungen für das 1. und 2. Jahr:

$$RAS = \frac{342.300 \cdot 100}{678.900} = \textbf{50,42 \%} \qquad RAS = \frac{271.440 \cdot 100}{710.500} = \textbf{38,20 \%}$$

RGS = 33,52 % (342.300 : 10.212)   RGS = 27,64 % (271.440 : 9.819,4)

$$Reingewinnsatz = \frac{47.300 \cdot 100}{1.021.200} = \textbf{4,63 \%}$$

$$Reingewinnsatz = \frac{36.440 \cdot 100}{981.940} = \textbf{3,71 \%}$$

2. Vergleich mit der Richtsatzsammlung: Der Rohaufschlagsatz liegt im 1. Jahr 31,58 % unter dem Mittelsatz, im 2. Jahr liegt er sogar 8,8 % unter dem unteren Rahmensatz.

   Der Reingewinnsatz liegt im ersten Jahr noch 2,63 % über dem unteren Rahmensatz; im zweiten Jahr liegt er mit 1,71 % über dem unteren Rahmensatz.

3. Als Erklärung für die Gewinnabweichung könnte angeführt werden, dass das Unternehmen personell überbesetzt war. Die Abweichung beim RAS wird damit erklärt, dass die Konkurrenzsituation keine andere Kalkulation zuließ.

Tangierende Problemkreise:
Einteilung der Unternehmen im Hinblick auf Außenprüfung

Betriebsprüfungsgrößenklassen nach § 3 BpO (BMF-Schreiben vom 13.04.2018 ab 01.01.2019 – Auszüge)			
Betriebsart	**Großbetriebe**	**Mittelbetriebe**	**Kleinbetriebe**
Handelsbetriebe Umsatzerlöse Steuerlicher Gewinn	8.600.000 335.000	1.100.000 68.000	210.000 44.000
Fertigungsbetriebe Umsatzerlöse Steuerlicher Gewinn	5.200.000 300.000	610.000 68.000	210.000 44.000
Freie Berufe Umsatzerlöse Steuerlicher Gewinn	5.600.000 700.000	990.000 165.000	210.000 44.000

Rechtsgrundlagen für die Außenprüfung (§ 193 - 207 AO)

Lösung zu Fall 38:

Die klassische Einteilung der Bilanz in vier Blöcke ergibt sich aus § 247 HGB.

- ► Anlagevermögen

- ► Umlaufvermögen

- ► Eigenkapital und

- ► Fremdkapital.

Die verfeinerte Einteilung, die Geltung für Kapitalgesellschaften hat, finden wir im § 266 HGB. Allerdings erstellen die Buchhaltungsprogramme ihre Bilanzen für alle Unternehmungsformen nach diesem Gliederungsschema. Das erleichtert den Banken auch den Einsatz ihrer Programme zur Beurteilung von Bilanzen im Rahmen der Kreditwürdigkeitsprüfung.

Zwischen den einzelnen Bilanzblöcken lassen sich wichtige Beziehungen feststellen (Kennzahlen).

$$\text{Finanzierung} = \frac{\text{Eigenkapital}}{\text{Fremdkapital}}$$

Diese Kennzahl bringt den grundsätzlichen Kapitalaufbau zum Ausdruck. Es wird ersichtlich, wie das Unternehmen finanziert ist. Das Verhältnis von Eigenkapital zum Fremdkapital hat insbesondere Bedeutung für die Kreditwürdigkeit des Unternehmens. Ein hoher Eigenkapitalanteil bedeutet auch finanzielle Stabilität, da man zumindestens zeitweise auf die Verzinsung des Eigenkapitals verzichten kann. Fremdkapital verursacht jedoch neben der Zins- auch die Tilgungsbelastung. Das optimale Verhältnis zwischen beiden Größen lässt sich nicht in eine Formel zwängen. Hier spielt auch der Kapitalbedarf der Unternehmung eine wichtige Rolle. Eine Kapitalüberfremdung liegt jedoch noch nicht vor, wenn das Fremdkapital überwiegt. Außerdem muss die Art des Unternehmens, auch im Vergleich mit anderen Unternehmen, berücksichtigt werden. Eine sinnvolle Analyse und Bewertung erfordert den Vergleich.

$$\text{Konstitution} = \frac{\text{Anlagevermögen}}{\text{Umlaufvermögen}}$$

Aus dieser Kennzahl lässt sich der grundsätzliche Vermögensaufbau ableiten. Dabei unterscheiden wir:

- anlagenintensive Unternehmen (z. B. Industriebetriebe)
- arbeitsintensive Unternehmen (z. B. Handelsbetriebe).

Auf ein ausgewogenes Verhältnis ist zu achten. Ein zu hohes Anlagevermögen verursacht fixe Kosten in Form von Abschreibungen und Zinsen für totes Kapital. Andererseits wird die Betriebsbereitschaft (Annahme von Aufträgen) durch einen entsprechenden Maschinenpark beispielsweise bestimmt.

$$\text{Investierung} = \frac{\text{Eigenkapital}}{\text{Anlagevermögen}}$$

Diese Kennzahl gibt Auskunft darüber, inwieweit das Anlagevermögen durch Eigenkapital finanziert ist. Der traditionelle Finanzierungsgrundsatz besagt, dass das Anlagevermögen durch Eigenkapital gedeckt sein soll. Wichtiger ist jedoch, dass Kapitalbindungs- und Kapitalüberlassungsfristen sich im Einklang befinden. Nach diesem Prinzip eignet sich auch langfristiges Fremdkapital zur Deckung von Finanzierungslücken beim Anlagevermögen.

$$\text{Liquidität} = \frac{\text{Umlaufvermögen}}{\text{Fremdkapital}}$$

Diese Kennzahl gibt nur grob die Zahlungsbereitschaft des Unternehmens an. Sie ist in verschiedene Liquiditätsstufen zu verfeinern.

Tangierende Problemkreise:
Verschiedene Liquiditätsstufen
Man unterscheidet Liquidität 1., 2. und 3. Grades. Bei der L1 werden die unmittelbar zur Verfügung stehenden flüssigen Mittel den sofort und kurzfristig fälligen Verbindlichkeiten gegenübergestellt. Bei L2 werden die Forderungen als Mittel miteinbezogen. L3 bezieht das gesamte Umlaufvermögen ein.

Lösung zu Fall 39:

Die Lösung orientiert sich am Aufbau der Anlage EÜR 2021.
(Vergleichen Sie bitte mit einem Vordruck EÜR nebst Anlagen – abrufbar im Internet)

1. Gewinnermittlung		
Betriebseinnahmen		
Zeile		
14	Umsatzsteuerpflichtige Betriebseinnahmen	150.000,00
16	Vereinnahmte Umsatzsteuer sowie USt auf unentgeltliche Wertabgaben	28.500,00
19	Private Kfz-Nutzung	6.000,00
Summe der Betriebseinnahmen (Zeile 22)		**184.500,00**
Betriebsausgaben		
28	Ausgaben für eigenes Personal	32.000,00
31	AfA auf bewegliche WG	11.500,00
Sonstige unbeschränkt abzugsfähige Betriebsausgaben		
49	Aufwendungen für Telekommunikation	1.400,00
63	Gezahlte Vorsteuer	4.900,00
64	An das FA gezahlte USt	24.000,00
66	Übrige unbeschränkt abzugsfähige Betriebsausgaben	12.000,00
Beschränkt abzugsfähige Betriebsausgaben		
68	Bewirtungskosten	840,00
69	Verpflegungsmehraufwendungen	1.200,00
70	Arbeitszimmer	2.400,00
Kraftfahrzeugkosten und andere Fahrtkosten		
83	Sonstige tatsächliche Fahrtkosten ohne AfA und Zinsen	8.000,00
Summe der Betriebsausgaben (Zeile 88)		**98.240,00**
Ermittlung des Gewinns		
89	Summe der Betriebseinnahmen (Zeile 22)	184.500,00
88	Summe der Betriebsausgaben (Zeile 88)	98.240,00
109	Steuerpflichtiger Gewinn	**86.260,00**

Anlage AVEÜR 2022							
Anlagenverzeichnis/Ausweis des Umlaufvermögens zur Anlage EÜR							
Gruppe/ Bezeichnung des WG	AK/HK/ Einlagewert	Buchwert zu Beginn des Gewinn- ermittlungs- zeitraumes	Zugänge	Sonder AfA Nach § 7g ESTG	AfA/ Auflösungs- betrag	Abgänge (insgesamt zu erfassen in Zeile 35 der Anlage EÜR)	Buchwert am Ende des Gewinn- ermittlungs- zeitraumes
Grundstücke und Grundstücks- gleiche Rechte							
Häusliches Arbeitszimmer							
Immaterielle WG							
Bewegliche WG (ohne GWG)							
Sammelposten							
Finanzanlagen							
Umlaufvermögen							

Lösungen zu Fall 40:

Sachverhalt 1:

1. Es handelt sich um einen Werkvertrag. Rechtsgrundlage sind die § 631 - 651 BGB. Durch den Werkvertrag wird der Unternehmer zur Herstellung des versprochenen Werkes, der Besteller zur Entrichtung der vereinbarten Vergütung verpflichtet (§ 631 Abs. 1 BGB). Gegenstand eines Werkvertrages kann auch eine Veränderung einer Sache durch Arbeit oder Dienstleistung sein.

2. Nach § 633 BGB obliegt dem Unternehmer die Gewährleistungspflicht. Ist das Werk mit Fehlern behaftet, so kann der Besteller die Beseitigung des Mangels verlangen. Nach § 651 BGB kommt dabei das Kaufrecht zur Anwendung.

   ► Nach § 635 BGB kann der Besteller Nacherfüllung verlangen (Mangel beseitigen oder neues Werk erstellen).

   ► Nach § 637 BGB kann er den Mangel selbst beseitigen und Ersatz der erforderli- chen Aufwendungen verlangen.

   ► Nach § 636, 323 und 326 Abs. 5 BGB vom Vertrag zurücktreten oder

   ► nach § 638 BGB Minderung verlangen,

   ► nach den § 636, 280, 281 und 311a Schadenersatz oder nach § 284 BGB Ersatz vergeblicher Aufwendungen verlangen.

Sachverhalt 2:

1. Bei dem Vertrag zwischen dem Steuerberater und seinem Mandanten handelt es sich um einen Werk- und Dienstvertrag. Ein Werkvertrag liegt hinsichtlich der Erstellung der Bilanz (Führen der Bücher) vor, die übrige Steuerberatung erfolgt im Rahmen eines Dienstvertrages. Das Wesen eines Dienstvertrages ist im § 611 BGB erläutert. Danach hat derjenige, welcher Dienste zusagt, seine versprochenen Dienste zu erfüllen und der Leistungsempfänger ist zur Zahlung der vereinbarten Vergütung verpflichtet.

2. Wenn mit einem Dienstvertrag auch keine Erfolgsgarantie verbunden ist, so haftet der Steuerberater nach den Bestimmungen des § 276 BGB, wonach der Schuldner Vorsatz und Fahrlässigkeit zu vertreten hat. Fahrlässig handelt, wer die im Verkehr erforderliche Sorgfalt außer Acht lässt. Zur eigenen Absicherung schließt der Steuerberater für diese Fälle eine Berufshaftpflichtversicherung ab. Dazu ist er nach § 67 Abs. 1 i. V. m. § 67a StBerG und § 53 Abs. 1 Nr. 1 DVStB[1] verpflichtet. Ein Steuerberater, der es durch einen von ihm erteilten Rat oder durch die von ihm veranlasste unzutreffende Darstellung steuerlich bedeutsamer Vorgänge verschuldet, dass gegen seinen Mandanten wegen leichtfertiger Steuerverkürzung ein Bußgeld verhängt wird, kann verpflichtet sein, jenem den darin bestehenden Vermögensschaden zu ersetzen (BGH-Urt. v. 14.11.1996).

Sachverhalt 3:

1. Beim Kauf des Mehrfamilienhauses handelt es sich um einen Kaufvertrag (§ 433 ff. BGB). Bei den Umbauarbeiten handelt es sich um einen Werkvertrag (§ 631 ff.). Die Aufnahme der Finanzierungsmittel wird durch einen Darlehensvertrag abgewickelt (§ 488 - 505 BGB).

2. Der Kauf des Mehrfamilienhauses bedarf nach § 311b BGB der notariellen Beurkundung. Der Werkvertrag und der Darlehensvertrag können formlos abgeschlossen werden. Aus Gründen der Beweissicherung ist Schriftform zu empfehlen.

3. Die Grundschuld ist eine Belastung des Grundstücks und ist im Grundbuch (Grundbuchamt) eingetragen (§ 1191, 1192 BGB). Der Gläubiger kann das Grundstück zur Befriedigung seiner Forderungen in Anspruch nehmen. Die Grundschuld setzte allerdings, anders als die Hypothek, eine durch sie gesicherte Forderung nicht voraus.

Tangierende Probleme:
Abgrenzung Hypothek und Grundschuld
Beides stellen Belastungen eines Grundstücks dar und sind als solche im Grundbuch eingetragen. Die Grundschuld besteht auch ohne ein zugrunde liegendes Schuldverhältnis, die Hypothek ist daran geknüpft (akzessorisch).

Zuordnung von Grundstücken zum Betriebsvermögen
Siehe Schaubild zu Fall 15!

---

[1] Verordnung zur Durchführung der Vorschriften über Steuerberater.

Lösung zu Fall 40a:

Aufgabe 1:
Die E-Mail wird beim Empfänger oder Provider gespeichert. Damit ist sie in den Macht-bereich des Empfängers gelangt mit der Möglichkeit der Kenntnisnahme je nach Um-ständen.

Aufgabe 2:
Der Kaufvertrag kommt erst sehr spät zustande:
- ▸ nicht mit dem Bestellen der Ware
- ▸ auch nicht mit der Bezahlung vor Lieferung.

Erst wenn der Internetshop die Ware liefert, kommt der Kaufvertrag zustande.
Absenden der Bestellung = Willenserklärung des Bestellers (Antrag)
Lieferung der bestellten Ware = Willenserklärung des Verkäufers (Annahme)

Aufgabe 3:
Das „Angebot" auf der Homepage ist kein bindendes Angebot. Somit ist der Unterneh-mer nicht an die Bestellungen gebunden. Er kann 100 Kunden beliefern, d. h. ihr Ange-bot annehmen. Mit den übrigen 100 Kunden wird kein wirksamer Vertrag abgeschlos-sen, sodass auch keine Regressansprüche entstehen. Kaufmännisch ist es angezeigt, die nicht belieferten Kunden über die Gründe zu informieren.

Aufgabe 4:
Die E-Mail enthielt die wesentlichen Bestandteile Kaufgegenstand, Preis und Vertrags-partner. Dieses vollständige Angebot müsste Berta i. S. d. § 147 Abs. 2 BGB annehmen. „Der einem Abwesenden gemachte Antrag kann nur bis zu dem Zeitpunkt angenom-men werden, in welchem der Antragende den Eingang der Antwort unter regelmäßigen Umständen erwarten darf."

Davon kann jedoch nicht ausgegangen werden, wenn die Annahme erst nach fünf Ta-gen erfolgt. Somit kommt kein Kaufvertrag zustande. Eine solche verspätete Annahme kann jedoch als Angebot von Berta interpretiert werden, worauf wiederum Anton das Angebot annehmen kann.

Aufgabe 5:
Hier verläuft die Kommunikation zwischen den Vertragspartnern unmittelbar. Es gelten somit die Bestimmungen wie bei Gesprächen unter anwesenden Personen (§ 147 Abs. 1 BGB). „Der einem Anwesenden gemachte Antrag kann nur sofort angenommen werden." Somit kommt ein Kaufvertrag nicht zustande.

Aufgabe 6:
Bei Internetverträgen sind die Bestimmungen des BGB anwendbar. In vorliegendem Falle handelt es sich um einen Irrtum. Der offensichtliche Irrtum stellt einen Anfech-tungsgrund dar (§ 119 Abs. 1 BGB). Die Anfechtung bedeutet die Nichtigkeit der Wil-lenserklärung von Anfang an (§ 142 Abs. 1 BGB). Somit ist der Vertrag nichtig. Zu beach-

ten ist allerdings, dass der Anfechtende ggf. nach § 122 BGB schadenersatzpflichtig ist. Unabhängig von dieser Lösung bietet sich seit 13.06.2014 das einheitliche Widerspruchsrecht an; ein Rückgaberecht besteht nicht mehr.

Aufgabe 7:
Das sechsjährige Kind ist nach § 104 geschäftsunfähig. Damit ist seine Willenserklärung nichtig (§ 105 Abs. 1 BGB i. V. m. § 104 Nr. 1 BGB).

Problematisch ist ggf. die Beweisfrage, wer im Internet tätig war.

Aufgabe 8:
Die rechtliche Lösung ergibt sich aus dem sog. „Taschengeldparagrafen". Danach bewirkt Anton die Bezahlung aus eigenen Mitteln. Der von dem Minderjährigen geschlossene Vertrag ist von Anfang an wirksam. Er hat die Bezahlung mit Mitteln bewirkt, die ihm zur Verfügung gestellt wurden.

Tangierende Problemkreise:
Bücher des BGB:

- ► Erstes Buch, Allgemeiner Teil (§ 1 - 240 BGB)
- ► Zweites Buch, Recht der Schuldverhältnisse (§ 241 - 853 BGB)
- ► Drittes Buch, Sachenrecht (§ 854 - 1296 BGB)
- ► Viertes Buch, Familienrecht (§ 1297 - 1921 BGB)
- ► Fünftes Buch, Erbrecht (§ 1922 - 2385 BGB)

Lösung zu Fall 40b[1]:

Aufgabe 1:
Bei der Tätigkeit des Anton handelt es sich um einen gelegentlichen Verkauf eines Verbrauchers (§ 13 BGB). Es handelt sich auch nicht um eine nachhaltige Tätigkeit i. S. d. § 2 UStG unabhängig von einer Gewinnerzielungsabsicht. Er beteiligt sich auch nicht am allgemeinen wirtschaftlichen Verkehr.

Es bestehen somit keinerlei Meldepflichten oder steuerliche Konsequenzen.

Aufgabe 2:
Es handelt sich in diesem Falle um ein planmäßiges Handeln, das auf Wiederholung angelegt ist. Sie beteiligt sich nachhaltig am Markt. Sie tritt als Händler auf.

Berta ist sowohl nach BGB, UStG und EStG als Unternehmer einzustufen.

Sie hat die Meldepflichten und die handels- und steuerrechtlichen Verpflichtungen zu erfüllen (Buchführung, Abgabe von Steuererklärungen).

---

[1] Seit 01.08.2012 gilt das Gesetz: Kein richtiger Button – kein Vertrag! (Gesetz zur Änderung des BGB zum besseren Schutz der Verbraucher vor Kostenfallen im elektronischen Geschäftsverkehr).

Aufgabe 3:
Aus dem Sachverhalt ergibt sich eine nachhaltige Tätigkeit, die auch mit Gewinnerzielungsabsicht verbunden ist. Es ist somit die Tätigkeit eines Unternehmers nach BGB (§ 14 BGB), UStG (§ 2 UStG) als auch nach EStG (§ 16 EStG) anzunehmen. Daraus ergeben sich alle Verpflichtungen aus diesen Gesetzen (Meldepflichten, Abgabe von Steuererklärungen zur Gewerbesteuer und Einkommensteuer, Umsatzsteuer usw.).

Überragende Bedeutung hat die Feststellung für Verträge mit Konsumenten (privaten Abnehmern). Fernabsatzverträge sind Verträge über Lieferungen von Gegenständen, die zwischen einem Unternehmer und einem Verbraucher unter ausschließlicher Anwendung von Fernkommunikationsmitteln abgeschlossen werden. Zu beachten ist die umfassende Neuregelung des Widerrufsrechts. Seit 13.06.2014 gilt eine neue EU-Verbraucherrichtlinie, aufgrund derer es zu grundlegenden Änderungen kommt. Danach gilt für Verträge, die ab dem 13.06.2014 abgeschlossen wurden, dass Verbraucher grundsätzlich die Kosten der Rücksendung zu tragen haben, sofern sie darauf hingewiesen wurden. Auch die „40 €-Klausel" entfällt. Die Hinsendekosten müssen auch weiterhin vom Unternehmer erstattet werden. Auch die Regelungen zur Widerspruchsfrist ändern sich. Es gilt eine einheitliche Frist von 14 Tagen bei korrekter Belehrung bzw. einem Monat, wenn nicht bei Vertragsabschluss in Textform belehrt wurde. Somit gibt es ganz klare Regelungen für den Beginn und das Ende des Widerspruchsrechts:

► Die Widerspruchsfrist beginnt, sobald die Ware beim Verbraucher eingegangen ist.
► Sie endet spätestens 12 Monate und 14 Tage nach Eingang der Ware beim Verbraucher automatisch.

Downloads sind vom Widerspruchsrecht gänzlich ausgeschlossen. Der Widerruf muss vom Kunden ausdrücklich erklärt werden, dabei ist Textform nicht mehr nötig.[1]

Es wird nicht mehr zwischen Rückgabe und Widerruf unterschieden; es gilt nur noch ein einheitliches Widerrufsrecht.

Aufgabe 4:
Es könnte sich um ein steuerpflichtiges privates Veräußerungsgeschäft handeln (§ 22 Nr. 2 i. V. m. § 23 Abs. 1 EStG). Dies liegt bei „anderen Wirtschaftsgütern" vor, wenn nicht mehr als ein Jahr zwischen Anschaffung und Veräußerung liegt.

Der Erbvorgang ist jedoch nicht als ein Anschaffungsvorgang zu qualifizieren (H 23 EStH-„Anschaffung"). Erfolgt der Verkauf über eine Internetplattform, so gelten die dafür einschlägigen Bestimmungen.

Aufgabe 5:
Das Einstellen des Verkaufsangebotes in eine Internetplattform ist ein verbindliches Angebot auf Abschluss eines Kaufvertrages zum Höchstgebot, keine Versteigerung. Es mangelt an einem Zuschlag, da kein Auktionator auftritt (§ 156 BGB). Es kommt somit ein Kaufvertrag zustande.

---

[1] Eine Musterwiderrufsbelehrung finden Sie in Anlage 1 zu Art. 246a § 1 Abs. 2 Satz 2 EGBGB.

a) bei einem C2C-Geschäft kommt allenfalls eine Anfechtung infrage, diese muss sofort erfolgen. Ansonsten ist es auch nicht nach richterlicher Rechtsprechung zu beanstanden, wenn Gegenstände unter Wert verkauft werden.

b) bei einem B2C-Geschäft greift das Fernabsatzrecht (siehe Fall 3).

Tangierende Problemkreise:
Steuerpflichtige private Veräußerungsgeschäfte (Gegenstände des Privat-, nicht des Betriebsvermögens) liegen vor, wenn Anschaffung und Veräußerung

► bei Grundstücken nicht mehr als zehn Jahre

► bei anderen Wirtschaftsgütern nicht mehr als ein Jahr (z. B. Kunstgegenstände, Schmuck, Münzen, Briefmarken, Oldtimer usw.) betragen.

Lösung zu Fall 41:

Sachverhalt 1:

1. Es kommt die regelmäßige Verjährungsfrist von drei Jahren nach § 195 BGB zur Anwendung. Nach § 199 BGB beginnt die Verjährungsfrist mit dem Schluss des Jahres, in dem der Anspruch entstanden ist. Die Frist läuft somit vom 31.12.02 – 24:00 Uhr - 31.12.05 – 24:00 Uhr. Der Mandant August hat zwar mehrfach gemahnt und am 16.12.05 noch eine „letzte Mahnung" per Fax geschickt. Diese Mahnungen haben jedoch nicht die rechtliche Wirkung der Unterbrechung oder Hemmung der Verjährung. Der Bauunternehmer Stein kann sich also am 15.01.06 zurecht auf die Einrede der Verjährung berufen. Der Mandant hätte also dahingehend beraten werden müssen, dass er mithilfe eines Mahnbescheides die Verjährung im Dezember 05 durch Rechtsverfolgung gehemmt hätte (§ 204 BGB) oder durch eine nach § 212 BGB entsprechende Maßnahme (z. B. Erwirkung einer Abschlagzahlung) den Neubeginn der Verjährungsfrist bewirkt hätte. Die Zustellung des Mahnantrags hemmt die Verjährung (§ 204 Abs. 1 Nr. 3 BGB). Gemäß § 693 Abs. 2 ZPO tritt diese Wirkung bereits mit der Einreichung des Mahnantrags ein, wenn die Zustellung demnächst erfolgt.

2. 2.1 Kontierung:

0998 (1246) Einzelwertberichtigung	an	1460 (1240) Zweifelhafte Forderungen (720,00)

Korrektur der Umsatzsteuer:

1770 (3800) Umsatzsteuer	an	1460 (1240) Zweifelhafte Forderungen (228,00)

Ausbuchung der Restforderung:

2400 (6930) Forderungsverluste	an	1460 (1240) Zweifelhafte Forderungen (480,00)

2.2 Kontierung:

2400 (6930) Forderungsverluste (1200,00) an	
1770 (3800) Umsatzsteuer (228,00)	1400 (1200) Forderungen (1.428,00)

Sachverhalt 2:
Für die Honorarforderungen der freien Berufe gilt die regelmäßige Verjährungsfrist (§ 195 BGB). Die Frist begann mit Ablauf des Jahres 02 zu laufen. Sie wurde jedoch durch die Teilzahlung am 15.06.03 unterbrochen (§ 212 Nr. 1 BGB). Ab diesem Zeitpunkt (15.06.03, 24:00 Uhr) beginnt die Dreijahresfrist erneut, endet also am 15.06.06, 24:00 Uhr. Durch die Stundung am 18.08.03 beginnt die dreijährige Verjährungsfrist erneut zu laufen. Sie endet somit am 18.08.06.

Sachverhalt 3:
Es ist davon auszugehen, dass die Unterhaltszahlungen aus einem rechtskräftigen Urteil resultieren. Die Verjährungsfrist beträgt dann 30 Jahre.

Sachverhalt 4:
1. Durch den Mahnbescheid wird die Verjährung gehemmt. Der Zeitraum, während dessen die Verjährung gehemmt ist, wird nicht mitgerechnet (§ 209 BGB). Die Hemmung endet sechs Monate nach der rechtskräftigen Entscheidung oder anderweitigen Beendigung des eingeleiteten Verfahrens.

2. Der Mahnbescheid ist beim zuständigen Amtsgericht zu beantragen. Entsprechende Vordrucke liegen vor. Die § 690 und 692 ZPO bestimmen, was ein Mahnbescheid zu enthalten hat.

Der Schuldner kann wie folgt reagieren:

► Er zahlt – Fall ist erledigt.

► Schuldner erhebt Widerspruch innerhalb von zwei Wochen – es kommt zu einem ordentlichen Klageverfahren. Auf Antrag des Gläubigers oder Schuldners wird eine mündliche Verhandlung anberaumt.

► Schuldner reagiert nicht – Gläubiger kann innerhalb von sechs Monaten einen Antrag auf Vollstreckungsbescheid stellen.

Nach Erhalt des Vollstreckungsbescheides kann der Schuldner wie folgt reagieren:

► Er zahlt – Fall ist erledigt.

► Schuldner erhebt innerhalb von zwei Wochen Einspruch – es kommt zu einem ordentlichen Gerichtsverfahren.

► Schuldner reagiert nicht – Vollstreckungsbescheid ist nach Ablauf der Frist rechtskräftig. Es kann gepfändet werden.

Lösung zu Fall 42:

1. Für die regelmäßig auftretenden Garantiearbeiten muss sowohl nach Handels- als auch nach Steuerrecht eine Rückstellung gebildet werden. Dabei bieten sich buchtechnisch zwei Möglichkeiten an:

   ▸ Einzelrückstellung

   ▸ Pauschalrückstellung.

   Man kann bei der Bilanzierung auch eine Kombination beider Verfahren anwenden. Die Einzelrückstellung bietet sich bei besonders ins Gewicht fallenden Beträgen an.

   Der Mandant Stein hat bisher offensichtlich eine Pauschalrückstellung für die Garantiearbeiten gebildet. Das erleichtert die Buchungsvorgänge im Laufe des Jahres, weil die Kosten in den laufenden Lohnzahlungen und im laufenden Materialverbrauch untergehen. Betriebswirtschaftlich ist es jedoch angezeigt, dass der Mandant die genauen Kosten für diese Garantiearbeiten im Einzelfall festhält. Nur dann kann er gegensteuern, wenn er die Fehlerquellen hinreichend erkennt.

   In konkretem Falle ist anzuraten, für die Erneuerung der Deckschicht eine Einzelrückstellung in Höhe von 45.000 € zu bilden.

   Für den garantiebelasteten Umsatz wird eine pauschale Rückstellung gebildet:

	1 % des garantiebelasteten Umsatzes in Höhe von 5,85 Mio. € =	58.500,00 €
-	bestehende pauschale Garantierückstellung =	52.500,00 €
=	**Aufstockung der Rückstellung** =	**6.000,00 €**

2. Kontierung

Buchungsliste (SKR 03)					
Nr.	SKR 03	Sollkonto	Betrag	SKR 03	Habenkonto
1	4790	Aufwendungen f. Gew.	45.000,00	0974	Rückst. f. Gewährl.
2	4790	Aufwendungen f. Gew.	6.000,00	0974	Rückst. f. Gewährl.

Buchungsliste (SKR 04)					
Nr.	SKR 04	Sollkonto	Betrag	SKR 04	Habenkonto
1	6790	Aufwendungen f. Gew.	45.000,00	3090	Rückst. f. Gewährl.
2	6790	Aufwendungen f. Gew.	6.000,00	3090	Rückst. f. Gewährl.

Tangierende Problemkreise:
Einzel- und Pauschalbewertung von Debitoren
Siehe dazu Schaubild zu Fall 35!

Werkvertrag als Grundlage für Garantieansprüche
Siehe Lösung zu Fall 40 (Sachverhalt 1)!

Lösung zu Fall 43:

Sachverhalt 1:

Einseitige Rechtsgeschäfte basieren auf der Willenserklärung einer Person. Man unterscheidet dabei empfangsbedürftige und nicht empfangsbedürftige Willenserklärungen (siehe Schaubild!).

Empfangsbedürftige Willenserklärungen sind nur wirksam, wenn sie einer anderen Person zugehen. Zugegangen ist eine Willenserklärung, wenn der Empfänger unter normalen Verhältnissen die Möglichkeit hat, vom Inhalt der Erklärung Kenntnis zu nehmen. Nicht empfangsbedürftige Willenserklärungen sind wirksam auch ohne dass sie einer anderen Person zugehen.

Bei einem zweiseitigen oder mehrseitigen Rechtsgeschäft stehen sich die Willenserklärungen der Personen gegenüber. Für die Wirksamkeit dieses Rechtsgeschäfts ist Übereinstimmung in den Erklärungen erforderlich.

Sachverhalt 2:

Siehe dazu Schaubild zum vorliegenden Fall!

Sachverhalt 3:

Es handelt sich bei diesem Kauf auf der einen Seite um die Willenserklärung eines Geschäftsunfähigen (unter sieben Jahre). Damit ist der Kaufvertrag nichtig. Das bedeutet, dass der Vertrag von Anfang an ungültig ist. Anders als bei beschränkt Geschäftsfähigen, d. h. Minderjährigen, die das siebte Lebensjahr vollendet haben, ist bei Geschäftsunfähigen auch nicht der Taschengeldparagraf (neue Definition: Bewirkung der Leistung mit eigenen Mitteln) zu prüfen. Damit sind auch einmalige Zuwendungen unter dem § 110 BGB zu subsumieren. Dieser gilt nur für beschränkt Geschäftsfähige, wie sich auch aus dem Wortlaut des § 106 BGB ergibt. Danach gilt ein von einem Minderjährigen ohne Zustimmung des gesetzlichen Vertreters geschlossener Vertrag als von Anfang an wirksam, wenn der Minderjährige die vertragsmäßige Leistung mit Mitteln bewirkt, die ihm zu diesem Zwecke oder zur freier Verfügung von dem Vertreter oder mit dessen Zustimmung von einem Dritten überlassen worden sind. Die Anwendung des Taschengeldparagrafen scheitert aber schon daran, dass der Begriff „Minderjähriger" für Personen zwischen sieben und achtzehn Jahren gilt.

Der Einzelhändler muss somit die Rollerskates zurücknehmen und den Kaufpreis erstatten.

Sachverhalt 4:

Zunächst handelt es sich um einen Kaufvertrag mit Rechten für den Käufer und den Verkäufer. Der Verkäufer ist verpflichtet, mangelfreie Ware zu liefern, der Käufer rechtzeitig zu zahlen. Der Verkäufer hat eine Eigenschaft zugesichert, nämlich dass es sich nicht um einen Unfallwagen handelt. Er hat dabei gleichzeitig einen vorhandenen Mangel arglistig verschwiegen. Damit verlängert sich die regelmäßige kaufrechtliche Verjährungsfrist auf drei Jahre nach Kenntnis des Mangels (§ 438 Abs. 3 BGB).

Der Mandant hat folgende Gewährleistungsrechte:

► Nacherfüllung nach § 439 BGB

► Rücktritt vom Vertrag (§ 440, 323 und 326 Abs. 5 BGB)

► Minderung (§ 441 BGB)

► Schadenersatz statt Leistung (§ 440, 280, 281, 283 und 311a BGB)

► Ersatz vergeblicher Aufwendungen (§ 284 BGB).

Die Gewährleistungsfrist bei gebrauchten Sachen kann auf ein Jahr verkürzt werden. Ist jedoch wie in vorliegendem Fall ein Mangel arglistig verschwiegen worden, so verlängert sich diese Frist automatisch auf drei Jahre.

Dem Mandanten stehen somit alle Rechte zu. Er muss sich für eine für ihn sinnvolle Lösung entscheiden. Es ist weiter anzumerken, dass u. U. die Ansprüche gerichtlich in einem Zivilprozess durchgesetzt werden müssen.

Sachverhalt 5:
Sie müssen Ihren Mandanten leider enttäuschen. Zur Wirksamkeit eines Kaufvertrages über ein Grundstück ist notarielle Beurkundung erforderlich (§ 311b BGB, § 873 BGB, § 925 BGB).

Lösung zu Fall 44:

Sachverhalt 1:
Es handelt sich um eine Falschlieferung (aliud). Der Sachverhalt ist damit mit einem Sachmangel behaftet. Es können die Rechte aus § 437 BGB geltend gemacht werden:

► Nacherfüllung durch Neulieferung (vorrangig)

nachrangig:

► Rücktritt vom Vertrag

► Kaufpreisminderung

► Schadenersatz

► Ersatz vergeblicher Aufwendungen.

Sachverhalt 2:
Der Laserdrucker wurde zunächst ordnungsgemäß geliefert. Er weist jedoch Mängel auf, die eine reibungslose Nutzung des Druckers nicht gewährleisten. Die Rechte ergeben sich ebenfalls aus § 437 BGB wie im Sachverhalt 1.

Sachverhalt 3:
Im vorliegenden Fall handelt es sich auch um einen Sachmangel. Obwohl es sich um einen geringfügigen Mangel handelt, hat der Käufer das Recht auf Nacherfüllung und Minderung; nicht jedoch auf Rücktritt oder Schadenersatz statt Leistung.

Tangierende Problemkreise:
Kulanzleistungen und Rechtsvorschriften als Zielkonflikt
Bei Problemen im Zusammenhang mit der Erfüllung von Verträgen sind die Vertragspartner gut beraten, im Wege der Kulanz (freiwillige Regelung) Probleme zu lösen. Das
Beharren auf Rechtsvorschriften führt häufig zur Aufgabe der Geschäftsbeziehungen
und damit in der Regel zu größeren Verlusten, als die Erfüllung auch eines nicht recht-
lich fundierten Anspruchs.

Lösung zu Fall 45:

1. Zur Beantwortung der Frage, ob bei der Computerfirma eine Nicht-Rechtzeitig-
   Lieferung vorliegt, sind die Voraussetzungen hierzu zu prüfen:

   ▸ Fälligkeit der Leistung

   Hierbei ist von besonderer Bedeutung, ob ein kalendermäßig genau bestimmbarer oder ein Fixkauf vorliegt. Die Bestellung für Ende des Jahres 04 stellt jedoch
   weder ein Termingeschäft noch einen Fixkauf dar.

   ▸ Mahnung

   Da ein kalendermäßig genau bestimmbarer Termin nicht vorliegt, ist eine Mahnung erforderlich. Die Mahnung ist formfrei, wegen der Beweissicherung empfiehlt sich die Schriftform.

   ▸ Verschulden
   Der Verzug muss durch vorsätzliches oder fahrlässiges Verhalten eingetreten
   sein.

2. Die Partnerschaftsgesellschaft muss also mahnen, um Rechte gegenüber der Computerfirma geltend machen zu können. Danach stehen ihr ohne Nachfrist folgende
   Rechte zu:

   ▸ Bestehen auf Erfüllen des Kaufvertrages

   ▸ Bestehen auf Erfüllen des Kaufvertrages und eventuell Verzögerungsschaden

   ▸ Mit angemessener Nachfrist stehen folgende Rechte zu:

   - Rücktritt vom Kaufvertrag

   - Schadenersatz statt Leistung (Nichterfüllungsschaden).

3. Wenn eine konkrete Schadenberechnung möglich ist (z. B. Überstundenaufschlä-
   ge), so kann Schadenersatz geltend gemacht werden.

4. Bei einer Schadenberechnung ergeben sich kaum Probleme, wenn man den entstandenen Schaden anhand konkreter Zahlen nachweisen kann. Schwieriger wird
   es, wenn der Schaden abstrakt ist, z. B. wenn der entgangene Gewinn festgestellt
   werden soll.

5. Die Partnerschaftsgesellschaft wäre gut beraten gewesen, wenn sie einen festen
   Termin für die Lieferung und Installation der Computer-Konfiguration, z. B. für
   10.12.04, vereinbart hätte. Noch besser ist eine Fixklausel, wonach sich die Vertragspartner einig sind, dass mit diesem Termin das Geschäft steht oder fällt.

Tangierende Problemkreise:
Partnerschaftsgesellschaft (Zustandekommen, Bedeutung)
Siehe dazu Partnerschaftsgesellschaftsgesetz (zu Fall 53)!

Bedeutung eines schriftlichen Vertragsabschlusses für die Beweissicherung
Häufig kommt es zu Irritationen bei der Erfüllung von Verträgen. Das kann darauf beruhen, dass die Vertragspartner die Abmachungen verschieden auslegen oder gar böswillig Abmachungen ignorieren. Es kann auch vorkommen, dass zwar Vereinbarungen getroffen worden sind, der schriftliche Vertrag jedoch die Klausel enthält, dass mündliche Vereinbarungen keine Geltung haben.

Aus Gründen der Beweissicherung und zur klaren gegenseitigen Information ist deshalb bei wichtigen Rechtsgeschäften angezeigt, einen schriftlichen Vertrag abzuschließen und darauf zu achten, dass alle getroffenen Vereinbarungen im Vertrag enthalten sind.

Lösung zu Fall 46:

1. Dr. Kluge hat das außergerichtliche Mahnverfahren voll durchgezogen. Mit der Absicht, dem Mandanten einen Mahnbescheid zustellen zu lassen, beschreitet er das gerichtliche Mahnverfahren. Der Mahnbescheid ist beim Amtsgericht des Gläubigers zu beantragen. Es gilt hierbei Formularzwang. Die Formulare sind im Schreibwarenhandel erhältlich. Der Inhalt des Mahnbescheides bestimmt sich nach den § 690, 692 ZPO. Das Gericht überprüft die formelle Vollständigkeit des Mahnbescheides, nicht jedoch die sachliche Berechtigung. Aus Beweissicherungsgründen wird der Mahnbescheid mit Postzustellungsurkunde zugestellt. Den weiteren Ablauf entnehmen Sie bitte der Lösung zu Fall 41 (Sachverhalt 4).

2. Der Mahnbescheid stellt ein vereinfachtes gerichtliches Verfahren zur Sicherstellung von Ansprüchen dar. Die Gebühren sind wesentlich geringer als bei einem Zivilprozess. Der Vollstreckungsbescheid verleiht dem Gläubiger das gleiche Recht zur Pfändung wie ein Urteil. Auch der mit einem Zivilprozess verbundene Arbeitsaufwand ist wesentlich höher. Daran ändert auch die Einschaltung eines Anwalts nichts.

3. Wenn feststeht oder mit hoher Wahrscheinlichkeit anzunehmen ist, dass der Schuldner jetzt und in Zukunft nicht zahlen kann, können die Gebühren für den Mahnbescheid eingespart werden.

4. Die Nicht-Rechtzeitig-Zahlung tritt unter folgender Voraussetzung ein:
   - Fälligkeit
   - Verschulden
   - Mahnung (ggf. entbehrlich; z. B. wenn 30 Tage nach Rechnungszugang vergangen sind).

Rechte:

- ▸ Zahlung verlangen und ggf. Schadenersatz
- ▸ Schadenersatz statt Leistung (ggf. angemessene Nachfrist)
- ▸ Rücktritt vom Vertrag (ggf. angemessene Nachfristsetzung).

5. Nach § 288 BGB (Verzugszinsen) beträgt der Verzugszinssatz 5 % bzw. 9 % über dem Basiszinssatz (zzt. beträgt der Basiszinssatz -0,88 % ab 01.01.2018 (§ 247 BGB). Neufestsetzung jeweils zum 01.07. und 01.01.).

6. Wenn der Schuldner zum Ausdruck gebracht hat, dass er die Forderung nicht oder nicht ganz anerkennt, ist das Klageverfahren zweckmäßig.

7. Die sachliche Zuständigkeit im Zivilprozess richtet sich nach den § 23, 71 GVG.[1] Danach ist das Amtsgericht bis zu einem Streitwert von 5.000 €, in anderen Fällen das Landgericht zuständig. Von der sachlichen Zuständigkeit ist die örtliche Zuständigkeit zu unterscheiden. Örtlich ist das Gericht zuständig, in dessen Bezirk der Schuldner seinen Wohnsitz oder seine Geschäftsniederlassung hat.

8. Die Zwangsvollstreckung erfolgt durch Pfändung und Verwertung des Pfandstücks. Im § 811 ZPO sind die unpfändbaren beweglichen Sachen aufgeführt. Arbeitseinkommen und sonstige Bezüge können nur bis zu einem bestimmten Betrag gepfändet werden. Hier ist zu unterscheiden zwischen einem unpfändbaren Grundbetrag und dem übersteigenden Betrag. Das Arbeitseinkommen kann nur nach Maßgabe der § 850a bis 850i ZPO gepfändet werden (siehe dort!).

9. Die Pfändungstabelle befindet sich als Anlage zu § 850c ZPO. Aus dieser Tabelle kann je nach Unterhaltsverpflichtung des Schuldners der pfändbare Betrag abgelesen werden.

Tangierende Problemkreise:
Forderungsausfall und Umsatzsteuerkorrektur
Bei einem Forderungsausfall entfällt die Voraussetzung „Entgelt". Der Vorgang ist nicht mehr steuerbar. Die bei der Sollbesteuerung bereits bezahlte Umsatzsteuer kann vom Finanzamt zurückverlangt werden. Andererseits hat das Finanzamt vom Leistungsempfänger einen Rückerstattungsanspruch bezüglich der Vorsteuer.

Pfändung durch den Gerichtsvollzieher
Der Gläubiger ist zur Pfändung von beweglichen Sachen nicht selbst befugt, er muss den Gerichtsvollzieher damit beauftragen.

Aufrechnung
Schulden zwei Personen einander Leistungen, die gleichartig sind, so kann jeder seine Forderung gegen die Forderung des anderen aufrechnen, sobald er die ihm gebührende Leistung fordern und die obliegende Leistung bewirken kann (§ 387 BGB).

---

[1] Gerichtsverfassungsgesetz.

Lösung zu Fall 47:

1. Vom Prokuristen werden eine Reihe von Eigenschaften erwartet:
   - ► fachliche Kompetenz
   - ► Loyalität gegenüber dem Unternehmer
   - ► Zuverlässigkeit
   - ► Arbeitsbereitschaft
   - ► Organisationsgeschick
   - ► Fähigkeit zur Teamarbeit
   - ► Entscheidungsbereitschaft
   - ► Eignung zur Personalführung
   - ► Verantwortungsbewusstsein usw.

2. Die Erteilung der Prokura ist nicht an eine Form gebunden. Sie wird durch ausdrückliche Erklärung durch den Vollkaufmann erteilt (schriftlich oder mündlich).

3. Die Rechte des Prokuristen entnehmen Sie bitte dem Schaubild zum vorliegenden Fall oder dem § 49 HGB!

4. Bitte dem Schaubild entnehmen!

5. Arten der Prokura:
   - ► Einzelprokura
   - ► Gesamtprokura
   - ► Filialprokura.

6. Die Prokura erlischt durch:
   - ► Widerruf
   - ► Ausscheiden aus dem Unternehmen
   - ► Liquidation oder Insolvenz des Unternehmens

   Das Erlöschen der Prokura ist im Handelsregister anzumelden.

Tangierende Problemkreise:
Handlungsvollmacht (Arten)

- ► Spezialvollmacht (berechtigt für ein einzelnes Rechtsgeschäft)
- ► Artvollmacht (berechtigt zu Rechtsgeschäften der gleichen Art)
- ► Allgemeine Handlungsvollmacht - Generalhandlungsbevollmächtigte (berechtigt zu allen gewöhnlichen Geschäfts- und Rechtshandlungen). Siehe § 54 HGB!

Bei einer Vollmacht wird mit i. A. (im Auftrag) unterzeichnet, der Generalhandlungsbevollmächtigte unterzeichnet mit i. V. (in Vollmacht).

Lösung zu Fall 48:

Sachverhalt 1:

Es ist zu untersuchen, ob Frau Bollig nach § 1 Abs. 1 u. 2 HGB ein Handelsgewerbe betreibt. Sie kauft Ware ein und verkauft diese, somit liegt eine gewerbliche Tätigkeit vor. Da ihre Flaschenbierhandlung jedoch nach Art und Umfang keinen in kaufmännischer Weise eingerichteten Geschäftsbetrieb erfordert, ist Frau Bollig Nichtkaufmann. Es mangelt sowohl an einer erforderlichen Größe als auch an einer kaufmännischen Einrichtung. Das bedeutet, dass die Vorschriften über die Firmen, die Handelsbücher und die Prokura keine Anwendung finden.

Es bleibt die Frage offen, ob sich nach steuerlichen Vorschriften die Verpflichtung zur Führung von Büchern ergibt. Dies könnte nach § 141 AO der Fall sein. Frau Bollig überschreitet jedoch nicht die dort genannten Grenzen beim Umsatz von mehr als 600.000 € bzw. einen Gewinn von 60.000 €. Eine Buchführungspflicht ist also auch nicht nach dem Steuerrecht abzuleiten.

Dennoch ist Frau Bollig verpflichtet, gewisse Aufzeichnungen zu machen. So hat sie nach der Wareneingangsbuchverordnung die Wareneinkäufe festzuhalten (Eingangsrechnungen). Nach § 22 UStG sind die erzielten Umsätze aufzuzeichnen, da sie Unternehmerin i. S. d. § 2 UStG ist. In der Praxis wird sich der Sachverhalt darauf beschränken, dass auf die Eingangsrechnungen ein Rohaufschlagsatz angewendet wird, der den Gegebenheiten entspricht. Aus dem so rechnerisch ermittelten Umsatz wird der Gewinn wiederum prozentual ermittelt.

Bezüglich der Umsatzsteuer hat Frau Bollig keine Probleme, so lange ihr Umsatz 17.500 € im Jahr nicht überschreitet. So lange ist sie Kleinunternehmer nach § 19 UStG und braucht keine Umsatzsteuer zu zahlen. Die Abgabe einer Voranmeldung ist überflüssig. Allerdings ist sie auch nicht zum Abzug der Vorsteuer berechtigt.

Frau Bollig ist jedoch nach § 2 HGB berechtigt, wenn auch nicht verpflichtet, sich mit einer kaufmännischen Firma in das Handelsregister eintragen zu lassen. Kraft der Eintragung in das Handelsregister ist sie Kaufmann nach § 2 Satz 1 HGB. Die Firma könnte wieder gelöscht werden, wenn zwischenzeitlich die Voraussetzungen des § 1 Abs. 2 HGB nicht erfüllt sind.

Sachverhalt 2:

Eine GmbH ist eine juristische Person. Nach § 6 HGB ist die GmbH Formkaufmann. Der Gegenstand des Unternehmens spielt dafür keine Rolle.

Die GmbH muss alle Vorschriften des HGB berücksichtigen, so die Buchführungspflicht, die Vorschriften über die Firmierung und die Prokura.

Die GmbH muss für die erzielten Gewinne als eigenes Steuersubjekt Körperschaftsteuer bezahlen. Mit ihren Umsätzen ist sie Unternehmer und unterliegt der Umsatzbesteuerung.

Sachverhalt 3:

Heinz Stein übt eine gewerbliche (handwerkliche) Tätigkeit aus. Die Kaufmannseigenschaft könnte sich aus § 1 HGB ergeben. Dies ist der Fall, wenn die Tätigkeit einen nach Art und Umfang in kaufmännischer Weise eingerichteten Geschäftsbetrieb erfordert. Nach den Falldaten ist dies eindeutig zu bejahen. Sowohl die Größe des Unternehmens als auch die kaufmännische Einrichtung sind als Voraussetzung erfüllt. Heinz Stein ist nach § 2 HGB verpflichtet, sein Unternehmen u. a. beim Handelsregister anzumelden.

Er ist zur ordnungsmäßigen Buchführung nach § 238 HGB verpflichtet und muss dieser Verpflichtung auch für Zwecke der Besteuerung nachkommen (§ 140 AO). Er muss die Verpflichtungen, die sich aus dem UStG (Abgabe von Voranmeldungen) ableiten, erfüllen. Als Gewerbebetrieb unterliegt er auch der Gewerbesteuer.

Sachverhalt 4:

Dem Wunsch des Landwirts Johann Fleißig kann entsprochen werden. Er kann nach § 3 Abs. 2 HGB die Eintragung in das Handelsregister herbeiführen, wenn er die Voraussetzungen des § 2 HGB erfüllt. Sein Betrieb muss also nach Art und Umfang einen in kaufmännischer Weise eingerichteten Geschäftsbetrieb erfordern. Das ist bei gegebenem Sachverhalt anzunehmen. Für den Landwirt bedeutet dies, dass die handelsrechtlichen Vorschriften über die Bilanzierung anzuwenden sind.

Lösung zu Fall 49:

1. Der Begriff „Firma" ist im § 17 Abs. 1 HGB definiert: „Die Firma eines Kaufmanns ist der Name, unter dem er im Handel seine Geschäfte betreibt und die Unterschrift abgibt."

2. Die Vorschriften über die Firma gelten für alle Istkaufleute.

3. Siehe Schaubild zum Fall!

4. Bei einer Personenfirma enthält die Firma einen oder mehrere Personennamen.

    Bei einer Sachfirma enthält die Firma den Gegenstand (Tätigkeitsbereich) des Unternehmens.

    Bei einer gemischten Firma sind beide Elemente (Personen und Gegenstand) enthalten.

5. Der Grundsatz der Firmenwahrheit besagt, dass die Firma nicht über die tatsächlichen Verhältnisse hinweg täuschen darf. So sind bei einem Einzelunternehmer keine Zusätze erlaubt, die ein Gesellschaftsverhältnis andeuten. Bei Firmengründung muss die Person des Geschäftsinhabers erkennbar sein.

6. Der Grundsatz der Firmenbeständigkeit durchbricht den Grundsatz der Firmenwahrheit im Falle eines Kaufs oder Erbschaft, weil der Käufer oder der Erbe das Unternehmen unter gleicher Firma fortführen kann. Die Zustimmung des Veräußerers ist erforderlich (§ 22 HGB). Dieser ist sogar an der Weiterführung ggf. interessiert, wenn er im Veräußerungspreis den guten Firmennamen (Geschäftswert) mit vermarkten kann. Auch im Falle einer Heirat kann bei Namensänderung die bisherige Firma fortgeführt werden.

7. Jede Firma muss sich an demselben Ort von anderen Firmen deutlich unterscheiden. Bei Namensgleichheit bedarf es eines Zusatzes für die Unterscheidung (§ 30 HGB).

8. Nach § 29 ist jeder Istkaufmann verpflichtet, seine Firma im Handelsregister eintragen zu lassen. Das gilt auch für Änderungen oder z. B. für die Eintragung oder Löschung einer Prokura.

9. Folgende Firmierungen wären denkbar:

   ► Oskar Fleißig KG

   ► Oskar Fleißig & Sohn KG

   ► Schnelldienst KG.

Tangierende Problemkreise:
Besteuerung eines Veräußerungsgewinnes bei Betriebsaufgabe.

RECHTSGRUNDLAGEN

§ 16 Abs. 4 EStG

(4) [1]Hat der Steuerpflichtige das 55. Lebensjahr vollendet oder ist er im sozialversicherungsrechtlichen Sinne dauernd berufsunfähig, so wird der Veräußerungsgewinn auf Antrag zur Einkommensteuer nur herangezogen, soweit er 45.000 € übersteigt. [2]Der Freibetrag ist dem Steuerpflichtigen nur einmal zu gewähren. [3]Er ermäßigt sich um den Betrag, um den der Veräußerungsgewinn 136.000 € übersteigt.

Eine weitere Vergünstigung bei der Besteuerung des Veräußerungsgewinnes besteht nach

§ 34 Abs. 3 EStG:

(3) [1]Sind in dem zu versteuernden Einkommen außerordentliche Einkünfte i. S. d. Absatzes 2 Nummer 1 enthalten, so kann auf Antrag abweichend von Abs. 1 die auf den Teil dieser außerordentlichen Einkünfte, der den Betrag von insgesamt 5 Millionen Euro nicht übersteigt, entfallende Einkommensteuer nach einem ermäßigten Steuersatz bemessen werden, wenn der Steuerpflichtige das 55. Lebensjahr vollendet hat oder wenn er im sozialversicherungsrechtlichen Sinne dauernd berufsunfähig ist. 2Der ermäßigte Steuersatz beträgt 56 % des durchschnittlichen Steuersatzes, der sich ergäbe, wenn die tarifliche Einkommensteuer nach dem gesamten zu versteuernden Einkommen zuzüglich der dem Progressionsvorbehalt unterliegenden Einkünfte zu bemessen wäre, mindestens jedoch 14 %.

Handelsregister

Das Handelsregister ist ein öffentliches Verzeichnis, das beim Amtsgericht geführt wird. Es enthält die Istkaufleute und die Eintragungen über die Firma und die Prokura usw.

Lösung zu Fall 50:

Beratung der Mandanten:

Aus dem Sachverhalt ist zu entnehmen, dass Sauer und Krause ein gemeinsames Unternehmen in Form einer OHG gründen wollen. Dazu ist ein Vertrag erforderlich, der allerdings formlos abgeschlossen werden kann. Es ist jedoch dringend zu empfehlen, einen schriftlichen Vertrag abzuschließen, damit später keine Probleme durch unterschiedliche Auslegung der Vereinbarungen entstehen. Hierzu kann ein Mustervertrag als Vorlage dienen, der dann nach den persönlichen Verhältnissen gestaltet werden kann. Enthält der Vertrag formbedürftige Leistungsversprechen, wie beispielsweise das Einbringen eines Grundstücks (Sacheinlage) in das Gesellschaftsvermögen, so bedarf der gesamte Vertrag der notariellen Beurkundung (§ 311b BGB). Wird eine amiliengesellschaft gegründet, an denen neben den minderjährigen Kindern auch die Eltern beteiligt sind, so ist neben der vormundschaftlichen Genehmigung zusätzlich, da die Eltern gem. § 1629 Abs. 2, 1795 Abs. 1 Nr. 1, Abs. 2, 181 BGB an der Vertretung der Kinder gehindert sind, die Bestellung eines sog. Ergänzungspflegers gem. § 1909 BGB erforderlich.

Die OHG ist zwar keine juristische Person, jedoch ist sie unter ihrem Namen aktiv und passiv parteifähig; d. h. sie kann unter ihrem Namen klagen und verklagt werden.

Das Gesellschaftsvermögen unterliegt einer gesamthänderischen Bindung (Gesamthandsvermögen).

Jeder Gesellschafter ist verpflichtet, seiner Beitragspflicht nachzukommen, d. h. seine Einlage zu leisten.

Jeder Gesellschafter haftet für die gesamten Schulden der OHG (gesamtschuldnerisch).

Jeder Gesellschafter ist zur Geschäftsführung und Vertretung berechtigt. Hierbei ist das Außen- und Innenverhältnis zu unterscheiden. Im Innenverhältnis (Gesellschaftsvertrag) können diese Rechte beschränkt werden.

Nach § 19 Abs. 1 Nr. 2 HGB muss die Firma einer OHG die Bezeichnung „offene Handelsgesellschaft" oder eine allgemein verständliche Abkürzung dieser Bezeichnung enthalten. Nach dem Sachverhalt bietet sich folgende Firmierung an:

Sauer und Krause OHG

Die gesetzliche Gewinnverteilung ist im § 121 Abs. 1 HGB geregelt. Im Innenverhältnis (Gesellschaftsvertrag) kann jedoch eine abweichende Gewinnverteilung vereinbart werden. Aus steuerlichen Gründen ist darauf zu achten, dass die Gewinnverteilung angemessen ist. Dies gilt insbesondere für Familiengesellschaften.

Die Kapitalkonten der Gesellschafter können in ein festes Kapitalkonto und in ein variables Kapitalkonto aufgeteilt werden. Das feste Kapitalkonto enthält die ursprüngliche Beteiligung, das variable Kapitalkonto die nicht entnommenen Gewinne. Diese können vereinbarungsgemäß verzinst werden.

Tangierende Problemkreise:
Besteuerung des OHG-Gewinnes
Da die OHG keine juristische Person ist, fällt für den erzielten Gewinn keine Körperschaftsteuer an. Jeder Gesellschafter muss als Mitunternehmer (§ 15 Abs. 1 Nr. 2 EStG) seinen Gewinnanteil als Einkünfte aus Gewerbebetrieb versteuern. Der Gewinn der OHG wird einheitlich festgestellt und dann gesondert auf die Gesellschafter verteilt (Betriebsfinanzamt). Die Gewinnanteile sind in die persönliche Steuererklärung der Gesellschafter zu übernehmen.

Das Gesetz zur Modernisierung des Körperschaftsteuerrechts (KöMoG) bietet Personengesellschaften und Partnerschaftsgesellschaften die Möglichkeit, die Besteuerung wie Kapitalgesellschaften durchzuführen.

Begriff des Mitunternehmers
Siehe hierzu H 15.8 EStR

Besondere Merkmale der Mitunternehmerschaft sind:

- Mitunternehmerinitiative

- Mitunternehmerrisiko.

Gewährung von Darlehen der Gesellschafter an die Gesellschaft
Die für das gewährte Darlehen an die Gesellschafter gezahlten Zinsen sind keine Betriebsausgaben, sondern Gewinnanteile (§ 15 Abs. 1 Nr. 2 EStG). Sie werden bei der Gewinnverteilung berücksichtigt.

Vermietungsleistungen der Gesellschafter an die Gesellschaft
Die Mieteinnahmen der Gesellschafter stellen ebenfalls keine Betriebsausgaben für die OHG dar. Der betreffende Gesellschafter führt den vermieteten Gegenstand in einer sog. Sonderbilanz mit einer entsprechenden Sonder-GuV.

Lösung zu Fall 51:

1. Ermittlung des steuerrechtlichen Gewinnes:

	Handelsbilanzgewinn	155.902,00 €
+	Vergütungen i. S. d. § 15 Abs. 1 Nr. 2 EStG	
	Tätigkeitsvergütung Anton	96.000,00 €
	Gehalt Cäsar	104.400,00 €
=	**Einheitlicher Gewinn der KG**	**356.302,00 €**

2.

Gewinnverteilung der KG							
Gesell-schafter	Kapital am 01.01.05	Ent-nahmen	Tätigkeits-vergütung	Zins für Kapital		Rest-gewinn	Kapital am 31.12.05
Anton	143.400,00	24.000,00	96.000,00	7.887,00	4	62.680,00	189.967,00
Berta	94.600,00	60.000,00		5.203,00	3	47.010,00	86.813,00
Cäsar	32.400,00	15.000,00	104.400,00	1.782,00	2	31.340,00	50.522,00
	270.400,00	99.000,00	200.400,00	14.872,00	9	141.030,00	327.302,00

Erforderliche Buchungen:

- ▶ Umbuchung der Personalkosten auf Privatkonten
- ▶ Umbuchung der Privatkonten auf Kapitalkonten
- ▶ Erfassung der Gewinnanteile auf den Kapitalkonten
- ▶ Abschluss der Kapitalkonten über die Schlussbilanz.

Tangierende Problemkreise:
Was versteht man unter einheitlicher und gesonderter Gewinnfeststellung?
Der Gewinn einer KG ist von der Personengesellschaft einheitlich und gesondert von der Veranlagung des Mitunternehmers festzustellen (§ 180 Abs. 1 Nr. 2a AO). Dazu ist neben der Gewinn- und Gewerbesteuererklärung der Vordruck ESt 1B und Anlage FB, FE 1 von der KG auszufüllen.

Welcher Steuerbescheid wird erteilt und welches Finanzamt ist zuständig?
Nach Durchführung der einheitlichen und gesonderten Feststellung übersendet das Feststellungsfinanzamt dem Wohnsitzfinanzamt des Mitunternehmers einen Grundlagenbescheid für die persönliche Veranlagung.

Lösung zu Fall 52:

1. Bei einer Stillen Gesellschaft ist zwischen der typischen und atypischen zu unterscheiden. Handelt es sich um eine typische Beteiligung, so ist der Architekt am Gewinn des Unternehmens beteiligt. Er bezieht Einkünfte aus Kapitalvermögen. Als atypisch stiller Gesellschafter ist er laut Gesellschaftsvertrag auch an den stillen Reserven des Unternehmens beteiligt. Er gilt als Mitunternehmer und bezieht Einkünfte aus Gewerbebetrieb. Nach dem gesamten Sachverhalt wünscht der Architekt eine typisch stille Beteiligung.

2. Stiller Gesellschafter kann jede natürliche und juristische Person sein. Auch eine OHG, KG, Gesellschaft des bürgerlichen Rechts oder Erbengemeinschaften können stiller Gesellschafter sein.

3. Die Beteiligung des Architekten bedeutet betriebswirtschaftlich für ihn:

   - ▶ Beteiligung an einem Unternehmen ohne Mitarbeit
   - ▶ Keine persönliche Haftung (Einlage kann bei Insolvenz geltend gemacht werden)
   - ▶ Keine Offenlegung im Handelsregister (keine Offenlegung seiner Beteiligung nach außen)
   - ▶ Aussicht auf einen höheren Kapitalertrag durch Beteiligung am Gewinn.

4. Die Stille Gesellschaft kommt durch Vertrag zustande. Das Gesetz sieht keine bestimmte Form für den Gesellschaftsvertrag vor. Wegen der Beweissicherung und der Rechtssicherheit sollte in jedem Falle der Vertrag schriftlich abgeschlossen werden (Musterverträge als Vorlage).

5. Der stille Gesellschafter hat folgende Pflichten:

    ▸ Pflicht zur Einbringung der Vermögenseinlage (kann auch Dienstleistung oder Gebrauchsüberlassung sein)

    ▸ Treue- und Mitwirkungspflichten (Geheimhaltungspflicht)

    ▸ Der stille Gesellschafter hat folgende Rechte:

    ▸ Gewinnbeteiligungsrecht (Prozentsatz des Gewinnes laut Vertrag)

    ▸ Kontrollrecht (§ 233 Abs. 1 HGB).

6. Bei einer typisch stillen Beteiligung hat der Architekt seine Einkünfte bei der Einkunftsart Kapitalvermögen zu versteuern.

7. Gewinnanteile, Wertzuwächse bei Laufzeitende, bei Verkauf einer stillen Beteiligung und Auseinandersetzungsguthaben unterliegen der Abgeltungssteuer. Sind Gläubiger und Schuldner einander nahe stehende Personen oder erfolgt die Zahlung an einen Anteilseigner, der mindestens 10 % beteiligt ist, gilt die Regelbesteuerung.

8. Die Einlage des stillen Gesellschafters ist bei Insolvenz eine Insolvenzforderung.

9. Die Mitunternehmereigenschaft wird insbesondere durch folgende Kriterien bestimmt:

    ▸ Unternehmerinitiative

    ▸ Unternehmerrisiko

    ▸ Beteiligung am Vermögen der Gesellschaft.

Tangierende Problemkreise:
BGB-Gesellschaft
Die Gesellschaft des bürgerlichen Rechts ist eine Vereinigung von Personen, die sich verpflichten, die Erreichung eines gemeinsamen Zieles zu fördern, insbesondere die vereinbarten Beiträge zu leisten (§ 705 BGB). Auch Kaufleute schließen sich häufig in Form einer BGB-Gesellschaft zusammen (z. B. Arbeitsgemeinschaften im Baugewerbe, Bankenkonsortium zum Verkauf von Wertpapieren).

Kommanditgesellschaft
Die KG ist eine Handelsgesellschaft. Im Gegensatz zur OHG, bei der es nur Vollhafter gibt, hat die KG auch Teilhafter (Kommanditisten). Die Rechtsgrundlagen für die KG sind in den § 161 - 177a HGB geregelt.

Lösung zu Fall 53:

1. Nach § 1 Abs. 1 PartG können die beiden Ärzte eine Partnerschaftsgesellschaft gründen. Sie sind Angehörige der freien Berufe und schließen sich zur Ausübung ihres Berufes zusammen. Außerdem sind Ärzte ausdrücklich im Abs. 2 aufgeführt.

2. In diesem Falle ist eine sinnvolle Ergänzung schulmedizinischer und naturkundlicher Erkenntnisse durch die Partnerschaft möglich.

3. Der Partnerschaftsvertrag bedarf der Schriftform.

4. Der Mindestinhalt des Partnerschaftsvertrages:

   ▶ Name und Sitz der Partnerschaft

   ▶ Name und Vorname sowie den in der Partnerschaft ausgeübten Beruf und den Wohnort jedes Partners

   ▶ Gegenstand der Partnerschaft.

5. Zweckmäßig sind Vereinbarungen über das Ausscheiden eines Partners bzw. über die Auflösung der Partnerschaft.

6. Die Haftung für Verbindlichkeiten der Partnerschaft ist gesetzlich im § 8 PartG geregelt (siehe dort!).

   ▶ Seit dem 19.07.2013 ist das Gesetz zur PartGmbB in Kraft getreten, wonach es den genannten Berufsgruppen unter bestimmten Voraussetzungen ermöglicht wird, im Rahmen der beruflichen Tätigkeit in der Partnerschaftsgesellschaft die Haftung für berufliche Fehler auf das Vermögen der Gesellschaft zu beschränken.

   ▶ Voraussetzung ist der Abschluss einer Berufshaftpflichtversicherung unter Beachtung eines Mindestversicherungsschutzes (z. B. für Steuerberater und Wirtschaftsprüfer 1.000.000 €, für Rechtsanwälte 2.500.000 €)

   ▶ Beim Wechsel von einer bestehenden PartG in eine PartGmbB[1] ist keine Neugründung erforderlich. Erforderlich ist jedoch die schriftliche Änderung des Partnerschaftsvertrages, der Abschluss einer Berufshaftpflichtversicherung, die Anmeldung beim Partnerschaftsregister sowie in das Berufsregister.

   ▶ Die PartG und die PartGmbB gehören zu den Personengesellschaften. Die Partner unterliegen als natürliche Personen der ESt. Sie erzielen Einkünfte aus freiberuflicher Tätigkeit und unterliegen nicht der Gewerbesteuer.

7. Der Gewinn der Partnerschaft wird einheitlich und gesondert für jeden Partner ermittelt. Es ist die Erklärung ESt 1 B. „Erklärung zur gesonderten und einheitlichen Feststellung von Grundlagen für die Einkommensbesteuerung" mit den Anlagen FB und FE 1 beim zuständigen Betriebsfinanzamt abzugeben. Jeder einzelne Partner versteuert dann aufgrund des Feststellungsbescheides durch das Betriebsfinanzamt seinen Gewinnanteil in der persönlichen ESt-Erklärung beim zuständigen Wohnsitzfinanzamt. Dabei ist auch der Steuervordruck EÜR (Einnahmeüberschussrechnung) abzugeben (amtlich vorgeschriebener Datensatz durch Datenfernübertragung – § 60 Abs. 4 Satz 1 EStDV).

Lösung zu Fall 54:

1. Nach § 1 des GmbHG kann eine GmbH zu jedem gesetzlich zulässigen Zweck durch eine oder mehrere Personen gegründet werden. Das gilt auch für Steuerberater und Wirtschaftsprüfer.

2. Siehe unter Nr. 1!

3. Eine GmbH erfüllt unabhängig vom Gegenstand des Unternehmens nach § 6 HGB die Kaufmannseigenschaft.

---

[1] Partnerschaftsgesellschaft mit beschränkter Berufshaftung.

4. Das Mindestkapital ist im § 5 Abs. 1 GmbHG mit 25.000 € festgelegt. Statt einer Stammeinlage von mindestens 100 € muss jeder Geschäftsanteil nur noch auf einen Betrag von 1 € lauten.

5. Adorf und Sonne müssen ihren Gewinn aufgrund ordnungsmäßiger Buchführung nach § 238 HGB ermitteln. Sie können ihren Gewinn somit nicht mehr nach § 4 Abs. 3 EStG ermitteln.

6. Eine GmbH kann auch als Einmann GmbH gegründet und geführt werden.

7. § 3 GmbHG enthält die Mindestanforderungen an den notariell abzuschließenden Vertrag (§ 2 Abs. 1 GmbHG):

   ▸ Firma und Sitz der Gesellschaft

   ▸ Gegenstand des Unternehmens

   ▸ Betrag des Stammkapitals (Gezeichnetes Kapital)

   ▸ Betrag der von jedem Gesellschafter zu leistenden Einlage (Stammeinlage).

   Darüber hinaus sollten auf der Grundlage eines Mustervertrages weitere wichtige Inhalte unter Beachtung rechtlicher und betriebswirtschaftlicher Gesichtspunkte in den Vertrag übernommen werden.

8. Bei einer Gründung kann die Einlage grundsätzlich durch Geld- oder Sacheinlage erfolgen. So kann z. B. bei der Gründung einer GmbH ein bestehendes Einzelunternehmen eingebracht werden oder ein Gesellschafter bringt ein Grundstück ein.

9. Das Gehalt des Geschäftsführers einer GmbH stellt im Gegensatz zum Gehalt eines Einzelunternehmers oder eines Gesellschafters einer Personengesellschaft eine Betriebsausgabe dar. Für den Gesellschafter stellt das Gehalt Einkünfte aus nichtselbstständiger Arbeit dar. Ist der Geschäftsführer auch Gesellschafter, so ist insbesondere die Angemessenheit des Gehalts zu überprüfen. Ist das Gehalt nicht angemessen, so liegt eine verdeckte Gewinnausschüttung vor.

10. Eine verdeckte Gewinnausschüttung liegt immer dann vor, wenn einem Gesellschafter für Leistungen gegenüber der Gesellschaft Beträge gezahlt werden, die an Dritte nicht in dieser Höhe geleistet würden (z. B. überhöhte Mieten, Zinsen usw.).

11. Die Organe einer GmbH sind:

    ▸ Geschäftsführer (leitendes Organ)

    ▸ Gesellschafterversammlung (beschließendes Organ)

    Aufsichtsrat (überwachendes Organ) – vorgeschrieben bei Gesellschaften mit regelmäßig mehr als 500 Arbeitnehmern, ansonsten laut Gesellschaftsvertrag freiwillig.

12. Die GmbH unterliegt mit ihrem Einkommen als juristische Person der Körperschaftsteuer nach dem Körperschaftsteuergesetz (KStG).

    ▸ Bei der Besteuerung werden für nicht ausgeschüttete Gewinne (thesaurierte Gewinne) und für ausgeschüttete Gewinne (Gewinnanteile der Gesellschafter) gleiche Steuersätze angewendet.

    ▸ Der Steuersatz beträgt 15 %.

Lösung zu Fall 55:

1. Bei der Ratentilgung wird ein fester Prozentsatz von der Darlehenssumme getilgt. Bei 10 % Ratentilgung jährlich dauert die Tilgungszeit zehn Jahre.

   Bei der Annuitätentilgung wird die jährliche Zahlung aus der Tilgung (z. B. 10 %) und den Zinsen berechnet. Die Annuität bleibt gleich, obwohl die Zinsen immer mehr fallen. Die ersparten Zinsen werden der Tilgung zugeschlagen, sodass die Tilgungszeit dadurch vermindert wird. Je höher dabei der Zinssatz ist, umso höher sind die ersparten Zinsen und entsprechend schneller die Tilgung.

Beispiel

Bei 2 % Tilgung und 6 % Zinsen ist ein Darlehen in ca. 22 Jahren getilgt.

Bei einem Fälligkeitsdarlehen wird der Darlehensvertrag am Ende der Laufzeit in einer Summe zurückgezahlt. Die Darlehenssumme steht also während der gesamten Laufzeit zur Verfügung. Die Zinsen sind somit immer von der gesamten Darlehenssumme zu zahlen. Bei der Annuitätentilgung mit Annuitätenfaktor ergibt sich eine gleichbleibende Annuität unter Zugrundelegung des Zinssatzes und der gewünschten Tilgungsdauer. Hier ein Auszug der Annuitätenfaktoren zur Berechnung der Annuität:

Annuitätenfaktoren (Auszug)

Jahre	1 %	2 %	3 %	4 %	5 %	6 %	8 %	9 %	10 %
1	1,010	1,020	1,030	1,040	1,050	1,060	1,080	1,090	1,100
2	0,508	0,515	0,523	0,530	0,538	0,545	0,561	0,568	0,576
3	0,340	0,347	0,354	0,360	0,367	0,374	0,388	0,395	0,402
4	0,256	0,263	0,269	0,275	0,282	0,289	0,302	0,309	0,315
5	0,206	0,212	0,218	0,225	0,231	0,237	0,250	0,257	0,264
6	0,173	0,179	0,185	0,191	0,197	0,203	0,216	0,223	0,230
7	0,149	0,155	0,161	0,167	0,173	0,179	0,192	0,199	0,205
8	0,131	0,137	0,142	0,149	0,155	0,161	0,174	0,181	0,187
9	0,117	0,123	0,128	0,134	0,141	0,147	0,160	0,167	0,174
10	0,106	0,111	0,117	0,123	0,130	0,136	0,149	0,156	0,163

Darlehenssumme 100.000 €, Laufzeit 10 Jahre, Zinssatz 4 %
Annuitätsfaktor = 0,123 • 100.000 € = 12.300 € (Annuität)

2. Wird der Zinssatz für die volle Laufzeit festgelegt, so hat man auch in Zeiten niedrigeren Zinsniveaus relativ hohe Zinsen zu zahlen. Bei einem höheren Zinsniveau hat man entsprechende Vorteile. Bei der Festlegung auf die gesamte Laufzeit hat man eindeutige Kalkulationsgrundlagen. Befindet sich das Zinsniveau auf einem mittleren, durchschnittlichen Niveau ist die Zinsbindung über die gesamte Laufzeit anzustreben.

3. Zahlt das Kreditinstitut das Darlehen zu 100 % aus, so wird es versuchen, den Zinssatz entsprechend hoch anzusetzen. Man kann somit folgern: Je höher das Damnum, um so günstiger kann der Zinssatz gestaltet werden. Für die eigene Entscheidung ist es wichtig, die Laufzeit des Darlehens zum Damnum in Beziehung zu setzen.

4. Es muss auch berücksichtigt werden, ob das Darlehen vorzeitig zurückbezahlt wird. Bei vorzeitiger Tilgung verteilt sich das Damnum auf eine entsprechend kürzere Zeit. Wenn diese Absicht besteht, ist ein höherer Zinssatz eher angemessen. In allen Fällen sollte ein Tilgungsplan mit verschiedenen Varianten aufgestellt werden. Die entsprechende Software ist reichlich am Markt.

5. In diesem Falle käme das Angebot 3 infrage. Die Zinsen liegen mit 6 % für die gesamte Laufzeit von zehn Jahren fest. Allerdings muss berücksichtigt werden, dass die effektive Verzinsung über 6 % liegt, weil das Damnum von 5.000 € (5 %) einzubeziehen ist. Das Damnum hat zinsähnlichen Charakter. Buchtechnisch ist es zunächst zu aktivieren **(0986/1940)**. Am Ende des Jahres ist es entsprechend der Laufzeit linear oder digital abzuschreiben über **(2140/7330)** „Zinsähnliche Aufwendungen".

Tangierende Problemkreise:
Kreditsicherungen
Siehe Schaubild zu Fall 59!

Auswertung der Kreditunterlagen durch die Banken
Die Banken haben eigene Softwareprogramme, mit denen Bilanzen und GuV-Rechnungen im Hinblick auf die Kreditwürdigkeit ausgewertet werden können. Hinzu kommen weitere Entscheidungskriterien, so z. B. auch die persönliche Zuverlässigkeit des Kreditnehmers.

Lösung zu Fall 56:

1. Siehe dazu Schaubild zum vorliegenden Fall!

2. Zuordnung des Leasinggegenstandes bei Finanzierungsleasing (Volle Amortisation der AK/HK während der Grundmietzeit) – BMF-Erlass vom 19.04.1971 – Anhang 21 zum ESt-Handbuch.

   ‣ Leasingverträge ohne Kauf- oder Verlängerungsoption

   ‣ Zurechnung beim Leasinggeber bei Grundmietzeit (GMZ) zwischen 40 - 90 % der Nutzungsdauer.

   ‣ Zurechnung beim Leasingnehmer, wenn GMZ weniger als 40 % oder mehr als 90 %.

   ‣ Leasingverträge mit Kauf- oder Mietverlängerungsoption

   Zurechnung beim Leasinggeber, wenn GMZ zwischen 40 - 90 % und Kaufpreis nicht niedriger als Buchwert (ermittelt nach amtlicher AfA-Tabelle) oder die Anschlussmiete den Buchwert deckt.

   Zurechnung beim Leasingnehmer, wenn GMZ weniger als 40 %, mehr als 90 % oder GMZ zwischen 40 - 90 % und Kaufpreis niedriger ist als Buchwert. Das gilt auch, wenn die Anschlussmiete den Buchwert nicht deckt.

   ‣ Spezialleasing

   ‣ Zuordnung regelmäßig beim Leasingnehmer.

   Zuordnung des Leasinggegenstandes bei Non-pay-out-Verträgen (Nur teilweise Amortisation der AK/HK) BMF-Schreiben vom 22.12.1975

   ‣ Vertrag mit Andienungsrecht des Leasinggebers, jedoch ohne Optionsrecht des Leasingnehmers

   Der Leasinggeber ist wirtschaftlicher Eigentümer, also Zurechnung beim Leasinggeber.

   ‣ Vertrag mit Aufteilung des Mehrerlöses bei der Veräußerung nach der GMZ.

   ‣ Erhält der Leasinggeber mindestens 25 % des Mehrerlöses, so gilt er als wirtschaftlicher Eigentümer, der Leasinggegenstand ist ihm zuzuordnen, ansonsten dem Leasingnehmer.

3. Ist der Leasinggegenstand dem Leasingnehmer zuzuordnen, so handelt es sich um eine Lieferung (Abschn. 3 Abs. 5 Satz 1 UStAE). Entgelt ist die Summe aller Leasingraten.

   Ist der Leasinggegenstand dem Leasinggeber zuzuordnen, so ist nach Abschn. 13.1 Abs. 4 Satz 2 UStAE die Umsatzsteuer mit Ablauf des monatlichen Voranmeldungszeitraums für die Leasingrate zu entrichten.

4. Die monatliche Rate beträgt: 2,16 % von 145.000 € = 3.132 €.
   Die fällige Umsatzsteuer beträgt 19 % von 187.920 € = 35.704,80 €

   $$\text{Zins- und Kostenanteil der 1. Rate} = \frac{42.920 \text{ (Zins- + Kostenant.)}}{1.830} \cdot (59 + 1) = \mathbf{1.407{,}21}$$

AfA: 12,5 % linear von 145.000 € = 18.125 €   (2006 - 2007: 30 % degressiv)
(2009 - 2010: 25 % degressive AfA)

Nr.	SKR 03	SKR 04	Sollkonto	Betrag	SKR 03	SKR 04	Habenkonto
Buchungsliste							
Buchungen bei Zuordnung beim Leasingnehmer							
Leasingnehmer bucht:							
1. Aktivierung der Maschine							
	0210	0440	Maschinen	145.000,00			
	0980	1900	Aktive RAP	42.920,00			
				187.920,00	1600	3300	Verb.
2. Buchung der Umsatzsteuer							
	1570	1400	Vorsteuer	35.704,80	1600	3300	Verb.
3. Überweisung der Umsatzsteuer							
	1600	3300	Verb.	35.704,80	1200	1800	Bank
4. Überweisung der 1. Rate							
	16000	3300	Verb.	3.132,00	1200	1800	Bank
5. Teilauflösung der Akt. RAP							
	4815	6250	Kaufleasing	1.407,21	0980	1900	Aktive RAP
6. Buchung der AfA							
	4830	6220	Absch. a. S.	18.125,00	0210	0440	Maschinen
Leasinggeber bucht:							
1. Anschaffung der Maschine							
	3200	5200	Wareneingang	145.000,00			
	1570	1400	Vorsteuer	27.550,00			
				172.550,00	1600	3300	Verb.
2. Zurverfügungstellung der Maschine							
	1400	1200	Forderungen	187.920,00			
				145.000,00	8000	4000	Erl. a. Leasing
				42.920,00	0990	3900	Passive RAP
3. Überweisung der Umsatzsteuer durch Leasingnehmer							
	1200	1800	Bank	35.704,80	1770	3800	Umsatzsteuer
4. Überweisung der 1. Rate							
	1200	1800	Bank	3.132,00	1400	1200	Forderungen
5. Teilauflösung der passiven RAP							
	0990	3900	Passive RAP	1.407,21	2700	4830	Sonstige Erträge

Buchungsliste							
Nr.	SKR 03	SKR 04	Sollkonto	Betrag	SKR 03	SKR 04	Habenkonto
Buchungen bei Zuordnung beim Leasinggeber							
Leasinggeber bucht:							
1. Kauf der Maschine							
	0210	0440	Maschine	145.000,00			
	1570	1400	Vorsteuer	27.550,00			
				172.550,00	1200	1800	Bank
2. Überweisung der 1. Rate							
	1200	1800	Bank	3.727,08			
				3.132,00	8000	4000	Erlöse a. Leasing
				595,08	1770	3800	Umsatzsteuer
3. Buchung der Abschreibung							
	4830	6220	Abschreibung a. S.	18.125,00	0210	0440	Maschinen
Leasingnehmer bucht:							
	4810	6220	Mietleasing	3.132,00			
	1570	1400	Vorsteuer	595,08			
				3.727,08	1200	1800	Bank

Lösung zu Fall 57:

1. Folgende Konditionen sind von Bedeutung:

   ► Zinssatz für die Sollzinsen

   ► Zinssatz für die Habenzinsen

   ► Höhe der Kreditprovision

   ► Höhe der Überziehungsprovision

   ► Umsatzprovision

   ► Auslagen.

   Der Sollzinssatz ist abhängig vom jeweiligen Zinsniveau. Der Sollzinssatz liegt etwa 5,5 - 7 % höher als der Hauptrefinanzierungssatz der EZB. Wird die Kreditprovision nicht gesondert berechnet, so ist der Sollzinssatz entsprechend höher.

   Die Kreditprovision liegt etwa bei 3 %. Der Habenzinssatz ist meist sehr gering oder häufig 0 %, ggf. sogar Negativzinsen.

   Die Überziehungsprovision liegt bei ca. 3 %.

   Sie wird fällig, wenn der Konteninhaber sein Konto bzw. sein Kreditlimit (Dispositionskredit) überschreitet.

2. Das Kreditlimit gibt an, über welchen Betrag der Konteninhaber im Soll verfügen kann.

3. Die Höhe des Kreditlimits ist abhängig von der Höhe der Kontenbewegungen mit Gutschriften einerseits und mit Belastungen andererseits. Die Kreditgrenze sollte so gezogen sein, dass man jederzeit ohne Probleme über das Konto bei normalen Zahlungsvorgängen verfügen kann.

4. Die Höhe des Dispositionskredites ist gekoppelt an die persönliche Kreditwürdigkeit bzw. die der Bank vorliegenden Sicherheiten. Bei Gehaltskonten gewähren die Banken in der Regel einen Dispositionskredit in Höhe des 2 - 4-fachen Monatseinkommens.

5. Es lohnt sich, wie folgendes Beispiel zeigt:

   Eine Rechnung über 11.900 € kann unter Abzug von 3 % Skonto bezahlt werden. Das Kontokorrentkonto weist einen Sollsaldo von 45.000 € bei einem Limit von 60.000 € aus. Der Kredit muss 30 Tage in Anspruch genommen werden. Die Sollzinsen betragen (keine Kreditprovision) 11,5 %.

3 % Skonto von 11.900 € = 357 €	Nettoersparnis =	300,00 €
11,5 % Sollzinsen für 11.900 € /30 Tage	=	114,04 €
Ersparnis	=	185,96 €

6. Kontokorrentzinsen stellen Entgelte für Schulden dar und sind nach § 8 Nr. 1a GewStG zu 100 % hinzuzurechnen. Eine Hinzurechnung erfolgt jedoch nur, wenn die Summe aller Hinzurechnungen den Freibetrag von 100.000 € übersteigt. Der übersteigende Betrag wird mit 25 % angesetzt.

7. Bei einem Angebotsvergleich muss man die Bedingungen als Gesamtpaket beurteilen. Dabei sind insbesondere die individuellen Zahlungsströme zu berücksichtigen. Befindet sich das Konto häufig im Haben, so sollte ein Angebot bevorzugt werden, das Habenzinsen anbietet.

Tangierende Problemkreise:
Kreditsicherungen für das Kontokorrentkonto
Bei Girokonten von Privatkunden ist meist die persönliche Bonität aufgrund des Einkommens entscheidend. Bei Unternehmen wird der Kreditgeber auf die üblichen Kreditsicherungen zurückgreifen (siehe hierzu Schaubild zu Fall 59!)

Effektivverzinsung durch Inanspruchnahme von Skonto
Die Nichtinanspruchnahme von Skonto bedeutet dem Grunde nach eine hohe Verzinsung. Dies soll folgende Rechnung mit den nachstehenden Zahlungsbedingungen aufzeigen: Bei Zahlung innerhalb 30 Tagen netto, bei Zahlung innerhalb von zehn Tagen 2 % Skonto.

? % - 360 Tage
20 Tage - 2 % $\dfrac{360 \cdot 2}{20} = \textbf{36 \%}$

Lösung zu Fall 58:

1. Beim Bau eines Hauses verlangt das Finanzamt in der Regel einen Finanzierungs-nachweis. Dieser dient in erster Linie der Überprüfung, ob unversteuerte Gelder (Schwarzgelder) verwendet werden.

2. Das selbst genutzte Einfamilienhaus (Wohnung) ist ab dem 01.01.1987 voll aus der Besteuerung herausgenommen worden. Das hat zweierlei Konsequenzen:

   ► Kein Ansatz eines Mietwertes

   ► Kein Abzug von Werbungskosten.

   Um dennoch die Förderung der eigengenutzten Wohnung zu erhalten, wurde für eigengenutzte Wohnungen nach dem 31.12.1987 bis zum 31.12.1995 der § 10e EStG eingeführt, der einen Abzug wie Sonderausgaben zuließ. Ab 01.01.1996 läuft die Förderung über das Eigenheimzulagengesetz.

   Ab 01.01.2006 entfällt die Eigenheimzulage.

3. Beide stellen Belastungen eines Grundstücks dar und sind im Grundbuch (Grund-buchamt) eingetragen. Während die Grundschuld eine abstrakte Schuld ist, muss der Hypothek ein entsprechendes Schuldverhältnis zugrunde liegen (akzessorisch). Die Kreditgeber bevorzugen aus diesem Grunde die Absicherung über eine Grundschuld.

4. Das Verfahren ergibt sich aus der Grundbuchordnung. Ein Eintragungsantrag kann von jedem gestellt werden, der von der Eintragung betroffen wird (§ 13 GBO[1]). Es gelten keine Formvorschriften. Für die Bewilligung der Eintragung gelten Formvor-schriften. Sie muss durch eine öffentliche Urkunde (gerichtliche oder notarielle Be-urkundung der Willenserklärung oder durch eine öffentlich beglaubigte Urkunde) nachgewiesen werden. In der Regel wird ein Notar eingeschaltet.

5. Es handelt sich um einen Auszug aus dem Grundbuch, aus dem die Eigentumsver-hältnisse, die Lasten und Beschränkungen und die Grundpfandrechte ersichtlich sind. Das Register ist öffentlich und kann bei Darlegung eines berechtigten Interes-ses eingesehen werden bzw. eine Grundbuchabschrift (beglaubigt oder unbeglau-bigt) kann verlangt werden.

6. Zurzeit können folgende durchschnittlichen Bedingungen festgestellt werden:

   Flexible Tilgungsmodalitäten (z. B. 2 %), 2 % - 3 % Zinsen bei Annuitätentilgung.

7. Bei einem Tilgungssatz von 2 % beträgt die Tilgungsdauer dann 50 Jahre, wenn die Zinsen immer nur von der Restschuld gezahlt werden (Ratentilgung). Es ist jedoch Annuitätentilgung üblich. Hier werden in der Annuität (Jahresbetrag) immer die Zinsen vom ursprünglichen Darlehensbetrag gezahlt. Natürlich fallen auch hier nur Zinsen von der Restschuld an. Die „ersparten" Zinsen werden der Tilgung zu-geschlagen. Da die Zinsen ständig geringer werden, wird der Tilgungsanteil der Annuität immer höher.

8. Je höher die Zinsen, um so schneller ist ein Annuitätendarlehen abgelöst. Die Til-gungsdauer liegt je nach Zinssatz bei 2 % Tilgung bei knapp über 20 Jahren (Tilgungs-plan aufstellen).

---

[1] Grundbuchordnung (GBO).

9. Bei der Befriedigung der Gläubiger erhält der Gläubiger, zu dessen Gunsten die Grundschuld 1. Rang eingetragen ist, die vollen 258.000 €. Der Gläubiger mit der Hypothek 2. Rang erhält den Rest (22.000 €). Der Gläubiger mit der Hypothek 3. Rang geht leer aus.

10. Mit der Löschungsbewilligung bewilligt der Gläubiger die Löschung einer Grundschuld oder Hypothek im Grundbuch. Es handelt sich dabei um ein formloses Schreiben mit rechtsgültigen Unterschriften bzw. Dienstsiegeln.

Lösung zu Fall 59:

1. Von besonderer Bedeutung ist die Festlegung der Konditionen des Darlehens. Folgende Gesichtspunkte sollten bei der Beurteilung einbezogen werden:

   ▸ Laufzeit des Darlehens (Beachtung der Fristengleichheit zwischen Tilgungsdauer und Nutzungsdauer, dadurch Tilgung über laufende Gewinne erleichtert!)

   ▸ Zinsbelastung (fester Zins für die gesamte Laufzeit oder mit einer zunächst geringeren Zinsbindungsfrist?)

   ▸ Auszahlungsquote (Damnum)

   ▸ Tilgungsfreie Zeit (zum besseren Start!)

   ▸ Kreditsicherheiten

   ▸ Option für eine vorzeitige Tilgung.

   Bei allem sollten Angebotsvergleiche gemacht werden. Dabei sind Tilgungspläne mit den verschiedenen Varianten zu erstellen (Software).

   Dabei sollte die Gesamtbelastung der einzelnen Angebote ermittelt werden.

2. Man könnte der Bank eine weitere Absicherung über ein nachrangiges Grundpfandrecht (Hypothek) vorschlagen. Durch die erheblichen stillen Reserven (350.000 €) beim Grund und Boden bietet sich noch ein gewisser Absicherungspielraum an.

3. Mit Gründung einer GmbH hat man insbesondere die Absicht verfolgt, dass das Privatvermögen nicht in die Haftung einbezogen wird. In der Praxis ergibt sich aber häufig die Notwendigkeit, dennoch Privatvermögen (insbesondere Häuser) zur Kreditsicherung heranzuziehen. Dies ist immer dann angezeigt, wenn entsprechende Sicherheiten beim Betriebsvermögen nicht mehr angeboten werden können.

Lösung zu Fall 60:

1. Für die Vermessung des Grundstücks kann er sich an ein Vermessungsbüro oder an das Katasteramt wenden. Die Kosten sind abhängig von der Anzahl der festzustellenden Grenzsteine. Im Rechnungswesen sind die Kosten der Vermessung zu den Anschaffungskosten des Grund und Bodens zu aktivieren. Die Vorsteuer ist unter den gegebenen Voraussetzungen abzugsfähig.

2. Als Nebenkosten bei einem Grundstückskauf können anfallen:

► Grunderwerbsteuer (3,5 - 6,5 %, je nach Bundesland)

Bundesland	Grunderwerbsteuersatz
Grunderwerbsteuer Baden-Württemberg	5,0 %
Grunderwerbsteuer Bayern	3,5 %
Grunderwerbsteuer Berlin	6,0 %
Grunderwerbsteuer Brandenburg	6,5 %
Grunderwerbsteuer Bremen	5,0 %
Grunderwerbsteuer Hamburg (ab 01.01.2023 = 5,5 %)	4,5 %
Grunderwerbsteuer Hessen	6,0 %
Grunderwerbsteuer Mecklenburg-Vorpommern	6,0 %
Grunderwerbsteuer Niedersachsen	5,0 %
Grunderwerbsteuer Nordrhein-Westfalen	6,5 %
Grunderwerbsteuer Rheinland-Pfalz	5,0 %
Grunderwerbsteuer Saarland	6,5 %
Grunderwerbsteuer Sachsen	3,5 %
Grunderwerbsteuer Sachsen-Anhalt	5,0 %
Grunderwerbsteuer Schleswig-Holstein	6,5 %
Grunderwerbsteuer Thüringen	6,5 %

► Vermessungskosten

► Notarkosten

► Gerichtskosten (Eintragung im Grundbuch)

► Finanzierungskosten (werden nicht aktiviert)

► Maklerprovision.

3.

	Belastungsvergleich der Angebote			
Zeile		Angebot 1	Angebot 2	Angebot 3
1	Darlehensbetrag	400.000,00	400.000,00	400.000,00
2	Damnum	16.000,00	8.000,00	0,00
3	Verfügungsbetrag	384.000,00	392.000,00	400.000,00
4	Tilgung	400.000,00	400.000,00	400.000,00
5	Zinsen	182.743,30	189.412,90	320.000,00
6	Zahlung insgesamt	582.743,30	589.412,96	720.000,00
Z2 + Z5	Gesamtbelastung	198.743,33	197.412,96	320.000,00

Die Zinsen wurden mit einem Programm errechnet. Es empfiehlt sich, mit einem Programm einen Tilgungsplan zu erstellen.

Für einen Vergleich können nur Angebot 1 und 2 herangezogen werden. Danach ist das Angebot 2 trotz eines höheren Zinssatzes, jedoch wegen einem geringeren Damnum günstiger.

Beim Angebot 3 ist zu berücksichtigen, dass die vollen 400.000 € während der gesamten Laufzeit nicht zu tilgen sind. Es ergeben sich entsprechend hohe Zinsen.

	Tilgungspläne für Angebot 1 und 2			
Datum	Rate	Tilgung	Zinsen	Restschuld
01.01.2002	58.274,37 (58.941,34)	28.274,37 (27.941,34)	30.000,00 (31.000,00)	371.725,63 (372.058,66)
01.01.2003	58.274,37 (58.941,34)	30.394,99 (30.106,84)	27.879,38 (28.834,50)	341.330,64 (341.951,82)
01.01.2004	58.274,37 (58.941,34)	32.674,62 (32.440,14)	25.599,75 (26.501,20)	308.656,02 (309.511,68)
01.01.2005	58.274,37 (58.941,34)	35.125,17 (34.954,24)	23.149,20 (23.987,10)	273.530,85 (274.577,44)
01.01.2006	58.274,37 (58.941,34)	37.759,62 (37.663,17)	20.514,75 (21.278,17)	235.771,23 (236.894,27)
01.01.2007	58.274,37 (58.941,34)	40.591,54 (40.582,05)	17.682,83 (18.359,29)	195.179,69 (196.312,22)
01.01.2008	58.274,37 (58.941,34)	43.635,94 (43.727,16)	14.638,43 (15.214,18)	151.543,75 (152.858,06)
01.01.2009	58.274,37 (58.941,34)	46.908,64 (47.116,00)	11.365,73 (11.825,34)	104.635,11 (105.469,06)
01.01.2010	58.274,37 (58.941,34)	50.426,74 (50.767,49)	7.847,63 (8.173,85)	54.208,37 (54.701,57)
01.01.2011	58.274,37 (58.941,34)	54.208,37 (54.701,57)	40.065,60 (4.239,33)	0,00
	582.743,30 (589.412,96)	400.000,00 (400.000,00)	182.743,30 (189.412,96)	

Mögliche Kreditsicherungen:

► Grundschuld oder Hypothek

► Bürgschaften von Verwandten.

4. Sie raten dem Mandanten, sich mit einem Notar in Verbindung zu setzen. Dieser wird alle notwendigen Schritte unternehmen bis zur Eintragung des Grundstücks im Grundbuch beim zuständigen Amtsgericht.

Tangierende Problemkreise:
Bewertung von Grund und Boden an den Bilanzstichtagen
Grund und Boden ist ein WG des nicht abnutzbaren AV. In der Habi ist bei dauernder Wertminderung der niedrigere Wert anzusetzen. (§ 253 Abs. 3 Satz 3 HGB). In der Steuerbilanz besteht bei einer dauernden Wertminderung ein Wahlrecht zum Ansatz des niedrigeren Wertes (§ 6 Abs. 1 Nr. 2 Satz 2 EStG). Bei Wegfall der Abschreibungsgründe ist sowohl in der Habi als auch in der Steubi eine Wertaufholung (Zuschreibung) erforderlich (§ 253 Abs. 5 HGB - § 6 Abs. 1 Nr. 1 Satz 4 EStG)

Einheitswert eines Grundstücks
Der Einheitswert eines Grundstücks wird durch das Finanzamt festgestellt. Er dient insbesondere als Grundlage für die Besteuerung mit der Grundsteuer. Die bestehenden Einheitswerte sind veraltet (Stand West 1964/Stand Ost 1935). Nach einer Entscheidung des Bundesverfassungsgerichtes war die Grundlage für die Berechnung der Grundsteuer bis Ende 2019 neu zu formulieren. Die Bundesregierung hat einen entsprechenden Beschluss zur Neuregelung der Grundsteuer beschlossen. Das neue Besteuerungsverfahren soll ab 2025 zum Einsatz kommen.

An dem Bisherigen Berechnungsmodell soll auch im Wesentlichen festgehalten werden:

$$\frac{\text{Einheitswert} \cdot \text{Grundsteuermesszahl}}{1000} = \frac{\text{Grundsteuermessbetrag} \cdot \text{Hebesatz}}{100} = \text{jährliche Grundsteuer in €.}$$

Berücksichtigung eines Betriebsgrundstückes bei der Gewerbesteuer
Bei der Gewerbesteuer soll die objektive Leistungsfähigkeit des Gewerbebetriebes versteuert werden, außerdem soll eine Doppelbesteuerung vermieden werden. Aus diesem Grunde wird der Gewinn aus Gewerbebetrieb um 1,2 % des um 40 % erhöhten Einheitswertes der Betriebsgrundstücke gekürzt (§ 9 GewStG).

Lösung zu Fall 61:

Bei der Umsatzsteuer-Sonderprüfung wird die Richtigkeit der erklärten Umsatzsteuer und der geltend gemachten Vorsteuer überprüft. Die sog. Verprobung versucht mit den entsprechenden Daten zu überprüfen, ob die USt und die Vorsteuer stimmen kann. Für die Verprobung der Umsatzsteuer (Zahlenmaterial auf den USt-Konten) kann folgendes Schema angewendet werden:

Verprobung der Umsatzsteuer

		€	€
	Erlöse aus Lieferungen und sonstigen Leistungen		
-	Rücksendungen von Kunden		
-	Gutschriften an Kunden		
-	Kundenboni		
-	Kundenskonti		
=	**Gesamtbetrag der vereinbarten Entgelte**		

Für die Verprobung der Vorsteuer ergeben sich größere Schwierigkeiten, weil eine Vielzahl von Konten mit Vorsteuer betroffen sein kann. Trotzdem lässt sich durch folgendes Schema die Richtigkeit der geltend gemachten Vorsteuer weitgehend überprüfen:

Verprobung der Vorsteuer

		€	€
	Summe der Wareneinkäufe		
+	Summe der Anschaffungsnebenkosten		
+	Summe der Transportkosten		
+	Summe der Aufwandskonten mit Vorsteuer		
+	Summe der Anlagenzugänge		
=	Zwischensumme		
-	Rücksendungen an Lieferer		
-	**Boni, Skonti, Preisnachlässe**		

Tangierende Problemkreise:
Welche USt-Konten kennen Sie beim SKR 03 und SKR 04?

► f. d. Vorsteuer: Kontenkl. 1 (Gruppe 1500) beim SKR 03 bzw. Kontenkl. 1 (Gruppe 1400) beim SKR 04

► f. d. Umsatzsteuer: Kontenkl. 1 (Gruppe 1700) beim SKR 03 bzw. Kontenkl. 3 (Gruppe 3800) beim SKR 04.

Welche Funktion hat das USt-Zahlungskonto?

Auf dem USt-Zahlungskonto werden die Vorauszahlungen gebucht. Beim Abschluss des Umsatzsteuer- und Vorsteuerkontos über dieses Konto ergibt sich die Abschlusszahlung, die beim Jahresabschluss unter Sonstigen Verbindlichkeiten zu bilanzieren ist. Unter Umständen ergibt sich auch ein Erstattungsanspruch. Dieser ist als Sonstige Forderung zu aktivieren.

Warum ist die Bezeichnung Mehrwertsteuer bei Fakturierung nicht korrekt?

Mehrwertsteuer bedeutet die Steuer vom Mehrwert, den der Unternehmer aufgeschlagen hat. Die Umsatzsteuer wird jedoch vom Gesamtbetrag berechnet.

Welche Funktion hat in diesem Zusammenhang ein automatisches Konto?

Bei der Kontierung kann der Bruttobetrag eingegeben werden, das Programm rechnet die Umsatzsteuer automatisch heraus (z. B. Konto 3400).

Erläutern Sie den Aufbau einer USt-Voranmeldung!

Verwenden Sie hierfür die USt-Voranmeldung!

Was bedeutet in diesem Zusammenhang „Verspätungszuschlag" bzw. „Säumniszuschlag"?

Verspätungszuschlag (§ 152 AO) ist für die verspätete Abgabe der Voranmeldung zu zahlen, Säumniszuschlag (§ 240 AO) für die verspätete Zahlung der Umsatzsteuer.

Lösung zu Fall 62:

1. Es handelt sich um einen steuerbaren innergemeinschaftlichen Erwerb, da sich der erworbene Gegenstand am Ende der Beförderung im Inland befindet (§ 1a Abs. 1 i. V. m. § 3d Satz 1 UStG). Da ein steuerfreier innergemeinschaftlicher Erwerb nach § 4b UStG nicht vorliegt, ist der Vorgang mit dem Regelsteuersatz (19 %) steuerpflichtig (Erwerbsbesteuerung). Unter den Voraussetzungen des § 15 UStG kann die Umsatzsteuer aus dem innergemeinschaftlichen Erwerb sofort wieder als Vorsteuer geltend gemacht werden.

2. Kauf in Deutschland:

   55.335 € : 1,19 = 46.500 €, dieser Betrag stellt die Anschaffungskosten und die AfA-Basis dar.

   Kauf in Luxemburg:

   54.405 € : 1,17 = 46.500 € (Steuersatz in Luxemburg = 17 %)

   Somit liegt kein Preisunterschied vor.

   Der Unternehmer aus Luxemburg berechnet für die Lieferung keine Umsatzsteuer, weil es sich für ihn um eine steuerfreie innergemeinschaftliche Lieferung handelt (§ 4 Nr. 1 Buchst. b i. V. m. § 6a UStG).

3. Kontierung:

0320 (0520) Pkw	an	1600 (3300)	(46.500,00)
1574 (1404) VSt		1774 (3804)	(8.835,00)

4. Für neue Fahrzeuge ist eine Erwerbsteuer vorgeschrieben. Damit soll die Besteuerung im Bestimmungsland gesichert sein. Für Unternehmer folgt dies aus § 1a Abs. 1 und Abs. 5 UStG. Auch für Privatpersonen gelten die Erwerbsschwellen nicht (§ 1a Abs. 5 i. V. m. Abs. 3 UStG). § 1b UStG ordnet für die Privatperson die Erwerbsbesteuerung an. Der private Erwerber hat den Umsatz in Deutschland beim zuständigen Finanzamt innerhalb von zehn Tagen (Vordruck USt 1B) nach § 1b Abs. 1 UStG der Umsatzsteuer zu unterwerfen. Die Zulassungsstelle informiert die Finanzbehörde mit einer Kontrollmitteilung. Die Steuer ist nach § 16 Abs. 5a UStG für den einzelnen Erwerber zu berechnen und nach § 18 Abs. 5a UStG der Fahrzeugeinzelbesteuerung zu unterwerfen. Der Unternehmer aus Luxemburg liefert das Fahrzeug ohne Umsatzsteuer (steuerfreie innergemeinschaftliche Lieferung).

Tangierende Problemkreise:
Kauf oder Leasing eines Pkw
Siehe Fall 56!

Auswirkung auf die Bilanzierung bei Kauf oder Leasing
Kauf oder Leasing ist ein Finanzierungsproblem. Für die Beurteilung ist entscheidend, welche Effektivverzinsung (Zinsen, Kosten und Gewinn des Leasinggebers) vorliegt. Hinzu kommt, inwieweit dem Unternehmer Eigen- bzw. Fremdkapital zur Verfügung steht. Ist der Leasinggegenstand dem Leasinggeber zuzurechnen, stellen die Leasingraten Betriebsausgaben dar. Es muss jedoch auch beachtet werden, dass keine Abschreibungsmöglichkeiten bestehen. In der Regel wird der Leasingvertrag so gestaltet sein (BMF-Schreiben vom 19.04.1971), dass der Leasinggeber als wirtschaftlicher Eigentümer anzusehen ist. Der Leasingnehmer bilanziert den Pkw nicht.

Beim Kauf des Pkw werden die Anschaffungskosten (§ 255 Abs. 1 HGB) aktiviert und nach der betriebsgewöhnlichen Nutzungsdauer abgeschrieben.

Private Pkw-Nutzung des betrieblichen Fahrzeugs
Siehe hierzu Schaubild zu Fall 14!

Kosten für Fahrten zwischen Wohnung und Betriebsstätte
Siehe hierzu Schaubild zu Fall 14!

Lösung zu Fall 63[1]:

Sachverhalt 1:
Die Abwesenheit bei der Dienstreise beträgt zehn Stunden. Da sie mindestens acht Stunden beträgt, kann der Unternehmer eine Pauschale in Höhe von 14 € für Verpflegungsmehraufwendungen in Anspruch nehmen. Die Parkhausgebühr ist eine Betriebsausgabe. Vorsteuer kann geltend gemacht werden, wenn sie offen ausgewiesen ist oder die Voraussetzungen für eine Kleinbetragsrechnung (§ 33 UStDV) vorliegen.

---

[1] Siehe: BMF-Schreiben zur Reform des steuerlichen Reisekostenrechts ab 01.01.2014, BMF-Schreiben (koordinierter Ländererlass) IV C 5 - S 2353/14/10002 vom 24.10.2014 mit vielen Fallbeispielen.

Sachverhalt 2:
Auszug aus BMF-Schreiben vom 05.03.2010
Aus Vereinfachungsgründen wird es – auch für Zwecke des Vorsteuerabzugs des Leistungsempfängers – nicht beanstandet, wenn folgende in einem Pauschalangebot enthaltene nicht begünstigte Leistungen in der Rechnung zu einem **Sammelposten** (z. B. **„Business-Package"**, „Servicepauschale") zusammengefasst werden und der darauf entfallende Entgeltanteil in einem Betrag ausgewiesen wird.

Es wird ebenfalls nicht beanstandet, wenn der auf diese Leistungen entfallende Entgeltanteil mit 20 % des Pauschalpreises angesetzt wird.

Die Vereinfachungsregelung gilt nicht für Leistungen, für die ein gesondertes Entgelt vereinbart wird.

Für Verpflegungsmehraufwendungen kann der Unternehmer 2 • 14 € geltend machen. Aus der Business-Pauschale sind für zwei Frühstücke: 2 • 5,60 € = 11,20 € herauszurechnen. (§ 9 Abs. 4a Satz 8 ff. EStG).

Die Übernachtungskosten können mit den tatsächlichen Aufwendungen angesetzt werden.

Somit ergibt sich folgende Aufteilung für die Vorsteuer:

	Bruttobetrag	Nettobetrag	Vorsteuer
Übernachtung	240,00 €	224,30 €	15,70 €
Frühstück	11,20 €	9,41 €	1,79 €
Reisenebenkosten	48,80 €	41,01 €	7,79 €

Wird Halb- oder Vollpension gewährt, so ist aus dem Business-Package für das Mittag- bzw. Abendessen jeweils 40 % = 11,20 € herauszurechnen.

Kontierung:

Sollkonto	Betrag	Habenkonto
4676 (6680) Reisekosten UN Übernachtungsaufwand)	224,30	
1571 (1401) Vorsteuer 7 %	15,70	
1800 (2100) Privatentnahmen	9,41	
1576 (1406) Vorsteuer 19 %	1,79	
4670 (6670) Reisekosten UN	41,01	
1576 (1401) Vorsteuer 7 %	7,79	
	300,00	**1200 (1800) Bank**

Sachverhalt 3:
Für Verpflegungsmehraufwendungen kann der Unternehmer 2 • 14 € geltend machen. Aus der Business-Pauschale ist für ein Frühstück 5,60 € herauszurechnen (§ 9 Abs. 4a Satz 8 ff. EStG).

Die Übernachtungskosten können mit den tatsächlichen Aufwendungen angesetzt werden.

Für die Kontierung der Hotelrechnung ist folgende Aufteilung erforderlich:
Aufteilung der Netto- und Vorsteuerbeträge:

	Netto	VSt	Brutto
Beträge mit 7 % VSt	112,15 €	7,85 €	120,00 €
Beträge mit 19 % VSt	25,21 €	4,79 €	30,00 €
Summen	137,36 €	12,64 €	150,00 €

Kontierung

Sollkonto	Betrag	Habenkonto
4676 (6680) Reisekosten UN Übernachtungsaufwand)	112,15	
1571 (1401) Vorsteuer 7 %	7,85	
4670 (6670) Reisekosten UN	25,21	
1576 (1406) Vorsteuer 19 %	4,79	
4674 (6664) Reisekosten UN Verpflegungsmehraufwand	22,40	
4672 (6672) Reisekosten UN nicht abzugsfähig	5,60	
	178,00	**1200 (1800) Bank**

Sachverhalt 4:

Dem Arbeitnehmer stehen zwei steuerfreie Pauschalen von je 14 € = 28 € zu. Diese werden ihm neben der Übernahme der Hotelkosten vom Arbeitgeber gezahlt. Allerdings ist die Verpflegungspauschale um 20 % des Werts für einen vollen Kalendertag zu kürzen (§ 9 Abs. 4a EStG). Das sind 20 % von 28 € = 5,60 €. Bei einem gewährten Mittagessen und einem Abendessen beträgt die Kürzung 40 % des Werts für einen vollen Kalendertag (= 11,20 €) jeweils.

Der Arbeitgeber kann somit dem Arbeitnehmer 22,40 € (28,00 € - 5,60 €) lohnsteuerfrei erstatten.

Kontierung:

Sollkonto	Betrag	Habenkonto
4666 (6660) Reisekosten AN Übernachtungsaufwand)	100,00	
1571 (1401) Vorsteuer 7 %	7,00	
4660 (6650) Reisekosten AN	10,00	
1576 (1406) Vorsteuer 19 %	1,90	
4664 (6664) Reisekosten AN Verpflegungsmehraufwand	22,40	
	141,30	**1200 (1800) Bank**

Tangierende Problemkreise:
Beruflich veranlasste Auswärtstätigkeit im Ausland
Bei Auslandsreisen gelten länderweise unterschiedliche Pauschbeträge (Auslandstagegelder) (Vgl. Tabelle zum Fall).

Berücksichtigung der Vorsteuer bei Reisekosten:
Zu beachten ist BMF-Schreiben vom 28.03.2001 > abzugsfähig, wenn Rechnung auf Namen des Arbeitgebers:

- Vorsteuer aus Übernachtungskosten des Unternehmers
- Vorsteuer aus Übernachtungskosten des Arbeitnehmers
- Vorsteuer aus Verpflegungskosten des Unternehmers
- Vorsteuer aus Verpflegungskosten des Arbeitnehmers.

Aus den Reisekostenpauschbeträgen ist ein Vorsteuerabzug nicht zulässig.
Der Arbeitgeber erhält somit den Vorsteuerabzug aus Verpflegungsleistungen anlässlich einer unternehmerisch bedingten Auswärtstätigkeit, wenn diese vom Arbeitgeber empfangen und in voller Höhe getragen werden. Vorsteuerabzug ist nicht auf die ertragsteuerlich abzugsfähigen pauschalen Tagegelder beschränkt.

Lösung zu Fall 64:

Es handelt sich um eine im Inland steuerbare, jedoch steuerfreie innergemeinschaftliche Lieferung nach § 4 Nr. 1b, § 6a Abs. 1 UStG. Der französische Unternehmer hat in Frankreich einen innergemeinschaftlichen Erwerb zu versteuern. Die Steuerbefreiung kann nur dann in Anspruch genommen werden, wenn der leistende Unternehmer gem. § 6a Abs. 3 UStG i. V. m. § 17a, b UStDV den Transport der Maschine in das übrige EU-Gebiet nachgewiesen hat und den gem. § 17c UStDV erforderlichen Buchnachweis erbringen kann.

1. Die Rechnung muss folgende Angaben enthalten:

    Neben den Anforderungen an die Ausstellung von Rechnungen nach § 14 Abs. 4 UStG ist bei der Ausstellung von Rechnungen bei steuerfreien Lieferungen auf die Steuerfreiheit hinzuweisen (§ 14 Abs. 4 Nr. 8 UStG), auf der Rechnung sind die ID-Nummern beider Umsatzpartner anzugeben (§ 14a Abs. 3 UStG).

    Zum 01.01.2014 wurden die Nachweispflichten für Lieferungen ins EU-Ausland verschärft. Online-Händler, die Ware ins EU-Ausland liefern, müssen beweisen, dass die gelieferte Ware tatsächlich am Bestimmungsort angekommen ist. Können sie dies nicht, versagt das FA unter Umständen die Steuerfreiheit. Daher sollten die Händler eine Gelangensbestätigung auf jeden Fall in der Situation ausstellen, in der der Abnehmer oder Lieferant die Ware selbst über die Grenze befördert.

Seit 01.01.2014 muss die Ankunft der Ware ins EU-Ausland durch den Empfänger bescheinigt werden. Früher genügte eine Unterschrift bei Abholung der Ware. Bei den weiteren gängigen Versandwegen genügen Frachtbriefe mit Unterschriften des Empfängers und des Absenders oder eine Bescheinigung des Spediteurs, die u. a. Ort und Monat der Übergabe enthält. Bei Postsendungen ist eine Empfangs-bescheinigung des Postdienstleisters über die Entgegennahme der Sendung nebst Zahlungsnachweis ausreichend.

Zu beachten sind die sogenannten **„Quick Fixes".**

Die „Quick Fixes" stellen eine erste Stufe der Reform des Umsatzsteuersystems der Mitgliedstaaten im Binnenmarkt der EU dar.

Die EU-Kommission veröffentlichte am 20.12.2019 Erläuterungen zu umsatzsteu-erlichen Änderungen durch die Konsignationslagerregelung, Reihengeschäfte so-wie die Steuerbefreiung für innergemeinschaftliche Lieferungen.

Sie dienen insbesondere dazu, den grenzüberschreitenden Mehrwertsteuerbetrug zu minimieren.

Sie wurden von den Mitgliedstaaten zum 01.01.2020 umgesetzt.

Die Quick Fixes betreffen:

▶ **Steuerbefreiung innergemeinschaftlicher Lieferungen (§ 6a Abs. 1 Satz 1 Nr. 4, 4 Nr. 1 Bstb)**

Wie bisher besteht die Voraussetzung, dass der Liefergegenstand in das übrige Ge-meinschaftsgebiet befördert oder versendet wurde. Hinzu kommt nun, dass der Abnehmer in einem anderen Mitgliedstaat ein Unternehmer sein muss und für Zwecke der Umsatzbesteuerung erfasst ist. Der Abnehmer muss somit eine gültige USt-ID-Nr. verwenden, die ihm ein anderer Mitgliedstaat erteilt hat.

Hier haben regelmäßige qualifizierte Abfragen der USt-ID nach § 18e UStG eine wesentliche Bedeutung.

Das Bundeszentralamt für Steuern (BZSt) bestätigt gemäß § 18e Nr. 1 Umsatz-steuergesetz (UStG) Unternehmern die Gültigkeit einer USt-IdNr. (einfache Bestä-tigung) sowie den Namen und die Anschrift der Person, der die USt-IdNr. von ei-nem anderen Mitgliedstaat erteilt wurde (qualifizierte Bestätigung).

Bundeszentralamt für Steuern
Ludwig-Karl-Balzer-Allee 2
66740 Saarlouis

Bei der qualifizierten Bestätigungsanfrage werden nach Abschn. 18e.1 Abs. 4 US-tAE in Ergänzung zu der zu prüfenden USt-IdNr. der Name und die Anschrift des Inhabers der ausländischen USt-IdNr. mit den beim BZSt vorhandenen oder ab-rufbaren Daten abgeglichen.

Über die sog. XML-RPC-Schnittstelle wird Unternehmen die Möglichkeit gegeben, die Prüfung von ausländischen Umsatzsteuer-Identifikationsnummern (USt-IdNrn.) in die eigenen Softwaresysteme einzubinden und die USt-IdNrn. automa-tisiert abzufragen.

Die Steuerbefreiung ist auch an die Abgabe der Zusammenfassenden Meldung gebunden (§ 18a UStG).

Dokumente über den Versand:

- CMR-Frachtbrief (unterzeichnet)

- Konnossement (Seefrachtbrief)

- Transportrechnung

- Versicherungsunterlagen für den Warentransport usw.

- Belegnachweise

Neben oder anstelle der bisherigen Gelangensbestätigung wurde die Gelangensvermutung eingeführt. Anhand von Belegnachweisen muss der liefernde Unternehmer belegen, dass die Lieferungen auch tatsächlich im EU-Ausland angekommen sind (z. B. Speditionsbescheinigung) **(§ 17a Abs. 1 Nr. 1 und Nr. 2 UStDV).**

► **Lieferungen in Konsignationslager (§ 6b UStG)**

Konsignationslager sind Lager bzw. Schaustellungen von Mustern zum Zwecke des Verkaufs gleicher oder ähnlicher Ware. Die Ware wird aus einem Mitgliedstaat in einen anderen Mitgliedstaat zum Zwecke der Veräußerung befördert. *Der Kunde erwirbt Ware durch Entnahme aus dem Lager. Zu diesem Zeitpunkt wird der umsatzsteuerliche Tatbestand „innergemeinschaftliche Lieferung" erfüllt. Die Identität des Abnehmers muss durch eine USt-ID nachgewiesen werden. Die Abnahme der Ware muss nach der Einlagerung im Konsignationslager innerhalb von 12 Monaten entnommen werden.*

Der Lieferer trägt das Verbringen in ein spezielles Register ein.

Nach § 22 Abs. 4f UStG muss der Lieferant gesonderte Aufzeichnungen führen und den Erwerber in die Zusammenfassende Meldung aufnehmen Diese Informationen werden im Rahmen des MIAS (Mehrwertsteuer-Informationsaustauschsystem) dem anderen Mitgliedstaat mitgeteilt.

► **Reihengeschäfte (§ 3 Abs. 6a UStG)**

Die Quick-Fixes regeln die Kriterien für die Zuordnung der „bewegten Lieferung" im Reihengeschäft, einschließlich des Warenverkehrs mit einem Drittland. Ein Reihengeschäft liegt vor, wenn mehrere Unternehmer über den gleichen Gegenstand Liefergeschäfte abschließen und der Gegenstand unmittelbar vom ersten Lieferanten an den letzten Abnehmer gelangt. Dabei ist die Zuordnung der „bewegten Lieferung" maßgeblich für die Feststellung einer steuerfreien innergemeinschaftlichen Lieferung. Nur eine Lieferung (Beförderungs- oder Versendungslieferung), kann unter den weiteren Bedingungen als Ausfuhrlieferung oder innergemeinschaftliche Lieferung steuerfrei sein.

Die Warenbewegung wird somit **nur einer Lieferung** zugeordnet, die dann die Steuerbefreiung erhält.

Fallsituationen:

▸ Erfolgt die Beförderung oder Versendung durch den ersten Unternehmer (Transportverantwortung)

→ **Warenbewegung der Lieferung dem ersten Unternehmer zugeordnet.**

▸ Erfolgt die Beförderung oder Versendung durch den letzten Abnehmer

→ **Warenbewegung der Lieferung wird dem letzten Abnehmer zugeordnet.**

▸ Innerhalb der Reihe befindet sich der „Zwischenhändler"

→ **Erfolgt die Beförderung durch den letzten Zwischenhändler, so ist die Lieferung ihm zuzuordnen.**

2. Kontierung am 05.08.01:

1400 (1200) Forderungen	an	8125 (4125) Steuerfreie innergem. Lieferung	(350.000,00)

Wird kein Automatikkonto verwendet, so kann der EG-Schlüssel 11 verwendet werden.

3. Kontierung am 05.10.01:

1200 (1800) Bank	(350.000,00)	an	1400 (1200) Forderungen	(350.000,00)

4. ⓢ RECHTSGRUNDLAGEN

§ 18a Zusammenfassende Meldung (Auszug)

(1) Der Unternehmer i. S. d. § 2 hat bis zum 25. Tag nach Ablauf jedes Kalendermonats (Meldezeitraum), in dem er innergemeinschaftliche Warenlieferungen oder Lieferungen i. S. d. § 25b Absatz 2 ausgeführt hat, dem Bundeszentralamt für Steuern eine Meldung (Zusammenfassende Meldung) nach amtlich vorgeschriebenem Datensatz durch Datenfernübertragung nach Maßgabe der Steuerdaten-Übermittlungsverordnung zu übermitteln, in der er die Angaben nach Absatz 7 Satz 1 Nummer 1, 2 und 4 zu machen hat. (Lesen Sie weiter!)

5. Für die umsatzsteuerliche Beurteilung ergeben sich keine Unterschiede, wenn der französische Unternehmer die Maschine in Trier abholt oder wenn ein Frachtführer mit dem Transport beauftragt wird. Der Ort der Lieferung bestimmt sich nach § 3 Abs. 6 UStG, er ist dort wo die Beförderung bzw. Versendung beginnt.

6. Es handelt sich in diesem Falle um eine Werklieferung, weil zusätzlich die Installation vereinbart ist. Gegenstand der vertraglichen Vereinbarung ist die funktionsfähige Maschine, die in Frankreich geschaffen wird. Der Ort der Werklieferung ist dann nach § 3 Abs. 7 UStG dort, wo sich der Gegenstand zurzeit der Verschaffung der Verfügungsmacht befindet, hier in Frankreich. Der Umsatz ist für den Trierer Unternehmer nicht steuerbar. In Frankreich analoge Anwendung des § 13b UStG.

Tangierende Problemkreise:
Innergemeinschaftliche Lieferungen in der USt-Voranmeldung
Die innergemeinschaftlichen Lieferungen sind in Zeile 19 der Umsatzsteuer-Voranmeldung zu erfassen. Es handelt sich um Umsätze nach § 4 Nr. 1b, die zum Vorsteuerabzug berechtigen.

Ort der Lieferung
Grundsatz: Eine Lieferung wird dort ausgeführt, wo sich der Gegenstand zurzeit der Verschaffung der Verfügungsmacht befindet.

Beachte jedoch:

§ 3 Abs. 6 UStG:	Ort der Lieferung bei Beförderung und Versendung einschließlich Abholfälle (mit Beginn der Beförderung oder Versendung)
§ 3 Abs. 7 UStG:	Ort der Lieferung bei Reihengeschäften
§ 3 Abs. 8 UStG:	Sonderfälle der Beförderung und Versendung (Verlegung des Ortes der Lieferung in das Inland - Lieferer ist Schuldner der EUSt)
§ 3c UStG:	Bei innergemeinschaftlichem Fernverkauf an bestimmte Abnehmer (Privatpersonen und Halbunternehmer) dort, wo die Beförderung oder Versendung endet

Ort der Lieferung und Ort der sonstigen Leistung

Wegen der Komplexität der Entscheidungsinhalte wird auf die gesetzlichen Grundlagen hingewiesen.

Grunddefinition der Lieferung: Es handelt sich um eine Lieferung, wenn die Verfügungsmacht eines Gegenstandes übertragen wird, über den der Leistungsempfänger im eigenen Ermessen verfügen kann (§ 3 Abs. 1 UStG).

Auch bei unentgeltliche Wertabgaben handelt es sich um eine Lieferung (§ 3 Abs. 1b UStG)

Verschaffung der Verfügungsmacht: Dabei kann es sich um die Erfüllung eines Kaufvertrags, eines Tauschvertrags, eines Werklieferungsvertrags oder eines anderweitig gestalteten Vertrags handeln. Eine Lieferung kommt dadurch zustande, wenn an einer Sache das Eigentum übertragen wird.

Es ist erforderlich, dass der Empfänger der Lieferung die **Verfügungsmacht** erlangt.

Die Eigentumsübertragung bei beweglichen Sachen geschieht meist durch **Einigung und Übergabe** nach § 929 Satz 1 BGB.

§ 3a UStG – Ort der sonstigen Leistung

(1) [1]Eine sonstige Leistung wird vorbehaltlich der Absätze 2 bis 8 und der § 3b und 3e an dem Ort ausgeführt, von dem aus der Unternehmer sein Unternehmen betreibt. [2]Wird die sonstige Leistung von einer Betriebsstätte ausgeführt, gilt die Betriebsstätte als der Ort der sonstigen Leistung.

(2) Eine sonstige Leistung, die an einen Unternehmer für dessen Unternehmen ausgeführt wird, wird vorbehaltlich der Absätze 3 bis 8 und der § 3b und 3e an dem Ort ausgeführt, von dem aus der Empfänger sein Unternehmen betreibt. Wird die sonstige Leistung an die Betriebsstätte eines Unternehmers ausgeführt, ist stattdessen der Ort der Betriebsstätte maßgebend.

(3) Die folgenden sonstigen Leistungen werden dort ausgeführt, wo sie vom Unternehmer tatsächlich erbracht werden:

a) kulturelle, künstlerische, wissenschaftliche, unterrichtende, sportliche, unterhaltende oder ähnliche Leistungen, wie Leistungen im Zusammenhang mit Messen und Ausstellungen, einschließlich der Leistungen der jeweiligen Veranstalter sowie die damit zusammenhängenden Tätigkeiten, die für die Ausübung der Leistungen unerlässlich sind, an einen Empfänger, der weder ein Unternehmer ist, für dessen Unternehmen die Leistung bezogen wird, noch eine nicht unternehmerisch tätige juristische Person, der eine Umsatzsteuer-Identifikationsnummer erteilt worden ist,

b) die Abgabe von Speisen und Getränken zum Verzehr an Ort und Stelle (Restaurationsleistung), wenn diese Abgabe nicht an Bord eines Schiffs, in einem Luftfahrzeug oder in einer Eisenbahn während einer Beförderung innerhalb des Gemeinschaftsgebiets erfolgt,

c) Arbeiten an beweglichen körperlichen Gegenständen und die Begutachtung dieser Gegenstände für einen Empfänger, der weder ein Unternehmer ist, für dessen Unternehmen die Leistung ausgeführt wird, noch eine nicht unternehmerisch tätige juristische Person, der eine Umsatzsteuer-Identifikationsnummer erteilt worden ist.

§ 3b UStG – Ort der Beförderungsleistungen und der damit zusammenhängenden sonstigen Leistungen

(1) [1]Eine Beförderung einer Person wird dort ausgeführt, wo die Beförderung bewirkt wird. [2]Erstreckt sich eine solche Beförderung nicht nur auf das Inland, fällt nur der Teil der Leistung unter dieses Gesetz, der auf das Inland entfällt.

§ 3c UStG – Ort der Lieferung beim Fernverkauf

(1) [1]Als Ort der Lieferung eines innergemeinschaftlichen Fernverkaufs gilt der Ort, an dem sich der Gegenstand bei Beendigung der Beförderung oder Versendung an den Erwerber befindet. [2]Ein innergemeinschaftlicher Fernverkauf ist die Lieferung eines Gegenstands, der durch den Lieferer oder für dessen Rechnung aus dem Gebiet eines

Mitgliedstaates in das Gebiet eines anderen Mitgliedstaates oder aus dem übrigen Gemeinschaftsgebiet in die in § 1 Abs. 3 bezeichneten Gebiete an den Erwerber befördert oder versandt wird, einschließlich jener Lieferung, an deren Beförderung oder Versendung der Lieferer indirekt beteiligt ist. ³Erwerber im Sinne des Satzes 2 ist ein in § 3a Abs. 5 Satz 1 bezeichneter Empfänger oder eine in § 1a Abs. 3 Nr. 1 genannte Person, die weder die maßgebende Erwerbsschwelle überschreitet noch auf ihre Anwendung verzichtet; im Fall der Beendigung der Beförderung oder Versendung im Gebiet eines anderen Mitgliedstaates ist die von diesem Mitgliedstaat festgesetzte Erwerbsschwelle maßgebend.

§ 3d UStG – Ort des innergemeinschaftlichen Erwerbs

¹Der innergemeinschaftliche Erwerb wird in dem Gebiet des Mitgliedstaates bewirkt, in dem sich der Gegenstand am Ende der Beförderung oder Versendung befindet. ²Verwendet der Erwerber gegenüber dem Lieferer eine ihm von einem anderen Mitgliedstaat erteilte Umsatzsteuer-Identifikationsnummer, gilt der Erwerb so lange in dem Gebiet dieses Mitgliedstaates als bewirkt, bis der Erwerber nachweist, dass der Erwerb durch den in Satz 1 bezeichneten Mitgliedstaat besteuert worden ist oder nach § 25b Abs. 3 als besteuert gilt, sofern der erste Abnehmer seiner Erklärungspflicht nach § 18a Abs. 7 Satz 1 Nr. 4 nachgekommen ist.

Lösung zu Fall 65:

1. Es handelt sich um eine Ausfuhrlieferung in ein Drittland, weil die Schweiz nicht zur EU gehört. Die Lieferung ist nach § 1 Nr. 1 UStG i. V. m. § 4 Nr. 1a und § 6 UStG steuerbar und steuerfrei. Der Ort der Lieferung ist nach § 3 Abs. 6 in Köln, weil dort die Beförderung beginnt.

2. und 3.

Datev-Buchungsliste: SKR 03

Soll	Haben	S	U	Gegenkonto					B. Nr.	Konto	Skonto
	85.000,00			1	1	0	0	0	1	8120	
	80.850,00				1	2	0	0	2	11000	
	2.500,00				8	1	2	0	3		
	1.650,00				8	7	0	5	4		

Datev-Buchungsliste: SKR 04

Soll	Haben	S	U	Gegenkonto					B. Nr.	Konto	Skonto
	85.000,00			1	1	0	0	0	1	4120	
	80.850,00				1	8	0	0	2	11000	
	2.500,00				4	1	2	0	3		
	1.650,00				4	7	0	5	4		

4. Wenn die Rechnungserstellung in Schweizer Franken zu erfolgen hat, ist bei Rechnungsausgang der Rechnungsbetrag in Höhe von 85.000 € in Schweizer Franken umzurechnen. Hierbei ist der Briefkurs (Ankauf von Devisen - Euro - Referenz Kurse) anzuwenden. Bei Zahlungseingang wird eine erneute Umrechnung von Schweizer Franken in Euro erforderlich (wird von der Bank durchgeführt). Dabei ergeben sich in der Regel Kursabweichungen. Ein Mehrbetrag wird als „Erträge aus Kursgewinnen" gebucht. Ein Minderbetrag wird als „Aufwand aus Kursdifferenzen" erfasst. Es besteht somit ein Währungsrisiko, das sich sowohl positiv als auch negativ auswirken kann.

Tangierende Problemkreise:
Umsatzsteuerliche Bestimmungen bei einer Ausfuhrlieferung
Eine Ausfuhrlieferung liegt bei einer Lieferung in ein Drittland vor. Die Ausfuhrlieferung ist im § 6 UStG beschrieben. Die erforderlichen Ausfuhrnachweise können den § 8 - 11 UStDV entnommen werden. Der erforderliche Buchnachweis ist im § 13 UStDV beschrieben.

Erfassung der Ausfuhrlieferung in der USt-Voranmeldung
Die Ausfuhrlieferungen werden in Zeile 29 der Umsatzsteuer-Voranmeldung erfasst. Es handelt sich um Umsätze, die den Vorsteuerabzug nach § 15 Abs. 3 Nr. 1 UStG zulassen.

Lösung zu Fall 66:

1. Emil Grafiker ist selbstständiger Unternehmer, weil er eine berufliche Tätigkeit selbstständig ausübt (**§ 2 Abs. 1 Satz 1 UStG**).

2. Bei dem Umsatz handelt es sich um eine Sonstige Leistung i. S. d. **§ 3 Abs. 9 UStG**.

3. Es handelt sich um eine Sonstige Leistung gegenüber einem Unternehmer (B2B-Umsatz) gem. **§ 3a Abs. 2 UStG**.

4. Leistungsort ist der Ort des Leistungsempfängern, also Paris (**§ 3a Abs. 2 UStG**).

5. Die sonstige Leistung ist im Inland (Deutschland) nicht steuerbar, sondern in Frankreich.

6. Steuerschuldner ist nun aber der in Paris ansässige Unternehmer (Umkehr der Steuerschuldnerschaft: sog. Reverse-Charge-Verfahren)

7. Bei der Rechnungserstellung wurde § 14a Abs. 1 und 3 UStG berücksichtigt:

   ► UID-Nummer und UID-Nummer des Empfängers

   ► Nettobetrag ohne Angabe eines Steuersatzes

   ► Rechnung mit dem Hinweis zum Reverse-Charge-Verfahren.

8. Der französische Unternehmer muss die französische Umsatzsteuer abführen, darf sie aber ggf. gleichzeitig als Vorsteuer wieder abziehen.

Tangierende Problemkreise:
Aufnahme eines Wirtschaftsgutes in ein Anlagenverzeichnis bzw. Anlagengitter
Erläutern Sie anhand des Schaubildes zum Fall!

Amtliche AfA-Tabelle
Herausgegeben vom BMF für viele Branchen. Wobei „amtlich" nicht verbindlich bedeutet! Kürzere Nutzungsdauer und damit höhere AfA muss begründet werden. Neben der allgemeinen AfA-Tabelle gibt es ca. 100 veröffentlichte AfA-Tabellen für die verschiedenen Wirtschaftszweige.

Mit Wirkung vom 01.01.2001 wurden neue AfA-Tabellen veröffentlicht. Siehe BMF-AfA-Tabellen.

Lösung zu Fall 67:

Die Ware gelangt von einem Drittland in das Inland (Einfuhr nach § 1 Abs. 1 Nr. 4 UStG). Die Lieferung der amerikanischen Firma gilt gem. § 3 Abs. 6 Satz 1 UStG mit Beginn der Beförderung in Detroit als bewirkt. Damit hat der Berliner Unternehmer am Ort des Grenzübergangs die Verfügungsmacht. Eine Verlagerung des Lieferorts nach § 3 Abs. 8 UStG tritt nicht ein, weil nicht der Beförderer, sondern der Abnehmer die Einfuhrumsatzsteuer entrichtet. Damit kann der Berliner Unternehmer die Einfuhrumsatzsteuer abziehen, sofern die übrigen Voraussetzungen hierfür vorliegen.

1. Berechnung der Anschaffungskosten:

	Rechnungsbetrag : 44.930,00 USD : 1,0571[1] (Geldkurs) =	42.503,07 €
+	Transportkosten Hamburg-Berlin + Nebenkosten	791,13 €
=	Anschaffungskosten	43.294,20 €

2. Rechnung der amerikanischen Firma

0200 (0400) Computer		an	1200 (1800) Bank	(42.503,07)

Bezahlung der Speditionsrechnung:

1588 (1433) Bezahlte		an	1200 (1800) Bank	(9.017,02)
Einfuhrumsatzsteuer	(8.075,58)			
1570 (1400) Vorsteuer	(150,31)			
0200 (0400) Computer	(791,13)			

---

[1] Kurs am 08.07.2022 = 1,00788.

3. **Text** | **Linear**

		Linear
	Anschaffungskosten	43.294,20
-	AfA 1. Jahr (20 %)	8.658,84
=	Restbuchwert n. d. 1. Jahr	34.635,36
-	AfA 2. Jahr	8.658,84
=	Restbuchwert n. d. 2. Jahr	25.976,52
-	AfA 3. Jahr	8.658,84
=	Restbuchwert n. d. 3. Jahr	17.317,68
-	AfA 4. Jahr	8.658,84
=	Restbuchwert n. d. 4. Jahr	8.658,84
-	AfA 5. Jahr	8.657,84
=	Restbuchwert n. d. 5. Jahr	1,00

4. Kontierung der AfA 1. Jahr:

> 4830 (6220) Abschreibung an Sachanlagen   an   0200 (0400) Computer (8.658,84)

Tangierende Problemkreise:
Teilwertabschreibung auf eine Computeranlage
Eine Teilwertabschreibung auf eine Computeranlage ist in der Regel mit gefallenen Wiederbeschaffungskosten bzw. mit technischem Fortschritt zu begründen. Es ist eine Vergleichsrechnung aufzustellen, die in einem Abschreibungsplan mit den Wiederbeschaffungskosten und dem Vergleich des tatsächlichen Restbuchwertes besteht. In Höhe der Differenz beider Werte ist eine Teilwertabschreibung begründet.

Bilanzierung von Software
Gekaufte Software wird aktiviert und abgeschrieben; ggf. als GWG angesetzt.
Selbst hergestellte Software ist nicht aktivierungsfähig; die entstandenen Kosten sind laufende Betriebsausgaben.

Lösung zu Fall 68:

Zu 1.
Sachverhalt 1:
Otto Glanz führt im Rahmen seiner Lackierwerkstatt sonstige Leistungen (Werkleistungen) aus, da er keinen Hauptstoff i. S. d. § 3 Abs. 4 UStG verwendet.

Arbeiten an beweglichen körperlichen Gegenständen und die Begutachtung dieser Gegenstände werden nur dann dort ausgeführt, wo sie tatsächlich erbracht werden, wenn der Leistungsempfänger kein Unternehmer und auch keine nichtunternehmerische juristische Person mit erteilter USt-IdNr. ist.

Wird die Leistung wie in vorliegendem Fall an einen unternehmerischen Leistungsempfänger für dessen Unternehmen erbracht, gilt das Empfängerortsprinzip (Ort am Sitz des Leistungsempfängers), somit in Brüssel (§ 3a Abs. 2 UStG).

Eine Verlagerung des Leistungsorts durch Verwendung einer „abweichenden" USt-Id-Nr. ist ab 2010 generell nicht mehr möglich.

Durch die Verwendung der Umsatzsteuer-Identifikationsnummer kann der Leistende davon ausgehen, dass die Leistung für den unternehmerischen Bereich bezogen wird. Da es sich um einen ausländischen Unternehmer handelt, wird die Reparaturleistung in Brüssel erbracht. Otto Glanz stellt dem Brüsseler Unternehmer Eddy Merz keine deutsche Umsatzsteuer in Rechnung.

Der Leistungsort bestimmt sich im B2B-Bereich bei grenzüberschreitenden Leistungen innerhalb der EU auch nach dem Sitzort des Leistungsempfängers, löst aber EU weit eine Umkehrung der Steuerschuldnerschaft, das sog. Reverse-Charge-Verfahren (§ 13b UStG) aus. Die Steuerschuld wird vom leistenden Unternehmer auf den Leistungsempfänger übertragen. Ein Hinweis auf den Übergang der Steuerschuldnerschaft muss erfolgen (§ 14a Abs. 5 UStG): „Steuerschuldnerschaft des Leistungsempfängers".[1]

Weiter hat der Unternehmer die Bemessungsgrundlagen in seinen Umsatzsteuererklärungen (Voranmeldungen und Jahreserklärung) gesondert zu erklären.

Zu beachten ist weiter, dass der leistende Unternehmer im Falle einer innergemeinschaftlichen sonstigen Leistung (B2B-Leistung), die im übrigen Gemeinschaftsgebiet der Besteuerung unterliegt, in der sog. Zusammenfassenden Meldung anzuzeigen hat. Anzugeben sind gemäß § 18a Abs. 7 Nr. 3 UStG:

► die Umsatzsteuer-Identifikationsnummer des Leistungsempfängers sowie

► die Summe der Bemessungsgrundlagen.

Sachverhalt 2:
Die Lackierleistungen gegenüber der Privatperson aus Belgien führt Otto Glanz ebenfalls als Unternehmer (§ 2 Abs. 1 UStG) im Rahmen seines Unternehmens als Werkleistung durch. Der Ort der Leistung bestimmt sich nach § 3a Abs. 3 Nr. 3 Buchst. c UStG an dem Ort, an dem der leistende Unternehmer für diesen Umsatz tätig geworden ist. Da die Leistung in Deutschland (Aachen) erbracht wurde, handelt es sich um eine in Deutschland steuerbare Leistung. Otto Glanz ist nach § 13a Abs. 1 Nr. 1 UStG Steuerschuldner. Wenn er 1.800 € erhält, ist daraus die USt nach § 12 Abs. 1 UStG mit 19 % herauszurechnen. Die Bemessungsgrundlage beträgt somit 1.512,60 €, die USt 287,40 €.

Sachverhalt 3:
Die Werkleistung an das Schweizer Unternehmen gilt dort als ausgeführt, wo der Leistungsempfänger das Unternehmen betreibt (§ 3a Abs. 2 Satz 1 UStG), somit in Zürich. Damit ist die Leistung in Deutschland nicht steuerbar. Die Steuerfolgen in einem Drittland (Schweiz) ergeben sich aus den Steuerregelungen des jeweiligen Landes. Zur Beweissicherung, dass es sich um ein Unternehmen in der Schweiz handelt, soll der Nachweis durch eine Schweizer Behörde geführt werden (BMF-Schreiben vom 04.09.2009 BStBl I Seite 1005).

---

[1] BMF-Schreiben vom 10.08.2016: Umsatzsteuer; Änderungen der Steuerschuldnerschaft des Leistungsempfängers (§ 13b UStG) durch das Steueränderungsgesetz 2015.

Zu 2.

Zeile	Kennzeichen	Inhalt	Betrag
26	81	Steuerbare und steuerpflichtige Leistung zu 19 %	1.512,60
40	21	Nicht steuerbare sonstige Leistungen gem. § 18b Satz 1 Nr. 2 UStG	75.000,00
41	45	Übrige nicht steuerbare Umsätze	7.500,00

Zu 3.

SKR 03: 2020: 8337 Erlöse aus Leistungen, für die der Leistungsempfänger die Umsatzsteuer nach § 13b UStG schuldet

SKR 04: 2020: 4337 Erlöse aus Leistungen, für die der Leistungsempfänger die Umsatzsteuer nach § 13b UStG schuldet

Tangierende Problemkreise:
Ort der sonstigen Leistung
Siehe Schaubild zum vorliegenden Fall!

Werklieferung und Werkleistung
Während einer Warenlieferung ein Kaufvertrag zugrunde liegt, liegt bei einer Werklieferung und einer Werkleistung ein Werkvertrag nach § 631 BGB vor. Beim Werkvertrag schuldet der Werksunternehmer die Herstellung eines Werkes. Dieses Werk enthält sowohl Elemente einer Lieferung als auch einer sonstigen Leistung. Beide zusammen stellen jedoch eine einheitliche Leistung dar. Die umsatzsteuerliche Behandlung richtet sich danach, was Haupt- und Nebenleistung ist. Überwiegt das Lieferungselement, so handelt es sich um eine Werklieferung. Überwiegt das Leistungselement, so handelt es sich um eine Werkleistung.

Bei einer Werkleistung werden die Hauptstoffe für die Herstellung des Werkes vom Auftraggeber gestellt; der Hersteller kann Nebenstoffe stellen. Bei einer Werklieferung stellt der Hersteller ganz oder teilweise die Hauptstoffe.

Die entscheidende umsatzsteuerliche Konsequenz liegt darin, dass bei einer Werklieferung der Ort der Lieferung sich wie bei einer Lieferung nach § 3 Abs. 6, 7, 8 und § 3c UStG bestimmt. Der Ort einer Werkleistung wird nach den Vorschriften über den Ort der sonstigen Leistung nach § 3a bestimmt.

Lösung zu Fall 69:

1. Für die Pflege des Parks sind Aufwendungen entstanden (Personalkosten), die in der Buchhaltung als Kosten gebucht sind. Wenn keine weiteren Buchungen vorgenommen werden, vermindern diese Aufwendungen den Gewinn. Sie sind jedoch dem privaten Bereich zuzuordnen und nach § 12 Nr. 1 EStG als Kosten für die private Lebensführung nicht abzugsfähig. Eine Aufteilung der Kosten scheitert am Aufteilungsverbot. Lässt sich eine Trennung nicht leicht und eindeutig durchführen, so gehört der gesamte Betrag nach § 12 Nr. 1 EStG zu den nichtabzugsfähigen Ausgaben.

2. Die für private Zwecke entnommenen Leistungen müssen bewertet werden:

    ▸ für die Gewinnberichtigung

    ▸ für die Umsatzsteuer.

    Die Entnahme der Leistung ist analog nach § 6 Abs. 1 Nr. 4 EStG mit den entstandenen Aufwendungen zu bewerten. Es wären somit die Stundenlöhne + Arbeitgeberanteil festzustellen und buchtechnisch zu erfassen.

    Die Entnahme der Leistung ist umsatzsteuerlich nach § 3 Abs. 9a UStG einer sonstigen Leistung gleichgestellt. Nach § 10 Abs. 4 Nr. 2 UStG stellen die Aufwendungen die Bemessungsgrundlage dar.

3. Unter der Annahme, dass auch noch Materialien verbraucht wurden, fallen folgende Buchungen an:

Buchungsliste: SKR 03

Soll	Haben	S	U	Gegenkonto				B. Nr.	Konto	Skonto
				8	9	1	0	1	1890	
				8	9	2	5	2		

Buchungsliste: SKR 04

Soll	Haben	S	U	Gegenkonto				B. Nr.	Konto	Skonto
				4	6	2	0	1	2130	
				4	6	6	0	2		

4. Die vorstehenden Maßnahmen sind erforderlich, um den richtigen Gewinn und die richtige Umsatzsteuer zu ermitteln. Der Unternehmer soll nicht besser gestellt werden als andere Steuerpflichtige. Privat veranlasste Ausgaben dürfen demzufolge den Gewinn nicht mindern.

Tangierende Problemkreise:
Entnahme von Gegenständen und Leistungen aus umsatzsteuerlicher Sicht
Siehe Schaubild zu Fall 10!

Inhalt des § 12 EStG
Die Zielsetzung des § 12 EStG besteht darin, private Ausgaben vom Abzug als Betriebsausgaben bzw. Werbungskosten auszuschließen. Der Gesetzgeber lässt trotzdem über die § 10 ff. und § 33 ff. bestimmte Privatausgaben als Sonderausgaben bzw. als außergewöhnliche Belastungen zum Abzug zu. Die Problematik des § 12 EStG liegt in dem sog. Aufteilungsverbot.

Lösung zu Fall 70:

Sachverhalt 1:

1. Überlässt der Unternehmer einen Firmenwagen an einen Arbeitnehmer auch für private Zwecke, so gehört diese Nutzung zu den lohnsteuer- und sozialversicherungspflichtigen **geldwerten Vorteilen** (§ 8 EStG, R 8.1 Abs. 9, 10 LStR).

Lohn/Gehalt, brutto	€
+ geldwerter Vorteil (dient der Ermittlung der Abzüge)	€
= Berechnungsgrundlage für die Abzüge	€
- geldwerter Vorteil (zur Ermittlung der Auszahlung)	€

2. Zur Ermittlung des privaten Nutzungsanteils stehen zwei Verfahren zur Verfügung:

   ▶ pauschal nach der 1 %-Methode (vgl. Fall 14)

   ▶ anhand eines Fahrtenbuches

   Bei der ESt-Veranlagung ist der Arbeitnehmer nicht an das vom Arbeitgeber angewandte Verfahren gebunden (R 8.1 Abs. 9 Nr. 3 Satz 4 LStR). Dazu müsste bei der pauschalen Methode ein Fahrtenbuch geführt werden.

Sachverhalt 2:

1. Fahrtenbücher sind mit den erforderlichen Spalten im Handel erhältlich. Es ist eine geschlossene Form erforderlich (BFH-Urteil vom 09.11.2005), damit sollen nachträgliche Änderungen oder Einfügungen ausgeschlossen werden. Das nachträgliche Erstellen eines Fahrtenbuches anhand vorheriger Aufzeichnungen in Form von z. B. Terminübersichten ist nicht ausreichend.

   Kurzum: Es werden strenge Anforderungen an ein Fahrtenbuch gestellt. Auch elektronische Fahrtenbücher sind zulässig, wenn sie die gleichen Inhalte enthalten. Hier sollte eine Abstimmung mit der Finanzbehörde erfolgen.

2. Vgl. hierzu S. 336 f.

   Hierzu ergänzend:

   Für private Fahrten genügen die Kilometerangaben.

   Für Fahrten zwischen Wohnung und Tätigkeitsstätte genügt ein entsprechender Vermerk mit Kilometerangaben

3. Bei Verwerfung eines Fahrtenbuches ist der zu versteuernde geldwerte Vorteil zwingend nach der 1 %-Methode zu ermitteln (§ 8 Abs. 2 Satz 2 - 4 EStG i. V. m. § 6 Abs. 1 Nr. 4 Satz 2 EStG)

Sachverhalt 3:

1. Überlässt der Unternehmer einen Firmenwagen an einen Arbeitnehmer auch zur privaten Nutzung, so liegt **umsatzsteuerlich** eine entgeltliche Leistung i. S. d. § 1 Abs. 1 UStG vor. Es handelt sich um einen tauschähnlichen Umsatz i. S. d. § 3 Abs. 12 Satz 2 UStG. Bemessungsgrundlage ist nach § 10 Abs. 2 Satz 2 UStG der Wert der nicht durch Barlohn abgegoltenen Arbeitsleistung. Dieser Wert kann nach der Fahrtenbuchmethode oder nach der 1 %-Regelung bzw. 0,03 %-Regelung ermittelt wer-

den. Wird dieser Wert nach der 1 %-Methode bzw. nach der 0,03 %-Methode ermittelt, so stellt dieser Wert einen Bruttobetrag dar, aus dem die Umsatzsteuer herauszurechnen ist (Abschn. 1.8 Abs. 8 UStAE).

Berechnung:
Bruttowert der Sonstigen Leistung (5.400,00 € + 1.080,00 €)   = 6.480,00 €
Bemessungsgrundlage (6.480,00 : 1,19)   = 5.445,38 €
Umsatzsteuer (5.445,38 • 19 %)   = 1.034,62 €

2. Buchtechnisch handelt es sich beim geldwerten Vorteil um einen Sachbezug, der wie unter 1. dargestellt auch der Umsatzsteuer unterliegt.

Kontenvorschlag:

SKR 03	SKR 04	
4100	6020	Gehälter
8611	4947	Verrechnete Sonstige Abzüge 19 %
1776	3806	Umsatzsteuer 19 %

Kontierung:

Sollkonto SKR 03 (SKR 04)		Betrag	Habenkonto SKR 03 (SKR 04)	
Gehälter	**4100** (6020)	6.480,00		
		5.445,38	Verrechnete Sonstige Abzüge	**8611** (4947)
			Umsatzsteuer 19 %	**1776** (3806)

Sachverhalt 4:
Anhand des Fahrtenbuches ist der prozentuale Anteil der privaten Fahrten zu ermitteln:

Fahrten zur Tätigkeitsstätte: 200 • 30 km   = 6.000 km
+ sonstige private Fahrten   = 6.800 km
Insgesamt   = 12.800 km (= 32 % von 40.000 km)
Umsatzsteuerliche Bemessungsgrundlage   = 4.417,66 € (= 32 % von 13.805 €)
+ 19 % Umsatzsteuer   839,35 €

Sollkonto SKR 03 (SKR 04)		Betrag	Habenkonto SKR 03 (SKR 04)	
Gehälter	**4100** (6020)	5.257,01		
		4.417,66	Verrechnete Sonstige Abzüge	**8611** (4947)
			Umsatzsteuer 19 %	**1776** (3806)

Sachverhalt 5:
Liegt eine Nutzungsvereinbarung vor, nach der der Arbeitnehmer für privat gefahrene Kilometer ein **Nutzungsentgelt** zahlt, so reduziert sich entsprechend der geldwerte Vorteil.

Der monatliche geldwerte Vorteil beträgt zunächst 1 % von 30.000,00 €   = 300,00 €
Er reduziert sich um 400 km • 0,10 €   = 40,00 €
Der geldwerte Vorteil beträgt noch   = 260,00 €

Die Umsatzsteuer berechnet sich wie folgt:

260,00 € : 1,19 = 218,49 €

davon 19 % = 41,51 €

Sollkonto SKR 03 (SKR 04)		Betrag	Habenkonto SKR 03 (SKR 04)	
Gehälter	**4100** (6020)	260,00		
		218,49	Verrechnete Sonstige Abzüge	**8611** (4947)
		41,51	Umsatzsteuer 19 %	**1776** (3806)

Lösung zu Fall 71:

1. Es handelt sich um einen Abholfall eines Privatmanns. Der Lieferort ist im Inland und bestimmt sich nach § 3 Abs. 6 UStG. Die Lieferung ist somit steuerbar und steuerpflichtig. Die Voraussetzungen des § 3c Abs. 1 UStG liegen nicht vor. Wesentliche Voraussetzung ist, dass der leistende Unternehmer die Versendung oder Beförderung der Ware veranlasst. § 3c schließt den Warentransport durch den Abnehmer aus[1].

2. **Kontierung 1: SKR 03**

Soll	Haben	S	U	Gegenkonto				B. Nr.	Konto	Skonto
	4.500,00			1	0	0	0	1	8315	

Kontierung 1: SKR 04

Soll	Haben	S	U	Gegenkonto				B. Nr.	Konto	Skonto
	4.500,00			1	6	0	0	1	4315	

3. Hier handelt es sich um einen im Inland nicht steuerbaren Umsatz. Nach § 3c UStG liegt der Lieferort in Frankreich. Max Schnell hat den Umsatz nach den dortigen Vorschriften zu versteuern. Max Schnell befördert die Ware, die Lieferschwelle (§ 3c Abs. 3 UStG) ist überschritten und der Abnehmer hat den innergemeinschaftlichen Erwerb nicht zu versteuern.

Das One-Stop-Shop Verfahren (OSS) ermöglicht es registrierten Unternehmen, ab dem 01.01.2021 ausgeführte und unter die Sonderregelung fallende Umsätze in einer Steuererklärung zentral an das Bundeszentralamt für Steuern zu übermitteln. Der Unternehmer kann den Umsatz in OSS- Verfahren erklären.

4. **Kontierung 2: SKR 03**

Soll	Haben	S	U	Gegenkonto				B. Nr.	Konto	Skonto
	4.500,00			1	0	0	0	2	8320	

Kontierung 2: SKR 04

Soll	Haben	S	U	Gegenkonto				B. Nr.	Konto	Skonto
	4.500,00			1	6	0	0	2	4320	

5. Wenn die Lieferschwelle nicht überschritten ist, befindet sich der Lieferort nach § 3 Abs. 6 UStG im Inland. Die Lieferung ist im Inland steuerpflichtig. In Frankreich liegt

---

[1] Vgl. *Schweizer, R.*, Steuerlehre, 22. Auflage 2020, Kiehl, S. 542.

kein innergemeinschaftlicher Erwerb vor, da der Abnehmer ein privater Abnehmer ist. § 3c kommt nicht zum Zuge.

6. **Kontierung 2: SKR 03**

Soll	Haben	S	U	Gegenkonto				B. Nr.	Konto	Skonto
	4.500,00			1	0	0	0	3	8315	

Kontierung 2: SKR 04

Soll	Haben	S	U	Gegenkonto				B. Nr.	Konto	Skonto
	4.500,00			1	6	0	0	3	4315	

Tangierende Problemkreise:
Erwerbsschwelle

Die Lieferungen an sog. Schwellenerwerber nach § 3c Abs. 2 Nr. 2 (Quasi-Unternehmer und nichtunternehmerische juristische Person) werden solange, als die Erwerbsschwelle nicht überschritten wird bzw. nicht für die Erwerbsbesteuerung optiert wurde, wie Lieferungen an Privatpersonen behandelt. Wird die Erwerbsschwelle überschritten, so entfällt die Anwendung des § 3c UStG. Beim Lieferer liegt dann eine steuerbare und steuerbefreite innergemeinschaftliche Lieferung vor, beim Erwerber ein innergemeinschaftlicher Erwerb. Bei Überschreiten der Erwerbsschwelle muss eine **Umsatzversteuerung durch den Erwerber** erfolgen.

Erwerber i. S. d. § 1a Abs. 3 UStG sind:

▸ Unternehmer, die nur steuerfreie Umsätze ausführen und die somit vom Vorsteuerabzug ausgeschlossen sind,

▸ Kleinunternehmer i. S. d. § 19 Abs. 1 UStG,

▸ Land- und Forstwirte, die der Durchschnittsbesteuerung nach § 24 UStG unterliegen oder

▸ Juristische Personen, die nicht Unternehmer sind oder die den Gegenstand nicht für ihr Unternehmen erwerben.

Erwerber unterliegen dann der Besteuerung, wenn der Gesamtbetrag der Entgelte für alle Erwerbe die Höhe von 12.500 Euro im vorangegangenen Kalenderjahr überschritten hat und diesen Betrag voraussichtlich im laufenden Kalenderjahr überschreiten wird.

Der festgelegte Schwellenwert bezieht sich auf den **Gesamtumfang aller Warenbezüge** aus dem übrigen Gemeinschaftsgebiet..

Lösung zu Fall 72:

Umsatzsteuerlich ergibt sich für die einzelnen Etagen folgende Beurteilung:

▸ Die Mieteinnahmen in Höhe von 12.000 € im Erdgeschoss sind zunächst nach § 1 Abs. 1 Nr. 1 UStG steuerbar. Nach § 4 Nr. 12a UStG sind sie jedoch steuerbefreit. Herr Sauber hat aber offensichtlich von der Optionsmöglichkeit nach § 9 Abs. 1 UStG Gebrauch gemacht, d. h. er hat auf die Steuerbefreiung verzichtet. Damit ist die Möglichkeit des Vorsteuerabzugs für diese Umsätze gegeben.

▶ Die Einnahmen aus der Vermietung an das Rentnerehepaar sind steuerbar und steuerbefreit. Eine Option ist nicht möglich, weil die Vermietung nicht an einen Unternehmer (§ 2 UStG) für dessen Unternehmen erfolgt. Die anteiligen Vorsteuerbeträge sind nicht abzugsfähig, weil es sich um sog. Ausschlussumsätze handelt.

▶ Die Vermietung von Ferienwohnungen ist als „kurzfristige Vermietung" umsatzsteuerpflichtig und unterliegt dem ermäßigten Steuersatz von 7 % (§ 4 Nr. 12 Satz 2 UStG i. V. m. § 12 Abs. 2 Nr. 11 UStG). Nicht unter die Umsatzsteuerpflicht fallen Vermieter, deren Umsatzerlöse im vorangegangenen Kalenderjahr zuzüglich Umsatzsteuer 22.000 € nicht überstiegen haben und deren Umsatz des laufenden Kalenderjahres zuzüglich Umsatzsteuer voraussichtlich nicht mehr als 50.000 € beträgt.

Berechnung der Umsatzsteuer:

Mieteinahmen (brutto) Obergeschoss: 5.117,00 € : 1,07 = 4.782,24 €
7 % USt =   334,75 €
Mieteinnahmen (netto) Erdgeschoss: 12 · 1.000,00 € = 12.000,00 €
19 % USt =   2.280,00 €
USt insgesamt   2.614,75 €

Berechnung der Vorsteuer:

    direkt zuzurechnen:
    Vorsteuer aus Reparatur Erdgeschoss   3.800,00 €
    Vorsteuer aus Reparatur 2. Obergeschoss   950,00 €
    Vorsteuer auf Kühlschränke   212,80 €   4.962,80 €

Aufteilungsbedürftige Vorsteuer			
Vorsteuer	Insgesamt Verteilungsschlüssel: 2:1	abzugsfähig	nicht abzugsfähig
Fassadenanstrich	2.280,00	1.520,00	760,00
Heizöl	532,00	354,67	177,33
Summe	2.812,00	1.874,67	937,33

Berechnung der abzugsfähigen Vorsteuer:

	Vorsteuer aus Renovierung Erdgeschoss	3.800,00 €
+	Vorsteuer aus Renovierung 2. Obergeschoss	950,00 €
+	Vorsteuer aus Einkauf von Kühlschränken	212,80 €
+	Vorsteuer aus Fassadenanstrich	2.280,00 €
+	Vorsteuer aus Heizöl	532,00 €
=	**Summe der Vorsteuer**	**7.774,80 €**
-	nicht abzugsfähige Vorsteuer	937,33 €
=	Summe der abzugsfähigen Vorsteuer	6.837,47 €
-	Umsatzsteuer	2.614,75 €
=	**Umsatzsteuererstattungsanspruch**	**4.222,72 €**

Tangierende Problemkreise:
Abzugsumsätze und Ausschlussumsätze

Unter Abzugsumsätzen versteht man Umsätze, die zum Vorsteuerabzug berechtigen. Das sind nicht nur steuerpflichtige Umsätze, sondern auch z. B. steuerbefreite Umsätze nach § 4 Nr. 1 - 7 UStG (siehe hierzu § 15 Abs. 3 UStG).

Unter Ausschlussumsätzen versteht man Umsätze, die nicht zum Vorsteuerabzug berechtigen. Siehe dazu § 15 Abs. 2 UStG!

Option

Unter Option im Umsatzsteuerrecht versteht man die Möglichkeit, bei bestimmten steuerbefreiten Umsätzen auf die Steuerbefreiung zu verzichten. Insbesondere ist dabei zu beachten:

▶ Umsatz muss an einen anderen Unternehmer für dessen Unternehmen ausgeführt werden.

▶ Die Umsätze sind im § 9 Abs. 1 UStG aufgezählt.

Lösung zu Fall 73:

	Lösungstabelle							
Nr.	Art des Umsatzes	Ort der Leistung	steuer- bar	steuer- frei	steuer- pflich- tig	Bemes- sungs- grund- lage	USt EUSt €	Vor- steu- er
1	**Innergemeinschaftlicher Erwerb** § 1 Abs. 1 Nr. 5, § 3d, § 10 Abs. 1 UStG	Inland (Trier) § 3d UStG	45.000		45.000	45.000	8.550	8.550
2	**Innergemeinschaftliche Lieferung** § 1 Abs. 1, § 4 Nr. 1b, § 6 UStG		160.000	160.000				
3	**Innergemeinschaftliche Lieferung** § 1 Abs. 1, § 4 Nr. 1b, § 6 UStG	EU (Po- len)	140.000	140.000				
4	**Einfuhr** § 1 Nr. 4, § 10 Abs. 1 UStG	Inland (Trier)	35.000		35.000	35.000	6.650	6.650
5	**Ausfuhr-Lieferung** § 1 Abs. 1, § 4 Nr. 1, § 6 UStG	(Aus- land) USA	89.361	89.361				

Umrechnung von USD in €.
95.000,00 : 1,0631 (Briefkurs) = 89.361,30 €
19 % Umsatzsteuer von 80.000 € = 15.200 €

Zum Abzug der Vorsteuer berechtigen alle vorgenannten Umsätze. Bei Fall 4 ist Einfuhrumsatzsteuer zu zahlen, die wie Vorsteuer geltend gemacht werden kann.

Tangierende Problemkreise:
Zusammenfassende Meldung
Maßgeblich sind die Bestimmungen des § 18a UStG.

Die Meldepflicht zur Abgabe einer Zusammenfassenden Meldung ergibt sich aus § 18a UStG für jeden Unternehmer (ausgenommen Kleinunternehmer – § 19 UStG):

► Steuerfreie innergemeinschaftliche Warenlieferungen i. S. d. § 6a Abs. 2 UStG

► Lieferungen i. S. d. § 25b Abs. 2 UStG im Rahmen von innergemeinschaftlichen Dreiecksgeschäften.

Innergemeinschaftliche sonstige Leistungen i. S. d. § 3a Abs. 2 UStG

Ab 01.01.2013 kann der Formularserver der Bundesfinanzverwaltung für die elektronische Abgabe der Zusammenfassenden Meldung nicht mehr genutzt werden. Die Zusammenfassenden Meldungen müssen zwingend mit Authentifizierung übermittelt werden (z. B. ElsterOnline-Portal bzw. kommerzielle Softwareprogramme). Die Authentifizierung stellt sicher, dass der Kommunikationsteilnehmer auch derjenige ist, für den er sich ausgibt. Authentifizierungsmittel können sein: Softwareschlüssel, Sicherheitsstick oder Signaturkarte.

Für die Form der Meldung besteht ein Vordruckmuster des Bundeszentralamtes für Steuern mit einer Ausfüllanleitung.

Voraussetzung für die Teilnahme am Verfahren ist die Zuteilung einer Teilnehmernummer.

Problematik bei Rechnungserteilung in ausländischer Währung
Ist die Rechnung vereinbarungsgemäß in Fremdwährung auszustellen, so ist eine Umrechnung in € (Euro) für den Buchungsvorgang erforderlich.

Referenz-Kurse Euro:

► Bei Forderungen gilt der Devisen-Briefkurs (Ankauf von Devisen).

► Bei Verbindlichkeiten gilt der Devisen-Geldkurs (Verkauf von Devisen).

Lösung zu Fall 74:

1. Es handelt sich um eine gewerbliche Tätigkeit. Die Einkünfte sind nach § 15 EStG als Einkünfte aus Gewerbebetrieb zu versteuern. Nach HGB ist sie Nichtkaufmann und nicht zur Buchführung verpflichtet. Es ist nicht davon auszugehen, dass sie die Grenzen des § 141 AO überschreitet, sodass auch nach dem Steuerrecht keine Buchführungspflicht besteht. Sie hat jedoch bestimmte Aufzeichnungspflichten,

Aufzeichnung der Wareneingangsrechnungen (§ 143 Abs. 1 AO) und die Aufzeichnungspflichten nach § 22 UStG.

2. Sie sollte ihre Tätigkeit bei folgenden Behörden anmelden: Finanzamt, Gewerbeamt und Berufsgenossenschaft.

3. Frau Krause ist Unternehmerin i. S. d. § 2 UStG, weil sie eine gewerbliche Tätigkeit selbstständig ausübt. Bei dem zu erwartenden Umsatz ist davon auszugehen, dass dieser nicht über 22.000 € im Jahr liegt. Damit erfüllt sie die Voraussetzungen des § 19 UStG (Kleinunternehmer). Danach braucht Frau Krause keine Umsatzsteuer zu zahlen. Sie ist allerdings auch nicht berechtigt, Vorsteuer geltend zu machen.

4. Während sich bei der Umsatzsteuer keine steuerlichen Probleme ergeben, ist davon auszugehen, dass bei der Einkommensteuer Steuer anfällt. Der Ertragsanteil bei der Rente dürfte für sich in der Regel noch keine ESt verursachen, weil der Grundfreibetrag nicht überschritten wird. Kommen jedoch die Einkünfte aus Gewerbebetrieb hinzu, kann es zu einer Besteuerung kommen. Für eine genauere Analyse müssen die Renteneinkünfte bekannt sein und die zu erwartenden Einkünfte aus der Flaschenbierhandlung geschätzt werden.

5. An sich sollte Frau Krause ihre Umsätze aufzeichnen, auch wegen der eigenen Kontrolle ihrer Einnahmen. Es ist jedoch auch denkbar, dass auf der Basis der Eingangsrechnungen mithilfe des Rohaufschlagsatzes unter Berücksichtigung des Eigenverbrauchs der Umsatz geschätzt wird. Mit einer Außenprüfung braucht Frau Krause nicht zu rechnen.

6. Die Frage, ob Frau Krause als Eigenhändler oder auf Provisionsbasis den Getränkeverkauf durchführen soll, ist natürlich abhängig von der Höhe der Provision. Als Eigenhändler hat sie aber den großen Vorteil der selbstständigen Preisgestaltung und der größeren persönlichen Freiheit. Das gilt auch für das Sortiment, mit dem sie sich den Wünschen der Kunden flexibler anpassen kann.

Tangierende Problemkreise:
Handelsreisender und Handelsvertreter
Der Handelsreisende ist Angestellter eines Unternehmens (Fixum nicht ausgeschlossen).

Der Handelsvertreter ist selbstständiger Kaufmann i. S. d. § 1 HGB.

Unterschied zwischen Buchführungs- und Aufzeichnungspflichten
Die Buchführungspflichten (Bilanzierung) ergeben sich für einen Kaufmann aus § 238 HGB, das Steuerrecht schließt sich im § 140 AO an und erweitert die Buchführungspflicht durch den § 141 AO (Überschreiten bestimmter Grenzen beim Umsatz und Gewinn).

Aufzeichnungspflichten ergeben sich unabhängig von Buchführungspflichten, z. B.

► bei Beschäftigung von Arbeitnehmern (Führen eines Lohnkontos – § 4 LStDV)

► Aufzeichnung von Umsätzen nach § 22 UStG.

Lösung zu Fall 75:

1. Der Architekt Emil Findig hat seinen Wohnsitz im Inland und ist damit unbeschränkt einkommensteuerpflichtig (§ 1 Abs. 1 EStG). Damit unterliegt er mit seinen Welteinkünften der Einkommensteuer. Die durch diesen Auftrag erzielten Einnahmen sind Betriebseinnahmen bei der Einkunftsart „Selbstständige Arbeit" (§ 18 EStG). Die damit verbundenen Ausgaben sind Betriebsausgaben, Emil Findig ermittelt seinen Gewinn nach § 4 Abs. 3 EStG durch den Überschuss der Betriebseinnahmen über die Betriebsausgaben.

2. Umsatzsteuerlich handelt es sich um eine sonstige Leistung (§ 3 Abs. 9 UStG). Entscheidend für die Besteuerung ist der Ort der sonstigen Leistung. In Abweichung zu § 3a Abs. 1 befindet sich der Leistungsort bei Leistungen im Zusammenhang mit einem Grundstück dort, wo das Grundstück liegt (§ 3a Abs. 3 Nr. 1 UStG).

   Damit liegt der Leistungsort in Ampuriabrava. Die sonstige Leistung ist im Inland nicht steuerbar.

   Der Architekt muss die umsatzsteuerlichen Bestimmungen in Spanien beachten.

3. Ab 01.01.2010 besteht für Unternehmer, die eine sonstige Leistung erbringen, eine Verpflichtung zur Abgabe einer Zusammenfassenden Meldung (§ 18a UStG), wenn

   ▶ die sonstige Leistung an einen anderen Unternehmer ausgeführt wird (B2B-Umsätze)

   ▶ die sonstige Leistung im übrigen Gemeinschaftsgebiet steuerpflichtig ist und der Leistungsempfänger dort die USt schuldet.

4. Emil Findig kann die mit dem Auftrag verbundene Vorsteuer, die im Inland anfällt, geltend machen. Nach § 15 Abs. 2 Nr. 2 UStG sind nur Umsätze im Ausland vom Vorsteuerabzug ausgeschlossen, wenn diese Umsätze im Inland steuerfrei wären.

5. Wenn Herr Findig sich mit einem anderen Architekten zur Durchführung des Auftrages zusammenschließt, dann entsteht eine BGB-Gesellschaft (§ 705 BGB).

6. Der Gewinn wird für die BGB-Gesellschaft einheitlich festgestellt und auf die Gesellschafter verteilt. Diese versteuern die Gewinnanteile in ihrer persönlichen Steuererklärung.

Tangierende Problemkreise:
Ort der Sonstigen Leistung
Siehe Schaubild zu Fall 68!

Unbeschränkte und beschränkte Einkommensteuerpflicht
Die unbeschränkte und beschränkte Steuerpflicht wird im § 1 EStG definiert. Hier spielen insbesondere die Begriffe „Wohnsitz" (§ 8 AO) und „Gewöhnlicher Aufenthalt" (§ 9 AO) eine wichtige Rolle. Unbeschränkte Steuerpflicht bedeutet Steuerpflicht für alle in der Welt erzielten Einkünfte. Allerdings sind die zahlreichen Abkommen zur Vermeidung der Doppelbesteuerung zu beachten.

Bei der beschränkten Steuerpflicht werden nur die inländischen Einkünfte besteuert. Hier findet jedoch z. B. der Splittingtarif keine Anwendung.

Lösung zu Fall 76:

1. Die Richtsatzsammlung ist ein Mittel für die Verprobung und Schätzung von Umsatz und Gewinn bei Gewerbetreibenden. Die Richtsätze sind auf der Grundlage von Betriebsergebnissen zahlreich geprüfter Unternehmen einer Gewerbeklasse ermittelt worden, die nach Art und Größe den Betrieben entsprechen, auf die sie angewendet werden sollen. In Spalte 1 der Richtsatzsammlung sind Angaben über die Höhe des wirtschaftlichen Umsatzes bei einzelnen Gewerbeklassen vorhanden. Die Richtsätze enthalten den Rohgewinnsatz, den Halbreingewinnsatz und den Reingewinnsatz. Ist die Buchführung formell ordnungsgemäß, so kann eine Abweichung der erklärten Gewinne nicht allein genügen, um die Besteuerungsgrundlagen zu schätzen. Andererseits besteht auch kein Rechtsanspruch, nach Richtsätzen besteuert zu werden.

2. Der Gastwirt hat grundsätzlich zwei Möglichkeiten, seine Entnahmen an Getränken zu versteuern:

    ▶ Pauschalierung bzw.

    ▶ Einzelaufzeichnung.

    Die Anwendung der Tabelle mit Pauschbeträgen dient der Vereinfachung. Der Gastwirt braucht keinerlei Aufzeichnungen bezüglich seiner Entnahmen zu führen.

    Einzelheiten zur Tabelle entnehmen Sie bitte dem Schaubild zu diesem Fall!

3. Wegen der Auswirkung der Entnahmen auf seinen Gewinn und die Umsatzsteuer ist dem Gastwirt für diesen Fall zu empfehlen, Einzelaufzeichnungen zu machen. Dazu könnte ein besonderes Verzeichnis angelegt werden.

4. Die Entnahme von Getränken wird nach § 3 Abs. 1b UStG einer Lieferung gegen Entgelt gleichgestellt. Beim Einkauf wurde Vorsteuer geltend gemacht. Der Gastwirt soll für seinen Verbrauch jedoch nicht besser gestellt werden als der Letztverbraucher.

5. Die Bemessungsgrundlage bestimmt sich nach § 10 Abs. 4 Nr. 1 UStG. Bemessungsgrundlage ist der Einkaufspreis zuzüglich der Nebenkosten zum Zeitpunkt des Umsatzes (Entnahme).

6. Die Buchung der Entnahme bewirkt in Höhe des Nettobetrages (also ohne USt) eine Gewinnerhöhung. Dadurch wird buchtechnisch ein Ausgleich dafür geschaffen, dass der Wareneingang als Aufwand gebucht wurde. Damit das umsatzsteuerliche Entgelt für die USt-Voranmeldung erfasst wird, wird der Eigenverbrauch in die Kontengruppe 8900 im SKR 03 bzw. 4600 im SKR 04 erfasst. Bei der Ermittlung des wirtschaftlichen Wareneinsatzes (wichtig für die genaue Feststellung des Rohaufschlagsatzes) ist der Eigenverbrauch daher noch abzuziehen.

Tangierende Problemkreise:
Bewertung einer Entnahme nach dem EStG

Was die Bemessungsgrundlage für die USt ist, ist die Bewertung einer Entnahme für die Gewinnermittlung. Nach § 6 Abs. 1 Nr. 4 EStG ist eine Entnahme grundsätzlich mit dem Teilwert zu bewerten. Da der Teilwert in der Regel den Wiederbeschaffungskosten entspricht, sind die Wertansätze bei der Entnahme von Waren für die Gewinnberichtigung und die Ermittlung der USt gleich. Von daher kann bei der Kontierung auch vom Bruttobetrag ausgegangen werden, d. h. es kann ein automatisches Konto angesprochen werden.

Bewertung einer Einlage nach dem EStG

Einlagen sind nach § 6 Abs. 1 Nr. 5 EStG mit dem Teilwert zu bewerten, in den Fällen des § 6 Abs. 1 Nr. 5a) und 5b) jedoch höchstens mit den Anschaffungs- oder Herstellungskosten. Beachte BMF-Schreiben v. 16.07.2014 BStBl 2014 I S. 1162: BMG und Fall 16!

Auswirkungen der Privatentnahmen auf die Kapitalstruktur des Unternehmens

Privatentnahmen vermindern das Eigenkapital und verschlechtern damit die Kapitalstruktur des Unternehmens. Die Entnahmen sind jedoch solange in ihrer Höhe unbedenklich, als sie aus erzieltem oder zu erwartendem Gewinn gedeckt werden. Allerdings verbleiben bei völliger Entnahme des Gewinnes keine Finanzmittel für zusätzliche Investitionen.

Wie sind Privatentnahmen und Privateinlagen beim Betriebsvermögensvergleich nach § 4 Abs. 1 EStG zu berücksichtigen?

Privatentnahmen sind hinzuzurechnen, Privateinlagen sind abzuziehen. Die Privatentnahmen und Privateinlagen haben keine Auswirkung auf den Gewinn. Da jedoch der Betriebsvermögensvergleich einen Vergleich des Eigenkapitals am Ende mit dem Eigenkapital am Anfang des Jahres darstellt, ist die vorgenannte Korrektur erforderlich (Privatkonten wurden über Kapital abgeschlossen).

Lösung zu Fall 77:

Aus dem Sachverhalt ergeben sich folgende Beratungstatbestände:

1. Die Fahrtkosten zwischen Wohnung und Arbeitsstätte können nach § 9 Abs. 1 Nr. 4 EStG mit 0,30 € je Entfernungskilometer geltend gemacht werden. Dabei ist die Anzahl der Fahrten festzustellen, da er als Fernfahrer öfters mehrere Tage unterwegs ist. Nach § 9 Abs. 1 Nr. 4 Satz 2 EStG können für die Fahrten zur 1. Tätigkeitsstätte nur die vollen Kilometer (18 km) angesetzt werden.

2. Bei den Fahrten als Fernfahrer handelt es sich um eine beruflich veranlasste Auswärtstätigkeit als Arbeitnehmer ohne erste Tätigkeitsstätte.

Tabelle für Verpflegungsmehraufwendungen[1]	
Dauer der Abwesenheit am Kalendertag	für jeden Kalendertag
24 Stunden	28,00 €
mindestens 8 Stunden	14,00 €
Übernachtungspauschale (Arbeitnehmer)	20,00 €

---

[1] Das Reisekostenrecht wurde überarbeitet; es gilt seit 2014. Der Begriff „regelmäßige Arbeitsstätte" wird durch „erste Tätigkeitsstätte" ersetzt. Ersatz der Staffelung der Verpflegungspauschalen: 14 € bei einer Mindestabwesenheit von acht Stunden. Bei mehrtägigen Dienstreisen besteht eine einheitliche Pauschale für An- und Abreisetag von 14 € – unabhängig von einer Mindestabwesenheit. Bei Abwesenheit von 24 Stunden weiterhin 28 €.

Diese Beträge können vom Arbeitgeber steuerfrei ersetzt werden. Werden keine Beträge vom Arbeitgeber gezahlt, so kann der Arbeitnehmer in dieser Höhe Werbungskosten geltend machen.

Fernfahrer können einen Pauschbetrag in Höhe von 8 € pro Kalendertag zusätzlich zu den Verpflegungspauschalen für den An- oder Abreisetag sowie für jeden Kalendertag mit einer Abwesenheit von 24 Stunden beanspruchen. Die Pauschale gilt für Mehraufwendungen, die den Mitarbeitern während einer **mehrtägigen** beruflichen Tätigkeit entstehen, wenn sie im Kraftfahrzeug des Arbeitgebers übernachten. Der Nachweis höherer tatsächlicher Kosten bleibt möglich.

Der Arbeitgeber kann die nachgewiesenen Übernachtungskosten steuerfrei ersetzen oder mit 20 € pauschalieren. Allerdings ist eine steuerfreie Zahlung des Pauschbetrages für eine Übernachtung im Fahrzeug nicht zulässig.

3. Bei der Feststellung der Lohnsteuerabzugsmerkmalen durch das Finanzamt werden zunächst nur die Kinder berücksichtigt, die das 18. Lebensjahr noch nicht vollendet haben. Ob weitere Kinder über 18 Jahre eintragungsfähig sind, entscheidet das Finanzamt nach Abgabe eines Lohnsteuerermäßigungsantrages durch den Steuerpflichtigen.

4. Die Steuerklassenwahl mit III/V ist in diesem Fall zweckmäßig, da der Ehemann mehr als 60 % (71,42 %) der Einnahmen erzielt. Die Steuerklassenwahl IV/IV ist nur angezeigt, wenn das Verhältnis sich zwischen 40 - 60 % bewegt. Siehe dazu auch Tabelle zu Fall 80!

5. Bezüglich der Zinseinkünfte des Mandanten ergibt sich keine Besteuerung, weil nach Abzug des Sparerfreibetrages bis 1.602 € nach § 20 Abs. 9 EStG keine Einkünfte verbleiben.

6. Vorstehende Sachverhalte können bereits bei der laufenden Besteuerung als Freibetrag bei den Lohnsteuerabzugsmerkmalen berücksichtigt werden (lesen Sie § 39a EStG!). Dazu ist der bereits oben erwähnte Antrag auf Lohnsteuerermäßigung erforderlich. Der Antrag kann bis zum 30.11. des Kalenderjahres gestellt werden.

Tangierende Problemkreise:
Veranlagung von Arbeitnehmern:
Lesen Sie dazu den § 46 Abs. 2 Nr. 8 EStG (Abgabe vier Jahre nach dem Steuerjahr).
Monatliche Lohnsteuertabellen und ihr Zusammenhang mit der Jahrestabelle

Die Monatstabellen sind aus der Jahrestabelle abgeleitet, die ihrerseits wieder aus der Grundtabelle bei der ESt entwickelt ist. Konkret bedeutet dies, dass die einbehaltene Lohnsteuer nur dann stimmt, wenn die monatlichen Bruttobeträge immer gleich sind.

Vorlage oder Nichtvorlage der Daten zum Abruf der Lohnsteuerabzugsmerkmale beim Arbeitgeber:
Bei schuldhafter Nichtangabe der erforderlichen Informationen (Tag der Geburt + steuerliche Identifikationsnummer) zum Abruf der Lohnsteuerabzugsmerkmale (ESTAM) hat der Arbeitgeber die Lohnsteuer nach der Steuerklasse VI zu berechnen (siehe § 39c Abs. 1 EStG).

Lösung zu Fall 78:

Für die Veranlagungszeiträume 2021 und 2022 können folgende Berechnungen aufgestellt werden:

Veranlagungszeitraum 2021 und 2022						
Zu verst. Einkommen	ESt	SolZ	KiSt %	Gesamt	Durschn. Gesamt-Belastung %	Grenz-Belastung %
66.467,00	12.186,00	0,00	1.096,74	13.282,74	19,98 %	34,54 %
66.467,00	**11.818,00**	**0,00**	**1.070.82**	**12.968,82**	**19,51 %**	**31,53 %**
76.693,00	15.536,00	0,00	1.398,24	16.934,24	22,08 %	36,87 %
76.693,00	**15.230,00**	**0,00**	**1.370,70**	**16.600,70**	**21,65 %**	**33,64 %**

Gegenüberstellung der Ergebnisse-Auswirkung der Progression für Mehreinkommen			
Einkommen I	66.467,00 € **66.467,00 €**		
Einkommen II		76.693,00 **76.693,00**	+ 10.226,00 **+ 10.226,00**
ESt auf Einkommen I	12.186,00 **11.818,00**		
ESt auf Einkommen II		15.536,00 **15.230,00**	+ 3.350,00 **+ 3.412,00**
SolZ auf Einkommen I	0,00 0,00		
SolZ auf Einkommen II		0,00	0,00
KiSt auf Einkommen I	1.096,74 **1.070,82**		
KiSt auf Einkommen II		1.398,24 **1.370,70**	+ 303,66 **+ 301,50**
Ergebnis ohne Zusatzeinkommen	53.184,26 **53.578,18**		
Ergebnis ohne Zusatzeinkommen		59.758,76 **60.092,30**	6.574,50 **6.514,12**
Abgabequote, gesamt	19,98 % **19,39 %**	22,08 % **21,64 %**	
Abgabequote Mehreinkommen	10.226,00 - 6.574,62 = 3.651,38 : 102,26 = 35,7 % **10.226,00 - 6.514,12 = 3.711,88 : 102,26 = 36,3 %**		

Hier setzt die Kritik der zu hohen Steuerbelastung an, insbesondere sind die hohen Steuersätze nicht leistungsfördernd bei persönlichem Einsatz des Steuerpflichtigen zur Erzielung der Einnahmen

Tangierende Problemkreise:
Bedeutung des Existenzminimums
Das Existenzminimum bleibt steuerfrei. Beträge: siehe Schaubild!

Bedeutung der Kinderfreibeträge für die Besteuerung
Seit 1996 spielen die Kinderfreibeträge keine Rolle mehr beim Lohnsteuerabzug. Dafür wird Kindergeld gewährt:

	01.01.2018	ab 01.07.2019	ab 01.01.2021
1. und 2. Kind	194 €	204 €	219 €
3. Kind	200 €	210 €	225 €
ab 4. Kind	225 €	235 €	250 €

Bedeutung haben die Kinderfreibeträge noch für die Berechnung der Kirchensteuer und des Solidaritätszuschlages. Bei der Veranlagung wird überprüft, ob das Kindergeld oder die Berücksichtigung der Kinderfreibeträge zu einem besseren Ergebnis führt.

Grundtabelle, Splittingtabelle und Jahreslohnsteuertabelle
Die Grundtabelle ergibt sich aus der Berechnungsformel des § 32a „Einkommensteuertarif" und der dem EStG beigefügten Anlage. Aus der Grundtabelle wird die Splittingtabelle abgeleitet. Die Steuer wird für einen bestimmten Betrag aus der Hälfte der Grundtabelle ermittelt und mit zwei multipliziert. Die Jahreslohnsteuertabelle enthält zusätzlich den Sonderausgabenpauschbetrag (36 €; 72 €), die Vorsorgepauschale, ggf. den Entlastungsbetrag für Alleinerziehende.

Nach § 39b Abs. 2 EStG wird der Arbeitgeber angewiesen seit 01.01.2004, die Lohnsteuer nach der Formel des § 32a EStG maschinell zu ermitteln. Die Tarifintervalle von 36 € entfallen. Insofern gibt es geringfügige Abweichungen bei der Anwendung von Tabellen, die jedoch in Kauf genommen werden.

Lösung zu Fall 79:

1. Heinrich Bell bezog im Veranlagungszeitraum 01 Einkünfte aus nichtselbstständiger Arbeit und aus Gewerbebetrieb. Er wird nach § 25 EStG einzeln veranlagt und nach der Grundtabelle (§ 32a EStG) versteuert.

2. Die Eheleute Sabel können zwischen der Zusammenveranlagung (§ 26, 26b EStG) und der Einzelveranlagung (§ 26, 26a EStG) wählen. Es ist davon auszugehen, dass die Zusammenveranlagung für sie die günstigste Form ist. Das zu versteuernde Einkommen wird dann nach der Splittingtabelle (§ 32a Abs. 5 EStG) versteuert.

3. Der § 26c EStG ist durch das Steuervereinfachungsgesetz 2011 aufgehoben worden. Die besondere Veranlagung im Jahr der Heirat ist damit entfallen.

4. Die Witwe Sandra kommt in den Genuss des sog. „Gnadensplittings". Dieser besagt, dass der hinterbliebene Ehegatte im Jahr des Todes und in dem darauf folgenden Kalenderjahr noch nach der Splittingtabelle versteuert wird. Im Veranlagungszeitraum 03 kommt für Sandra, falls nicht wiederverheiratet, die Einzelveranlagung mit der Grundtabelle infrage.

5. In diesem Falle wäre eine Zusammenveranlagung durch die Wiederverheiratung angezeigt.

6. Zu Beginn des Veranlagungszeitraumes haben Isolde Schön und Peter Schnell noch die Voraussetzungen für die Ehegattenveranlagung (§ 26 Abs. 1 Nr. 3 EStG) erfüllt. Sie haben somit die Wahlmöglichkeit zwischen der Einzelveranlagung (§ 26a EStG) und der Zusammenveranlagung (§ 26b EStG), da keiner der Ehegatten im gleichen Veranlagungszeitraum wieder geheiratet hat (§ 26 Abs. 1 Satz 2 EStG).

7. Nach § 26 Abs. 1 Satz 2 EStG besteht für Peter Schnell nur für die letzte Ehe ein Wahlrecht zwischen der Zusammenveranlagung und der Einzelveranlagung, weil er im Veranlagungszeitraum wieder geheiratet hat. Isolde Schön kann dieses Wahlrecht nicht ausüben. Sie wird einzeln veranlagt (§ 26 Abs. 1 Satz 2 EStG). Nach § 32a Abs. 6 Nr. 2 EStG kann jedoch ihr Einkommen, das sie im Veranlagungszeitraum erzielt hat, in dem die Ehe aufgelöst wurde, erhielt, nach dem Splittingtarif besteuert werden, soweit für diese Zeit die Voraussetzungen der Ehegattenbesteuerung erfüllt waren.

8. Für den Veranlagungszeitraum 01 sind die Voraussetzungen für die Ehegattenbesteuerung noch erfüllt, weil die Voraussetzungen zu Beginn des Veranlagungszeitraumes vorgelegen haben (§ 26 Abs. 1 Satz 1 EStG). Sie können somit zwischen der Zusammenveranlagung und der Einzelveranlagung wählen. Für das folgende Kalenderjahr sind sie beschränkt steuerpflichtig, weil sie weder einen Wohnsitz noch einen gewöhnlichen Aufenthalt im Inland haben (§ 1 EStG). Damit ist die Voraussetzung „unbeschränkte Steuerpflicht" nicht erfüllt. Die Eheleute sind einzeln zu veranlagen (§ 49 EStG).

9. Bei einer Zusammenveranlagung nach § 26b EStG sind die Einkünfte beider Ehegatten zu berücksichtigen. Der Ehemann bezieht Einkünfte aus Luxemburg, die nach dem Doppelbesteuerungseinkommen in Luxemburg versteuert werden. Sie sind in Deutschland steuerfrei, unterliegen jedoch dem Progressionsvorbehalt (§ 32b Abs. 1 Nr. 3 EStG). Da die Einkünfte des Ehemannes hinzugerechnet werden, erhöht sich der Tarif für die Ehefrau. Dieser Nachteil lässt sich vermeiden, wenn die Einzelveranlagung beantragt wird. Das bedeutet allerdings, dass die Ehefrau ihre Einkünfte nach der Grundtabelle versteuern muss (Wegfall des Splittingtarifs). Die Einkünfte des Ehemannes sind in Deutschland steuerfrei. Bei einer solchen Fallkonstellation ist eine Alternativrechnung erforderlich; die Steuerprogramme liefern dieses Ergebnis.

Tangierende Problemkreise:
Der ESt-Tarif
Der ESt-Tarif ergibt sich aus der Formel nach § 32a EStG. Die Steuerprogression setzt nach dem Grundfreibetrag (Existenzminimum) ein und steigert sich linear bis zum Spitzensteuersatz.

Die ESt wird mithilfe der Grund- bzw. Splittingtabelle festgestellt. Siehe zur weiteren Entwicklung des Tarifs Schaubild zu Fall 78!

Die ehelichen Güterstände
Es können unterschieden werden:

- Zugewinngemeinschaft (gesetzliche Regelung)

- Gütergemeinschaft (nach Vereinbarung)

- Gütertrennung (nach Vereinbarung).

Lösung zu Fall 80:

Die Eintragungen bei den Lohnsteuerabzugsmerkmalen berücksichtigen noch nicht die Tatsache, dass Martina und Frank im November geheiratet haben. Als Verheiratete haben sie für das Kalenderjahr 2022 grundsätzlich zwei Möglichkeiten:

- Steuerklassenkombination III/V oder

- Steuerklassenkombination IV/IV.

Für die optimale Steuerklassenwahl können Tabellen angewendet werden, aus denen man die sinnvollste Kombination ableiten kann. Sie basieren darauf, dass bei einem Verhältnis der Einnahmen zwischen 40 % - 60 % die Kombination IV/IV günstiger ist.

Es muss jedoch festgestellt werden, dass die exakte Ermittlung der Einkommensteuer erst mit der Veranlagung erfolgt.

Im konkreten Fall ergibt sich aus der Tabelle, dass bei einem Verhältnis von 24.000 € zu 21.000 € (mtl. 2.000 zu 1.750) die Kombination IV/IV zum günstigsten Ergebnis beim laufenden Lohnsteuerabzug führt.

Anders wäre der Fall zu beurteilen, wenn die Ehefrau einen monatlichen Bruttobezug von 916,67 € (11.000 : 12) hätte. Hier würde die Kombination III/V zu einem besseren Ergebnis bei der laufenden Lohnbesteuerung führen.

Tangierende Problemkreise:
Aufbau der Lohnsteuerklassen
Siehe hierzu Schaubild zu Fall 18.

Lohnsteuerklassen und die Veranlagung von Arbeitnehmern
Zu den Lohnsteuerklassen siehe Schaubild zu Fall 18!

Für Arbeitnehmer kommt insbesondere die Antragsveranlagung infrage. Ist der Leistungserbringer Arbeitnehmer, der neben seinem Arbeitslohn keine weiteren **positiven Einkünfte bezieht**, gilt eine Freigrenze. Nach § 46 Abs. 3 EStG bleiben zusätzliche Einkünfte steuerfrei, wenn sie nicht mehr als 410,00 € betragen. Darüber hinaus ist im § 70 EStDV die sog. Härtefallregelung normiert. Bei Einkünften zwischen 410,00 € und 820,00 € ergibt sich eine Minderung der Einkommensteuer.

Eine Antragsveranlagung ist zweckmäßig:

- Werbungskosten übersteigen die in der Lohnsteuertabelle eingebaute Arbeitnehmer-Pauschale von 1.200 €.

- Versicherungsbeträge können mit einem höheren Betrag als die Vorsorgepauschale (auch in der Lohnsteuertabelle berücksichtigt) geltend gemacht werden (z. B. bei Beamten).

- Spenden und unbeschränkt abzugsfähige Sonderausgaben (z. B. Kirchensteuer) übersteigen 36 €/72 € (ebenfalls in der Lohnsteuertabelle berücksichtigt). Die Pauschbeträge sind in der Lohnsteuertabelle berücksichtigt.

- Heirat im Veranlagungszeitraum

- Geltendmachung von außergewöhnlichen Belastungen nach den § 33 - 33c EStG

- Geburt eines Kindes (noch nicht bei den Lohnsteuerabzugsmerkmalen berücksichtigt)

- Die Beschäftigung lag nicht während des gesamten Jahres vor.

Die Antragsfrist für eine freiwillige Steuererklärung beträgt 4 Jahre. Berechnet wird die Frist ab dem Ende des maßgeblichen Steuerjahres. So muss somit die freiwillige Steuererklärung für 2022 am 31.12.2026 beim Finanzamt eingegangen sein.

Der Antrag auf Veranlagung nach § 46 Abs. 2 Nr. 8 Satz 2 EStG ist ein Antrag i. S. des § 171 Abs. 3 AO.

ELSTAM-Verfahren[1]
Die bisherigen Lohnsteuerkarten bzw. Ersatzbescheinigungen wurden ab 01.01.2013 durch das elektronische Verfahren ELSTAM (Elektronische-Lohnsteuerabzugsmerkmale) ersetzt. Die bisherigen Angaben auf der Vorderseite der Lohnsteuerkarte (Steuerklasse, Kinder, Religionszugehörigkeit und Freibeträge) sind bei der Finanzverwaltung in einer Datenbank elektronisch gespeichert und werden vom Arbeitgeber elektronisch abgeholt. Er benötigt dabei:

- Die Steueridentifikationsnummer (Steuer-ID)

- Das Geburtsdatum

- Information, ob es sich um das Hauptarbeitsverhältnis oder um ein Nebenarbeitsverhältnis (Steuerklasse 6) handelt.

---

[1] Weitere Informationen bietet das Internet unter ELSTAM.

Lösung zu Fall 81:

Sachverhalt 1:

Das monatliche Entgelt beträgt: 10 • 8,84 €[1] = 88,40 €
Der Arbeitgeber trägt 30 % (15 % + 13 % + 2 %) = 30 % = 26,52 €

Die Übernahme der Lohnsteuerabzugsmerkmale mit der Lohnsteuerklasse V wäre sinnvoll, weil der monatliche Eingangsbetrag über dem monatlichen Entgelt liegt.

Frau Schön hat 3,6 % (18,6 % - 15 % AG) ihres Entgelts an die Rentenversicherung abzuführen, wenn nicht zur Befreiung optiert wurde. Liegt das Entgelt unter 175 €, so fallen in Höhe der Differenz zu 175 € 18,6 % für den Arbeitnehmer an. Dadurch erwirbt sie Ansprüche auf alle Leistungen der Rentenversicherung. Da das Arbeitsentgelt unter 175 € liegt, errechnet sich der Mindestbetrag auf der Basis von 175 €. Dieser beträgt zzt. (2020) 18,6 % = 32,55 €. Die Differenz von 32,55 € zu dem Arbeitgeberanteil (14,03 € = 15 % von 93,50 €) = 18,52 € muss der Arbeitnehmer zahlen. Dieser Betrag ist vom Bruttobetrag durch den Arbeitgeber einzubehalten und mit dem Arbeitgeberanteil abzuführen. Frau Schön erhält 93,50 € - 18,52 € = 74,98 €.

Die vom Arbeitgeber zu tragenden Umlagen betragen:

Umlage U1: 0,9 %:   Aufwendungsersatz für Entgeltfortzahlung bei Krankheit

Umlage U2: 0,24 %:   Aufwendungsersatz bei Mutterschaft und Beschäftigungsverboten während der Schwangerschaft

Umlage U3:   0,09 % (2017) − 0,06 % (2018+2019 +2020) Insolvenzgeldumlage

Sachverhalt 2:

In diesem Fall entfallen die 13 % Beitrag an die gesetzliche Krankenkasse, es ist also lediglich der pauschale Rentenversicherungsbeitrag (15 %) und 2 % Steuern durch den Arbeitgeber zu zahlen. Frau Schön hat über ihren Ehemann Anspruch auf Beihilfe und ist nicht Mitglied einer gesetzlichen Krankenversicherung.

Sachverhalt 3:

Bei 15 Arbeitsstunden ergibt sich ein Monatsbetrag von 132,60 €.

Der Arbeitgeber trägt 30 % = 39,78 €.
Im Falle eines Eigenbeitrags zur Rentenversicherung vermindert sich die Zahlung:
(18,6 % v. 175,00 €) = 32,55 € - (15 % v. 132,60 €) = 19,89 € = 12,68 €

Sachverhalt 4:

Die Arbeitslöhne sind in diesem Falle zusammenzurechnen. Sie überschreiten mit 460 € die Grenze von 450 €. Das bedeutet, dass beide Arbeitsverhältnisse sozialversicherungs- und steuerpflichtig sind. Bei der Sozialversicherung fallen für jedes Arbeitsverhältnis 18,6 % (2022) Rentenversicherung, Krankenversicherung 14,6 % + X %-Zusatzbetrag (AG und AN je 50 %) 2,4 % Arbeitslosenversicherung (AG und AN) und 3,05 %

---

[1] Der Mindestlohn in 2021 beträgt bis 30.06.2021 9,50 €, ab 01.07.2021 9,60 €, ab 01.01.2022 9,82 €, ab 01.07.2022 10,45 € und ab 01.10.2022 12,00 €.

(AG= 1,525 % AN = 1.525 %) + 0,25 % Zuschlag für Kinderlose Pflegeversicherung an. Steuerlich bieten sich zwei Möglichkeiten an:

► Anwendung der Lohnsteuerabzugsmerkmale (ELSTAM)

► Pauschale Versteuerung mit 20 %.

Bei pauschaler Versteuerung bleiben die Einkünfte bei der Veranlagung unberücksichtigt.

Sachverhalt 5:
Eine pauschale Besteuerung ist nicht mehr möglich, weil nach Abzug des steuerfreien Teils der Aufwandsentschädigung ($\frac{1}{3}$) = 267 € , mindestens 200 € (R 3.12 Abs. 3 S. 2 LStR) ein steuerpflichtiger Betrag von 533 € verbleibt. Da dieser 520 € überschreitet, kann pauschal nicht mehr versteuert werden. Durch die pauschale Besteuerung würde die Angabe dieser Einkünfte in der Steuererklärung entfallen. Das Interesse liegt darin begründet, dass der Progressionssatz bei der Veranlagung im Verbund mit anderen Einkünften offensichtlich höher ist.

Sachverhalt 6:
Die Beschäftigungsdauer ist von Anfang an auf zwei Monate beschränkt. Sie bleibt unabhängig vom Verdienst sozialversicherungsfrei. Da keine Pauschalbeträge zur Rentenversicherung bezahlt werden, kommt die Steuerfreiheit nicht in Betracht. Zweckmäßig ist die Anwendung der Lohnsteuerabzugsmerkmale (ELSTAM) mit ggf. der Lohnsteuerklasse I. Die dabei anfallende Lohnsteuer wird in der Regel über eine Einkommensteuerveranlagung erstattet (Grundfreibetrag).

Sachverhalt 7:
Als Bezieherin einer Altersrente ist die Rentnerin Mitglied der gesetzlichen Krankenversicherung. Der Arbeitgeber hat die Pauschalbeträge (12 %) abzuführen.

Sachverhalt 8:
Eine einzige Nebenbeschäftigung kann neben der Hauptbeschäftigung zu den Bedingungen eines Minijobs ausgeübt werden.

Tangierende Problemkreise:
Aushilfslöhne und Sozialversicherung
siehe hierzu Schaubild zu Fall 19

Meldeverfahren bei Aushilfslöhnen
Der Arbeitgeber hat zu Beginn und Ende einer geringfügigen Beschäftigung bei der Bundesknappschaft, 45115 Essen, die „Meldung zur Sozialversicherung" zu erstatten.

Lösung zu Fall 82:

Einkommensteuerliche Behandlung der Aufwendungen für ein häusliches Arbeitszimmer nach § 4 Abs. 5 Satz 1 Nr. 6b, § 9 Abs. 5 und § 10 Abs. 1 Nr. 7 EStG

Das BMF-Schreiben vom 06.10.2017 – IV C 6 S 2145/07/10002 – ersetzt das BMF-Schreiben vom 02.03.2011 – BStBl 2011 I S. 195 – und ist in allen offenen Fällen ab dem Veranlagungszeitraum 2007 anzuwenden.

I. Grundsatz

II. Anwendungsbereich der gesetzlichen Regelung

III. Begriff des häuslichen Arbeitszimmers

IV. Betroffene Aufwendungen

V. Mittelpunkt der gesamten betrieblichen und beruflichen Betätigung

VI. Für die betriebliche oder berufliche Betätigung steht kein anderer Arbeitsplatz zur Verfügung

VII. Nutzung des Arbeitszimmers zur Erzielung unterschiedlicher Einkünfte

VIII. Nutzung des Arbeitszimmers durch mehrere Steuerpflichtige

IX. Nicht ganzjährige Nutzung des häuslichen Arbeitszimmers

X. Nutzung eines häuslichen Arbeitszimmers zu Ausbildungszwecken

XI. Nutzung eines häuslichen Arbeitszimmers in Zeiten der Nichtbeschäftigung

XII. Vermietung eines häuslichen Arbeitszimmers

XIII. Besondere Aufzeichnungspflichten

XIV. Zeitliche Anwendung

1. Begriff des häuslichen Arbeitszimmers
   Ein häusliches Arbeitszimmer ist ein Raum, der seiner Lage, Funktion und Ausstattung nach in die häusliche Sphäre des Steuerpflichtigen eingebunden ist, vorwiegend der Erledigung gedanklicher, schriftlicher, verwaltungstechnischer oder -organisatorischer Arbeiten dient (BFH-Urteile vom 19.09.2002, VI R 70/01, BStBl 2003 II S. 139 und vom 16.10.2002, XI R 89/00, BStBl 2003 II S. 185) und ausschließlich oder nahezu ausschließlich zu betrieblichen und/oder beruflichen Zwecken genutzt wird. Es muss sich aber nicht zwingend um Arbeiten büromäßiger Art handeln; ein häusliches Arbeitszimmer kann auch bei geistiger, künstlerischer oder schriftstellerischer Betätigung gegeben sein. In die häusliche Sphäre eingebunden ist ein als Arbeitszimmer genutzter Raum regelmäßig dann, wenn er zur privaten Wohnung oder zum Wohnhaus des Steuerpflichtigen gehört.

2. Grundsätzliches – zwei Fallsituationen
   Nach § 4 Abs. 5 Satz 1 Nr. 6b Satz 1 und § 9 Abs. 5 Satz 1 EStG dürfen die Aufwendungen für ein häusliches Arbeitszimmer sowie die Kosten der Ausstattung grundsätzlich nicht als Betriebsausgaben oder Werbungskosten abgezogen werden.

   Bildet das häusliche Arbeitszimmer den **Mittelpunkt der gesamten betrieblichen und beruflichen Betätigung**, dürfen die Aufwendungen in **voller Höhe** steuerlich berücksichtigt werden (§ 4 Abs. 5 Satz 1 Nr. 6b Satz 3, 2. Halbsatz EStG); dies gilt auch, wenn ein anderer Arbeitsplatz zur Verfügung steht.

Bildet das häusliche Arbeitszimmer **nicht** den Mittelpunkt der gesamten betrieblichen und beruflichen Betätigung und **steht für die betriebliche oder berufliche Tätigkeit kein anderer Arbeitsplatz zur Verfügung**, sind die Aufwendungen bis zur Höhe von **1.250 €** je Wirtschaftsjahr oder Kalenderjahr als Betriebsausgaben oder Werbungskosten abziehbar (§ 4 Abs. 5 Satz 1 Nr. 6b Satz 2 und 3, 1. Halbsatz EStG).

Diese Begrenzung begegnet keinen verfassungsrechtlichen Bedenken (BFH-Urteil vom 28.02.2013 – VI R 58/11 –, BStBl 2013 II S. 642). Der Betrag von 1.250 € ist **kein Pauschbetrag**. Es handelt sich um einen personenbezogenen Höchstbetrag, der nicht mehrfach für verschiedene Tätigkeiten in Anspruch genommen werden kann, sondern ggf. auf die unterschiedlichen Tätigkeiten aufzuteilen ist (vgl. Rdnr. 19 bis 20). Bei der Nutzung mehrerer häuslicher Arbeitszimmer in verschiedenen Haushalten ist der Höchstbetrag nur einmal anzuwenden (BFH-Urteil vom 09.05.2017 – VIII R 15/15 –, BStBl 2017 II S. 956).

3. Betroffene Aufwendungen
   Zu den Aufwendungen für ein häusliches Arbeitszimmer gehören insbesondere die anteiligen Aufwendungen für:

   ► Miete

   ► Gebäude-AfA, Absetzungen für außergewöhnliche technische oder wirtschaftliche Abnutzung, Sonderabschreibungen

   ► Schuldzinsen für Kredite, die zur Anschaffung, Herstellung oder Reparatur des Gebäudes oder der Eigentumswohnung verwendet worden sind

   ► Wasser- und Energiekosten

   ► Reinigungskosten

   ► Grundsteuer, Müllabfuhrgebühren, Schornsteinfegergebühren, Gebäudeversicherungen

   ► Renovierungskosten.

4. Mittelpunkt der gesamten betrieblichen und beruflichen Betätigung
   Ein häusliches Arbeitszimmer ist der Mittelpunkt der gesamten betrieblichen und beruflichen Betätigung des Steuerpflichtigen, wenn nach Würdigung des Gesamtbildes der Verhältnisse und der Tätigkeitsmerkmale dort diejenigen Handlungen vorgenommen und Leistungen erbracht werden, die für die konkret ausgeübte betriebliche oder berufliche Tätigkeit wesentlich und prägend sind. Der Tätigkeitsmittelpunkt i. S. d. § 4 Abs. 5 Satz 1 Nr. 6b Satz 2 EStG bestimmt sich nach dem inhaltlichen (qualitativen) Schwerpunkt der betrieblichen und beruflichen Betätigung des Steuerpflichtigen.

5. Für die betriebliche oder berufliche Betätigung steht kein anderer Arbeitsplatz zur Verfügung

   Die Erforderlichkeit des häuslichen Arbeitszimmers entfällt nicht bereits dann, wenn dem Steuerpflichtigen irgendein Arbeitsplatz zur Verfügung steht, sondern nur dann, wenn dieser Arbeitsplatz grundsätzlich so beschaffen ist, dass der Steuerpflichtige auf das häusliche Arbeitszimmer nicht angewiesen ist (BFH-Urteil vom 07.08.2003).

Beispiele

- Bei einem Verkaufsleiter, der zur Überwachung von Mitarbeitern und zur Betreuung von Großkunden auch im Außendienst tätig ist, kann das häusliche Arbeitszimmer Tätigkeitsmittelpunkt sein, wenn er dort die für den Beruf wesentlichen Leistungen (z. 2004 II S. 65) (z. B. Organisation der Betriebsabläufe) erbringt (BFH-Urteil vom 13.11.2002 - VI R 104/01, BStBl 2004 II S. 65).

- Bei einem Ingenieur, dessen Tätigkeit durch die Erarbeitung theoretischer, komplexer Problemlösungen im häuslichen Arbeitszimmer geprägt ist, kann dieses auch dann der Mittelpunkt der beruflichen Betätigung sein, wenn die Betreuung von Kunden im Außendienst ebenfalls zu seinen Aufgaben gehört (BFH-Urteil vom 13.11.2002 - VI R 28/02, BStBl 2004 II S. 59).

- Bei einem Praxis-Konsultant, der ärztliche Praxen in betriebswirtschaftlichen Fragen berät, betreut und unterstützt, kann das häusliche Arbeitszimmer auch dann den Mittelpunkt der gesamten beruflichen Tätigkeit bilden, wenn er einen nicht unerheblichen Teil seiner Arbeitszeit im Außendienst verbringt (BFH-Urteil vom 29.04.2003 - VI R 78/02, BStBl 2004 II S. 76).

6. Nutzung des Arbeitszimmers durch mehrere Steuerpflichtige

Jeder Nutzende darf die Aufwendungen abziehen, die er getragen hat, wenn die Voraussetzungen des § 4 Abs. 5 Satz 1 Nr. 6b Satz 2 EStG in seiner Person vorliegen.

7. Nutzung eines häuslichen Arbeitszimmers zu Ausbildungszwecken

Nach § 10 Abs. 1 Nr. 7 Satz 4 EStG ist die Regelung des § 4 Abs. 5 Satz 1 Nr. 6b EStG auch für Aufwendungen für ein häusliches Arbeitszimmer anzuwenden, das für die eigene Berufsausbildung genutzt wird. Im Rahmen der Ausbildungskosten können jedoch in jedem Fall Aufwendungen nur bis zu insgesamt 6.000 € als Sonderausgaben abgezogen werden (§ 10 Abs. 1 Nr. 7 Satz 1 EStG).

Die Neuregelung in § 4 Abs. 5 Satz 1 Nr. 6b EStG a. F. verstößt insoweit gegen den allgemeinen Gleichheitssatz, als die Aufwendungen für ein häusliches Arbeitszimmer auch dann von der steuerlichen Berücksichtigung ausgeschlossen sind, wenn für die betriebliche oder berufliche Tätigkeit kein anderer Arbeitsplatz zur Verfügung steht. Dies hat der Gesetzgeber rückwirkend auf den 01.01.2007 beseitigt.

Sachverhalt 1:
Die Neuregelung, rückwirkend bis 2007, betrifft insbesondere Lehrer, wenn in der Schule kein Arbeitsplatz zur Verfügung steht (Aufwendungen bis 1.250 €).

Sachverhalt 2:
Es ist davon auszugehen, dass das häusliche Arbeitszimmer den Mittelpunkt seiner beruflichen Tätigkeit bildet, sodass die anteiligen Aufwendungen Anerkennung finden.

Sachverhalt 3:
In diesem Falle stellt das häusliche Arbeitszimmer ohne Zweifel den Mittelpunkt der beruflichen Tätigkeit dar, sodass die anteiligen Aufwendungen anzuerkennen sind.

Tangierende Problemkreise:
Das häusliche Arbeitszimmer in der gemieteten Wohnung
Es ergeben sich hinsichtlich der Anerkennung der Aufwendungen keine Unterschiede zum Arbeitszimmer in der eigenen Wohnung. Von den Gesamtkosten (Miete + Nebenkosten) sind die Kosten des Arbeitszimmers anteilig nach dem Verhältnis der Grundfläche des Arbeitszimmers zur gesamten Wohnfläche festzustellen.

Aufwendungen für einen Schreibtisch bei Nichtanerkennung eines häuslichen Arbeitszimmers
Die Nichtanerkennung eines Arbeitszimmers schließt nicht aus, dass einzelne ausschließlich beruflich genutzte Gegenstände, z. B. Schreibtisch, -stuhl, -lampe, Computer, Schreibmaschine als Arbeitsmittel zu berücksichtigen sind.

Lösung zu Fall 83:

Bei den vorliegenden Sachverhalten geht es um die Abgrenzung zwischen Ausbildungs- und Fortbildungskosten. Während Kosten für die eigene Ausbildung und Weiterbildung in einem nicht ausgeübten Beruf nur als Sonderausgaben nach § 10 Abs. 1 Nr. 7 EStG bis 6.000 € (ab 2012) abzugsfähig sind, sind Fortbildungskosten in einem ausgeübten Beruf Werbungskosten.

Sachverhalt 1:
Bei den Kosten für den Meisterlehrgang handelt es sich um Fortbildungskosten in einem ausgeübten Beruf. Als Werbungskosten kann er geltend machen:

40 Fahrten • 48 km • 0,30 € =	576 €
Lehrgangsgebühren	2.400 €
Fachliteratur	340 €
Materialien für die Herstellung des Meisterstücks	1.400 €

Sachverhalt 2:
Die Aufwendungen für das Erreichen der Fachhochschulreife auf dem zweiten Bildungsweg stellen Kosten der Berufsausbildung dar. Diese können nur im Rahmen des § 10 Abs. 1 Nr. 7 EStG geltend gemacht werden; d. h. sie sind nachzuweisen. Als Höchstbetrag kommt für Artur Streng 6.000 € infrage. Er kann nachweisen:

Fahrtkosten: 28 Fahrten • 28 km • 0,30 € =	235,20 €
Lehrmaterial	250,00 €
Aufwendungen für den Computer (GWG)	410,00 €
Summe der nachgewiesenen Aufwendungen	895,20 €

Sachverhalt 3:
Die Aufwendungen des Steuerfachangestellten Helmut Fleißig sind Fortbildungskosten in einem ausgeübten Beruf.

Es können als Werbungskosten geltend gemacht werden:

Fahrtkosten: 87 Tage • 64 km • 0,30 €	1.670,40 €
Fachliteratur	360,00 €
Summe der Werbungskosten für den Besuch der Fachschule	2.030,40 €

Tangierende Problemkreise:
Kosten eines häuslichen Arbeitszimmers
Siehe Lösung zu Fall 82!

Berücksichtigung eines Computers als Werbungskosten
Der Computer kann über die Abschreibung als Werbungskosten geltend gemacht werden, wenn er als Arbeitsmittel so gut wie ausschließlich (mindestens 90 %) beruflich genutzt wird.

Daneben kommt auch der volle Abzug als GWG infrage, wenn die Anschaffungskosten 800 € (ohne Umsatzsteuer) nicht übersteigen (§ 9 Abs. 1 Nr. 7 i. V. m. § 6 Abs. 2 Satz 1 - 3 EStG).

Bei der Bemessung der AfA kann von einer Nutzungsdauer von drei Jahren ausgegangen werden.

Bei einer privaten Nutzung von mehr als 10 % wird eine Aufteilung in Werbungskosten und Privatausgaben zugelassen. Der jeweilige zeitliche Umfang der Nutzung ist durch entsprechende Aufzeichnungen (Benutzerbuch) nachzuweisen. (Art und Dauer der PC-Nutzung).

Lösung zu Fall 84:

Daten zur Lohnabrechnung
Steuerklasse I
Geldwerter Vorteil: 0,00 €/Monat
Elternteil bzw. < 23 J: nein
Bundesland Arbeitsstätte: Rheinland-Pfalz
Kinderfreibeträge: keine
Kirchensteuer: 9 %
Geburtsdatum: nach 1957
Lohnzahlungszeitraum Monat LSt-Freibetrag: 0,00 €/J.

Arbeitnehmergruppe AN (pflichtversichert), Krankenversicherung 14,6 % (gesetzlich), KV-Zusatzbeitrag 1,30 %, Arbeitslosenversicherung (pflichtversichert), Rentenversicherung (pflichtversichert)

1. Verwenden Sie zur Beantwortung das Schaubild zum Fall!

2.

Modellrechnung zur steuerlichen Direktversicherung (Daten 2022)			
Bruttogehalt	2.800,00	2.800,00	2.800,00
- Direktversicherung	0,00	100,00	200,00
Steuer- und sozialvers.pfl.	2.800,00	2.700,00	2.600,00
Lohnsteuer	324,58	301,08	278,00
Solidaritätszuschlag	0,00	0,00	0,00
Kirchensteuer	29,21	27,09	25,02
Krankenversicherung 7,3 + 0,65 %	222,60	214,65	206,70
Pflegeversicherung 1,525 % + 0,35 %	52,50	50,63	48,75
Rentenversicherung 9,3 %	260,31	251,10	241,80
Arbeitslosenversicherung 1,2 %	33,60	32,40	31,20
Nettogehalt	1.877,11	1.923,05	1.976,58
- Direktversicherung	0,00	100,00	200,00
Auszahlung	1.877,11	1.823,05	1.768,53
Auszahlungsminderung für Direktversicherung = eigene Aufwendungen	0,00	(1.877,11 - 1.823,05) = 54,06	(1.877,11 - 1.768,53) = 108,58
Ersparnis durch Steuer- und Beitragsfreiheit in der Sozialversicherung		(100,00 - 54,06) = 45,94	(200,00 - 108,58) = 91,42

Modellrechnung zur steuerlichen Direktversicherung (Daten 2022)			
Bruttogehalt	3.800,00	3.800,00	3.800,00
- Direktversicherung	0,00	100,00	200,00
Steuer- und sozialvers.pfl.	3.800,00	3.700,00	3.600,00
Lohnsteuer	577,58	550,83	524,33
Solidaritätszuschlag	0,00	0,00	0,00
Kirchensteuer	51,98	49,57	47,18
Krankenversicherung 7,3 % + 0,65 %	302,10	294,15	286,20
Pflegeversicherung 1,525 % + 0,35 %	71,25	69,38	67,50
Rentenversicherung 9,35 %	353,40	344,10	334,80
Arbeitslosenversicherung 1,2 %	45,60	44,40	43,20
Nettogehalt	2.398,09	2.447,57	2.496,79
- Direktversicherung	0,00	100,00	200,00
Auszahlung	2.398,09	2.347,57	2.296,79
Auszahlungsminderung für Direktversicherung = eigene Aufwendungen	0,00	(2.398,09 - 2.347,57) = 50,52	(2.398,09 - 2.296,79) = 101,30
Ersparnis durch Steuer- und Beitragsfreiheit in der Sozialversicherung	0,00	(100,00 - 50,52) = 49,48	(200,00 - 101,30) = 98,70

3. Zu beachten ist, dass die spätere Rente aus der Direktversicherung voll steuerpflichtig ist, da sie aus nicht versteuerten Beiträgen aufgebaut wurde. Soweit die Beitragsbemessungsgrenze noch nicht überschritten ist, vermindert sich auch die Berechnungsgrundlage für die spätere gesetzliche Rente.

Tangierende Problemkreise:
Die Höhe der Rente aus der gesetzlichen Rentenversicherung hängt ab von der Höhe der geleisteten Beiträge aufgrund der rentenversicherungspflichtigen Beträge, die jährlich ins Verhältnis zum durchschnittlichen Verdienst aller Versicherten gestellt werden.

Grundsätzliches zur Riester-Rente: siehe Text
Grundsätzliches zur Rürup-Rente: siehe Text

Lösung zu Fall 85:

1. Zwischen Kauf (obligatorisches Geschäft) und dem Verkauf des Grundstücks liegen mehr als zehn Jahre. Toni Riskant kann also einen beachtlichen Gewinn erzielen, ohne Steuern bezahlen zu müssen. Die Grunderwerbsteuer von z. B. 5 % trifft die Käufer der Grundstücke. Ohne Berücksichtigung der Kaufnebenkosten erzielt er einen Gewinn von:

Verkaufspreis :	10.000 qm • 80 € =	800.000 €
Kaufpreis:	10.000 qm • 10 € =	100.000 €
Gewinn	=	700.000 €

Bei betriebswirtschaftlicher Betrachtungsweise muss er jedoch berücksichtigen, dass die 100.000 € ca. 12 Jahre totes Kapital waren. Bei einer Verzinsung von 3 % hat er somit einen Zinsverlust von ca. 36.000 € ohne Zinseszinsen. Der Aufzinsungsfaktor beträgt bei 3 % und einer Laufzeit von 12 Jahren und jährlich nachträglicher Zinszahlung 1,4258. Somit ergibt sich ein Zinsverlust von: 100.000 € • 1,4258 = 142.580,00 - 100.000 € = 42.580 €.

2. In diesem Falle handelt es sich um Einkünfte aus privaten Veräußerungsgeschäften nach § 23 Abs. 1 Nr. 1 EStG, weil zwischen dem obligatorischen Geschäft und dem Übergang von Nutzen und Lasten auf den Käufer keine zehn Jahre vergangen sind. Der Veräußerungsgewinn berechnet sich wie folgt:

Verkaufspreis :	2.000 qm • 30 € =	60.000 €
Kaufpreis:	=	31.240 €
Gewinn	=	28.760 €

Dieser Gewinn ist bei der Einkunftsart „Sonstige Einkünfte" nach § 22 EStG zu versteuern.

3. Toni Riskant hat einen Veräußerungsgewinn erzielt:

Kaufpreis der Aktien:		
Kurswert : 200 • 380 €	= 76.000 €	
+ 1,1 % Kaufnebenkosten	= 836 €	76.836 €
Verkaufserlös:		
200 • 460 €	= 92.000 €	
Verkaufskosten	1.012 €	90.988 €
Veräußerungsgewinn		14.152 €

Dieser Veräußerungsgewinn ist mit 25 % Abgeltungssteuer + SolZ + KiSt steuerpflichtig.

4. Verkauf von Bundesanleihen:

Es entsteht ein steuerpflichtiger Veräußerungsgewinn. Dieser beträgt:

Verkaufserlös: 10.000,00 • 103,20 € = 10.320 € - 61,95 € (Kosten) =		10.258,05 €
Kaufkosten: 10.000,00 • 101,20 € = 10.120 € + 60,75 € (Kosten) =		10.180,75 €
Veräußerungsgewinn	=	77,30 €

Erhaltene Stückzinsen beim Verkauf sind steu erpflichtig, die gezahlten Stückzinsen werden abgezogen. Es kommt die Abgeltungssteuer von 25 % + SolZ + KiSt unter Berücksichtigung der Sparerfreibetrages (801/1.602) zum Abzug. Dies gilt, wenn sich die Wertpapiere im Privatvermögen befinden.

Beim Verkauf der restlichen Bundesanleihen am 15.03.04 entsteht ein Verlust. Wurden die Wertpapiere nach dem 31.12.2008 erworben, können Verluste bei einer späteren Veräußerung mit allen Kapitaleinkünften verrechnet werden, ausgenommen aus Aktiengeschäften. Eine Verrechnung mit anderen Einkünften und umgekehrt ist nicht mehr möglich.

Tangierende Problemkreise:
Sonstige Einkünfte im Sinne der § 22 und 23 EStG
Zu den Sonstigen Einkünften gehören insbesondere Renteneinkünfte. Leibrenten werden dabei mit dem Ertragsanteil nach der Tabelle des § 22 EStG versteuert. Zeitrenten, wie Rente wegen Erwerbsunfähigkeit oder Berufsunfähigkeit, werden mit dem Ertragsanteil besteuert, der sich aus der Tabelle des § 55 der EStDV ergibt.

Dividendeneinkünfte
Siehe hierzu Schaubilder zu Fall 9 und 27!

Zuordnung von Wertpapieren zum Betriebsvermögen
Durch Aktivierung dokumentiert der Steuerpflichtige die Zugehörigkeit zum Betriebsvermögen. Dabei ist zu unterscheiden, ob sie dem Anlage- oder dem Umlaufvermögen zugerechnet werden sollen.

Effektivverzinsung bei fest verzinslichen Papieren und Aktien
Siehe Schaubild und Lösung zu Fall 27!

Lösung zu Fall 86:

Die Unterhaltsaufwendungen des Sohnes Artur kommen grundsätzlich für den Abzug als außergewöhnliche Belastung nach § 33a Abs. 1 EStG infrage. Dabei ist Folgendes zu beachten:

► Der Höchstbetrag beträgt 9.168 € (2019), 9.408 € (2020), 9.744 € (2021), 10.347 € (2022).

► Die eigenen Einkünfte und Bezüge der unterhaltenen Person vermindern den abzugsfähigen Betrag, soweit diese 624 € bei der unterhaltenen Person überschreiten.

▶ Einkünfte sind zu definieren i. S. d. EStG. Bezüge sind Einnahmen in Geld oder Geldeswert, die nicht im Rahmen der einkommensteuerrechtlichen Einkunftsermittlung erfasst werden, die jedoch zur Bestreitung des Unterhalts geeignet sind. Lesen Sie hierzu R 33a.1 und H 33a.1 EStR! Dort finden Sie auch Berechnungsbeispiele für die Ermittlung der eigenen Einkünfte und Bezüge.

Berechnung der abzugsfähigen a. g. Belastungen für den Sohn Artur:

	Maximal abzugsfähige Unterhaltsleistungen (§ 33a Abs. 1 Satz 1 EStG)		10.347,00 €
	(Gesetzlicher Höchstbetrag 2021)		
+	Erhöhungsbetrag für die Beiträge zur Basiskrankenversicherung		420,00 €
	Höchstbetrag		**10.767,00 €**
	Kapitalerträge	750,00 €	
-	Sparer-Freibetrag	750,00 €	0,00 €
	Steuerpflichtiger Anteil Rente :		
	Altersrente	5.282,64 €	
-	Anpassungsbetrag	1.245,36 €	
	Verbleiben	4.037,28 €	
	davon 50 % steuerfrei	2.018,64 €	
	Steuerpflichtiger Teil der Rente	3.264,00 €	
-	Werbungskosten-Pauschbetrag	102,00 €	
	Renteneinkünfte		3.162,00 €
+	steuerfreier Anteil Rente (50 % v. 4.037,28 €)	2.018,64 €	
-	Kostenpauschale	180,00 €	1.838,64 €
=	Summe der Einkünfte und Bezüge		5.000,64 €
-	Karenzbetrag		624,00 €
=	**Anzusetzende eigene Einkünfte und Bezüge**		**4.376,64 €**
	Vorläufiger Freibetrag für die Unterstützung		5.787,36 €
	Begrenzung auf die geleisteten Unterhaltszahlungen		4.800,00 €
	Freibetrag für die Unterstützung des Vaters		**4.800,00 €**

Wenn sich im nächsten Jahr sein Bruder mit weiteren 100 € Unterhaltszahlungen monatlich beteiligt, so ist § 33a Abs. 1 Satz 7 EStG zu beachten. Der abzugsfähige Betrag ist aufzuteilen nach dem Verhältnis des Anteils am Gesamtbetrag.

Bei gleichen Bedingungen wie im laufenden Jahr wäre das Verhältnis 4 : 1.

Tangierende Problemkreise:
Begriff und Arten der außergewöhnlichen Belastungen (§ 33 ff. EStG)
Siehe Schaubild zum vorliegenden Fall!

Besteuerung von Beamtenpensionen
Beamtenpensionen werden als Versorgungsbezüge nach § 19 Abs. 1 Nr. 2 EStG versteuert.

Bei Bestandspensionären (Pensionsbeginn vor dem 01.01.2005) wird ein Versorgungs-freibetrag auf der Grundlage der für Monat Januar 2005 (12-Fache) gezahlten Pension + Sonderzahlungen ermittelt. Die Höhe des Versorgungsfreibetrages ist abhängig vom Zeitpunkt der erstmaligen Zahlung eines Versorgungsbezuges (Tabelle § 19 Abs. 2 Satz 3 EStG). Der AN-Pauschbetrag entfällt; an die Stelle tritt ein Werbungskosten-Pauschbetrag in Höhe von 102 €. Allerdings wird ein Zuschlag zum Versorgungsfreibe-trag gewährt, der bis 2039 abgeschmolzen wird.

Lösung zu Fall 87:

1. Sohn Manfred wird berücksichtigt. Manfred ist ein leibliches Kind und hat das 18. Lebensjahr noch nicht vollendet. Die eigenen Einkünfte sind unbeachtlich.

   Sohn Otto wird berücksichtigt. Otto ist ein leibliches Kind und hat das 18. Lebens-jahr noch nicht vollendet. Ein Ausbildungsfreibetrag wird nicht gewährt.

   Tochter Carla wird nicht mehr berücksichtigt. Sie ist 20 Jahre und erfüllt keine der Voraussetzungen des § 32 Abs. 4 EStG (z. B. Berufsausbildung).

   Sohn Helmut wird berücksichtigt. Er ist ein leibliches Kind und erfüllt die Voraus-setzungen des § 32 Abs. 4 Nr. 2a EStG (Studium = Berufsausbildung).

   Für Sohn Helmut kommt kein Ausbildungsfreibetrag infrage, weil er nicht auswärts untergebracht ist.

   Sohn Egon wird auch berücksichtigt. Er ist 23 Jahre alt und wegen des Studiums auswärts untergebracht. Er erfüllt die Voraussetzungen des § 32 Abs. 4 Nr. 2a EStG. Für ihn kann auch ein Ausbildungsfreibetrag in Höhe von 924 € gewährt werden. Die eigenen Einkünfte und Bezüge sind unbeachtlich.

   Die Tochter Sandra wird nicht mehr berücksichtigt. Nach dem Sachverhalt liegen auch keine Angaben vor, die die Anwendung des § 32 Abs. 4 Nr. 3 EStG (körperliche, geistige oder seelische Behinderung) oder des § 32 Abs. 5 EStG (Hinausschieben durch Grundwehrdienst usw.) rechtfertigen.

2. Siehe dazu Schaubild zum vorliegenden Fall!

Tangierende Problemkreise:
Welche Beziehung besteht zwischen Kinderfreibetrag und Kindergeld?
Der Steuerpflichtige hat eine Wahlmöglichkeit zwischen der Berücksichtigung des Kin-derfreibetrages bei der Berechnung der ESt oder der Auszahlung des Kindergeldes. In der Regel führt das Kindergeld zum besten Ergebnis.

Wie werden Pflegekinder steuerlich berücksichtigt?
Pflegekinder werden nach § 32 Abs. 1 Nr. 2 berücksichtigt. Die Voraussetzungen für die Anerkennung eines Pflegschaftsverhältnisses sind ebenfalls im § 32 Abs. 1 Nr. 2 EStG und in den R u. H 32.2 EStR zu finden.

Zuordnung zu den Großeltern

Mit Zustimmung der leiblichen Eltern kann der Kinderfreibetrag auf die Großeltern übertragen werden, wenn sie das Kind in ihren Haushalt aufgenommen haben. Für die Zustimmung ist die Anlage K zu verwenden (§ 32 Abs. 6 Satz 10 EStG).

Lösung zu Fall 88:

Kinderfreibeträge und Betreuungsfreibetrag		(beide Eltern zusammen)	
Jahr	Kinderfreibetrag	Betreuungsfreibetrag	Summe
2020	5.172,00 €	2.640,00 €	7.812,00 €
2021	5.460,00 €	2.640,00 €	7.812,00 €
2022	5.460,00 €	2.928,00 €	8.388,00 €

Berechnungsalternative 1			
		2021	**2022**
Einkommen i. S. d. § 2 Abs. 4 EStG 2019/2020		47.000,00 €	47.000,00 €
Tarifliche ESt lt. Splittingtarif		6.414,00 €	6.162,00 €
Berechnungsalternative 2			
Einkommen i. S. d. § 2 Abs. 4 EStG 2019/2020		47.000,00 €	47.000,00 €
- Kinderfreibetrag (§ 32 Abs. 6 EStG)		5.460,00 €	5.460,00 €
- Betreuungsfreibetrag		2.928,00 €	2.928,00 €
= zu versteuerndes Einkommen		38.612,00 €	38.612,00 €
Tarifliche ESt lt. Splittingtarif		4.170,00 €	3.916,00 €

Berechnung der Differenz der beiden Ergebnisse:

	2021	**2022**
Ergebnis 1	6.414,00 €	6.162,00 €
Ergebnis 2	4.170,00 €	3.916,00 €
Differenz	2.244,00 €	2.246,00 €
Kindergeld	2.628,00 €	2.628,00 €
ESt-Ansatz	6.414,00 €	6.162,00 €

Kindergeld ist höher.

▸ Berechnung der Kirchensteuer und des SolZ 2021 und 2022:
  2021: KiSt 9 % von 4.170,00 € = 375,30 € – 0,0 % SolZ
  2022: KiSt 9 % von 3.916,00 € = 352,44 € – 0,0 % SolZ

Lösung zu Fall 89:

Das zu versteuernde Einkommen ist noch zu korrigieren:

1. Die Aufwendungen für die Operationskosten der Ehefrau stellen außergewöhnliche Belastungen i. S. d. § 33 EStG dar. Sie können unter Berücksichtigung der zumutbaren Belastung geltend gemacht werden.

   Es ist folgende Berechnung aufzustellen:

Kosten für die Operation		23.000,00 €
- Erstattung durch die Krankenkasse	8.000,00 €	
- Krankenhaustagegeld	2.000,00 €	10.000,00 €
= Belastung		**13.000,00 €**

   Die Leistungen aus der Krankentagegeldversicherung (Genesungsgeld) sind kein Ersatz für Krankenhauskosten (Hinweise H 33.1 - 33.4 EStR).

2. Die Aufwendungen für eine Brille sind auch als außergewöhnliche Belastung i. S. d. § 33 EStG abzugsfähig.

Aufwendungen	810 €
- Erstattungen	120 €
= Belastung	**690 €**

3. Aufwendungen für eine Kur können nur dann nach § 33 EStG geltend gemacht werden, wenn sie zur Heilung oder Linderung einer Krankheit nachweislich notwendig sind und eine andere Behandlung nicht oder kaum Erfolg versprechend erscheint. Zum Nachweis ist in der Regel ein amtsärztliches Zeugnis erforderlich. Davon kann abgesehen werden, wenn eine gesetzliche Krankenkasse eine Notwendigkeitsprüfung vorgenommen und positiv entschieden hat. Diese Voraussetzungen liegen bei Herrn Eckel offensichtlich nicht vor, sodass ein Abzug nicht infrage kommt.

4. Die Aufwendungen für die sich im Studium befindliche Tochter für Zahnbehandlung sind grundsätzlich auch nach § 33 EStG zu berücksichtigen. Die Belastung beträgt 2.400 €.

Zusammenstellung:	
Operationskosten	13.000,00 €
Aufwendungen für Brille	690,00 €
Zahnbehandlung	2.400,00 €
= Summe	16.090,00 €
- zumutbare Belastung (1 % v. 51.130,00 € = 511,30 € + 2 % v. 9.270,00 € = 185,40 €)	696,70 €
= Abzugsfähige außergewöhnliche Belastung	**15.393,30 €**

   Damit vermindert sich das zu versteuernde Einkommen (47.700,00 - 15.393,30) auf 32.306,70 €.

Zu verst. Einkommen	ESt lt. Splittingtabelle		SolZ		KiSt 9 %		Summe	
	2021	2022	2021	2022	2021	2022	2021	2022
47.700,00 €	6.608,00 €	6.344,00 €	0,00 €	0,00 €	42,48 €	24,84 €	6.650,48 €	6.368,84 €
32.306,00 €	2.580,00 €	2.332,00 €	0,00 €	0,00 €	0,00 €	0,00 €	2.580,00 €	2.332,00 €
Ersparnis durch a. g. Belastung							4.070,48 €	4.036,84 €

Berechnung von SolZ und KiSt unter Abzug von drei Kinderfreibeträgen + Betreuungsfreibeträgen:

2021
In Höhe von 8.388 € $\cdot$ 3 (2.928 € + 5.460 € $\cdot$ 3) = **25.164 €** (§ 51a Abs. 2 Satz 1 EStG und § 32 Nr. 6 Satz 1 EStG)

ESt von (47.700,00 € − 25.164,00 €) = 22.536 € = 472,00 €

9 % von 276,00 = 42,48 €

2022
In Höhe von 8.388 € $\cdot$ 3 (2.928 € + 5.460 € $\cdot$ 3) = **25.164 €**

ESt von (47.700,00 € − 25.164,00 €) = 22.536 € = 276,00 €

9 % von 276,00 = 24,84 €

Tangierende Problemkreise:
Pflegeversicherung
Siehe hierzu Schaubild zu Fall 81!

Beiträge zur gesetzlichen und privaten Pflegeversicherung sind zunächst unbegrenzt als Basisversicherung nach § 10 Abs. 1 Nr. 3 Satz 1 Buchst. b EStG abzugsfähig. Beiträge, die nicht danach abzugsfähig sind, gehören zu den sonstigen Vorsorgeaufwendungen (§ 10 Abs. 1 Nr. 3 und 3a EStG (Höchstbeträge 2.800/1.900 € - § 10 Abs. 4 Satz 1 EStG).

Problematik des Ausstiegs aus der gesetzlichen Krankenversicherung
Bei Erreichen der Versicherungspflichtgrenze ist ein Ausstieg aus der gesetzlichen Krankenversicherung möglich. Für einen Alleinstehenden könnte sich beitragsmäßig in einer freiwilligen privaten Versicherung ein Vorteil ergeben. Ein Wiedereinstieg in die gesetzliche Krankenkasse ist später nur unter erschwerten Bedingungen möglich. Dies wirkt sich besonders nachteilig bei einer Heirat aus, weil dann sowohl für die Ehefrau als auch für jedes Kind ein Einzelvertrag abzuschließen ist. Die Beitragsbelastung liegt dann in der Regel wesentlich höher als in der gesetzlichen Krankenversicherung, weil hier das Prinzip der Familienversicherung gilt.

Lösung zu Fall 90:

Der Sohn Tobias ist wegen Berufsausbildung auswärts untergebracht. Er wird deshalb bei den Eltern steuerlich berücksichtigt.

Zunächst kommt ein Ausbildungsfreibetrag nach § 33a Abs. 2 EStG in Höhe von 924 € in Betracht.

Die tatsächlichen Aufwendungen der Eltern:

- ► Überweisung der Zimmermiete   2.520 €
- ► Barmittel   3.600 €

sind nicht maßgeblich.

Es brauchen auch keine Aufwendungen nachgewiesen zu werden; für die Geltendmachung des Ausbildungsfreibetrages genügt es, wenn Aufwendungen entstanden sind.

Die Aufwendungen für Kleidung können nicht steuerlich geltend gemacht werden. Sie fallen unter das Abzugsverbot des § 12 EStG.

Die Aufwendungen für die Brille des Sohnes hingegen können als außergewöhnliche Belastung nach § 33 EStG angesetzt werden. Allerdings ist es fraglich, ob es tatsächlich zu einem Abzug kommt, weil die zumutbare Belastung nach der Tabelle des § 33 EStG abgezogen werden muss.

Stufenweise Ermittlung der zumutbaren Belastung (§ 33 Abs. 1 und 3 EStG):

2 % von 15.340,00 € =	306,80 €
3 % von (37.250,00 - 15.340,00) 21.910,00 €	657,30 €
	964,10 €

Dieser Betrag ist höher als die Belastung von 625 €, sodass kein Ansatz als außergewöhnliche Belastung erfolgen kann.

Für Sohn Tobias stellt das Studium ein Zweitstudium dar. Er kann somit die Kosten für ein Zweitstudium, die nach einer **abgeschlossenen Ausbildung** anfielen, voll als Werbungskosten geltend machen. Diese können ggf. auf folgende Veranlagungszeiträume vorgetragen werden (Verlustvortrag).

Tangierende Problemkreise:
Ausbildungsfreibeträge (allgemein)
Siehe hierzu Schaubild zum vorliegenden Fall!

Außergewöhnliche Belastungen
Siehe hierzu Schaubild zu Fall 86!

Lösung zu Fall 91:

Die 28-jährige Tochter wird nach § 32 Abs. 4 Nr. 3 EStG steuerlich berücksichtigt, weil sie körperlich außer Stande ist, sich selbst zu unterhalten.

Auch der Sohn wird nach § 32 Abs. 4 Nr. 2a EStG berücksichtigt, weil er sich noch in Berufsausbildung befindet.

Die Leistungen aus der Pflegeversicherung sind nach § 3 Nr. 1a EStG steuerfrei.

Daraus lassen sich folgende steuerlichen Konsequenzen ableiten:

1. Für den Sohn:

   Ausbildungsfreibetrag nach § 33a Abs. 2 EStG   924 €

   Die eigenen Einkünfte und Bezüge werden ab 2012 nicht mehr berücksichtigt.

2. Für die Tochter:

   Nach dem Sachverhalt ist davon auszugehen, dass die Tochter das Merkzeichen „aG" hat.

   Folgende Kosten können geltend gemacht werden:

	Krankheitskosten (nicht gedeckt)		1.200,00 €
+	Pauschale für behinderungsbedingte Fahrtkostenpauschale		4.500,00 €
	Summe		5.700,00 €
	Stufenweise Ermittlung der zumutbaren Belastung (§ 33 Abs. 1 und 3 EStG)		
	2 % von 15.400,00 €	306,80 €	
	3 % von (27.000,00 € − 15.340,00 € =) 11.960,00 €	358,80 €	665,60 €
=	Anzusetzen nach § 33 Abs. 3 Satz 1 EStG		5.034,40 €

   Außerdem können die Eheleute Bauer den Pauschbetrag in Höhe von **7.400 €** nach § 33b Abs. 3 in Verbindung mit Abs. 5 EStG (Übertragung des Behinderten-Pauschbetrages) geltend machen.

Tangierende Problemkreise:
Pauschbeträge für Behinderte, Hinterbliebene und Pflegepersonen
Die Pauschbeträge für diesen Personenkreis können dem § 33b Abs. 3 EStG entnommen werden. Sie werden bei den Lohnsteuerabzugsmerkmalen erfasst.

Anspruch auf Kindergeld
Die gesetzlichen Grundlagen für das Kindergeld finden wir unter X. Kindergeld (§ 62 - 78 EStG).

Verfahren zur Feststellung einer Minderung der Erwerbsfähigkeit
Der Grad der Behinderung wird auf entsprechenden Antrag durch das Versorgungsamt festgestellt.

Der Freistellungsauftrag bei Einkünften aus Kapitalvermögen
Durch den Freistellungsauftrag (Vordrucke) wird erreicht, dass keine Abgeltungssteuer einbehalten wird, solange der festgelegte Betrag nicht überschritten wird. (Sparer Freibetrag = 801/1.602 €) – § 20 Abs. 9 EStG

Lösung zu Fall 92:

Nach dem Steuervergünstigungsgesetz 2011 erfolgt die steuerliche Berücksichtigung von Kinderbetreuungskosten nur noch über Sonderausgaben. Ein Abzug über Werbungskosten/Betriebsausgaben entfällt; damit auch die Unterscheidung in erwerbsbedingte und nicht erwerbsbedingte Kinderbetreuungskosten.

Anspruchsvoraussetzungen beim Kind	► Kind i. S. d. § 32 Abs. 1 EStG
	► 14. Lebensjahr noch nicht vollendet
	► vor Vollendung des 25. Lebensjahres eingetretene körperliche, geistige oder seelische Behinderung (nicht in der Lage sich selbst zu unterhalten)
	► zum Haushalt des Steuerpflichtigen gehörend
Formelle Voraussetzung	► Rechnung für Aufwendungen
	► Zahlung über Konto des Leistungserbringers

Folgende Kinderbetreuungskosten sind entstanden:

► Kinderhortgebühr: 12 • 150 €	1.800 €
davon ⅔ abzugsfähig	1.200 €
► Beschäftigung einer Haushaltshilfe zur Kinderbetreuung: 12 • 593 €	7.116 €
► Verpflegungskosten können nicht angesetzt werden Gesamtaufwendungen	8.916 €
davon abzugsfähig nach § 10 Abs. 1 Nr. 5 EStG ⅔ der Aufwendungen	5.944 €
(höchstens 4.000 € je Kind)	4.000 €

Zu beachtende Voraussetzungen:

► Vorlage von Rechnungen oder Gebührenbescheiden (nach Aufforderung durch das Finanzamt)

► Rechnungsbegleichung per Bank; Barzahlungen werden nicht anerkannt

► Zunächst keine Vorlage mit der Steuererklärung erforderlich.

 RECHTSGRUNDLAGEN

§ 33 Abs. 2 Satz 4 EStG:

[4]Aufwendungen für die Führung eines Rechtsstreits (Prozesskosten) sind vom Abzug ausgeschlossen, es sei denn, es handelt sich um Aufwendungen ohne die der Steuerpflichtige Gefahr liefe, seine Existenzgrundlage zu verlieren und seine lebensnotwendigen Bedürfnisse in dem üblichen Rahmen nicht mehr befriedigen zu können. Das bedeutet: Ab dem Jahre 2013 wird voraussichtlich kaum mehr eine Absetzbarkeit von Scheidungskosten und Gerichtskosten und Anwaltskosten mehr bestehen.

Das Finanzgericht Rheinland-Pfalz hat als erstes Finanzgericht über die Frage entschieden, ob Scheidungskosten nach der ab 2013 geltenden Neuregelung des § 33 Abs. 2 Satz 4 EStG als außergewöhnliche Belastung steuermindernd berücksichtigt werden können. Das **Ergebnis der Richter**: Ja, diese Kosten sind abzugsfähig – jedenfalls dann, wenn es sich um die Prozesskosten für die Ehescheidung handelt. Aufwendungen für Scheidungsfolgesachen helfen dagegen nicht beim Steuern sparen (FG Rheinland-Pfalz, Urteil vom 16.10.2014, Az. 4 K 1976/14) – Der BFH hat mit Urteil vom 18.05.2017 – VIR9/16 höchstrichterlich entschieden, dass Scheidungsverfahrenskosten Prozesskosten i. S. d. § 33 Abs. 2 Satz 4 EStG sind.

Positiv beurteilte das FG Köln die Abzugsfähigkeit (Urteil vom 13.01.2016 - 14 K 186/15). Eine dies bezügliche Entscheidung des BFH steht noch aus. Trotz der noch ungeklärten Rechtslage ist zu empfehlen, Scheidungskosten geltend zu machen. Bei zu erwartender Ablehnung durch das Finanzamt verbleibt der Einspruch.

Bei den Aufwendungen im vorliegenden Fall handelt es sich um Folgekosten. Die Kosten für die Operation sind außergewöhnliche Belastungen nach § 33 EStG. Eine Belastung tritt aber nur in Höhe von 750 € ein (2.250 - 1.500).

Summe der Einkünfte			36.478,00 €
Entlastungsbetrag für Alleinerziehende			4.248,00 €[1]
Gesamtbetrag der Einkünfte			32.230,00 €
Unbeschränkt abziehbare Sonderausgaben (gezahlte Kirchensteuer)			240,00 €
Beschränkt abzugsfähige Sonderausgaben:			
Kinderbetreuungskosten	5.200,00 €		
Vorsorgeaufwendungen	6.600,00 €		11.800,00 €
Außergewöhnliche Belastungen:			
Operationskosten (2.250,00 € - 1.500,00 €)		750,00 €	
Kauf Gleitsichtbrille		1.200,00 €	
Summe		1.950,00 €	
- Stufenweise Ermittlung der zumutbaren Belastung (§ 33 Abs. 1 und 3 EStG):			
2 % von 15.340,00 € =			306,80 €
3 % von (32.230,00 - 15.340,00) 16.890,00 €			506,70 €
			813,50 €
= Einkommen			19.376,50 €
= Zu versteuerndes Einkommen			19.376,50 €
ESt nach Grundtabelle (2021)			2.103,00 €
Gezahltes Kindergeld (12 · 219 €) · 2 Kinder			5.256,00 €

Das gezahlte Kindergeld ist höher; Kinderfreibeträge und Betreuungsfreibetrag wirken sich nicht aus.

---

[1] Gehört zum Haushalt des alleinstehenden Steuerpflichtigen ein Kind i. S. d. Abs. 1, beträgt der Entlastungsbetrag im Kalenderjahr 4.008 €. Für jedes weitere Kind i. S. d. Abs. 1 erhöht sich der Betrag nach Satz 1 um 240 € pro weiterem Kind.

Tangierende Problemkreise:
Unterhaltszahlungen bei Geschiedenen
Unterhaltsleistungen können bis zu 13.805 € (§ 10 Abs. 1a Nr. 1 EStG) als Sonderausgaben geltend gemacht werden, wenn der Geber dies mit Zustimmung des Empfängers beantragt.[1] Der Empfänger muss dann allerdings die Beträge nach § 22 Nr. 1a EStG als sonstige Einkünfte versteuern. Somit ist der Vorgang dadurch von Interesse, weil die Steuerersparnis beim Geber wesentlich höher ist als die Steuerbelastung des Empfängers. Diese kann wiederum durch den Geber ausgeglichen werden.

Zuordnung der Kinder bei Geschiedenen
Grundsätzlich erhält jeder 0,5 Kinderfreibetrag für jedes Kind, dieser kann auf den anderen übertragen werden.

Lösung zu Fall 93:

Zu den Sachverhalten sind folgende Aussagen zu treffen:

1. Die Zahlung der Unterhaltsleistungen in Höhe von 12.000 € an die geschiedene Ehefrau kann als Sonderausgabe nach § 10 Abs. 1a Nr. 1 EStG geltend gemacht werden, wenn

   ▸ der Geber dies mit Zustimmung des Empfängers beantragt und

   ▸ weil der Betrag 13.805 € im Kalenderjahr nicht übersteigt.

   Der Betrag von 13.805 € (Realsplitting) erhöht sich ab 2010 um den Betrag, der für die Absicherung der Basiskranken- und Pflegeversicherung des dauernd getrennt lebenden oder geschiedenen Ehegatten tatsächlich aufgewendet wird.

   Die Ehefrau muss allerdings 12.000 € als sonstige Einkünfte nach § 22 Nr. 1a EStG versteuern.

2. Die völlig unentgeltliche Überlassung einer Wohnung/eines Gebäudes ist sowohl beim Eigentümer als auch beim Nutzenden steuerlich nicht relevant. Ein Miet- oder Nutzungswert ist nicht anzusetzen. Fraglich ist, ob Herr Schön die Überlassung als Unterhaltsleistung i. S. d. § 10 Abs. 1a Nr. 1 EStG geltend machen kann. Hier besteht noch ein Spielraum von (13.805 - 12.000) 1.805 €. Nach H 10.2 EStR können die vom Geber getragenen Aufwendungen für die überlassene Wohnung als Unterhaltsleistungen angesetzt werden (z. B. Grundsteuer, Kosten für Heizung, Strom, Wasser, Abwasser und Müllbeseitigung, nicht jedoch Schuldzinsen, Erhaltungsaufwand, AfA und Feuerversicherungsbeiträge). Der BFH hat jedoch in einem Urteil vom 12.04.2000 (XI R 127/96) entschieden, dass der überlassende Ehegatte sowohl den Mietwert seines Mieteigentumsanteils an dem Haus bzw. der Wohnung als auch die Hälfte der von ihm getragenen verbrauchsunabhängigen Kosten als Sonderausgaben im Rahmen des sog. Realsplittings (bis zu 13.805 €) abziehen kann. Voraus-

---

[1] Anlage U – Wird die Zustimmung nicht erteilt, besteht die Möglichkeit, Unterhaltszahlungen bis zu 9.168 € jährlich als „a. g. B" nach § 33a Abs. 1 Satz 1 EStG geltend zu machen.

setzung ist, dass der andere Ehegatte dem Abzug zustimmt, denn er hat diese Beträge als sonstige Einkünfte zu versteuern. Eine weitere Möglichkeit würde im Abschluss eines Mietvertrages bestehen, dabei wären die Aussagen in H 21.4 EStR zu beachten. Wenn man in gegebenem Falle davon ausgeht, dass Aufwendungen in Höhe von 1.805 € nachgewiesen werden können, so könnte Herr Schön den vollen Betrag von 13.805 € als Sonderausgaben ausschöpfen. Anzumerken ist, dass es unerheblich ist, ob die Unterhaltsleistungen freiwillig oder aufgrund gesetzlicher Unterhaltspflicht erbracht werden.

3. Scheidungskosten: siehe Lösung zu Fall 92!

4. Wegen der Minderung der Erwerbsfähigkeit um 70 % kann Herr Schön den Pauschbetrag für Behinderte nach § 33b Abs. 3 EStG in Höhe von 890 € geltend machen.

Tangierende Problemkreise:
Kindergeldzahlung bei Geschiedenen
Steht das Kindergeld mehreren Berechtigten zu, wird es an denjenigen gezahlt, der das Kind in seinen Haushalt aufgenommen hat (§ 64 Abs. 2 EStG).

Berücksichtigung der Kinder bei Geschiedenen
Grundsätzlich steht jedem Partner ein Kinderfreibetrag von 2.490 € (2019), 2.586 € (2020) sowie 2021 von 2.730 € und ein Betreuungsfreibetrag von 1.320 € bzw. ab 2021 von 1.464 € zu (§ 32 Abs. 6 EStG). Bei Geschiedenen oder getrennt Lebenden kann der Kinderfreibetrag auf den anderen Elternteil übertragen werden.

Lösung zu Fall 94:

Zu den Sachverhalten ist Folgendes festzustellen:

1. Die Eheleute Bollig sind unbeschränkt einkommensteuerpflichtig, weil sie ihren Wohnsitz im Inland haben (§ 1 Abs. 1 Satz 1 EStG).

2. Aus ihren Einkommensverhältnissen ist abzuleiten, dass die Zusammenveranlagung für sie die günstigste Veranlagungsform ist (§ 26 Abs. 1 EStG).

3. Berücksichtigung der Kinder:

   → Sohn Anton hat zwar das 18. Lebensjahr vollendet, aber noch nicht das 25. Lebensjahr vollendet und wird für einen Beruf ausgebildet (§ 32 Abs. 4 Nr. 2a EStG). Somit wird Sohn Anton berücksichtigt.

   → Tochter Julia hat das 18. Lebensjahr vollendet und außerdem eine Berufsausbildung abgeschlossen. Sie wird nicht mehr berücksichtigt. Sie hat ihre Einkünfte selbst zu versteuern (§ 32 Abs. 4 Nr. 2a EStG).

   → Sohn Benjamin hat das 18. Lebensjahr noch nicht vollendet. Er wird berücksichtigt (§ 32 Abs. 3 EStG)

4. Berechnung der Einkommensteuer, des Solidaritätszuschlags und der Kirchensteuer

Berechnung des zu versteuernden Einkommens	Anita	Max	Insgesamt
Einkünfte aus selbstständiger Arbeit		98.400,00 €	98.400,00 €
Einkünfte aus nichtselbstständiger Arbeit - Werbungskosten	48.400,00 € 2.342,00 €		
Einkünfte	46.058,00 €		46.058,00 €
Gesamtbetrag der Einkünfte	46.058,00 €	98.400,00 €	144.458,00 €
- Höchstbetrag der Vorsorgeaufwendungen			11.759,00 €
Abzugsfähige Kirchensteuer			40,00 €
Spenden und Beiträge			1.000,00 €
Außergewöhnliche Belastungen			2.684,00 €
Einkommen			128.975,00 €
Freibeträge für Kinder nach § 32 Abs. 6 EStG ▸ Anton ▸ Benjamin			 8.388,00 € 8.388,00 €
Zu versteuerndes Einkommen			112.199,00 €
Steuerberechnung Tarifliche ESt (Splittingtarif)			28.860,00 €
Steuerermäßigung nach § 34 g EStG			- 300,00 €
+ Hinzurechnung Kindergeld ▸ Anton ▸ Benjamin			 + 2.778,00 € + 2.778,00 €
Festzusetzende Einkommensteuer			34.116,00 €
- Steuerabzug vom Lohn Anita			4.276,00 €
Einkommensteuernachzahlung			29.840,00 €
Festzusetzende Kirchensteuer			1.560,00 €
- KiSt-Abzug vom Lohn			384,84 €
KiSt-Nachzahlung			1.175,16 €
Festzusetzender SolZ			0,00 €

Weitere Erläuterungen:
Berechnung der Sonderausgaben

Block 1: Altersvorsorgeaufwendungen:

Gesamte Altersvorsorgeaufwendungen (AN+AN)	9.003,00 €
Davon zu berücksichtigen: 92 %	8.283,00 €
Abzüglich AG-Anteil zur Rentenversicherung	4.501,00 €
Abzugsfähige Altersvorsorgeaufwendungen	3.782,00 €

Block 2: Krankenversicherung, Pflegeversicherung

Beiträge zur Krankenversicherungen:			
Anita	3.848,00 €		
Max	2.926,00 €	6.774,00 €	
Kürzung um 4 % von 3.848,00 €		153,00 €	6.621,00 €
Beiträge zur Pflegeversicherung:			
Anita	739,00 €		
Max	617,00 €		1.356,00 €
Summe Basisabsicherung			7.977,00 €

Block 1 + Block 2	11.759,00 €

Berechnung der Kirchensteuer	
Bemessungsgrundlage: festzusetzende ESt	34.116,00 €
abzüglich Freibetrag für Kinder	16.776,00 €
Bemessungsgrundlage	17.340,00 €
9 % davon	1.560,60 €

Ergebnis für Anton:
Anton ist während des ganzen Jahres auswärts untergebracht und studiert an einer Hochschule.

Der Ausbildungsbetrag beträgt (§ 33a Abs. 2 Satz 1 EStG)	924,00 €
Der Kinderfreibetrag (§ 32 Abs. 6 EStG) beträgt	5.460,00 €
Der Erziehungsfreibetrag (§ 32 Abs. 6 EStG) beträgt	2.928,00 €
Summe	8.388,00 €
Das Kindergeld beträgt (12 · 219,00 €)	2.628,00 €

Ergebnis für Benjamin:

Der Kinderfreibetrag (§ 32 Abs. 6 EStG) beträgt	5.460,00 €
Der Erziehungsfreibetrag (§ 32 Abs. 6 EStG) beträgt	2.928,00 €
Summe	8.388,00 €
Das Kindergeld beträgt (12 · 219,00 €)	2.628,00 €

Tangierende Problemkreise:
Rechtsmittel nach der AO (Außergerichtliches Rechtsbehelfsverfahren)
Rechtsmittel der AO ist:
Einspruch (§ 347 AO) z. B. gegen den ESt-Bescheid, USt-Bescheid, Gewerbesteuermessbescheid

Fristen im Steuerrecht

Zu beachten sind die § 108 ff. AO und die § 186 ff. BGB. Eine Frist ist ein abgegrenzter Zeitraum, nach dessen Ablauf eine Rechtsfolge eintritt. Man unterscheidet zwischen behördlichen und gesetzlichen Fristen. Behördliche Fristen und bestimmte gesetzliche Fristen sind verlängerbar, bei unverschuldetem Fristversäumnis von nicht verlängerbaren Fristen kann Wiedereinsetzung in den vorherigen Stand unter den Voraussetzungen des § 110 AO beantragt werden. Wichtig ist die Berechnung der Fristen. Man unterscheidet hier zwischen Tagesfristen, Wochenfristen und Monatsfristen.

Lösung zu Fall 94a:

Die Entgeltersatzleistungen sind zwar steuerfrei, **erhöhen aber den persönlichen Steuersatz** und damit auch die Steuerbelastung. Diese sogenannten „Progressionseinkünfte" umfassen z. B. Arbeitslosengeld (ALG 1), Elterngeld, Krankengeld, Insolvenzgeld, Kurzarbeitergeld und weitere Leistungen.

Die Anwendung der Splittingtabelle führt zu folgenden Ergebnissen

Ermittlung des Durchschnittsteuersatzes:

ESt lt. Tabelle (2021) für 35.017 € + 4.526 € =	39.543 €
ESt für 39.543 € = 4.412 € = 11,1575 %	

Berechnung der ESt:

Zu versteuerndes Einkommen 35.017 € · 11,1575 % =		3.907 €
Zu versteuerndes Einkommen 35.017,00 lt. Tabelle =		3.254 €
Mehrbelastung durch Progressionsvorbehalt	653 €	
Kirchensteuer: 9 % von 3.907 € =	351,63 €	
SolZ = 0,00 €		
Steuern, insgesamt =		4.258,63 €
Steuerbelastung, insgesamt = 12,16 %.		

Lösung zu Fall 95:

Sortieren der Spenden:

Spenden an politische Parteien:

Beiträge an die CDU	1.800 €	
Beiträge an die SPD	1.400 €	
Spenden an die CDU und SPD	1.500 €	
Summe	4.700 €	
Abzugsfähig im Rahmen des § 34g EStG (50 %)		1.650 €
(von der tariflichen ESt)		
Abzugsfähig im Rahmen des § 10b Abs. 2 EStG		1.400 €
Spenden an Wählergruppen:		
Spende	500 €	
Abzugsfähig im Rahmen des § 34g EStG		250 €

Übrige Spenden:

Spende für Krebsforschung	2.000 €
Spende für Misereor	500 €
Spende für „Brot für die Welt"	500 €
Spende an Sportverein	1.000 €
Spende für kirchliche Zwecke	3.000 €
Spende für gemeinnützige Zwecke	1.000 €
Summe	8.000 €

Abzugsfähig bis 20 % von 78.390 € = 15.678 €

Somit abzugsfähig	8.000 €
Summe der abzugsfähigen Spenden nach § 10b EStG	9.400 €
Tarifbegünstigung	1.900 €

Die Übernahme einer Patenschaft für ein Kind in Honduras wäre im Rahmen der übrigen Spenden möglich, da noch ein Spendenrahmen von 15.678 € (20 % von 78.390 €) - 9.400 € = 6.278 € verbleibt.

Tangierende Problemkreise:
Auswirkung des Spendenabzugs im Zusammenhang mit dem Steuertarif
Der Abzug nach § 34g EStG wirkt sich bei allen Steuerpflichtigen gleich aus. Die Steuervergünstigung des Spendenabzugs nach § 10b EStG hängt von der jeweiligen Grenzbelastung des Steuertarifs ab. Je höher der Progressionssatz, umso höher die Steuerersparnis. Fiskalisch betrachtet bedeutet dies aber auch, dass je höher der Progressionssatz ist auch im steigenden Maße der Fiskus sich an den Spenden beteiligt.

Lösung zu Fall 96:

a) (zu 1 - 5)

Es ist zu prüfen, ob die im Zusammenhang mit der Anschaffung entstandenen Aufwendungen als Erhaltungsaufwendungen oder als Herstellungskosten zu behandeln sind. Im letzteren Falle kann nur nach der betriebsgewöhnlichen Nutzungsdauer abgeschrieben werden.

Es sind Aufwendungen in drei zentralen Ausstattungsbereichen entstanden:

▶ Fenster

▶ Sanitärinstallation

▶ Heizungsinstallation.

Für die Beurteilung ist das BMF-Schreiben vom 18.07.2003 heranzuziehen.

Das Gebäude hatte in seinem ursprünglichen Zustand bei Anschaffung nur einen sehr einfachen Standard. Durch die Aufwendungen in den drei zentralen Ausstattungsbereichen wurde eine wesentliche Verbesserung i. S. d. § 255 Abs. 2 Satz 1 HGB erzielt. Somit liegen durch die Bündelung der Baumaßnahmen Herstellungskosten vor, weil dadurch insgesamt eine Anhebung auf einen mittleren Standard erreicht wurde. Es kommt somit die 3 von 4-Regelung zur Anwendung.

Die Aufwendungen für die Baumaßnahmen Treppenhaus und Fußboden stellen Erhaltungsaufwendungen dar. Es ist unerheblich, dass in diesen nicht zentralen Bereichen auch eine Anhebung des Niveaus erreicht wurde. Die Prüfung, ob eine Standardverbesserung stattgefunden hat, ist nur an den vier zentralen Kriterien durchzuführen, um so die Herstellungskosten festzustellen.

b) Ermittlung der AfA-Bemessungsgrundlage:

	Kaufpreis	400.000,00 €
+	Fenster	60.000,00 €
+	Sanitär	40.000,00 €
+	Heizung	45.000,00 €
=	AfA-Bemessungsgrundlage	545.000,00 €
	Erhaltungsaufwendungen:	
	Fußbodenbelag	24.000,00 €
	Anstrich Treppenhaus	4.000,00 €
=	**Summe**	**28.000,00 €**

Tangierende Problemkreise:
Die Zuordnung eines Gebäudes (Anteil Grund und Boden) kann wie folgt erfolgen:

	Grundstücke und Betriebsvermögen	
1	100 % eigenbetrieblich genutzt	notwendiges Betriebsvermögen (R 4.2 Abs. 7 EStR)
2	100 % zu eigenen Wohnzwecken genutzt	notwendiges Privatvermögen
3	eigenbetriebliche Nutzung nicht mehr als 20 % oder Wert nicht mehr als 20.500 €	kein notwendiges Betriebsvermögen (R 4.2 Abs. 8 EStR)
4	eigenbetriebliche Nutzung mehr als 20 % oder mehr als 20.500 €	eigenbetrieblich genutzter Gebäudeteil = notwendiges Betriebsvermögen (R 4.2 Abs. 8 EStR)
5	fremdbetriebliche Nutzung	gewillkürtes Betriebsvermögen (R 4.2 Abs. 9 EStR)
6	zu fremden Wohnzwecken	gewillkürtes Betriebsvermögen (R 4.2 Abs. 9 EStR)
7	zu eigenen Wohnzwecken	notwendiges Privatvermögen

Abschreibung auf Wirtschaftsgebäude
Gebäude des Betriebsvermögens, die nicht Wohnzwecken dienen und bei denen der Bauantrag nach dem 31.03.1985 gestellt worden ist, bezeichnet man als Wirtschaftsgebäude.

Für Wirtschaftsgebäude eröffnen sich folgende Abschreibungsmöglichkeiten:

Abschreibung auf Wirtschaftsgebäude				
	Lineare Abschreibung	AfA-Satz	Degressive Abschreibung	AfA-Satz
	Bauantrag nach dem 31.03.1985[1]	4 %	Bauantrag nach dem 31.03.1985 und vor dem 01.01.1994	4 • 10 % 3 • 5 % 18 • 2,5 %
	Bauantrag nach dem 31.12.2000	3 %	Bauantrag nach dem 31.12.1993	Keine degressive AfA mehr
AfA-Basis	AK oder HK		HK oder AK	
Berechtigte	Hersteller oder Erwerber		Hersteller oder Erwerber	
AfA im 1. Jahr	Zeitanteilig		Jahres-AfA	

Für weitere frühere Fälle der Anwendung der degressiven Gebäudeabschreibung beachte **Anhang 1 EStR 2005**:

Fertigstellung nach dem 31.12.1978 und Bauantrag und Herstellungsbeginn bzw. Abschluss des Kaufvertrages vor dem 31.07.1981	12 • 3,5 % 20 • 2 % 18 • 1 %
Bauantrag nach dem 29.07.1981, jedoch vor dem 01.01.1994	8 • 5 % 6 • 2,5 % 36 • 1,25 %

Lösung zu Fall 97:

Ermittlung der Mieteinnahmen aus Vermietung:

1.	Obergeschoss: 12 • 600 €	7.200 €	(Zeile 9)
	Umlagen (Heizkosten) 12 • 70 €	840 €	(Zeile 13)
2.	Obergeschoss: 12 • 500 €	6.000 €	(Zeile 9)
	Umlagen (Heizkosten) 12 • 60 €	720 €	(Zeile 13)
3.	Garagenmiete 12 • 45 €	540 €	(Zeile 16)
	Summe der Einnahmen	15.300 €	(Zeile 21)

---

[1] Die lineare Abschreibung richtet sich nach § 7 Abs. 4 EStG. Soweit Gebäude und Gebäudeteile zu einem Betriebsvermögen gehören und nicht Wohnzwecken dienen und für die der Bauantrag nach dem 31.03.1985 gestellt worden ist, sind jährlich 3 %, bei Herstellungsbeginn oder Kaufvertrag vor dem 01.01.2001 4 %, abzuschreiben. Die lineare Abschreibung richtet sich nach § 7 Abs. 4 EStG. Soweit Gebäude und Gebäudeteile zu einem Betriebsvermögen gehören und nicht Wohnzwecken dienen und für die der Bauantrag nach dem 31.03.1985 gestellt worden ist, sind jährlich 3 %, bei Herstellungsbeginn oder Kaufvertrag vor dem 01.01.2001 4 %, abzuschreiben.

		Ermittlung der Werbungskosten			
Zeile	Aufwand	Gesamtbetrag	verhältnismäßig	nicht abziehbar	Werbungskosten
37	Schuldzinsen	7.400,00	4.625,00	2.775,00	4.625,00
33	AfA[1]	4.800,00	3.000,00	1.800,00	3.000,00
48	Grundsteuer, Müllabfuhr, Straßenreinigung	920,00	575,00	345,00	575,00
48	Wasserversorgung, Entwässerung, Hausbeleuchtung	700,00	437,50	262,50	437,50
48	Heizung	2.900,00	2.042,50	857,50	2.042,50
48	Schornsteinfeger, Versicherungen	610,00	381,25	228,75	381,25
	Summen	17.330,00	11.061,25	6.268,75	11.061,25

Erläuterungen:

Die aufteilungsbedürftigen Aufwendungen aus den Zeilen 36, 33 und 46 wurden nach dem Verhältnis der Nutzflächen zueinander aufgeteilt: 120 qm : 120 qm : 80 qm = 3 : 3 : 2 = 8 Teile, davon entfallen 5 Teile auf den abzugsfähigen Bereich.

Die Heizkosten wurden nach dem Ergebnis der Wärmezähler aufgeteilt:

2.900 € Heizkosten : 116.000 Wärmeeinheiten = 0,025
34.300 · 0,025 = 857,50 € = nicht abzugsfähiger Teil
48.000 · 0,025 = 1.200 € = abzugsfähig
33.700 · 0,025 = 842,50 € = abzugsfähig

Einkünfte aus Vermietung und Verpachtung:
Summe der Einnahmen   15.300,00 €
Summe der Werbungskosten   11.061,25 €
Einkünfte aus Vermietung und Verpachtung   4.238,75 €

Lösung zu Fall 98:

1. Die Höhe der Gewerbesteuer-Vorauszahlungen richtet sich nach der letzten Gewerbesteuerveranlagung. Die Gemeinde errechnet durch Anwendung des Hebesatzes auf den vom Finanzamt festgestellten einheitlichen Steuermessbetrag (Gewerbesteuermessbescheid) die Gewerbesteuer (Gewerbesteuerbescheid). Die Höhe der Gewerbesteuer-Vorauszahlungen orientiert sich somit an Daten eines vergangenen Kalenderjahres. Nur unter der Voraussetzung, dass die Daten (Gewerbeertrag, Hebesatz) im Jahr der Vorauszahlungen mit denen aus dem Jahr überein-

---

[1] Beachte Sonderabschreibung nach § 7 EStG n. F. (Bauantrag nach August 2018) wonach im Jahr der Anschaffung oder Herstellung einer Mietwohnung und in den folgenden drei Jahren bis zu 5 % zur regulären linearen AfA (2 %) jährlich abgeschrieben werden können (somit innerhalb von 4 Jahren 28 %).

stimmen, dem die Vorauszahlungen zugrunde liegen, stimmen die Vorauszahlungen mit der endgültigen Gewerbesteuer überein. Dies wäre jedoch ein reiner Zufall.

2. Erkennt man im Laufe des Jahres, dass der laufende Gewinn wesentlich niedriger ausfällt als der den Vorauszahlungen zugrunde liegende Gewinn, so ist es zweckmäßig, die Herabsetzung der Vorauszahlungen zu beantragen.

3. Der Hebesatz wird jährlich von der Gemeinde bei den Haushaltsbeschlüssen in der sog. Haushaltssatzung festgelegt. In diesem Zusammenhang wird auch über die Hebesätze bei der Grundsteuer A und B usw. befunden.

4. Der Hebesatz kann in jeder Gemeinde unterschiedlich sein. Er kann jedoch nicht willkürlich festgesetzt werden. Die Aufsichtsbehörde überprüft den Beschluss. Ist der Hebesatz als zu niedrig anzusehen, so ist davon auszugehen, dass die Gemeinde ihre Steuerkraft nicht ausgeschöpft hat. Dies hat negative Folgen bei den Schlüsselzuwendungen und sonstigen Zuschüssen. Ein in seiner Höhe nicht angemessener Hebesatz wird ebenfalls von der Aufsichtsbehörde (z. B. Kreisverwaltung) beanstandet.

5. Der Hebesatz muss für alle Unternehmen in der Gemeinde einheitlich sein. Es ist also nicht möglich, Investoren durch individuelle Hebesätze anzulocken oder bestehenden Unternehmen Vergünstigungen zu schaffen.

6. Der Hebesatz wird für ein Kalenderjahr jeweils mit der Verabschiedung des Haushaltsplanes einer Gemeinde festgelegt.

7. Die Grundsteuer A wird für landwirtschaftlich genutzte Flächen erhoben; die Grundsteuer B für Grundvermögen (Wohn- und Betriebsgrundstücke). Die Veranlagung erfolgt auf der Grundlage des vom Finanzamt erlassenen Grundsteuermessbescheides und dem von der Ortsgemeinde festgesetzten Hebesatz.

8. Anschlusskosten an den Kanal und die Wasserleitung zählen zu den Herstellungskosten des Gebäudes (H 6.4 EStR).

9. Erschließungskosten sind Anschaffungskosten des Grund und Bodens (H 6.4 EStR).

10. Gegen Bescheide (Verwaltungsakte) der Gemeinde ist Widerspruch einzulegen. Der Widerspruch ist bei der Stadtverwaltung oder der Verbandsgemeinde innerhalb eines Monats schriftlich oder zur Niederschrift zu erheben. Der Widerspruch selbst wird bei Ortsgemeinden beim Kreisrechtsausschuss verhandelt.

11. Im weiteren Verfahren kann das Klageverfahren vor dem Verwaltungsgericht beschritten werden. Der weitere juristische Weg führt über das Oberverwaltungsgericht bis zum Bundesverwaltungsgericht in Leipzig.

12. Die Gewerbesteuer ist im Lehrbuch als Gemeindesteuer deklariert. Tatsächlich verbleibt den Ortsgemeinden oft nur ein geringer Teil (ca. 10 %), weil vom Gewerbesteueraufkommen über die Verbandsgemeindeumlage, die Kreisumlage und der an das Land abzuführende Anteil die Steuer der Gemeinde nicht mehr direkt zur Verfügung steht.

Tangierende Problemkreise:

Buchung der gemeindlichen Abgaben

Die gemeindlichen Abgaben stellen bei Bilanzierung Betriebsausgaben dar (ausgenommen die Gewerbesteuer).

Bedeutung der unterschiedlichen Belastung bei der Gewerbesteuer für die Ansiedlung von gewerblichen Unternehmen

Die Höhe der Gewerbesteuer spielt für die Standortwahl eines Unternehmens eine nicht unbedeutende Rolle. Allerdings ist zu beachten, dass der Hebesatz jedes Jahr von der Gemeinde neu festgelegt wird. Von großer Bedeutung in diesem Zusammenhang ist, dass keine Differenzierungen beim Hebesatz vorgenommen werden können.

Lösung zu Fall 99:

1. **Berechnung der Gewerbesteuer**

	Gewinn lt. Handelsbilanz		1.400.000,00 €
+	Gewerbesteuerzahlungen 2021		15.000,00 €
	Gewinn laut Steuerbilanz		1.415.000,00 €
+	Hinzurechnungen (§ 8 GewStG)		
►	Schuldentgelte (Nr. 1a)	300.000,00 €	
►	50 % Miete unbewegliche WG von 120.000 €	60.000,00 €	
►	20 % Leasinggebühren bewegliche WG von 320.000 €	64.000,00 €	
►	Gewinnanteil des stillen Gesellschafters	70.000,00 €	
		494.000,00 €	
-	Freibetrag	200.000,00 €	
	Summe	294.000,00 €	
	davon 25 %	73.500,00 €	73.500,00 €
	Verlust durch Beteiligung an KG		60.000,00 €
	Zwischensumme		1.548.500,00 €
-	Kürzungen (§ 9 GewStG)		
	1,2 % des um 40 % erhöhten EW des Betriebsgrundstückes (von 210.000)	2.520,00 €	
	Spenden	3.000,00 €	5.520,00 €
	Gewerbeertrag		1.542.980,00 €
	Abrundung auf volle 100 €		1.542.900,00 €
-	Freibetrag		24.500,00 €
	verbleibender Betrag		1.518.400,00 €
	Steuermesszahl = 3,5 % von 1.518.400 €	Steuermessbetrag	54.144,00 €
	Hebesatz = 400 %	Gewerbesteuer	212.576,00 €

2. In der Regel sind vier Vorauszahlungen zu leisten: 15.02., 15.05., 15.08. und 15.11.

3. Siehe Nr. 1 zur Lösung Fall 98!

4. Die jeweilige Gemeinde beschließt in der jährlichen Haushaltssatzung den Hebesatz, der für alle Unternehmen in der Gemeinde gleich ist.

5. Die Steuermessbeträge sind im § 11 Abs. 2 i. V. m. § 11 Abs. 1 Satz 1 u. 2 GewStG festgelegt.

6. Der Steuermessbetrag wird vom Finanzamt im Gewerbesteuermessbescheid festgelegt. Als Rechtsmittel kommt der Einspruch infrage.

7. Der Gewerbesteuerbescheid kommt von der Gemeinde. Hier wird der Hebesatz auf den Steuermessbetrag angewendet. Das Rechtsmittel ist der Widerspruch.

Tangierende Problemkreise:
Anrechnung der GewSt auf die ESt
Die tarifliche ESt wird um das 4,0-Fache des festgesetzten Steuermessbetrages ermäßigt. Bei Mitunternehmerschaften ist der auf die einzelnen Gesellschafter entfallende GewSt-Messbetrag gesondert und einheitlich festzustellen. Grundlage ist der Gewinnverteilungsschlüssel ohne Berücksichtigung von gesellschaftsrechtlichen Vorabgewinnen (§ 35 Abs. 3 EStG).

Lösung zu Fall 100:

Berechnung der Gewerbesteuer:

Maßgeblicher Gewerbeertrag	240.000 €
3,5 % Steuermesszahl = Steuermessbetrag	8.400 €
Gewerbesteuer: Hebesatz 380 %	31.920 €

Entlastung bei der Einkommensteuer:

 RECHTSGRUNDLAGEN

§ 35 EStG [Steuerermäßigung bei Einkünften aus Gewerbebetrieb]

(1) [1]Die tarifliche Einkommensteuer, vermindert um die sonstigen Steuerermäßigungen mit Ausnahme der § 34f, 34g und 35a, ermäßigt sich, soweit sie anteilig auf im zu versteuernden Einkommen enthaltene gewerbliche Einkünfte entfällt (Ermäßigungshöchstbetrag),

1. bei Einkünften aus gewerblichen Unternehmen im Sinne des § 15 Abs. 1 Satz 1 Nr. 1 um das 4,0-Fache des jeweils für den dem Veranlagungszeitraum entsprechenden Erhebungszeitraum nach § 14 des Gewerbesteuergesetzes für das Unternehmen festgesetzten Steuermessbetrags (Gewerbesteuer-Messbetrag); Absatz 2 Satz 5 ist entsprechend anzuwenden;

2. bei Einkünften aus Gewerbebetrieb als Mitunternehmer im Sinne des § 15 Abs. 1 Satz 1 Nr. 2 EStG oder als persönlich haftender Gesellschafter einer Kommanditgesellschaft auf Aktien im Sinne des § 15 Abs. 1 Satz 1 Nr. 3 EStG um das 3,8-Fache des jeweils für den dem Veranlagungszeitraum entsprechenden Erhebungszeitraum festgesetzten anteiligen Gewerbesteuer-Messbetrags.

[5]Der Abzug des Steuerermäßigungsbetrags ist auf die tatsächlich zu zahlende Gewerbesteuer beschränkt.

(2) [1]Bei Mitunternehmerschaften im Sinne des § 15 Abs. 1 Satz 1 Nr. 2 oder bei Kommanditgesellschaften auf Aktien im Sinne des § 15 Abs. 1 Satz 1 Nr. 3 EStG ist der Betrag des Gewerbesteuer-Messbetrags, die tatsächlich zu zahlende Gewerbesteuer und der auf die einzelnen Mitunternehmer oder auf die persönlich haftenden Gesellschafter entfallende Anteil gesondert und einheitlich festzustellen.

Berechnung der Steuerentlastung nach § 35 Abs. 1 EStG:
4,0-Fache des Steuermessbetrages (8.400 €) = 33.600 €
Ergebnis: Es tritt eine vollständige Entlastung bei einem Hebesatz von 380 % ein.

Alternative 1:
4,0-Fache des Steuermessbetrages = 33.600 €
Entlastung jedoch nur in Höhe der tatsächlichen GewSt (8.400 € • 360 % = 30.240 € (§ 35 Abs. 1 Nr. 1 EStG)

Alternative 2:
4,0-Fache des Steuermessbetrages (8.400 €) = 33.600 €
Tatsächliche Gewerbesteuer = 8.400 € • 4,2 = 35.280 €
Keine Entlastung für (35.280 € - 33.600 €) = 1.680 €

Tangierende Problemkreise:

► Die GewSt-Vorauszahlungen werden handelsrechtlich als Aufwand erfasst; für die Berechnung der Gewerbesteuer erfolgt eine Hinzurechnung außerhalb der Bilanz (§ 60 EStDV).

► Die Höhe der Vorauszahlungen orientiert sich an der Höhe der Gewerbesteuer des letzten VAZ.[1]

Lösung zu Fall 101:

1. Für die Abgabe von Steuererklärungen (§ 149 AO) können folgende Fälle unterschieden werden:

   ► Ein Steuergesetz bestimmt, wer zur Abgabe einer Steuererklärung verpflichtet ist.

   ► Der Steuerpflichtige wird vom Finanzamt zur Abgabe einer Steuererklärung aufgefordert (auch durch öffentliche Bekanntmachung).

   ► Der Steuerpflichtige beantragt ohne Erklärungspflicht die steuerliche Bearbeitung.

---

[1] Die Gewerbesteuer bleibt eine betriebliche Steuer, sodass sie als Betriebsausgabe gebucht werden muss. Es handelt sich steuerlich um eine nicht abziehbare Betriebsausgabe, die außerhalb der Bilanz wieder hinzugerechnet wird. Trotz des Abzugsverbots des § 4 Abs. 5b EStG ist auch in der Steuerbilanz eine Gewerbesteuerrückstellung zu bilden.

§ 150 AO Form und Inhalt der Steuererklärungen

(1) Eine Steuererklärung ist nach amtlich vorgeschriebenem Vordruck abzugeben, wenn

1. keine elektronische Steuererklärung vorgeschrieben ist,

2. nicht freiwillig eine gesetzlich oder amtlich zugelassene elektronische Steuererklärung abgegeben wird,

3. keine mündliche oder konkludente Steuererklärung zugelassen ist und

4. eine Aufnahme der Steuererklärung an Amtsstelle nach § 151 nicht in Betracht kommt. § 87a Absatz 1 Satz 1 (Elektronische Kommunikation) ist nur anzuwenden, soweit eine elektronische Steuererklärung vorgeschrieben oder zugelassen ist. Der Steuerpflichtige hat in der Steuererklärung die Steuer selbst zu berechnen, soweit dies gesetzlich vorgeschrieben ist (Steueranmeldung). (...)

Da Herr Neumann nur Einkünfte aus nichtselbstständiger Arbeit bezieht, gilt Folgendes:

Arbeitnehmer sind in folgenden Fällen u. a. zur Abgabe einer Einkommensteuererklärung verpflichtet (vgl. weiter Anleitung zur Einkommensteuererklärung und § 46 EStG):

▸ wenn die Einkünfte, von denen keine Lohnsteuer einbehalten wurde, mehr als 410 € betragen

▸ wenn gleichzeitig von mehreren Arbeitgebern Arbeitslohn bezogen wurde

▸ wenn Lohnersatzleistungen von mehr als 410 € bezogen wurden

▸ wenn beide Ehegatten Arbeitslohn bezogen haben und einer von ihnen nach der Lohnsteuerklasse V oder VI besteuert worden ist

▸ wenn ein Freibetrag vom Finanzamt auf der Lohnsteuerkarte eingetragen wurde (ausgenommen Pauschbeträge für Behinderte, Hinterbliebene und Zahl der Kinderfreibeträge). Eine Befreiung von der Abgabe einer ESt-Erklärung bei Eintragung eines Freibetrages tritt ein, wenn der Arbeitslohn im Kalenderjahr insgesamt 11.900 € bzw. 22.600 € (2020) und 12.250 € bzw. 23.350 € (2021) bei Verheirateten nicht übersteigt (§ 46 Abs. 2 Nr. 4 EStG).

2. Von besonderem Interesse ist jedoch für Herrn Neumann die Möglichkeit, eine sog. Antragsveranlagung zu beantragen. Diese ist u. a. in folgenden Fällen sinnvoll:

▸ wenn Werbungskosten, Sonderausgaben oder außergewöhnliche Belastungen entstanden sind, für die kein Freibetrag auf der Lohnsteuerkarte eingetragen worden ist und die Ausgaben die Pauschbeträge übersteigen

- wenn das Dienstverhältnis nicht ununterbrochen bestanden hat
- wenn der Arbeitslohn schwankend war und der Arbeitgeber keinen Lohnsteuer-Jahresausgleich vorgenommen hat
- wenn negative Einkünfte aus anderen Einkunftsarten (z. B. VuV) geltend gemacht werden sollen
- wenn einbehaltene Kapitalertragsteuer, Abgeltungssteuer und SolZ angerechnet werden sollen
- wenn sich die Steuerklasse oder die Zahl der Kinderfreibeträge im Laufe des Jahres geändert hat.

3. Offensichtlich ist Herr Neumann nicht zur Abgabe einer Einkommensteuererklärung verpflichtet. Für ihn ist jedoch eine Antragveranlagung von Bedeutung, weil seine Werbungskosten stets über 1.000 € gelegen haben und außerdem ein Ausbildungsfreibetrag nach § 33a Abs. 2 EStG in Höhe von 924 € infrage kommt. Fraglich ist, für welchen Veranlagungszeitraum die Steuererklärung nachgeholt werden kann.

Arbeitnehmer können in jedem Fall eine Veranlagung zur Einkommensteuer beantragen.

 **MERKE**

> Die bisher vorgeschriebene zweijährige Antragsfrist ist ersatzlos gestrichen worden; sie beträgt vier Jahre (innerhalb der Festsetzungsfrist – § 169 Abs. 2 Satz 1 Nr. 2 AO) nach Ende des Steuerjahres. Damit wird die Gleichbehandlung mit Steuerpflichtigen hergestellt, die Einkünfte aus anderen Einkunftsarten haben (§ 46 Abs. 2 Nr. 8 EStG).

4. Die Rechtsgrundlage für die Wiedereinsetzung in den vorherigen Stand finden wir im § 110 AO. Die Wiedereinsetzungsmöglichkeit besteht nur für gesetzliche, nicht auch für behördliche Fristen. Darüber hinaus sind folgende Fragen zu klären:

- War der Säumige verhindert, die Frist zu wahren?
- Hat er das Versäumnis nicht verschuldet?
- Ist die Monatsfrist für die Nachholung für den Wiedereinsetzungsantrag gewahrt?
- Ist die Jahresfrist bei höherer Gewalt gewahrt?

Tangierende Problemkreise:
Siehe Ausführungen zum Fall 101!

Lösung zu Fall 102:

1. Nach § 357 AO sind Rechtsbehelfe schriftlich, elektronisch oder zur Niederschrift einzureichen. Auch eine Einlegung durch Telegramm ist zulässig. Eine unrichtige Bezeichnung schadet auch nicht, wenn die Einspruchsabsicht aus dem Schreiben hervorgeht (z. B. Bezeichnung als Widerspruch). Der Einspruch ist bei der Finanzbehörde einzureichen, deren Verwaltungsakt angefochten wird. Die Einlegung des Einspruchs bei einer unzuständigen Behörde schadet auch nicht, soweit die Übermittlung innerhalb der Rechtsbehelfsfrist an die zuständige Behörde erfolgt. Es ist somit festzustellen:

   ▸ Der Einspruch ist zulässig, weil er sich gegen einen Verwaltungsakt der Finanzbehörde richtet.

   ▸ Die Formvorschriften wurden durch schriftliche Einlegung gewahrt.

   ▸ Der Einspruch ist begründet, weil Werbungskosten nicht anerkannt wurden, somit liegt eine Beschwer vor.

2. Es muss noch überprüft werden, ob der Einspruch entgegen der Auffassung der Finanzbehörde fristgerecht eingereicht wurde:

   ▸ Da der ESt-Bescheid eine Rechtsbehelfsbelehrung enthält, beträgt die Frist für die Einlegung des Rechtsbehelfs einen Monat. Sie beginnt mit Ablauf des Tages, an dem der Bescheid bekannt gegeben worden ist. Bei Zusendung durch einfachen Brief oder Zustellung durch eingeschriebenen Brief gilt die Bekanntgabe mit dem dritten Tag nach Aufgabe zur Post als bewirkt, es sei denn, dass der Bescheid zu einem späteren Zeitpunkt zugegangen ist.

   ▸ Der Steuerbescheid von Herrn Alt datiert auf Freitag, 08.05.2020. Der Poststempel weist das Datum von Dienstag, 12.05.2020 auf. Dieses Datum ist für die Fristenberechnung maßgeblich. Somit ergibt sich folgende Berechnung:

   11.05.2021 + 3 Tage = 14.05.2021 + 1 Monat = 14.06.2021

   Das Finanzamt hat offensichtlich folgende Berechnung vorgenommen:

   ▸ 07.05.2021 + 3 Tage = 10.05.2021 + 1 Monat = 10.06.2021

   Ergebnis:

   Der Einspruch ist form- und fristgerecht eingereicht worden.

Tangierende Problemkreise:
Einspruch als Schriftstück

An das Finanzamt

Steuernummer 10/229/0187/9
Einspruch gegen den Einkommensteuerbescheid für 2015 vom 13.05.2016

Sehr geehrte Damen und Herren,

hiermit lege ich Einspruch gegen den o. g. Einkommensteuerbescheid ein.

Begründung:
Bis zur Entscheidung über meinen Einspruch bitte ich um Aussetzung der Vollziehung des angefochtenen Bescheides in dieser Höhe.

Mit freundlichen Grüßen

Führen eines Fristenkontrollbuches

Wegen der Ausschlusswirkung der Versäumung von Fristen müssen diese in einem Terminkalender (Fristenkalender) eingetragen werden. Der Fristenkalender ist durch gut ausgebildete, als zuverlässig erprobte und sorgfältig überwachte Angestellte zu führen. Insgesamt gehört die Führung des Fristenkontrollbuches zu den Sorgfaltspflichten des Steuerberaters. Dazu gehören auch die Sorgfaltsanforderungen beim Postein- und -ausgang.

Lösung zu Fall 103:

1. Aus dem Sachverhalt ergibt sich, dass beiden Ehegatten ein Altersentlastungsbetrag nach § 24a EStG zusteht:

    ▶ Die Eheleute Max und Eva haben beide vor Beginn des Kalenderjahres, in dem sie ihr Einkommen bezogen haben, das 64. Lebensjahr vollendet. Bei der Feststellung des Lebensalters handelt es sich um eine Beginnfrist, Max hat danach am 24.12.2020 sein 64. Lebensjahr vollendet. Eva vollendete das 64. Lebensjahr am 14.07.2020.

    ▶ Es liegen Einkünfte vor, die für die Berechnung des Altersentlastungsbetrages herangezogen werden können:

    - beim Ehemann die Einkünfte aus selbstständiger Arbeit sowie 50 % der Einkünfte aus VuV in Höhe von 7.000 €.

    - 15,2 % von 16.000 €, höchstens 722 € können geltend gemacht werden.

    - bei der Ehefrau die Einkünfte aus VuV in Höhe von 7.000 €

    - 15,2 % von 7.000 €, höchstens 722 € können geltend gemacht werden.

    Beachte: Reduzierung des Altersentlastungsbetrages stufenweiser Abbau nach Tabelle § 24a EStG.

Bei der Bemessung des Betrags bleiben außer Betracht:

- Versorgungsbezüge i. S. d. § 19 Abs. 2
- Einkünfte aus Leibrenten i. S. d. § 22 Nr. 1 Satz 3 Buchstabe a
- Einkünfte i. S. d. § 22 Nr. 4 Satz 4 Buchstabe b
- Einkünfte i. S. d. § 22 Nr. 5 Satz 1, soweit § 52 Abs. 34c anzuwenden ist
- Einkünfte i. S. d. § 22 Nr. 5 Satz 2 Buchstabe a.

Der Altersentlastungsbetrag wird einem Steuerpflichtigen gewährt, der vor dem Beginn des Kalenderjahres, in dem er sein Einkommen bezogen hat, das 64. Lebensjahr vollendet hatte. Im Fall der Zusammenveranlagung von Ehegatten zur Einkommensteuer sind die Sätze 1 bis 3 für jeden Ehegatten gesondert anzuwenden.

Aus den Angaben der Steuererklärung (Geburtsdaten) konnte das Finanzamt unschwer erkennen, dass beiden Eheleuten der Altersentlastungsbetrag nach § 24a EStG zusteht. Nach § 172 Abs. 1 Nr. 2a AO kann ein Fehler durch eine sog.„schlichte Änderung" außerhalb eines Rechtsbehelfsverfahrens berichtigt werden. Der Antrag auf schlichte Änderung muss vor Ablauf der Rechtsbehelfsfrist bei der Finanzbehörde eingehen. Es bestünde auch die Möglichkeit, Einspruch gegen den Steuerbescheid zu erheben. Ob Antrag auf schlichte Änderung oder Einspruch kann nach folgenden Kriterien abgewogen werden:

Gegenüberstellung von Antrag auf schlichte Änderung und Einspruch	
Antrag auf schlichte Änderung	**Einspruch**
Formloser Antrag, ohne Schriftform ist der Antrag aktenkundig zu machen	Schriftlich oder zur Niederschrift; auch Einlegung durch Telegramm möglich. Es muss erkenntlich sein, wer den Rechtsbehelf eingelegt hat.
Keine Ausweitung des Antrags nach Ablauf der Rechtsmittelfrist möglich.	Rechtsbehelfsbegehren kann erweitert werden.
Die Bestandskraft des Steuerbescheids wird nicht gehemmt.	Die Bestandskraft wird aufgeschoben.
Kein Antrag auf Aussetzung der Vollziehung im Verbund mit Antrag auf schlichte Änderung möglich.	Ein Antrag auf Aussetzung der Vollziehung ist möglich.
Es ist keine Verböserung möglich; jedoch Berichtigung von materiellen Fehlern i. S. d. § 177 AO.	Nach § 367 Abs. 2 Satz 2 AO ist eine Verböserung zulässig (Gesamtaufrollung des Falles). Hinweis des FA auf die Verböserungsabsicht erforderlich mit Gelegenheit, den Einspruch zurückzunehmen (§ 362 AO).
Änderungen sind nur im Rahmen der Antragstellung möglich.	Keine Begrenzung im Einspruchsverfahren, Ausnahme § 351 Abs. 1 AO.

2. Verböserung tritt im Einspruchsverfahren dann ein, wenn bei der Gesamtaufrollung des Falles bisher unberücksichtigte steuerrelevante Daten für die Besteuerung mit herangezogen werden und somit ggf. zu einer höheren Steuer führen. Dem Steuerpflichtigen muss jedoch zuvor Gelegenheit zur Äußerung gegeben werden; er kann dann die Verböserung durch Rücknahme des Einspruchs verhindern (§ 362 Abs. 1 AO).

Tangierende Problemkreise:

Unterschied zwischen einer offenbaren Unrichtigkeit und einem Rechtsanwendungsfehler

Die Berichtigung einer offenbaren Unrichtigkeit nach § 129 AO setzt voraus, dass dem Finanzamt beim Erlass eines Steuerbescheides ein Schreibfehler, Rechenfehler oder eine ähnliche offenbare Unrichtigkeit unterlaufen ist. Es handelt sich somit nach richtigem Denkvorgang um mechanische Fehler. Dieser Fehler muss für den Steuerpflichtigen offenbar sein; d. h. er ist durchschaubar, eindeutig und augenfällig. Bei einem Rechtsanwendungsfehler hat die Finanzbehörde einen Sachverhalt nach den vorliegenden Rechtsbestimmungen falsch entschieden. Es handelt sich also um eine unrichtige Tatsachenwürdigung, um eine falsche Auslegung oder Nichtanwendung einer Rechtsvorschrift.

Möglichkeiten bei Ablehnung eines Einspruchs

Der Steuerpflichtige kann in einem ordentlichen Gerichtsverfahren zunächst Klage beim Finanzgericht schriftlich erheben (§ 64 FGO). Das FG entscheidet mit einem Urteil, wogegen unter bestimmten Voraussetzungen Revision beim BFH eingelegt werden kann (§ 115 FGO). Der BFH entscheidet durch Urteil.

Lösung zu Fall 104:

Erforderliche Festsetzungen und Feststellungen	Bezeichnung (Rechtsgrundlage)	Finanzamt
▸ Einheitswert (für das Einfamilienhaus in Euskirchen	Lagefinanzamt (§ 22 Abs. 1 AO)	FA Euskirchen
▸ Festsetzung und Zerlegung des Grundsteuermessbetrages dazu	Lagefinanzamt (§ 22 Abs. 1 AO)	FA Euskirchen
▸ Einheitswert für das Mehrfamilienhaus in Bonn	Lagefinanzamt (§ 22 Abs. 1 AO)	FA Bonn-Innenstadt
▸ Festsetzung und Zerlegung des Grundsteuermessbetrages dazu	Lagefinanzamt (§ 22 Abs. 1 AO)	FA Bonn-Innenstadt
▸ Einheitliche und gesonderte Gewinnfeststellung für die KG in Düsseldorf	Betriebsfinanzamt (§ 18 Abs. 1 AO)	FA Düsseldorf-Mitte
▸ Realsteuermessbescheid KG	Betriebsfinanzamt (§ 18 Abs. 1 AO)	FA Düsseldorf-Mitte
▸ Einkommensteuer	Wohnsitzfinanzamt (§ 19 Abs. 1 AO)	FA Euskirchen
▸ Umsatzsteuer für das Restaurant	Betriebsfinanzamt (§ 21 Abs. 1 AO)	FA Köln-Porz
▸ Umsatzsteuer für die KG	Betriebsfinanzamt (§ 21 Abs. 1 AO)	FA Düsseldorf-Mitte
▸ Umsatzsteuer ggf. für das Mehrfamilienhaus in Bonn (ggf. bei Option)	Betriebsfinanzamt (§ 21 Abs. 1 AO)	FA Bonn-Innenstadt
▸ Realsteuermessbescheid für das Restaurant	Betriebsfinanzamt (§ 22 Abs. 1 AO)	FA Köln-Porz

Tangierende Problemkreise:
Bedeutung der gesonderten und einheitlichen Gewinnfeststellung
Eine einheitliche und gesonderte Gewinnfeststellung ist dann erforderlich, wenn an den Einkünften mehrere Personen beteiligt sind und die Einkünfte diesen Personen zuzurechnen sind.

Gesondert bedeutet getrennt vom Steuerfestsetzungsverfahren; einheitlich bedeutet, dass das Finanzamt den Gewinn insgesamt feststellt und dann auf die Gesellschafter anteilig verteilt.

Beispiele

▸ Einheitliche und gesonderte Gewinnermittlung bei einer OHG

▸ Einheitliche und gesonderte Gewinnermittlung bei einer KG

▸ Einheitliche und gesonderte Gewinnermittlung bei einer BGB-Gesellschaft

▸ Einheitliche und gesonderte Gewinnermittlung bei einer Partnerschaftgesellschaft.

Gewinnverteilung einer KG nach Gesetz und Vertrag

▸ Nach § 167 HGB gelten für die Gewinnverteilung die Vorschriften des § 120 HGB (OHG) soweit der Gewinn den Betrag von 4 % der Kapitalanteile nicht übersteigt. Für den übersteigenden Betrag bzw. für einen Verlust nach einem angemessenen Verhältnis, das durch das Verhältnis der Anteile bestimmt wird.

▸ In der Praxis wird in der Regel die Gewinnverteilung im Vertrag geregelt. Hierbei können insbesondere die persönliche Mitarbeit und sonstige Beiträge der Gesellschafter berücksichtigt werden. Es ist jedoch zu beachten, dass nach § 15 Abs. 1 Nr. 2 EStG die Vergütungen der Gesellschaft an die Gesellschafter, wie Gehalt, Miete und Zinsen zu den Einkünften aus Gewerbebetrieb gehören. Bei der Gewinnverteilung werden sie den einzelnen Gesellschaftern zugerechnet.

Lösung zu Fall 105:

Sachverhalt 1:
Die Einziehung des Steueranspruchs muss für den Schuldner eine erhebliche Härte darstellen. Die Einziehung von Lohnsteuer, Kirchensteuer und SolZ stellt regelmäßig keine erhebliche Härte dar. Außerdem ist die Stundung dieser Steueransprüche nach § 222 Satz 3 AO gesetzlich ausgeschlossen. Der Stundungsantrag wird keine Aussicht auf Erfolg haben.

Sachverhalt 2:
Es handelt sich hier um eine sog. Verrechnungsstundung. Es liegt ein sachlicher Stundungsgrund vor. Dem Stundungsantrag wird stattgegeben werden, da mit Sicherheit mit einer beachtlichen Erstattung und damit Verrechnungsmöglichkeit zu rechnen ist.

Sachverhalt 3:
Hat der Steuerpflichtige durch sein Konsumverhalten Zahlungsschwierigkeiten verursacht, so liegt keine Stundungswürdigkeit vor. Dem Stundungsantrag wird nicht stattgegeben.

Sachverhalt 4:
Es liegen Gründe vor, die eine Stundung rechtfertigen. Wenn keine Gefährdung des Steueranspruchs gegeben ist, dürfte dem Stundungsantrag stattgegeben werden.

Tangierende Problemkreise:

An das
Finanzamt ....

Betreff: Frau/Herr ...
Steuernummer ...

Hier: Antrag auf Stundung der Einkommensteuer 01

Anlagen: 1 Bankbescheinigung
1 Attest

Sehr geehrte Damen und Herren,

aufgrund des Einkommensteuerbescheids für das Jahr 01 vom 09.08.02 hat mein o. g. Mandant bis spätestens 12.09.02 eine Steuerabschlusszahlung in Höhe von 7.500 € zu leisten. Hiermit beantrage ich die Stundung dieses Betrages durch Einräumung folgender Ratenzahlungen:

Rate in Höhe von 2.500,00 € am 12.10.02

Rate in Höhe von 2.500,00 € am 12.11.02

Rate in Höhe von 2.500,00 € am 12.12.02

Begründung:
Mein Mandant ist nicht in der Lage, den Betrag in Höhe von 7.500 € am Fälligkeitstag (12.09.02) in einer Summe zu entrichten.

Nach beigefügten Attests von Herrn Dr. med. Helfer befand sich mein Mandant in der Zeit vom 12.08. bis 20.09.02 in stationärer Behandlung in der Klinik. Dadurch konnten mehrere von ihm angenommene Aufträge nicht erledigt, bereits erledigte Aufträge nicht abgerechnet werden. Die dadurch fehlenden Einnahmen führten zu derzeitigen Liquiditätsschwierigkeiten. Nach der Gesundung meines Mandanten ist jedoch zu erwarten, dass dieser finanzielle Engpass alsbald wieder beseitigt werden kann.

Wie Sie aus der beigefügten Bescheinigung ersehen können, ist der Versuch, einen Kredit bei der Hausbank zu erhalten, gescheitert.

Da es sich lediglich um eine kurzfristige Stundung handelt, bitte ich, von einer Sicherheitsleistung abzusehen.

Mit freundlichen Grüßen

Lösung zu Fall 106:

Unternehmen 1
Eine KG wird nicht vom KStG erfasst. Der Gewinn wird einheitlich und gesondert für die einzelnen Gesellschafter festgestellt. Diese haben ihre Gewinnanteile nach § 15 Abs. 1 Nr. 2 EStG als Einkünfte in ihrer persönlichen Einkommensteuererklärung zu erklären.

Unternehmen 2
Es handelt sich hierbei ebenfalls um eine Personengesellschaft. Die Gesellschafter haben als natürliche Personen ihre Gewinnanteile nach § 15 Abs. 1 Nr. 2 EStG zu versteuern. Die GmbH, die Komplementär ist, muss ihren Gewinnanteil nach den Vorschriften des KStG versteuern.

Unternehmen 3
Es handelt sich um eine Kapitalgesellschaft (AG). Diese hat ihre Geschäftsleitung im Inland. Es besteht somit unbeschränkte Steuerpflicht für die AG nach § 1 Abs. 1 KStG.

Unternehmen 4
Juristische Personen des öffentlichen Rechts unterliegen der KSt nur mit ihren gewerblichen Betrieben und mit den Einkünften, die dem Steuerabzug unterliegen.

Unternehmen 5
Es handelt sich bei der S. A. um eine vergleichbare Unternehmungsform zur AG; also um eine Kapitalgesellschaft. Die S. A. hat zwar nicht ihre Geschäftsleitung im Inland, erzielt jedoch inländische Einkünfte. Die S. A. ist mit diesen inländischen Einkünften nach § 2 KStG beschränkt steuerpflichtig.

Unternehmen 6[1]
Die Verbandsgemeinde ist eine juristische Person öffentlichen Rechts. Die Wasserwerke mit Abwasserentsorgung stellen eine gewerbliche Tätigkeit dar.

Die Einkünfte sind somit körperschaftsteuerpflichtig, da eine Steuerbefreiung nach § 5 KStG nicht gegeben ist.

---

[1] Vgl. „Besteuerung der juristischen Personen des öffentlichen Rechts" – Arbeitshilfe; Herausgeber OFD NRW.

Lösung zu Fall 107:

1. Berechnung des zu versteuernden Einkommens:

	Gewinn vor KSt	300.000,00 €
+	alle Spenden	9.000,00 €
		309.000,00 €
-	Spenden nach § 9 Abs. 1 Nr. 2 und § 9 Abs. 2 Satz 1 KStG	5.000,00 €
		304.000,00 €
+	Körperschaftsteuer-Vorauszahlungen	30.000,00 €
+	SolZ-Vorauszahlungen	1.650,00 €
+	Gewerbesteuer-Nachzahlungen	3.500,00 €
+	Gewerbesteuer-Vorauszahlungen	22.350,00 €
=	Zu versteuerndes Einkommen	361.500,00 €

2. Ab 2008 beträgt der KSt-Satz unabhängig davon, ob ausgeschüttet oder nicht ausgeschüttet wird, 15 %.

	Zu versteuerndes Einkommen	361.500,00 €
	KSt-Tarifbelastung 15 %	54.225,00 €
+	5,5 % SolZ	2.982,37 €
+	Gewerbesteuer (3,5 % vom Steuermessbetrag • Hebesatz)	

Da keine Ausschüttung erfolgt, fällt keine Einkommensteuer an.

3. Bei den Gesellschaftern erfolgt keine Anrechnung der KSt der GmbH.

Die GmbH behält auf die ausgeschütteten Gewinne 25 % Abgeltungssteuer (§ 32d, § 43a Abs. 1 Satz 1 Nr. 1 EStG) und 5,5 % SolZ + ggf. KiSt ein.

Es wird allerdings eine Option eingeräumt: Die Gewinnanteile der Gesellschafter unterliegen nicht der Abgeltungssteuer, sondern dem persönlichen Einkommensteuertarif unter Anwendung des Teileinkünfteverfahrens.

Die Steuerschuld aus den ausgeschütteten Gewinnen wird nur von 60 % nach § 3 Nr. 40 EStG berechnet. Voraussetzung ist, dass der Steuerpflichtige zu mindestens 25 % an der Kapitalgesellschaft beteiligt ist oder zu mindestens 1 % und beruflich für diese tätig ist (§ 32d Abs. 2 Nr. 3 EStG).

Ab 01.01.2009 wurde das Halbeinkünfteverfahren durch das Teileinkünfteverfahren ersetzt. Danach sind 40 % steuerfrei und 60 % steuerpflichtig.

Tangierende Problemkreise:

Wenn sich mehrere Personen entschließen, in der Form einer GmbH einen gemeinsamen Zweck zu verfolgen, entsteht mit diesem Entschluss eine Vorgründungsgesellschaft. Bei einer Ein-Personen-GmbH entfällt dieses Stadium. Die Tätigkeit kann sich auf die Vorbereitungen zur Gründung der GmbH beschränken, es können jedoch auch schon Geschäfte aufgenommen werden. Bei der Rechtsform dieses Unternehmens handelt es sich um eine BGB-Gesellschaft; ggf. um eine OHG, wenn ein in kaufmännischer Weise eingerichteter Geschäftsbetrieb erforderlich ist.

Mit dem notariellen Abschluss des GmbH-Gesellschaftsvertrages entsteht eine sog. GmbH in Gründung. Sie ist das Durchgangsstadium auf dem Weg zur eigentlichen GmbH, die nach Anmeldung im Handelsregister zur OHG mit allen Rechten und Pflichten wird.

Lösung zu Fall 108:

a) Erklärtes zu versteuerndes Einkommen   150.000,00 €

	Korrekturen:	
+	vGA durch überhöhtes Gehalt	50.000,00 €
+	vGA Zinsersparnis: 3,5 % von 25.000 €[1]	875,00 €
+	vGA überhöhte Miete: (120 · 5 € · 12)	7.200,00 €
=	Berichtigtes zu versteuerndes Einkommen	208.075,00 €

b) Die Gewerbesteuer erhöht sich durch die Korrekturen, die Erhöhung kann jedoch nicht als Betriebsausgabe geltend gemacht werden.

Gewinnerhöhung	58.075,00 €
3,5 % von 58.000 € (Rundung auf 100 €)	2.030,00 €
Hebesatz 360 %	7.308,00 €

Handelsrechtlich wird dieser Betrag als Rückstellung erfasst.

Das gilt auch für die Steuerbilanz.

Außerhalb der Bilanz erfolgt eine entsprechende Korrektur.

c) Gesellschafter A:

	Einkünfte aus nichtselbstständiger Arbeit	200.000,00 €
-	Kürzung durch vGA	50.000,00 €
=	Einkünfte nach § 19 EStG	150.000,00 €
+	Einnahmen aus Kapitalvermögen	50.000,00 €

Gesellschafter B:

Zusätzliche Einnahmen aus Kapitalvermögen   875 €

Gesellschafter C:

Sind bei den Einnahmen nach § 21 EStG (VuV) erfasst (§ 20 Abs. 3 EStG).

Tangierende Problemkreise:

► Teileinkünfte-Verfahren (siehe Schaubild zu Fall 9)

► Private Pkw-Nutzung des betrieblichen Pkw durch den geschäftsführenden Gesellschafter (siehe Schaubild zu Fall 10).

---

[1] Zur Vermeidung einer verdeckten Gewinnausschüttung ist bei der Gewährung eines Darlehens von der GmbH an einen Gesellschafter darauf zu achten, dass der vereinbarte Zinssatz marktüblich (wie unter Dritten) ist und auch gezahlt wird.

Lösung zu Fall 109:

1. Das Eigenkapital setzt sich zusammen aus:

   ► Gezeichnetes Kapital = Mindest-Stammeinlage des Gesellschafters

   ► Gewinnrücklagen = nicht ausgeschütteter Gewinn aus Vorjahren

   ► Jahresüberschuss = Gewinn 2020

2. Berechnung des zu versteuernden Einkommens 2021:

	Jahresüberschuss	100.000,00 €
+	KSt-Vorauszahlungen	5.500,00 €
+	KSt-Rückstellung	16.209,00 €
+	Gewerbesteuerrückstellung	14.473,00 €
+	alle Spenden	4.000,00 €
		140.182,00 €
-	Spenden nach § 9 Abs. 1 Nr. 2 und § 9 Abs. 2 Satz 1 KStG	3.000,00 €
=	Zu versteuerndes Einkommen	137.182,00 €

3.

	15 % KSt von 137.182 € =	20.577,30 €
+	5,5 % SoLZ	1.131,75 €
		21.709,05 €
-	Vorauszahlungen	5.500,00 €
=	Abschlusszahlung	16.209,05 €

   Die Abschlusszahlung entspricht der gebildeten KSt-Rückstellung.

4.

	Jahresüberschuss		100.000,00 €
	50 % davon		50.000,00 €
-	25 % Abgeltungssteuer	12.500,00 €	
-	5,5 % SoLZ	687,50 €	13.187,50 €
-	ggf. KiSt		€
=	Nettoausschüttung		36.812,50 €

Es wird allerdings eine Option eingeräumt: Die Gewinnanteile der Gesellschafter unterliegen nicht der Abgeltungssteuer, sondern dem persönlichen Einkommensteuertarif unter Anwendung des Teileinkünfteverfahrens.

Die Steuerschuld aus den ausgeschütteten Gewinnen wird nur von 60 % nach § 3 Nr. 40 EStG berechnet. Voraussetzung ist, dass der Steuerpflichtige zu mindestens 25 % an der Kapitalgesellschaft beteiligt ist oder zu mindestens 1 % und beruflich für diese tätig ist (§ 32d Abs. 2 Nr. 3 EStG).

Lösung zu Fall 110:

1.

	Jahresüberschuss		85.000,00 €
+	Körperschaftsteuer-Vorauszahlungen		10.000,00 €
+	Gewerbesteuer		15.000,00 €
	zu versteuerndes Einkommen		110.000,00 €
-	15 % KSt	16.500,00 €	
-	5,5 % SolZ	907,50 €	17.407,50 €
-	Gewerbesteuer		15.000,00 €
=	Für die Ausschüttung bereit stehend		77.592,50 €

2. 50 % Ausschüttung

   davon entfallen auf:

   A (80 %)   31.037,00 €

   B (20 %)   7.759,25 €

Tangierende Problemkreise:

Einkünfte nach § 19 EStG sind insbesondere Löhne und Gehälter; dazu gehören auch die Gehälter der Gesellschafter einer Kapitalgesellschaft. Eine weitere Gruppe sind die Versorgungsbezüge (z. B. Beamtenpensionen).

Lösung zu Fall 111:

1. Ein Antrag auf Eröffnung des Insolvenzverfahrens kann vom Schuldner (insolventes Unternehmen) oder von einem Gläubiger beim zuständigen Amtsgericht gestellt werden.

   Zur Eröffnung des Insolvenzverfahrens müssen bestimmte Voraussetzungen erfüllt sein:

   ► Zahlungsunfähigkeit (§ 17 InsO)

   ► Drohende Zahlungsunfähigkeit (§ 18 InsO) – Geltendmachung nur durch den Schuldner

   ► Überschuldung (§ 19 InsO) – nur bei juristischen Personen.

   Das Insolvenzgericht prüft danach, ob das Verfahren eröffnet wird. Folgende Entscheidungen können getroffen werden:

   ► Das Verfahren wird mangels Masse abgelehnt, weil das noch vorhandene Vermögen nicht zur Deckung der Kosten (Kosten des Insolvenzverwalters und Gerichtskosten) ausreicht.

   ► Reicht das vorhandene Vermögen aus, erfolgt der Eröffnungsbeschluss und die Bestellung eines Insolvenzverwalters.

   ► Es erfolgt eine Veröffentlichung im Bundesanzeiger und eine deklaratorische Eintragung im Handelsregister.

2. und 3. Der Eröffnungsbeschluss hat Bedeutung für:

- ▸ Gläubiger

- ▸ Schuldner

- ▸ Drittschuldner.

Die Gläubiger müssen ihre Forderungen unter Beachtung der Anmeldefrist beim Insolvenzgericht anmelden. Die Verjährung wird durch die Geltendmachung der Forderung gehemmt (§ 204 BGB).

Der Schuldner darf keine Verfügungen mehr über das Vermögen ausüben (§ 80 InsO). Der Insolvenzverwalter verwaltet nunmehr die Insolvenzmasse. Auch alle Vollmachten (z. B. Prokura), die vom Schuldner vor Insolvenzeröffnung erteilt wurden, erlöschen. Der Schuldner ist auch verpflichtet, dem Insolvenzverwalter die notwendigen Auskünfte zu erteilen (§ 81 InsO).

Tangierende Problemkreise:
Ein ordnungsmäßiges Rechnungswesen bietet die Möglichkeit, jederzeit über die betrieblichen Abläufe informiert zu sein. Es ist ein Controlling möglich, dass Schwachstellen in den Betriebsabläufen rechtzeitig erkennt und damit ggf. gegengesteuert werden kann. Eine besondere Bedeutung hat hier die kurzfristige Erfolgsrechnung, die entsprechende Zwischenergebnisse liefert. Ebenso ist ein angemessenes Kennzahlensystem geeignet, negative Entwicklungen zu erkennen. Liegt ein ordnungsgemäßes Rechnungswesen nicht vor, so ist zu prüfen, ob ein betrügerischer Vorgang vorliegt, der ggf. strafrechtliche Konsequenzen nach sich zieht.

Das Nichtvorhandensein einer ordnungsmäßigen Buchführung ist ggf. unter den Insolvenzstraftaten zu erfassen. Das Insolvenzstrafrecht ist in den § 283 ff. StGB geregelt. Daneben sind noch die Sondervorschriften des AKtG (§ 401f i. V. m. § 92), des GmbHG (§ 84 i. V. m. § 64) und das GenG (§ 148 i. V. m. § 33 und 99) zu beachten.

Wird jemand nach den § 283 - 283d StGB verurteilt, so darf er auf die Dauer von fünf Jahren weder Geschäftsführer einer GmbH noch Mitglied des Vorstandes einer AG sein (§ 6 Abs. 2 GmbHG, § 76 Abs. 3 AktG).

Zu den Straftatbeständen zählt auch der Verstoß gegen Buchführungs- und Aufbewahrungspflichten bei Handelsbüchern oder sonstigen Unterlagen sowie die Nichtbeachtung handelsrechtlicher Bilanzierungsvorschriften bzw. das Nichtaufstellen einer Bilanz.

Die Haftung des Geschäftsführers einer GmbH leitet sich aus § 84 i. V. m. § 64 GmbHG ab.

Auch steuerliche Berater können sich wegen einer Insolvenzstraftat strafbar machen, sei es als Täter (§ 25 Abs. 1 StGB), Mittäter (§ 25 Abs. 2 StGB) oder Gehilfen (§ 27 StGB).

Die Geschäftsführer einer GmbH haben in den Angelegenheiten der Gesellschaft die Sorgfalt eines ordentlichen Geschäftsmannes anzuwenden (§ 43 Abs. 1 GmbHG). Verletzen sie diese Obliegenheiten, haften sie der Gesellschaft für den entstandenen Schaden (§ 43 Abs. 2 GmbHG).

Lösung zu Fall 112:

Sachverhalt 1:

Bei vorliegender Bilanz der GmbH ist das Eigenkapital aufgebraucht. Es bestehen keine Gewinnrücklagen mehr. Eventuell geleistete Nachschüsse der Gesellschafter (Kapitalrücklagen) sind ebenfalls aufgebraucht. Das erforderliche Stammkapital ist ebenfalls durch Verluste aufgebraucht. Es liegt sogar ein Fehlbetrag von 100.000 € vor.

Bei dieser Sachlage ist der Geschäftsführer verpflichtet, die Insolvenz des Unternehmens zu beantragen, denn es liegt eine Überschuldung vor (§ 15a Abs. 1 InsO).

In vorliegendem Fall ist offensichtlich auch von der Zahlungsunfähigkeit der GmbH auszugehen. Die Geschäftsführer haben dann ohne schuldhaftes Zögern, spätestens aber drei Wochen nach Eintritt der Zahlungsunfähigkeit die Eröffnung des Insolvenzverfahrens zu beantragen (§ 15a Abs. 1 InsO).

Auf die Haftung des Geschäftsführers für Zahlungen nach Eintritt der Zahlungsunfähigkeit weist der § 64 GmbHG hin.

Sachverhalt 2:

Bei der Analyse der wirtschaftlichen Lage des Schuldners durch den Insolvenzverwalter wird die Frage geprüft, ob das Unternehmen im Ganzen oder in Teilen bestehen bleiben kann. Dies kann durch Sanierung des Schuldners oder auch durch Veräußerung an einen Dritten (Investor) erfolgen. Es ist also zu entscheiden, ob ein Insolvenzplan anstelle der Abwicklung aufzustellen ist.

Der Insolvenzplan enthält die Maßnahmen und die Auswirkungen und den Eingriff in die Rechte der Beteiligten.

Kürzungen der Gläubigerforderungen müssen gleichmäßig sein (§ 224 InsO).

Der Schuldner wird von seinen verbleibenden Verbindlichkeiten befreit (§ 227 Abs. 1 InsO).

Über den Insolvenzplan ist seitens der Insolvenzgläubiger in einem besonders anberaumten Termin abzustimmen. Der Insolvenzplan gilt als angenommen, wenn die Mehrheit der abstimmenden Ansprüche zustimmt.

Somit bleiben folgende wesentlichen Möglichkeiten für das Unternehmen, besonders im Hinblick auf die Erhaltung von Arbeitsplätzen:

- Schuldenerlass
- Finden eines Investors
- Rationalisierung, Verschlankung
- Veräußerung nicht betriebsnotwendiger Wirtschaftsgüter
- Outsourcing

► Aufnahme neuer Gesellschafter

► Streichung von Arbeitsplätzen.

Daneben können besondere Vereinbarungen mit den Arbeitnehmern getroffen werden, die der Sicherung der Arbeitsplätze dienen (z. B. Lohnverzicht; unbezahlte Mehrarbeit; Verzicht auf Weihnachtsgratifikation usw.).

Es ist die Sanierungswürdigkeit zu prüfen. Sie liegt dann vor, wenn eine berechtigte Aussicht auf eine nachhaltige wirtschaftliche Gesundung des Unternehmens besteht.

Lösung zu Fall 113:

1. Erläuterungen zu den einzelnen Positionen:

   Die sich am Warenlager unter Eigentumsvorbehalt gelieferte Ware im Werte von 60.000 € wird nicht in die Insolvenzmasse einbezogen; d. h. sie wird ausgesondert.

   Diese Gläubiger haben einen Anspruch auf Herausgabe der Ware (§ 47 InsO).

   Grundpfandgläubiger sind nach § 49 bis 52 InsO absonderungsberechtigt. Die Verwertung der Gegenstände mit Absonderungsberechtigung ist in der Regel Aufgabe des Insolvenzverwalters. Die Gläubiger sind über den Zustand der Sache zu unterrichten (§ 167 InsO) und eine geplante Veräußerung ist dem Berechtigten nach § 168 InsO mitzuteilen. Dieser hat die Möglichkeit innerhalb einer Woche eine günstigere Verwertungsmöglichkeit mitzuteilen.

   Die Sicherungsgläubiger müssen sich gem. § 170 InsO an den Kosten des Insolvenzverfahrens beteiligen. Die Kosten setzen sich wie folgt zusammen:

   ► Pauschsatz von 4 % des Verkaufserlöses für Kosten der Feststellung des Gegenstandes und der Rechte an diesem Gegenstand (§ 171 Abs. 2 InsO)

   ► 5 % pauschal für die Verwertung

   ► die bei der Verwertung anfallende USt

   Wenn sich Forderungen und Gegenforderungen beim selben Kunden gegenüberstehen, so erfolgt Aufrechnung (§ 94 InsO).

   Nach der Aus- und Absonderung werden die Massegläubiger (Gericht, Insolvenzverwalter) befriedigt. Die Restmasse wird anteilmäßig auf die übrigen Gläubiger verteilt.

   Danach ergibt sich folgende Verteilung:

	Insolvenzmasse		1.510.000 €
-	Ware unter Eigentumsvorbehalt	60.000 €	
-	Absicherung durch Grundschuld	500.000 €	
-	Aufzurechnende Forderung	60.000 €	
-	Kosten Gericht/Insolvenzverwalter	120.000 €	740.000 €
=	Verbleibende Masse		770.000 €
	Übrige Forderungen		15.400.000 €
	Insolvenzquote =		5 %

2. Beispiel einer Forderung von 11.900 €, brutto:

Bisherige Kontierungen:

1. Dubiose an Forderungen (11.900)

2. Abschreibung auf Forderungen an Einzelwertberichtigung (9.000)

Kontierung bei Zahlungseingang (5 % von 11.900 = 595 €)

1. Auflösung der Wertberichtigung: Einzelwertberichtigung an Dubiose (9.000)

2. Zahlungseingang: Finanzkonto an Dubiose (595)

3. USt-Korrektur: USt an Dubiose (1.805)

4. Zusätzlicher Aufwand: Sonstiger Aufwand an Dubiose (500) (Abschreibungen auf Forderungen)

Lösung zu Fall 114:
Siehe Ausführungen zum Fall!

Zusätzliche Informationen:
Das Insolvenzrecht ist auch auf Steuerforderungen anzuwenden. Insofern geht das Insolvenzrecht dem Steuerrecht regelmäßig vor. Steuerschulden gehen ebenfalls in die Restschuldbefreiung ein. Nur in Ausnahmefällen sind die Bestimmungen des Steuerrechts gegenüber dem Insolvenzrecht vorrangig. In der Regel fallen somit die Steuerforderungen aus; die Vorrechte für Steuerforderungen sind entfallen.

Informationen und Arbeitsweise der SCHUFA:
► Bundesweites Auskunfts- und Registrierungssystem mit regionaler Gliederung

► Schutzgemeinschaft zur allgemeinen Kreditsicherung

► Funktion: Kreditausfälle auszuschließen und Kreditberatung durch Informationen zu erleichtern

► Rechtsform der GmbH

► Gesellschafter sind Banken, Sparkassen, Volksbanken, Raiffeisenbanken, Leasinggesellschaften, Einzelhandelsunternehmen, Versandhandel, Versicherungsgesellschaften, Inkasso- und Telekommunikationsunternehmen.

Die angeschlossenen Unternehmen lassen sich z. B. folgende Klausel unterschreiben (Schufa-Erklärung). Damit ist der Kunde einverstanden, dass Daten über ihn weitergeleitet werden können.

„Ich/wir willige(n) ein, dass die Bank der für meinen Wohnsitz zuständigen Schufa-Gesellschaft Daten über die Beantragung, die Aufnahme (Kreditnehmer, Mitschuldner, Kreditbetrag, Laufzeit, Ratenbeginn) und vereinbarungsgemäße Abwicklung, z. B. vorzeitige Rückzahlung, Laufzeitverlängerung, dieses Kredits übermitteln.“

▶ Vertragspartner der Schufa, die selbst Daten weitergegeben haben, haben das Recht, Daten bei glaubhaft nachgewiesenem Interesse abzufragen.

▶ So erhält eine Bank z. B. darüber Auskunft, wie viele Konten bestehen, welche Kredite eingeräumt sind oder wer eine oder mehrere Kreditkarten besitzt. Auch negative Daten werden gesammelt: „Daten aufgrund nichtvertragsmäßigem Verhaltens" und mitgeteilt.

Lösung zu Fall 115:

Max Vorsichtig benutzt die Internetplattform offensichtlich nur einmalig oder gelegentlich. Es mangelt somit an der Nachhaltigkeit. Der Verkauf des Rasentraktors ist steuerlich für den Privatmann Vorsichtig somit unbeachtlich.

Bei **Emil Emsig** kann vermutet werden, dass es sich um einen sog. „Powerseller" handelt. Als Privatmann bedient er sich der Internetplattform offensichtlich häufig und in größerem Umfange.

Bei Kenntnis der Finanzbehörde wird diese das Gesamtbild der Verhältnisse nach den vom BFH vorgegebenen Kriterien prüfen (siehe Informationen).

Kommt die Finanzbehörde zu dem Ergebnis, dass eine nachhaltige Tätigkeit vorliegt, so ergeben sich zunächst umsatzsteuerliche Konsequenzen, da nach § 2 UStG die Unternehmereigenschaft vorliegt. Soweit die Kleinunternehmerregelung (§ 19 UStG) nicht greift, fällt auf die Umsätze Umsatzsteuer an. Es ist ggf. mit einer Nachversteuerung zu rechnen. Bei der Überprüfung des Sachverhalts bedient sich das Finanzamt ggf. der Suchmaschine XPIDER oder einer Einzelauskunft bei der Internetplattform.

Bei **Franz Klar** handelt es sich um einen Gewerbetreibenden, der seine Verkaufstätigkeit auch über das Internet abwickelt. Insofern ergeben sich für den Gewerbebetrieb keine Besonderheiten.

Tangierende Problemkreise:
(Vgl. Fall 40b und Fall 100)

Lösung zu Fall 116:

Hans Schnell hat Einnahmen in Höhe von 180 € · 12 = 2.160 € jährlich. Es ist davon auszugehen, dass er durchschnittlich nicht mehr als sechs Stunden für die Tätigkeit ausübt. Somit liegen Einkünfte aus selbstständiger Arbeit vor, die er zu versteuern hat. Er kann jedoch den Übungsleiterfreibetrag nach § 3 Nr. 26 EStG in Höhe von 3.000 € geltend machen, sodass keine Steuer hierfür anfällt.

Die Beurteilung, ob im Einzelfall eine selbstständige oder nicht selbstständige Tätigkeit vorliegt, hängt von den Umständen des Einzelfalles ab. Sie ist insbesondere auch von Bedeutung für eine mögliche Sozialversicherungspflicht. Hierbei sind eine Reihe von Kriterien zu beachten.[1]

---

[1] Vgl.: LSVS für das Saarland: Vereinsberatung Informationsblatt: Erstveröffentlichung: 03.11.2017.

Oskar Pfiffig übt eine nichtselbstständige Tätigkeit aus, da er im Durchschnitt mehr als sechs Stunden wöchentlich tätig wird. Somit hat der Sportverein die Besteuerung durchzuführen.

	Er hat folgende Einnahmen: 12 · 600 €	= 7.200,00 €
-	Übungsleiterpauschale nach § 3 Nr. 26 EStG	= 3.000,00 €
	verbleiben	= 4.200,00 €

Für Oskar Pfiffig kann neben seiner Haupttätigkeit der Vorteil eines 520 €-Jobs in Anspruch genommen werden. Das heißt, die verbleibenden 4.200 € (mtl. 350 €) können steuer- und sozialversicherungsfrei ausgezahlt werden, wenn er auf die Aufstockung der Beiträge zur Rentenversicherung (3,6 %) verzichtet. Der Verein muss 30 % (15 % + 13 % + 2 %) + ggf. Umlage 1 und 2 abführen. Alternativ könnten die Lohnsteuerabzugsmerkmale der Besteuerung zugrunde gelegt werden.

Die erstatteten Fahrtkosten können neben dem Übungsleiterfreibetrag in Höhe von 0,30 € nach § 3 Nr. 12 EStG ausgezahlt werden.

Helmut Zuverlässig erzielt Einnahmen in Höhe von 60 € · 12 = 720 € jährlich.

Der Platzwart fällt nicht unter die Tätigkeiten des § 3 Nr. 26 EStG. Es kommt jedoch § 3 Nr. 26a EStG zur Anwendung. Danach sind 840 € steuerfrei (Ehrenamtsfreibetrag). Somit fällt (12 · 70 €) keine Steuer an. Alternativ könnte sich der Platzwart für diese gemeinnützige Tätigkeit eine Zuwendungsbestätigung vom Verein ausstellen lassen. Diese ist im Rahmen der Sonderausgaben als Spende abzugsfähig. Die steuerliche Ersparnis richtet sich dann nach dem Progressionssatz des Steuerpflichtigen.

Ewald Lustig übt als Organist eine künstlerische Tätigkeit aus. Es gilt somit § 3 Nr. 26 EStG (Übungsleiterfreibetrag).

Als Chorleiter hat er ebenfalls Einnahmen i. S. d. § 3 Nr. 26 EStG. Die Einnahmen betragen:

Bei der Tätigkeit als Chorleiter ist von einer selbstständigen Tätigkeit auszugehen, d. h. Lustig hat selbst die Besteuerung durchzuführen:

	12 · 400 €	= 4.800,00 €
-	Freibetrag	= 3.000,00 €
	steuerpflichtig	1.800,00 €

Die nebenberufliche Tätigkeit als Organist einer Kirchengemeinde ist i. d. R. eine abhängige Beschäftigung.

12 · 200 €	= 2.400,00 €

Diese Einnahmen können sozialversicherungsfrei ausgezahlt werden, weil es sich um eine kurzfristige Beschäftigung von höchstens 50 Arbeitstagen handeln dürfte. Die steuerliche Abwicklung könnte über die Regeln eines Minijobs abgewickelt werden.

Für **Oskar Krause** fällt für seine Aufwandsentschädigung in Höhe von monatlich 160 € keine Steuer an. Rechtsgrundlage ist § 3 Nr. 12 EStG, wonach 200 € monatlich steuerfrei sind.

Für die Aufwandsentschädigung als Ortsbürgermeister von **Franz Schlau** gilt Folgendes:

Aufwandsentschädigungen während der Amtszeit sind mit ⅓, mindestens 200 € monatlich steuerfrei (§ 3 Nr. 12 Satz 2 EStG i. V. m. R 3.12 Abs. 3 Satz 2 Nr. 2 LStR).

Übersteigende Beträge unterliegen dem Lohnsteuerabzug. Damit gelten alle Aufwendungen als abgegolten.

Heinz Ehrlich erhält einen sog. Ehrensold nach der Ehrensold-VO. Voraussetzung ist eine mindestens zehnjährige Tätigkeit als Ortsbürgermeister.

§ 3 Nr. 12 EStG findet keine Anwendung. Der Ehrensold unterliegt dem Lohnsteuerabzug durch die Kommune.

Hermann Betreuer übt sieben rechtliche Betreuungen aus. Er erhält dafür jeweils 323 € als jährliche Aufwandspauschale (§ 1835a BGB)

Anwendung von § 3 Nr. 26 EStG:	
7 • 323 € =	2.261,00 €
- Übungsleiterpauschale	3.000,00 €

Die Einnahmen sind steuerfrei.

Lösung zu Fall 117:

Beispielfall 1:
Herrn Mutig ist anzuraten, dass er eine Selbstanzeige vornimmt. Diese kann mündlich, formlos, aber besser schriftlich gegenüber der Finanzbehörde erfolgen. Es könnte auch in der Form geschehen, dass korrigierte Steuererklärungen für die entsprechenden Jahre eingereicht würden. Es gibt keine Formvorschriften.

Da die Hinterziehungsbeträge bei der Einkommensteuer jährlich bei ca. 20.000 € liegen, kommt Straffreiheit für die ESt infrage. Mutig hat die ESt auf die hinterzogenen Steuern nachzuzahlen und außerdem 6 % Hinterziehungszinsen je Jahr zu entrichten.

Dem nicht versteuerten Gewinn pro Jahr in Höhe von ca. 20.000 € liegt ebenfalls ein nicht versteuerter Umsatz zugrunde. Nimmt man z. B. einen Gewinnsatz von 20 % an, so liegt der nicht erfasste Umsatz bei 100.000 € je Jahr. Daraus ergibt sich eine USt bei

19 % in Höhe von 19.000 €. Damit liegt der hinterzogene Betrag unter 50.000 € je Jahr bei der Steuerart USt. Es erfolgt eine Nachversteuerung + 6 % Hinterziehungszinsen je Jahr.

Beispielfall 2:

Hans Glücklich liegt zunächst mit der Annahme richtig, dass der Lottogewinn in Höhe von 600.000 € im Jahr des Zuflusses 01 nicht von der Einkommensteuer erfasst wird, weil diese Einnahmen keiner der sieben Einkunftsarten zugeordnet werden können.

Die jährlichen Zinsen in Höhe von 14.750 € unterliegen allerdings der Einkommensteuer als Einkünfte aus Kapitalvermögen. Unter Berücksichtigung des Sparerfreibetrages (801/1.602) fällt je nach Progression ESt an. Die jährlich anfallende ESt beträgt weniger als 50.000 €. Bei einer zu empfehlenden Selbstanzeige hat Hans Glücklich die hinterzogenen Steuern + 6 % Hinterziehungszinsen nachzuzahlen.

Im Jahre 06 hat er bei den festverzinslichen Wertpapieren einen Veräußerungsgewinn erzielt.

Anschaffungskosten	101.800,00 €
Verkaufserlös	111.500,00 €
Veräußerungsgewinn	9.700,00 €

Der Veräußerungsgewinn muss ebenfalls für 06 nachversteuert werden unter Einbezug von 6 % Hinterziehungszinsen.

Beispielfall 3:

Franz Klein hat folgende Entscheidung durch die Finanzbehörde zu erwarten:

Beide Steuerarten sind getrennt zu beurteilen. Bei der Selbstanzeige von 32.000 € Umsatzsteuer tritt Straffreiheit ein; er hat die USt nachzuzahlen + 6 % Hinterziehungszinsen.

Bei der hinterzogenen ESt tritt eine Straffreiheit nur ein, wenn er neben der Zahlung der ESt und den Hinterziehungszinsen noch einen Zuschlag von 5 % auf 58.000 € = von 2.900 € bezahlt.

Lösung zu Fall 118:

Ermittlung des zu versteuernden Einkommens für 2021:		
Einkünfte aus nichtselbstständiger Arbeit (Versorgungsbezüge)	15.449,00 €	
Versorgungsfreibetrag	3.900,00 €	
Werbungskosten-Pauschbetrag (§ 9a Satz 1 Nr. 1b EStG)	102,00 €	
Einkünfte aus nichtselbstständiger Arbeit		**11.447,00 €**
Sonstige Einkünfte		
Witwenrente:		
Jahresbetrag der Rente	3.054,00 €	
darin enthaltener Anpassungsbetrag	458,00 €	
ab steuerfreier Teil der (50 % von 2.596 €)	1.298,00 €	
steuerpflichtiger Teil der Rente (1.298 € + 458 €)	**1.756,00 €**	
Eigene Rente		
Jahresbetrag der Rente	2.871,00 €	
darin enthaltener Anpassungsbetrag	430,00 €	
ab steuerfreier Teil der Rente (50 % von 2.441 €)	1.221,00 €	
steuerpflichtiger Teil der Rente (1.221 € + 430 €)	*1.650,00 €*	
Summe Renten	**3.406,00 €**	
Werbungskosten-Pauschbetrag	102,00 €	
Sonstige Einkünfte		**3.304,00 €**
Summe der Einkünfte		**14.751,00 €**
= Gesamtbetrag der Einkünfte		
Vorsorgeaufwendungen:		
KV lt. Lohnabrechnung	1.854,00 €	
- Zuschüsse	432,56 €	
Summe Basisversicherung	**1.421,44 €**	
Weitere Vorsorgeaufwendungen:		
Wahlleistungen	420,00 €	
Haftpflichtversicherung	46,00 €	
Summe der Vorsorgeaufwendungen	**1.887,44 €**	
Sonderausgaben-Pauschbetrag	36,00 €	
Außergewöhnliche Belastungen		
Nicht gedeckte Krankheitskosten	1.257,00 €	
Zumutbare Belastung (1. Stufe bis 15.340 € mit 5 % von 14.751 €)	737,00 €	
Belastung		**-520,00 €**

Ermittlung des zu versteuernden Einkommens für 2021:		
Einkommen =		12.308,00 €
Berechnung der Einkommensteuer: Tarifliche ESt nach der Grundtabelle 2019	424,00 €	
Steuerermäßigung nach § 35a EStG (Handwerkerleistungen)[1] *20 % von 2.205 €*	441,00 €	
Festzusetzende Einkommensteuer		0,00 €
Berechnung des SolZ Der Betrag übersteigt nicht 972 € (Nullzone), somit kein SolZ		
Berechnung der Kirchensteuer: 9 % von 0,00 €		0,00 €

Steuerabrechnung 2021

	Einkommensteuer	SolZ	KiSt	Summe
Festzusetzen	0,00 €	0,00 €	0,00 €	
Steuerabzug	108,00 €	0,00 €	9,68 €	
Erstattung	108,00 €		9,68 €	**117,60 €**

Erläuterungen zur Berechnung der Sonderausgaben:
Abzugsfähige Basis-Kranken-und Pflegeversicherung (unbegrenzt abzugsfähig)

▶	Beitrag zur Basisversicherung	1.476,64 €
▶	Beitrag zur Pflegversicherung	377,26 €
	Summe	1.853,90 €
-	Zuschuss	432,56 €
	Anzusetzen	**1.421,34 €**

Wahlleistungen (begrenzt abzugsfähig bis 1.800,00 € - **Weitere Vorsorgeaufwendungen**)

▶ Krankenversicherung (Wahlleistungen)	420,00 €
Anzusetzen	**420,00 €**

Haftpflichtversicherung (begrenzt abzugsfähig bis 1.800,00 €) - 46,00 €

Anzusetzen	**46,00 €**
Sonderausgaben insgesamt	**1.887,34 €**

---

[1] **Haushaltsnahe Aufwendungen:**

Betreuungsleistungen an das DRK (12 • 89,50 €) (BFH-Urteil vom 03.09.2015 - VI R 18/14)	= 1074,00 €
Anteilige Handwerkerleistungen der Immobilien GmbH	= 1.130,24 €
Summe	**2.204,24 €**
20 %	**441,00 €**

Lösung zu Fall 119:

Zunächst ist zu prüfen, ob Familie Müller das Baukindergeld in Anspruch nehmen kann:

Dazu sind folgende Fragen zu klären:

1. Ist das neue Heim der Familie Müller ihre einzige Wohnimmobilie?
2. Wem gehört das neue Heim?
3. Befindet sich das neue Heim in Deutschland?
4. Ist die Baugenehmigung nach dem 01.01.2018 erteilt worden?
5. Leben im Haushalt zum Zeitpunkt der Antragstellung Kinder unter 18 Jahren, für die Kindergeld gewährt wurde?
6. Beträgt das Haushaltseinkommen der Familie Müller (Durchschnittseinkommen des vorletzten und vorvorletzten Jahres vor Antragstellung max. 105.000 € (für Anträge im Jahr 2019 gilt das Einkommen von 2017 und 2016)?
7. Ist die Familie Müller schon eingezogen?
8. Die Beantragung erfolgt ausschließlich **über die KfW**.

   Vgl.: **Vorab-Check** der KfW im Internet

Die vorliegenden Fragen sind bei der Familie Müller offensichtlich alle positiv zu beantworten, sodass Baukindergeld **grundsätzlich** zusteht.

Für den Zeitpunkt der Antragstellung ist die Meldebescheinigung für das neue Heim erforderlich.

Das Baukindergeld wird einmal jährlich ausgezahlt.

Dabei gibt es keine Beschränkungen bezüglich der Wohnungsgröße (Wohnfläche).

Was muss die Familie Müller nun unternehmen, um Baukindergeld zu erhalten?

1. Der Antrag muss spätestens drei Monate nach dem Einzug in das selbst genutzte Wohneigentum durch die Familie Müller als Eigentümer gestellt werden. Dabei gilt das in der Meldebestätigung angegebene Einzugsdatum.
2. Der Antrag ist über **„www.kfw.de/zuschussportal"** zu stellen.

Wie sieht die Förderung aus?
Die Familie Müller erhält 10 Jahre lang eine Förderung i. H. v. 2.400 €, also zusammen 24.000 €. Würde die Immobilie nicht mehr genutzt und z. B. verkauft werden, so entfällt die Förderung.

Lösung zu Fall 120

Wohnungseigentum und Photovoltaikanlage

Summe der Betriebseinnahmen 2021	
► Einspeisevergütung, netto	556,05 €
► Vereinnahmte Umsatzsteuer	105,65 €
► Vereinnahmte Umsatzsteuer (Erstattung von 2020)	3.848,05 €
► 2.831 KWh Eigenverbrauch · 0,20 €	566,20 €
► USt auf Eigenverbrauch	107,58 €
Summe der Betriebseinnahmen	**5.222,38 €**
Summe der Betriebsausgaben 2021	
► Kosten Messung und Zähler	15,21 €
► Beiträge, Gebühren, Versicherungen	80,83 €
► Schuldzinsen (2,5 % 20.000,00 € -Ratentilgung)	500,00 €
AfA-Ansatz (siehe Erläuterungen)	4.877,50 €
Summe der Betriebsausgaben	**5.473,04 €**
Verlust 2021	**- 250,66 €**

Erläuterungen:
AfA auf Anlage ND = 20 Jahre – linear[1]

Anschaffungskosten Juli 2020	Bisherige AfA (2020) 5 % - 6/12	AfA (2021)	Restbuchwert 31.12.2021
24.050,00	601,25	1.202,50	22.246,25

Anmerkung:
Auszug aus der amtlichen Tabelle des BFM: betr. Nutzungsdauer

3.1.4	Kraft-Wärmekopplungsanlagen (Blockheizkraftwerke)	10
3.1.5	Windkraftanlagen	16
3.1.6	Photovoltaikanlagen	20

Erleichterung bei der Besteuerung von Photovoltaik-Anlagen
BETREFF Gewinnerzielungsabsicht bei kleinen Photovoltaikanlagen und vergleichbaren Blockheizkraftwerken

BEZUG BMF-Schreiben vom 2. Juni 2021, IV C 6 - S 2240/19/10006:006, 2021/0627224 (BStBl I S. 722)
GZ IV C 6 - S 2240/19/10006 :006
DOK 2021/1117804

---

[1] Bei Sonderabschreibungen nach § 7g Abs. 5 EStG sind zusätzlich Sonderabschreibungen von bis zu 20 % der Anschaffungs- und Herstellungskosten möglich. Diese dürfen beliebig über die ersten 5 Jahre verteilt werden.

Die Anfertigung einer EÜR (Gewinnermittlung) für kleineren Photovoltaik-Anlagen verursacht für viele Steuerpflichtige einen verhältnismäßig hohen Aufwand, der nur zu einem geringen Ergebnis führt.

Die Finanzverwaltung hat folgende Lösung angeboten:

Die Vereinfachungsregelung gilt für folgende Anlagen:

► Photovoltaikanlagen mit einer installierten Leistung von bis zu 10 kW/kWp und

► Blockheizkraftwerke von bis 2,5 kW/kWp

Soweit diese Größenordnungen nicht überschritten werden, muss keine gesonderte Gewinnermittlung mehr erstellt werden. Es ist insoweit zulässig, sich ohne weitere Begründung auf Liebhaberei zu beziehen, womit die steuerliche Relevanz entfällt.

Dieser Antrag kann auch für alle Anlagen ab 2004 in noch offenen Fällen rückwirkend beantragt werden.

Bei neuen Anlagen ab dem 01.01.2022 ist der Antrag auf Liebhaberei bis zum Ablauf des Kalenderjahres zu stellen, der auf das Jahr der Inbetriebnahme folgt.

Für Fälle vor 2004 kann frühestens 20 Jahre nach der Inbetriebnahme zur Liebhaberei übergegangen werden.

Diese Vereinfachung gilt **nicht** für die umsatzsteuerliche Behandlung. Hier besteht jedoch die Möglichkeit der Anwendung des § 19 UStG (Kleinunternehmerregelung).

Lösung zu Fall 121
Gründung einer OHG
Vorschlag für die Ausführung des Vortrages:

1. Phase: Anfertigung eines Stichwortzettels in der Vorbereitungsphase
► Anfertigung einer Eröffnungsbilanz
► **Probleme aufzeigen:**
  → Wertansatz der Bilanzpositionen in der Eröffnungsbilanz
  → Finanzierung
► **Fallbearbeitung**
  1. Wertansatz für den Grund und Boden
  2. Wertansatz für das Gebäude
  3. Wertansatz für den Warenbestand
  6. Aufstellen der Eröffnungsbilanz

2. Phase: Durchführung des Vortrages
Einleitungsvorschlag:
Bei dem mir vorgelegten Sachverhalt geht es um die Anfertigung einer Eröffnungsbilanz bei Unternehmensgründung. Dabei ergibt sich insbesondere die Problematik der Bewertung der neuen Vermögens- und Schuldwerten.

Die Eröffnungsbilanz kann an der Tafel/OHP/Flipchart schrittweise entwickelt werden (zuerst Bilanzschema aufzeichnen):

Bilanz zum 01.05.01			
Anlagevermögen		**Eigenkapital**	
Grund u. Boden	105.797,00	Kapital Mutig	150.000,00
Halle	300.000,00	Kapital Zuverlässig	100.000,00
Büroeinrichtung	20.000,00	**Fremdkapital**	
Umlaufvermögen		Darlehen	200.000,00
Warenbestand	50.000,00	Verbindlichkeiten	59.500,00
Bank	446.000,00	Sonstige Verb.	486.748,43
Sonstige Forderungen	70.451,43		
Aktive RAP	4.000,00		
	996.248,43		996.248,43

Erläuterungen:

► **Grund und Boden:**

Ermittlung der Anschaffungskosten.	
1000 qm · 100,00 € =	100.000,00 €
+ 5 % Grunderwerbsteuer	5.000,00 €
+ Notarkosten	797,00 €
Anschaffungskosten	105.797,00 €

► **Halle:**

Herstellungskosten	300.000,00 €

► **Büroeinrichtung:**

Anschaffungskosten	20.000,00 €

► **Warenbestand:**

20 Öfen	40.000,00 €
Zusatzmaterial	10.000,00 €
Warenbestand	50.000,00 €

► **Bank:**

Einzahlung Mutig	150.000,00 €
Einzahlung Zuverlässig	100.000,00 €
Zurverfügungstellung	
Darlehen	196.000,00 €
Summe	446.000,00 €

▶ **Sonstige Forderungen** (Vorsteuer):

VoSt aus 47.600,00 €	7.600,00 €
VoSt aus 11.900,00 €	1.900,00 €
VoSt aus 23.800,00 €	3.800,00 €
VoSt Halle	57.000,00 €
VoSt Notarkosten	151,43 €
Summe	70.451,43 €

▶ **Aktive RAP:**

2 % von 200.000,00 € =	4.000,00 €

▶ **Verbindlichkeiten**:

Kauf von Öfen	47.600,00 €
Kauf von Zusatzmaterial	11.900,00 €
Summe	58.500,00 €

▶ **Sonstige Verbindlichkeiten**:

Halle	357.000,00 €
Grund und Boden	100.000,00 €
Grunderwerbsteuer	5.000,00 €
Notarkosten	948,43 €
Büroeinrichtung	23.800,00 €
Summe	486.748,43 €

Tangierende Problemkreise:
(bei Bedarf)

▶ Behandlung des Damnums am Jahresende

▶ Bewertung von Grund und Boden, Halle und Büroeinrichtung am Jahresende Behandlung der noch ausstehenden Rechnung zur OHG-Gründung

▶ Das Damnum ist in der Steuerbilanz zu aktivieren und auf die Laufzeit digital abzuschreiben:

Summenformel: $\dfrac{n \cdot (n+1)}{2} = 5 \cdot 11 = 55$

$^{10}/_{55}$ von 4.000,00 € = 727,27 €;

davon $^{8}/_{12}$ = 484,85 €

Sollkonto **SKR 03** SKR 04	Betrag	Habenkonto **SKR 03** SKR 04
2140 (7330) Zinsähnl. Aufw.	484,85	**0986** (1940) Damnum

In der Handelsbilanz kann das Damnum sofort als Aufwand erfasst werden.

- Bewertung Grund und Boden:

  Es bleibt beim Ansatz der AK; Angaben zu einer TW- Abschreibung oder zu einem niedrigeren Wert liegen nicht vor; ein höherer TW darf nicht angesetzt werden.

- Bei der Halle ergibt sich bei einer Nutzungsdauer von 20 Jahren folgende Abschreibung: 5 % von 300.000,00 € = 15.000,00 €; davon $\frac{8}{12}$ = 10.000,00 €

Sollkonto SKR 03 SKR 04	Betrag	Habenkonto SKR 03 SKR 04
4831 (6221) Abschr. a. Geb.	10.000,00	**0090** (0240) Halle

- Bei einer ND von 10 Jahren ergibt sich für die Büroeinrichtung folgende AfA: 10 % von 20.000,00 € = 2.000,00 €; davon $\frac{8}{12}$ =1.333,33 €

Sollkonto SKR 03 SKR 04	Betrag	Habenkonto SKR 03 SKR 04
4830 (6220) Abschr.a. S.	1.333,33	**0420** (0650) Büroeinrichtung

Die Aufwendungen für die noch ausstehende Rechnung des Notars zur Gründung der OHG stellen als Gründungskosten laufende Betriebsausgaben dar.

Anlage 1

Standard & Poor's	Moody's	Bedeutung
AAA	Aaa	Höchste Schuldnerqualität mit geringstem Risiko (Ausfallrisiko in fünf Jahren praktisch null) Schuldner außerordentlich stabil und verlässlich.
AA+ AA AA-	Aa1 Aa2 Aa3	Sehr gute Schuldnerqualität mit geringfügig höherem langfristigem Risiko (Ausfallrisiko in fünf Jahren unter 1 %).
A+ A A-	A1 A2 A3	Überdurchschnittliche Schuldnerqualität mit vielen starken Merkmalen, aber etwas verletzlich gegenüber sich ändernden Wirtschaftsumfeld (Ausfallrisiko in fünf Jahren gut 1 %).
BBB+ BBB BBB-	Baa1 Baa2 Baa3	Durchschnittliche Schuldnerqualität, zurzeit ausreichend, aber langfristig möglicherweise unzureichend (Ausfallrisiko in fünf Jahren 1,5 bis 2 %).
BB+ BB BB-	Ba1 Ba2 Ba3	Einige spekulative Elemente mit mäßiger Sicherheit (Ausfallrisiko in fünf Jahren muss berücksichtigt werden).
B+ B B-	B1 B2 B3	Momentane Zahlungsfähigkeit gewährleistet, aber künftiges Ausfallrisiko (selbst innerhalb Jahresfrist) nicht auszuschließen.
CCC	Caa	Geringe Schuldnerqualität mit klarem Ausfallrisiko.
CC	Ca	Hochspekulativ, oft in Zahlungsverzug.
C	C	Tiefste Schuldnerqualität, geringe Aussichten auf vollständige Schuldentilgung.
D	D	Zahlungsausfall.

Anlage 2

Folgen von Buchführungsmängeln und Schätzung der Besteuerungsgrundlagen

- Stellt der Außenprüfer **formelle Mängel** fest, ist die Ordnungsmäßigkeit der Buchführung und damit die Gefahr der Nichtanerkennung des Buchführungsergebnisses mit der Folge einer Schätzung der Besteuerungsgrundlagen nicht gegeben, wenn das sachliche Ergebnis der Buchführung nicht beeinflusst wird und die Mängel keinen erheblichen Verstoß gegen die Anforderungen an die zeitgerechte Erfassung der Geschäftsvorfälle, die einschlägigen Anforderungen bei Kreditgeschäften, die Aufbewahrungsfristen sowie insbesondere auch die Besonderheiten bei den Anforderungen einer Buchführung auf Datenträgern darstellen.

- Handelt es sich um **materielle Mängel**, so wird die Ordnungsmäßigkeit dann nicht infrage gestellt, wenn es sich dabei um unwesentliche Mängel handelt, z. B. wenn nur unbedeutende Vorgänge nicht oder falsch erfasst wurden. Die Fehler können dann durch eine entsprechende Zuschätzung berichtigt werden.

- In allen Fällen kommt der Entscheidung des Außenprüfers große Bedeutung zu.

Zur **Begründung** des Rohaufschlagsatzes sind folgende Aufzeichnungen zusätzlich bei Abweichungen von den Richtsätzen dienlich:

- Eingetretener Schwund und Verderb von Waren festhalten, von Dritten unterzeichnen lassen.

- Liste der jeweiligen Verkaufspreise sichern (Preiskonkurrenz).

- Aufzeichnung von Sonderverkäufen mit Terminen und Preislisten festhalten.

- Aufzeichnung von Freigetränken an Arbeitnehmer und Kunden.

- Genaue Abgrenzung von privatem Einkauf und Verbrauch (statt Pauschalen).

Durchführung und Ziel der Schätzung:

- Ziel einer jeden Schätzung ist, die Besteuerungsgrundlagen anzusetzen, die die größtmögliche Wahrscheinlichkeit der Richtigkeit für sich haben, der Wirklichkeit am nächsten kommen (BFH, BStBl 1967 II S. 686; BFH, BStBl 1983 II S. 594).

Pflichten beim Zugriff auf digitale Unterlagen:

- BMF-Schreiben v. 16.07.2001 - IV D2 - S 0316 - 136/01 (BStBl 2001 I S. 415).

- Die Finanzbehörden sind ab 01.01.2002 im Rahmen einer Außenprüfung nach § 147 Abs. 6 AO berechtigt, Einsicht in gespeicherte Daten zu nehmen und das Datenverarbeitungssystem zur Prüfung digitaler Unterlagen zu nutzen.

- Die Finanzbehörde hat beim Datenzugriff folgende Befugnisse:

  - Sie hat das Recht, selbst unmittelbar auf das Datenverarbeitungssystem dergestalt zuzugreifen, dass sie in der Form des Nur-Lesezugriffs Einsicht in die gespeicherten Daten nimmt und die dort eingesetzte Hard- und Software zur Prüfung der gespeicherten Daten einschließlich der Stammdaten und Verknüpfungen nutzt (unmittelbarer Datenzugriff).

- Die Finanzbehörde kann vom Steuerpflichtigen auch verlangen, dass er an ihrer Stelle die Daten nach ihren Vorgaben maschinell auswertet oder von einem beauftragten Dritten maschinell auswerten lässt, um den Nur-Lesezugriff durchführen zu können (mittelbarer Datenzugriff).

- Sie kann ferner verlangen, dass ihr die gespeicherten Daten auf einem maschinell verwertbaren Datenträger zur Auswertung überlassen werden (Datenträgerüberlassung).

Anlage 3

Latente Steuern

Rechtsgrundlage für den Ansatz latenter Steuern ist § 274 HGB:

 RECHTSGRUNDLAGEN

§ 274 HGB Latente Steuern

(1) Bestehen zwischen den handelsrechtlichen Wertansätzen von Vermögensgegenständen, Schulden und Rechnungsabgrenzungsposten und ihren steuerlichen Wertansätzen Differenzen, die sich in späteren Geschäftsjahren voraussichtlich abbauen, so **ist** eine sich daraus insgesamt ergebende Steuerbelastung als passive latente Steuern (§ 266 Abs. 3 E) in der Bilanz anzusetzen. Eine sich daraus insgesamt ergebende Steuerentlastung **kann** als aktive latente Steuern (§ 266 Abs. 2 D) in der Bilanz angesetzt werden. Die sich ergebende Steuerbe- und die sich ergebende Steuerentlastung können auch unverrechnet angesetzt werden. Steuerliche Verlustvorträge sind bei der Berechnung aktiver latenter Steuern in Höhe der innerhalb der nächsten fünf Jahre zu erwartenden Verlustverrechnung zu berücksichtigen.

(2) Die Beträge der sich ergebenden Steuerbe- und -entlastung sind mit den unternehmensindividuellen Steuersätzen im Zeitpunkt des Abbaus der Differenzen zu bewerten und **nicht** abzuzinsen. Die ausgewiesenen Posten sind aufzulösen, sobald die Steuerbe- oder -entlastung eintritt oder mit ihr nicht mehr zu rechnen ist. Der Aufwand oder Ertrag aus der Veränderung bilanzierter latenter Steuern ist in der Gewinn- und Verlustrechnung gesondert unter dem Posten „Steuern vom Einkommen und vom Ertrag" auszuweisen.

▸ **Grund** für Ansatz latenter Steuern: Steuerliche Bewertungsvorschriften finden in der Handelsbilanz keine Anwendung (**Wegfall der umgekehrten Maßgeblichkeit**). Das führt zu unterschiedlichen Wertansätzen in der Handelsbilanz und Steuerbilanz

▸ **Folge:** Unterscheidung von tatsächlichem Steueraufwand in der Steuerbilanz und „fiktivem Steueraufwand" in der Handelsbilanz

▸ **Konkrete Beispiele für Abweichungen:**

- Unterschiedliche Bewertungen (z. B. selbstgeschaffene immaterielle Wirtschaftsgüter)

- Unterschiedliche Abschreibungsverläufe

- Disagio (Aktivierungswahlrecht in der Handelsbilanz)

- Unterschiedliche Rückstellungsberechnungen (Vollkosten/Teilkosten)

- Unterschiedliche Zinssätze bei der Abzinsung von langfristigen Rückstellungen

- Entfallen der umgekehrten Maßgeblichkeit durch BilMoG (d. h. keine Übernahme mehr von steuerlichen Wahlrechten in die Handelsbilanz); (§ 247 Abs. 3 HGB und

§ 273 HGB): steuerfreie Rücklagen (§ 6b EStG, Rücklage für Ersatzbeschaffung R 6.6 Abs. 4 EStR, Zuschussrücklage R 6.5 Abs. 4 EStR)

- Aktivierung von Entwicklungskosten in der Handelsbilanz (§ 248 Abs. 2 HGB)
- Unterschiedliche Bewertung von Pensionsrückstellungen
- Unterschiedliche Bewertung von Rentenverbindlichkeiten/Zinssatz)
- Unterschiedliche Ermittlung der Herstellungskosten bei Verwaltungskosten

Es ergeben sich zwei Situationen:

► **Situation 1:**
Das Ergebnis der Handelsbilanz (handelsrechtlicher Gewinn) ist höher als das Ergebnis der Steuerbilanz (steuerlicher Gewinn)

→ Ansatz einer **passiven latenten Steuer**. Nach § 274 Abs. 1 Satz 1 HGB handelt es sich um eine **Mussvorschrift**.

► **Situation 2:**
Das Ergebnis der Handelsbilanz (handelsrechtlicher Gewinn) ist niedriger als das Ergebnis der Steuerbilanz (steuerlicher Gewinn)

→ Ansatz einer **aktiven latenten Steuer**. Nach § 274 Abs. 1 Satz 2 HGB handelt es sich um eine **Kannvorschrift**.

► **Geltungsbereich:** Die Passivierungspflicht passiver latenter Steuern besteht für mittelgroße und große Kapitalgesellschaften (§ 267 Abs. 2 und 3 HGB) sowie gleichgestellte Personenhandelsgesellschaften. Der Bilanzansatz erfolgt nach § 266 Abs. 3 E HGB nach den passiven Rechnungsabgrenzungsposten.

Anlage 4

Wichtige Steuergesetze (Steueränderungen 2022)

1	Jahressteuergesetz 2020 v. 21.12.2020;
2	Gesetz zur Erhöhung der Behinderten-Pauschbeträge und Anpassung weiterer steuerlicher Regelungen v. 9.12.2020, BGBl 2020 S. 2770 (Behinderten-Pauschbetragsgesetz);
3	Zweites Gesetz zur steuerlichen Entlastung von Familien sowie zur Anpassung weiterer steuerlicher Regelungen v. 1.12.2020, BGBl 2020 S. 2616 (Zweites Familienentlastungsgesetz);
4	Zweites Gesetz zur Umsetzung steuerlicher Hilfsmaßnahmen zur Bewältigung der Corona-Krise v. 29.6.2020 (Zweites Corona-Steuerhilfegesetz), BGBl 2020 S. 1512;
5	Gesetz zur Umsetzung steuerlicher Hilfsmaßnahmen zur Bewältigung der Corona-Krise v. 19.7.2020 (Corona-Steuerhilfegesetz), BGBl 2020 S. 1485;
6	Gesetz zur Umsetzung des Klimaschutzprogramms 2030 im Steuerrecht v. 21.12.2019, BGBl 2019 I S. 2886;
7	Gesetz zur Umsetzung des Klimaschutzprogramms 2030 im Steuerrecht v. 21.12.2019, BGBl 2019 I S. 2886;
8	Drittes Gesetz zur Entlastung insbesondere der mittelständischen Wirtschaft von Bürokratie v. 22.11.2019 (Bürokratieentlastungsgesetz III), BGBl 2019 I S. 1746;
9	Gesetz zur Umsetzung unionsrechtlicher Vorgaben im Umsatzsteuerrecht;
10	Gesetz zur Modernisierung des Körperschaftsteuerrechts v. 25.6.2021 (KöMoG), BGBl 2021 I S. 2050;
11	Gesetz zur Modernisierung der Entlastung von Abzugsteuern und der Bescheinigung von Kapitalertragsteuer (AbzStEntModG) v. 2.6.2021, BGBl 2021 I S. 1259;
12	Zweites Gesetz zur Umsetzung steuerlicher Hilfsmaßnahmen zur Bewältigung der Corona-Krise v. 29.6.2020 (Zweites Corona-Steuerhilfegesetz), BGBl 2020 I S. 1512;
13	Jahressteuergesetz 2020 v. 21.12.2020 (JStG 2020), BGBl 2020 I S. 3096;

Steueränderungen 2022: Änderungsgesetze

Überblick:

- ► Gesetz zur Umsetzung unionsrechtlicher Vorgaben im Umsatzsteuerrecht
- ► Gesetz zur Modernisierung des Körperschaftsteuerrechts v. 25.6.2021 (KöMoG), BGBl 2021 I S. 2050
- ► Gesetz zur Modernisierung der Entlastung von Abzugsteuern und der Bescheinigung von Kapitalertragsteuer (AbzStEntModG) v. 2.6.2021, BGBl 2021 I S. 1259
- ► Zweites Gesetz zur Umsetzung steuerlicher Hilfsmaßnahmen zur Bewältigung der Corona-Krise v. 29.6.2020 (Zweites Corona-Steuerhilfegesetz), BGBl 2020 I S. 1512
- ► Jahressteuergesetz 2020 v. 21.12.2020 (JStG 2020), BGBl 2020 I S. 3096
- ► Gesetz zur Umsetzung steuerlicher Hilfsmaßnahmen zur Bewältigung der Corona-Krise v. 19.7.2020 (Corona-Steuerhilfegesetz), BGBl 2020 I S. 1485

▸ Zweites Gesetz zur steuerlichen Entlastung von Familien sowie zur Anpassung weiterer steuerlicher Regelungen v. 1.12.2020 (Zweites Familienentlastungsgesetz), BGBl 2020 I S. 2616

▸ Siebtes Gesetz zur Änderung des Vierten Buches Sozialgesetzbuch und anderer Gesetze v. 12.6.2020 (7. SGB IV-ÄndG), BGBl 2020 I S. 1248

▸ Gesetz zur weiteren steuerlichen Förderung der Elektromobilität und zur Änderung weiterer steuerlicher Vorschriften v. 12.12.2019 (Jahressteuergesetz 2019, JStG 2019), BGBl 2019 I S. 2451

▸ Gesetz zur Reform des Grundsteuer- und Bewertungsrechts v. 26.11.2019 (Grundsteuer-Reformgesetz), BGBl 2019 I S. 1794.

Anlage 5

Beitragssätze zur Sozialversicherung 2022

Die Sozialversicherungsbeiträge werden nachfolgenden Prozentsätzen berechnet:

Bezeichnung	Gesamt	AN-Anteil	AG-Anteil
Krankenversicherung voller Beitragssatz[1]	14,60 %	7,30 %	7,30 %
Krankenversicherung ermäßigter Beitragssatz	14,00 %	7,00 %	7,00 %
Pflegeversicherung (Bund außer Sachsen)	3,05 %	1,525 %	1,525 %
Pflegeversicherung in Sachsen	3,05 %	2,025 %	1,025 %
Pflegeversicherung Zuschlag für Kinderlose		0,35 %	
Arbeitslosenversicherung	2,4 %	1,20 %	1,20 %
Rentenversicherung	18,60 %	9,3 %	9,3 %
Knappschaftliche Rentenversicherung	24,70 %	9,3 %	15,4 %
Insolvenzgeldumlage			0,12 %
Künstlersozialabgabe			4,20 %

Unfallversicherung: Die Beitragshöhe ist abhängig von der Gefahrenklasse, die für die Tätigkeit des Betriebes von der Berufsgenossenschaft festgelegt wird.

Die **Umlagesätze** für die Entgeltfortzahlung im Krankheitsfall U1 und für Mutterschutzaufwendungen U2 werden von der jeweiligen Krankenkasse satzungsmäßig festgelegt.

Beitragsbemessungsgrenzen

Die Beitragsbemessungsgrenzen bestimmen den Höchstwert, der für die Berechnung der Sozialversicherungsbeiträge angesetzt werden kann. Die Versicherungspflichtgrenze gibt das Einkommen an bis zu dem Arbeitnehmer in der gesetzlichen Kranken- und Pflegeversicherung versichert sein müssen. Arbeitnehmer, die mehr verdienen, dürfen sich nach einer Wartezeit privat versichern. Eine Rückkehr zur gesetzlichen Krankenversicherung ist unter bestimmten Voraussetzungen möglich. Besonders schwierig ist der Weg zurück in die GKV für ältere Privatversicherte. Die Altersgrenze für eine Rückkehr in die gesetzliche Krankenversicherung liegt bei 55 Jahren.

Bezeichnung	Gebiet	jährlich	monatlich
Allgemeine Rentenversicherung	West	84.600,00	7.050,00
und Arbeitslosenversicherung	Ost	81.000,00	6.750,00
Knappschaftliche Rentenversicherung	West	103.800,00	8.650,00
	Ost	100.200,00	8.350,00
Kranken- u. Pflegeversicherung	West/Ost	58.050,00	4.837,50
Versicherungspflichtgrenze in Kranken- und Pflegeversicherung	West/Ost	64.350,00	5.362,50

---

[1] Die Krankenkassen sind berechtigt, zu Lasten des Arbeitnehmers Zusatzbeiträge zu erheben.

Bezugsgrößen

Die Bezugsgröße hat für viele Werte in der Sozialversicherung Bedeutung, u. a. für die Festsetzung der Mindestbeitragsbemessungsgrundlagen für freiwillige Mitglieder in der gesetzlichen Krankenversicherung und für die Beitragsberechnung von versicherungspflichtigen Selbstständigen in der gesetzlichen Rentenversicherung.

Bezeichnung	Gebiet	jährlich	monatlich
Bezugsgröße Rentenversicherung und Arbeitslosenversicherung	West Ost	39.480,00 37.800,00	3.290,00 3.150,00
Bezugsgröße Krankenversicherung und Pflegeversicherung	West/Ost	39.480,00	3.290,00
Allgemeine Jahresentgeltgrenze	West/Ost	64.350,00	
Besondere Jahresentgeltgrenze	West/Ost	58.050,00	
Grenzwert für geringfügig Beschäftigte	West/Ost		450,00
Gleitzone	West/Ost		450,00 bis 850,00 bis 1.300,00,00
Gleitzonenfaktor			0,7528
Geringverdienergrenze für zur Berufsausbildung Beschäftigte	West/Ost		325,00
Sachbezugswert freie Verpflegung			270,00
Sachbezugswert freie Unterkunft			241,00

Sachbezugswerte für Mahlzeiten

Mahlzeit	Monatlich	Kalendertäglich
Frühstück	54,00	1,87
Mittag- bzw. Abendessen	102,00	3,57

Mindestlohn

Mindestlohn (bundeseinheitlich)	9,82
Ab. 1. Juli 2021	10,45

Quelle: Bundesministerium für Arbeit und Soziales